合格しようぜ！ 2024年版

宅建士 過去15年問題集

2020年、2021年の
12月試験問題＋解説も収録し
合計17回分の
過去問題が解ける！

音声解説付き

宅建ダイナマイト合格スクール 著

[過去問題 収録数]
約850問

インプレス

本書の特典のご案内

電子書籍

本書の全文の電子版（PDF・印刷不可）を無料でダウンロードいただけます。

答案用紙と解答一覧

答案用紙（PDF・印刷可）を無料でダウンロードいただけます。

上の特典は、以下の URL からダウンロードいただけます。

インプレス書籍サイト URL：https://book.impress.co.jp/books/1123101089

※特典の利用には、無料の読者会員システム「CLUB Impress」への登録が必要となります。

※本特典の利用は、書籍をご購入いただいた方に限ります。

※特典の提供期間は、本書発売より 1 年を予定しています。

音声解説

本書のポイント解説の音声を無料でご利用できます。

オンラインセミナー

宅建ダイナマイト合格スクールで開催する無料のオンラインセミナー（不定期開催）にご参加いただけます。

音声解説とオンラインセミナーについては、「宅建ダイナマイト合格スクール」のホームページをご確認ください。

宅建ダイナマイト合格スクール URL：https://t-dyna.com/

本書のお問い合わせ

本書の記述に関する不明点や誤記などの指摘は、上記、インプレス書籍サイトの「お問い合わせ」よりお問い合わせください。

インプレスの書籍ホームページ

書籍の新刊や正誤表など最新情報を随時更新しております。

https://book.impress.co.jp/

Contents

宅地建物取引士資格試験
過去15年本試験問題・解説・解答

2024年度（令和6年度）宅建試験★受験対策

めざせ歌って踊れる 宅地建物取引士

ふつうの人が宅建試験に合格する方法

この問題集は、『2024年版 合格しようぜ! 宅建士 基本テキスト 動画&音声講義付き』に準拠している問題集です。問題集単独としての利用でももちろんOKですが、より効率的に受験対策をすすめるのであれば、基本テキストもあわせてご活用ください。ついでに、姉妹書の『2024年版 合格しようぜ! 宅建士 攻略問題集 精選333問 音声解説付き』もお求めいただけるとより合格に近づけます。

■宅建試験に合格して人生ドカンと弾ませよう

この手の問題集を手にしたあなたは、たぶん、宅建試験に合格したいのでは?

そりゃそうですよ。手にしてくださったみなさん、ごめんなさいね。そんな当たり前のことを聞くなんて。

だったら合格しちゃいましょう。我ら宅建ダイナマイト合格スクールが総力を結集して作り上げましたこの問題集、左ページに問題、右ページに解説と、まさに受験生のためを思いましてのレイアウト。

そうなんです。私たちなりに創意工夫をしてみました。みなさんいかがですか。勉強しやすいでしょうか。

本書を読み進めていただければすぐわかると思いますけど、わかりやすい解説を心がけてみました。これでわかんなかったらごめんなさいっ!!

・・・自画自賛ですが（笑）。でもそんな楽しい空気感もあわせてお伝えできればと。どうぞみなさん、この問題集をご活用のうえ、勢いそのままに、宅建試験に合格しちゃってくださいね。

とはいってもね、最初は「わ、宅建ってむずかしい」と思ったりもするかもね。だけど、ひるまずに行こう。誰だって最初は初心者だし、ドキドキしながらのチャレンジです。この問題集は、そんなみなさんのためにある!!

宅建試験にチャレンジするなんて、もしかしたら、自分史上、最大の挑戦かもしれません。

そして自分史上、最大の勝利。歴史を変える勝利をめざしましょう。

ではみなさん、合言葉です。せーの

■過去問を制する者が宅建試験を制す

さて、ではさっそくですが、宅建試験に合格するにはどのようにすればいいのかというと、まぁだいたい、誰もが同じことをいいます。

それはズバリ「過去の本試験を解き倒す」ということですよね。本書の姉妹書『2024年版合格しようぜ! 宅建士 攻略問題集 精選333問 音声解説付き』でも触れておりますけど。

これはなにも宅建試験に限っての話じゃなくて、大学受験や高校受験のときでもそうだったと思うんだけど、世の中の、いわゆる「受験対策」の王道でもあるワケですが。

特に宅建試験の場合ですと、過去問を解くことによって以下の「傾向」と「対策」がわかります。

過去に出題された内容が、表現を変えて繰り返し、出題されている

いやホント、笑っちゃうくらい。もちろん、過去問とまったく同じじゃないけどね。

繰り返し出題のわりには、合格点も合格率も、例年ほぼ同じなんですよね。

そうなんだよね。これがすごいといえばすごい。不思議といえば不思議。繰り返し出題なんだから、試験に受かりたいんだったら過去問をしっかり解きこんでおけばいいだけの話なのに、なぜか、こういう結果になる。

もしかしたら、それはたぶん・・・。

そう、そのとおり。いわゆる「大数の法則」が働いているのかもしれない。

多くの人が集まる集団だと「一定の傾向」が現れるという「大数の法則」ですね。生命保険でも使っているとか。

宅建試験の受験者数って例年20万人くらい。東京の渋谷区や文京区に住んでいる人が全員受験するみたいな(笑)。

なので、「ちゃんと勉強してきている人数=過去問をしっかり解き倒してきた人たち=15%」みたいなことではないかなと。

そのとおり。例年おなじような試験で、おなじような合格点、おなじような合格率。そういうふうに考えないと合点がいかない。

■宅建試験の受験状況

まぁそんな感じの「宅建試験」なんだけど、近年の受験状況・合格状況を確認しておきますか。

受験者は20万人くらいで、上位15%くらいの人が合格となります。合格基準点は35点前後となっています。

年度	申込者	受験者	合格者	合格率	合格点
R05	289,096	233,276	40,025	17.2%	36
R04	283,856	226,022	38,525	17.0%	36
R03(12月)	39,814	24,965	3,892	15.6%	34
R03(10月)	256,704	209,749	37,579	17.9%	34
R02(12月)	55,121	35,258	4,609	13.1%	36
R02(10月)	204,163	168,989	29,758	17.6%	38
R01	276,019	220,797	37,481	17.0%	35
H30	265,444	213,993	33,360	15.6%	37
H29	258,511	209,345	32,644	15.6%	35
H28	247,761	198,375	30,589	15.4%	35
H27	243,199	194,859	30,028	15.4%	31
H26	238,343	192,029	33,670	17.5%	32
H25	234,586	186,304	28,470	15.3%	33

それにしても、申込者25万人とか受験者が20万人とか、ものすごい人数だよね。東京ドームが満席で5万人くらいだから、その5倍の人数が申し込んでいるわけだ。

東京都の渋谷区や文京区の人口が23万人くらいでしたっけ。20万人というと、たしかに渋谷区や文京区に住んでいる人が全員受験という感じですね。

まぁそれだけの人が受験するわけだから、「大数の法則」が働くと。それにこういっちゃなんだけど、宅建試験って超難関な試験というわけでもないから、受験している人はふつうの人たち。

そもそも四肢択一の試験だから受験しやすいですしね。小論文を書けとか、二次試験の面接があるわけでもないですし。

ふつうの人が集まって受ける試験で、**得点ランキング上位15%**をめざす。

なので、ふつうの人より「ちょっと勉強しておきましょう」ということでしょうか。

そうそう。**日々の生活のなかから、自分のために使える時間を、どうにかこうにか捻出してほしい**ところです。

■宅建試験ってどんな試験なのか

宅建試験ってどんな試験なのか、ここで出題項目を確認していこう。

どこをどう得点するかという戦略も、考えておきたいところです。

● 宅建士試験の出題内容

分野の表現	具体的な法令	問題番号	出題数
権利関係	民法・借地借家法・不動産登記法・建物の区分所有等に関する法律	問1～問14	14問
法令上の制限	都市計画法・建築基準法・宅地造成及び特定盛土等規制法・国土利用計画法・土地区画整理法・農地法など	問15～問22	8問
税	所得税・登録免許税・印紙税・不動産取得税・固定資産税など	問23～問24	2問
地価公示法・不動産鑑定評価	地価公示法か不動産鑑定評価	問25	1問
宅建業法	宅地建物取引業法 住宅瑕疵担保履行法	問26～問45	20問
免除科目	住宅金融支援機構・景品表示法・住宅着工統計など（免除科目）	問46～問50	5問
	宅地・建物の形質など（免除科目）		

注）宅地建物取引業に従事している方で、所定の講習課程（登録講習）を修了し、講習修了者証の交付を受けた方は、問46～問50の5問が免除され、全45問での試験実施となります。試験時間は13：10～15：00（1時間50分）です。

でね、この50問を2時間で解いて、50点満点中「36点」以上をめざす。

38点くらい得点できれば安全圏かなと!!

でね、この50問で、どうやって合格点まで積み上げていくかなんだけど、じつは一定の勝ちパターン、すなわち「戦略」があったりするわけです。

これはどこの宅建受験予備校でもおなじようなことを言っています。合格点が37点と高めだった2018（平成30）年度での、合格人と惜敗人の得点状況はこんな感じでした。

37点で合格だった年度

項目		A（合格）	B（合格）	C（合格）	D（惜敗）	E（惜敗）
権利関係（前半）	問1～問10	7	5	5	6	6
権利関係（後半）	問11～問14	2	4	1	4	0
法令上の制限	問15～問22	7	8	7	6	5
税	問23、問24	1	1	1	1	0
地価公示 不動産鑑定評価	問25	0	0	0	1	1
宅建業法	問26～問45	**17**	**16**	**18**	**14**	**15**
免除科目	問46～問50	4	（+5）	（+5）	2	（+5）
	得点	**38**	**39**	**37**	**34**	**32**

他の年度でも「合格パターン」はほぼおなじ。彼らの得点状況をよく見てみればおわかりのとおり、ふつうの人が宅建試験に合格するための得点戦略は、こんな感じになるのかなと。

> 戦略その1：**問26～問45**の「宅建業法編」で**17**点以上の得点をめざす
> 戦略その2：**問15～問22**の「法令上の制限編」で**6**点以上の得点をめざす
> 戦略その3：**問11～問14**の「権利関係（後半）」で**3**点以上の得点をめざす

権利関係（前半）、民法からの出題ですが、ここって、得点差ってあんまりないんですね。

惜敗人よりも下位の連中の得点状況を見ていても、問1～問10は4点だったり5点だったりで、どうなんだろうね。

宅建業法編や法令上の制限編とちがって、初出題の内容、いわゆる初見問題もありますしね。

そうだそうそう。問1～問10の民法（判例）は、過去に出題されていない内容での出題もある。あとでまた述べるけど、**宅建試験の受験勉強術は「過去問を解き倒す」ことにあって、つまり、過去問と同趣旨の問題は必ず得点**することに尽きるわけなんだが。

権利関係（前半）でも過去問と同趣旨での出題もありますよね。

もちろん。なので、その問題を確実に拾っていって、権利関係（前半）は5点くらい取れていれば上出来ということになるかな。いずれにせよ、20万人の受験集団の中で上位15%にいかにして入り込むか!!

今年の宅建試験の合格点は何点になるかは、20万人のでき次第ですしね。

そうです。相対評価だから、何点以上で合格という話でもないし。なので、結論はこれ!!!

とにかく、なにがなんでも
上位15%に入り込む!!!

そのためには勝ち点（得点）が36か37以上が必要なんですね。熾烈な戦いの様相を呈します。

ま、考えてみれば、「上位15%」になるということは、逆にいうと、自分よりできない人が85%いればいいワケだ。勉強しないで受験してくる人、大好き!!

まぁそうなんでしょうけど（笑）。でも、20万人以上の人が受ける試験ですし。そんなにうまくいくのかしら。

そりゃろくに勉強しないで受験してくれる人（=低得点で不合格になってくれる人。平均点引き下げ部隊。宅建ダイナマイト合格スクールでは「お布施人（おふせびと）」と呼んでいる）もいっぱいいてくれるけど、でもね、だからといって、なめちゃいけない。

ですよね。あと、よく聞く話として、「本試験のとき解答時間が足りなかった」ということなんですけど。

そう。それをどうにか解決せねば。

■どうして問題文を速読できないのか

2時間で50問を解くということだから、「1問につき3分」だと時間オーバー。

1問あたり2分ちょっとですね。

まぁそんな厳密に考えなくてもだいじょうぶなんだけど、でもある程度のスピードは要求される。

ではどうしたら、速く読めるようになるのでしょうか。

そりゃもちろん、反復練習しかないよね。そもそもさ、宅建試験ってさ、法律の試験でしょ。

はい。

で、なんで速く読めないか、どうして読みにくいかというと、だってさ、法律用語とか専門用語を使って、文脈を組み立てているからね。

たしかに!!

ふつうの文章はだいじょうぶだとしても、やっぱりこの手の文章になると、ちょっとした慣れが必要になってくる。

そういえば学生のとき、英語とか古文とか、慣れてくるとどうにかこうにか、スラスラとではないにしても読めるようになりました。

そう、そのノリ。

外国語の習得に似ているかも。

まさにそう。それ。日本語で書いてあるから読めばわかるだろうと思っちゃいけない。もちろん、本書の姉妹書「基本テキスト」のほうは、なるべくわかりやすく記載してあるけどね。

テキストを読んで内容を理解する力と、問題を解いて正解を出す力は、またちょっと違うと。

そうなんだよね。そりゃもちろん、テキストの内容が頭に入っていなければどうにもならないけどね。だけどそれだけじゃ足りなくて、やっぱり問題を解く練習も必要だよな。

あ、そういえば「答案練習会」とかありますよね。そっか、**あれは練習なんですね**。

そういうことなんだけどさ。でも最初はてこずるよ。それでもめげずに問題を解く練習を続けましょう。するとそのうち、合格の女神が微笑んでくれます。

■書いて覚える

外国語の勉強って、まずはその国の言葉を覚えますよね。英単語の暗記とおなじような感覚かしら。

そのとおり。テキストの内容を理解するにせよ、問題を解く練習をするにせよ、さっきも言ったけど、まずはその試験で使われている用語を覚えよう。だってさ、その用語で文章が展開されているわけだからね。

勉強を始める前は「法律用語なんてとっても難しいのでは」と思ってましたけど、でもやってみれば、案外、そんなに難解な話ではないということがわかってきました。

そもそも論だけどさ、宅建試験って、大勢のふつうの人が受ける試験だもんね。

ですよね。

まったく歯が立たない相手と戦うわけじゃないしね。だから、**「ふつうの人」よりちょっとふんばってみる**。するとどうにかなる。見慣れない専門用語が出てくるとしてもさ、物理や数学の数式が出てきてどうのこうのと比べれば、はるかにいいだろうからね、こっちのほうがね。

なにかおすすめの方法はありますか。

そりゃ基本原則に立ち返り、**書いて覚える**。

まさに、英単語の覚え方!!!

「寝ているだけで暗記できる」というような手品みたいなことはないから、上位15%をめざして、地道だけどトライしてもらえたらと。

■どれくらい勉強すればいいのか

あとよく聞かれる話として、宅建試験に合格するのにどれくらいの勉強量が必要でしょうか、みたいな。

そうですよね、やっぱり目安があるといいですもんね。

あるよ。これはどこの大手専門学校でもおんなじようなことを言っていると思うけど、それはこれ。

たしかに、よく聞きます。

まぁこれが「定番」なんだけど。

これくらいやっておくと過去問が解けるようになるわけですね。

そうだね。よくさ、「30日以内とか1,000㎡とかの数字が覚えられない」だの「似たような言葉がいっぱいあって混乱する」とか、そういうことをいっている人も多いですけど、単に、勉強不足。

・・・ですね（汗）。

巷でいわれているとおり「テキストは3回くらい読み直す・問題集は5回くらい解き直す」をやっておけば、数値的な話とかも頭に入ってくるわけだ。

自信が持てるようになるから、自分も受かる気になってきますもんね。

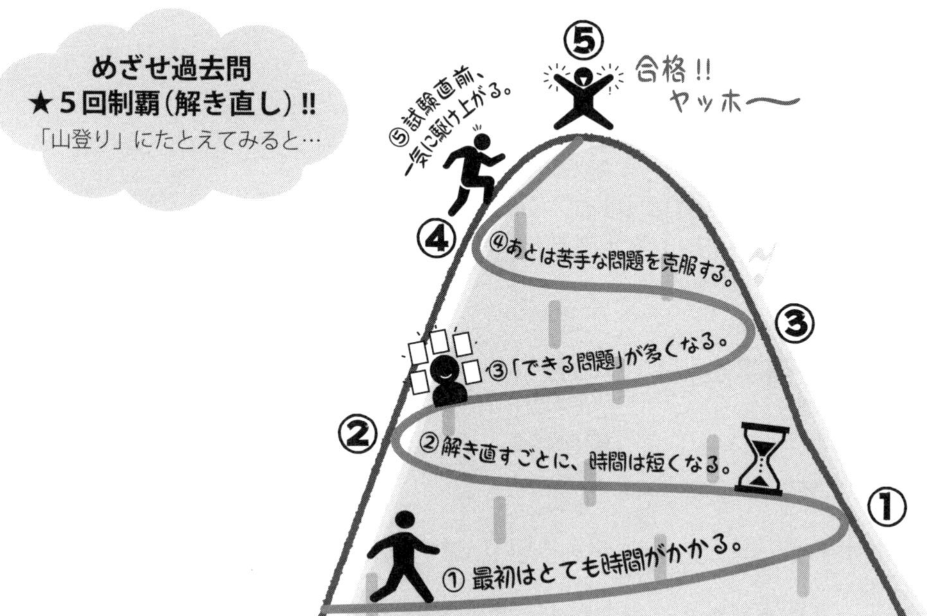

■結局は「量」が「質」を生む

宅建試験の受験勉強は「質」と「量」のどっちが大事かというと、もちろん「量」です。勉強の「質」だなんて、生意気なことをいってはいけません。とにかく「量」をこなす。

がむしゃらに、ですね。

さっきも話に出てたけど、まぁこれは受験勉強に限らないことなのかもしれないけど、なにかに取り組んでみてさ、最初はうまくいかないけど、ある日ある時を境に、グンとできるようになったり、わかるようになったりした経験、あるでしょ?

ありますあります。私の場合は、宅建もそうでしたけど、社交ダンスのときがそうでした。

いまや立派なプロダンサー。そしてクラブ歌手にも。リリーはすごいね。

その当時、いつも言われていたのが「基本に忠実に」でした。とにかく「基本」「基本」「基本」。もうほんとに腹が立つ（笑）。

まぁそういった、ある日ある時を境に**「いきなりドカンとできるようになる現象」**をですね、その昔、中学生くらいのときに習った方程式で表してみます。こんな感じかなと。

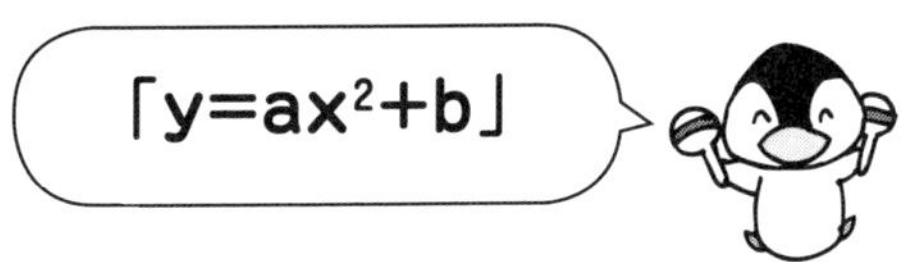

この方程式、なんか懐かしいです。

「y」を実力。宅建試験でいえば合格できるくらいの知識量としてみよう。つまり「y」の充実=受験勉強の成果ということだ。

はい。

でね、**「a」はその人の持っている勉強に対するセンス**。宅建の受験勉強でいえば、たとえば読解力とかだね。

ある意味、宅建試験って国語の試験みたいなところもありますしね。

あるある。つまんないヒッカケとかあるしね（笑）。

つぎに「x」ですが。

この**「x」が勉強時間**。**「b」が社会経験**としてみる。

「b」の社会経験。これもモノをいうワケですね。

そうそう。でもね、「a」や「b」が「ふつうの人」だとしても、この「x」の値がモノをいう。**「x」の、つまりは投入時間**によって、ガツンと違いがでてきちゃう。

ちなみに、aを1.2、bを0.8としています。

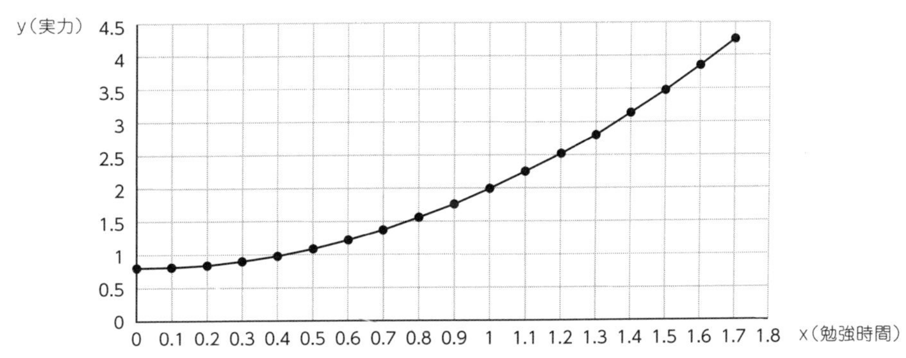

はじめに

xが「1.0」だとyは「2.0」となってます。で、順次、投入時間を積み重ねていくと、ほらどうでしょう、yの値がどんどん上がっていく!!!

xが「1.2」になるとyは「2.5」。xが「1.5」の段階で、なんとyは「3.5」。なかなかいい上昇率ですね（笑）。

ここでザンネンなのは、なんか結果がでないから、とかいって「x」の投入量を「1.0」くらいでやめちゃうとか。ザンネンというか、もったいない。

あと「0.2」のふんばりで「2.5」まで行くのに・・・。

「ふつうの人」の「ふつうの生活」で置き換えてみると、たとえば1週間で勉強時間として約5時間（1日に約45分）確保できる人だったら、プラス「0.2」で14分。54分やってみると。

14分あれば、問題だと6問くらいは解けますしね。

なのでみなさん、**合格に王道はなし**。ちょっとずつでもいいから、前に進んでいきましょうね。

まとめ

1 過去問を制する者が宅建試験を制す!!

- 過去に出題された内容が、表現を変えて繰り返し、出題されている
- 過去によく出題されている内容の問題は、ぜったいに落とさないこと
- 星三つ（☆☆☆）の問題を、ちゃんと得点できるようにしておくこと

2 35点〜37点勝負だ!!

- なにも満点（50点満点）を取る必要はない
- 比較的得点しやすい分野でがっちり得点すること
- 「宅建業法編」と「法令上の制限編」が勝負となる

3 結局は忘却との戦いだ!!

- とどのつまりは量が質を生む
- せっかく覚えても「どんどん忘れていく」ということを前提にせよ
- 定期的に問題を解き直したり、テキストを読み直す必要がある

結　論

合格に王道はなし

- 基本書（テキスト）は３回読み直す
- 問題集は５回解き直す

合格のための心得・格言集

合格のための心得・格言集

★ラクな道はないのだと心得よ。
★自分との戦いに勝利せよ。逃げるな。
★継続はチカラなり。毎日やれ。
★「仕事」を言い訳にする者から脱落する。
★年齢を言い訳にする者は見苦しい。
★へらへら笑ってごまかすな。
★合格した者だけがチヤホヤされる。
★惜敗するな。落ちたら価値なし。

宅建ダイナマイト合格スクールは受験生の味方。
こんなふうにして、みなさんを応援します。

【無料特典】

■音声講義「過去 15 年問題集★ポイント解説」

本書には無料特典として、音声解説がついています。各パートのポイントを、「おーさわ校長」の軽快な音声でも聴いて学ぶことができます。

● https://t-dyna.com/impress/
2023 年 12 月 12 日より順次公開

■【公式】宅建ダイナマイト合格スクール LINE

各種のイベントやセミナー開催情報をお知らせします。

大澤茂雄（おーさわ校長）のプロフィール

大手専門学校の宅建講座を立ち上げ人気講師として活躍してから独立。宅建講師歴 35 年。大学不動産学部での講義歴もある。

「全員宅建士」の不動産会社 RE/MAX Dynamite も設立。宅建ダイナマイト合格スクールの卒業生で構成され、人に寄り添う不動産会社として日々活動中。

本格的な受験講座なのに可愛い書き込みドリル形式の『大人女子宅建』も展開。より楽しくより効率よく合格だ。

本書の特長

本書は、宅地建物取引士資格試験の過去15年試験問題集です。なるべく多く、過去試験問題に接すれば接するほど、宅建士試験の合格が近づきます。

◆ 初めて受験される方へ

●音声特典「ポイント解説」も活用!!●

まず基本書（『2024年版 合格しようぜ！ 宅建士 基本テキスト 動画＆音声講義付き』など）で学習したのち、自分のなかで機が熟してきたようでしたら過去試験問題にチャレンジしてみましょう。はじめは思うように得点ができないかもしれません。でもだいじょうぶです。ひととおり解き終わったら、音声特典「ポイント解説」も聴いてみてください。

音声特典「ポイント解説」を参考にしながらもういちど問題に取り組んでみると「問題文を読むコツ」が自然と身につきます。だいじな部分をうっかり読み飛ばすというようなことも徐々に少なくなっていきます。

「過去試験問題を制する者が宅建士試験を制す」です。

しばらくして、また過去試験問題に取り組んだとき、こんどは驚くほどスラスラと解答できるはずです。

その勢いを、そのテンションを、どうぞ本試験当日までキープしていてください。

なお、当問題集では、「得点しなければならない問題」「深入りしてはいけない問題」の区別が簡単につくよう、問題ごとに以下の目安を表記しています。

★	» いいや。パスしてOK!!（深入りしないでください。）
★★	» 合否の分かれ道。できたかな!!（何回か解き直すうちに、正解できるようになりましょう。）
★★★	» これはGETだ。得点しよう!!（合格得点の基礎部分となる問題です。）

※テキスト対応ページの表記について

本書は姉妹書『2024年版 合格しようぜ！ 宅建士 基本テキスト 動画＆音声講義付き』（インプレス刊）に対応しています。本書とあわせてご利用いただくと効果的です。

◆ 受験経験者の方へ

●得点に一喜一憂せず「まちがい直し」を誠実に●

採点後に「合格点に達した」「届かなかった」という感想をお持ちになる方が多いと思います。たしかに合格点に届けば大きな自信になるでしょう。

しかし、リベンジをはかる皆さんにとっていちばん大事なことは「ミスした問題を次は解けるようになるか」です。

とくに宅建業法編や法令上の制限編の☆☆☆（これはGETだ。得点しよう!!）との表記がある問題をミスしていないかどうか。

今年こそ、しっかりとした根拠と自信をもって宅地建物取引士資格試験に挑んでください。

宅地建物取引士資格試験

過去 15 年本試験問題・解説・解答

＊「宅地造成等規制法」→「宅地造成及び特定盛土等規制法」に修正

＊「宅地建物取引主任者」→「宅地建物取引士」に修正

＊「建ぺい率」→「建蔽率」に修正

＊ 消費税の税率は 10% に修正

＊「特例市」→「施行時特例市」に修正

＊ 宅地建物取引士の「記名押印」→「記名」に修正

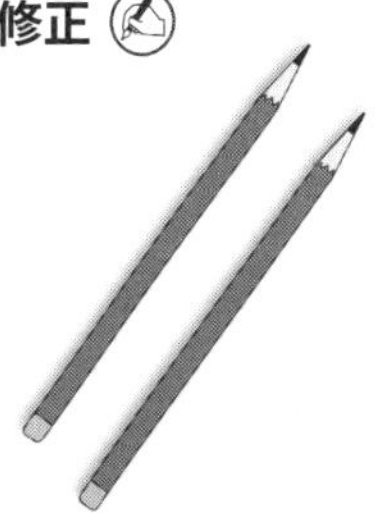

問題

★★

【問 1】次の1から4までの記述のうち、民法の規定、判例及び下記判決文によれば、誤っているものはどれか。

（判決文）

遺産は、相続人が数人あるときは、相続開始から遺産分割までの間、共同相続人の共有に属するものであるから、この間に遺産である賃貸不動産を使用管理した結果生ずる金銭債権たる賃料債権は、遺産とは別個の財産というべきであって、各共同相続人がその相続分に応じて分割単独債権として確定的に取得するものと解するのが相当である。

1　遺産である不動産から、相続開始から遺産分割までの間に生じた賃料債権は、遺産である不動産が遺産分割によって複数の相続人のうちの一人に帰属することとなった場合、当該不動産が帰属することになった相続人が相続開始時にさかのぼって取得する。

2　相続人が数人あるときは、相続財産は、その共有に属し、各共同相続人は、その相続分に応じて被相続人の権利義務を承継する。

3　遺産分割の効力は、相続開始の時にさかのぼって生ずる。ただし、第三者の権利を害することはできない。

4　遺産である不動産が遺産分割によって複数の相続人のうちの一人に帰属することとなった場合、当該不動産から遺産分割後に生じた賃料債権は、遺産分割によって当該不動産が帰属した相続人が取得する。

★★

【問 2】相隣関係に関する次の記述のうち、民法の規定によれば、正しいものはどれか。

1　土地の所有者は、境界標の調査又は境界に関する測量等の一定の目的のために必要な範囲内で隣地を使用することができる場合であっても、住家については、その家の居住者の承諾がなければ、当該住家に立ち入ることはできない。

2　土地の所有者は、隣地の竹木の枝が境界線を越える場合、その竹木の所有者にその枝を切除させることができるが、その枝を切除するよう催告したにもかかわらず相当の期間内に切除しなかったときであっても、自らその枝を切り取ることはできない。

3　相隣者の一人は、相隣者間で共有する障壁の高さを増すときは、他方の相隣者の承諾を得なければならない。

4　他の土地に囲まれて公道に通じない土地の所有者は、公道に出るためにその土地を囲んでいる他の土地を自由に選んで通行することができる。

合格判定基準	50 問中 36 問以上正解（登録講習修了者　45 問中 31 問 以上正解）		
受験者データ	申込者数 → 28 万 9,096 人	受験者数 → 23 万 3,276 人	合格者数 → 4 万 0,025 人（合格率 17.2%）

解説 → 解答

【問 1】 民法：判決文問題（相続） ★★

誰かが死んで「相続」となった場合、まず遺産は共有財産となり、各相続人は法定相続分に応じた共有持分を取得する。その後、遺産分割となった場合は、それぞれが分割した遺産を取得することになる。で、この判決文は「遺産分割前までの間に生じた賃料債権（カネ）は相続分に応じてそれぞれが取得する」ということを言っている。

1 × 判決文は「賃料債権は、遺産とは別個の財産」と言っている。相続開始から遺産分割までの間に生じた賃料債権（カネ）は、各共同相続人がその相続分に応じて山分け。その後、遺産分割でその不動産が相続人の一人に帰属することになったとしても、分割前の賃料債権（カネ）をそいつが独り占め（相続開始時にさかのぼって取得）とはならない。

2 ○ 相続人が数人あるときは、相続財産は、その共有に属する。で、各共同相続人は、その相続分に応じて被相続人の権利義務を承継する。（898 条、899 条、P.627）

3 ○ 遺産の分割は、相続開始の時にさかのぼってその効力を生ずる。つまり、いったんは共有となっていたんだけど、それはなかったこと（一時しのぎ）として、はじめから個々がそれぞれ承継していたということになる。ただし、第三者の権利を害することはできないといっているので、関係者がいたら配慮が必要。（909 条）

4 ○ そりゃそうでしょ。遺産分割後に生じた賃料債権（カネ）ということだから、遺産分割によって当該不動産が帰属した相続人が取得する。

【問 2】 民法：相隣関係 ★★

選択肢３。覗かないでよ。プライバシーを保護したい方が、障壁の高さを増すことができる。覗いている方の承諾は不要。覗きたい方は承諾しないしね (笑)。で、「その障壁がその工事に耐えないときは、自己の費用で、必要な工作を加え、又はその障壁を改築しなければならない」とある。そして「障壁の高さを増したときは、その高さを増した部分は、その工事をした者の単独の所有に属する」だ。「他方の相隣者の承諾を得なければならない」とはされていない。

1 ○ 土地の所有者はたしかに隣地を使用することができるけど、住家については、その家の居住者の承諾がなければ、当該住家に立ち入ることはできない。そりゃそうだ。（209 条、P.620）

2 × 「竹木の所有者にその枝を切除するよう催告したにもかかわらず相当の期間内に切除しなかったとき」や「急迫の事情があるとき」などは、土地の所有者は、その枝を切り取ることができる。（233 条、P.622）

3 × 一瞬「？」となるかも。相隣者の一人は、共有の障壁の高さを増すことができる。その際、相隣者の承諾などは不要なのよ。（231 条）

4 × 「その土地を囲んでいる他の土地を自由に選んで」ではないよね。「通行の場所及び方法は、通行権を有する者のために必要であり、かつ、他の土地のために損害が最も少ないものを選ばなければならない」とされる。（210 条、P.621）

正解			
問1	1	問2	1

問題

★★

【問 3】 Aを注文者、Bを請負人として、A所有の建物に対して独立性を有さずその構成部分となる増築部分の工事請負契約を締結し、Bは３か月間で増築工事を終了させた。この場合に関する次の記述のうち、民法の規定及び判例によれば、誤っているものはどれか。なお、この問において「契約不適合」とは品質に関して契約の内容に適合しないことをいい、当該請負契約には契約不適合責任に関する特約は定められていなかったものとする。

1　AがBに請負代金を支払っていなくても、Aは増築部分の所有権を取得する。
2　Bが材料を提供して増築した部分に契約不適合がある場合、Aは工事が終了した日から１年以内にその旨をBに通知しなければ、契約不適合を理由とした修補をBに対して請求することはできない。
3　Bが材料を提供して増築した部分に契約不適合があり、Bは不適合があることを知りながらそのことをAに告げずに工事を終了し、Aが工事終了日から３年後に契約不適合を知った場合、AはBに対して、消滅時効が完成するまでは契約不適合を理由とした修補を請求することができる。
4　増築した部分にAが提供した材料の性質によって契約不適合が生じ、Bが材料が不適当であることを知らずに工事を終了した場合、AはBに対して、Aが提供した材料によって生じた契約不適合を理由とした修補を請求することはできない。

★★

【問 4】 AがBに対して貸金債権である甲債権を、BがAに対して貸金債権である乙債権をそれぞれ有している場合において、民法の規定及び判例によれば、次のアからエまでの記述のうち、Aが一方的な意思表示により甲債権と乙債権とを対当額にて相殺できないものを全て掲げたものは、次の１から４のうちどれか。なお、いずれの債権も相殺を禁止し又は制限する旨の意思表示はされていないものとする。

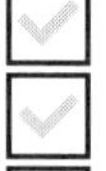

ア　弁済期の定めのない甲債権と、弁済期到来前に、AがBに対して期限の利益を放棄する旨の意思表示をした乙債権
イ　弁済期が到来している甲債権と、弁済期の定めのない乙債権
ウ　弁済期の定めのない甲債権と、弁済期が到来している乙債権
エ　弁済期が到来していない甲債権と、弁済期が到来している乙債権

1　ア、イ、ウ　　2　イ、ウ　　3　ウ、エ　　4　エ

解説 → 解答

【問 3】 民法：請負 ★★

選択肢1。「独立性を有さずその構成部分となる増築部分」というのがミソ。民法に「不動産の所有者は、その不動産に従として付合した物の所有権を取得する」という規定あり。不動産に従として付合した物＝増築部分。

1 ○ 増築部分の所有権は、その不動産本体の所有者Aが取得します。請負代金がどうのこうのは関係なし。(242条)

2 × 「Aは工事が終了した日から1年以内」じゃないよね。請負契約も売買契約のときと同じで、通知期間は「契約不適合を知った日から1年以内」となる。Aが契約不適合を知った日から1年以内にその旨をBに通知しなかった場合、契約不適合を理由とした修補を請求することができなくなる。(637条、566条、P. 507、P.513)

3 ○ 「Bは不適合があることを知りながら」とあるので「Aが契約不適合を知った日から1年以内にどうのこうの」の規定は適用されない。この場合どうなるかというと、単に、AはBに対して、消滅時効が完成するまでは契約不適合を理由とした修補を請求することができる。(637条、P.514)

4 ○ 注文者Aが提供した材料の性質によって契約不適合が生じたんだしね。そんで請負人Bも不適当であることを知らなかった。となると、AはBに対して、Aが提供した材料によって生じた契約不適合を理由とした修補を請求することはできない。そりゃそうだ。(636条、P.513)

【問 4】 民法：相殺 ★★

相殺の意思表示をするAの債権が弁済期（弁済を請求できる状態）だったら相殺できる。つまり「Aの甲債権が弁済期にあるかどうか」＝Aは弁済を請求できるか、だけが論点。なお、「全て掲げたものはどれか」という出題なんだけど、「エ」だけを掲げた選択肢を正解肢とした出題者のセンスに拍手喝采。バカバカしくも愉快。「相殺できないものはどれか」でエ（選択肢だったら4）としてもいいのにね。(505条、P.452)

ア 相殺できる 「弁済期の定めのない甲債権」＝Aはいつでも弁済を請求できる。なので相殺できる。

イ 相殺できる 「弁済期が到来している甲債権」＝Aは弁済を請求できる。なので相殺できる。

ウ 相殺できる 「弁済期の定めのない甲債権」＝Aはいつでも弁済を請求できる。なので相殺できる。

エ 相殺できない 「弁済期が到来していない甲債権」＝Aは弁済を請求できない。ゆえに相殺できない。

相殺できないものはエ。選択肢4が正解となる。

正解			
問3	2	問4	4

問題

★

【問5】従来の住所又は居所を去った者（以下この問において「不在者」という。）の財産の管理に関する次の記述のうち、民法の規定及び判例によれば、正しいものはどれか。なお、この問において「管理人」とは、不在者の財産の管理人をいうものとする。

1　不在者が管理人を置かなかったときは、当該不在者の生死が7年間明らかでない場合に限り、家庭裁判所は、利害関係人又は検察官の請求により、その財産の管理について必要な処分を命ずることができる。

2　不在者が管理人を置いた場合において、その不在者の生死が明らかでないときは、家庭裁判所は、利害関係人又は検察官から請求があったとしても管理人を改任することはできない。

3　家庭裁判所により選任された管理人は、不在者を被告とする建物収去土地明渡請求を認容した第一審判決に対して控訴を提起するには、家庭裁判所の許可が必要である。

4　家庭裁判所により選任された管理人は、保存行為として不在者の自宅を修理することができるほか、家庭裁判所の許可を得てこれを売却することができる。

★★

【問6】A所有の甲土地について、Bが所有の意思をもって平穏にかつ公然と時効取得に必要な期間占有を継続した場合に関する次の記述のうち、民法の規定及び判例によれば、正しいものはいくつあるか。

ア　AがCに対して甲土地を売却し、Cが所有権移転登記を備えた後にBの取得時効が完成した場合には、Bは登記を備えていなくても、甲土地の所有権の時効取得をCに対抗することができる。

イ　Bの取得時効が完成した後に、AがDに対して甲土地を売却しDが所有権移転登記を備え、Bが、Dの登記の日から所有の意思をもって平穏にかつ公然と時効取得に必要な期間占有を継続した場合、所有権移転登記を備えていなくても、甲土地の所有権の時効取得をDに対抗することができる。

ウ　Bの取得時効完成後、Bへの所有権移転登記がなされないままEがAを債務者として甲土地にAから抵当権の設定を受けて抵当権設定登記をした場合において、Bがその後引き続き所有の意思をもって平穏にかつ公然と時効取得に必要な期間占有を継続した場合、特段の事情がない限り、再度の時効取得により、Bは甲土地の所有権を取得し、Eの抵当権は消滅する。

1　一つ　　2　二つ　　3　三つ　　4　なし

解説 ➔ 解答

【問 5】 民法：不在者の財産管理 ★

宅建試験では初出題（だと思う）となる不在者の財産管理。不在者とは「従来の住所又は居所を去った者」をいう。管理人を置いて去ることもあれば、いきなり去ることもあろう。なにが彼または彼女をそうさせたのであろうか。

1 × 失踪宣告とは異なり「7年」という要件はないんだよね。不在者がその財産の管理人を置かなかったときは、家庭裁判所は、利害関係人又は検察官の請求により、その財産の管理について必要な処分を命ずることができる。（25条）

2 × 不在者が管理人を置いていた。きっとなにかを託していたのだろう。だが現在、不在者の生死が明らかでない。そんな事態になることもあろう。この場合、家庭裁判所は、利害関係人又は検察官の請求により、管理人を改任することができる。（26条）

3 × 管理人は保存行為をする権限がある。「不在者を被告とする建物収去土地明渡請求を認容した第一審判決に対して控訴を提起」することは保存行為となる。不在者の財産の現状を維持するためだもんね。家庭裁判所の許可は不要だ。（28条、103条）

4 ○ 「不在者の自宅を売却」は処分行為だもんね。管理人は修理などの「保存行為」のほか「性質を変えない範囲内において、その利用又は改良を目的とする行為」はできるけど、これを超える行為（不在者の自宅の売却）を必要とするときは、家庭裁判所の許可を得て、その行為をすることができる。（28条）

【問 6】 民法：取得時効 ★★

記述イ。Bの取得時効完成後、いったんはDが対抗要件を備えて所有権を奪ったかに見えたが、おかまいなしに、再びのBの占有。そして長きにわたる占有の結果、Bが再び取得時効を完成させるという壮大なドラマ。悲喜劇ですね。

ア ○ Bが取得時効を完成させたときの所有者がC。BとCは当事者の関係となるので、Bは登記を備えていなくても、甲土地の所有権の時効取得をCに対抗することができる。

イ ○ Bが再度の取得時効を完成させたときの所有者がD。BとDは当事者の関係となるので、Bは登記を備えていなくても、甲土地の所有権の時効取得をDに対抗することができる。

ウ ○ Bへの所有権移転登記がなされないままEの抵当権設定登記がされたという状況。Bにしてみれば Eの抵当権設定登記は邪魔だ。ちなみに民法には「債務者又は抵当権設定者でない者が抵当不動産について取得時効に必要な要件を具備する占有をしたときは、抵当権は、これによって消滅する」という規定あり。さぁどうなる。判例によると「時効取得者である占有者（B）が、その後引き続き時効取得に必要な期間占有を継続し、その期間経過後に取得時効を援用したときは、特段の事情がない限り、不動産を時効取得する結果、抵当権は消滅する」とのこと。

正しいものは、ア、イ、ウの「三つ」。選択肢3が正解となる。

正解			
問5	4	問6	3

>> 問題

★★

【問 7】 甲建物を所有するAが死亡し、Aの配偶者Bが甲建物の配偶者居住権を、Aの子Cが甲建物の所有権をそれぞれ取得する旨の遺産分割協議が成立した場合に関する次の記述のうち、民法の規定によれば、正しいものはどれか。

1　遺産分割協議において、Bの配偶者居住権の存続期間が定められなかった場合、配偶者居住権の存続期間は20年となる。
2　Bが高齢となり、バリアフリーのマンションに転居するための資金が必要になった場合、Bは、Cの承諾を得ずに甲建物を第三者Dに賃貸することができる。
3　Cには、Bに対し、配偶者居住権の設定の登記を備えさせる義務がある。
4　Cは、甲建物の通常の必要費を負担しなければならない。

★★

【問 8】 未成年者Aが、法定代理人Bの同意を得ずに、Cから甲建物を買い受ける契約（以下この問において「本件売買契約」という。）を締結した場合における次の記述のうち、民法の規定によれば、正しいものはどれか。なお、Aに処分を許された財産はなく、Aは、営業を許されてはいないものとする。

1　AがBの同意を得ずに制限行為能力を理由として本件売買契約を取り消した場合、Bは、自己が本件売買契約の取消しに同意していないことを理由に、Aの当該取消しの意思表示を取り消すことができる。
2　本件売買契約締結時にAが未成年者であることにつきCが善意無過失であった場合、Bは、Aの制限行為能力を理由として、本件売買契約を取り消すことはできない。
3　本件売買契約につき、取消しがなされないままAが成年に達した場合、本件売買契約についてBが反対していたとしても、自らが取消権を有すると知ったAは、本件売買契約を追認することができ、追認後は本件売買契約を取り消すことはできなくなる。
4　本件売買契約につき、Bが追認しないまま、Aが成年に達する前にBの同意を得ずに甲建物をDに売却した場合、BがDへの売却について追認していないときでも、Aは制限行為能力を理由として、本件売買契約を取り消すことはできなくなる。

★★★

【問 9】 Aを貸主、Bを借主として甲建物の賃貸借契約が令和5年7月1日に締結された場合の甲建物の修繕に関する次の記述のうち、民法の規定によれば、誤っているものはどれか。

1　甲建物の修繕が必要であることを、Aが知ったにもかかわらず、Aが相当の期間内に必要な修繕をしないときは、Bは甲建物の修繕をすることができる。
2　甲建物の修繕が必要である場合において、BがAに修繕が必要である旨を通知したにもかかわらず、Aが必要な修繕を直ちにしないときは、Bは甲建物の修繕をすることができる。
3　Bの責めに帰すべき事由によって甲建物の修繕が必要となった場合は、Aは甲建物を修繕する義務を負わない。
4　甲建物の修繕が必要である場合において、急迫の事情があるときは、Bは甲建物の修繕をすることができる。

解説 → 解答

【問 7】 民法：相続（配偶者居住権） ★★

バリアフリーがどうのこうのということだが勝手にはできない。「Bが高齢となり」ということだからBはそもそも高齢者ではなかった。若き未亡人。配偶者居住権には、婚姻期間の要件や生存配偶者の年齢などの要件なし。となると配偶者居住権を狙っての…。

1 × 「存続期間は20年」じゃないよね。死ぬまでだよね。配偶者居住権の存続期間は、配偶者の終身の間とする。死ぬまで。ただし、遺産の分割の協議若しくは遺言に別段の定めがあるとき、又は家庭裁判所が遺産の分割の審判において別段の定めをしたときは、その定めるところによる。（1030条、P.632）

2 × 配偶者（B）は、居住建物の所有者（C）の承諾を得なければ、居住建物の改築若しくは増築をし、又は第三者に居住建物の使用若しくは収益をさせることができない。（1032条）

3 ○ 居住建物の所有者（C）は、配偶者（B）に対し、配偶者居住権の設定の登記を備えさせる義務を負う。（1031条、P.632）

4 × Cには負担義務なし。居住建物の通常の必要費（固定資産税や修繕費など）は配偶者（B）の負担となる。（1034条）

【問 8】 民法：制限行為能力者（未成年者） ★★

選択肢1。当該取消しの意思表示を取り消す。一瞬、ワケのわからん状態に陥るか。

1 × 制限行為能力を理由とする取消しは、本人（A）もできる。A本人が取り消した以上、法定代理人であっても「当該取消しの意思表示」を取り消すことはできない。（5条、120条、P.403）

2 × 制限行為能力を理由とする取消しは、善意無過失の第三者にも対抗できる。Aが未成年者であることにつきCが善意無過失であっても、Bは、Aの制限行為能力を理由として、本件売買契約を取り消すことができる。（120条、P.409）

3 ○ 取り消すことができる行為の追認は、Aが成年に達し（取消しの原因となっていた状況が消滅し）、かつ、取消権を有することを知った後にしなければ、その効力を生じない。つまり「自らが取消権を有すると知ったAは、本件売買契約を追認する」ことができる。で、取り消すことができる行為を追認したときは、以後、取り消すことができない。（122条、124条）

4 × 「Bの同意を得ずに甲建物をDに売却」とあり、BがDへの売却について追認もしていない状態。となると、Aは制限行為能力を理由として取り消すことができる。（5条、120条、P.403）

【問 9】 民法：賃貸借 ★★★

賃借人は修繕できるかシリーズ。ナイス出題者さん。実務でも必要な知識だもんね。賃借物の修繕が必要である場合において、次に掲げるときは、賃借人は、その修繕をすることができる。
①賃借人が賃貸人に修繕が必要である旨を通知し、又は賃貸人がその旨を知ったにもかかわらず、賃貸人が相当の期間内に必要な修繕をしないとき。②急迫の事情があるとき。

1 ○ 賃貸人が修繕が必要である旨を知ったにもかかわらず、賃貸人が相当の期間内に必要な修繕をしないときは、やっちゃえ賃借人。（607条の2、P.563）

2 × 「Aが必要な修繕を直ちにしない」というだけだと、まだ時期尚早。「賃貸人が相当の期間内に必要な修繕をしないとき」だったらやっちゃえ賃借人。（607条の2、P.563）

3 ○ 「Bの責めに帰すべき事由」だもんね。Aは甲建物を修繕する義務を負わない。そりゃそうだ。（606条、P.563）

4 ○ 「急迫の事情があるとき」は、やっちゃえ賃借人。（607条の2、P.563）

正解					
問7	3	問8	3	問9	2

問題

★

【問10】 債務者Ａが所有する甲土地には、債権者Ｂが一番抵当権（債権額 1,000 万円）、債権者Ｃが二番抵当権（債権額 1,200 万円）、債権者Ｄが三番抵当権（債権額 2,000 万円）をそれぞれ有しているが、ＢがＤの利益のため、Ａの承諾を得て抵当権の順位を放棄した。甲土地の競売に基づく売却代金が 2,400 万円であった場合、Ｂの受ける配当額として、民法の規定によれば、正しいものはどれか。

1　0円
2　200 万円
3　400 万円
4　800 万円

★★★

【問11】 ＡがＢとの間で、Ａ所有の甲土地につき建物所有目的で期間を 50 年とする賃貸借契約（以下この問において「本件契約」という。）を締結する場合に関する次の記述のうち、借地借家法の規定及び判例によれば、正しいものはどれか。

1　本件契約に、当初の 10 年間は地代を減額しない旨の特約を定めた場合、その期間内は、ＢはＡに対して地代の減額請求をすることはできない。
2　本件契約が甲土地上で専ら賃貸アパート事業用の建物を所有する目的である場合、契約の更新や建物の築造による存続期間の延長がない旨を定めるためには、公正証書で合意しなければならない。
3　本件契約に建物買取請求権を排除する旨の特約が定められていない場合、本件契約が終了したときは、その終了事由のいかんにかかわらず、ＢはＡに対してＢが甲土地上に所有している建物を時価で買い取るべきことを請求することができる。
4　本件契約がＢの居住のための建物を所有する目的であり契約の更新がない旨を定めていない契約であって、期間満了する場合において甲土地上に建物があり、Ｂが契約の更新を請求したとしても、Ａが遅滞なく異議を述べ、その異議に更新を拒絶する正当な事由があると認められる場合は、本件契約は更新されない。

★★★

【問12】 令和５年７月１日に締結された建物の賃貸借契約（定期建物賃貸借契約及び一時使用目的の建物の賃貸借契約を除く。）に関する次の記述のうち、民法及び借地借家法の規定並びに判例によれば、正しいものはどれか。

1　期間を１年未満とする建物の賃貸借契約は、期間を１年とするものとみなされる。
2　当事者間において、一定の期間は建物の賃料を減額しない旨の特約がある場合、現行賃料が不相当になったなどの事情が生じたとしても、この特約は有効である。
3　賃借人が建物の引渡しを受けている場合において、当該建物の賃貸人が当該建物を譲渡するに当たり、当該建物の譲渡人及び譲受人が、賃貸人たる地位を譲渡人に留保する旨及び当該建物の譲受人が譲渡人に賃貸する旨の合意をしたときは、賃貸人たる地位は譲受人に移転しない。
4　現行賃料が定められた時から一定の期間が経過していなければ、賃料増額請求は、認められない。

解説 → 解答

【問10】 民法：抵当権 ★

選択肢3の400万円が正解。抵当権の順位の「放棄」というと、まったく抵当権者ではなくなるようなイメージだが、ニュアンスとしては「放棄した相手方と配当額をシェアする」なのだ。ちなみに「譲渡」だと譲渡の相手方が優先的に配当を受け取れるようになる。さてこの問題。まず抵当権の順位の譲渡も放棄もなかったとすると「2,400万円」の行方はB：1,000万円、C：1,200万円、D：200万円だ。BとDが受け取れる配当額は合計で1,200万円。で、BがDの利益のために「抵当権の順位を放棄した」と言っているから、BとDが受け取れる「1,200万円」を、BとDの債権額の割合に応じて分配だ。Bの債権額は1,000万円でDの債権額は2,000万円だから1：2。Bは3分の1だ。Bの受け取れる配当額は1,200万円×3分の1＝400万円。

追記：BがDに抵当権の順位を「譲渡」したとなると、BとDのが受け取れる「1,200万円」のなかから、Dが優先して配当を受けることになる。となるとDの債権額は2,000万円だから、Dへの配当額は1,200万円（800万円の赤字だが）。Bはゼロ。配当なし。（376条）

【問11】 借地借家法：借地 ★★★

選択肢2は「専ら賃貸アパート事業用の建物」としてなんとかヒッカケたい意図。見破りましたよね。選択肢4はごちゃごちゃ書いてありますけど、「正当な事由」があれば更新拒絶できるワケです。

1 × 「地代を減額しない旨の特約」はNG。一定の期間は地代を増額しない旨の特約はOKなのだが。（11条、P.583）

2 × 専ら事業の用に供する建物だったら事業用定期借地権とすることができるけどね。でも事業用だとしても「居住の用に供する建物」だったらNG。公正証書でどうしたこうしたとしても「契約の更新や建物の築造による存続期間の延長がない旨」を定めることはできぬ。（23条、P.589）

3 × 「その終了事由のいかんにかかわらず」は誤り。債務不履行で解除された場合は建物買取請求権は認められない。（13条、P.584）

4 ○ 「正当な事由」があれば更新拒絶できるもんな。（5条、6条、P.578）

【問12】 借地借家法：借家 ★★★

選択肢1がナイスなヒッカケ。選択肢4は「賃料増額請求権を行使するには、現行の賃料が定められた時から一定の期間を経過していることを要しない」という判例があってそれを出題。

1 × 期間を1年未満とする建物の賃貸借は、期間の定めがない建物の賃貸借とみなす。（29条、P.594）

2 × 「一定の期間は建物の賃料を減額しない旨の特約」はNG。一定の期間は建物の借賃を増額しない旨の特約はOKなのだが。

3 ○ 不動産が譲渡されたときは、その不動産の賃貸人たる地位は、その譲受人に移転するが、不動産の譲渡人（Aとする）及び譲受人（Bとする）が、賃貸人たる地位を譲渡人（A）に留保する旨及びその不動産を譲受人（B）が譲渡人（A）に賃貸する旨の合意をしたときは、賃貸人たる地位は、譲受人に移転しない。つまり、元々はAが貸主、Cが借主だったとすると、新所有者・貸主B→元の所有者・借主A（転貸人）→Cは転借人という関係になる。Cからしてみれば賃貸人たる地位はAのまま。（605条の2、P.562）

4 × なんか、できないっぽい感じもするけどね。（32条、P.598）

正解		
問10 3	問11 4	問12 3

問題

★★★

【問13】 建物の区分所有等に関する法律（以下この問において「法」という。）に関する次の記述のうち、誤っているものはどれか。

1　集会においては、法で集会の決議につき特別の定数が定められている事項を除き、規約で別段の定めをすれば、あらかじめ通知した事項以外についても決議することができる。

2　集会は、区分所有者の４分の３以上の同意があるときは、招集の手続を経ないで開くことができる。

3　共用部分の保存行為は、規約に別段の定めがある場合を除いて、各共有者がすることができるため集会の決議を必要としない。

4　一部共用部分に関する事項で区分所有者全員の利害に関係しないものについての区分所有者全員の規約は、当該一部共用部分を共用すべき区分所有者が８人である場合、３人が反対したときは変更することができない。

★★

【問14】 不動産の登記に関する次の記述のうち、不動産登記法の規定によれば、誤っているものはどれか。

1　建物が滅失したときは、表題部所有者又は所有権の登記名義人は、その滅失の日から１か月以内に、当該建物の滅失の登記を申請しなければならない。

2　何人も、理由の有無にかかわらず、登記官に対し、手数料を納付して、登記簿の附属書類である申請書を閲覧することができる。

3　共有物分割禁止の定めに係る権利の変更の登記の申請は、当該権利の共有者である全ての登記名義人が共同してしなければならない。

4　区分建物の所有権の保存の登記は、表題部所有者から所有権を取得した者も、申請することができる。

★★★

【問15】 都市計画法に関する次の記述のうち、正しいものはどれか。

1　市街化調整区域は、土地利用を整序し、又は環境を保全するための措置を講ずることなく放置すれば、将来における一体の都市としての整備に支障が生じるおそれがある区域とされている。

2　高度利用地区は、土地の合理的かつ健全な高度利用と都市機能の更新とを図るため、都市計画に、建築物の高さの最低限度を定める地区とされている。

3　特定用途制限地域は、用途地域が定められている土地の区域内において、都市計画に、制限すべき特定の建築物等の用途の概要を定める地域とされている。

4　地区計画は、用途地域が定められている土地の区域のほか、一定の場合には、用途地域が定められていない土地の区域にも定めることができる。

解説 → 解答

【問13】 区分所有法 ★★★

選択肢2の「×」が楽勝。選択肢1。「特別の定数」とは「4分の3」「5分の4」のこと。選択肢4は計算がめんどくせー（笑）。「4分の1を超える者」が反対したときはNGだから、8人中3人が反対したときは変更できない。

1 ○ そうなんですよ。規約で別段の定めをしておけば「あらかじめ通知した事項」以外についても決議できる。集会の前に根回しが必要だけど、騙し討ち決議（例：管理者解任・過半数で決議）とかもできる。（37条）

2 × 「区分所有者全員の同意があるとき」だよね。（36条、P.679）

3 ○ 共用部分の保存行為は、規約に別段の定めがある場合を除いて、各共有者がすることができる。（18条、P.673）

4 ○ 一部共用部分を共用すべき区分所有者の4分の1を超える者又はその議決権の4分の1を超える議決権を有する者が反対したときは、変更することができない。（31条、P.677）

【問14】 不動産登記法 ★★

選択肢1の「○」がわかれば、まずはよし。選択肢2、申請書を閲覧させちゃったら個人情報ダダ漏れですわな。

1 ○ そのまま「○」なので解説が書きにくい。「建物が滅失したときは、表題部所有者又は所有権の登記名義人は、その滅失の日から1か月以内に、当該建物の滅失の登記を申請しなければならない」です。（57条、P.648）

2 × 登記簿の附属書類は、一定の範囲のもの（地所在図、地積測量図、地役権図面、建物図面及び各階平面図）だけ写しの交付や閲覧を請求することができる。申請書などは個人情報満載なので閲覧不可。（121条、施行令21条）

3 ○ そりゃそうですよね。共有物分割禁止の定めに係る権利の変更の登記の申請は、当該権利の共有者であるすべての登記名義人が共同してしなければならない。（65条）

4 ○ 区分建物にあっては、表題部所有者（例：分譲業者）から所有権を取得した者も、所有権の保存の登記を申請することができる。（74条、P.693）

【問15】 都市計画法：都市計画 ★★★

出題者さんどうもありがとう。ド定番。いつもとおなじ解説なので書くもの読むのも飽きますが。選択肢1のデタラメっぷりは見事。選択肢2～4がわからないという人はなにもわかっていないということがわかる。

1 × 市街化調整区域は、市街化を抑制すべき区域だ。「土地利用を整序し、又は環境を保全するための措置を講ずることなく放置すれば」というフレーズは「準都市計画区域」だ。（7条、P.224）

2 × これが分からないということは過去問を1回も解いていないということですか。「建築物の高さの最高限度・最低限度」を定めるのは高度地区。高度利用地区は「建築物の容積率、建築物の建蔽率の最高限度及び建築物の敷地面積の最低限度」を定める地区だよね。（8条、P.231）

3 × 出た定番。特定用途制限地域は「用途地域が定められていない土地の区域（市街化調整区域を除く。）内」において定める地域っすよね。（9条、P.236）

4 ○ 地区計画は、用途地域が定められていない土地の区域にも定めることができるもんね。（12条の5、P.242）

正解		
問13 2	問14 2	問15 4

問題

★★★

【問16】 都市計画法に関する次の記述のうち、正しいものはどれか。ただし、この問において条例による特別の定めはないものとし、「都道府県知事」とは、地方自治法に基づく指定都市又は中核市及び施行時特例市にあってはその長をいうものとする。

1　開発許可を申請しようとする者は、あらかじめ、開発行為に関係がある公共施設の管理者と協議し、その同意を得なければならない。

2　開発許可を受けた者は、当該許可を受ける際に申請書に記載した事項を変更しようとする場合においては、都道府県知事に届け出なければならないが、当該変更が国土交通省令で定める軽微な変更に当たるときは、届け出なくてよい。

3　開発許可を受けた者は、当該開発行為に関する工事が完了し、都道府県知事から検査済証を交付されたときは、遅滞なく、当該工事が完了した旨を公告しなければならない。

4　市街化調整区域のうち開発許可を受けた開発区域以外の区域内において、自己の居住用の住宅を新築しようとする全ての者は、当該建築が開発行為を伴わない場合であれば、都道府県知事の許可を受けなくてよい。

★★★

【問17】 建築基準法に関する次の記述のうち、誤っているものはどれか。

1　地方公共団体は、条例で、津波、高潮、出水等による危険の著しい区域を災害危険区域として指定し、当該区域内における住居の用に供する建築物の建築を禁止することができる。

2　３階建て以上の建築物の避難階以外の階を、床面積の合計が1,500㎡を超える物品販売業の店舗の売場とする場合には、当該階から避難階又は地上に通ずる２以上の直通階段を設けなければならない。

3　建築物が防火地域及び準防火地域にわたる場合、その全部について準防火地域内の建築物に関する規定を適用する。

4　石綿等をあらかじめ添加した建築材料は、石綿等を飛散又は発散させるおそれがないものとして国土交通大臣が定めたもの又は国土交通大臣の認定を受けたものを除き、使用してはならない。

★★

【問18】 次の記述のうち、建築基準法（以下この問において「法」という。）の規定によれば、正しいものはどれか。

1　法第53条第１項及び第２項の建蔽率制限に係る規定の適用については、準防火地域内にある準耐火建築物であり、かつ、街区の角にある敷地又はこれに準ずる敷地で特定行政庁が指定するものの内にある建築物にあっては同条第１項各号に定める数値に10分の２を加えたものをもって当該各号に定める数値とする。

2　建築物又は敷地を造成するため擁壁は、道路内に、又は道路に突き出して建築し、又は築造してはならず、地盤面下に設ける建築物においても同様である。

3　地方公共団体は、その敷地が袋路状道路にのみ接する建築物であって、延べ面積が150㎡を超えるものについては、一戸建ての住宅であっても、条例で、その敷地が接しなければならない道路の幅員、その敷地が道路に接する部分の長さその他その敷地又は建築物と道路との関係に関して必要な制限を付加することができる。

4　冬至日において、法第56条の２第１項の規定による日影規制の対象区域内の土地に日影を生じさせるものであっても、対象区域外にある建築物であれば一律に、同項の規定は適用されない。

解説 ➔ 解答

【問16】 都市計画法：開発許可 ★★★

選択肢1が笑っちゃうほど、なんの変哲もない「○」。かえって怪しんだかも。選択肢4の「自己の居住用の住宅を新築」というヒッカケがにくい。

1 ○ 解説の書きようがないけど、いちおう書くと「開発許可を申請しようとする者は、あらかじめ、開発行為に関係がある公共施設の管理者と協議し、その同意を得なければならない」です。(32条、P.270)

2 × 届け出なくてよい、じゃないよね。開発許可の申請書に記載した事項を変更しようとする場合においては、都道府県知事の「許可」を受けなければならず、「軽微な変更」をしたときは、遅滞なく、その旨を都道府県知事に届け出なければならない。(35条の2、P.276)

3 × 公告は都道府県知事がやるよね。「都道府県知事は、検査済証を交付したときは、遅滞なく、当該工事が完了した旨を公告しなければならない」だ。(36条、P.278)

4 × 「市街化調整区域のうち開発許可を受けた開発区域内」での新築は都道府県知事の許可が必要。自己の居住用の住宅であってもおなじ。(43条、P.281)

【問17】 建築基準法 ★★★

選択肢3が「準防火地域内の建築物の…」じゃないよな、で、一発一撃の「×」。「誤っているものはどれか」にしてくれた出題者さんに感謝。選択肢3の「×」を逃すと、さまよえる受験者に。

1 ○ 地方公共団体は、災害危険区域内における住居の用に供する建築物の建築の禁止などの制限で災害防止上必要なものを、その条例で定めることができる。(39条)

2 ○ 建築物の避難階以外の階が、物品販売業を営む店舗(床面積の合計が1,500㎡を超えるもの)である場合、その階から避難階又は地上に通ずる2以上の直通階段を設けなければならない。(施行令121条)

3 × 建築物が防火地域及び準防火地域にわたる場合は、厳しいほうの規定に。なので、その全部について準防火地域内ではなくて防火地域内の建築物に関する規定を適用する。(65条、P.326)

4 ○ 建築物は、石綿その他の物質の建築材料からの飛散又は発散による衛生上の支障がないよう一定の基準に適合するものとしなければならず、その基準の1つに「石綿等をあらかじめ添加した建築材料(石綿等を飛散又は発散させるおそれがないものとして国土交通大臣が定めたもの又は国土交通大臣の認定を受けたものを除く。)を使用しないこと」というのがある。(28条の2)

【問18】 建築基準法 ★★

選択肢1の「準防火+準耐火」攻撃が見事。どうだったっけ。「準」でも10%アップになったかどうか。選択肢1の「○」を逃すと選択肢3あたりにハマるか。「一戸建ての住宅」は除くだ。

1 ○ 「準防火地域内にある準耐火建築物」で建蔽率は10%アップ。そして角敷地。「10分の2を加えたもの」が建蔽率の数値となる。(53条、P.306)

2 × 「地盤面下に設ける建築物」だったら道路下OK。(44条、P.293)

3 × その敷地が袋路状道路にのみ接する建築物で、延べ面積が150㎡を超えるものにつき、必要な制限を付加することができるけど「一戸建ての住宅」は除く。対象外。(43条、P.293)

4 × 一律に適用されない、じゃないよね。日影規制の対象区域外にある建築物でも、高さが10mを超える建築物で、冬至日において、対象区域内の土地に日影を生じさせるものは、対象区域内にある建築物とみなして、日影規制の規定が適用される。(56条の2、P.321)

正解		
問16 1	問17 3	問18 1

問題

★★★

【問19】 宅地造成及び特定盛土等規制法に関する次の記述のうち、誤っているものはどれか。なお、この問において「都道府県知事」とは、地方自治法に基づく指定都市、中核市及び施行時特例市にあってはその長をいうものとする。（法改正により問題文、選択肢すべてを修正している）

1　都道府県知事は、基本方針に基づき、かつ、基礎調査の結果を踏まえ、宅地造成等工事規制区域内で、宅地造成又は特定盛土等に伴う災害で相当数の居住者その他の者に危害を生ずるものの発生のおそれが大きい一団の造成宅地の区域であって、一定の基準に該当するものを、造成宅地防災区域として指定することができる。

2　都道府県知事は、その地方の気候、風土又は地勢の特殊性により、宅地造成及び特定盛土等規制法の規定のみによっては宅地造成、特定盛土等又は土石の堆積に伴う崖崩れ又は土砂の流出の防止の目的を達し難いと認める場合においては、都道府県（地方自治法に基づく指定都市、中核市又は施行時特例市の区域にあっては、それぞれ指定都市、中核市又は施行時特例市）の規則で、これらの規定に規定する技術的基準を強化し、又は付加することができる。

3　都道府県知事は、宅地造成等工事規制区域内の土地について、宅地造成等に伴う災害の防止のため必要があると認める場合においては、その土地の所有者に対して、擁壁等の設置又は改造その他宅地造成等に伴う災害の防止のため必要な措置をとることを勧告することができる。

4　宅地造成等工事規制区域内の土地（公共施設用地を除く）において、雨水その他の地表水又は地下水を排除するための排水施設の除却工事を行おうとする場合は、一定の場合を除き、都道府県知事への届出が必要となる。

★★★

【問20】 土地区画整理法に関する次の記述のうち、誤っているものはどれか。

1　換地計画において定められた清算金は、換地処分の公告があった日の翌日において確定する。

2　現に施行されている土地区画整理事業の施行地区となっている区域については、その施行者の同意を得なければ、その施行者以外の者は、土地区画整理事業を施行することができない。

3　施行者は、換地処分の公告があった場合において、施行地区内の土地及び建物について土地区画整理事業の施行により変動があったときは、遅滞なく、その変動に係る登記を申請し、又は嘱託しなければならない。

4　土地区画整理組合は、仮換地を指定しようとする場合においては、あらかじめ、その指定について、土地区画整理審議会の同意を得なければならない。

★★

【問21】 農地に関する次の記述のうち、農地法（以下この問において「法」という。）の規定によれば、誤っているものはどれか。

1　相続により農地を取得する場合は、法第３条第１項の許可を要しないが、相続人に該当しない者が特定遺贈により農地を取得する場合は、同項の許可を受ける必要がある。

2　自己の所有する面積４アールの農地を農作物の育成又は養畜の事業のための農業用施設に転用する場合は、法第４条第１項の許可を受ける必要はない。

3　法第３条第１項又は法第５条第１項の許可が必要な農地の売買について、これらの許可を受けずに売買契約を締結しても、その所有権の移転の効力は生じない。

4　社会福祉事業を行うことを目的として設立された法人（社会福祉法人）が、農地をその目的に係る業務の運営に必要な施設の用に供すると認められる場合、農地所有適格法人でなくても、農業委員会の許可を得て、農地の所有権を取得することができる。

解説 → 解答

【問19】 宅地造成及び特定盛土等規制法 ★★★

「宅地造成等規制区域」「特定盛土等規制区域」「造成宅地防災区域」それぞれどんな区域なのかな。

1 × 「宅地造成等工事規制区域内で」じゃないよね。造成宅地防災区域は、宅地造成等工事規制区域を除いて指定される。(45条、P.349)

2 ○ 危ない場合は技術的基準を強化・付加したいもんね。都道府県の規則で技術的基準を強化し、又は付加することができる。(施行令20条)

3 ○ 災害は防止したいもんね。その土地の所有者らに対して、擁壁等の設置などの措置をとることを勧告することができる。(22条、P.346)

4 ○ 雨水その他の地表水又は地下水を排除するための排水施設の除却工事を行おうとする場合は事前届出(その工事に着する日の14日前までに)だよね。(20条、P.345)

【問20】 土地区画整理法 ★★★

選択肢3。変なところ(条文)を持ってきたなー。そりゃそうだろ、みたいな。選択肢4が「土地区画整理審議会」がどうのこうので誤り。できたかな。

1 ○ なんでまた、こんな誰でも「○」にするヤツを。換地計画において定められた清算金は、換地処分の公告があった日の翌日において確定する。解説の書きようがなくてすまぬ。

2 ○ まぁこんな局面もあり得るんだろうね。なのでこんな規定があるわけだ。現に施行されている土地区画整理事業の施行地区となっている区域については、その施行者の同意を得なければ、その施行者以外の者は、土地区画整理事業を施行することができない。(128条)

3 ○ そりゃ土地区画整理事業の施行により変動はあるよね。施行前と施行後で街の様子は一変だ。登記も作り直さねば。登記の申請は施行者が一括して行うべし。(107条、P.377)

4 × 民間施行の代表ともいえる「土地区画整理組合」。そんな組合施行の土地区画整理事業には土地区画整理審議会は設置されない。彼らは都道府県などの公的施行の場合のみ登場だ。組合が仮換地を指定する場合、総会若しくはその部会又は総代会の同意を得なければならないとされる。(98条、P.374)

【問21】 農地法 ★★

選択肢1。包括遺贈とは「この財産を」と特定しないで「財産の何%を誰それに」というやつ。特定遺贈は字面どおり「この農地を遺贈する」と特定するやつ。相続人以外への特定遺贈だと農地法の許可が必要となる。選択肢4は参考まで。(3条～5条、P.380～384)

1 ○ 包括遺贈又は相続人に対する特定遺贈のときは3条の許可は不要。相続人以外への特定遺贈のときは許可は必要。(施行規則15条)

2 × 4アールだもんね。2アール未満だったら農地法4条の許可は不要。(施行規則29条)

3 ○ 農地法の許可を受けずに売買契約を締結しても、その効力は生じない。

4 ○ 原則は「農地所有適格法人以外の法人は、農地の所有権を取得できない」なんだけど例外があって、その一つに「教育、医療又は社会福祉事業を行うことを目的として設立された法人でその権利を取得しようとする農地又は採草放牧地を当該目的に係る業務の運営に必要な施設の用に供すると認められること」というのがある。これに該当すれば農業委員会の許可を得て、農地の所有権を取得することができる。

正解		
問19 1	問20 4	問21 2

問題

★★★

【問22】 **土地を取得する場合における届出に関する次の記述のうち、正しいものはどれか。なお、この問において「事後届出」とは、国土利用計画法第23条の届出をいい、「重要土地等調査法」とは、重要施設周辺及び国境離島等における土地等の利用状況の調査及び利用の規制等に関する法律をいうものとする。**

1　都市計画区域外において、国から一団の土地である6,000㎡と5,000㎡の土地を購入した者は、事後届出を行う必要はない。

2　市街化区域を除く都市計画区域内において、Ａが所有する7,000㎡の土地をＢが相続により取得した場合、Ｂは事後届出を行う必要がある。

3　市街化区域において、Ｃが所有する3,000㎡の土地をＤが購入する契約を締結した場合、Ｃ及びＤは事後届出を行わなければならない。

4　重要土地等調査法の規定による特別注視区域内にある100㎡の規模の土地に関する所有権又はその取得を目的とする権利の移転をする契約を締結する場合には、当事者は、一定の事項を、あらかじめ、内閣総理大臣に届け出なければならない。

★★★

【問23】 **印紙税に関する次の記述のうち、正しいものはどれか。なお、以下の契約書はいずれも書面により作成されたものとする。**

1　売主Ａと買主Ｂが土地の譲渡契約書を３通作成し、Ａ、Ｂ及び仲介人Ｃがそれぞれ１通ずつ保存する場合、当該契約書３通には印紙税が課される。

2　一の契約書に土地の譲渡契約（譲渡金額5,000万円）と建物の建築請負契約（請負金額6,000万円）をそれぞれ区分して記載した場合、印紙税の課税標準となる当該契約書の記載金額は１億1,000万円である。

3「Ｄの所有する甲土地（時価2,000万円）をＥに贈与する」旨を記載した贈与契約書を作成した場合、印紙税の課税標準となる当該契約書の記載金額は、2,000万円である。

4　当初作成の「土地を１億円で譲渡する」旨を記載した土地譲渡契約書の契約金額を変更するために作成する契約書で、「当初の契約書の契約金額を1,000万円減額し、9,000万円とする」旨を記載した変更契約書について、印紙税の課税標準となる当該変更契約書の記載金額は、1,000万円である。

★★

【問24】 **不動産取得税に関する次の記述のうち、正しいものはどれか。**

1　不動産取得税の徴収については、特別徴収の方法によることができる。

2　不動産取得税は、目的税である。

3　不動産取得税は、不動産の取得に対し、当該不動産所在の市町村及び特別区において、当該不動産の取得者に課する。

4　不動産取得税は、市町村及び特別区に対して、課することができない。

解説 ➔ 解答

【問22】 国土利用計画法・その他 ★★★

選択肢1～3は国土利用計画法。選択肢が1がド定番であっけなく「○」。選択肢4に重要土地等調査法。防衛上重要施設の周辺の区域内及び国境離島等の区域内にある土地等が重要施設又は国境離島等の機能を阻害する行為の用に供されることの防止を目的としている。重要土地等調査法の特別注視区域内に所在する200㎡以上の土地・各階の床面積の合計が200㎡以上の建物について所有権などの権利を移転する契約をする場合、一定事項をあらかじめ、内閣総理大臣に届け出なければならない。

1 ○ 当事者の一方（売主）が国だもんね。この場合、事後届出を行う必要はない。（23条、P.357）

2 × 相続により取得だもんね。相続は事後届出の対象となる土地売買等の契約ではない。なので、事後届出を行う必要はない。（23条、P.355）

3 × 事後届出は権利取得者（買主D）がやるんだもんね。「C及びDは」じゃないよね。市街化区域内で2,000㎡以上の土地なので、Dが事後届出を行わなければならない。（23条、P.354）

4 × 100㎡だと届出は不要。200㎡以上だと届出の対象となる。（13条）

【問23】 印紙税 ★★★

どの選択肢も過去に出題された内容での繰り返し出題。できたかな。ちなみに選択肢3と4の場合はいずれも「契約金額の記載のない契約書」となるよ。（P.715～719）

1 ○ 「土地の譲渡契約書」は印紙税の課税文書。で、仲介業者（仲介人）が保存する契約書にも課税されるよ。なので契約書3通すべてに印紙税が課される。

2 × 記載金額は1億1,000万円じゃなくて6,000万円。1つの契約書に土地の譲渡契約と建物の建築請負契約をそれぞれ区分して記載した場合、その契約書の記載金額はどちらか高いほうとなる。なので6,000万円。

3 × 贈与契約書は「契約金額の記載のない契約書」として扱われる。印紙税額は200円だね。

4 × 契約金額を減額する変更契約書は「契約金額の記載のない契約書」として扱われる。印紙税額は200円だね。

【問24】 不動産取得税 ★★

選択肢2。地方税は、特定の目的のために使う目的税（狩猟税、水利地益税）と、使い道を定めない普通税に分けられる。不動産取得税のほか、自動車税やたばこ税なども普通税。（P.705～798）

1 × 「特別徴収の方法」じゃないよね。普通徴収です。都道府県から納税通知書が送られてくるので、それに基づいて納付。

2 × 不動産取得税は普通税です。目的税は狩猟税と水利地益税の2つだけ。

3 × 「不動産所在の市町村及び特別区」じゃないよね。不動産取得税は、不動産の取得に対し、当該不動産所在の「都道府県」において、当該不動産の取得者に課する。

4 ○ そりゃそうだよね。不動産取得税は、国、都道府県、市町村、特別区（東京23区）などには課することができない。

正解		
問22 1	問23 1	問24 4

問題

★★

【問25】 不動産の鑑定評価に関する次の記述のうち、不動産鑑定評価基準によれば、正しいものはどれか。

1　原価法は、価格時点における対象不動産の収益価格を求め、この収益価格について減価修正を行って対象不動産の比準価格を求める手法である。

2　原価法は、対象不動産が建物又は建物及びその敷地である場合には適用することができるが、対象不動産が土地のみである場合においては、いかなる場合も適用することができない。

3　取引事例比較法における取引事例が、特殊事情のある事例である場合、その具体的な状況が判明し、事情補正できるものであっても採用することは許されない。

4　取引事例比較法は、近隣地域若しくは同一需給圏内の類似地域等において対象不動産と類似の不動産の取引が行われている場合又は同一需給圏内の代替競争不動産の取引が行われている場合に有効である。

★★

【問26】 宅地建物取引業法第37条の規定により交付すべき書面に記載すべき事項を電磁的方法により提供すること（以下この問において「37条書面の電磁的方法による提供」という。）に関する次の記述のうち、正しいものはいくつあるか。

ア　宅地建物取引業者が自ら売主として締結する売買契約において、当該契約の相手方から宅地建物取引業法施行令第３条の４第１項に規定する承諾を得なければ、37条書面の電磁的方法による提供をすることができない。

イ　宅地建物取引業者が媒介業者として関与する売買契約について、宅地建物取引業法施行令第３条の４第１項に規定する承諾を取得するための通知の中に宅地建物取引士を明示しておけば、37条書面の電磁的方法による提供において提供に係る宅地建物取引士を明示する必要はない。

ウ　宅地建物取引業者が自ら売主として締結する売買契約において、37条書面の電磁的方法による提供を行う場合、当該提供されたファイルへの記録を取引の相手方が出力することにより書面を作成できるものでなければならない。

エ　宅地建物取引業者が媒介業者として関与する建物賃貸借契約について、37条書面の電磁的方法による提供を行う場合、当該提供するファイルに記録された記載事項について、改変が行われていないかどうかを確認することができる措置を講じなければならない。

1　一つ　　2　二つ　　3　三つ　4　四つ

★★

【問27】 宅地建物取引業法第34条の２第１項第４号に規定する建物状況調査（以下この問において「建物状況調査」という。）に関する次の記述のうち、誤っているものはどれか。

1　建物状況調査とは、建物の構造耐力上主要な部分又は雨水の浸入を防止する部分として国土交通省令で定めるものの状況の調査であって、経年変化その他の建物に生じる事象に関する知識及び能力を有する者として国土交通省令で定める者が実施するものをいう。

2　宅地建物取引業者が建物状況調査を実施する者のあっせんを行う場合、建物状況調査を実施する者は建築士法第２条第１項に規定する建築士であって国土交通大臣が定める講習を修了した者でなければならない。

3　既存住宅の売買の媒介を行う宅地建物取引業者が売主に対して建物状況調査を実施する者のあっせんを行った場合、宅地建物取引業者は売主から報酬とは別にあっせんに係る料金を受領することはできない。

4　既存住宅の貸借の媒介を行う宅地建物取引業者は、宅地建物取引業法第37条の規定により交付すべき書面に建物の構造耐力上主要な部分等の状況について当事者の双方が確認した事項を記載しなければならない。

解説 → 解答

【問25】 不動産鑑定評価 ★★

選択肢1。収益価格は収益還元法で求める価格。原価法は「いま作ったらいくらか」という発想なので再調達原価を求める手法。

1 × 「収益価格」じゃないよね。原価法は、価格時点における対象不動産の「再調達原価」を求め、この再調達原価について減価修正を行って対象不動産の積算価格を求める手法だ。

2 × 「いかなる場合も適用することができない」は誤り。原価法は土地にも適用することができます。

3 × 「特殊事情のある事例」であっても、事情補正により補正できる場合は取引事例として採用することができる。

4 ○ 取引事例比較法は字面のとおり、取引事例を比較して検討するわけだから、多数の取引事例が必要となる。なので、近隣地域若しくは同一需給圏内の類似地域等において対象不動産と類似の不動産の取引が行われている場合又は同一需給圏内の代替競争不動産の取引が行われている場合に有効だ。

【問26】 宅建業法：契約書面の交付（37条書面） ★★

なにを言っているのかよくわかんない問題であった。記述イなんかとくにそうだよね。

ア ○ 電磁的方法による提供がイヤな人もいるしね。電磁的方法で提供するためには「承諾」を得なければならぬ。承諾がないときは紙でやっとちょ。（37条、施行令3条の4、P.171）

イ × 電磁的方法による提供の「承諾」を取得するための通知には37条書面に関係する宅建士を明示する必要はない。たとえ明示していたとしても、37条書面を電磁的方法で提供する際に、提供に係る宅建士（37条書面に関係する宅建士）を明示しなければならない。（37条、施行規則16条の4の12）

ウ ○ そりゃそうだよね。相手方のパソコンなどにファイルとして記録され、そのファイルを出力することにより書面を作成することができる（プリントアウトできる）ものでなければならない。（37条、施行規則16条の4の12）

エ ○ そりゃそうだよね。ファイルに記録された記載事項について、改変が行われていないかどうかを確認することができる措置を講じなければならない。（37条、施行規則16条の4の12）

正しいものはア、ウ、エの「三つ」。選択肢3が正解となる。

【問27】 宅建業法：媒介契約・契約書面（建物状況調査）★★

選択肢1とか2は、条文そのままなので解説が書きにくいです。つまらん解説になってしまってすみません。選択肢4の「×」はすぐにわかったかな。

1 ○ 建物状況調査とは「建物の構造耐力上主要な部分又は雨水の浸入を防止する部分（建物の構造耐力上主要な部分等）の状況の調査」であって、「経年変化その他の建物に生じる事象に関する知識及び能力を有する者として国土交通省令で定める者が実施するもの」をいう。（34条の2、P.113）

2 ○ 建物状況調査を実施することができる人は、建築士であって、国土交通大臣が定める講習を修了した者となってます。（34条の2、施行規則15条の8、P.113）

3 ○ 「建物状況調査」自体の費用は数万円くらいになるみたいだが、「あっせんをした」ということであっせん料みたいなカネを報酬とは別に受領してはならぬ。（46条、P.122）

4 × 建物の貸借の媒介の場合、「建物の構造耐力上主要な部分等の状況について当事者の双方が確認した事項」は記載不要だよね。（37条、P.173）

正解					
問25	4	問26	3	問27	4

問題

★★★

【問28】宅地建物取引業者Aの業務に関する次の記述のうち、宅地建物取引業法（以下この問において「法」という。）の規定に違反するものはいくつあるか。

ア　Aの従業員Bが、Cが所有する戸建住宅の買取りを目的とした訪問勧誘をCに対して行ったところ、Cから「契約の意思がないので今後勧誘に来ないでほしい」と言われたことから、後日、Aは、別の従業員Dに同じ目的で訪問勧誘を行わせて、当該勧誘を継続した。

イ　Aの従業員Eは、Fが所有する戸建住宅の買取りを目的とした電話勧誘をFに対して行った際に、不実のことと認識しながら「今後5年以内にこの一帯は再開発されるので、急いで売却した方がよい。」と説明した。

ウ　Aの従業員Gは、Hが所有する戸建住宅の買取りを目的とした電話勧誘をHに対して行おうと考え、23時頃にHの自宅に電話をかけ、勧誘を行い、Hの私生活の平穏を害し、Hを困惑させた。

エ　Aは、Jとの間でJが所有する戸建住宅を買い取る売買契約を締結し、法第37条の規定に基づく書面をJに交付したが、Aの宅地建物取引士に、当該書面に記名のみさせ、押印させることを省略した。

1　一つ　　2　二つ　　3　三つ　　4　四つ

★★★

【問29】宅地建物取引業の免許（以下この問において「免許」という。）に関する次の記述のうち、宅地建物取引業法の規定によれば、正しいものはどれか。

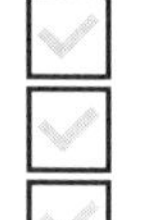

1　宅地建物取引業者A社の使用人であって、A社の宅地建物取引業を行う支店の代表者であるものが、道路交通法の規定に違反したことにより懲役の刑に処せられたとしても、A社の免許は取り消されることはない。

2　宅地建物取引業者B社の取締役が、所得税法の規定に違反したことにより罰金の刑に処せられたとしても、B社の免許は取り消されることはない。

3　宅地建物取引業者である個人Cが、宅地建物取引業法の規定に違反したことにより罰金の刑に処せられたとしても、Cの免許は取り消されることはない。

4　宅地建物取引業者D社の非常勤の取締役が、刑法第222条（脅迫）の罪を犯したことにより罰金の刑に処せられたとしても、D社の免許は取り消されることはない。

解説 → 解答

【問28】宅建業法：業務に関する禁止事項 ★★★

人口減で経済全体が縮小する時代なのに「ボケこらノルマだ。前年比 10%アップだ。できなきゃクビだ死刑だ」なんてことをやってる会社だったら、ア～ウみたいなこともやるわな。

ア 違反する　笑える。「戸建住宅の買取り」の波状攻撃。安く買い叩いて高値転売を目論む輩か。「契約の意思がないので今後勧誘に来ないでほしい」っていうんだから、別の従業員を仕向けたとしても、当該勧誘を継続しちゃダメでしょ。（47 条の 2、施行規則 16 条の 11、P.104）

イ 違反する　買取業者の違反行為が続く。「不実のことと認識しながら」というリアリティがあってよい。断定的判断を提供したり不実のことを告げる行為は禁止。でもさ、所有者のFさん。「再開発されるので急いで売却」というEの話、変だと思いませんでしたか。再開発が決まってからの流れで売却したほうが立ち退き料もプラスみたいな感じで高く売れるんじゃねーか？（47 条の 2、施行規則 16 条の 11、P.102）

ウ 違反する　買取業者に勤務しているGも必死だ。23 時頃に自宅に電話をかけて喜ばれること（例：あ、わたし、H。ちょうど寂しかったの♥）もあるかもしれんが、その夜Hは困惑したのだ。「深夜又は長時間の勧誘その他の私生活又は業務の平穏を害するような方法によりその者（H）を困惑させること」は禁止だ。（47 条の 2、施行規則 16 条の 11、P.104）

エ 違反しない　ここで出したか押印不要。37 条書面には宅地建物取引士の記名で足りる。押印は必要ない。でも違反業者の流れの中で出すから、さも違反っぽい。（37 条、P.170）

違反するものはア、イ、ウの「三つ」。選択肢３が正解となる。

【問29】宅建業法：免許の基準・監督処分 ★★★

「道路交通法違反で懲役の刑」というんだから、「酒気帯び運転」とかあおり運転（交通の危険のおそれがある妨害運転）か。いずれも「５年以下の懲役」というのがある。ちなみにワタクシは酒も飲まないしクルマの運転もしない。ある意味、役に立たない。

1 × 法令を問わず「懲役の刑に処せられた」場合は免許の取消し（免許不可）。A社と書いてあるから法人業者だよね。法人の役員か政令で定める使用人（支店の代表者）がそういうことになっちゃったら免許アウト。（5 条、66 条、P.057、P.198）

2 ○「所得税法の規定に違反したことにより罰金の刑」だと免許取消し（免許不可）にはならない。所得税がらみだから、法人（B社）の取締役（役員）だとしても私的な事件（業務に関連しない）ということなのであろう。（5 条、66 条、P.057、P.198）

3 ×「宅地建物取引業法の規定に違反したことにより罰金の刑」だもんね。これはもうバリバリの免許取消し（免許不可）。ところで個人業者Cはなにをやらかしたのであろうか。（5 条、66 条、P.057、P.198）

4 × D社（法人だね）の「非常勤の取締役」といっても役員は役員。そんな役員の彼または彼女が脅迫罪で罰金の刑。もちろん免許の取消し（免許不可）。役員が脅迫罪でパクられた会社（D社）。怖いもの見たさで就職してみよう。宅建士として活躍してくれたまえ。（5 条、66 条、P.057、P.198）

正解			
問28	3	問29	2

>> 問題

★★★

【問30】 **宅地建物取引業者Ａ（甲県知事免許）の営業保証金に関する次の記述のうち、宅地建物取引業法の規定によれば、正しいものはいくつあるか。なお、Ａは宅地建物取引業保証協会の社員ではないものとする。**

ア　Ａが免許を受けた日から６か月以内に甲県知事に営業保証金を供託した旨の届出を行わないとき、甲県知事はその届出をすべき旨の催告をしなければならず、当該催告が到達した日から１か月以内にＡが届出を行わないときは、その免許を取り消すことができる。

イ　Ａは、営業保証金を供託したときは、その供託物受入れの記載のある供託書の写しを添付して、その旨を甲県知事に届け出なければならず、当該届出をした後でなければ、その事業を開始することができない。

ウ　Ａは、営業保証金が還付され、甲県知事から営業保証金が政令で定める額に不足が生じた旨の通知を受け、その不足額を供託したときは、30日以内に甲県知事にその旨を届け出なければならない。

エ　Ａが免許失効に伴い営業保証金を取り戻す際、供託した営業保証金につき還付を受ける権利を有する者に対し、３か月を下らない一定期間内に申し出るべき旨を公告し、期間内にその申出がなかった場合でなければ、取り戻すことができない。

1　一つ　　2　二つ　　3　三つ　　4　四つ

★★★

【問31】 **宅地建物取引業者がその業務に関して行う広告に関する次の記述のうち、宅地建物取引業法（以下この問において「法」という。）の規定によれば、正しいものはどれか。なお、この問において「建築確認」とは、建築基準法第６条第１項の確認をいうものとする。**

1　宅地又は建物の売買に関する注文を受けたときは、遅滞なくその注文をした者に対して取引態様の別を明らかにしなければならないが、当該注文者が事前に取引態様の別を明示した広告を見てから注文してきた場合においては、取引態様の別を遅滞なく明らかにする必要はない。

2　既存の住宅に関する広告を行うときは、法第34条の２第１項第４号に規定する建物状況調査を実施しているかどうかを明示しなければならない。

3　これから建築工事を行う予定である建築確認申請中の建物については、当該建物の売買の媒介に関する広告をしてはならないが、貸借の媒介に関する広告はすることができる。

4　販売する宅地又は建物の広告に関し、著しく事実に相違する表示をした場合、監督処分の対象となるだけでなく、懲役若しくは罰金に処せられ、又はこれを併科されることもある。

解説 → 解答

【問30】 宅建業法：営業保証金 ★★★

「6か月以内」「30日以内」「3か月を下らない一定期間内」はすべて誤り。そんなことが書いてない記述イだけが正しい。出題者ナイス。笑えるでしょ。「正しいものはどれか」でもいいのに個数問題にしたところも愉快。ある意味、受験生をおちょくった問題。

ア × 「6か月以内」だっけ。ちがいますよね。「3か月以内」でした。3か月以内に営業保証金を供託した旨の届出をしないときは、都道府県知事はその届出をすべき旨の催告をしなければならず、その催告が到達した日から1か月以内に宅地建物取引業者が届出をしないときは、その免許を取り消すことができる。(25条、P.178)

イ ○ 免許を受けてから開業までの道のり。そうです。営業保証金を供託した旨を届出をした後でなければ、その事業を開始してはならぬ。(25条、P.176)

ウ × 「30日以内」だっけ。違いますよね。「2週間以内」でした。営業保証金が政令で定める額に不足することとなったときは、その旨の通知を受けてから2週間以内にその不足額を供託しなければならぬ。(25条、P.179)

エ × 「3か月を下らない一定期間内」だっけ。ちがいますよね。「6か月以内」でした。6か月を下らない一定期間内に申し出るべき旨を公告し、期間内にその申出がなかった場合でなければ、取り戻すことができぬ。(30条、P.182)

正しいものはイの「一つ」。選択肢1が正解となる。

【問31】 宅建業法：広告 ★★★

悪質業務は広告から始まる。とっかかり(誇大広告など)→ひっかかり(それをみた顧客を誘い込む)→ぼったくり(事実を告げなかったり不実を告げて強引に契約)。ということで誇大広告をした場合、懲役刑あり。お勤めご苦労様です。

1 × これは定番の出題。「注文者が事前に取引態様の別を明示した広告を見てから注文してきた場合」でも、取引態様の別を明らかにしなければならぬ。(34条の2、P.099)

2 × 「建物状況調査を実施しているかどうか」を明示する必要はない。ってか、そんなの明示しても一般消費者はなんのことやらわかんないかもな。(34条の2、P.099)

3 × 「建築確認申請中の建物」っていうことだから、売買の媒介に関する広告も貸借の媒介に関する広告も、いずれもできぬ。(33条、P.098)

4 ○ 著しく事実に相違する表示などで「誇大広告等の禁止(32条)」の規定に違反した場合は監督処分の対象となるほか、けっこうな厳罰が用意されていて「6月以下の懲役若しくは100万円以下の罰金に処し、又はこれを併科」となる。あんたの留守はワテがしっかり守るで。安心せいや。4代目の高島礼子さんが好き。(81条、P.205)

正解			
問30	1	問31	4

>> 問題

★★★

【問32】 宅地建物取引業者が行う届出に関する次の記述のうち、宅地建物取引業法の規定によれば、誤っているものはどれか。

1　宅地建物取引業者A（甲県知事免許）が、新たに宅地建物取引業を営む支店を甲県内に設置した場合、Aはその日から30日以内にその旨を甲県知事に届け出なければならない。

2　宅地建物取引業者B（乙県知事免許）が、宅地建物取引業者ではないCとの合併により消滅した場合、Bを代表する役員であった者は、その日から30日以内にその旨を乙県知事に届け出なければならない。

3　宅地建物取引業者D（丙県知事免許）が、本店における専任の宅地建物取引士Eの退職に伴い、新たに専任の宅地建物取引士Fを本店に置いた場合、Dはその日から30日以内にその旨を丙県知事に届け出なければならない。

4　宅地建物取引業者G（丁県知事免許）が、その業務に関し展示会を丁県内で実施する場合、展示会を実施する場所において売買契約の締結（予約を含む。）又は売買契約の申込みの受付を行うときは、Gは展示会での業務を開始する日の5日前までに展示会を実施する場所について丁県知事に届け出なければならない。

★★★

【問33】 宅地建物取引業法第35条に規定する重要事項の説明に関する次の記述のうち、正しいものはどれか。

1　甲宅地を所有する宅地建物取引業者Aが、乙宅地を所有する宅地建物取引業者ではない個人Bと、甲宅地と乙宅地の交換契約を締結するに当たって、Bに対して、甲宅地に関する重要事項の説明を行う義務はあるが、乙宅地に関する重要事項の説明を行う義務はない。

2　宅地の売買における当該宅地の引渡しの時期について、重要事項説明において説明しなければならない。

3　宅地建物取引業者が売主となる宅地の売買に関し、売主が買主から受領しようとする金銭のうち、買主への所有権移転の登記以後に受領するものに対して、宅地建物取引業法施行規則第16条の4に定める保全措置を講ずるかどうかについて、重要事項説明書に記載する必要がある。

4　重要事項説明書の電磁的方法による提供については、重要事項説明を受ける者から電磁的方法でよいと口頭で依頼があった場合、改めて電磁的方法で提供することについて承諾を得る必要はない。

★★★

【問34】 宅地建物取引業者A（消費税課税事業者）は貸主Bから建物の貸借の媒介の依頼を受け、宅地建物取引業者C（消費税課税事業者）は借主Dから建物の貸借の媒介の依頼を受け、BとDとの間で、1か月分の借賃を12万円（消費税等相当額を含まない。）とする賃貸借契約（以下この問において「本件契約」という。）を成立させた場合における次の記述のうち、宅地建物取引業法の規定に違反するものはいくつあるか。

ア　本件契約が建物を住居として貸借する契約である場合に、Cは、媒介の依頼を受けるに当たってDから承諾を得ないまま、132,000円の報酬を受領した。

イ　AはBから事前に特別な広告の依頼があったので、依頼に基づく大手新聞掲載広告料金に相当する額をBに請求し、受領した。

ウ　CはDに対し、賃貸借契約書の作成費を、Dから限度額まで受領した媒介報酬の他に請求して受領した。

エ　本件契約が建物を事務所として貸借する契約である場合に、報酬として、AはBから132,000円を、CはDから132,000円をそれぞれ受領した。

1　一つ　　2　二つ　　3　三つ　　4　四つ

解説 → 解答

【問32】 宅建業法：免許制度（各種届出） ★★★

「30日前」「30日前」「30日前」で、オチが「5日前」で誤り。笑える。5日前なんて違和感満載。あはは。さすがです。ナイス出題者さん。受験生をおちょくってやろうというこの手の試み、好きです。

1 ○ 変更の届出ですね。「事務所の名称及び所在地」に変更があった場合、30日以内に届け出なければならぬ。（8条、9条、P.043）

2 ○ 廃業等の届出ですね。「法人が合併により消滅した場合、その法人を代表する役員であった者」は、その日から30日以内に、届け出なければならぬ。（11条、P.044）

3 ○ 変更の届出ですね。「事務所ごとに置かれる専任の宅地建物取引士の氏名」に変更があった場合、30日以内に、その旨を届け出なければならぬ。（8条、9条、P.043）

4 × 第50条第2項の届出ですね。「5日前まで」でしたっけ。ちがいますよね。「10日前まで」でした。売買契約の締結などを行う展示会（案内所）を実施する場所についての届出は、その業務を開始する日の「10日前まで」とされてます。（50条、P.089）

【問33】 宅建業法：重要事項の説明（35条書面）★★★

選択肢1。出た交換契約。実務ではめったにないんだから出すなっちゅーの。でもおもしろい。

1 ○ おもしろいです。乙宅地を所有しているBに「あんたの乙宅地はどうしようもない土地でね」的な重要事項説明をしたらぶっ飛ばされそう。あはは。ちなみにどうしようもないクズ土地のことを「バッドランズ（bad lands）」というらしい。（35条、P.152）

2 × また出したか定番の誤り。宅地の引渡しの時期は説明すべき重要事項ではない。37条書面への記載事項だよね。（35条、P.161）

3 × 「買主への所有権移転の登記以後に受領するもの」は手付金等にはならないよね。ゆえに「(手付金等として）保全措置を講ずるかどうか」というバカくさい選択肢でした。（35条、P.161）

4 × 「電磁的方法でよいと口頭で依頼」だと足りないんだよね。承諾は「書面又は電子情報処理組織を使用する方法その他の情報通信の技術を利用する方法」によって得ることとされてます。（35条、施行令3条の3、施行規則16条の4の11、P.153）

【問34】 宅建業法：報酬 ★★★

月額借賃は12万円だ。ちなみに選択肢2の大手新聞掲載広告料金。ネットでテキトーに相場を調べてみたら、日経朝刊の全国版で一面広告だと2,040万円だった。出題者さんの顔が見たい。アタマの中も見てみたい。あはは。大規模な再開発案件（売買）だったらありえるかな。

ア 違反する　住居（居住用建物）ということだから「承諾を得ないまま、132,000円の報酬を受領した」は違反。承諾がない場合は6万6,000円ずつ（税込み）だ。（46条、P.120）

イ 違反しない　たかが借賃12万円の物件。「特別な広告の依頼」があれば報酬額とは別に広告料金を受領できる。1,000万円でも2,000万円でもね。あはは。（46条、P.122）

ウ 違反する　賃貸借契約書の作成費かぁー。報酬以外のカネ、受領できるものなら受領したい。あはは。違反でしょ。（46条、P.122）

エ 違反する　2か月分を受領しちゃってますね。あはは。事務所だなんだと言ってますが、両業者あわせて1か月分（税込み132,00円）が限度。（46条、P.119）

違反するものはア、ウ、エの「三つ」。選択肢3が正解となる。

正解		
問32　4	問33　1	問34　3

問題

★★

【問35】 宅地建物取引業者Ａが、自ら売主として、宅地建物取引業者ではない買主Ｂから宅地の買受けの申込みを受けた場合における宅地建物取引業法第37条の２の規定に基づくいわゆるクーリング・オフに関する次の記述のうち、正しいものはどれか。

1　Ａは、仮設テント張りの案内所でＢから買受けの申込みを受けた際、以後の取引について、その取引に係る書類に関してＢから電磁的方法で提供をすることについての承諾を得た場合、クーリング・オフについて電磁的方法で告げることができる。

2　Ａが、仮設テント張りの案内所でＢから買受けの申込みを受けた場合、Ｂは、クーリング・オフについて告げられた日から８日以内に電磁的方法により当該申込みの撤回を申し出れば、申込みの撤回を行うことができる。

3　Ａが、Ａの事務所でＢから買受けの申込みを受けた場合、Ｂは、申込みの日から８日以内に電磁的方法により当該申込みの撤回を申し出れば、申込みの撤回を行うことができる。

4　Ａが、売却の媒介を依頼している宅地建物取引業者Ｃの事務所でＢから買受けの申込みを受けた場合、Ｂは、申込みの日から８日以内に書面により当該申込みの撤回を申し出ても、申込みの撤回を行うことができない。

★★

【問36】 次の記述のうち、宅地建物取引業者Ａが行う業務に関して宅地建物取引業法の規定に違反するものはいくつあるか。

ア　建物の貸借の媒介に際して、賃借の申込みをした者がその撤回を申し出たので、Ａはかかった諸費用を差し引いて預り金を返還した。

イ　Ａは、売主としてマンションの売買契約を締結するに際して、買主が手付として必要な額を今すぐには用意できないと申し出たので、手付金の分割払いを買主に提案した。

ウ　Ａは取引のあったつど、その年月日やその取引に係る宅地又は建物の所在及び面積その他必要な記載事項を帳簿に漏らさず記載し、必要に応じて紙面にその内容を表示できる状態で、電子媒体により帳簿の保存を行っている。

エ　Ａはアンケート調査を装ってその目的がマンションの売買の勧誘であることを告げずに個人宅を訪問し、マンションの売買の勧誘をした。

1　一つ　　2　二つ　　3　三つ　　4　四つ

★★★

【問37】 次の記述のうち、宅地建物取引業法の規定によれば、正しいものはどれか。

1　宅地建物取引業者は、非常勤役員には従業者であることを証する証明書を携帯させる必要はない。

2　宅地建物取引業者は、その事務所ごとに従業者名簿を備えなければならないが、取引の関係者から閲覧の請求があった場合であっても、宅地建物取引業法第45条に規定する秘密を守る義務を理由に、閲覧を拒むことができる。

3　宅地建物取引業者の従業者は、宅地の買受けの申込みをした者から請求があった場合には、その者が宅地建物取引業者であっても、その者に従業者であることを証する証明書を提示する必要がある。

4　宅地建物取引業者は、従業者名簿を最終の記載をした日から５年間保存しなければならない。

解説 → 解答

【問35】 宅建業法：宅建業者が売主（クーリング・オフ） ★★

「電磁的方法」に触れていない選択肢４が「○」で正解。出題者さん、なかなかやりおるのぉ〜。問題設定でも売買契約は締結しておらず「買受けの申込み」だけにしぼった設定も見事。選択肢１と２を「テント張り」にして、選択肢３と４はそもそも申込みの撤回NGパターン。

1 × うわっ電磁的ヒッカケ。クーリング・オフについては「電磁的方法で告げること」は解禁されていないんですわ。書面で告げよ。（37条の2、P.133）

2 × うわっ電磁的ヒッカケ。申込みの撤回も、書面でなければならぬのです。（37条の2、P.130）

3 × 「Aの事務所でBから買受けの申込みを受けた」ということだから、そもそも申込みの撤回を行うことはできぬ。電磁的方法もNG。（37条の2、P.131）

4 ○ 「売却の媒介を依頼している宅地建物取引業者Cの事務所でBから買受けの申込み」ということだから、そもそも申込みの撤回を行うことはできぬ。（37条の2、P.132）

【問36】 宅建業法：業務規制 ★★

結局この問題も違反しないのはウだけなので「いつくあるか」ではなくて「違反しないものはどれか」でもよいのにね。あ、となるとみんな正解しちゃうから個数問題で揺さぶるという算段か。

ア 違反する　預り金は、単に申込みの証拠とするような趣旨で契約前に受領する金銭なので、申込みの撤回があったときは、その理由を問わず返金すべき。既に受領した預り金を返還することを拒むことはできず、また「かかった諸費用を差し引いて」もNG。（47条の2、P.105）

イ 違反する　これは毎度おなじみの「違反」。手付について貸付けその他信用の供与（手付金の分割払いの提案）をすることにより契約の締結を誘引する行為は禁止。（47条、P.102）

ウ 違反しない　電子媒体による帳簿でもOK。電子計算機に備えられたファイル又は磁気ディスクに記録され、必要に応じ当該事務所において電子計算機その他の機器を用いて明確に紙面に表示されるときは、当該記録をもって帳簿への記載に代えることができる。（49条、施行規則18条、P.091）

エ 違反する　「アンケート調査を装って」というのがリアルで愉快。「勧誘に先立って宅地建物取引業者の商号又は名称及び当該勧誘を行う者の氏名並びに当該契約の締結について勧誘をする目的である旨を告げずに、勧誘を行うこと」は違反。

違反するものはア、イ、ウの「三つ」。選択肢３が正解となる。

【問37】 宅建業法：従業者名簿・従業者証明書 ★★★

たぶん誰でも正解できちゃうサービス問題、出題者さんありがとう。ちなみに宅建ダイナマイトでは「帳簿は５年・従業者名簿は10年」を「ちょごめいと」という謎の呪文で覚えてもらってます。

1 × いったい何回おなじのを出す気ですか〜。非常勤役員でも従業者証明書は携帯だ。（48条、P.096）

2 × 趣旨がちがうだろ（笑）。守秘義務っていうのは「その業務上取り扱ったことについて知り得た秘密を他に漏らしてはならない」というものだ。取引の関係者からの従業者名簿の閲覧の請求に対し守秘義務でどうのこうのはバカの極み。（45条、48条、P.091、101）

3 ○ 宅地の買受けの申込みをした者（取引の関係者）が宅建業者だとしても、取引の関係者の請求があったときは、従業者証明書を提示しなければならぬ。（48条、P.096）

4 × 従業者名簿は最終の記載をした日から10年間保存しなければならぬ。（48条、P.090）

正解					
問35	4	問36	3	問37	3

問題

★★★

【問38】次の記述のうち、宅地建物取引業法の規定によれば、正しいものはいくつあるか。

ア　宅地建物取引業者Aが、自ら所有する複数の建物について、複数人に対し、反復継続して賃貸する行為は、宅地建物取引業に該当しない。

イ　宅地建物取引士とは、宅地建物取引士資格試験に合格し、都道府県知事の登録を受けた者をいう。

ウ　建設業者Bが、建築請負工事の受注を目的として、業として宅地の売買の媒介を行う行為は、宅地建物取引業に該当しない。

エ　宅地建物取引士は、宅地又は建物の取引に係る事務に必要な知識及び能力の維持向上に努めなければならない。

1　一つ　　2　二つ　　3　三つ　　4　四つ

★★

【問39】宅地建物取引業者Aが、自ら売主として、宅地建物取引業者ではない個人Bとの間で宅地の売買契約を締結する場合における手付金の保全措置に関する次の記述のうち、宅地建物取引業法の規定によれば、正しいものはどれか。なお、当該契約に係る手付金は保全措置が必要なものとする。

1　Aは、Bから手付金を受領した後に、速やかに手付金の保全措置を講じなければならない。

2　Aは、手付金の保全措置を保証保険契約を締結することにより講ずる場合、保険期間は保証保険契約が成立した時から宅地建物取引業者が受領した手付金に係る宅地の引渡しまでの期間とすればよい。

3　Aは、手付金の保全措置を保証保険契約を締結することにより講ずる場合、保険事業者との間において保証保険契約を締結すればよく、保険証券をBに交付する必要はない。

4　Aは、手付金の保全措置を保証委託契約を締結することにより講ずるときは、保証委託契約に基づいて銀行等が手付金の返還債務を連帯して保証することを約する書面のBへの交付に代えて、Bの承諾を得ることなく電磁的方法により講ずることができる。

★★★

【問40】宅地建物取引業者Aが、BからB所有の中古住宅の売却の依頼を受け、専任媒介契約（専属専任媒介契約ではないものとする。）を締結した場合に関する次の記述のうち、宅地建物取引業法（以下この問において「法」という。）の規定によれば、正しいものはどれか。

1　Aは、当該中古住宅について購入の申込みがあったときは、遅滞なく、その旨をBに報告しなければならないが、Bの希望条件を満たさない申込みだとAが判断した場合については報告する必要はない。

2　Aは、法第34条の2第1項の規定に基づく書面の交付後、速やかに、Bに対し、法第34条の2第1項第4号に規定する建物状況調査を実施する者のあっせんの有無について確認しなければならない。

3　Aは、当該中古住宅について法で規定されている事項を、契約締結の日から休業日数を含め7日以内に指定流通機構へ登録する義務がある。

4　Aは、Bが他の宅地建物取引業者の媒介又は代理によって売買の契約を成立させたときの措置を法第34条の2第1項の規定に基づく書面に記載しなければならない。

解説 → 解答

【問38】 宅建業法：宅地建物取引業・宅地建物取引士 ★★★

記述エ。プロの宅建士として実務をやってみればすぐ体感すると思うけど、なるほどたしかに知識や能力の維持向上が必要だ。改正点などもちゃんと把握しておかないと、重要事項説明でしくじる。

ア ○ 「自ら貸主」なので宅建業には該当しない。ド定番。永遠に出題を続ける気なのであろう。（2条、P.029）

イ × あと一歩足りません。合格→登録→宅地建物取引士証の交付。宅地建物取引士とは、宅地建物取引士証の交付を受けた者をいう。（2条、P.067）

ウ × 「建築請負工事の受注を目的として」とあるので建築条件付きということかな。いずれにしても「業として宅地の売買の媒介を行う」ということだからバリバリの宅建業。（2条、P.067）

エ ○ 宅建士になってからも精進してください。宅建士は、宅地又は建物の取引に係る事務に必要な知識及び能力の維持向上に努めなければならぬ。（15条の3、P.067）

正しいものはア、エの「二つ」。選択肢2が正解となる。

【問39】 宅建業法：宅建業者が売主（手付金等の保全措置） ★★

そもそも「引渡し」と「金銭の支払い」を同時にしろというルールだったら返金トラブルも少ないだろう。がしかし、そうなっていないので「手付金等の保全措置」という制度があるわけだ。

1 × 手付金は保全措置の対象となる手付金等だけど、「受領した後、速やかに」じゃないよね。手付金等の保全措置を講じなければ、手付金等を受領してはならぬ。（41条、41条の2、P.142）

2 ○ 保険期間は「引渡しまでの期間」とすればよい。引渡しまでに金銭を受領するからややこしい事態になる可能性があるわけだもんね。（41条、41条の2、P.143）

3 × ふつうに考えても、そりゃやっぱり保険証券をBに交付しなきゃならんだろ。保全措置を講じましたよっていう証拠になるしな。（41条、41条の2、P.142）

4 × 出た「電磁的方法」。保全措置がらみの書面については「電磁的方法により講ずることができる」とはなっていない。（41条、41条の2）

【問40】 宅建業法：媒介契約 ★★★

念のためだが「法第34条の2第1項の規定に基づく書面」とは「媒介契約書」のこと。選択肢1。「Bの希望条件を満たさない申込み」だとAが判断したとしてもBはそうは思わないかもしれないしな。

1 × だからこういう忖度はダメだっちゅーの。余計はお世話。媒介契約を締結した宅建業者は、当該媒介契約の目的物である宅地又は建物の売買又は交換の申込みがあったときは、遅滞なく、その旨を依頼者に報告しなければならぬ。（34条の2、P.110）

2 × 遅いよね。書面の交付後にどうのこうのじゃなくて事前にどうするかを決めてちょ。あっせんの有無を「建物状況調査を実施する者のあっせんに関する事項」として媒介契約書に記載だ。（34条の2、P.112）

3 × また出題したよ「休業日数を含め7日以内」。指定流通機構への登録は「専任媒介契約の締結の日から7日以内」だけど休業日数は算入しない。（34条の2、施行規則15条の10、P.108）

4 ○ 専任媒介契約だから「他の宅建業者の媒介又は代理によって売買の契約を成立させたときの措置」を媒介契約書に記載だ。浮気の代償はいくら？（34条の2、P.112）

正解		
問38 2	問39 2	問40 4

問題

★★★

【問41】次の記述のうち、宅地建物取引業法の規定によれば、正しいものはどれか。

1　甲県知事は、宅地建物取引士に対して必要な報告を求めることができるが、その対象は、甲県知事登録の宅地建物取引士であって、適正な事務の遂行を確保するために必要な場合に限られる。

2　宅地建物取引業者A（甲県知事免許）で専任の宅地建物取引士として従事しているB（甲県知事登録）が、勤務実態のない宅地建物取引業者C（乙県知事免許）において、自らが専任の宅地建物取引士である旨の表示がされていることを許した場合には、乙県知事は、Bに対し、必要な指示をすることができる。

3　宅地建物取引士が不正の手段により宅地建物取引士証の交付を受けた場合においては、その登録をしている都道府県知事は、情状が特に重いときは、当該宅地建物取引士の登録を消除することができる。

4　都道府県知事は、宅地建物取引士に対して登録消除処分を行ったときは、適切な方法で公告しなければならない。

★★★

【問42】宅地建物取引業法第35条に規定する重要事項の説明に関する次の記述のうち、誤っているものはいくつあるか。

ア　宅地建物取引士は、重要事項説明をする場合、取引の相手方から請求されなければ、宅地建物取引士証を相手方に提示する必要はない。

イ　売主及び買主が宅地建物取引業者ではない場合、当該取引の媒介業者は、売主及び買主に重要事項説明書を交付し、説明を行わなければならない。

ウ　宅地の売買について売主となる宅地建物取引業者は、買主が宅地建物取引業者である場合、重要事項説明書を交付しなければならないが、説明を省略することはできる。

エ　宅地建物取引業者である売主は、宅地建物取引業者ではない買主に対して、重要事項として代金並びにその支払時期及び方法を説明しなければならない。

1　一つ　　2　二つ　　3　三つ　　4　四つ

★★★

【問43】宅地建物取引業者Aが媒介により宅地の売買契約を成立させた場合における宅地建物取引業法第37条の規定により交付すべき書面（以下この問において「37条書面」という。）に関する次の記述のうち、正しいものはどれか。

1　Aは、買主が宅地建物取引業者であるときは、37条書面に移転登記の申請時期を記載しなくてもよい。

2　Aは、37条書面を売買契約成立前に、各当事者に交付しなければならない。

3　Aは、37条書面を作成したときは、専任の宅地建物取引士をして37条書面に記名させる必要がある。

4　Aは、天災その他不可抗力による損害の負担に関する定めがあるときは、その内容を37条書面に記載しなければならない。

解説 → 解答

【問41】宅建業法：宅地建物取引士・監督処分 ★★★

選択肢4。宅建士という一個人の名前を出しての「さらし首制度（公告）」はない。念のためだけど「公告」の対象となるのは宅建業者への監督処分のときで、それも「業務停止処分」と「免許取消処分」のときの2つ。

1 × 「甲県知事登録の宅地建物取引士であって」は誤り。都道府県知事は、その登録を受けている宅建引士及び当該都道府県の区域内でその事務を行う宅建引士に対して、宅建士の事務の適正な遂行を確保するため必要があると認めるときは、その事務について必要な報告を求めることができる。(72条、P.204)

2 ○ 「勤務実態のない宅建業者」で「専任の宅建士」。あはは。ドキドキするリアルさ。で、乙県内で発覚したのであれば、乙県知事も宅建士に対して必要な指示をすることができる。(68条、P.201)

3 × さりげなく「情状が特に重いときは」を忍ばせたところが憎いね。情状のいかんを問わず「不正の手段により宅地建物取引士証の交付を受けたとき」は登録の消除処分だ。(68条の2、P.202)

4 × 宅建士への監督処分についての公告制度はないっす。登録消除処分を受けたとしても公告されない。(70条、P.195)

【問42】宅建業法：重要事項の説明等 ★★★

記述ア。マンネリにもほどがあるほどのド定番。記述イ。あまりにド定番すぎて解説を書くのも飽きる。記述エ。もうやめてくれマジ飽きます。出題者の「新鮮味は出せないよー」という嘆きの声が聞こえる。せめてもの個数問題としたところがいじらしい。

ア × 取引の相手方からの請求の有無に関わらず、重要事項説明をする場合は宅建士証を相手方に提示だ。(35条、P.152)

イ × 売主には重要事項の説明を行うことを要しない。買主だけにね。ってか、これがわからないということはなにもわかっていないということがわかる。(35条、P.152)

ウ ○ 買主が宅建業者だったら説明を省略することができるよね。重要事項説明書を交付しなければならないけど。(35条、P.152)

エ × もうみんな飽きてるから（笑）。だから代金の「支払時期及び方法」は説明事項じゃないもんな。契約書面（37条書面）への記載事項だよな。(35条、P.161)

誤っているものはア、イ、エの「三つ」。選択肢3が正解となる。

【問43】宅建業法：契約書面の交付 ★★★

選択肢2が空前のバカくささ。おもしろい。出題者の顔とアタマの中を見てみたい。契約書面というくらいだから契約内容を書くんだよな。契約前にどうやって契約内容を書くんだおい。

1 × 「移転登記の申請時期」は、買主が業者であろうがなかろうが大事な話なので絶対に記載だ。そりゃそうだろ当たり前だろ。(37条、P.173)

2 × 「37条書面を売買契約成立前に」というのがバカくさくておもしろい。アホか。念のためだが「契約が成立したときは、遅滞なく、37条書面を交付しなければならない」だ。(37条、P.170)

3 × 「専任の宅地建物取引士をして」が誤り。宅建士だったら専任じゃなくても記名OK。(37条、P.170)

4 ○ 37条書面には「天災その他不可抗力による損害の負担に関する定め」があるんだったら、その内容を記載だ。(37条、P.174)

正解		
問41 2	問42 3	問43 4

問題

★★

【問44】宅地建物取引業保証協会（以下この問において「保証協会」という。）に関する次の記述のうち、宅地建物取引業法の規定によれば、正しいものはどれか。

1　保証協会の社員は、自らが取り扱った宅地建物取引業に係る取引の相手方から当該取引に関する苦情について解決の申出が保証協会にあり、保証協会から関係する資料の提出を求められたときは、正当な理由がある場合でなければ、これを拒んではならない。

2　保証協会は、社員がその一部の事務所を廃止したことに伴って弁済業務保証金分担金を当該社員に返還しようとするときは、弁済業務保証金の還付請求権者に対し、一定期間内に認証を受けるため申し出るべき旨の公告を行わなければならない。

3　保証協会は、宅地建物取引業者の相手方から、社員である宅地建物取引業者の取り扱った宅地建物取引業に係る取引に関する損害の還付請求を受けたときは、直ちに弁済業務保証金から返還しなければならない。

4　保証協会は、手付金等保管事業について国土交通大臣の承認を受けた場合、社員が自ら売主となって行う宅地又は建物の売買で、宅地の造成又は建築に関する工事の完了前における買主からの手付金等の受領について、当該事業の対象とすることができる。

★★★

【問45】宅地建物取引業者Ａが、自ら売主として、宅地建物取引業者ではない買主Ｂに新築住宅を販売する場合に関する次の記述のうち、特定住宅瑕疵担保責任の履行の確保等に関する法律の規定によれば、正しいものはどれか。

1　Ａが信託会社又は金融機関の信託業務の兼営等に関する法律第１条第１項の認可を受けた金融機関であって、宅地建物取引業を営むものである場合、住宅販売瑕疵担保保証金の供託又は住宅販売瑕疵担保責任保険契約の締結を行う義務を負わない。

2　Ａは、住宅販売瑕疵担保保証金の供託をする場合、当該住宅の売買契約を締結するまでに、Ｂに対し供託所の所在地等について、必ず書面を交付して説明しなければならず、買主の承諾を得ても書面の交付に代えて電磁的方法により提供することはできない。

3　Ａは、住宅販売瑕疵担保保証金の供託をする場合、当該住宅の最寄りの供託所へ住宅販売瑕疵担保保証金の供託をしなければならない。

4　ＡＢ間の売買契約において、当該住宅の構造耐力上主要な部分に瑕疵があってもＡが瑕疵担保責任を負わない旨の特約があった場合においても、Ａは住宅販売瑕疵担保保証金の供託又は住宅販売瑕疵担保責任保険契約の締結を行う義務を負う。

★★★

【問46】独立行政法人住宅金融支援機構（以下この問において「機構」という。）に関する次の記述のうち、誤っているものはどれか。

1　機構は、子どもを育成する家庭又は高齢者の家庭（単身の世帯を含む。）に適した良好な居住性能及び居住環境を有する賃貸住宅の建設に必要な資金の貸付けを業務として行っている。

2　機構は、証券化支援事業（買取型）において、新築住宅に対する貸付債権のみを買取りの対象としている。

3　機構は、証券化支援事業（買取型）において、ＺＥＨ（ネット・ゼロ・エネルギーハウス）及び省エネルギー性、耐震性、バリアフリー性、耐久性・可変性に優れた住宅を取得する場合に、貸付金の利率を一定期間引き下げる制度を実施している。

4　機構は、マンション管理組合や区分所有者に対するマンション共用部分の改良に必要な資金の貸付けを業務として行っている。

解説 ➔ 解答

【問44】 宅建業法：保証協会 ★★

選択肢4がマイナーなところからの出題。保証協会は手付金等保管事業を行うことができる。参考まで。選択肢1の「○」を信じて押し切れたかどうか。合否の行方を左右する1問になったかも。

1 ○ そりゃそうだよね。ちなみに保証協会は、苦情についての解決の申出及びその解決の結果について社員に周知させなければならないとされてます。（64条の5、P.185）

2 × 一部の事務所の廃止に伴う弁済業務保証金分担金の返還については、「一定期間内に認証を受けるため申し出るべき旨の公告」は不要ですよね。（64条の11、P.191）

3 × 「直ちに」じゃないよね。保証協会の認証だのなんだのという段取りがある。（64条の8、P.138）

4 × ちょっとマイナーなところからの出題。完成物件を対象とする「手付金等の保全措置」の一つである「手付金等保管事業」についての話。その事業を行うにあたり国土交通大臣の承認を受けろとするような規定なし。（64条の3、P.185）

【問45】 住宅瑕疵担保履行法 ★★★

選択肢4までたどりついて「○」ができたかどうか。ガマンの1問だった。選択肢1は、なんだかんだ言ってもアンタ宅建業者でしょ。選択肢2の電磁的方法による提供。できるんです。選択肢3は主たる事務所の最寄りの供託所だよね。

1 × 信託会社又は金融機関の信託業務の兼営等に関する法律の認可を受けた金融機関だとしても、宅建業を営むんだったら宅建業者だ。宅建業者なんだから住宅販売瑕疵担保保証金の供託などの義務あり。（1条、11条、P.210）

2 × 供託所の所在地等についての説明は、書面の交付に代えて、買主の承諾を得て、当該書面に記載すべき事項を電磁的方法により提供することができる。（10条、15条、P.214）

3 × 「当該住宅の最寄りの供託所」じゃないよね。住宅販売瑕疵担保保証金の供託は、主たる事務所の最寄りの供託所に供託だ。（11条、P.211）

4 ○ 「瑕疵担保責任を負わない旨の特約」は買主に不利な特約なので無効だ。Aは住宅販売瑕疵担保保証金の供託又は住宅販売瑕疵担保責任保険契約の締結を行う義務を負う。（11条、P.209）

【問46】 住宅金融支援機構 ★★★

「住宅金融支援機構」は定番の【問46】で出題。「誤っているものはどれか」での出題も定番。（13条、P.740～744）

1 ○ いわゆる直接融資業務。機構は「子どもを育成する家庭又は高齢者の家庭に適した良好な居住性能及び居住環境を有する賃貸住宅の建設に必要な資金の貸付け」を業務として行っている。

2 × 「新築住宅に対する貸付債権のみ」じゃないよね。既存住宅（中古）に対する貸付債権も買取りの対象だよね。

3 ○ ＺＥＨは「ゼッチ」と読むそうです。ＺＥＨとは「これからの時代の標準になるべき新しい家のかたち」だとか。これから世の中に広めていきたいワケだから「貸付金の利率を一定期間引き下げる制度」を用意して普及を促す。

4 ○ こちらも直接融資業務。修繕積立金が足りないビンボーマンションへの貸付け。一般の金融機関はやりたがらないだろうしね。回収できるかなー。

正解		
問44 1	問45 4	問46 2

問題

★★

【問47】 宅地建物取引業者が行う広告に関する次の記述のうち、不当景品類及び不当表示防止法（不動産の表示に関する公正競争規約を含む。）の規定によれば、正しいものはどれか。

1　実際には取引する意思がない物件であっても実在するものであれば、当該物件を広告に掲載しても不当表示に問われることはない。
2　直線距離で50m以内に街道が存在する場合、物件名に当該街道の名称を用いることができる。
3　物件の近隣に所在するスーパーマーケットを表示する場合は、物件からの自転車による所要時間を明示しておくことで、徒歩による所要時間を明示する必要がなくなる。
4　一棟リノベーションマンションについては、一般消費者に対し、初めて購入の申込みの勧誘を行う場合であっても、「新発売」との表示を行うことはできない。

★★★

【問48】 次の記述のうち、誤っているものはどれか。

1　令和3年度宅地建物取引業法の施行状況調査（令和4年9月公表）によれば、令和4年3月末における宅地建物取引業者の全事業者数は14万業者を超え、8年連続で増加した。
2　令和5年地価公示（令和5年3月公表）によれば、令和4年1月以降の1年間の地価について、地方圏平均では、全用途平均、住宅地、商業地のいずれも2年連続で上昇し、工業地は6年連続で上昇した。
3　建築着工統計調査報告（令和4年計。令和5年1月公表）によれば、令和4年の民間非居住建築物の着工床面積は、前年と比較すると、工場及び倉庫は増加したが、事務所及び店舗が減少したため、全体で減少となった。
4　年次別法人企業統計調査（令和3年度。令和4年9月公表）によれば、令和3年度における不動産業の売上高営業利益率は11.1％と2年連続で前年度と比べ上昇し、売上高経常利益率も12.5％と2年連続で前年度と比べ上昇した。

★★★

【問49】 土地に関する次の記述のうち、最も不適当なものはどれか。

1　自然堤防の後背湿地側の縁は、砂が緩く堆積していて、地下水位も浅いため、地震時に液状化被害が生じやすい地盤である。
2　谷底低地に軟弱層が厚く堆積している所では、地震動が凝縮されて、震動が小さくなる。
3　1923年の関東地震の際には、東京の谷底低地で多くの水道管や建物が被害を受けた。
4　大都市の近郊の丘陵地では、丘を削り谷部に盛土し造成宅地が造られたが、盛土造成に際しては、地下水位を下げるため排水施設を設け、締め固める等の必要がある。

解説 → 解答

【問47】 景品表示法 ★★

選択肢1を「○」にする受験生なんているのかな。まったくもう受験生をバカにしやがって。でもそんな出題者、好きかも。選択肢3は、いわゆるママチャリユーザーを想定してのことか（笑）。

1 × 「実際には取引する意思がない物件」なんだから、実在していようがなんだろうが、そりゃ不当表示（おとり広告）だよね。

2 ○ 街道だと「50 m以内」。物件から直線距離で 50 m以内に所在する街道その他の道路の名称（坂を含む）を用いることができる。

3 × 「物件からの自転車による所要時間」というのが微笑ましい。いわゆる「ママチャリ」が目に浮かぶ。微笑ましいんだけど自転車に乗らない人もいるから「道路距離又は徒歩所要時間」を明示して表示だ。

4 × 「新発売」は、一般消費者に対し初めて購入の申込の勧誘を行うことをいう。リノベーションマンションでも「初めて購入の申込の勧誘」ということだったら表示 OK。

【問48】 統計等 ★★ ＊令和４年度の統計数値での出題。参考まで＊

【問 48】はこのような統計数値からの出題です。別途、最新データに基づく受験対策レジュメをご用意しますのでご活用ください（8 月中旬予定）。

1 × 令和４年３月末における宅地建物取引業者の全事業者数は 12 万 8,597 だった

2 ○ 令和４年１月以降の１年間の地価について、地方圏平均では、全用途平均、住宅地、商業地のいずれも２年連続で上昇し、工業地は６年連続で上昇していた。

3 ○ 令和４年の民間非居住建築物の着工床面積は、前年と比較すると、工場及び倉庫は増加したが、事務所及び店舗が減少したため、全体で減少となっていた。

4 ○ 令和３年度における不動産業の売上高営業利益率は 11.1％と２年連続で前年度と比べ上昇し、売上高経常利益率も 12.5％と２年連続で前年度と比べ上昇していた。

【問49】 土地の形質等 ★★★

選択肢１と２。受験生を小バカにしてるかも。どうみても軟弱地盤だよね。選択肢３に関東大震災。ちなみにこの出題があった令和５年(2023 年)は、関東大震災からちょうど 100 年。記念出題だね。次は 200 年後の 2123 年に出題か。

1 適当 後背湿地とは自然堤防の背後にできる湿地帯。字面を見ても軟弱地盤だ。自然堤防自体はまぁまぁいいんだろうけど、その後背の湿地帯だもんな。湿地帯だからグチョグチョのネチョネチョなのだろう。地下水位も浅い。なのでちょっとした揺れとかの刺激があると、すぐ液状化しちゃう。

2 不適当 谷底低地は「こくていていち」と読む。細長く続く窪んだ谷地（「やち」と読む）に柔らかい土などがたっぷり堆積している軟弱層。字面を見ても軟弱地盤だ。地震があったらかなりやばい。

3 適当 いわゆる東京の下町界隈（谷底低地）が壊滅した。

4 適当 都市部への人口集中。いつまで続くのか。適地（平地部分）では人口増を吸収できず、結果、縁辺部の丘陵地での宅地開発が進む。盛土造成に際しては、地下水位を下げるため排水施設を設け、締め固める等の必要がある。いい加減な工事だと土砂崩れだ。

正解		
問47 2	問48 1	問49 2

>> 問題

★★

【問50】 建物の構造と材料に関する次の記述のうち、最も不適当なものはどれか。

1　鉄筋コンクリート構造は、地震や風の力を受けても、躯体の変形は比較的小さく、耐火性にも富んでいる。
2　鉄筋コンクリート構造は、躯体の断面が大きく、材料の質量が大きいので、建物の自重が大きくなる。
3　鉄筋コンクリート構造では、鉄筋とコンクリートを一体化するには、断面が円形の棒鋼である丸鋼の方が表面に突起をつけた棒鋼である異形棒鋼より、優れている。
4　鉄筋コンクリート構造は、コンクリートが固まって所定の強度が得られるまでに日数がかかり、現場での施工も多いので、工事期間が長くなる。

解説 → 解答

【問50】 建物の構造等 ★★

「鉄筋コンクリート構造」攻め。選択肢３、知らない言葉が出てきてちょっと焦るけど、ボツボツの突起がついている棒のほうがコンクリートとしっかりからみあって、きっといいあんばいで一体化するんじゃないかな。ツルンとしている棒だと抜けやすくてちょっと物足りない感じか。

1 適当　鉄筋コンクリート構造は頑丈だもんね。固く引き締まってるから、変形も比較的小さいだろうし、そもそもコンクリートなんだから耐火性にも富んでいるでしょ。

2 適当　鉄筋コンクリートだから、鉄筋という「筋」にコンクリートがたっぷり絡み合って肉厚になる。躯体の断面（スパッと切って見れば）も大きく、材料も鉄骨だコンクリートだということだから、木造や鉄骨造と比べれば自重も大きくなるだろうよ。

3 不適当　鉄筋とコンクリートを一体化するには、突起がついている棒鋼のほうがいいんじゃないかね。ちなみに異形棒鋼は「いけいぼうこう」と読む。画像検索してみると「あ、あれか」と見たことあるやつ。なるほど。いいあんばいの「突起」だ。いい感じになるのであろう。コンクリートと棒鋼が突起でしっかりからむ。抜けにくい。一体化。シアワセ。

4 適当　コンクリートがしっかり固まるのを待たないといけないもんね。焦っちゃダメ。たっぷり時間をとってね。

正解	
問50	3

令和４年度本試験問題・解説・解答

問題

★★

【問 1】 次の１から４までの記述のうち、民法の規定、判例及び下記判決文によれば、正しいものはどれか。

（判決文）

所有者甲から乙が不動産を買い受け、その登記が未了の間に、丙が当該不動産を甲から二重に買い受け、更に丙から転得者丁が買い受けて登記を完了した場合に、たとい丙が背信的悪意者に当たるとしても、丁は、乙に対する関係で丁自身が背信的悪意者と評価されるのでない限り、当該不動産の所有権取得をもって乙に対抗することができるものと解するのが相当である。

1　所有者ＡからＢが不動産を買い受け、その登記が未了の間に、Ｃが当該不動産をＡから二重に買い受けて登記を完了した場合、Ｃは、自らが背信的悪意者に該当するときであっても、当該不動産の所有権取得をもってＢに対抗することができる。

2　所有者ＡからＢが不動産を買い受け、その登記が未了の間に、背信的悪意者ではないＣが当該不動産をＡから二重に買い受けた場合、先に買い受けたＢは登記が未了であっても当該不動産の所有権取得をもってＣに対抗することができる。

3　所有者ＡからBが不動産を買い受け、その登記が未了の間に、背信的悪意者であるCが当該不動産をＡから二重に買い受け、更にCから転得者Dが買い受けて登記を完了した場合、DもBに対する関係で背信的悪意者に該当するときには、Dは当該不動産の所有権取得をもってBに対抗することができない。

4　所有者ＡからＢが不動産を買い受け、その登記が未了の間に、Ｃが当該不動産をＡから二重に買い受け登記を完了した場合、Ｃが背信的悪意者に該当しなくてもＢが登記未了であることにつき悪意であるときには、Ｃは当該不動産の所有権取得をもってＢに対抗することができない。

★★★

【問 2】 相続に関する次の記述のうち、民法の規定によれば、誤っているものはどれか。

1　被相続人の生前においては、相続人は、家庭裁判所の許可を受けることにより、遺留分を放棄することができる。

2　家庭裁判所への相続放棄の申述は、被相続人の生前には行うことができない。

3　相続人が遺留分の放棄について家庭裁判所の許可を受けると、当該相続人は、被相続人の遺産を相続する権利を失う。

4　相続人が被相続人の兄弟姉妹である場合、当該相続人には遺留分がない。

★★

【問 3】 制限行為能力者に関する次の記述のうち、民法の規定及び判例によれば、正しいものはどれか。

1　成年後見人は、後見監督人がいる場合には、後見監督人の同意を得なければ、成年被後見人の法律行為を取り消すことができない。

2　相続の放棄は相手方のない単独行為であるから、成年後見人が成年被後見人に代わってこれを行っても、利益相反行為となることはない。

3　成年後見人は成年被後見人の法定代理人である一方、保佐人は被保佐人の行為に対する同意権と取消権を有するが、代理権が付与されることはない。

4　令和４年４月１日からは、成年年齢が18歳となったため、18歳の者は、年齢を理由とする後見人の欠格事由に該当しない。

合格判定基準	50問中36問以上正解（登録講習修了者　45問中31問以上正解）		
受験者データ	申込者数 → 28万3,856人	受験者数 → 22万6,022人	合格者数 → 3万8,525人（合格率17.0%）

解説 → 解答

【問 1】民法：判決文問題（対抗要件）★★

民法の規定、判例及び下記判決文のどれかで判断してね、という問題。所有者A、第1買主B、第2買主Cで説明すると、Cが背信的悪意者だったとしてもCからの転得者Dが背信的悪意者じゃなければ単に登記で対抗できるよ、というのが判決文。判決文がからんでいるのは選択肢3くらいだけど、Dも背信的悪意者というパターン。（177条、P.528～533）

1 × 背信的悪意者であるCは、Bに対抗することができない。

2 × Bは先に買い受けていたとしても登記が未了であるため、Cに対抗することができない。

3 ○ Dも背信的悪意者であるため、Bに対抗することができない。

4 × Cは登記をしているので、Bに対抗することができる。

【問 2】民法：相続 ★★★

宅建試験のヒッカケ問題の王道は「似てて異なる内容を出題し受験者の混乱を狙う」だ。選択肢1の「遺留分の放棄」と選択肢2の「相続の放棄」。そして選択肢3で大混乱。出題者さん、ナイス。選択肢4がわからないということはなにもわかっていなかったということがわかる。

1 ○ 相続の開始前でも遺留分を放棄できる。「相続の開始前における遺留分の放棄は、家庭裁判所の許可を受けたときに限り、その効力を生ずる」だよね。（1049条、P.642）

2 ○ 相続の放棄は、相続の開始前にはできぬ。相続の放棄は「相続の開始があったことを知った時から3ヶ月以内」だよね。（915条、P.631）

3 × 遺留分を放棄していたとしても、相続の放棄をしたわけじゃないもんね。遺留分侵害額の請求はしないけど、相続分があれば相続するぜ～。（1046条、P.642）

4 ○ これがわからなかった諸兄姉へ。宅建に受からなくてもだいじょうぶ。猪木氏の言葉を贈ろう。元気があればなんでもできる。兄弟姉妹には遺留分は認められていない。（1042条、P.638）

【問 3】民法：制限行為能力者 ★★

選択肢2。邪悪で腹黒い法定代理人が成年被後見人を代理して「相続放棄」。代理人はなにを企んでいるのか。本人との利益が相反するかも。選択肢4。後見人の欠格事由は①未成年者、②家庭裁判所で免ぜられた法定代理人、保佐人又は補助人、③破産者、④被後見人に対して訴訟をし、又はした者並びにその配偶者及び直系血族、⑤行方の知れない者だ。

1 × えーとね、後見人が被後見人に代わって営業をするなどの一定の場合に、後見監督人があるときは、その同意を得なければならないという規定があるんだけど、「成年被後見人の法律行為を取り消す」ときに「同意がいる」とはなってないんだよね。（864条）

2 × 「なることはない」は誤。相続人全員が相続放棄というケースだったらそれによって利益を得る輩がいないから「利益相反行為」にはならんと思うが、法定代理人が成年被後見人を代理して「成年被後見人にのみ相続放棄」というような場合、なんかヤバくね？　利益相反行為の可能性大。

3 × 代理権の付与もあるよ。家庭裁判所は、保佐人に代理権を付与する旨の審判をすることができる。（876条の4、P.405）

4 ○ 18歳は成年だぁ～。いえーい。未成年者は後見人となることはできないけどね。（847条）

正解		
問1　3	問2　3	問3　4

令和4年度 問題・解説・解答

>> 問題

★★★

【問 4】 **A所有の甲土地にBのCに対する債務を担保するためにCの抵当権（以下この問において「本件抵当権」という。）が設定され、その旨の登記がなされた場合に関する次の記述のうち、民法の規定によれば、正しいものはどれか。**

1　Aから甲土地を買い受けたDが、Cの請求に応じてその代価を弁済したときは、本件抵当権はDのために消滅する。

2　Cに対抗することができない賃貸借により甲土地を競売手続の開始前から使用するEは、甲土地の競売における買受人Fの買受けの時から６か月を経過するまでは、甲土地をFに引き渡すことを要しない。

3　本件抵当権設定登記後に、甲土地上に乙建物が築造された場合、Cが本件抵当権の実行として競売を申し立てるときには、甲土地とともに乙建物の競売も申し立てなければならない。

4　BがAから甲土地を買い受けた場合、Bは抵当不動産の第三取得者として、本件抵当権について、Cに対して抵当権消滅請求をすることができる。

★

【問 5】 **期間の計算に関する次の記述のうち、民法の規定によれば、正しいものはどれか。なお、明記された日付は、日曜日、国民の祝日に関する法律に規定する休日その他の休日には当たらないものとする。**

1　令和４年10月17日午前10時に、引渡日を契約締結日から１年後とする不動産の売買契約を締結した場合、令和５年10月16日が引渡日である。

2　令和４年８月31日午前10時に、弁済期限を契約締結日から１か月後とする金銭消費貸借契約を締結した場合、令和４年９月30日の終了をもって弁済期限となる。

3　期間の末日が日曜日、国民の祝日に関する法律に規定する休日その他の休日に当たるときは、その日に取引をしない慣習がある場合に限り、期間はその前日に満了する。

4　令和４年５月30日午前10時に、代金の支払期限を契約締結日から１か月後とする動産の売買契約を締結した場合、令和４年７月１日の終了をもって支払期限となる。

解説 → 解答

【問 4】 民法：抵当権 ★★★

抵当権の問題は、なにかとめんどくせーのが多いのだが、なんだこれは。だれでもわかる選択肢 1 の代価弁済。ありがとう出題者さん。これがわからなかったという人はなにもわかっていなかったということがわかる。

1 ○ 代価弁済だよね。抵当不動産について所有権を買い受けた第三者が、抵当権者の請求に応じてその抵当権者にその代価を弁済したときは、抵当権は、その第三者のために消滅する。（378 条、P.548）

2 × うわっヒッカケ。「買受けの時から 6 か月を経過するまで・・・」は、抵当権の目的が建物のとき。この選択肢は「甲土地」がどうのこうのなのでカンケーなし。（395 条、P.554）

3 × これもヒッカケ。「甲土地とともに乙建物の競売も申し立てなければならない」じゃないんだよね。「抵当権の設定後に抵当地に建物が築造されたときは、抵当権者は、土地とともにその建物を競売することができる」に留まる。一括競売してもよし、土地だけを競売（結果的に建物は取壊しとなるか）でもよし。（389 条、P.552）

4 × そもそも B は主たる債務者。第三取得者となったとしても「主たる債務者保証人及びこれらの者の承継人は、抵当権消滅請求をすることができない」だよね。（380 条、P.550）

【問 5】 民法：期間の計算 ★

おそらくたぶん、少なくともここ約 30 年間での宅建試験では初登場となる「期間の計算」。基本パターンは「初日不算入の原則」。期間は、その末日の終了をもって満了する。（138 条～ 143 条）

1 ×「今日（10 月 17 日）から 1 年後」というような場合は、10 月 18 日から起算して翌年の 10 月 17 日の終了をもって「1 年」が満了。10 月 17 日が引渡日だ。

2 ○「今日（8 月 31 日）から 1 か月後」というような場合は 9 月 1 日から起算して 9 月 30 日の終了をもって弁済期限となる。9 月 30 日までに弁済しろということ。

3 × 前日じゃなくて翌日。期間の末日が日曜日、国民の祝日に関する法律に規定する休日その他の休日に当たるときは、その日に取引をしない慣習がある場合に限り、期間は、その翌日に満了する。

4 ×「今日（5 月 30 日）から 1 か月後」というような場合は 6 月 1 日から起算して 6 月 30 日の終了をもって弁済期限となる。6 月 30 日までに支払えということ。

正解			
問4	1	問5	2

問題

★★

【問 6】 Aを貸主、Bを借主として、A所有の甲土地につき、資材置場とする目的で期間を2年として、AB間で、①賃貸借契約を締結した場合と、②使用貸借契約を締結した場合に関する次の記述のうち、民法の規定によれば、正しいものはどれか。

1　Aは、甲土地をBに引き渡す前であれば、①では口頭での契約の場合に限り自由に解除できるのに対し、②では書面で契約を締結している場合も自由に解除できる。
2　Bは、①ではAの承諾がなければ甲土地を適法に転貸することはできないが、②ではAの承諾がなくても甲土地を適法に転貸することができる。
3　Bは、①では期間内に解約する権利を留保しているときには期間内に解約の申入れをし解約することができ、②では期間内に解除する権利を留保していなくてもいつでも解除することができる。
4　甲土地について契約の本旨に反するBの使用によって生じた損害がある場合に、Aが損害賠償を請求するときは、①では甲土地の返還を受けた時から５年以内に請求しなければならないのに対し、②では甲土地の返還を受けた時から１年以内に請求しなければならない。

★★

【問 7】 不在者Aが、家庭裁判所から失踪宣告を受けた。Aを単独相続したBは相続財産である甲土地をCに売却（以下この問において「本件売買契約」という。）して登記も移転したが、その後、生存していたAの請求によって当該失踪宣告が取り消された。本件売買契約当時に、Aの生存について、（ア）Bが善意でCが善意、（イ）Bが悪意でCが善意、（ウ）Bが善意でCが悪意、（エ）Bが悪意でCが悪意、の４つの場合があり得るが、これらのうち、民法の規定及び判例によれば、Cが本件売買契約に基づき取得した甲土地の所有権をAに対抗できる場合を全て掲げたものとして正しいものはどれか。

1　（ア）、（イ）、（ウ）
2　（ア）、（イ）
3　（ア）、（ウ）
4　（ア）

★★

【問 8】 AがB所有の甲土地を建物所有目的でなく利用するための権原が、①地上権である場合と②賃借権である場合に関する次の記述のうち、民法の規定及び判例によれば、正しいものはどれか。なお、AもBも対抗要件を備えているものとする。

1　①でも②でも、特約がなくても、BはAに対して、甲土地の使用及び収益に必要な修繕をする義務を負う。
2　CがBに無断でAから当該権原を譲り受け、甲土地を使用しているときは、①でも②でも、BはCに対して、甲土地の明渡しを請求することができる。
3　①では、Aは当該権原を目的とする抵当権を設定することができるが、②では、Aは当該権原を目的とする抵当権を設定することはできない。
4　Dが甲土地を不法占拠してAの土地利用を妨害している場合、①では、Aは当該権原に基づく妨害排除請求権を行使してDの妨害の排除を求めることができるが、②ではAはDの妨害の排除を求めることはできない。

解説 → 解答

【問 6】 民法：賃貸借契約・使用貸借契約　★★

①が賃貸借契約で②が使用貸借契約。この手の問題はめんどくせー。やりたくねー。さらに使用貸借契約のほうはあんまりベンキョーしてねーしなぁ～。選択肢２の「×」は速攻でわかるとして、選択肢４はたぶん消滅時効の「５年」を使ってのヒッカケ狙い。

1 ×「口頭」での契約で引き渡す前だとしても、①賃貸借契約の貸主Ａが「自由に解除」だなんてできない。②使用貸借契約の場合、貸主Ａは、借主Ｂが借用物を受け取るまでだったら契約の解除をすることができるけど、書面で契約している場合はこの限りでない。つまり自由に解除はできない。(593 条の 2、601 条、P.559 ～ 560)

2 × ②使用貸借契約の場合でも、借主Ｂは貸主Ａの承諾を得なければ、第三者に借用物の使用又は収益をさせることができない。(598 条、612 条、P.559、566)

3 ○ 期間の定めがある①賃貸借契約の場合、借主Ｂは原則として中途での解約はできないけど「期間内に解約する権利を留保（特約)」しているのであれば話は別。②使用貸借契約の場合は、借主Ｂは、いつでも契約の解除をすることができる。(598 条、618 条、P.559、571)

4 × ①賃貸借契約でも②使用貸借契約でも、契約の本旨に反する使用又は収益によって生じた損害の賠償は、貸主が返還を受けた時から１年以内に請求しなければならない。(600 条、622 条、P.573)

【問 7】 民法：失踪の宣告の取消し　★★

失踪者が生存していた。失踪宣告が取り消された。さぁドラマが始まる。民法の規定によれば「失踪宣告の取消しは、失踪の宣告後その取消し前に善意でした行為の効力に影響を及ぼさない」だ。そんで判例によると、この善意は「行為の双方の当事者の善意」としている。となると、Ｃが本件売買契約に基づき取得した甲土地の所有権をＡに対抗できる場合は（ア）Ｂが善意でＣが善意のときだけ。選択肢４が正解となる。(32 条)

【問 8】 民法：地上権（物権）と賃借権（債権）　★★

イメージでいうと所有権の３大パワー「使用・収益・処分」の「使用・収益」を切り取ったのが地上権(用益物権)。人間関係なしの直接支配だ。所有者のように使用収益したまえ。賃借権は債権なので「その人を通して借りている」という人間関係ベースの貧弱な感じ。その人（貸主）のご意向に沿いなさい。ウザい。(265 条、601 条)

1 ×「必要な修繕をする義務を負う」なんていう人間関係的なウザさは、債権である「賃借権」ならでは。物権である「地上権」はもっとドライだ。お前に（ある意味）渡したんだから、お前が所有者のように振る舞え。(606 条、P.563)

2 × 無断でどうのこうのなんていう人間関係的なウザさは、債権である「賃借権」ならでは。物権である「地上権」はもっとドライだ。お前に（ある意味）渡したんだから、お前が所有者のように振る舞え。(612 条、P.566)

3 ○ 物権である「地上権」には抵当権を設定できる。落札したら、お前が地上権者だ。所有者のように振る舞え。「賃借権」はたかが債権なので、抵当権を設定することはできない。(369 条、P.543)

4 × 地上権でも賃借権でも妨害排除請求権あり。っていうか昨今の改正で、不動産の賃借人にも「妨害の停止の請求等」が認められた。(605 条の 4、P.562)

正解					
問6	3	問7	4	問8	3

令和 4 年度 問題・解説・解答

問題

★

【問 9】辞任に関する次の記述のうち、民法の規定によれば、正しいものはいくつあるか。

ア　委任によって代理権を授与された者は、報酬を受ける約束をしている場合であっても、いつでも委任契約を解除して代理権を消滅させて、代理人を辞することができる。

イ　親権者は、やむを得ない事由があるときは、法務局に届出を行うことによって、親権を辞することができる。

ウ　後見人は、正当な事由があるときは、後見監督人の許可を得て、その任務を辞することができる。

エ　遺言執行者は、正当な事由があるときは、相続人の許可を得て、その任務を辞することができる。

1　一つ　　2　二つ　　3　三つ　　4　四つ

★★★

【問10】ＡはＢに対し、自己所有の甲土地を売却し、代金と引換えにＢに甲土地を引き渡したが、その後にＣに対しても甲土地を売却し、代金と引換えにＣに甲土地の所有権登記を移転した。この場合におけるＢによる甲土地の所有権の時効取得に関する次の記述のうち、民法の規定及び判例によれば、正しいものはどれか。

1　Ｂが甲土地をＤに賃貸し、引き渡したときは、Ｂは甲土地の占有を失うので、甲土地の所有権を時効取得することはできない。

2　Ｂが、時効の完成前に甲土地の占有をＥに奪われたとしても、Ｅに対して占有回収の訴えを提起して占有を回復した場合には、Ｅに占有を奪われていた期間も時効期間に算入される。

3　Ｂが、甲土地の引渡しを受けた時点で所有の意思を有していたとしても、ＡＣ間の売買及びＣに対する登記の移転を知ったときは、その時点で所有の意思が認められなくなるので、Ｂは甲土地を時効により取得することはできない。

4　Ｂが甲土地の所有権を時効取得した場合、Ｂは登記を備えなければ、その所有権を時効完成時において所有者であったＣに対抗することはできない。

★★★

【問11】建物の所有を目的とする土地の賃貸借契約（定期借地権及び一時使用目的の借地権となる契約を除く。）に関する次の記述のうち、借地借家法の規定及び判例によれば、正しいものはどれか。

1　借地権の存続期間が満了する前に建物の滅失があった場合において、借地権者が借地権の残存期間を超えて存続すべき建物を築造したときは、その建物を築造することにつき借地権設定者の承諾がない場合でも、借地権の期間の延長の効果が生ずる。

2　転借地権が設定されている場合において、転借地上の建物が滅失したときは、転借地権は消滅し、転借地権者（転借人）は建物を再築することができない。

3　借地上の建物が滅失し、借地権設定者の承諾を得て借地権者が新たに建物を築造するに当たり、借地権設定者が存続期間満了の際における借地の返還確保の目的で、残存期間を超えて存続する建物を築造しない旨の特約を借地権者と結んだとしても、この特約は無効である。

4　借地上の建物所有者が借地権設定者に建物買取請求権を適法に行使した場合、買取代金の支払があるまでは建物の引渡しを拒み得るとともに、これに基づく敷地の占有についても、賃料相当額を支払う必要はない。

解説 → 解答

【問 9】民法：代理・親権者・後見人・遺言執行者 ★

そもそも「後見監督人」とか「相続人」とかの、いわばそこらへんの民間人（例:そこらへんのおっさん）が「許可」だの「不許可」だのって変だろ。「許可」とは、一般的に禁止されている行為について、公の機関が特別な場合に、その禁止を解除するという意味合い。おっさんは公の機関か（笑）。

ア ○ 「委任は、各当事者がいつでもその解除をすることができる」だよね。委任契約を解除すれば代理権も消滅。代理人を辞任して清々しようぜ～。（651 条、P.520）

イ × 親権を行う父又は母は、やむを得ない事由があるときは、家庭裁判所の許可を得て、親権又は管理権を辞することができる。「法務局に届出を行う」というのが、なんとなくそれっぽいけど。（837 条）

ウ × 後見人は、正当な事由があるときは、家庭裁判所の許可を得て、その任務を辞することができる。「後見監督人の許可」というフレーズがバカくさい。お前の許可かよ。（844 条）

エ × 遺言執行者は、正当な事由があるときは、家庭裁判所の許可を得て、その任務を辞することができる。「相続人の許可」というフレーズがバカくさい。お前の許可かよ。（1019 条）

正しいものはアの「一つ」。選択肢 1 が正解となる。

【問10】民法：取得時効 ★★★

選択肢２。占有を奪われた場合、占有権に基づく「占有回収の訴え」によりその物の返還及び損害の賠償を請求することができる。選択肢３。単に悪意となったということだよね。

1 × 賃借人 D が占有している期間も「占有している」と扱う。B は甲土地の占有を失うということにはならないので、甲土地の所有権を時効取得することも可能だ。（162 条、P.535）

2 ○ 占有回収の訴えを提起して占有を回復すれば、占有を奪われていた期間も「占有は継続していた」と扱われるよん。なので「時効期間に算入される」で「○」。（200 条、203 条、P.526）

3 × そういった事情を知ったとしてもだ、ただそれだけで「所有の意思が認められなくなる」なんてことはない。所有の意思をもって、平穏に、かつ、公然と他人の物を占有した者は、その所有権を取得するぜい。（162 条、P.534）

4 × 時効取得した B は登記を備えていなくても「その所有権を時効完成時において所有者であった C」に対抗できるよね～。まいどおなじみ。ありがとう出題者さん。（177 条、P.538）

【問11】借地借家法：借地 ★★★

選択肢４。たしかに建物買取請求権に基づく買取代金の支払があるまでは建物の引渡しを拒むことはできるんだけど、それって、敷地の明渡しを拒むということになるよね。敷地の明渡しを拒むということは、その敷地を使っているということになるのだが、果たしてタダで使えるのかな。

1 × 建物の再築による借地権の期間の延長の効果が生ずるのは、その建物を築造するにつき借地権設定者の承諾がある場合に限りだぁ～。（7 条、P.579）

2 × 転借地権にしろ借地権にしろ、（転）借地上の建物が滅失したとしても（転）借地権は消滅なんかしないよね。建物の再築につき、あーだこーだと規定がある。（7 条、8 条、P.576）

3 ○ 「残存期間を超えて存続する建物を築造しない旨の特約」は借地権者に不利な特約なので無効だよん。（7 条、P.579）

4 × 敷地の明け渡しを拒んでいる間の賃料相当額を払え、という判例がありまーす。（13 条、P.584）

正解					
問9	1	問10	2	問11	3

令和 4 年度 ≫ 問題・解説・解答

>> 問題

★★★

【問12】 **Aは、B所有の甲建物（床面積100㎡）につき、居住を目的として、期間2年、賃料月額10万円と定めた賃貸借契約（以下この問において「本件契約」という。）をBと締結してその日に引渡しを受けた。この場合における次の記述のうち、民法及び借地借家法の規定並びに判例によれば、誤っているものはどれか。**

1　BはAに対して、本件契約締結前に、契約の更新がなく、期間の満了により賃貸借が終了する旨を記載した賃貸借契約書を交付して説明すれば、本件契約を借地借家法第38条に規定する定期建物賃貸借契約として締結することができる。

2　本件契約が借地借家法第38条に規定する定期建物賃貸借契約であるか否かにかかわらず、Aは、甲建物の引渡しを受けてから1年後に甲建物をBから購入したCに対して、賃借人であることを主張できる。

3　本件契約が借地借家法第38条に規定する定期建物賃貸借契約である場合、Aの中途解約を禁止する特約があっても、やむを得ない事情によって甲建物を自己の生活の本拠として使用することが困難になったときは、Aは本件契約の解約の申入れをすることができる。

4　AがBに対して敷金を差し入れている場合、本件契約が期間満了で終了するに当たり、Bは甲建物の返還を受けるまでは、Aに対して敷金を返還する必要はない。

★★

【問13】 **建物の区分所有等に関する法律（以下この問において「法」という。）に関する次の記述のうち、誤っているものはどれか。**

1　管理者は、規約により、その職務に関し、区分所有者のために、原告又は被告となったときは、その旨を各区分所有者に通知しなくてよい。

2　管理者がないときは、区分所有者の5分の1以上で議決権の5分の1以上を有するものは、集会を招集することができる。ただし、この定数は、規約で減ずることができる。

3　集会において、管理者の選任を行う場合、規約に別段の定めがない限り、区分所有者及び議決権の各過半数で決する。

4　管理組合（法第3条に規定する区分所有者の団体をいう。）は、区分所有者及び議決権の各4分の3以上の多数による集会の決議で法人となる旨並びにその名称及び事務所を定め、かつ、その主たる事務所の所在地において登記をすることによって法人となる。

解説 → 解答

【問12】 借地借家法：借家 ★★★

選択肢１はまいどおなじみで、これが「×」で正解肢と、出題者さん大サービス。ありがとうございます。選択肢２は、単なる引渡しによる対抗要件の話だよね。選択肢４は民法の賃貸借のところの「敷金」の話。

1 × 「賃貸借契約書を交付して説明すれば」は誤だよね。契約書とは別に「その旨を記載した書面を交付して説明」だよね。まいどおなじみ。出題者さんありがとう。（38 条、P.602）

2 ○ 定期建物賃貸借契約であるか否かにかかわらず、建物の引渡しを受けているもんね。賃借人であることを主張できる。なにか？（31 条、P.598）

3 ○ 「Ａの中途解約を禁止する特約」は建物の賃借人Ａに不利なので無効だよ。やむを得ない事情によって甲建物を自己の生活の本拠として使用することが困難になったときは、Ａは本件契約の解約の申入れをすることができる。（38 条、P.604）

4 ○ Ｂは甲建物の返還を受けるまでは、Ａに対して敷金を返還する必要はない。Ｂが敷金を返還すべきタイミングは「賃貸借が終了し、かつ、賃貸物の返還を受けたとき」だよね。（622 条の２、P.573）

【問13】 区分所有法 ★★

選択肢１。管理者は、規約又は集会の決議により、その職務に関し、区分所有者のために、原告又は被告となることができる。でね、「集会の決議」で原告又は被告となったときは、そりゃみんなが知っているだろうから通知しなくてよいのだがね。

1 × 規約による事前授権（原告又は被告となることができる）の場合で、訴訟の当事者（原告又は被告）になったときは、「なりましたよー」という通知をせねばならぬ。みんなそうなったことを知らないからね。（26 条）

2 ○ 集会を招集しやすくする方向だったらOKだよね。区分所有者の５分の１以上で議決権の５分の１以上を有するものは、集会を招集することができる。ただし、この定数は、規約で減ずることができる。（34 条、P.679）

3 ○ 区分所有者は、規約に別段の定めがない限り集会の決議（区分所有者及び議決権の各過半数）によって、管理者を選任し、又は解任することができる。（25 条、P.675）

4 ○ 法人になれば権利義務の主体（管理組合法人の名義）で取引できるしね。団体財産と個人財産との区分が明確になったりする。でね、管理組合法人は、集会の特別決議（各４分の３以上の多数）だけじゃ足りなくて、その設立を登記したときに初めて成立するという取り扱い。登記によってその法人の存在や代表者等が公示される。（47 条、P.676）

正解			
問12	1	問13	1

問題

★★

【問14】 不動産の登記に関する次の記述のうち、誤っているものはどれか。

1　所有権の移転の登記の申請をする場合には、申請人は、法令に別段の定めがある場合を除き、その申請情報と併せて登記原因を証する情報を提供しなければならない。

2　所有権の移転の登記の申請をする場合において、当該申請を登記の申請の代理を業とすることができる代理人によってするときは、登記識別情報を提供することができないことにつき正当な理由があるとみなされるため、登記義務者の登記識別情報を提供することを要しない。

3　所有権の移転の登記の申請をする場合において、登記権利者が登記識別情報の通知を希望しない旨の申出をしたときは、当該登記に係る登記識別情報は通知されない。

4　所有権の移転の登記の申請をする場合において、その登記が完了した際に交付される登記完了証を送付の方法により交付することを求めるときは、その旨及び送付先の住所を申請情報の内容としなければならない。

★★★

【問15】 都市計画法に関する次の記述のうち、誤っているものはどれか。

1　市街化区域については、都市計画に、少なくとも用途地域を定めるものとされている。

2　準都市計画区域については、都市計画に、特別用途地区を定めることができる。

3　高度地区については、都市計画に、建築物の容積率の最高限度又は最低限度を定めるものとされている。

4　工業地域は、主として工業の利便を増進するため定める地域とされている。

★★

【問16】 都市計画法に関する次の記述のうち、正しいものはどれか。ただし、この問において条例による特別の定めはないものとし、「都道府県知事」とは、地方自治法に基づく指定都市、中核市及び施行時特例市にあってはその長をいうものとする。

1　市街化区域内において、市街地再開発事業の施行として行う1haの開発行為を行おうとする者は、あらかじめ、都道府県知事の許可を受けなければならない。

2　区域区分が定められていない都市計画区域内において、博物館法に規定する博物館の建築を目的とした8,000㎡の開発行為を行おうとする者は、都道府県知事の許可を受けなくてよい。

3　自己の業務の用に供する施設の建築の用に供する目的で行う開発行為にあっては、開発区域内に土砂災害警戒区域等における土砂災害防止対策の推進に関する法律に規定する土砂災害警戒区域内の土地を含んではならない。

4　市街化調整区域内における開発行為について、当該開発行為が開発区域の周辺における市街化を促進するおそれがあるかどうかにかかわらず、都道府県知事は、開発審査会の議を経て開発許可をすることができる。

解説 ➔ 解答

【問14】 不動産登記法 ★★

選択肢２。「登記の申請が登記の申請の代理を業とすることができる代理人によってされた場合であって、登記官が当該代理人から当該申請人が登記義務者であることを確認するために必要な情報の提供を受け、かつ、その内容を相当と認めるとき」は登記識別情報はなくてもいいよん、という規定とのヒッカケ。

1 ○ 所有権の移転などの権利に関する登記を申請する場合には、申請人は、法令に別段の定めがある場合を除き、その申請情報と併せて登記原因を証する情報（例：売買契約書などの内容）を提供しなければならない。（61 条、P.656）

2 × 所有権の移転登記の申請を司法書士のセンセーなどが代理をする場合でも、登記識別情報を提供せねばならぬ。それが原則だぁ〜。（23 条、P.656）

3 ○ 所有権の移転登記などが完了したら、登記官は「当該登記に係る登記識別情報を通知しなければならない」となっているんだけど、「当該申請人があらかじめ登記識別情報の通知を希望しない旨の申出をしたなどの場合は、この限りでない」となっている。（21 条、P.654）

4 ○ 「登記完了証」っていうのがある。「ファイル送信」と「書面による交付」があって、送付の方法により登記完了証の交付を求める場合には、申請人は、その旨及び送付先の住所を申請情報の内容としなければならない。そこに送付するからね。（不動産登記規則 182 条）

【問15】 都市計画法：都市計画 ★★★

選択肢１。これがわからなかったという人は、なにもわかっていなかったということがわかる。選択肢２が「ん？」と思うかもしれないが、選択肢３が定番の「×」で、はい楽勝。いえーい＼ (^o^) ／

1 ○ なんでいまさらこんなカンタンなのを出すんだろ（笑）。そのとおりだよん。（13 条、P.224）

2 ○ 特別用途地区は準都市計画区域でも OK。ちなみに前提として、特別用途地区は用途地域が指定されているところに重ねての指定だよね。（8 条、P.219）

3 × 出た〜（笑）。高度地区については、都市計画に、建築物の高さの最高限度又は最低限度を定めるものとされている。「建築物の容積率最高限度又は最低限度」は高度利用地区だね。（8 条、P.230）

4 ○ これがわからなかったという人は、なにもわかっていなかったということがわかる。念のためだが、工業地域だから「主として」が入る。工業専用地域だったら「主として」が入らない。（9 条、P.226）

【問16】 都市計画法：開発許可 ★★

選択肢３。土砂災害警戒区域なんだけど、土砂災害警戒区域と土砂災害特別警戒区域があるのよ。で、「主として、自己の居住の用に供する住宅の建築の用に供する目的で行う開発行為以外の開発行為」にあっては、土砂災害特別警戒区域の土地を含まないこと、となっている。（29 条、33 条、P.268、274）

1 × 「市街地再開発事業の施行」としてだもんね。開発許可は不要だ。

2 ○ 博物館は図書館とおなじ類。なので面積などにかかわらず開発許可は不要だ。

3 × 「自己の居住の用」じゃなくて「自己の業務の用に供する施設」となっているので「土砂災害警戒特別区域内の土地を含んではならない」だと「○」。「土砂災害警戒区域」なので「×」。ゲスな出題だ。

4 × 「市街化を促進するおそれがあるかどうかにかかわらず」が「誤」だ。開発審査会の議を経る必要があるのは「開発区域の周辺における市街化を促進するおそれがなく、かつ、市街化区域内において行うことが困難又は著しく不適当と認める開発行為」のとき。

正解		
問14 2	問15 3	問16 2

問題

★★

【問17】 建築基準法（以下この問において「法」という。）に関する次の記述のうち、正しいものはどれか。

1　法の改正により、現に存する建築物が改正後の法の規定に適合しなくなった場合には、当該建築物は違反建築物となり、速やかに改正後の法の規定に適合させなければならない。

2　延べ面積が500㎡を超える建築物について、大規模な修繕をしようとする場合、都市計画区域外であれば建築確認を受ける必要はない。

3　地方公共団体は、条例で、建築物の敷地、構造又は建築設備に関して安全上、防火上又は衛生上必要な制限を附加することができる。

4　地方公共団体が、条例で、津波、高潮、出水等による危険の著しい区域を災害危険区域として指定した場合には、災害危険区域内における住居の用に供する建築物の建築は一律に禁止されることとなる。

★★★

【問18】 次の記述のうち、建築基準法（以下この問において「法」という。）の規定によれば、正しいものはどれか。

1　第一種低層住居専用地域内においては、神社、寺院、教会を建築することはできない。

2　その敷地内に一定の空地を有し、かつ、その敷地面積が一定規模以上である建築物で、特定行政庁が交通上、安全上、防火上及び衛生上支障がなく、かつ、その建蔽率、容積率及び各部分の高さについて総合的な配慮がなされていることにより市街地の環境の整備改善に資すると認めて許可したものの建蔽率、容積率又は各部分の高さは、その許可の範囲内において、関係規定による限度を超えるものとすることができる。

3　法第3章の規定が適用されるに至った際、現に建築物が立ち並んでいる幅員1.8 m未満の道で、あらかじめ、建築審査会の同意を得て特定行政庁が指定したものは、同章の規定における道路とみなされる。

4　第一種住居地域内においては、建築物の高さは、10 m又は12 mのうち当該地域に関する都市計画において定められた建築物の高さの限度を超えてはならない。

解説 → 解答

【問17】 建築基準法 ★★

選択肢１の「速やかに」と選択肢４の「一律に」がウソくさいので速攻で「×」としてほしいところ。選択肢２の「延べ面積が 500㎡を超える建築物」という出題のしかたが秀逸。なるほどそういう表現もありだ。

1 × 「速やかに」じゃないよね。建て替えなどの際に、改正後の法の規定に適合させればよし。（３条、P.286）

2 × 延べ面積が 500㎡を超えているということだから、木造の建築物でも木造以外の建築物でも、はたまた特殊建築物でも、大規模な修繕をしようとする場合、都市計画区域内外を問わず建築確認を受けねばならぬ。（６条、P.337）

3 ○ 地方公共団体は、その地方の気候若しくは風土の特殊性又は特殊建築物の用途若しくは規模に因り、建築基準法などの規定のみによっては建築物の安全、防火又は衛生の目的を充分に達し難いと認める場合においては、条例で、建築物の敷地、構造又は建築設備に関して安全上、防火上又は衛生上必要な制限を附加することができる。（40 条）

4 × 「一律に禁止」がウソくさい。「災害危険区域内における住居の用に供する建築物の建築の禁止その他建築物の建築に関する制限で災害防止上必要なものは条例で定める」に留まる。（39 条）

【問18】 建築基準法 ★★★

選択肢２は「総合設計制度」というヤツです。都市計画法の特定街区と同じく、広めの敷地にドドーンと高層建築物を建てさせちゃう制度。特定街区だと都市計画決定というウザいプロセスが必要だけど、こちらは「設計」ごとに緩和できるので機動的。じつは街中でよく見かける。なお昭和 61 年以来の出題で、個人的には懐かしかった。

1 × 神社、寺院、教会はどの用途地域でも建築 OK。基本テキストには覚え方として「バチが当たるから」と書いといた（笑）。（48 条、P.298）

2 × 広めの敷地で安全上などにつき「総合的な配慮」がなされている設計だったら、本来の容積率や建築物の各部分の高さを「許可の範囲」で超えちゃってよい（緩和）。でもね、公共的な空地や空間を確保しつつということなので「建蔽率」は緩和しない。（59 条の２）

3 ○ 「幅員 1.8 m未満の道」で悩んだかも。でもみなし道路になるよ。で、その段取りは「特定行政庁は、幅員 1.8m 未満の道を指定する場合においては、あらかじめ、建築審査会の同意を得なければならない」となる。（42 条、P.290）

4 × 「第一種住居地域」じゃないよね。「建築物の高さは、10 m又は 12 mのうち当該地域に関する都市計画において定められた建築物の高さの限度を超えてはならない」という規定が適用されるのは第一種・第二種低層住居専用地域、田園住居地域内だよね。（55 条、P.316）

正解	
問17　3	問18　3

問題

★★★

【問19】 宅地造成及び特定盛土等規制法に関する次の記述のうち、誤っているものはどれか。なお、この問において「都道府県知事」とは、地方自治法に基づく指定都市、中核市及び施行時特例市にあってはその長をいうものとする。（法改正により問題文、選択肢すべてを修正している）

1　宅地造成等工事規制区域内において、雨水その他の地表水又は地下水を排除するための排水施設の除却工事を行おうとする場合は、一定の場合を除き、都道府県知事への届出が必要となる。

2　宅地造成等工事規制区域内において、森林を宅地にするために行う切土であって、高さ３ｍの崖を生ずることとなるものに関する工事については、工事主は、都市計画法第29条第１項又は第２項の許可を受けて行われる当該許可の内容に適合した工事を除き、工事に着手する前に、都道府県知事の許可を受けなければならない。

3　宅地造成等工事規制区域内で過去に宅地造成等に関する工事が行われ、現在は工事主とは異なる者がその工事が行われた土地を所有している場合において、当該土地の所有者は宅地造成等に伴う災害が生じないよう、その土地を常時安全な状態に維持するよう努めなければならない。

4　宅地造成等工事規制区域外に盛土によって造成された一団の造成宅地の区域において、造成された盛土の高さが５ｍ未満の場合は、都道府県知事は、当該区域を造成宅地防災区域として指定することができない。

★★★

【問20】 次の記述のうち、土地区画整理法の規定及び判例によれば、誤っているものはどれか。

1　土地区画整理組合の設立の認可の公告があった日以後、換地処分の公告がある日までは、施行地区内において、土地区画整理事業の施行の障害となるおそれがある建築物の新築を行おうとする者は、土地区画整理組合の許可を受けなければならない。

2　土地区画整理組合は、定款に別段の定めがある場合においては、換地計画に係る区域の全部について工事が完了する以前においても換地処分をすることができる。

3　仮換地を指定したことにより、使用し、又は収益することができる者のなくなった従前の宅地については、当該宅地を使用し、又は収益することができる者のなくなった時から換地処分の公告がある日までは、施行者が当該宅地を管理する。

4　清算金の徴収又は交付に関する権利義務は、換地処分の公告によって換地についての所有権が確定することと併せて、施行者と換地処分時点の換地所有者との間に確定的に発生するものであり、換地処分後に行われた当該換地の所有権の移転に伴い当然に移転する性質を有するものではない。

★★

【問21】 農地に関する次の記述のうち、農地法（以下この問において「法」という。）の規定によれば、正しいものはどれか。

1　農地の賃貸借及び使用貸借は、その登記がなくても農地の引渡しがあったときは、これをもってその後にその農地について所有権を取得した第三者に対抗することができる。

2　法第２条第３項の農地所有適格法人の要件を満たしていない株式会社は、耕作目的で農地を借り入れることはできない。

3　法第４条第１項、第５条第１項の違反について原状回復等の措置に係る命令の対象となる者（違反転用者等）には、当該規定に違反した者又はその一般承継人は含まれるが、当該違反に係る土地について工事を請け負った者は含まれない。

4　法の適用については、土地の面積は、登記簿の地積によることとしているが、登記簿の地積が著しく事実と相違する場合及び登記簿の地積がない場合には、実測に基づき農業委員会が認定したところによる。

解説 ➔ 解答

【問19】 宅地造成及び特定盛土等規制法 ★★★

選択肢2。「都市計画法第29条第1項又は第2項の許可」とは「開発許可」のこと。開発許可を受けているんだったら宅地造成及び特定盛土等規制法上の許可を受ける必要はないけどね。

1 ○ 都道府県知事への届出が必要だ。その工事に着手する日の14日前までにね。(21条、P.345)

2 ○ 「森林から宅地にするための切土」で「高さ3mを超える崖」が生ずるっていうんだから、そりゃ許可が必要となるバリバリの宅地造成等に関する工事だ。工事に着手する前に、都道府県知事の許可を受けなければならぬ(12条、P.343)

3 ○ そりゃそうでしょ。所有者が変わったとしても、その土地を常時安全な状態に維持するように努めなければならぬ。(22条、P.346)

4 × 造成宅地防災区域の指定基準として「盛土をした土地の面積が3,000㎡以上である」「盛土の高さが5m以上」などがある。なので、盛土の高さが5m未満の場合でも造成宅地防災区域としての指定は可能だ。(45条、施行令35条、P.349)

【問20】 土地区画整理法 ★★★

選択肢1。はいはいどうもありがとうございます。これが「誤」で正解肢。全員正解しちゃうね〜(笑)。選択肢4。清算金の徴収又は交付に関する権利義務の帰属先。たとえば「誰に清算金が交付されるのか」とか。「換地処分時点の換地所有者との間で確定」というのが判例。

1 × だから国土交通大臣か都道府県知事等の許可でしょ(笑)。民間人のおっさんたち(所有者とか借地権者)が作った土地区画整理組合が法的な許可を出すなんて、変だろ。(76条、P.368)

2 ○ 規準、規約、定款などに別段の定めがある場合にあれば、換地計画に係る区域の全部について工事が完了する以前においても換地処分をすることができる。(103条、P.375)

3 ○ 仮換地に指定されない土地。まぁ誰かが管理しなきゃね。換地処分の公告がある日までは、施行者が当該宅地を管理する。(100条の2、P.373)

4 ○ 「換地処分後に行われた当該換地の所有権の移転」という局面もあろうが、清算金の徴収又は交付に関する権利義務は「換地処分時点の換地所有者との間で確定」だ。(判例)

【問21】 農地法 ★★

選択肢1。「使用貸借」を読み飛ばしちゃいそう。選択肢4。たぶん宅建試験初出題。誰も知らない正解肢。土地の面積は、登記簿の地積による。ただし、登記簿の地積が著しく事実と相違する場合及び登記簿の地積がない場合には、実測に基づき、農業委員会が認定したところによるとのこと。(56条)

1 × 使用貸借かぁー。農地の引渡しによる対抗力は「賃貸借」のとき。使用貸借は含まれない。(16条、P.385)

2 × 農地所有適格法人の要件を満たしていない株式会社でも、耕作目的での農地の借り入れはOK。認められている。3条の許可が出る場合あり。(3条、P.380)

3 × 違反転用に対する処分としての原状回復等の措置に係る命令の対象となる者は、違反した当人らのほか、違反転用に係る土地について工事を請け負った者や下請人も含まれる。(51条、P.382)

4 ○ 「実測に基づき、農業委員会が認定したところによる」のだそうですよ。

正解		
問19 4	問20 1	問21 4

令和4年度 問題・解説・解答

>> 問題

★★★

【問22】 **国土利用計画法第23条の届出（以下この問において「事後届出」という。）に関する次の記述のうち、正しいものはどれか。なお、この問において「都道府県知事」とは、地方自治法に基づく指定都市にあってはその長をいうものとする。**

1　都市計画区域外において、A市が所有する面積15,000㎡の土地を宅地建物取引業者Bが購入した場合、Bは事後届出を行わなければならない。

2　事後届出において、土地売買等の契約に係る土地の土地に関する権利の移転又は設定の対価の額については届出事項ではない。

3　市街化区域を除く都市計画区域内において、一団の土地である甲土地（C所有、面積3,500㎡）と乙土地（D所有、面積2,500㎡）を宅地建物取引業者Eが購入した場合、Eは事後届出を行わなければならない。

4　都道府県知事は、土地利用審査会の意見を聴いて、事後届出をした者に対し、当該事後届出に係る土地の利用目的について必要な変更をすべきことを勧告することができ、勧告を受けた者がその勧告に従わない場合、その勧告に反する土地売買等の契約を取り消すことができる。

★★

【問23】 **印紙税に関する次の記述のうち、正しいものはどれか。なお、以下の覚書又は契約書はいずれも書面により作成されたものとする。**

1　土地を8,000万円で譲渡することを証した覚書を売主Aと買主Bが作成した場合、本契約書を後日作成することを文書上で明らかにしていれば、当該覚書には印紙税が課されない。

2　一の契約書に甲土地の譲渡契約（譲渡金額6,000万円）と、乙建物の譲渡契約（譲渡金額3,000万円）をそれぞれ区分して記載した場合、印紙税の課税標準となる当該契約書の記載金額は、6,000万円である。

3　当初作成した土地の賃貸借契約書において「契約期間は５年とする」旨の記載がされていた契約期間を変更するために、「契約期間は10年とする」旨を記載した覚書を貸主Cと借主Dが作成した場合、当該覚書には印紙税が課される。

4　駐車場経営者Eと車両所有者Fが、Fの所有する車両を駐車場としての設備のある土地の特定の区画に駐車させる旨の賃貸借契約書を作成した場合、土地の賃借権の設定に関する契約書として印紙税が課される。

★★

【問24】 **固定資産税に関する次の記述のうち、正しいものはどれか。**

1　固定資産税の徴収については、特別徴収の方法によらなければならない。

2　土地価格等縦覧帳簿及び家屋価格等縦覧帳簿の縦覧期間は、毎年４月１日から、４月20日又は当該年度の最初の納期限の日のいずれか遅い日以後の日までの間である。

3　固定資産税の賦課期日は、市町村の条例で定めることとされている。

4　固定資産税は、固定資産の所有者に課するのが原則であるが、固定資産が賃借されている場合は、当該固定資産の賃借権者に対して課される。

解説 ➔ 解答

【問22】 国土利用計画法 ★★★

相変わらずの、意味があるんだかないんだかよくわからん国土利用計画法の事後届出。対価の額も届出事項だし、勧告に従わないからといって土地売買等の契約を取り消すことなんかできやしない。出題内容はどうしてもくだらなくなるけど、得点できるから国土利用計画法は出題し続けてくださいね〜。（23条、P.354〜359）

1 × 売主がA市だもんね。当事者の一方又は双方が国等だったら、事後届出は不要だ。
2 × 「対価の額」も届出事項だ。「事後届出」だから対価の額なんて届け出ても意味ないと思うんだけどね。
3 ○ 「市街化区域を除く都市計画区域内」だから一団の土地の面積が5,000㎡以上となるんだったら事後届出だ。一団の土地となる甲土地3,500㎡と乙土地2,500㎡を購入ということだから、事後届出が必要だ。
4 × 土地の利用目的に関する勧告に従わなかった場合、都道府県知事はなにができるかというと「その旨及びその勧告の内容を公表することができる」に留まる。

【問23】 印紙税 ★★

選択肢4。〈駐車する場所として、いわゆる駐車場としての設備のない更地を貸し付ける場合の賃貸借契約書は「土地の賃借権の設定に関する契約書」に該当し、印紙税の課税対象となります。駐車場の一定の場所に駐車することの契約の場合、駐車場という施設の賃貸借契約書ですから、印紙税の課税対象となりません〉。以上、国税庁のサイトより転載引用。（P.715〜719）

1 × 土地を8,000万円で譲渡することを証した「覚書」も印紙税の課税文書だよね。
2 × 両方とも譲渡契約なので、契約金額は合算して9,000万円だよね。
3 ○ 覚書や念書という表題で原契約を変更する文書なんだけど、果たして印紙税は課されるのか。〈原契約書により証されるべき事項のうち、重要な事項を変更するために作成した変更契約書は課税文書となり、重要な事項を含まない場合は課税文書に該当しない〉by 国税庁。土地の賃貸借契約書の場合、契約期間は「重要な事項」なので印紙税が課される。
4 × 前提として「建物や施設、物品などの賃貸借契約書は、印紙税の課税対象となりません」だ。「車両を駐車場としての設備のある土地の特定の区画に駐車させる旨の賃貸借契約書」ということなので、要は「施設」の賃貸借契約書という扱い。印紙税は課されない。

【問24】 固定資産税 ★★

選択肢3。納期ヒッカケ。選択肢4。えっ、賃借権者に課税だっけ。なんかあったなー似たようなのが。あ、地上権者だ。100年より永い（←この「永」という字を使うんだよね。渋くていいね）存続期間の地上権が設定されている土地については地上権者が納税義務者となる。（P.709〜712）

1 × えっ、普通徴収でしょ（笑）。納税通知書がどーんと送られてくるぜ。
2 ○ 「いずれか遅い日以後」で「○」。個人的な話で恐縮だが、オレも縦覧しに行ったことあるぜ。
3 × えっ、賦課期日は1月1日でしょ（笑）。市町村の条例で勝手にズラせるわけないよねー。
4 × 賃借しているとしても所有者が納税義務者だ。

正解		
問22 3	問23 3	問24 2

令和4年度 問題・解説・解答

問題

★★★

【問25】 地価公示法に関する次の記述のうち、誤っているものはどれか。

1　土地鑑定委員会は、標準地の正常な価格を判定したときは、標準地の単位面積当たりの価格のほか、当該標準地の地積及び形状についても官報で公示しなければならない。

2　正常な価格とは、土地について、自由な取引が行われるとした場合におけるその取引（一定の場合を除く。）において通常成立すると認められる価格をいい、当該土地に建物がある場合には、当該建物が存するものとして通常成立すると認められる価格をいう。

3　公示区域内の土地について鑑定評価を行う場合において、当該土地の正常な価格を求めるときは、公示価格を規準とする必要があり、その際には、当該土地とこれに類似する利用価値を有すると認められる1又は2以上の標準地との位置、地積、環境等の土地の客観的価値に作用する諸要因についての比較を行い、その結果に基づき、当該標準地の公示価格と当該土地の価格との間に均衡を保たせる必要がある。

4　公示区域とは、都市計画法第4条第2項に規定する都市計画区域その他の土地取引が相当程度見込まれるものとして国土交通省令で定める区域のうち、国土利用計画法第12条第1項の規定により指定された規制区域を除いた区域をいう。

★★★

【問26】 宅地建物取引業法第3条第1項に規定する事務所（以下この問において「事務所」という。）に関する次の記述のうち、正しいものはどれか。

1　事務所とは、契約締結権限を有する者を置き、継続的に業務を行うことができる施設を有する場所を指すものであるが、商業登記簿に登載されていない営業所又は支店は事務所には該当しない。

2　宅地建物取引業を営まず他の兼業業務のみを営んでいる支店は、事務所には該当しない。

3　宅地建物取引業者は、主たる事務所については、免許証、標識及び国土交通大臣が定めた報酬の額を掲げ、従業者名簿及び帳簿を備え付ける義務を負う。

4　宅地建物取引業者は、その事務所ごとに一定の数の成年者である専任の宅地建物取引士を置かなければならないが、既存の事務所がこれを満たさなくなった場合は、30日以内に必要な措置を執らなければならない。

★★★

【問27】 宅地建物取引業者A（消費税課税事業者）が受け取ることができる報酬についての次の記述のうち、宅地建物取引業法の規定によれば、正しいものはどれか。

1　Aが、Bから売買の媒介を依頼され、Bからの特別の依頼に基づき、遠隔地への現地調査を実施した。その際、当該調査に要する特別の費用について、Bが負担することを事前に承諾していたので、Aは媒介報酬とは別に、当該調査に要した特別の費用相当額を受領することができる。

2　Aが、居住用建物について、貸主Bから貸借の媒介を依頼され、この媒介が使用貸借に係るものである場合は、当該建物の通常の借賃をもとに報酬の限度額が定まるが、その算定に当たっては、不動産鑑定業者の鑑定評価を求めなければならない。

3　Aが居住用建物の貸主B及び借主Cの双方から媒介の依頼を受けるに当たって、依頼者の一方から受けることのできる報酬の額は、借賃の1か月分の0.55倍に相当する金額以内である。ただし、媒介の依頼を受けるに当たって、依頼者から承諾を得ている場合はこの限りではなく、双方から受けることのできる報酬の合計額は借賃の1か月分の1.1倍に相当する金額を超えてもよい。

4　Aは、土地付建物について、売主Bから媒介を依頼され、代金300万円（消費税等相当額を含み、土地代金は80万円である。）で契約を成立させた。現地調査等の費用については、通常の売買の媒介に比べ5万円（消費税等相当額を含まない。）多く要する旨、Bに対して説明し、合意の上、媒介契約を締結した。この場合、AがBから受領できる報酬の限度額は20万200円である。

解説 → 解答

【問25】 地価公示法 ★★★

誰でもわかる選択肢2。「誤」でこれが正解肢。やばい正解率100%かっ（笑）。選択肢4。国土利用計画法の「規制区域」とは、土地売買等の契約が許可制度となっている区域。通常の取引が行われないので価格を公示する意味がない。なお規制区域はいままで一度も指定されたことはない。規制区域制度自体もおなじく意味がない。

1 ○ 「当該標準地の地積及び形状」についても官報で公示される。（6条、P.699）

2 × まいどおなじみの選択肢。「建物が存するもの」じゃないよね。建物が存しないものとして、だよね。（2条、P.699）

3 ○ 長々と書いてあるけど、要は「公示区域内の土地について鑑定評価を行う場合」なんだから「公示価格を規準とする必要」があるよと。「その際には・・・」は読んでみればそりゃそうだろうね。（11条、P.697）

4 ○ 公示区域は都市計画区域に限らないよね。（P.698）

【問26】 宅建業法：事務所・業務規制 ★★★

免許証をこれみよがしに「どうだ」とばかり額縁にいれて掲げている不動産屋もいる。法的な意味はないのでバカくさい。そこの従業者の諸兄姉が選択肢3を○にしちゃうのかなー。あはは。ウケる。

1 × 商業登記簿に登載されていない営業所又は支店でも、契約締結権限を有する者を置き、継続的に業務を行うことができる施設を有する場所だったら事務所に該当だよね。（3条、施行令1条の2、P.040）

2 ○ 支店は宅建業を営む場合のみ事務所に該当だよね。（3条、施行令1条の2、P.040）

3 × 免許証は掲げる義務ないよね。掲げている宅建業者もいるけどね。もしかしたら宅建試験をベンキョーしたことない社長が標識と免許証を間違っているのかなー。（48条〜50条、P.090〜092）

4 × 30日以内じゃないよね。2週間以内だ。（31条の3、P.087）

【問27】 宅建業法：報酬 ★★★

選択肢2。無償の使用貸借の媒介だったら、1ヶ月の賃料を査定してそれを報酬として受領するわけだが、いちいち「不動産鑑定業者の鑑定評価」だなんてめんどくせー。仮にそうだとしたらその費用はどーすんだ。（46条）

1 ○ 「特別の依頼に基づき」ということだもんね。媒介報酬とは別に、当該調査に要した特別の費用相当額を受領することができるよん。（P.122）

2 × そんな大げさな話なのかね。使用貸借だから借賃はないから査定はしなきゃいけないけど「不動産鑑定業者の鑑定評価」は必ずしも要求されていない。「必要に応じて」とされている。

3 × 依頼者から承諾を得ていたとしても「双方から受けることのできる報酬の合計額は借賃の1か月分の1.1倍に相当する金額を超えてもよい」なんてことにはならない。超えちゃダメ。（P.120）

4 × 税抜き価額400万円以下となる宅地建物（低廉な空家等）の売買の媒介の場合、通常の報酬額のほか「現地調査等の費用」を売主側から受領できるけど、18万円プラス消費税までだよね。（P.117）

正解		
問25 2	問26 2	問27 1

問題

★★★

【問28】宅地建物取引業者が行う宅地建物取引業法第35条に規定する重要事項の説明に関する次の記述のうち、正しいものはどれか。

1　宅地建物取引業者が、宅地建物取引業者ではない個人から媒介業者の仲介なしに土地付建物を購入する場合、買主である宅地建物取引業者は重要事項説明書を作成しなくても宅地建物取引業法違反とはならない。

2　宅地建物取引業者が、重要事項説明書を作成する際、調査不足のため、重要事項説明書に記載された内容が事実と異なるものとなったが、意図的に事実と異なる内容を記載したものではないため、宅地建物取引業法違反とはならない。

3　宅地建物取引業者は、土地売買の媒介を行う場合、宅地建物取引業者ではない売主に対して契約が成立する前までの間に、宅地建物取引士をして重要事項説明書を交付して説明をさせなければならない。

4　宅地又は建物の取引は権利関係や法令上の制限など取引条件に関する事項が複雑で多岐にわたるため、重要事項説明書は、宅地又は建物の取引の専門的知識を有する宅地建物取引士が作成しなければならない。

★★★

【問29】宅地建物取引士に関する次の記述のうち、宅地建物取引業法の規定によれば、誤っているものはどれか。

1　宅地建物取引士は、禁錮以上の刑に処せられた場合、刑に処せられた日から30日以内に、その旨を宅地建物取引士の登録を受けた都道府県知事に届け出なければならない。

2　宅地建物取引士は、業務に関して事務禁止の処分を受けた場合、速やかに、宅地建物取引士証をその交付を受けた都道府県知事に提出しなければならず、これを怠った場合には罰則の適用を受けることがある。

3　宅地建物取引士は、有効期間の満了日が到来する宅地建物取引士証を更新する場合、国土交通大臣が指定する講習を受講しなければならず、また、当該宅地建物取引士証の有効期間は5年である。

4　宅地建物取引士は、宅地建物取引士の信用を害するような行為をしてはならず、信用を害するような行為には、宅地建物取引士の職務に必ずしも直接関係しない行為や私的な行為も含まれる。

★★

【問30】次の記述のうち、宅地建物取引業法（以下この問において「法」という。）及び犯罪による収益の移転防止に関する法律の規定によれば、正しいものはいくつあるか。

ア　法第35条第2項の規定による割賦販売とは、代金の全部又は一部について、目的物の引渡し後6か月以上の期間にわたり、かつ、2回以上に分割して受領することを条件として販売することをいう。

イ　犯罪による収益の移転防止に関する法律において、宅地建物取引業のうち、宅地若しくは建物の売買契約の締結又はその代理若しくは媒介が特定取引として規定されている。

ウ　宅地建物取引業者は、その従業者に対し、その業務を適正に実施させるため、必要な教育を行うよう努めなければならないと法に定められている。

エ　宅地建物取引業者の使用人その他の従業者は、正当な理由がある場合でなければ、宅地建物取引業の業務を補助したことについて知り得た秘密を他に漏らしてはならないと法に定められている。

1　一つ　　2　二つ　　3　三つ　　4　なし

解説 → 解答

【問28】 宅建業法：重要事項の説明等 ★★★

選択肢１と３はナイスなヒッカケだと思う。だがしかし、選択肢４はわざわざ出題する内容でもなかろう。「策士策に溺れる」という名言をこの出題者に贈ろう。単にアホな出題者なのかもしれんが。（35条、P.152）

1 ○ ナイスヒッカケ。そもそも宅建業者が買主なので、重要事項説明書の作成は不要だ。

2 × 違反でしょ（笑）。だって「事実と異なる内容を記載」でしょ。「意図的じゃないので～」だとしても、アホか違反だ。

3 × たぶん選択肢１とのセットでヒッカケを狙うという粘着質な出題者。手の込んだイジワル。売主となろうとする者が宅建業者であろうがなかろうが重要事項説明書の交付・説明は不要だ。

4 × わざわざ寝た子を起こすようなことを出題する出題者。アホなのかもね。重要事項説明書の作成は、宅建試験に20回くらい落ちている人が作ってもよい。記名した宅建士が責任取ればいいさ。

【問29】 宅建業法：宅地建物取引士 ★★★

選択肢３がゲスですが（笑）。そんでそれを正解肢にしちゃっているところも笑える。これを「誤」にせずに選択肢４の「・・・私的な行為は含まれない」で「誤」にする出題パターンも考えられるが、でもこの「・・・私的な行為は含まれない」は宅建業法の規定ではないので「宅地建物取引業法の規定によれば、誤っているものはどれか」が成立しなくなる。

1 ○ 死亡等の届出だね。禁錮以上の刑に処せられた場合は、刑に処せられた日から30日以内に届出だ。（21条、P.080）

2 ○ 罰則として10万円以下の過料に処せられる場合あり。事務禁止の処分を受けた場合、速やかに、宅建士証をその交付を受けた都道府県知事に提出だ。（86条、P.076、207）

3 × もうこんなつまんないヒッカケやめてよ。ヒッカケともいえないか（笑）。国土交通大臣じゃなくて登録をしている都道府県知事が指定する講習だよね。（22条の2、P.075）

4 ○ 宅建士のみなさぁ～ん。信用を害する行為には宅建士の職務に必ずしも直接関係しない行為や私的な行為も含まれますよぉ～。さぁ姿勢を正して滝に打たれてこい。（15条の2、P.067）

【問30】 宅建業法：業務規制 ★★

犯罪による収益の移転防止に関する法律（犯罪収益移転防止法）は、マネー・ロンダリング（資金洗浄）やテロ資金供与対策のため、疑わしい取引（特定取引）の届出義務など定める法律。われら宅建業者も犯罪者のマネロンに手を貸す可能性大。

ア × ゲスなヒッカケ。引渡し後「6か月以上」の期間にわたりじゃなくて「1年以上」です。くだらない出題ですみません（←代わりにお詫び・笑）。（35条）

イ ○ まぁそりゃそうだろ。宅建業のうち「宅地建物の売買、代理・媒介」が特定取引とされる。賃貸の媒介だと資金洗浄にならんわね。あはは。

ウ ○ 文末の「努めなければならない」が情けないけどね。努めてればいいので努めてくださいね。従業者への教育効果がありますよーに。（31条の2、P.101）

エ ○ 「正当な理由がある場合でなければ」ね。漏らしちゃダメよん。（45条、P.101）

正しいものはイ、ウ、エの「三つ」。選択肢３が正解となる。

正解		
問28 1	問29 3	問30 3

問題

★★★

【問31】宅地建物取引業者Aが、BからB所有の土地付建物の売却について媒介の依頼を受けた場合における次の記述のうち、宅地建物取引業法（以下この問において「法」という。）の規定によれば、正しいものはどれか。

1　Aが、Bと一般媒介契約を締結した場合、AがBに対し当該土地付建物の価額について意見を述べるために行った価額の査定に要した費用をBに請求することはできない。

2　Aは、Bとの間で締結した媒介契約が一般媒介契約である場合には、専任媒介契約の場合とは異なり、法第34条の2第1項の規定に基づく書面に、売買すべき価額を記載する必要はない。

3　Aが、Bとの間で締結した専任媒介契約については、Bからの申出により更新することができ、その後の有効期間については、更新の時から3か月を超える内容に定めることができる。

4　Aが、当該土地付建物の購入の媒介をCから依頼され、Cとの間で一般媒介契約を締結した場合、Aは、買主であるCに対しては、必ずしも法第34条の2第1項の規定に基づく書面を交付しなくともよい。

★★★

【問32】宅地建物取引業法第37条の規定により交付すべき書面（以下この問において「37条書面」という。）に関する次の記述のうち、誤っているものはどれか。

1　宅地建物取引業者である売主Aは、宅地建物取引業者であるBの媒介により、宅地建物取引業者ではないCと宅地の売買契約を令和4年4月1日に締結した。AとBが共同で作成した37条書面にBの宅地建物取引士の記名がなされていれば、Aは37条書面にAの宅地建物取引士をして記名をさせる必要はない。

2　宅地建物取引士は、37条書面を交付する際、買主から請求があったときは、宅地建物取引士証を提示しなければならない。

3　宅地建物取引業者である売主Dと宅地建物取引業者ではないEとの建物の売買契約において、手付金の保全措置を講ずる場合、Dはその保全措置の概要を、重要事項説明書に記載し説明する必要があるが、37条書面には記載する必要はない。

4　宅地建物取引業者である売主と宅地建物取引業者ではない個人との建物の売買において、建物の品質に関して契約の内容に適合しない場合におけるその不適合を担保すべき責任について特約を定めたときは、37条書面にその内容を記載しなければならない。

解説 ➔ 解答

【問31】 宅建業法：媒介契約 ★★★

選択肢１の「当該土地付建物の価額について意見を述べるために行った価額の査定に要した費用をBに請求することはできない」は宅建業法の規定にあるわけじゃない（明文規定ではない）んだけど、出題者は「宅建業法の規定によれば」でこれを「正」としたかったのであろう。忖度してあげよう。（34条）

1 ○ 「一般媒介契約を締結した場合」とあるけど、もちろん専属専任媒介契約・専任媒介契約を締結した場合でも「価額について意見を述べるために行った価額の査定に要した費用」は請求できないよ。

2 × アホか（笑）。媒介契約書に「売買すべき価額」を記載しないなんてありえんだろ。一般媒介契約だとしてもおなじ。（P.112）

3 × ダメでしょ。専属専任・専任媒介契約については媒介契約の有効期限は３か月を超えることができない。更新の場合もおなじ。３か月を超えることができない。（P.108）

4 × 購入の依頼者にも媒介契約書を交付せねばならぬ。一般媒介契約であってもおなじ。（P.111）

【問32】 宅建業法：契約書面の交付（37条書面） ★★★

選択肢２がナイスヒッカケ。「宅建士」と「37条書面」の関連性は「記名」だけに留まり、交付だの説明だのはカンケーないんだけど、そのニュアンスを上手につかってハメにきた。さすがです。歴の浅い出題者（←単なる言葉尻ヒッカケとかくだらないのを出しがちだ）とは異なり、手練を感じる。

1 × ＡとＢが共同で作成した37条書面だもんね。そりゃやっぱりＡ及びＢは、それぞれ宅建士をして記名させなければならぬ。

2 ○ 「37条書面を交付する際」というフェイントが入ってますが（笑）。要は「取引の相手方から請求があったときは宅建士証を提示しなければならない」を出題している。（22条の4、P.076）

3 ○ 手付金等の保全措置の概要は、重要事項説明書には記載だが、37条書面へは記載不要。（35条、37条、P.162、173～174）

4 ○ 「建物の品質に関して契約の内容に適合しない場合におけるその不適合を担保すべき責任」について定めがあるときは（特約を定めたときは）、37条書面にその内容を記載しなければならない。（37条、P.174）

正解			
問31	1	問32	1

問題

★★★

【問33】 宅地建物取引士に関する次の記述のうち、宅地建物取引業法の規定によれば、正しいものはいくつあるか。

ア　宅地建物取引士資格試験は未成年者でも受験することができるが、宅地建物取引士の登録は成年に達するまでいかなる場合にも受けることができない。

イ　甲県知事登録の宅地建物取引士が、宅地建物取引業者（乙県知事免許）の専任の宅地建物取引士に就任するためには、宅地建物取引士の登録を乙県に移転しなければならない。

ウ　丙県知事登録の宅地建物取引士が、事務の禁止の処分を受けた場合、丁県に所在する宅地建物取引業者の事務所の業務に従事しようとするときでも、その禁止の期間が満了するまで、宅地建物取引士の登録の移転を丁県知事に申請することができない。

エ　戊県知事登録の宅地建物取引士が、己県へ登録の移転の申請とともに宅地建物取引士証の交付を申請した場合、己県知事が宅地建物取引士証を交付するときは、戊県で交付された宅地建物取引士証の有効期間が経過するまでの期間を有効期間とする宅地建物取引士証を交付しなければならない。

1　一つ　　2　二つ　　3　三つ　　4　四つ

★★★

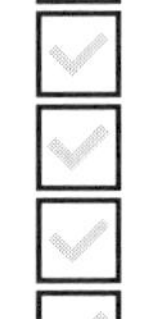

【問34】 宅地建物取引業者が建物の売買の媒介の際に行う宅地建物取引業法第 35 条に規定する重要事項の説明に関する次の記述のうち、誤っているものはどれか。なお、説明の相手方は宅地建物取引業者ではないものとする。（法改正により問題文、選択肢 2 を修正している）

1　当該建物が既存の建物であるときは、宅地建物取引業法第 34 条の２第１項第４号に規定する建物状況調査を過去１年以内に実施しているかどうか、及びこれを実施している場合におけるその結果の概要を説明しなければならない。

2　当該建物が宅地造成及び特定盛土等規制法の規定により指定された造成宅地防災区域内にあるときは、その旨を説明しなければならない。

3　当該建物について、石綿の使用の有無の調査の結果が記録されているときは、その内容を説明しなければならない。

4　当該建物（昭和 56 年５月 31 日以前に新築の工事に着手したもの）が指定確認検査機関、建築士、登録住宅性能評価機関又は地方公共団体による耐震診断を受けたものであるときは、その旨を説明しなければならない。

解説 → 解答

【問33】 宅建業法：宅地建物取引士 ★★★

甲乙丙まではいいんだけど。「戊」は「ぼ」。「己」は「き」です読めないでしょ（笑）。これが読めればこの問題は楽勝だぁ〜。復習するのにちょうどいいでしょ。

ア × 「いかなる場合にも」がウソくさい。成年に達していなくても「宅建業に係る営業に関し成年者と同一の行為能力を有する未成年者」であれば登録OKだ。（18条、P.072）

イ × 出た〜「登録を乙県に移転しなければならない」。登録の移転は任意だよね。乙県知事免許の宅建業者の専任の宅建士に就任するとしても、甲県知事登録のままでいいよね。（19条の2、P.078）

ウ ○ そうだよね。事務の禁止の処分を受け、その禁止の期間が満了していないときは、登録の移転は申請できぬ。（19条の2、P.078）

エ ○ 登録の移転とともに宅建士証に伴う宅建士証の交付の申請があったときだね。移転後の都道府県知事は、前項の宅地建物取引士証の有効期間が経過するまでの期間を有効期間とする宅地建物取引士証を交付しなければならない。（19条の2、P.078）

正しいものはウとエの「二つ」。選択肢2が正解となる。

【問34】 宅建業法：重要事項の説明等（35条書面） ★★★

選択肢1の建物状況調査なんだけど「1年を経過していないもの」を実施しているかどうか及びこれを実施している場合におけるその結果の概要を説明する。「過去1年以内に実施しているかどうか」を説明するというワケじゃないんだが、出題者はこれを「正」としたかったのであろう。忖度してあげよう。（35条）

1 ○ 建物状況調査については、「実施後1年を経過していないものに限る。」を実施しているかどうか、及びこれを実施している場合におけるその結果の概要を説明しなければならぬ。（P.159）

2 ○ 宅地造成及び特定盛土等規制法により指定された造成宅地防災区域内にあるときは、その旨を説明しなければならぬ。（P.159）

3 ○ 石綿の使用の有無の調査の結果が記録されているときは、その内容を説明しなければならぬ。（P.160）

4 × とてもゲスな出題で、こういう言葉尻ヒッカケみたいなのは「バカくささの極地大賞」を授与だ。単に「耐震診断を受けましたよ」という「その旨」の説明じゃなくて、「耐震診断を受けたものであるときは、その内容」を説明しなければならない、ということを出題したかったのであろう。（P.160）

正解			
問33	2	問34	4

問題

★★★

【問35】次の記述のうち、宅地建物取引業法（以下この問において「法」という。）の規定によれば、正しいものはどれか。

1　宅地建物取引業者の従業者である宅地建物取引士は、取引の関係者から事務所で従業者証明書の提示を求められたときは、この証明書に代えて従業者名簿又は宅地建物取引士証を提示することで足りる。

2　宅地建物取引業者Ａが所有する甲建物を法人Ｂに売却するに当たり、Ｂが宅地建物取引業者であるか否かにかかわらず、ＡはＢに対し、宅地建物取引士をして、法第35条の規定に基づく書面を交付し説明をさせなければならない。

3　法人Ｃが所有する乙建物の個人Ｄへの賃貸を宅地建物取引業者Ｅが媒介し、当該賃貸借契約が成立したときは、ＥはＤに対し、宅地建物取引士をして、法第35条の規定に基づく書面を交付し説明をさせなければならない。

4　宅地建物取引業者Ｆが所有する丙宅地を法人Ｇに売却する契約を締結したとき、Ｇが宅地建物取引業者であるか否かにかかわらず、ＦはＧに対し、法第37条の規定に基づく書面を交付しなければならない。

★★★

【問36】宅地建物取引業者が行う宅地建物取引業法第35条に規定する重要事項の説明に関する次の記述のうち、正しいものはどれか。なお、説明の相手方は宅地建物取引業者ではないものとする。

1　建物の売買の媒介を行う場合、当該建物が既存の住宅であるときは当該建物の検査済証（宅地建物取引業法施行規則第16条の２の３第２号に定めるもの）の保存の状況について説明しなければならず、当該検査済証が存在しない場合はその旨を説明しなければならない。

2　宅地の売買の媒介を行う場合、売買代金の額並びにその支払の時期及び方法について説明しなければならない。

3　建物の貸借の媒介を行う場合、当該建物が、水防法施行規則第11条第１号の規定により市町村（特別区を含む。）の長が提供する図面にその位置が表示されている場合には、当該図面が存在していることを説明すれば足りる。

4　自ら売主となって建物の売買契約を締結する場合、当該建物の引渡しの時期について説明しなければならない。

★

【問37】宅地建物取引業者Ａがその業務に関して行う広告に関する次の記述のうち、宅地建物取引業法（以下この問において「法」という。）の規定によれば、正しいものはいくつあるか。

ア　Ａが未完成の建売住宅を販売する場合、建築基準法第６条第１項に基づく確認を受けた後、同項の変更の確認の申請書を提出している期間においては、変更の確認を受ける予定であることを表示し、かつ、当初の確認内容を合わせて表示すれば、変更の確認の内容を広告することができる。

イ　Ａが新築住宅の売買に関する広告をインターネットで行った場合、実際のものより著しく優良又は有利であると人を誤認させるような表示を行ったが、当該広告について問合せや申込みがなかったときは、法第32条に定める誇大広告等の禁止の規定に違反しない。

ウ　Ａが一団の宅地の販売について、数回に分けて広告をするときは、そのたびごとに広告へ取引態様の別を明示しなければならず、当該広告を見た者から売買に関する注文を受けたときも、改めて取引態様の別を明示しなければならない。

1　一つ　2　二つ　3　三つ　4　なし

解説 → 解答

【問35】 宅建業法：35条書面・37条書面 ★★★

この出題者はなにを考えていたのかな。「法人だ個人だ」で悩ませたかったのかな。そしたら選択肢1も「法人だ個人だ」で作んないとね。なので、評価としてはこの問題はいまいちだったけど、次にチャンスがあったらがんばってみてね。出題者さん、君ならできるよ。

1 × 足りないでしょ（笑）。「従業者証明書の提示」を求められたんだから従業者証明書を提示せよ。バカっぽい選択肢だけどおもしろい。(48条、P.096)

2 × 「Bが宅地建物取引業者であるか否かにかかわらず」は誤だよね。35条書面は交付しなければならないけど、相手方が宅建業者だったら「説明」は省略してもいいよね。(35条、P.152)

3 × ビミョーなヒッカケ（笑）。「当該賃貸借契約が成立したときは」だと遅い。「契約が成立するまでの間に」だよね。(35条、P.152)

4 ○ 売主業者Fは、売買契約を締結したときは、買主Gに、37条書面を交付しなければならぬ。(37条、P.170)

【問36】 宅建業法：重要事項の説明等（35条書面） ★★★

選択肢2と4。出題者さんありがとう。宅建ダイナマイトの受験講座での「じきじきじきは37条かもぉ〜ん」で一発一撃。選択肢3。図面に当該宅地又は建物の位置が表示されているときは、当該図面における当該宅地又は建物の所在地（例：ここです）を説明せねばね。(35条)

1 ○ そうだね。「保存の状況」を説明しなければならないから、存在しない場合はその旨を説明だね。(P.159)

2 × 出ました「時期」（笑）。「売買代金の額並びにその支払の時期及び方法」は説明すべき重要事項とはなっていないよね。(P.161)

3 × バカくさいけどおもしろい。「水害ハザードマップは存在してまーす」とだけ説明するんかい。「ありまーす」と絶叫。そんな騒ぎが昔ありましたね。

4 × しつこく「時期」（笑）。「当該建物の引渡しの時期」は説明すべき重要事項とはなっていないよね。(P.161)

【問37】 宅建業法：広告 ★

記述アの内容は宅建業法の規定によるものではなくて「宅地建物取引業法の解釈・運用の考え方」に載っている内容なので、「宅建業法の規定によれば正しいものはどれか」は成立しないんだろうけど、出題者は「宅建業法の規定によれば」でこれを「正」としたかったのであろう。忖度してあげよう。(33条、P.098)

ア ○ 当初の確認は受けていて、で、変更の確認を申請中という局面。「変更の確認を受ける予定であることを表示し、かつ、当初の確認内容を合わせて表示すれば、変更の確認の内容を広告しても差し支えない」となっている。

イ × 違反するでしょ（笑）。「当該広告について問合せや申込みがなかった」という情けない状況だとしてもね。

ウ ○ 「そのたびごとに広告へ取引態様の別を明示」だし「注文を受けたときも、改めて取引態様の別を明示」だ。

正しいものはア、ウの「二つ」。選択肢2が正解となる。

正解		
問35 4	問36 1	問37 2

問題

★★★

【問38】宅地建物取引業者が自ら売主となる宅地の売買契約について、買受けの申込みを喫茶店で行った場合における宅地建物取引業法第37条の2の規定に基づくいわゆるクーリング・オフに関する次の記述のうち、正しいものはどれか。

1　買受けの申込みをした者が、売買契約締結後、当該宅地の引渡しを受けた場合、クーリング・オフによる当該売買契約の解除を行うことができない。

2　買受けの申込みをした者が宅地建物取引業者であった場合、クーリング・オフについて告げられていなくても、申込みを行った日から起算して8日を経過するまでは、書面により買受けの申込みの撤回をすることができる。

3　売主業者の申出により、買受けの申込みをした者の勤務先で売買契約を行った場合、クーリング・オフによる当該売買契約の解除を行うことはできない。

4　クーリング・オフによる売買契約の解除がなされた場合において、宅地建物取引業者は、買受けの申込みをした者に対し、速やかに、当該売買契約の締結に際し受領した手付金その他の金銭を返還しなければならない。

★★★

【問39】宅地建物取引業保証協会（以下この問において「保証協会」という。）に関する次の記述のうち、宅地建物取引業法の規定によれば、正しいものはどれか。

1　保証協会は、弁済業務保証金について弁済を受ける権利を有する者から認証申出書の提出があり、認証に係る事務を処理する場合には、各月ごとに、認証申出書に記載された取引が成立した時期の順序に従ってしなければならない。

2　保証協会は、当該保証協会の社員から弁済業務保証金分担金の納付を受けたときは、その納付を受けた額に相当する額の弁済業務保証金を当該社員の主たる事務所の最寄りの供託所に供託しなければならない。

3　保証協会の社員が弁済業務保証金分担金を納付した後に、新たに事務所を設置したときは、その日から2週間以内に保証協会に納付すべき弁済業務保証金分担金について、国債証券をもって充てることができる。

4　宅地建物取引業者と宅地の売買契約を締結した買主（宅地建物取引業者ではない。）は、当該宅地建物取引業者が保証協会の社員となる前にその取引により生じた債権に関し、当該保証協会が供託した弁済業務保証金について弁済を受ける権利を有する。

解説 ➔ 解答

【問38】 宅建業法：宅建業者が売主（クーリング・オフ） ★★★

毎年毎年、おなじような内容での出題が続くクーリング・オフ。おかげさまで、解説もおんなじ内容となり、まるで代わり映えしない年賀状のやりとりのようだ。（37条の2、P.129～134）

1 × 買受けの申込みが喫茶店で、契約締結後、まだ宅地の引渡しを受けているだけだったらクーリング・オフによる売買契約の解除OK。代金の全部を支払っていたらNGだけどね。

2 × 買受けの申込みをした者が宅建業者なんだから、買受けの申込みの撤回なんかできないでしょ（笑）。

3 × 売主業者の申出だからなー。買受けの申込みをした者の勤務先での売買契約だとしても、クーリング・オフによる売買契約の解除OK。

4 ○ クーリング・オフによる売買契約の解除だもんね。買受けの申込みをした者に対し、速やかに、手付金その他の金銭を返還だ。

【問39】 宅建業法：保証協会 ★★★

選択肢1。「各月ごとに、認証申出書に記載された取引が成立した時期の順序」だと、なんか事務作業がめんどくさくね？ いちいち認証申出書の記載を読んで確認なんてやってらんねー（かな）。

1 × 保証協会は、認証に係る事務を処理する場合には、認証申出書の受理の順序に従ってしなければならない。つまんない内容の出題ですみません。出題者に代わってお詫びします。（64条の8、施行規則26条の7、P.188）

2 × 出た～「社員の主たる事務所の最寄りの供託所」。バカくさいでしょ（笑）。まとめて供託しておきましょうよ。弁済業務保証金の供託は、法務大臣及び国土交通大臣の定める供託所にしなければならぬ。（64条の7、P.186）

3 × 弁済業務保証金分担金は金銭のみ。国債証券をもって充てることはできぬ。（64条の9、P.186）

4 ○ 保証協会の社員となる前にその取引により生じた債権でも、当該保証協会が供託した弁済業務保証金について弁済を受ける権利を有する。なんの変哲もない正解肢だね（笑）。（64条の3、P.185）

正解	
問38 4	問39 4

問題

★★★

【問40】建物の貸借の媒介を行う宅地建物取引業者が、その取引の相手方（宅地建物取引業者を除く。）に対して、次のアからエの発言に続けて宅地建物取引業法第 35 条の規定に基づく重要事項の説明を行った場合のうち、宅地建物取引業法の規定に違反しないものはいくつあるか。

ア　本日は重要事項の説明を行うためにお電話しました。お客様はＩＴ環境をお持ちでなく映像を見ることができないとのことですので、宅地建物取引士である私が記名した重要事項説明書は現在お住まいの住所に郵送いたしました。このお電話にて重要事項の説明をさせていただきますので、お手元でご覧いただきながらお聞き願います。

イ　建物の貸主が宅地建物取引業者で、代表者が宅地建物取引士であり建物の事情に詳しいことから、その代表者が作成し、記名した重要事項説明書がこちらになります。当社の宅地建物取引士は同席しますが、説明は貸主の代表者が担当します。

ウ　この物件の担当である弊社の宅地建物取引士が本日急用のため対応できなくなりましたが、せっかくお越しいただきましたので、重要事項説明書にある宅地建物取引士欄を訂正の上、宅地建物取引士である私が記名をし、代わりに説明をいたします。私の宅地建物取引士証をお見せします。

エ　本日はお客様のご希望ですので、テレビ会議を用いて重要事項の説明を行います。当社の側の音声は聞こえていますでしょうか。十分に聞き取れたとのお返事、こちらにも聞こえました。では、説明を担当する私の宅地建物取引士証をお示ししますので、画面上でご確認をいただき、私の名前を読み上げていただけますでしょうか。そうです、読み方も間違いありません。それでは、双方音声・映像ともやりとりできる状況ですので、説明を始めます。事前にお送りした私が記名した重要事項説明書をお手元にご用意ください。

1　一つ　　2　二つ　　3　三つ　　4　四つ

★★★

【問41】営業保証金及び宅地建物取引業保証協会（以下この問において「保証協会」という。）に関する次の記述のうち、宅地建物取引業法の規定によれば、誤っているものはいくつあるか。

ア　宅地建物取引業者の代表者が、その業務に関し刑法第 222 条（脅迫）の罪により懲役の刑に処せられたことを理由に宅地建物取引業の免許を取り消された場合、当該宅地建物取引業者であった者は、当該刑の執行を終わった日から５年間は供託した営業保証金を取り戻すことができない。

イ　営業保証金の還付により、営業保証金が政令で定める額に不足することとなったため、国土交通大臣又は都道府県知事から不足額を供託すべき旨の通知書の送付を受けた宅地建物取引業者は、その送付を受けた日から２週間以内にその不足額を供託しなければならない。

ウ　保証協会の社員は、自らが取り扱った宅地建物取引業に係る取引の相手方から当該取引に関する苦情について解決の申出が保証協会にあり、保証協会から関係する資料の提出を求められたときは、正当な理由がある場合でなければ、これを拒んではならない。

エ　保証協会の社員と宅地建物取引業に関し取引をした者は、その取引により生じた債権に関し、当該社員が納付した弁済業務保証金の額に相当する額の範囲内において弁済を受ける権利を有する。

1　一つ　　2　二つ　　3　三つ　　4　四つ

解説 → 解答

【問40】 宅建業法：重要事項の説明等（35条書面） ★★★

この手のお笑い系を1問くらい入れておいてもらえるとほっとするよね。ありがとうございます出題者さん。あ、ちょっとご提案ですが、「エ」をですね、たとえば「私の名前を読み上げていただけますでしょうか。あ、ちょっと違います。えーと、○○っていうんです。あはは」っていうのはどうでしょ。

ア 違反 「本日は重要事項の説明を行うためにお電話しました」で、はい違反。電話じゃダメよん。

イ 違反 貸主がなんで重要事項の説明をするんだ（笑）。おい媒介業者、アンタがやるんだよ。

ウ 違反しない せっかくお越しいただいたんだもんね。重要事項説明書にある宅地建物取引士欄を訂正の上、宅地建物取引士である私が記名をし、代わりに説明をいたします。私の宅地建物取引士証をお見せします。ご丁寧にありがとうございます。

エ 違反しない 「双方でやりとりできる環境」のようだし「映像及び音声の状況」も問題ないみたいだし。

宅建業法の規定に違反しないものはウとエの「二つ」。選択肢2が正解となる。

【問41】 宅建業法：営業保証金・保証協会 ★★★

営業保証金と保証協会のミックス問題。別におもしろくもなんともないが（笑）。記述エ。「当該社員が納付した弁済業務保証金の額に相当する額の範囲内」とは分担金の額の範囲内ということだよね。60万円とか（笑）。少なくね？

ア × 免許を取り消された場合でも営業保証金は取り戻せるが、あはは、「刑の執行を終わった日から5年間は供託した営業保証金を取り戻すことができない」なんてことにはならない。（30条、P.182）

イ ○ 還付による不足額の供託は、不足額を供託すべき旨の通知書の送付を受けた日から2週間以内だ。（28条、P.179）

ウ ○ 保証協会は、苦情の解決について必要があると認めるときは、資料の提出を求めることができる。まぁ心情的には提出したくないだろうが、正当な理由がある場合でなければ、これを拒んではならない。（64条の5、P.185）

エ × 「弁済業務保証金の額に相当する額の範囲内」じゃなくて「営業保証金の額に相当する額の範囲内」だよね。（64条の8、P.188）

誤っているものはア、エの「二つ」。選択肢2が正解となる。

正解			
問40	2	問41	2

>> 問題

★★★

【問42】 宅地建物取引業者Aが、BからB所有の宅地の売却を依頼され、Bと専属専任媒介契約（以下この問において「本件媒介契約」という。）を締結した場合に関する次の記述のうち、宅地建物取引業法の規定によれば、正しいものはどれか。

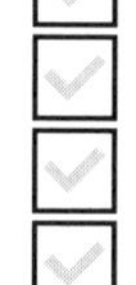

1　AはBに対して、契約の相手方を探索するために行った措置など本件媒介契約に係る業務の処理状況を２週間に１回以上報告しなければならない。

2　AがBに対し当該宅地の価額又は評価額について意見を述べるときは、その根拠を明らかにしなければならないが、根拠の明示は口頭でも書面を用いてもどちらでもよい。

3　本件媒介契約の有効期間について、あらかじめBからの書面による申出があるときは、３か月を超える期間を定めることができる。

4　Aは所定の事項を指定流通機構に登録した場合、Bから引渡しの依頼がなければ、その登録を証する書面をBに引き渡さなくてもよい。

★★★

【問43】 宅地建物取引業者Aが、自ら売主として行う売買契約に関する次の記述のうち、宅地建物取引業法の規定によれば、誤っているものはどれか。なお、買主は宅地建物取引業者ではないものとする。

1　Aが、宅地又は建物の売買契約に際して手付を受領した場合、その手付がいかなる性質のものであっても、Aが契約の履行に着手するまでの間、買主はその手付を放棄して契約の解除をすることができる。

2　Aが、土地付建物の売買契約を締結する場合において、買主との間で、「売主は、売買物件の引渡しの日から１年間に限り当該物件の種類又は品質に関して契約の内容に適合しない場合におけるその不適合を担保する責任を負う」とする旨の特約を設けることができる。

3　販売代金2,500万円の宅地について、Aが売買契約の締結を行い、損害賠償の額の予定及び違約金の定めをする場合、その合計額を500万円と設定することができる。

4　Aが建物の割賦販売を行った場合、当該建物を買主に引き渡し、かつ、代金の額の10分の３を超える額の支払を受けた後は、担保の目的で当該建物を譲り受けてはならない。

★★★

【問44】 宅地建物取引業法（以下この問において「法」という。）第37条の規定により交付すべき書面（以下この問において「37条書面」という。）に関する次の記述のうち、宅地建物取引業者Aが法の規定に違反するものはどれか。

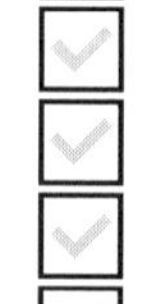

1　Aは、自ら売主として宅地建物取引業者ではないBとの間で宅地の売買契約を締結した。この際、当該買主の代理として宅地建物取引業者Cが関与していたことから、37条書面をBに加え、Cにも交付した。

2　Aは、その媒介により建物の貸借の契約を成立させ、37条書面を借主に交付するに当たり、37条書面に記名した宅地建物取引士が不在であったことから、宅地建物取引士ではないAの従業員に書面を交付させた。

3　Aは、その媒介により借主Dと建物の貸借の契約を成立させた。この際、借賃以外の金銭の授受に関する定めがあるので、その額や当該金銭の授受の時期だけでなく、当該金銭の授受の目的についても37条書面に記載し、Dに交付した。

4　Aは、自ら売主として宅地建物取引業者Eの媒介により、宅地建物取引業者Fと宅地の売買契約を締結した。37条書面については、A、E、Fの三者で内容を確認した上で各自作成し、交付せずにそれぞれ自ら作成した書類を保管した。

解説 → 解答

【問42】 宅建業法：媒介契約 ★★★

まいどおなじみの媒介契約からの出題。なんの新鮮味もないけど、復習するのにちょうどいい。（34条）

1 × 専属専任媒介契約だもんね。報告は「2週間に1回以上」じゃなくて「1週間に1回以上」だよね。（P.108）

2 ○ 根拠の明示は口頭でも書面を用いてもどちらでもいいよね。（P.112）

3 × 専任媒介契約・専属専任媒介契約の有効期間は、3か月を超えることができない。書面による申出があるとかどうとかはカンケーなし。（P.108）

4 × 指定流通機構に登録した宅建業者は、その登録を証する書面を遅滞なく依頼者に引き渡さなければならない。引渡しの依頼があるとかどうとかはカンケーなし。（P.110）

【問43】 宅建業法：宅建業者が売主 ★★★

宅建業者が売主となるシリーズ。どの選択肢も定番で、まぁべつにおもしろくもなんともないかもしれないが、復習するのにちょうどいいので、やってみてくれたまえ。選択肢4。なんでまた割賦販売。実務でほとんどないんだから出題するのやめれば。

1 ○ その手付がいかなる性質のものであっても、買主はその手付を放棄して、売主である宅建業者はその倍額を現実に提供して、契約の解除をすることができる。（39条、P.138）

2 × 「引渡しの日から1年間に限り」だとNG。そんな特約は無効だ。物件の種類又は品質に関して契約の内容に適合しない場合におけるその不適合を担保すべき責任に関し、その目的物の引渡しの日から2年以上となる特約をする場合を除き、民法に規定するものより買主に不利となる特約をしてはならない。（40条、P.140）

3 ○ 損害賠償の額を予定し、又は違約金を定めるときは、これらを合算した額が代金の額の10分の2を超えることとなる定めをしてはならない。代金2,500万円なので「500万円」と設定することができる。（38条、P.136）

4 ○ 割賦販売の場合、所有権留保の禁止によって一時的に所有権を買主に移転しても、再度残代金の担保として目的物件を譲り受けるというケースも考えられる。こういう方法を「譲渡担保」というのだが、その譲渡担保も禁止だ。「担保の目的で当該建物を譲り受けてはならない」という表現になる。（43条）

【問44】 宅建業法：契約書面の交付（37条書面） ★★★

選択肢1。売主業者は買主に37条書面を交付だが、買主にひっついている代理業者に37条書面を交付してもいい。法的にはなんの意味もないが。ふつうの出題者だったら代理業者を主役にして、どういうふうに37条書面を交付するのかな、みたいなパターンで出題するがね。（37条、P.172～174）

1 違反しない　買主側の代理業者に37条書面を交付してもいいけど、法的にはなんの意味もない。違反というわけでもないしね。

2 違反しない　37条書面の交付につき、誰が交付するとか特に規定なし。

3 違反しない　借賃以外の金銭の授受に関する定めがあるときは、「その額並びに当該金銭の授受の時期及び目的」を37条書面に記載しないとね。

4 違反する　よく読んでみると、誰も37条書面を交付してないじゃん（笑）。ウケる。

正解		
問42　2	問43　2	問44　4

>> 問題

★★★

【問45】 **特定住宅瑕疵担保責任の履行の確保等に関する法律に基づく住宅販売瑕疵担保保証金の供託又は住宅販売瑕疵担保責任保険契約の締結に関する次の記述のうち、正しいものはどれか。**

1　宅地建物取引業者は、自ら売主として宅地建物取引業者である買主との間で新築住宅の売買契約を締結し、その住宅を引き渡す場合、住宅販売瑕疵担保保証金の供託又は住宅販売瑕疵担保責任保険契約の締結を行う義務を負う。

2　住宅販売瑕疵担保責任保険契約は、新築住宅の引渡し時から10年以上有効でなければならないが、当該新築住宅の買主の承諾があれば、当該保険契約に係る保険期間を５年間に短縮することができる。

3　自ら売主として新築住宅を販売する宅地建物取引業者は、基準日から３週間を経過する日までの間において、当該基準日前10年間に自ら売主となる売買契約に基づき宅地建物取引業者ではない買主に引き渡した新築住宅（住宅販売瑕疵担保責任保険契約に係る新築住宅を除く。）について、住宅販売瑕疵担保保証金の供託をしていなければならない。

4　宅地建物取引業者が住宅販売瑕疵担保保証金の供託をし、その額が、基準日において、販売新築住宅の合計戸数を基礎として算定する基準額を超えることとなった場合、宅地建物取引業法の免許を受けた国土交通大臣又は都道府県知事の承認がなくても、その超過額を取り戻すことができる。

★★★

【問46】 **独立行政法人住宅金融支援機構（以下この問において「機構」という。）に関する次の記述のうち、誤っているものはどれか。**

1　機構は、住宅の建設又は購入に必要な資金の貸付けに係る金融機関の貸付債権の譲受けを業務として行っているが、当該住宅の建設又は購入に付随する土地又は借地権の取得に必要な資金については、譲受けの対象としていない。

2　機構は、団体信用生命保険業務において、貸付けを受けた者が死亡した場合のみならず、重度障害となった場合においても、支払われる生命保険の保険金を当該貸付けに係る債務の弁済に充当することができる。

3　証券化支援事業（買取型）において、機構による譲受けの対象となる貸付債権の償還方法には、元利均等の方法であるものに加え、元金均等の方法であるものもある。

4　機構は、証券化支援事業（買取型）において、ＭＢＳ（資産担保証券）を発行することにより、債券市場（投資家）から資金を調達している。

★★★

【問47】 **宅地建物取引業者が行う広告に関する次の記述のうち、不当景品類及び不当表示防止法（不動産の表示に関する公正競争規約を含む。）の規定によれば、正しいものはどれか。**

1　物件からスーパーマーケット等の商業施設までの徒歩所要時間は、道路距離80ｍにつき１分間を要するものとして算出し、１分未満の端数が生じたときは、端数を切り捨てて表示しなければならない。

2　インターネット上に掲載した賃貸物件の広告について、掲載直前に契約済みとなっていたとしても、消費者からの問合せに対して既に契約済みであり取引できない旨を説明すれば、不当表示に問われることはない。

3　マンションの管理費について、住戸により管理費の額が異なる場合において、その全ての住宅の管理費を示すことが困難であるときは、最高額のみを表示すればよい。

4　建築条件付土地の取引の広告においては、当該条件の内容、当該条件が成就しなかったときの措置の内容だけでなく、そもそも当該取引の対象が土地であることも明らかにして表示しなければならない。

解説 → 解答

【問45】 住宅瑕疵担保履行法 ★★★

選択肢1。買主が宅建業者。まぁ別に新鮮味はないですが、読み飛ばさないようにしましょう。（11条、P.208～214）

1 × 買主が宅建業者だもんね。「住宅販売瑕疵担保保証金の供託又は住宅販売瑕疵担保責任保険契約の締結を行う義務」なし。
2 × 買主の承諾があってもダメでしょ。保険期間を5年間に短縮することなんてできぬ。
3 ○ 基準日から3週間を経過する日までの間に、住宅販売瑕疵担保保証金を供託だ。
4 × 超過額の取戻しにあたり、国土交通大臣又は都道府県知事の承認が必要だ。

【問46】 住宅金融支援機構 ★★★

「住宅金融支援機構」は定番の【問46】で出題。「誤っているものはどれか」での出題も定番。（13条、P.740～744）

1 × 「住宅の建設又は購入に付随する土地又は借地権の取得に必要な資金」の貸付債権も、譲受けの対象だ。
2 ○ 重度障害となった場合においても、支払われる生命保険の保険金を当該貸付けに係る債務の弁済に充当することができる。
3 ○ 元利均等の方法、元金均等の方法のいずれの貸付債権であっても、機構による譲受けの対象となる。
4 ○ 機構は、証券化支援事業（買取型）において、金融機関から買い取った住宅ローン債権を担保としてＭＢＳ（資産担保証券）を発行して、債券市場（投資家）から資金を調達している。

【問47】 景品表示法 ★★★

選択肢3。消費者を表示で釣ろうという状況設定であれば、管理費はこんなに安いんだよと「最低額を表示すればよい」で「×」にするとか。あとは「平均額の表示で足りる」で「×」とか。それをわざわざ管理費はこんなに高いんだよと「最高額のみを表示すればいい」というバカくさい出題。まぁ「×」だからいいんだけどね。出題者の顔が見たい。

1 × 端数を切り捨て表示じゃないよね。たとえば4分30秒だったら「5分」と表示。1分未満の端数が生じたときは1分として表示だ。（P.734）
2 × 問われるでしょ（笑）。取引できない物件の広告はバリバリのおとり広告として不当表示だ。（P.738）
3 × 「最高額のみ」じゃないよね。全ての住宅の管理費を示すことが困難であるときは「最低額と最高額の表示」だよね。（P.736）
4 ○ 建築条件付土地の取引については、当該取引の対象が土地である旨並びに当該条件の内容及び当該条件が成就しなかったときの措置の内容を明示して表示だ。（P.733）

正解		
問45　3	問46　1	問47　4

問題

★★

【問48】 次の記述のうち、正しいものはどれか。

1　建築着工統計調査報告（令和３年計。令和４年１月公表）によれば、令和３年の新設住宅の着工戸数のうち、持家は前年比で増加したが、貸家及び分譲住宅は前年比で減少した。

2　令和４年地価公示（令和４年３月公表）によれば、令和３年１月以降の１年間の住宅地の地価は、三大都市圏平均では下落したものの、それ以外の地方圏平均では上昇した。

3　令和４年版土地白書（令和４年６月公表）によれば、令和３年の全国の土地取引件数は約133万件となり、土地取引件数の対前年比は令和元年以降減少が続いている。

4　国土交通省の公表する不動産価格指数のうち、全国の商業用不動産総合の季節調整値は、2021年（令和３年）においては第１四半期から第４四半期まで連続で対前期比増となった。

★★★

【問49】 土地に関する次の記述のうち、最も不適当なものはどれか。

1　台地の上の浅い谷は、豪雨時には一時的に浸水することがあり、注意を要する。

2　低地は、一般に洪水や地震などに対して強く、防災的見地から住宅地として好ましい。

3　埋立地は、平均海面に対し４～５ｍの比高があり護岸が強固であれば、住宅地としても利用が可能である。

4　国土交通省が運営するハザードマップポータルサイトでは、洪水、土砂災害、高潮、津波のリスク情報などを地図や写真に重ねて表示できる。

★

【問50】 建築物の構造に関する次の記述のうち、最も不適当なものはどれか。

1　木構造は、主要構造を木質系材料で構成するものであり、在来軸組構法での主要構造は、一般に軸組、小屋組、床組からなる。

2　在来軸組構法の軸組は、通常、水平材である土台、桁、胴差と、垂直材の柱及び耐力壁からなる。

3　小屋組は、屋根の骨組であり、小屋梁（ばり）、小屋束（づか）、母屋（もや）、垂木（たるき）等の部材を組み合わせた和小屋と、陸梁（ろくばり）、束（つか）、方杖（づえ）等の部材で形成するトラス構造の洋小屋がある。

4　軸組に仕上げを施した壁には、真壁と大壁があり、真壁のみで構成する洋風構造と、大壁のみで構成する和風構造があるが、これらを併用する場合はない。

解説 → 解答

【問48】 統計等 ★★ ＊令和４年度の統計数値での出題。参考まで＊

【問 48】はこのような統計数値からの出題です。別途、最新データに基づく受験対策レジュメをご用意しますのでご活用ください（8月中旬予定）。なおこの問題は「正解なし」となりました。

1 × 貸家及び分譲住宅も前年比で増加していた。
2 × 令和４年地価公示（令和４年３月公表）によれば、住宅地の地価は、三大都市圏平均でも上昇していた。
3 × 令和４年版土地白書（令和４年６月公表）によれば、令和３年の全国の土地取引件数は約 133 万件となり、ほぼ横ばいで推移していた。
4 × 「第１四半期から第４四半期まで連続で対前期比増となった」とあるが、第２四半期の対前期比は「▲（マイナス）0.0%」となっていた。

【問49】 土地の形質等 ★★★

誰しもが、選択肢２を読めば笑うはず。そんなことないでしょ。選択肢４。ハザードマップポータルサイト。試しに見てみてね。ついつい「えーここやばそう」みたいな感じで盛り上がりがちだ。

1 適当　そりゃそうでしょ。台地の上とはいえ浅い谷になっているんだから豪雨時に浸水することがあるでしょ。
2 不適当　低地なんだから一般に洪水や地震などに対して弱いでしょ（笑）。
3 適当　護岸が強固であればね。
4 適当　みんなで見てみようハザードマップポータルサイト。個人的な話で恐縮ですが、まぁまぁちょこちょこ、このリスク情報をブログ記事「街宅建」でのネタにさせていただいております。ありがとうございます。

【問50】 建物の構造等 ★

「水平材と垂直材」、「和風小屋組と洋風小屋組」、「真壁と大壁」をネット検索してみてね。画像で見ると「あーこれか、なるほどね」となります。

1 適当　在来軸組工法は建築構造の木構造の構法のひとつ。主要構造部分の土台・柱・梁・桁等を木材の軸組で構成する形式。在来軸組構法での主要構造は、一般に軸組、小屋組、床組からなる。
2 適当　在来軸組構法の軸組は、水平に取り付けられた土台、桁、胴差と、垂直方向に設ける柱及び耐力壁からなる。
3 適当　小屋組とは屋根を支えるために設けた骨組み。 小屋梁・母屋・垂木・棟木などから構成されている。 和風小屋組と洋風小屋組がある。
4 不適当　軸組み工法での壁の納め方には、大壁仕様（柱が見えない洋風）と真壁仕様（柱が見える和風）の２タイプがあり、真壁仕様と大壁仕様の折衷仕様（例：マンションの和室）もある。

正解		
問48 正答なし	問49 2	問50 4

令和３年度本試験問題・解説・解答

問題

★★

【問 1】次の1から4までの記述のうち、民法の規定、判例及び下記判決文によれば、正しいものはどれか。

（判決文）

私力の行使は、原則として法の禁止するところであるが、法律に定める手続によつたのでは、権利に対する違法な侵害に対抗して現状を維持することが不可能又は著しく困難であると認められる緊急やむを得ない特別の事情が存する場合においてのみ、その必要の限度を超えない範囲内で、例外的に許されるものと解することを妨げない。

1　権利に対する違法な侵害に対抗して法律に定める手続によらずに自力救済することは、その必要の限度を超えない範囲内であれば、事情のいかんにかかわらず許される。

2　建物賃貸借契約終了後に当該建物内に家財などの残置物がある場合には、賃貸人の権利に対する違法な侵害であり、賃貸人は賃借人の同意の有無にかかわらず、原則として裁判を行わずに当該残置物を建物内から撤去することができる。

3　建物賃貸借契約の賃借人が賃料を１年分以上滞納した場合には、賃貸人の権利を著しく侵害するため、原則として裁判を行わずに、賃貸人は賃借人の同意なく当該建物の鍵とシリンダーを交換して建物内に入れないようにすることができる。

4　裁判を行っていては権利に対する違法な侵害に対抗して現状を維持することが不可能又は著しく困難であると認められる緊急やむを得ない特別の事情が存する場合には、その必要の限度を超えない範囲内で例外的に私力の行使が許される。

★★

【問 2】相隣関係に関する次の記述のうち、民法の規定によれば、誤っているものはどれか。

1　土地の所有者は、隣地の所有者と共同の費用で、境界標を設けることができる。

2　隣接する土地の境界線上に設けた障壁は、相隣者の共有に属するものと推定される。

3　高地の所有者は、その高地が浸水した場合にこれを乾かすためであっても、公の水流又は下水道に至るまで、低地に水を通過させることはできない。

4　土地の所有者が直接に雨水を隣地に注ぐ構造の屋根を設けた場合、隣地所有者は、その所有権に基づいて妨害排除又は予防の請求をすることができる。

合格判定基準	50 問中 34 問以上正解（登録講習修了者　45 問中 29 問以上正解）　12 月実施分		
受験者データ	申込者数 → 3 万 9,814 人	受験者数 → 2 万 4,965 人	合格者数 → 3,892 人（合格率 15.6%）

解説 → 解答

【問 1】 民法：判決文（自力救済の禁止） ★★

私力の行使とは「自力救済」ともいって、つまり、法律によらずに、力づく（ある種の暴力っすね）で解決しちゃダメよ（自力救済の禁止）ということなんだけど、でもね、「法律に定める手続」とかそんな悠長なことをいってられないような、めっちゃヤバい状態だったら、例外的に私力の行使（自力救済）もしかたあるまい、と言っている。

1 × アホか。「事情のいかんにかかわらず許される」じゃねーだろ（笑）。

2 × だから「原則として裁判を行わずに当該残置物を建物内から撤去」なんかできるわけねーだろ（笑）。

3 × だから「原則として裁判を行わずに、賃貸人は賃借人の同意なく当該建物の鍵とシリンダーを交換して建物内に入れないようにする」ことなんかできるわけねーだろ（笑）。

4 ○ 判決文のまま。そのまま書いてある。誰でも「○」でしょこれ。もしかしたら「これすらできないかなー」と、受験生を小バカにしているのかも（笑）。

【問 2】 民法：相隣関係 ★★

過去に出題されていない「相隣関係」の規定がちょこちょこ。がしかし、ふつうの大人だったらわかるかなー。わかんねーかなー。ちなみにこのフレーズわかりますか→「わかるかなぁ、わかんねぇだろうなぁ」「イェーイ！」。

1 ○ できるでしょ。共同の費用で境界標を設けることができる。（223 条、P.622）

2 ○ そうなんですよ、隣接する土地の境界線上に設けた境界標、囲障、障壁、溝及び堀は、相隣者の共有に属するものと推定される。（229 条、テキスト未掲載）

3 × でもさー、水は上から下に流れていくしなー。なので、「高地の所有者は、その高地が浸水した場合にこれを乾かすため、又は自家用若しくは農工業用の余水を排出するため、公の水流又は下水道に至るまで、低地に水を通過させることができる。この場合においては、低地のために損害が最も少ない場所及び方法を選ばなければならない」という規定あり。（220 条、テキスト未掲載）

4 ○ えーとですね「土地の所有者は、直接に雨水を隣地に注ぐ構造の屋根その他の工作物を設けてはならない」という規定あり。で、そんな工作物で自分の土地に損害が及んだり及びそうだったら、「工作物の修繕・障害の除去・必要があるときは予防工事をさせることができる」という規定あり。（216 条、218 条、テキスト未掲載）

正解			
問1	4	問2	3

問題

★★

【問 3】成年後見人が、成年被後見人を代理して行う次に掲げる法律行為のうち、民法の規定によれば、家庭裁判所の許可を得なければ代理して行うことができないものはどれか。

1　成年被後見人が所有する乗用車の第三者への売却
2　成年被後見人が所有する成年被後見人の居住の用に供する建物への第三者の抵当権の設定
3　成年被後見人が所有するオフィスビルへの第三者の抵当権の設定
4　成年被後見人が所有する倉庫についての第三者との賃貸借契約の解除

★★

【問 4】いずれも宅地建物取引業者ではない売主Ａと買主Ｂとの間で令和３年７月１日に締結した売買契約に関する次の記述のうち、民法の規定によれば、正しいものはどれか。

1　ＢがＡに対して手付を交付した場合、Ａは、目的物を引き渡すまではいつでも、手付の倍額を現実に提供して売買契約を解除することができる。
2　売買契約の締結と同時に、Ａが目的物を買い戻すことができる旨の特約をする場合、買戻しについての期間の合意をしなければ、買戻しの特約自体が無効となる。
3　Ｂが購入した目的物が第三者Ｃの所有物であり、Ａが売買契約締結時点でそのことを知らなかった場合には、Ａは損害を賠償せずに売買契約を解除することができる。
4　目的物の引渡しの時点で目的物が品質に関して契約の内容に適合しないことをＡが知っていた場合には、当該不適合に関する請求権が消滅時効にかかっていない限り、ＢはＡの担保責任を追及することができる。

★★★

【問 5】ＡがＢの代理人として行った行為に関する次の記述のうち、民法の規定及び判例によれば、正しいものはどれか。なお、いずれの行為もＢの追認はないものとし、令和３年７月１日以降になされたものとする。

1　ＡがＢの代理人として第三者の利益を図る目的で代理権の範囲内の行為をした場合、相手方Ｃがその目的を知っていたとしても、ＡＣ間の法律行為の効果はＢに帰属する。
2　ＢがＡに代理権を与えていないにもかかわらず代理権を与えた旨をＣに表示し、Ａが当該代理権の範囲内の行為をした場合、ＣがＡに代理権がないことを知っていたとしても、Ｂはその責任を負わなければならない。
3　ＡがＢから何ら代理権を与えられていないにもかかわらずＢの代理人と詐称してＣとの間で法律行為をし、ＣがＡにＢの代理権があると信じた場合であっても、原則としてその法律行為の効果はＢに帰属しない。
4　ＢがＡに与えた代理権が消滅した後にＡが行った代理権の範囲内の行為について、相手方Ｃが過失によって代理権消滅の事実を知らなかった場合でも、Ｂはその責任を負わなければならない。

解説 → 解答

【問 3】 民法：成年被後見人 ★★

「成年後見人は、成年被後見人に代わって、その居住の用に供する建物又はその敷地について、売却、賃貸、賃貸借の解除又は抵当権の設定その他これらに準ずる処分をするには、家庭裁判所の許可を得なければならない」という規定あり。(859 条の 3、P.409)

1 許可不要 「乗用車」だもんね。
2 許可必要 「成年被後見人の居住の用に供する建物への第三者の抵当権の設定」だもんね。
3 許可不要 「オフィスビル」だもんね。
4 許可不要 「倉庫」だもんね。

【問 4】 民法：売買契約 ★★

選択肢 2 の買戻し。たしか 30 年以上前に出題があったような（遠い記憶）。なので昨今は教材に掲載されてないかな。

1 × えーとね「相手方が契約の履行に着手した後」は手付を使っての解除はできないよね。「目的物を引き渡すまではいつでも」じゃないよね。(557 条、P.502)
2 × 無効とはならないのよ。「買戻しについて期間を定めなかったときは、5 年以内に買戻しをしなければならない」という取り扱いです。(580 条、テキスト未掲載)
3 × そもそも論なんだけど、他人の権利（Cの所有物）を目的とする売買契約でも有効だから「Aは損害を賠償せずに売買契約を解除」なんてできない。「他人物であることを知らなかった」というおバカなAが売主だとしてもね。Aは「目的物の所有権を第三者Cから取得してBに移転する義務を負う」ということになる。(561 条、P.504)
4 ○ もちろんBはAの担保責任を追及することができる。「契約の内容に適合しないことをAが知っていた」というので「買主がその不適合を知った時から 1 年以内にその旨を売主に通知しない」としても、買主は、その不適合を理由として、履行の追完の請求、代金の減額の請求、損害賠償の請求及び契約の解除をすることができる。とはいえ消滅時効で請求権が消滅しちゃったらできなくなるけど。(566 条、P.507)

【問 5】 民法：代理 ★★★

「代理権の濫用」「表見代理」「無権代理」と、いわゆる「おいしいところ」を詰め合わせた良品。復習するのにちょうどいい。出題者さん、どうもありがとう。

1 × 代理人Aの「代理権の濫用」だね。「第三者の利益を図る目的で代理権の範囲内の行為」だということを相手方が「その目的を知っていた」ということなので、無権代理行為となる。なので、AC間の法律行為の効果はBが追認しない限り帰属することはない。(107 条、P.425)
2 × 「代理権授与の表示による表見代理」が成立するかどうか。「CがAに代理権がないことを知っていた」ということだから表見代理は成立せず。なので、Bが責任を負うことはない。(109 条、P.432)
3 ○ 「AがBから何ら代理権を与えられていないにもかかわらず」ということだから表見代理は成立せず。まったくの無権代理。なので、原則としてその法律行為の効果はBに帰属しない。
4 × 「代理権消滅後の表見代理」が成立するかどうか。「相手方Cが過失によって代理権消滅の事実を知らなかった」ということだから表現代理は成立せず。なので、Bが責任を負うことはない。(112 条、P.433)

正解					
問3	2	問4	4	問5	3

問題

★★

【問６】不動産に関する物権変動の対抗要件に関する次の記述のうち、民法の規定及び判例によれば、誤っているものはどれか。

1　不動産の所有権がＡからＢ、ＢからＣ、ＣからＤと転々譲渡された場合、Ａは、Ｄと対抗関係にある第三者に該当する。

2　土地の賃借人として当該土地上に登記ある建物を所有する者は、当該土地の所有権を新たに取得した者と対抗関係にある第三者に該当する。

3　第三者のなした登記後に時効が完成して不動産の所有権を取得した者は、当該第三者に対して、登記を備えなくても、時効取得をもって対抗することができる。

4　共同相続財産につき、相続人の一人から相続財産に属する不動産につき所有権の全部の譲渡を受けて移転登記を備えた第三者に対して、他の共同相続人は、自己の持分を登記なくして対抗することができる。

★★

【問７】令和３年７月１日になされた遺言に関する次の記述のうち、民法の規定によれば、誤っているものはどれか。

1　自筆証書によって遺言をする場合、遺言者は、その全文、日付及び氏名を自書して押印しなければならないが、これに添付する相続財産の目録については、遺言者が毎葉に署名押印すれば、自書でないものも認められる。

2　公正証書遺言の作成には、証人２人以上の立会いが必要であるが、推定相続人は、未成年者でなくとも、証人となることができない。

3　船舶が遭難した場合、当該船舶中にいて死亡の危急に迫った者は、証人２人以上の立会いがあれば、口頭で遺言をすることができる。

4　遺贈義務者が、遺贈の義務を履行するため、受遺者に対し、相当の期間を定めて遺贈の承認をすべき旨の催告をした場合、受遺者がその期間内に意思表示をしないときは、遺贈を放棄したものとみなされる。

解説 ➔ 解答

【問 6】 民法：対抗要件 ★★

ちょっとめんどくさいかなー。この手の問題がイヤだったら、パスしといて。選択肢3の「○」がわかればよしとしておこう。

1 × A→BのABは当事者。B→CのBCは当事者。C→DのCDは当事者。で、AとDはどうなるのかな。所有権が転々と譲渡していった場合の元の売主Aは、「第三者」には該当しないのよ。（177条、P.528）

2 ○ 土地の所有者をA、土地の賃借人をBとして、Aの土地を買った人（所有権を新たに取得した者）をCとしてみる。AB間では土地の賃貸借契約。AC間では土地の売買契約。まったく別の話。土地の賃借人Bと土地の買主Cとは直接の関係がないので第三者に該当する。Bは借地上の建物を登記しているので、Cに借地権を対抗することができます。

3 ○ 「第三者のなした登記後に時効が完成して不動産の所有権を取得した者」ということなので、不動産の所有者をA、占有者をB、第三者をCとして流れを確認。「Aの不動産をBが占有していた」→「Bの占有中にAがCに所有権を移転した」→「Cが所有権を登記した（時効完成前）」→「Bが所有権を取得時効した」という流れ。なので、Bは登記なくてもCに所有権を対抗できる。「当該第三者に対して、登記を備えなくても、時効取得をもって対抗することができる」で「○」。（162条、P.538）

4 ○ 共同相続財産は「共有」となる。で、相続人の一人が共有持分を超えて、つまり権利がない（無権利者だね）のに第三者に「不動産につき所有権の全部の譲渡」をしたという局面。無権利者から譲渡を受けた者は「第三者」としては扱われず、そのため「登記」をしたとしても意味なし。他の共同相続人は、自己の持分を登記なくして対抗することができる。

【問 7】 民法：相続（遺言） ★★

選択肢3の船舶遭難者遺言。初登場。証人は果たして無事に生還できるのだろうか。選択肢1の「○」はすぐにわかったかな。

1 ○ そうなんだよね。「自筆証書」だから「遺言者は、その全文、日付及び氏名を自書して押印」なんだけど、添付する相続財産の目録については、遺言者が毎葉に署名押印すれば、自書でないものも認められる。（968条、P.635）

2 ○ 公正証書遺言の作成には、証人2人以上の立会いが必要だ。でね、「未成年者」、「推定相続人・配偶者・直系血族」、「4親等内の親族」などは遺言の証人・立会人となることはできぬ。（974条、P.635）

3 ○ こういう規定もある。船舶が遭難した場合において、当該船舶中に在って死亡の危急に迫った者は、証人2人以上の立会いをもって口頭で遺言をすることができる。（979条、テキスト未掲載）

4 × えーとですね、遺贈義務者（遺贈を実行する義務を負う人）は、受遺者（遺言で財産を受け取る人）に対し、相当の期間を定めて、その期間内に遺贈の承認又は放棄をすべき旨の催告をすることができる。で、受遺者がその期間内に遺贈義務者に対してその意思を表示しないときは、遺贈を承認したものとみなす。（987条、テキスト未掲載）

正解			
問6	1	問7	4

問題

★★

【問 8】 AはBに対して、Aが所有する甲土地を1,000万円で売却したい旨の申込みを郵便で令和3年7月1日に発信した（以下この問において「本件申込み」という。）が、本件申込みがBに到達する前にAが死亡した場合における次の記述のうち、民法の規定によれば、正しいものはどれか。

1　Bが承諾の通知を発する前に、BがAの死亡を知ったとしても、本件申込みは効力を失わない。

2　Aが、本件申込みにおいて、自己が死亡した場合には申込みの効力を失う旨の意思表示をしていたときには、BがAの死亡を知らないとしても本件申込みは効力を失う。

3　本件申込みが効力を失わない場合、本件申込みに承諾をなすべき期間及び撤回をする権利についての記載がなかったときは、Aの相続人は、本件申込みをいつでも撤回することができる。

4　本件申込みが効力を失わない場合、Bが承諾の意思表示を発信した時点で甲土地の売買契約が成立する。

★★★

【問 9】 AがBに対してA所有の甲建物を令和3年7月1日に①売却した場合と②賃貸した場合についての次の記述のうち、民法の規定及び判例によれば、誤っているものはどれか。

1　①と②の契約が解除された場合、①ではBは甲建物を使用収益した利益をAに償還する必要があるのに対し、②では将来に向かって解除の効力が生じるのでAは解除までの期間の賃料をBに返還する必要はない。

2　①ではBはAの承諾を得ずにCに甲建物を賃貸することができ、②ではBはAの承諾を得なければ甲建物をCに転貸することはできない。

3　甲建物をDが不法占拠している場合、①ではBは甲建物の所有権移転登記を備えていなければ所有権をDに対抗できず、②ではBは甲建物につき賃借権の登記を備えていれば賃借権をDに対抗することができる。

4　①と②の契約締結後、甲建物の引渡し前に、甲建物がEの放火で全焼した場合、①ではBはAに対する売買代金の支払を拒むことができ、②ではBとAとの間の賃貸借契約は終了する。

解説 ➔ 解答

【問 8】 民法：契約の成立 ★★

いちおう、前提としては「契約は、契約の内容を示してその締結を申し入れる意思表示（以下「申込み」という。）に対して相手方が承諾をしたときに成立する」です。（522 条〜 526 条、P.396）

1 × Bは、承諾の通知を発する前にAの死亡を知ったんだよね。となると「Aの申込みは効力を失う」というのが妥当ではないだろうか？

2 ○ そりゃそうでしょ。自己が死亡した場合には申込みの効力を失う旨の意思表示しているんだから、死んだら、そりゃ効力を失うよね。

3 × えーとですね、承諾の期間を定めないでした申込みは、申込者が承諾の通知を受けるのに相当な期間を経過するまでは、撤回することができない。そりゃそうだ。Aが死亡したとしてもおなじ。Aの相続人が引き継ぐだけ。でもね、申込者が撤回をする権利を留保（承諾をなすべき期間及び撤回をする権利を記載してある）したときは、この限りでない。「記載がなかった」ということなので、「いつでも撤回することができる」は誤だ。

4 × 「意思表示は、その通知が相手方に到達した時からその効力を生ずる」という規定あり。到達主義といったりする。なので「発信した時点」じゃなくて「到達した時点」で「甲土地の売買契約が成立する」ということに。

【問 9】 民法：売買契約・賃貸借契約 ★★★

出題者が精魂を込めて作ったこだわりの一品。さすがです。売買契約と賃貸借契約の複合問題で、この手の作り込みは初。「なるほどこう作るか」と楽しい。玄人筋はこの手の問題が好きかも。がしかし、受験生にとってはややこしいだけで迷惑な一品。

1 ○ ①売買契約の解除の場合、原状回復として「Bは甲建物を使用収益した利益をAに償還する必要」あり。②賃貸借契約の解除の場合、「将来に向かってのみ効力が生ずる」なので、いままでの賃料を返す必要なし。（550 条、620 条、P.499、571）

2 ○ ①Bは所有者なので、所有権に基づき自由に使用・収益・処分をすることができる。A（もはや無関係）の承諾など得る必要はない。②賃借人Bは、Aの承諾を得なければ甲建物をCに転貸することはできない。（206 条、612 条、P.526、566）

3 × 「Dが不法占拠」っていうんだから、①所有権でも②賃借権でも、登記があってもなくっても対抗できるでしょ。

4 ○ ①当事者双方の責めに帰することができない事由によって債務を履行することができなくなったときは、債権者（B）は、反対給付の履行（売買代金の支払い）を拒むことができる。②賃借物の全部が滅失その他の事由により使用及び収益をすることができなくなった場合には、賃貸借は、これによって終了する。（536 条、616 条の 2、P.494、570）

正解			
問8	2	問9	3

問題

★★

【問10】 Aは、Bからの借入金の担保として、A所有の甲建物に第一順位の抵当権（以下この問において「本件抵当権」という。）を設定し、その登記を行った。AC間にCを賃借人とする甲建物の一時使用目的ではない賃貸借契約がある場合に関する次の記述のうち、民法及び借地借家法の規定並びに判例によれば、正しいものはどれか。

1　本件抵当権設定登記後にAC間の賃貸借契約が締結され、AのBに対する借入金の返済が債務不履行となった場合、Bは抵当権に基づき、AがCに対して有している賃料債権を差し押さえることができる。

2　Cが本件抵当権設定登記より前に賃貸借契約に基づき甲建物の引渡しを受けていたとしても、AC間の賃貸借契約の期間を定めていない場合には、Cの賃借権は甲建物の競売による買受人に対抗することができない。

3　本件抵当権設定登記後にAC間で賃貸借契約を締結し、その後抵当権に基づく競売手続による買受けがなされた場合、買受けから賃貸借契約の期間満了までの期間が１年であったときは、Cは甲建物の競売における買受人に対し、期間満了までは甲建物を引き渡す必要はない。

4　Cが本件抵当権設定登記より前に賃貸借契約に基づき甲建物の引渡しを受けていたとしても、Cは、甲建物の競売による買受人に対し、買受人の買受けの時から１年を経過した時点で甲建物を買受人に引き渡さなければならない。

★★★

【問11】 次の記述のうち、借地借家法の規定及び判例によれば、正しいものはどれか。

1　借地権の存続期間を契約で30年と定めた場合には、当事者が借地契約を更新する際、その期間を更新の日から30年以下に定めることはできない。

2　借地権の存続期間が満了する場合、借地権者が契約の更新を請求したとき、その土地上に建物が存在する限り、借地権設定者は異議を述べることができない。

3　借地権者が借地上の建物にのみ登記をしている場合、当該借地権を第三者に対抗することができるのは、当該建物の敷地の表示として記載されている土地のみである。

4　借地権設定者は、弁済期の到来した最後の３年分の地代等について、借地権者がその土地において所有する建物の上に先取特権を有する。

解説 → 解答

【問10】 民法：抵当権 ★★

いい感じの抵当権からの出題。選択肢２～４が解いていて楽しい。余計なフレーズをいろいろ入れ込んできて、それがまた、なんとなくそれらしいところが憎い。ナイス出題者さん。そして、選択肢１を「○」で正解にしてくるところに優しさを感じる。

1 ○ 抵当権は、その担保する債権について不履行があったときは、その後に生じた抵当不動産の果実に及ぶ。なので、Bは抵当権に基づき、AがCに対して有している賃料債権を差し押さえることができるよん。（371 条、P.545）

2 × 先に建物の賃貸借契約だ。対抗要件（借地借家法による甲建物の引渡し）も受けているしね。となると、「賃貸借契約の期間を定めていない場合」としてもそれがどうした、Cの賃借権は甲建物の競売による買受人に対抗することができる。（395 条、P.553）

3 × 先に抵当権設定登記だ。ということは買受人（競落人）の勝ち。Cは買受人に対抗できないから、引渡しを拒めない。がしかし、甲建物の引渡しは、甲建物の競売における買受人の買受けの時から6ヶ月間の猶予期間が設けられているが。でね、「買受けから賃貸借契約の期間満了までの期間が１年で・・・」とかなんとか書いてあるけどそんな規定はない。（395 条、P.553）

4 × 先に建物の賃貸借契約だ。対抗力も備えている。なので、賃貸借契約が終了するまで甲建物を買受人に引き渡す必要はない。「買受人の買受けの時から１年を経過した時点で・・・」とかなんとか書いてあるけどそんな規定はない。（395 条、P.553）

【問11】 借地借家法：借地 ★★★

選択肢３がすんなり読解できないかなー。選択肢１と２の「×」はすぐわかる。選択肢４がつまんない選択肢。「３年」じゃなくて「２年」。先取特権が出てきたので焦った人もいるかも。

1 × えーとね、当事者が借地契約を更新する場合なんだけど、借地契約の更新にあっては、最初の更新が 20 年、２回目以降の更新が 10 年となる。当事者がこれより長い期間を定めたときはその期間となるんだけど「更新の日から 30 年以下に定めることはできない」という話ではない。（4 条、P.577）

2 × えーとね、借地権者が契約の更新を請求に対し、異議を述べることはできるでしょ。正当の事由があると認められる場合はね。（5 条、6 条、P.578）

3 ○ 土地の賃借権は登記していないけど、土地の上に借地権者が登記されている建物を所有するときは、これをもって第三者に対抗することができる。つまり「その建物の敷地の表示として記載されている土地の借地権者はオレだ」と。（10 条、P.581）

4 × 出たーつまんない選択肢（笑）。３年分ではなく、２年分だ。

令和3年度 » 問題・解説・解答

正解	
問10 1	問11 3

問題

★★★

【問12】 賃貸人Aと賃借人Bとの間で令和３年７月１日に締結した一時使用目的ではない建物賃貸借契約（以下この問において「本件契約」という。）の終了に関する次の記述のうち、民法及び借地借家法の規定並びに判例によれば、正しいものはどれか。

1　本件契約に期間を２年とする旨の定めがあり、ＡもＢも更新拒絶の通知をしなかったために本件契約が借地借家法に基づき更新される場合、更新後の期間について特段の合意がなければ、更新後の契約期間は２年となる。

2　本件契約において期間の定めがない場合、借地借家法第28条に定める正当事由を備えてＡが解約の申入れをしたときには、解約の申入れをした日から６月を経過した日に、本件契約は終了する。

3　建物の転貸借がされている場合において、本件契約がＢ（転貸人）の債務不履行によって解除されて終了するときは、Ａが転借人に本件契約の終了を通知した日から６月を経過することによって、転貸借契約は終了する。

4　ＢがＡの同意を得て建物に付加した造作がある場合であっても、本件契約終了時にＡに対して借地借家法第33条の規定に基づく造作買取請求権を行使することはできない、という特約は無効である。

★★★

【問13】 建物の区分所有等に関する法律に関する次の記述のうち、誤っているものはどれか。

1　区分所有者以外の者であって区分所有者の承諾を得て専有部分を占有する者は、会議の目的たる事項につき利害関係を有する場合には、集会に出席して議決権を行使することはできないが、意見を述べることはできる。

2　最初に建物の専有部分の全部を所有する者は、公正証書により、共用部分（数個の専有部分に通ずる廊下又は階段室その他構造上区分所有者の全員又はその一部の共用に供されるべき建物の部分）の規約を設定することができる。

3　共用部分は、区分所有者全員の共有に属するが、規約に特別の定めがあるときは、管理者を共用部分の所有者と定めることもできる。

4　管理組合法人を設立する場合は、理事を置かなければならず、理事が数人ある場合において、規約に別段の定めがないときは、管理組合法人の事務は、理事の過半数で決する。

解説 ➔ 解答

【問12】 借地借家法：借家 ★★★

選択肢３を「×」にできたかどうか。選択肢２がまったくテキストどおりそのままの記述なので、かえって疑っちゃって「○」にできなかったり（笑）。

1 × 「更新後の契約期間は２年」じゃないよね。「ＡもＢも更新拒絶の通知をしなかったために本件契約が借地借家法に基づき更新」ということだから「期間の定めのないもの」となるよね。（26条、P.595）

2 ○ 「期間の定めがない」ということだから、賃貸人Ａが「正当事由を備えてＡが解約の申入れ」をすれば、「建物の賃貸借は、解約の申入れの日から６月を経過することによって終了」だよね。（27条、P.597）

3 × 賃貸借契約が賃借人（転貸人Ｂ）の債務不履行により解除された場合は、その効果は転借人にも及ぶ。つまり転貸借契約も終了となるんだけど、いつ終了となるか。判例によると「賃貸人が転借人に対して目的物の返還を請求した時」だそうです。「通知した日から６月を経過」は誤だ。（民法613条、P.569）

4 × これはまいどおなじみ。飽きるほど出題されてますね。造作買取請求権は特約で排除できる。「造作買取請求権を行使することはできない」という特約は有効。（33条、37条、P.599）

【問13】 区分所有法 ★★★

選択肢２はどういう感性の持ち主が出題したんでしょうか。アンタの顔が見たいです。単なる言葉の入れ替えという感じだ。それも「×」で正解肢にしてるし。選択肢１はド定番で飽きちゃってるでしょ。選択肢４は参考まで。

1 ○ 過去に何回も出ている選択肢。会議の目的たる事項につき利害関係を有する場合には、区分所有者の承諾を得て専有部分を占有する者は、集会に出席して意見を述べることができる。（44条、P.682）

2 × 「数個の専有部分に通ずる廊下又は階段室その他構造上区分所有者の全員又はその一部の共用に供されるべき建物の部分」とは法定共用部分のこと。最初に建物の専有部分の全部を所有する者は、規約共用部分などの規約を設定することができるけど、規約で共用部分とする類ではない「法定共用部分」をどうのこうのというのは変。変っていうかナンセンス。成り立たない。なんでこんなのを出したんだろ。（32条、P.678）

3 ○ これもよく見る選択肢かな。管理者は、規約に特別の定めがあるときは、共用部分を所有することができる。（27条、P.676）

4 ○ まぁそうだろうね。理事が数人ある場合において、規約に別段の定めがないときは、管理組合法人の事務は、理事の過半数で決する。（49条、テキスト未掲載）

正解	
問12　2	問13　2

問題

★

【問14】 不動産の登記に関する次の記述のうち、不動産登記法の規定によれば、誤っているものはどれか。

1　表題登記がない土地の所有権を取得した者は、その所有権の取得の日から1月以内に、表題登記を申請しなければならない。

2　共用部分である旨の登記がある建物について、合併の登記をすることができる。

3　登記官は、表示に関する登記について申請があった場合において、必要があると認めるときは、当該不動産の表示に関する事項を調査することができる。

4　区分建物である建物を新築した場合において、その所有者について相続その他の一般承継があったときは、相続人その他の一般承継人も、被承継人を表題部所有者とする当該建物についての表題登記を申請することができる。

★★

【問15】 都市計画法に関する次の記述のうち、正しいものはどれか。

1　近隣商業地域は、主として商業その他の業務の利便の増進を図りつつ、これと調和した住居の環境を保護するため定める地域とする。

2　準工業地域は、主として環境の悪化をもたらすおそれのない工業の利便の増進を図りつつ、これと調和した住居の環境を保護するため定める地域とする。

3　第一種低層住居専用地域については、都市計画に特定用途制限地域を定めることができる場合がある。

4　第一種住居地域については、都市計画に高層住居誘導地区を定めることができる場合がある。

解説 ➔ 解答

【問14】 不動産登記法 ★

ちょっとややこしいところからの出題。解説をご参照されたし。選択肢1の「○」ができればよしとしておきたい。

1 ○ そのとおり。新たに生じた土地又は表題登記がない土地の所有権を取得した者は、その所有権の取得の日から1月以内に、表題登記を申請しなければならない。（36条、P.647）

2 × 「共用部分たる旨の登記のある建物」とは、区分所有建物（マンション）で規約で共用部分としている集会場などのこと。本来は専有部分（区分所有権の対象）になるんだろうけど、でも「共用部分」なので区分所有者の共有だ。なので、共用部分単体で合併登記をすることはできぬ。（56条、テキスト未掲載）

3 ○ そうなのよ。登記官は、表示に関する登記について申請があった場合や職権で登記しようとする場合において、必要があると認めるときは、当該不動産の表示に関する事項を調査することができる。（29条、テキスト未掲載）

4 ○ ちょっとややこしいですが。区分建物（例：分譲マンション）の表題登記ができるのは「新築した建物の所有権を取得した者（原始取得者）」なんだけど、原始取得者が表題登記をしない段階で死亡などした場合、相続人らも、被承継人（原始取得者）を表題部所有者とする当該建物についての表題登記を申請することができる。（47条、テキスト未掲載）

【問15】 都市計画法：地域地区 ★★

これを得点できたかどうか。勝負の分かれ目となるような問題。選択肢3の「×」は速攻でわかったとして、選択肢2の準工業地域と選択肢4の高層住居誘導地区を微妙に悩むかも。

1 × 近隣商業地域は、近隣の住宅地の住民に対する日用品の供給を行うことを主たる内容とする商業その他の業務の利便を増進するため定める地域だ。「主として商業その他の・・・」は商業地域の定義。（9条、P.225）

2 × 準工業地域は、主として環境の悪化をもたらすおそれのない工業の利便を増進するため定める地域だ。「これと調和した・・・」は関係なし。ちなみに「これと調和した・・・」が入っているのは準住居地域の定義。（9条、P.226）

3 × 特定用途制限地域は、用途地域が定められていない土地の区域（市街化調整区域を除く。）内において定める。第一種低層住居専用地域（用途地域の1つ）には特定用途制限地域を定めることはできぬ。（9条、P.236）

4 ○ 高層住居誘導地区を指定できる用途地域は、第一種住居地域、第二種住居地域、準住居地域、近隣商業地域又は準工業地域だ。第一種住居地域については、都市計画に高層住居誘導地区を定めることができる場合がある。（9条、P.230）

令和3年度 ≫ 問題・解説・解答

正解		
問14	2	
問15	4	

問題

★★★

【問16】 都市計画法に関する次の記述のうち、誤っているものはどれか。ただし、この問において「都道府県知事」とは、地方自治法に基づく指定都市、中核市及び施行時特例市にあってはその長をいうものとする。

1　開発許可を受けようとする者は、開発行為に関する工事の請負人又は請負契約によらないで自らその工事を施行する者を記載した申請書を都道府県知事に提出しなければならない。

2　開発許可を受けた者は、開発行為に関する国土交通省令で定める軽微な変更をしたときは、遅滞なく、その旨を都道府県知事に届け出なければならない。

3　開発許可を受けた者は、開発行為に関する工事の廃止をしようとするときは、都道府県知事の許可を受けなければならない。

4　開発行為に同意していない土地の所有者は、当該開発行為に関する工事完了の公告前に、当該開発許可を受けた開発区域内において、その権利の行使として自己の土地に建築物を建築することができる。

★★

【問17】 建築基準法に関する次の記述のうち、誤っているものはどれか。

1　4階建ての建築物の避難階以外の階を劇場の用途に供し、当該階に客席を有する場合には、当該階から避難階又は地上に通ずる2以上の直通階段を設けなければならない。

2　床面積の合計が500㎡の映画館の用途に供する建築物を演芸場に用途変更する場合、建築主事又は指定確認検査機関の確認を受ける必要はない。

3　換気設備を設けていない居室には、換気のための窓その他の開口部を設け、その換気に有効な部分の面積は、その居室の床面積に対して10分の1以上としなければならない。

4　延べ面積が800㎡の百貨店の階段の部分には、排煙設備を設けなくてもよい。

解説 ➔ 解答

【問16】 都市計画法：開発許可 ★★★

選択肢3。「廃止は不許可だ、死んでもやれ」。許可がなければ開発行為を廃止できないなんて・・・。なので許可のワケないでしょ（笑）。

1 ○ 開発許可の申請書には、工事施行者を記載するんだけど、工事施行者とは、開発行為に関する工事の請負人又は請負契約によらないで自らその工事を施行する者だ。（30条、P.271）

2 ○ 「軽微な変更」だもんね。開発許可を受けた内容につき「軽微な変更」をしたときは、遅滞なく、その旨を都道府県知事に届け出なければならない。（35条の2、P.276）

3 × 開発行為に関する工事を廃止したときは、遅滞なく、国土交通省令で定めるところにより、その旨を都道府県知事に届け出なければならない。事後届出でよいのだ。（38条、P.277）

4 ○ 開発行為に同意していないんだもんね。オレの土地を勝手に開発区域に入れて開発許可を取りやがって、という怒りにまかせて、当該開発行為に関する工事完了の公告前だろうだなんだろうが、バカスカ好きにやっちゃってください。（37条、P.278）

【問17】 建築基準法 ★★

選択肢1や4はたぶん初出題だから、おそらく誰もわからなかったと思うけど、選択肢3の「×」。一発一撃でできたかなー。そんな選択肢3を「×」で正解肢とした出題者の優しさを感じる。合否の分かれ目になりそうな問題。

1 ○ 「避難階以外の階を劇場」だもんね。逃げ道を確保だ。その階から避難階又は地上に通ずる2以上の直通階段を設けなければならない。（施行令121条、テキスト未掲載）

2 ○ 建築物の用途を変更して200㎡を超える特殊建築物とする場合は、建築確認を受けなきゃいけないんだけど、特殊建築物間での「類似の用途変更」については建築確認は不要となる。「劇場、映画館、演芸場」は類似の用途となるよん。（施行令137条の18、P.337）

3 × 出たぁ〜「換気に有効な部分の面積」。これって「10分の1以上」じゃなくて「20分の1以上」だよね。（28条、P.287）

4 ○ 特殊建築物で延べ面積が500㎡を超えるものについては、排煙設備を設けなければならないんだけど、階段の部分や昇降機の昇降路の部分などについては、排煙設備を設けなくてもよいとなっている。（施行令126条の2、テキスト未掲載）

令和3年度 ≫ 問題・解説・解答

正解			
問16	3	問17	3

問題

★

【問18】 次の記述のうち、建築基準法（以下この問において「法」という。）の規定によれば、正しいものはどれか。

1　法第68条の9第1項の規定に基づく条例の制定の際、現に建築物が立ち並んでいる道は、法上の道路とみなされる。

2　都市計画により、容積率の限度が10分の50とされている準工業地域内において、建築物の高さは、前面道路の反対側の境界線からの水平距離が35m以下の範囲内においては、当該部分から前面道路の反対側の境界線までの水平距離に、1.5を乗じて得た値以下でなければならない。

3　第一種住居地域においては、畜舎で、その用途に供する部分の床面積が4,000㎡のものを建築することができる。

4　建築物の敷地が、法第53条第1項の規定に基づく建築物の建蔽率に関する制限を受ける地域又は区域の二以上にわたる場合においては、当該建築物の敷地の過半の属する地域又は区域における建蔽率に関する制限が、当該建築物に対して適用される。

★★★

【問19】 宅地造成及び特定盛土等規制法に関する次の記述のうち、誤っているものはどれか。なお、この問において「都道府県知事」とは、地方自治法に基づく指定都市、中核市及び施行時特例市にあってはその長をいうものとする。（法改正により問題文、選択肢すべてを修正している）

1　宅地造成等工事規制区域外において行われる宅地造成等に関する工事について、工事主は、工事に着手する前に都道府県知事に届け出なければならない。

2　都道府県知事は、宅地造成等工事規制区域内における工事の所有者、管理者又は占有者に対して、当該土地又は当該土地において行われている工事の状況について報告を求めることができる。

3　宅地造成等工事規制区域内において宅地造成等に関する工事を行う場合、宅地造成等に伴う災害を防止するために行う高さ5mを超える擁壁に係る工事については、政令で定める資格を有する者の設計によらなければならない。

4　都道府県知事は、偽りその他不正な手段によって宅地造成等工事規制区域内において行われる宅地造成等に関する工事の許可を受けた者に対して、その許可を取り消すことができる。

解説 ➡ 解答

【問18】 建築基準法 ★

選択肢4の「×」がかろうじてわかったらよし。あとの選択肢はマニアックでマイナー過ぎて、ほとんどの受験生が「なんのことかわからん」という問題となった。宅建試験で出題する内容かこれは。ダメだこんな問題を出しちゃ。おい試験機関、出題者を変えろ〜（笑）。

1 × 「法第68条の9第1項の規定・・・」とは都市計画区域や準都市計画区域以外でも知事が指定する区域での話で、その条例の制定の際、単に「現に建築物が立ち並んでいる」というだけでは「道路」とはみなされない。幅員が4m以上あれば道路となる可能性があるが、もし4m未満で「みなし道路」とするんだったら特定行政庁の指定があるかどうか、などなど。（42条、P.288）

2 ○ ものすごくマニアック。準工業地域内において、容積率の限度が10分の40を超える場合は、前面道路の反対側の境界線からの水平距離が35m以下の範囲内においては、当該部分から前面道路の反対側の境界線までの水平距離に、1.5を乗じて得た値以下でなければならない。（56条、テキスト未掲載）

3 × 第一種住居地域においては、大学などの一定の建築物を除き、その用途に供する部分の床面積の合計が3,000㎡を超えるものを建築することができない。なので、床面積が4,000㎡の畜舎も建築できない。（48条、P.296）

4 × 「当該建築物の敷地の過半の属する地域又は区域における建蔽率に関する制限が」じゃないよね。それぞれの地域に属する敷地の割合に応じて按分計算だ。（53条、P.312）

【問19】 宅地造成及び特定盛土等規制法 ★★★

誰でも解けちゃう宅地造成及び特定盛土等規制法。選択肢1がサイコー。出題者さん、どうもありがとう。

1 × 「宅地造成等工事規制区域外」だもんね。宅地造成及び特定盛土等規制法の適用なし。許可も届出もなし。好きにして。（10条、P.342）

2 ○ そのとおり。都道府県知事は、宅地造成等工事規制区域内における土地の所有者、管理者又は占有者に対して、当該土地又は当該土地において行われている工事の状況について報告を求めることができる。（25条、P.346）

3 ○ そうなんですよね。「政令で定める資格を有する者の設計」によらなければならないものは、次の2つ。①高さが5mを超える擁壁の設置、②切土又は盛土をする土地の面積が1,500㎡を超える土地における排水施設の設置。（13条、施行令22条、P.344）

4 ○ 都道府県知事は、偽りその他不正な手段により許可を受けた者又はその許可に付した条件に違反した者に対して、その許可を取り消すことができる。（20条）

令和3年度 問題・解説・解答

正解		
問18	2	
問19	1	

問題

★★★

【問20】 土地区画整理法（以下この問において「法」という。）に関する次の記述のうち、誤っているものはどれか。

1　土地区画整理組合が施行する土地区画整理事業に係る施行地区内の宅地について借地権のみを有する者は、その土地区画整理組合の組合員とはならない。

2　法において、「公共施設」とは、道路、公園、広場、河川その他政令で定める公共の用に供する施設をいう。

3　施行者は、換地処分の公告があった場合においては、直ちに、その旨を換地計画に係る区域を管轄する登記所に通知しなければならない。

4　市町村が施行する土地区画整理事業では、事業ごとに、市町村に土地区画整理審議会が設置され、換地計画、仮換地の指定及び減価補償金の交付に関する事項について法に定める権限を行使する。

★★★

【問21】 農地に関する次の記述のうち、農地法（以下この問において「法」という。）の規定によれば、正しいものはどれか。

1　自己所有の農地に住宅を建設する資金を借り入れるため、当該農地に抵当権の設定をする場合には、法第3条第1項の許可を受ける必要がある。

2　農地の賃貸借の解除については、農地の所有者が、賃借人に対して一方的に解約の申入れを行う場合には、法第18条第1項の許可を受ける必要がない。

3　登記簿の地目が宅地となっている場合には、現況が農地であっても法の規制の対象とはならない。

4　市街化区域内の自己所有の農地を駐車場に転用するため、あらかじめ農業委員会に届け出た場合には、法第4条第1項の許可を受ける必要がない。

解説 ➔ 解答

【問20】 土地区画整理法 ★★★

この土地区画整理法は楽勝。出題者さん、どうもありがとう。誰でもわかる選択肢1の「×」。愛を感じます。

1 × 借地権者も組合員となるよね。組合が施行する土地区画整理事業に係る施行地区内の宅地について所有権又は借地権を有する者は、すべてその組合の組合員とする。(25条、P.367)

2 ○ そうなんですよ。土地区画整理法において「公共施設」とは、道路、公園、広場、河川その他政令で定める公共の用に供する施設をいう。(2条、テキスト未掲載)

3 ○ 換地処分の公告があったら、直ちにお願いします。施行者は、換地処分の公告があった場合においては、直ちに、その旨を換地計画に係る区域を管轄する登記所に通知しなければならない。(107条、P.377)

4 ○ 市町村が施行する土地区画整理事業(公的施行)ということだから、土地区画整理事業ごとに土地区画整理審議会が設置され、換地計画、仮換地の指定及び減価補償金の交付に関する事項についてこの法律に定める権限を行う。(56条、P.366、369)

【問21】 農地法 ★★★

まいどおなじみの定番が並ぶ農地法。選択肢2の「農地の賃貸借の解除」が目新しいといえば目新しい。誰でも解ける農地法。出題者さん、愛してます。(3条〜4条)

1 × まいどおなじみの「農地に抵当権の設定」。この段階では許可不要。抵当権の実行(競売)となって落札だなんだという騒ぎになったときに、農地法3条か5条の許可が必要となる。(P.380)

2 × 「農地の賃貸借の解除」なんだけど、都道府県知事の許可が必要。「農地又は採草放牧地の賃貸借の当事者は、原則として、都道府県知事の許可を受けなければ、賃貸借の解除をし、解約の申入れをし、合意による解約をし、又は賃貸借の更新をしない旨の通知をしてはならない」となっている。(18条、P.386)

3 × また出たか。永遠のド定番。農地法上の農地になるかどうかは現況で判断。現況、農地だったら農地法の規制の対象。登記簿上の地目は関係なし。

4 ○ 市街化区域内にある農地だもんね。農業委員会に届け出て駐車場(農地以外のもの)にする場合は、農地法4条の許可は不要だよね。(P.382)

正解			
問20	1	問21	4

問題

★★★

【問22】 国土利用計画法（以下この問において「法」という。）第23条の届出（以下この問において「事後届出」という。）及び法第29条の届出に関する次の記述のうち、正しいものはどれか。なお、この問において「都道府県知事」とは、地方自治法に基づく指定都市にあってはその長をいうものとする。

1　個人Aが所有する都市計画区域外の12,000㎡の土地に、個人Bが地上権の設定を受ける契約を締結した場合、Bは一定の場合を除き事後届出を行う必要がある。

2　法第28条に基づく遊休土地に係る通知を受けた者は、その通知があった日から起算して1月以内に、その通知に係る遊休土地の利用又は処分に関する計画を、都道府県知事に届け出なければならない。

3　市街化調整区域において、宅地建物取引業者Cが所有する面積5,000㎡の土地について、宅地建物取引業者Dが一定の計画に従って、2,000㎡と3,000㎡に分割して順次購入した場合、Dは事後届出を行う必要はない。

4　都道府県知事は、事後届出があった場合において、土地の利用目的に係る必要な勧告を行うことができ、その勧告を受けた者がその勧告に従わないときは、その旨及びその内容を公表しなければならない。

★★

【問23】 住宅用家屋の所有権の移転登記に係る登録免許税の税率の軽減措置に関する次の記述のうち、正しいものはどれか。

1　この税率の軽減措置の適用対象となる住宅用家屋は、床面積が100㎡以上で、その住宅用家屋を取得した個人の居住の用に供されるものに限られる。

2　この税率の軽減措置の適用対象となる住宅用家屋は、売買又は競落により取得したものに限られる。

3　この税率の軽減措置は、一定の要件を満たせばその住宅用家屋の敷地の用に供されている土地の所有権の移転登記についても適用される。

4　この税率の軽減措置の適用を受けるためには、登記の申請書に、一定の要件を満たす住宅用家屋であることの都道府県知事の証明書を添付しなければならない。

★★

【問24】 固定資産税に関する次の記述のうち、正しいものはどれか。

1　市町村長は、固定資産課税台帳に登録された価格等に重大な錯誤があることを発見した場合においては、直ちに決定された価格等を修正して、これを固定資産課税台帳に登録しなければならない。

2　固定資産税の納税義務者は、その納付すべき当該年度の固定資産課税に係る固定資産について、固定資産課税台帳に登録された価格について不服があるときは、公示の日から納税通知書の交付を受けた日後1月を経過するまでの間において、文書をもって、固定資産評価審査委員会に審査の申出をすることができる。

3　年度の途中において家屋の売買が行われた場合、売主と買主は、当該年度の固定資産税を、固定資産課税台帳に所有者として登録されている日数で按分して納付しなければならない。

4　住宅用地のうち小規模住宅用地に対して課する固定資産税の課税標準は、当該小規模住宅用地に係る固定資産税の課税標準となるべき価格の3分の1の額である。

解説 → 解答

【問22】 国土利用計画法 ★★★

選択肢2の「遊休土地」とは、国土利用計画法の許可・届出をして取得してから2年以上利用されていない土地で、都道府県知事が利用を特に促進する必要があると認めたもの。地価高騰狙いで手に入れた土地というイメージ。でさ、バブル時代じゃないんだからそんな土地いまどこにあるんだ。こういう無意味な内容は出さないで欲しいなー。

1 ○ まず面積が「都市計画区域外の12,000㎡の土地」で、地上権設定。はい、事後届出の対象です。権利金の授受がない場合などの一定の場合を除き、Bは事後届出を行う必要がある。（23条、P.355）

2 × 「1月」ではなく「6週間」以内に届出です。参考まで。遊休土地なんか出題すんなっちゅーの。（29条、テキスト未掲載）

3 × 個々の面積が小さくても、合計面積で事後届出が必要かどうかを判断。市街化調整区域で、2,000㎡＋3,000㎡＝5,000㎡となるので事後届出が必要だ。ところでDは、市街化調整区域の土地を手に入れてどうする気なんだろ。（23条、P.356）

4 × まいどおなじみのド定番かな。「公表しなければならない」ではなく「公表することができる」だよね。（26条、P.358）

【問23】 登録免許税 ★★

ちょっと細かいかな。選択肢4は初出題かな。解説を参照されたし。

1 × 登録免許税の軽減措置の適用対象となる住宅用家屋の床面積なんだけど、100㎡以上じゃなくて50㎡以上だよね。（租税特別措置法施行令41条1号、P.714）

2 ○ 所有権移転登記に係る税率だもんね。税率の軽減措置の適用対象となる住宅用家屋は、売買又は競落により取得したものに限られる。（租税特別措置法施行令42条3項、P.714）

3 × 1000分の20 → 1000分の3にする「住宅用家屋の所有権の移転登記に係る登録免許税の税率の軽減措置」は、「土地の所有権の移転登記」には適用されないよね。土地の所有権移転登記に係る登録免許税の税率の軽減措置は1000分の20 → 1000分の15。（P.714）

4 × 「都道府県知事の証明書」じゃないのよ。登記の申請書に、一定の要件を満たす住宅用家屋であることの市町村長又は特別区の区長の証明書を添付しなければならない。（租税特別措置法施行令41条、テキスト未掲載）

【問24】 固定資産税 ★★

選択肢1と2が「?」だけど、選択肢3と4がうれしい。とりあえず、選択肢3と4の「×」がわかればよしとしよう。

1 ○ そうなのよ。こういう規定があります。（地方税法417条1項、テキスト未掲載）

2 × えーとですね、固定資産評価審査委員会への審査の申出は、納税通知書の交付を受けた日後「1月」ではなく「3月」なのよ。（地方税法432条1項、テキスト未掲載）

3 × 固定資産税は、賦課期日（1月1日）の所有者に対して、その年度分（4月～3月）で課税となるよ。1月2日以降に所有者が変わっても、「日数で按分して納付」というようなことにはなっていない。（P.708）

4 × これはすぐに「×」とわかったでしょ。「3分の1」じゃなくて「6分の1」の額だよね。（地方税法349条の3の2第2項、P.710）

正解		
問22 1	問23 2	問24 1

問題

★★★

【問25】 地価公示法に関する次の記述のうち、誤っているものはどれか。

1　地価公示法の目的は、都市及びその周辺の地域等において、標準地を選定し、その正常な価格を公示することにより、一般の土地の取引価格に対して指標を与え、及び公共の利益となる事業の用に供する土地に対する適正な補償金の額の算定等に資し、もって適正な地価の形成に寄与することである。

2　不動産鑑定士は、公示区域内の土地について鑑定評価を行う場合において、当該土地の正常な価格を求めるときは、公示価格と実際の取引価格を規準としなければならない。

3　不動産鑑定士は、土地鑑定委員会の求めに応じて標準地の鑑定評価を行うに当たっては、近傍類地の取引価格から算定される推定の価格、近傍類地の地代等から算定される推定の価格及び同等の効用を有する土地の造成に要する推定の費用の額を勘案しなければならない。

4　関係市町村の長は、土地鑑定委員会が公示した事項のうち、当該市町村が属する都道府県に存する標準地に係る部分を記載した書面等を、当該市町村の事務所において一般の閲覧に供しなければならない。

★★★

【問26】 宅地建物取引業者が宅地建物取引業法第37条の規定により交付すべき書面（以下この問において「37条書面」という。）に関する次の記述のうち、正しいものはどれか。

1　宅地建物取引業者は、その媒介により建物の売買の契約を成立させた場合において、当該建物の引渡しの時期又は移転登記の申請の時期のいずれかを37条書面に記載し、当該契約の各当事者に交付しなければならない。

2　宅地建物取引業者は、その媒介により建物の貸借の契約を成立させた場合において、当該建物が既存の建物であるときは、建物の構造耐力上主要な部分等の状況について当事者の双方が確認した事項を37条書面に記載し、当該契約の各当事者に交付しなければならない。

3　宅地建物取引業者は、その媒介により建物の貸借の契約を成立させた場合において、借賃以外の金銭の授受に関する定めがあるときは、その額や当該金銭の授受の時期だけでなく、当該金銭の授受の目的についても37条書面に記載し、当該契約の各当事者に交付しなければならない。

4　宅地建物取引業者は、37条書面を交付するに当たり、宅地建物取引士をして、その書面に記名の上、その内容を説明させなければならない。

解説 → 解答

【問25】 地価公示法 ★★★

まいどおなじみの定番を並べてくれています。誰でもわかる選択肢2の「×」。「さぁみんな得点してくれよ」という出題者さんからのメッセージなのでありましょう。

1 ○ まったくもってそのとおり。テキストのまんま。解説の書きようがない（笑）。これを「×」にする人っているのかな。（1条、P.696）

2 × 不動産鑑定士は、公示区域内の土地について鑑定評価を行う場合において、当該土地の正常な価格を求めるときは、公示価格を規準としなければならぬ。実際の取引価格は基準とはしない。（8条、P.697）

3 ○ これもまったくもってそのとおり。取引事例比較法、収益還元法、原価法の３つの手法を用いて、標準地の鑑定評価を行うということ。これを「×」にする人っているのかな。（4条、P.698）

4 ○ 最後の最後もまったくもってそのとおり。当該市町村の事務所において一般の閲覧に供しなければならない。これを「×」にする人っているのかな。（7条、P.700）

【問26】 宅建業法：契約書面の交付（37条書面） ★★★

選択肢４がド定番。また出たか。きっと永遠に出題され続けるのでしょう。「時期時期時期は37条、かもぉーん」という音声講義を聴いていた方は楽勝の選択肢１。選択肢２が「あれ？」だったかも。

1 × いずれかじゃないでしょ（笑）。大事な「時期」だもんね。売買の目的物である建物の「引渡しの時期」と「移転登記の時期」は、いずれも37条書面に記載しなければならぬ。交付は各当事者にね。（37条、P.173）

2 × 出たヒッカケ。媒介により「建物の貸借の契約」だもんね。「当該建物が既存の建物であるときは、建物の構造耐力上主要な部分等の状況について当事者の双方が確認した事項」は、貸借のときは記載不要だ。交付は各当事者にね。（37条、P.173）

3 ○ そりゃそうでしょ。借賃以外の謎のお金。そんなお金の授受に関する定めがあるんだったら「当該金銭の授受の時期だけでなく、当該金銭の授受の目的」を37条書面に記載だ。交付は各当事者にね。（37条、P.173）

4 × だから説明義務はないんだってば。35条書面とヒッカケなんだけど、なんどもなんども、ほんとに永遠に出続ける定番なので、解説を書くのも飽きる。（41条、P.171）

正解			
問25	2	問26	3

>> 問題

★★★

【問27】 **宅地建物取引業者Aが、自ら売主として、宅地建物取引業者ではないBとの間で建物の売買契約を締結する場合における次の記述のうち、宅地建物取引業法の規定によれば、正しいものはどれか。**

1　ＡＢ間で建物の売買契約を締結する場合において、当事者の債務の不履行を理由とする契約の解除に伴う損害賠償の額についての特約を、代金の額の10分の２を超えて定めた場合、当該特約は全体として無効となる。

2　ＡＢ間で建築工事完了前の建物の売買契約を締結する場合において、ＡがＢから保全措置が必要となる額の手付金を受領する場合、Ａは、事前に、国土交通大臣が指定する指定保管機関と手付金等寄託契約を締結し、かつ、当該契約を証する書面を買主に交付した後でなければ、Ｂからその手付金を受領することができない。

3　ＡＢ間で建物の売買契約を締結する場合において、Ａは、あらかじめＢの承諾を書面で得た場合に限り、売買代金の額の10分の２を超える額の手付を受領することができる。

4　ＡＢ間で建築工事完了前の建物の売買契約を締結する場合において、売買代金の10分の２の額を手付金として定めた場合、Ａが手付金の保全措置を講じていないときは、Ｂは手付金の支払を拒否することができる。

★★

【問28】 **宅地建物取引業者Ａ（甲県知事免許）に関する監督処分及び罰則に関する次の記述のうち、宅地建物取引業法（以下この問において「法」という。）の規定によれば、正しいものはいくつあるか。**

ア　Ａが、不正の手段により甲県知事から免許を受けたとき、甲県知事はＡに対して当該免許を取り消さなければならない。

イ　Ａが、法第３条の２第１項の規定により付された条件に違反したときは、甲県知事はＡの免許を取り消さなければならない。

ウ　Ａが、事務所の公衆の見やすい場所に国土交通大臣が定めた報酬の額を掲示しなかった場合、Ａは甲県知事から指示処分を受けることはあるが、罰則の適用を受けることはない。

エ　Ａの従業者名簿の作成に当たり、法第48条第３項の規定により記載しなければならない事項についてＡの従業者Ｂが虚偽の記載をした場合、Ｂは罰則の適用を受けることはあるが、Ａは罰則の適用を受けることはない。

1　一つ　　2　二つ　　3　三つ　　4　四つ

★★★

【問29】 **次の記述のうち、宅地建物取引業法の規定によれば、誤っているものはどれか。**

1　宅地建物取引業の免許の有効期間は５年であり、免許の更新の申請は、有効期間満了の日の90日前から30日前までの間に行わなければならない。

2　宅地建物取引業者から免許の更新の申請があった場合において、有効期間の満了の日までにその申請について処分がなされないときは、従前の免許は、有効期間の満了後もその処分がなされるまでの間は、なお効力を有する。

3　個人である宅地建物取引業者Ａ（甲県知事免許）が死亡した場合、Ａの相続人は、Ａの死亡の日から30日以内に、その旨を甲県知事に届け出なければならない。

4　法人である宅地建物取引業者Ｂ（乙県知事免許）が合併により消滅した場合、Ｂを代表する役員であった者は、その日から30日以内に、その旨を乙県知事に届け出なければならない。

解説 ➔ 解答

【問27】 宅建業法：宅建業者が売主 ★★★

まいどおなじみの選択肢を並べてきた良品。「過去問をちゃんと解けるようになったみなさん、どうぞ得点してね」という出題者のやさしさを感じる。

1 × まいどおなじみのド定番。「当該特約は全体として無効」じゃないよね。10分の2を超える部分が無効という扱い。（38条、P.136）

2 × 「建築工事完了前の建物」だもんね。未完成物件のときの保全措置は、「①銀行等による保証」か「②保険事業者による保険保証」のどっちか。「指定保管機関による保管」による保全措置は工事完了後の物件のときだけだよね。（41条、P.143）

3 × 承諾があってもダメでしょ（笑）。売主業者は、宅建業者でない買主から、代金の10分の2を超える額の手付を受領することはできぬ。（39条、P.138）

4 ○ 「工事完了前」で、手付金等として売買代金の額の5％をはるかに超える「売買代金の10分の2の額を手付金」を受領するっていうんだから、そりゃ手付金等の保全措置が必要でしょ。保全措置を講じないときは手付金（手付金等に該当）の支払いを拒むことができる。なお「売買代金の10分の2の額を手付金」自体はOK。（41条、P.143）

【問28】 宅建業法：監督処分・罰則 ★★

記述イが、ナイスなヒッカケ。やられちゃったかな？。記述ウとエも過去にあまり出題されていないところなので、ちょっと解きにくい問題。

ア ○ そりゃそうでしょ。Aの免許は取消しとなる。（66条、P.198）

イ × うわっヒッカケ。条件に違反したときは「取り消すことができる」というオチ。「取り消さなければならない」は「×」。やられたぁ～。（66条、P.199）

ウ × 報酬の額を掲示しなかった場合、やっぱり「罰則」もあるんだよなー。監督処分として指示処分の対象となり、で、罰則として「50万円以下の罰金」というのが用意されている。（82条、P.196、206）

エ × いわゆる「両罰規定」からの出題。従業者名簿関連での罰則は50万円以下の罰金。従業者Bも、そしてAも、罰則の適用を受けることがある。（83条、P.206）

正しいものはアの「一つ」。選択肢1が正解。

【問29】 宅建業法：廃業等の届出 ★★★

いつもの定番を並べた一品。選択肢3の「死亡した日から」というのが笑えます。出題してくれてありがとうございます。さらにこれが正解肢。ナイス出題者さん。

1 ○ だから5年間の有効期間ギリギリになって焦って更新申請してもアウト。有効期間満了の日の90日前から30日前までの間に行わなければならぬ。（3条、規則3条、P.040）

2 ○ ちゃんと免許の更新申請をしたのに、免許の有効期間が過ぎちゃった。でも新しい免許がこないんですけど、みたいな状況。そしたらしょうがないので「従前の免許は、有効期間の満了後もその処分がなされるまでの間は、なお効力を有する」ということで一件落着。（3条、規則3条、P.040）

3 × 出た～「死亡の日から30日」。久しぶりの出題です。「死亡の日から」じゃなくて「死亡を知った日」から30日だよねー。（11条、P.044）

4 ○ 合併により消滅したのは法人Bだよね。だからBを代表する役人であった者は、免許権者である乙県知事に対して、「法人Bは合併により消滅しました」と届け出なくてはならぬ。（11条、P.044）

正解					
問27	4	問28	1	問29	3

問題

★★★

【問30】宅地建物取引業者Aがその業務に関して行う広告に関する次の記述のうち、宅地建物取引業法（以下この問において「法」という。）の規定によれば、正しいものはどれか。

1　Aは、中古の建物の売買において、当該建物の所有者から媒介の依頼を受け、取引態様の別を明示せずに広告を掲載したものの、広告を見た者からの問合せはなく、契約成立には至らなかった場合には、当該広告は法第34条の規定に違反するものではない。

2　Aは、自ら売主として、建築基準法第6条第1項の確認の申請中である新築の分譲マンションについて「建築確認申請済」と明示した上で広告を行った。当該広告は、建築確認を終えたものと誤認させるものではないため、法第33条の規定に違反するものではない。

3　Aは、顧客を集めるために売る意思のない条件の良い物件を広告し、実際は他の物件を販売しようとしたが注文がなく、売買が成立しなかった場合であっても、監督処分の対象となる。

4　Aは、免許を受けた都道府県知事から宅地建物取引業の免許の取消しを受けたものの、当該免許の取消し前に建物の売買の広告をしていた場合、当該建物の売買契約を締結する目的の範囲内においては、なお宅地建物取引業者とみなされる。

★★★

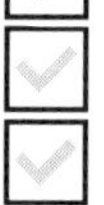

【問31】宅地建物取引業者A（消費税課税事業者）が貸主Bから建物の貸借の代理の依頼を受け、宅地建物取引業者C（消費税課税事業者）が借主Dから媒介の依頼を受け、BとDとの間で賃貸借契約を成立させた場合における次の記述のうち、宅地建物取引業法の規定によれば、誤っているものはいくつあるか。なお、1か月分の借賃は8万円とし、借賃及び権利金（権利設定の対価として支払われる金銭であって返還されないものをいう。）には、消費税等相当額を含まないものとする。

ア　建物を住居として貸借する場合、Cは、媒介の依頼を受けるに当たってDから承諾を得ているときを除き、44,000円を超える報酬をDから受領することはできない。

イ　建物を店舗として貸借する場合、AがBから受領する報酬とCがDから受領する報酬の合計額は88,000円を超えてはならない。

ウ　建物を店舗として貸借する場合、200万円の権利金の授受があるときは、A及びCが受領できる報酬の額の合計は、110,000円を超えてはならない。

エ　Aは、Bから媒介報酬の限度額まで受領する他に、Bの依頼によらない通常の広告の料金に相当する額を別途受領することができる。

1　一つ　　2　二つ　　3　三つ　　4　四つ

解説 → 解答

【問30】 宅建業法：広告規制 ★★★

ありがとう出題者さん。愉快な問題。選択肢1～3の「虚しい言い訳」が好きです。違反したのに成果なし。そういうこともあろう。それも人生のワンシーンだ。さぁ前を向いて。涙をふいて。どこかで明日が待っているはずさ♪（1982年）。カラオケで歌いたい。

1 × 違反でしょ（笑）。取引態様の別を明示しない広告を出した時点でアウト。違反です。「問合せはなく、契約成立には至らなかった」という虚しい言い訳が好きです。（34条の2、P.100）

2 × また出たか（笑）。建築確認を受けていないんだから広告しちゃダメでしょ。違反です。「建築確認を終えたものと誤認させるものではない」という虚しい言い訳が好きです。（33条、P.098）

3 ○ そりゃ監督処分の対象となるでしょ（笑）。「顧客を集めるために売る意思のない条件の良い物件を広告」は、バリバリ最悪の誇大広告。違反です。「注文がなく、売買が成立しなかった」という虚しい言い訳が好きです。（32条、P.099）

4 × 「宅建業者が締結した契約に基づく取引を結了する目的の範囲内」ではないので、宅建業者とはみなされない。この選択肢には虚しい言い訳がなくてつまらん。「当該免許の取消し前に建物の売買の広告をしていた場合」じゃなくて「・・・していたので」だったら言い訳っぽい感じがするかな。（76条、P.046）

【問31】 宅建業法：報酬 ★★★

記述ウ。借賃がたったの8万円で権利金200万円。高いなー権利金（笑）。出題者さんが生活している界隈では、こんなバカげた世界が広がっているのかなー。知らんけど。（46条）

ア ○ 「建物を住居として」だから「居住用建物」だよね。となると、宅建業者Cは、借主Dから承諾を得ない限り、賃料（8万円）の0.5ヶ月＋消費税＝44,000円を超える報酬を受領できぬ。（P.120）

イ ○ 結局のところ、貸借の媒介や代理のときの報酬限度額は、間に入った宅建業者の数にかかわらず、その合計は賃料1ヶ月分＋消費税まで。88,000円。（P.119）

ウ × 「建物を店舗として」だから権利金の額を売買代金とみなして計算することもできる。通常の賃貸の報酬限度額（賃料1ヶ月分＋消費税）と比べて、高い方を報酬限度額とすることができる。権利金の額を売買代金とみなして計算してみると、権利金200万円×5%＋消費税10%＝11万円。11万円をBC双方から受領するから22万円。借賃1ヶ月分だと8.8万円。22万円が報酬限度額だ。11万円じゃないよね。（P.121）

エ × よく出てるなこれ。Bの依頼によらない「通常の広告の料金に相当する額」は別途受領できないよね。依頼者から依頼された特別な広告の料金だったら話は別だが。（P.122）

誤っているのはウ、エの「二つ」。選択肢2が正解。

正解			
問30	3	問31	2

問題

★★

【問32】 宅地建物取引業法第35条の２に規定する供託所等に関する説明についての次の記述のうち、正しいものはどれか。なお、特に断りのない限り、宅地建物取引業者の相手方は宅地建物取引業者ではないものとする。

1　宅地建物取引業者は、宅地建物取引業者の相手方に対して供託所等の説明を行う際に書面を交付することは要求されていないが、重要事項説明書に記載して説明することが望ましい。

2　宅地建物取引業者は、宅地建物取引業者が取引の相手方の場合においても、供託所等に係る説明をしなければならない。

3　宅地建物取引業者は、売買、交換又は貸借の契約に際し、契約成立後、速やかに供託所等に係る説明をしなければならない。

4　宅地建物取引業者は、自らが宅地建物取引業保証協会の社員である場合、営業保証金を供託した主たる事務所の最寄りの供託所及び所在地の説明をしなければならない。

★★★

【問33】 宅地建物取引業者Ａは、ＢからＢ所有の宅地の売却について媒介の依頼を受けた。この場合における次の記述のうち、宅地建物取引業法の規定によれば、正しいものはいくつあるか。なお、この問において「専任媒介契約」とは、専属専任媒介契約ではない専任媒介契約をいう。

ア　ＡがＢとの間で専任媒介契約を締結した場合、ＡはＢに対して、当該専任媒介契約に係る業務の処理状況を１週間に１回以上報告しなければならない。

イ　ＡがＢとの間で専任媒介契約を締結した場合、Ｂの要望により当該宅地を指定流通機構に登録しない旨の特約をしているときを除き、Ａは、当該専任媒介契約締結日から７日以内（休業日数を含まない。）に、指定流通機構に当該宅地の所在等を登録しなければならない。

ウ　ＡがＢとの間で一般媒介契約を締結した場合、ＡはＢに対して、遅滞なく、宅地建物取引業法第34条の２第１項の規定に基づく書面を交付しなければならない。

エ　ＡがＢとの間で一般媒介契約を締結した場合、ＡがＢに対し当該宅地の価額又は評価額について意見を述べるときは、その根拠を明らかにしなければならないが、根拠の明示は口頭でも書面を用いてもよい。

1　一つ　　2　二つ　　3　三つ　　4　四つ

★★★

【問34】 宅地、建物に関する次の記述のうち、宅地建物取引業法の規定によれば、正しいものはどれか。

1　宅地とは、建物の敷地に供せられる土地をいい、道路、公園、河川、広場及び水路に供せられているものは宅地には当たらない。

2　建物の一部の売買の代理を業として行う行為は、宅地建物取引業に当たらない。

3　建物とは、土地に定着する工作物のうち、屋根及び柱若しくは壁を有するものをいうが学校、病院、官公庁施設等の公共的な施設は建物には当たらない。

4　宅地とは、現に建物の敷地に供せられている土地をいい、その地目、現況によって宅地に当たるか否かを判断する。

解説 → 解答

【問32】 宅建業法：供託所等に関する説明 ★★

選択肢1。宅建業法では、説明に関しては、宅建業者に対して供託所等の説明義務を課しているんだけど、書面の交付義務までは課していない（口頭の説明でもOK）。だけど、国交省の「解釈・運用の考え方」で「法律上は書面を交付して説明することを要求されていないが、この事項を重要事項説明書に記載して説明することが望ましい」としている。（35条の2、P.192～193）

1 ○ そうなんですよ。このような中途半端なことになっております。

2 × 相手方が宅建業者だったら、供託所等に係る説明は不要。そもそも営業保証金や弁済業務保証金からの還付対象じゃないもんね、宅建業者はね。

3 × 出た「契約成立後」。供託所等に関する説明は、契約が成立するまでの間、つまり契約成立前までに行うのだ。

4 × なんだこの選択肢は（笑）。保証協会の社員は、営業保証金を供託しないでしょ。なので説明のしようがない。バカくさい選択肢ですね。もうちょっとマシなところを出題すりゃいいのにね。

【問33】 宅建業法：媒介契約 ★★★

まいどおなじみの媒介契約。そしてまいどおなじみの内容。出題者さん、ありがとうございます。これからもこの調子でよろしくお願いいたします。（34条の2）

ア × 専任媒介契約だから、業務の処理状況の報告は「2週間に1回以上」だよね。（P.108）

イ × そんな特約ダメでしょ。無効。Aは、「7日以内（休業日数を含まない。）」に、指定流通機構に当該宅地の所在等を登録しなければならぬ。（P.108）

ウ ○ そうだよね。一般媒介契約でも「AはBに対して、遅滞なく、宅地建物取引業法第34条の2第1項の規定に基づく書面を交付」だ。（P.111）

エ ○ 一般媒介契約でも専任・専属専任媒介契約でも、「価額又は評価額」について意見を述べるときは、その根拠を明らかにしなければならないが、根拠の明示は口頭でも書面を用いてもよい。（P.112）

正しいものはウ、エの「二つ」。選択肢2が正解。

【問34】 宅建業法：宅地・建物 ★★★

選択肢3が笑える。校舎や役所だって建物でしょ。「みんなが選ぶ★お笑い選択肢大賞」にエントリーしておきましょう。（2条、P.031）

1 ○ ですよね。道路、公園、河川、広場、水路に供せられている土地は宅地ではない。宅建業法上の宅地とは、まずは「建物の敷地に供せられる土地」で、都市計画法の用途地域内だったら「道路、公園、河川、広場、水路に供せられている土地以外」が宅地となる。

2 × 「建物」には建物の一部を含む。なので、建物の一部の売買の代理を業として行う行為は宅建業だ。

3 × なんじゃこの選択肢は（笑）。校舎だって建物でしょ。屋根や柱、壁があるもんね。学校、病院、官公庁施設等の公共的な施設だって建物だ。

4 × 「現に建物の敷地に供せられている土地」に限らないよね。地目もカンケーないかな。「建物の敷地に供する目的で取引の対象とする土地」も宅地になるよね。

正解		
問32 1	問33 2	問34 1

令和3年度 問題・解説・解答

問題

★★★

【問35】 宅地建物取引業者が宅地及び建物の売買の媒介を行う場合における宅地建物取引業法第35条に規定する重要事項の説明及び重要事項説明書の交付に関する次の記述のうち、正しいものはどれか。

1　宅地建物取引士は、テレビ会議等のＩＴを活用して重要事項の説明を行うときは、相手方の承諾があれば宅地建物取引士証の提示を省略することができる。

2　宅地建物取引業者は、その媒介により売買契約が成立したときは、当該契約の各当事者に、遅滞なく、重要事項説明書を交付しなければならない。

3　宅地建物取引業者は、重要事項説明書の交付に当たり、専任の宅地建物取引士をして当該書面に記名させるとともに、売買契約の各当事者にも当該書面に記名押印させなければならない。

4　宅地建物取引業者は、買主が宅地建物取引業者であっても、重要事項説明書を交付しなければならない。

★★★

【問36】 宅地建物取引業の免許（以下この問において「免許」という。）に関する次の記述のうち、宅地建物取引業法の規定によれば、正しいものはどれか。

1　法人である宅地建物取引業者Ａ（甲県知事免許）について破産手続開始の決定があった場合、その日から30日以内に、Ａを代表する役員Ｂは、その旨を、甲県知事に届け出なければならない。

2　宅地建物取引業者Ｃ（乙県知事免許）が国土交通大臣に免許換えの申請を行っているときは、Ｃは、取引の相手方に対し、重要事項説明書及び宅地建物取引業法第37条の規定により交付すべき書面を交付することができない。

3　宅地建物取引業者Ｄ（丙県知事免許）が、免許の更新の申請を怠り、その有効期間が満了した場合、Ｄは、遅滞なく、丙県知事に免許証を返納しなければならない。

4　宅地建物取引業者Ｅ（丁県知事免許）が引き続いて１年以上事業を休止したときは、丁県知事は免許を取り消さなければならない。

★★★

【問37】 宅地建物取引士に関する次の記述のうち、宅地建物取引業法の規定によれば、正しいものはどれか。なお、この問において「登録」とは、宅地建物取引士の登録をいうものとする。

1　甲県知事の登録を受けている宅地建物取引士は、乙県に主たる事務所を置く宅地建物取引業者の専任の宅地建物取引士となる場合、乙県知事に登録の移転を申請しなければならない。

2　宅地建物取引士の氏名等が登載されている宅地建物取引士資格登録簿は一般の閲覧に供されることとはされていないが、専任の宅地建物取引士は、その氏名が宅地建物取引業者名簿に登載され、当該名簿が一般の閲覧に供される。

3　宅地建物取引士が、刑法第204条（傷害）の罪により罰金の刑に処せられ、登録が消除された場合、当該登録が消除された日から５年を経過するまでは、新たな登録を受けることができない。

4　未成年者は、宅地建物取引業に係る営業に関し成年者と同一の行為能力を有していたとしても、成年に達するまでは登録を受けることができない。

解説 ➔ 解答

【問35】 宅建業法：重要事項の説明等 ★★★

とくに新鮮味もないんだけど、まぁこういう定番もいいもんだ。選択肢３の後半の「各当事者にも当該書面に記名押印」というあたりに「なにかちょっと変わったものを」という工夫が見られる。（35条）

1 ×「テレビ会議等」での重要事項の説明だとしても、宅建士証の提示を省略しちゃダメでしょ(笑)。(P.155)

2 × ずっと出続けている永遠の定番。重要事項説明書の交付は「売買契約が成立したときは」ではなく契約前に。さらに「売買契約の各当事者」ではなく買主となろうとするほうに交付だ。(P.152)

3 × これもまいどおなじみ。専任の宅建士でなくてもいいでしょ。宅建士であればOK。で、後半に「売買契約の各当事者にも・・・」とありますけど、宅建業法では特になにも規定していない。(P.153)

4 ○ 買主が宅建業者であっても、重要事項説明書を交付しなければならぬ。説明は省略してもいいけどね。(P.152)

【問36】 宅建業法：宅建業の免許 ★★★

選択肢３はヒッカケ。選択肢４も「取り消さなければならない」だったか「取り消すことができる」だったかなー、と悩むかも。選択肢３と４を並べたところがお見事。これぞヒッカケパターンの金字塔。さすがです出題者さん。

1 × 宅建業者の「破産」のときは、届出義務者は「破産管財人」だよね。音声講義での「はさんはさーん」という謎の呪文で覚えてたでしょ。(11条、P.044)

2 × 免許換えの申請中は、従前の免許で宅建業を引き続き行えるよ。業務が止まったらすっげーめんどくせー。(7条、P.042)

3 × 出たヒッカケ。免許の有効期間が満了して失効した場合は、返納する必要なし。ほったらかしでOK。(14条、P.048)

4 ○ ちょっと悩んだかなー。「引き続いて１年以上事業を休止したとき」は、免許の取消処分となる。「取り消さなければならない」で「○」。(66条、P.198)

【問37】 宅建業法：宅地建物取引士 ★★★

選択肢１。まいどおなじみの登録の移転で「×」パターン。選択肢３がヒッカケ。「消除された日から５年」だとさ。ナイス出題者。選択肢２も宅地建物取引業者名簿と宅地建物取引士資格登録簿を上手に出題。さすがっす。

1 × そもそも論として登録の移転は任意。「登録の移転を申請しなければならない」だと誤っすね。(19条の２、P.078)

2 ○ 宅地建物取引士資格登録簿には宅建士の氏名や住所などが登載。個人情報満載。閲覧させません。宅地建物取引業者名簿は「業者の素性」を明らかにするため一般の閲覧に供される。宅地建物取引業者名簿には専任の宅建士や役員の氏名などが登載だ。(８条、18条、P.073、043)

3 × 出たぁー「登録が消除された日から」ヒッカケ。傷害の罪により罰金の刑に処せられたら登録の消除処分。で、刑の執行を終わった日から５年経過しないと登録できない。「登録が消除された日」から５年は誤だ。(18条、68条の２、P.069、202)

4 × 「宅地建物取引業に係る営業に関し成年者と同一の行為能力を有していた」っていうんだから登録できるでしょ。成年者と同一の行為能力を「有しない」未成年者は登録をすることができないけどね。(18条、P.072)

正解		
問35 4	問36 4	問37 2

令和３年度 ≫ 問題・解説・解答

問題

★★★

【問38】 次の記述のうち、宅地建物取引業法の規定に違反しないものの組合せとして、正しいものはどれか。なお、この問において「建築確認」とは、建築基準法第６条第１項の確認をいうものとする。

ア　宅地建物取引業者Ａは、建築確認の済んでいない建築工事完了前の賃貸住宅の貸主Ｂから当該住宅の貸借の媒介を依頼され、取引態様を媒介と明示して募集広告を行った。

イ　宅地建物取引業者Ｃは、建築確認の済んでいない建築工事完了前の賃貸住宅の貸主Ｄから当該住宅の貸借の代理を依頼され、代理人として借主Ｅとの間で当該住宅の賃貸借契約を締結した。

ウ　宅地建物取引業者Ｆは、自己の所有に属しない宅地について、自ら売主として、宅地建物取引業者Ｇと売買契約の予約を締結した。

エ　宅地建物取引業者Ｈは、農地の所有者Ｉと建物の敷地に供するため農地法第５条の許可を条件とする売買契約を締結したので、自ら売主として宅地建物取引業者ではない個人ＪとＩ所有の農地の売買契約を締結した。

1　ア、イ　　2　ア、エ　　3　イ、ウ　　4　ウ、エ

★★★

【問39】 宅地建物取引業保証協会（以下この問において「保証協会」という。）に関する次の記述のうち、宅地建物取引業法の規定によれば、誤っているものはどれか。

1　保証協会は、その名称、住所又は事務所の所在地を変更しようとするときは、あらかじめ、その旨を国土交通大臣に届け出なければならない。

2　保証協会は、新たに社員が加入したときは、直ちに、その旨を当該社員である宅地建物取引業者が免許を受けた国土交通大臣又は都道府県知事に報告しなければならない。

3　宅地建物取引業者で保証協会に加入しようとする者は、その加入した日から１週間以内に、政令で定める額の弁済業務保証金分担金を当該保証協会に納付しなければならない。

4　保証協会の社員は、自らが取り扱った宅地建物取引業に係る取引の相手方から当該取引に関する苦情について解決の申出が保証協会にあり、保証協会から説明を求められたときは、正当な理由がある場合でなければ、これを拒んではならない。

★★★

【問40】 宅地建物取引業法第37条の規定により交付すべき書面（以下この問において「37条書面」という。）についての宅地建物取引業者Ａの義務に関する次の記述のうち、正しいものはどれか。

1　Ａは、自ら売主として、宅地建物取引業者Ｂの媒介により、Ｃと宅地の売買契約を締結した。Ｂが宅地建物取引士をして37条書面に記名させている場合、Ａは宅地建物取引士をして当該書面に記名させる必要はない。

2　Ａは、Ｄを売主としＥを買主とする宅地の売買契約を媒介した。当該売買契約に、当該宅地が種類又は品質に関して契約の内容に適合しない場合においてその不適合を担保すべき責任に関する特約があるときは、Ａは、当該特約について記載した37条書面をＤ及びＥに交付しなければならない。

3　Ａは、自ら買主として、Ｆと宅地の売買契約を締結した。この場合、Ｆに対して37条書面を交付する必要はない。

4　Ａは、自ら貸主として、Ｇと事業用建物の定期賃貸借契約を締結した。この場合において、借賃の支払方法についての定めがあるときは、Ａはその内容を37条書面に記載しなければならず、Ｇに対して当該書面を交付しなければならない。

解説 ➔ 解答

【問38】 宅建業法：広告や契約締結の制限、自ら売主（他人物） ★★★

記述イ。「建築確認の済んでいない」という建築工事完了前の賃貸住宅。貸借の代理や媒介の広告はダメだけど、貸借の代理や媒介で賃貸借契約を締結させることはOK。まいどおなじみの選択肢でした。アとイを並べて出題してくれた出題者さん。ありがとう。愛があふれているいい問題だ。

ア × 「建築確認の済んでいない」ということだから「広告」はダメだよね。（33 条、P.098）

イ ○ 「建築確認の済んでいない建築工事完了前の賃貸住宅」だけど、代理や媒介で賃貸借契約を締結しちゃうことは OK。でさ、実際、姿かたちもない賃貸住宅（確認前なので着工前）を、さらに広告もない状態で、賃貸借契約なんかできるのかなー。（36 条、P.098）

ウ ○ 買主が宅建業者だもんね。自己の所有に属しない宅地を、予約だろうがなんだろうが、宅建業者に売っぱらっちまってよい。（78 条、P.125）

エ × 停止条件として「農地法第５条の許可」だもんね。で、買主は宅建業者じゃないということだから、「宅建業者Ｈは自ら売主として宅建業者ではない個人Ｊと I 所有の農地の売買契約を締結した」は違反だよね。（33 条の２、P.127）

正しいものはイ、ウ。選択肢３が正解。

【問39】 宅建業法：保証協会 ★★★

選択肢１。宅建士が知っておくべき内容なのかな。たしかに保証協会からの出題は、どうしたって過去問とおなじ類になりがちだけど、だからといって、こんなのを引っ張り出して出題しちゃう出題者の感性もバカくさくてステキ。

1 ○ そのとおりなんだけど、でもなー。「みんなで選ぶ★出しても意味のない選択肢大賞」の候補。（64 条の２、テキスト未掲載）

2 ○ こちらもそのとおり。新たに社員が加入したときは、保証協会は、直ちに、その旨を当該社員である宅建業者が免許を受けた国土交通大臣又は都道府県知事に報告だ。（64 条の４、P.184）

3 × 「加入した日から１週間以内」じゃないよね。「加入しようとする日」までに弁済業務保証金分担金を保証協会に納付だよね。（64 条の９、P.186）

4 ○ そうだよね。拒んではならないよね。苦情についての解決にあたり、保証協会から説明を求められたときは、正当な理由がある場合でなければ、これを拒んではならない。（64 条の５、P.185）

【問40】 宅建業法：契約書面の交付（37 条書面） ★★★

選択肢４がナイス。「みんなが選ぶ★ヒッカケ大賞」の候補だ。「事業用建物の定期賃貸借契約」だなんだかんだ、それらしいフレーズを入れ込んで、結局は自ら賃貸。それも 37 条書面がらみで出題。まさにヒッカケとはこうあるべきだ。出題者さんに拍手。

1 × 媒介業者Ｂが宅建士をして 37 条書面に記名させている場合でも、売主も業者なので宅建士をして記名だ。「させる必要はない」は誤だよね。（37 条、P.170）

2 ○ 「その不適合を担保すべき責任に関する特約」があるんだったら、37 条書面に記載だよね。（37 条、P.174）

3 × 宅建業者が買主パターン。たまに出してくるよね。Ａが自ら買主の場合であっても、Ａが宅建業者である以上、相手方に 37 条書面を交付だ。（37 条、P.170）

4 × ナイスヒッカケ。自ら貸主での賃貸借契約。「宅建業」には該当しないので宅建業法の適用なし。（２条、P.029）

正解		
問38　3	問39　3	問40　2

令和３年度 ≫ 問題・解説・解答

問題

★★★

【問41】 宅地建物取引士に関する次の記述のうち、宅地建物取引業法の規定によれば、誤っているものはどれか。（法改正により選択肢4を修正している）

1　宅地建物取引業者Aは、一団の宅地建物の分譲をするため設置した案内所には、契約を締結することなく、かつ、契約の申込みを受けることがないときでも、1名以上の専任の宅地建物取引士を置かなければならない。

2　宅地建物取引業者Bは、その主たる事務所に従事する唯一の専任の宅地建物取引士が退職したときは、2週間以内に、宅地建物取引業法第31条の3第1項の規定に適合させるため必要な措置を執らなければならない。

3　宅地建物取引業者Cが、20戸の一団の分譲建物の売買契約の申込みのみを受ける案内所甲を設置した場合、売買契約の締結は事務所乙で行うとしても、甲にも専任の宅地建物取引士を置かなければならない。

4　法人である宅地建物取引業者D社の従業者であり、宅地建物取引業に係る営業に関し成年者と同一の行為能力を有する18歳未満の宅地建物取引士Eは、D社の役員であるときを除き、D社の専任の宅地建物取引士となることができない。

★★★

【問42】 宅地建物取引業者が媒介により既存建物の貸借の契約を成立させた場合に関する次の記述のうち、宅地建物取引業法第37条の規定により当該貸借の契約当事者に対して交付すべき書面に記載しなければならない事項はいくつあるか。

ア　借賃以外の金銭の授受に関する定めがあるときは、その額並びに当該金銭の授受の時期及び目的

イ　設計図書、点検記録その他の建物の建築及び維持保全の状況に関する書面で、国土交通省令で定めるものの保存の状況

ウ　契約の解除に関する定めがあるときは、その内容

エ　天災その他不可抗力による損害の負担に関する定めがあるときは、その内容

1　一つ　　2　二つ　　3　三つ　　4　四つ

解説 → 解答

【問41】 宅建業法：宅地建物取引士 ★★★

選択肢１の「×」が楽勝でこれが正解肢。宅建業法はじゃんじゃん得点させようというお気持ち、うれしいです。選択肢２は喜劇か悲劇か。「２週間以内」に必要な措置を執らなければならぬ。宅建士を探して雇うか、廃業するか。他の従業者が宅建士だったらどうってことないんだけど「唯一」だったらしいもんね。みんなで受けよう宅建試験。（31 条の 3、P.085）

1 × 「契約を締結することなく、かつ、契約の申込みを受けることがない」という案内所だよね。となると、専任の宅建士の設置義務なしだよね。

2 ○ そのとおり。２週間以内に必要な措置を執らなければならない。

3 ○ 「一団の分譲建物の売買契約の申込みのみを受ける案内所」だもんね。１名以上の専任の宅建士を置かなければならない。「売買契約の締結は事務所乙で行うとしても」というフレーズで惑わそうとがんばっている出題者さん。微笑ましい。

4 ○ 宅建業に係る営業に関し成年者と同一の行為能力を有しない未成年者は登録できないけど「同一の行為能力を有する」ということであれば登録 OK だけど、成年者である専任の宅建士にはなれないよね。でも、法人の役員だったら「役員が専任の宅建士とみなされる」という規定があるので、そのルートで専任の宅建士になれる。

【問42】 宅建業法：契約書面の交付（37 条書面） ★★★

37 条書面への記載事項。「定めがあれば」シリーズでまとめてきた。記述イの「設計図書、点検記録その他の建物の建築及び維持保全の状況に関する書面」が、なるほどそう出すかと新鮮。ナイス出題者さん。（37 条、P.173 ～ 174）

ア 記載事項 「借賃以外の金銭の授受に関する定めがある」ということだもんね。そんな謎のお金（借賃以外の金銭）につき、「その額並びに当該金銭の授受の時期及び目的」を 37 条書面に記載だ。

イ 記載事項ではない 既存建物での「設計図書、点検記録その他の建物の建築及び維持保全の状況に関する書面」が登場するのは、売買（交換）のときの重要事項説明書だ。37 条書面での記載事項ではないよね。

ウ 記載事項 「契約の解除に関する定めがある」ということだもんね。その定めの内容を 37 条書面に記載だ。

エ 記載事項 「天災その他不可抗力による損害の負担に関する定めがある」ということだもんね。その定めの内容を 37 条書面に記載だ。

記載しなければならない事項はア、ウ、エの「三つ」。選択肢３が正解。

正解	
問41 1	問42 3

問題

★★★

【問43】 宅地建物取引業者Aが、自ら売主として、宅地建物取引業者ではない法人B又は宅地建物取引業者ではない個人Cをそれぞれ買主とする土地付建物の売買契約を締結する場合において、宅地建物取引業法第37条の２の規定に基づくいわゆるクーリング・オフに関する次の記述のうち、誤っているものはどれか。なお、この問において、買主は本件売買契約に係る代金の全部を支払ってはおらず、かつ、土地付建物の引渡しを受けていないものとする。

1　Bは、Aの仮設テント張りの案内所で買受けの申込みをし、その８日後にAの事務所で契約を締結したが、その際クーリング・オフについて書面の交付を受けずに告げられた。この場合、クーリング・オフについて告げられた日から８日後には、Bはクーリング・オフによる契約の解除をすることができない。

2　Bは、Aの仮設テント張りの案内所で買受けの申込みをし、その３日後にAの事務所でクーリング・オフについて書面の交付を受け、告げられた上で契約を締結した。この書面の中で、クーリング・オフによる契約の解除ができる期間を14日間としていた場合、Bは、その書面を交付された日から12日後であっても契約の解除をすることができる。

3　Cは、Aの仮設テント張りの案内所で買受けの申込みをし、その３日後にAの事務所でクーリング・オフについて書面の交付を受け、告げられた上で契約を締結した。Cは、その書面を受け取った日から起算して８日目に、Aに対しクーリング・オフによる契約の解除を行う旨の文書を送付し、その２日後にAに到達した。この場合、Aは契約の解除を拒むことができない。

4　Cは、Aの事務所で買受けの申込みをし、その翌日、喫茶店で契約を締結したが、Aはクーリング・オフについて告げる書面をCに交付しなかった。この場合、Cはクーリング・オフによる契約の解除をすることができない。

★★★

【問44】 宅地建物取引業者が行う宅地建物取引業法第35条に規定する重要事項の説明についての次の記述のうち、正しいものはいくつあるか。なお、説明の相手方は宅地建物取引業者ではないものとする。

ア　賃貸借契約において、取引対象となる宅地又は建物が、水防法施行規則第11条第１項の規定により市町村（特別区を含む。）の長が提供する図面に当該宅地又は建物の位置が表示されている場合には、当該図面における当該宅地又は建物の所在地を説明しなければならない。

イ　賃貸借契約において、対象となる建物が既存の住宅であるときは、法第34条の２第１項第４号に規定する建物状況調査を実施しているかどうか、及びこれを実施している場合におけるその結果の概要を説明しなければならない。

ウ　建物の売買において、その建物の種類又は品質に関して契約の内容に適合しない場合におけるその不適合を担保すべき責任の履行に関し保証保険契約の締結などの措置を講ずるかどうか、また、講ずる場合はその措置の概要を説明しなければならない。

1　一つ　　2　二つ　　3　三つ　　4　なし

解説 ➔ 解答

【問43】 宅建業法：クーリング・オフ ★★★

買主が法人だったり個人だったり。新鮮です。ナイス出題者さん。がしかし、いずれも宅建業者ではないので、クーリング・オフ制度の適用あり。(37条の2、P.129～134)

1 × 「クーリング・オフについて書面の交付を受けずに」ということだから「8日間」の起算がはじまらない。「仮設テント張りの案内所で買受けの申込み」なので契約の解除OK。

2 ○ そんな親切な業者がこの世にいるのかという問題はさておき、「クーリング・オフによる契約の解除ができる期間を14日間」という特約は買主有利なので有効。「仮設テント張りの案内所で買受けの申込み」なので、12日後であっても契約の解除OK。

3 ○ 「Aに対しクーリング・オフによる契約の解除を行う旨の文書を送付」した時点で契約は解除となる。いつ送付したのかというと「クーリング・オフについて書面の交付を受け取った日から起算して8日目」。ギリギリセーフ。Aは契約の解除を拒むことができない。

4 ○ 「Aの事務所で買受けの申込み」をしているんだもんね。どのみち、Cはクーリング・オフによる契約の解除をすることができない。

【問44】 宅建業法：重要事項の説明等（35条書面） ★★★

賃貸借契約のときと売買契約のときとの微妙なちがいを、上手に出題してきた一品。復習するのにちょうどいいですね。なお記述ア。「水防法施行規則第11条第1項の規定」となっているけど「水防法施行規則第11条第1号」の間違い。でもま、出題当時のままにしています。「○」で出したかったのだろうと忖度しましたので「○」としての解説です。(35条)

ア 除外 賃貸借契約でも売買契約でも、水害ハザードマップ（水防法による図面）に当該宅地又は建物の位置が表示されている場合には、当該図面における当該宅地又は建物の所在地を説明しなければならない。「○」で出したかったのであろう。(P.159)

イ ○ 賃貸借契約でも売買契約でも、その建物が既存の住宅であるときは、建物状況調査を実施しているかどうか、及びこれを実施している場合におけるその結果の概要を説明しなければならない。(P.159)

ウ ○ 賃貸借契約のときは不要だけど、建物の売買契約なので、その建物の種類又は品質に関して契約の内容に適合しない場合におけるその不適合を担保すべき責任の履行に関し保証保険契約の締結などの措置を講ずるかどうか、また、講ずる場合はその措置の概要を説明しなければならない。(P.163)

正しいものはア（除外なんだけど忖度）、イ、ウの「三つ」かイ、ウの「二つ」。選択肢2又は3が正解。

正解			
問43	1	問44	2又は3

問題

★★★

【問45】 宅地建物取引業者Aが、自ら売主として宅地建物取引業者ではない買主Bに新築住宅を販売する場合における次の記述のうち、特定住宅瑕疵担保責任の履行の確保等に関する法律の規定によれば、正しいものはどれか。

1　Aは、Bの承諾を得た場合には、Bに引き渡した新築住宅について、住宅販売瑕疵担保保証金の供託又は住宅販売瑕疵担保責任保険契約の締結を行わなくてもよい。

2　Aは、基準日に係る住宅販売瑕疵担保保証金の供託及び住宅販売瑕疵担保責任保険契約の締結の状況について届出をしなければ、当該基準日の翌日から起算して１月を経過した日以後においては、新たに自ら売主となる新築住宅の売買契約を締結することができない。

3　Aが住宅販売瑕疵担保責任保険契約を締結する場合、保険金額は2,000万円以上でなければならないが、Bの承諾を得た場合には、保険金額を500万円以上の任意の額とすることができる。

4　Aが住宅販売瑕疵担保責任保険契約を締結した場合、住宅の構造耐力上主要な部分又は雨水の浸入を防止する部分の瑕疵があり、Aが相当の期間を経過してもなお特定住宅販売瑕疵担保責任を履行しないときは、Bは住宅販売瑕疵担保責任保険契約の有効期間内であれば、その瑕疵によって生じた損害について保険金を請求することができる。

★★★

【問46】 独立行政法人住宅金融支援機構（以下この問において「機構」という。）に関する次の記述のうち、誤っているものはどれか。

1　機構は、子どもを育成する家庭又は高齢者の家庭に適した良好な居住性能及び居住環境を有する賃貸住宅の建設に必要な資金の貸付けを業務として行っていない。

2　機構は、災害により住宅が滅失した場合において、それに代わるべき建築物の建設又は購入に必要な資金の貸付けを業務として行っている。

3　機構が証券化支援事業（買取型）により譲り受ける貸付債権は、自ら居住する住宅又は自ら居住する住宅以外の親族の居住の用に供する住宅を建設し、又は購入する者に対する貸付けに係るものでなければならない。

4　機構は、マンション管理組合や区分所有者に対するマンション共用部分の改良に必要な資金の貸付けを業務として行っている。

★★★

【問47】 宅地建物取引業者が行う広告に関する次の記述のうち、不当景品類及び不当表示防止法（不動産の表示に関する公正競争規約を含む。）の規定によれば、正しいものはどれか。

1　新築分譲マンションの販売広告において、近隣のデパート、スーパーマーケット、商店等の商業施設は、将来確実に利用できる施設であっても、現に利用できるものでなければ表示することができない。

2　有名な旧跡から直線距離で1,100ｍの地点に所在する新築分譲マンションの名称に当該旧跡の名称を用いることができる。

3　土地の販売価格については、１区画当たりの価格並びに１㎡当たりの価格及び１区画当たりの土地面積のいずれも表示しなければならない。

4　新築分譲マンションの修繕積立金が住戸により異なる場合、広告スペースの関係で全ての住戸の修繕積立金を示すことが困難であっても、修繕積立金について全住戸の平均額で表示することはできない。

解説 ➔ 解答

【問45】 住宅瑕疵担保履行法 ★★★

選択肢３が初出題。ちょっとびっくりしたかな。でも「×」っぽいなと。選択肢１や２の「×」は速攻で。

1 × 「Bの承諾を得た」としてもね。「住宅販売瑕疵担保保証金の供託又は住宅販売瑕疵担保責任保険契約の締結」は行わないとね。「行わなくてもよい」は誤だ。（95条、P.210）

2 × まいどおなじみの選択肢。「もう飽きたよこれ」という人も続出か。「当該基準日の翌日から起算して１月を経過した日以後」だったっけ。「基準日の翌日から起算して50日を経過した日以後」だよね。（13条、P.213）

3 × ちょっとマニアック。住宅販売瑕疵担保責任保険契約の保険金額は2,000万円以上でなければならないとなっています。Bの承諾を得た場合であっても、保険金額を2,000万円未満とすることはできないのだ。（２条、テキスト未掲載）

4 ○ まさに保険。「住宅の構造耐力上主要な部分又は雨水の浸入を防止する部分の瑕疵」があって、Aに誠意が見られないときは、Bは住宅販売瑕疵担保責任保険契約の有効期間内であれば、その瑕疵によって生じた損害について保険金を請求することができる。（２条、P.213）

【問46】 住宅金融支援機構 ★★★

「住宅金融支援機構」は定番の【問46】で出題。「誤っているものはどれか」での出題も定番。そして出題内容も、いつもの定番。（13条、P.740～744）

1 × え、行ってるでしょ（笑）。機構は、子どもを育成する家庭又は高齢者の家庭に適した良好な居住性能及び居住環境を有する賃貸住宅の建設に必要な資金の貸付けを業務として行っている。

2 ○ 「災害により住宅が滅失した場合」なんだからこそ、住宅金融支援機構の出番だ。災害により住宅が滅失した場合において、それに代わるべき建築物の建設又は購入に必要な資金の貸付けを業務として行っている。

3 ○ そりゃそうだよね。譲り受ける貸付債権は、自ら居住する住宅又は自ら居住する住宅以外の親族の居住の用に供する住宅を建設し、又は購入する者に対する貸付けに係るものでなければならない。

4 ○ この資金の貸付もね。マンション管理組合や区分所有者に対するマンション共用部分の改良に必要な資金の貸付けを業務として行っている。

【問47】 景品表示法 ★★★

選択肢１の「×」と選択肢４の「○」がすぐにわかればよし。選択肢２と３は初出題に近いかなー。解説を参照されたし。

1 × デパートやスーパーマーケットなどは、将来確実に利用できると認められるものにあっては、その整備予定時期を明示して表示することができるよ。

2 × 離れすぎ（笑）。公園、庭園、旧跡その他の施設から直線距離で300ｍ以内に所在している場合は、これらの施設の名称を用いることができます。

3 × 「いずれも表示しなければならない」が誤。１区画当たりの土地面積を明らかにし、これを基礎として算出する場合に限り、１㎡当たりの価格で表示することができる。１㎡あたり○○万円という類。

4 ○ 「全住戸の平均額」では表示できないよね。修繕積立金については、１戸当たりの月額（予定額であるときは、その旨）を表示する。がしかし、住戸により修繕積立金の額が異なる場合において、そのすべての住宅の修繕積立金を示すことが困難であるときは、最低額及び最高額のみで表示することができる。

正解		
問45　4	問46　1	問47　4

令和３年度 問題・解説・解答

問題

★★

【問48】 次の記述のうち、正しいものはどれか。

1　令和３年版国土交通白書（令和３年６月公表）によれば、宅地建物取引業者数は、令和元年度末において10万業者を下回っている。

2　令和３年地価公示（令和３年３月公表）によれば、令和２年１月以降の１年間の地価の変動を見ると、全国平均の用途別では、住宅地、商業地及び工業地のいずれの用途も下落に転じた。

3　令和３年版土地白書（令和３年６月公表）によれば、令和元年における我が国の国土面積は約3,780万haであり、このうち住宅地、工業用地等の宅地は約197万haとなっており、宅地及び農地の合計面積は、森林の面積を超えている。

4　建築着工統計（令和３年１月公表）によれば、令和２年１月から令和２年12月までのマンション着工戸数は、「三大都市圏計」及び「その他の地域」のいずれにおいても前年を下回っている。

★★★

【問49】 土地に関する次の記述のうち、最も不適当なものはどれか。

1　沿岸地域における地震時の津波を免れるためには、巨大な防波堤が必要であるが、それには限度があり、完全に津波の襲来を防ぐことはできない。

2　一般に凝灰岩（ぎょうかい）、頁岩（けつ）、花崗岩（こう）（風化してマサ土化したもの）は、崩壊しにくい。

3　低地は、大部分が水田や宅地として利用され、大都市の大部分もここに立地している。

4　平地に乏しい都市の周辺では、住宅地が丘陵や山麓に広がり、土砂崩壊等の災害を引き起こす例も多い。

★★

【問50】 建物の構造に関する次の記述のうち、最も不適当なものはどれか。

1　組積式構造は、耐震性は劣るものの、熱、音などを遮断する性能が優れている。

2　組積式構造を耐震的な構造にするためには、大きな開口部を造ることを避け、壁厚を大きくする必要がある。

3　補強コンクリートブロック造は、壁式構造の一種であり、コンクリートブロック造を鉄筋コンクリートで耐震的に補強改良したものである。

4　補強コンクリートブロック造は、壁量を多く必要とはせず、住宅等の小規模の建物には使用されていない。

解説 ➔ 解答

【問48】 統計等 ★★ ＊令和３年度の統計数値での出題。参考まで＊

【問48】はこのような統計数値からの出題です。別途、統計データに基づく受験対策レジュメをご用意いたしますのでご活用ください（8月中旬予定）。

1 × 令和２年３月末（令和元年度末）現在での宅地建物取引業者数は、大臣免許が 2,603 業者、知事免許が 123,035 業者で、全体では 125,638 業者となっていた。

2 × 令和３年地価公示（令和３年３月公表）によれば、令和２年１月以降の１年間の地価の変動を見ると、全国平均の用途別では、住宅地は平成 28 年以来５年ぶりに、商業地は平成 26 年以来７年ぶりに下落に転じ、工業地は５年連続の上昇であるが上昇率が縮小となっていた。

3 × 令和元年における我が国の国土面積は約 3,780 万 ha であり、このうち森林が約 2,503 万 ha と最も多く、次いで農地が約 440 万 ha となっており、これらで全国土面積の約８割を占めていた。住宅地、工業用地等の宅地は約 197 万 ha で、宅地及び農地の合計面積は、森林の面積を超えていなかった。

4 ○ 建築着工統計（令和３年１月公表）によれば、令和２年１月から令和２年 12 月までのマンション着工戸数は、「三大都市圏計」及び「その他の地域」のいずれにおいても前年を下回っていた。

【問49】 土地の形質等 ★★★

結局、我が国の大都市は、地震やそれに伴う津波の被害から逃げ切ることはできないのかもしれない。だからといって、山岳に都市を建設することもできないしな。

1 適当　そうですよね。完全に津波の襲来を防ぐことはできないのです。

2 不適当　凝灰岩、頁岩（けつがん）、花崗岩（こうがん）ってどんなのかはネット検索とかしてみてね。で、（風化して・・・）とあるので、風化しちゃってたらあっという間に崩壊しそうじゃね？

3 適当　そうなんですよ。大都市の大部分も低地なんです。東京、大阪、博多などなど。名古屋とかもそうですよね。

4 適当　だから丘陵や山麓での宅地造成につき、その後の防災も大事なんですね。

【問50】 建物の構造等 ★★

この問題を見たあとに街を歩いていたら、やたらと「コンクリートブロック造」が目についた。建設現場とかでね。みなさんも見つけてみてね。

1 適当　「組積式構造（そせき）」をネット検索してみてね。レンガ等の建材をモルタルなどで固めながら、積上げて造った建物の構造だ。となると、なるほどたしかに、地震には弱いか。でも熱、音などを遮断する性能は優れていそうだね。

2 適当　そりゃそうだよね。開口部は大きいより小さい方が耐震性は上がるよね。壁厚も大きくしよう。そうすると耐震性も増すはずだ。

3 適当　「補強コンクリートブロック造」もネット検索してみてね。積上げたコンクリートブロックの穴に鉄筋を入れてモルタルとかを流し込めば「耐震的に補強改良」となりそうだ。

4 不適当　補強コンクリートブロック造は、鉄筋コンクリート造に比べれば工期が短く、建設コストも安いそうだ。でも耐震性がいまいち。なので、補強コンクリートブロック造は、大規模な建物よりも、むしろ住宅等の小規模の建物に向いている工法だそうです。

正解					
問48	4	問49	2	問50	4

令和３年度 問題・解説・解答

令和3年度本試験問題・解説・解答

問題

★★

【問 1】次の1から4までの記述のうち、民法の規定、判例及び下記判決文によれば、正しいものはどれか。

(判決文)

賃貸人は、特別の約定のないかぎり、賃借人から家屋明渡を受けた後に前記の敷金残額を返還すれば足りるものと解すべく、したがつて、家屋明渡債務と敷金返還債務とは同時履行の関係にたつものではないと解するのが相当であり、このことは、賃貸借の終了原因が解除(解約)による場合であつても異なるところはないと解すべきである。

1　賃借人の家屋明渡債務が賃貸人の敷金返還債務に対し先履行の関係に立つと解すべき場合、賃借人は賃貸人に対し敷金返還請求権をもって家屋につき留置権を取得する余地はない。
2　賃貸借の終了に伴う賃借人の家屋明渡債務と賃貸人の敷金返還債務とは、1個の双務契約によって生じた対価的債務の関係にあるものといえる。
3　賃貸借における敷金は、賃貸借の終了時点までに生じた債権を担保するものであって、賃貸人は、賃貸借終了後賃借人の家屋の明渡しまでに生じた債権を敷金から控除することはできない。
4　賃貸借の終了に伴う賃借人の家屋明渡債務と賃貸人の敷金返還債務の間に同時履行の関係を肯定することは、家屋の明渡しまでに賃貸人が取得する一切の債権を担保することを目的とする敷金の性質にも適合する。

★★★

【問 2】債務者A、B、Cの3名が、令和3年7月1日に、内部的な負担部分の割合は等しいものとして合意した上で、債権者Dに対して300万円の連帯債務を負った場合に関する次の記述のうち、民法の規定によれば、誤っているものはどれか。

1　DがAに対して裁判上の請求を行ったとしても、特段の合意がなければ、BとCがDに対して負う債務の消滅時効の完成には影響しない。
2　BがDに対して300万円の債権を有している場合、Bが相殺を援用しない間に300万円の支払の請求を受けたCは、BのDに対する債権で相殺する旨の意思表示をすることができる。
3　DがCに対して債務を免除した場合でも、特段の合意がなければ、DはAに対してもBに対しても、弁済期が到来した300万円全額の支払を請求することができる。
4　AとDとの間に更改があったときは、300万円の債権は、全ての連帯債務者の利益のために消滅する。

合格判定基準	50 問中 34 問以上正解（登録講習修了者　45 問中 29 問 以上正解）10 月実施分		
受験者データ	申込者数 → 25 万 6,704 人	受験者数 → 20 万 9,749 人	合格者数 → 3 万 7,579 人（合格率 17.9%）

解説 → 解答

【問 1】 民法：判決文（同時履行） ★★

民法の規定、判例及び下記判決文のどれかで判断してね、という問題。判決文では「家屋明渡債務と敷金返還債務は同時履行の関係に立たないよ」と言っている。（622 条の 2、P.493）

1 ○ 賃借人の家屋明渡債務が先履行の関係に立つ（同時履行の関係に立つものではないよ）と解すると、「敷金を返してもらうまで家屋は返さない（留置権を取得する）」ということはできません、ということを判決文は言っている。

2 × だから「対価的債務の関係（同時履行の関係）」じゃないよって言ってるんだってば。

3 × こちらは民法の規定。賃貸人は、賃貸借終了後賃借人の家屋の明渡しまでに生じた債権（例：未払い賃料とか）を資金から控除することができる。

4 × 「家屋の明渡しまでに賃貸人が取得する一切の債権を担保することを目的とする」のが敷金の性質だとすると、敷金から精算（敷金から控除）するとかしないとかは、賃借人の「家屋の明渡し」があった後で決まるでしょ。ところが「同時履行を肯定（家屋の返還と同時に敷金を返す）」しちゃうとこれができない。敷金を返してもらった賃借人がバックレる可能性もある。なので、判決文のように同時履行の関係は「否定」だ。

【問 2】 民法：連帯債務 ★★★

連帯債務です。近年の改正点を盛り込んでの出題。王道ですね。選択肢 1 の請求は「相対的効力」に留まる。他の連帯債務者には効力を生じない。選択肢 2 は相殺。念のため解説で確認しておいてね。

1 ○ 連帯債務者に対する請求は、特段の合意（別段の意思を表示）がなければ、他の連帯債務者に対してその効力を生じない。なので、BとCが債権者Dに対して負う債務の消滅時効の完成に影響しない。（436 条、P.476）

2 × 債権者Dから請求を受けたCができることは、「Bの負担部分の限度において、債権者Dに対して債務の履行を拒むことができる」に留まる。勝手に相殺しちゃう（相殺する旨の意思表示をする）ことはできません。（439 条、P.474）

3 ○ 連帯債務者に対する免除は、特段の合意（別段の意思を表示）がなければ、他の連帯債務者に対してその効力を生じない。なので、債権者Dは、Aに対してもBに対しても、弁済期が到来した 300 万円全額の支払を請求することができる。（436 条、P.476）

4 ○ 連帯債務者の 1 人と債権者との間に更改があったときは、債権は、全ての連帯債務者の利益のために消滅する。そりゃそうだよね。（440 条、P.474）

正解			
問1	1	問2	2

問題

★★

【問 3】 個人として事業を営むAが死亡した場合に関する次の記述のうち、民法の規定によれば、誤っているものはいくつあるか。なお、いずれの契約も令和３年７月１日付けで締結されたものとする。

ア　AがBとの間でB所有建物の清掃に関する準委任契約を締結していた場合、Aの相続人は、Bとの間で特段の合意をしなくても、当該準委任契約に基づく清掃業務を行う義務を負う。

イ　AがA所有の建物について賃借人Cとの間で賃貸借契約を締結している期間中にAが死亡した場合、Aの相続人は、Cに賃貸借契約を継続するか否かを相当の期間を定めて催告し、期間内に返答がなければ賃貸借契約をAの死亡を理由に解除することができる。

ウ　AがA所有の土地について買主Dとの間で売買契約を締結し、当該土地の引渡しと残代金決済の前にAが死亡した場合、当該売買契約は原始的に履行が不能となって無効となる。

エ　AがE所有の建物について貸主Eとの間で使用貸借契約を締結していた場合、Aの相続人は、Eとの間で特段の合意をしなくても、当該使用貸借契約の借主の地位を相続して当該建物を使用することができる。

1　一つ　　2　二つ　　3　三つ　　4　四つ

★★

【問 4】 被相続人Aの配偶者Bが、A所有の建物に相続開始の時に居住していたため、遺産分割協議によって配偶者居住権を取得した場合に関する次の記述のうち、民法の規定によれば、正しいものはどれか。

1　遺産分割協議でBの配偶者居住権の存続期間を20年と定めた場合、存続期間が満了した時点で配偶者居住権は消滅し、配偶者居住権の延長や更新はできない。

2　Bは、配偶者居住権の存続期間内であれば、居住している建物の所有者の承諾を得ることなく、第三者に当該建物を賃貸することができる。

3　配偶者居住権の存続期間中にBが死亡した場合、Bの相続人CはBの有していた配偶者居住権を相続する。

4　Bが配偶者居住権に基づいて居住している建物が第三者Dに売却された場合、Bは、配偶者居住権の登記がなくてもDに対抗することができる。

解説 → 解答

【問 3】 民法：契約上の地位 ★★

しかしこの出題者の世界観はすごいね。記述アの「世襲か！」もおもしろいし、記述イも愉快。そっか、おっちゃん死んだんか。記述ウ。売主が死んだので売買は無効だ。あはは。ウケる。

ア × ざっくりと準委任契約＝委任契約と考えておいてもらえればOK。法律行為の委託であれば「委任契約」、法律行為でない事務の委託（例：建物の清掃）であれば「準委任契約」となる。委任者又は受任者の死亡で準委任契約も終了。Aの相続人が「なんでオレ清掃業務やらなあかんのよ（関西弁のつもり。あってますか？）」というおバカなことになるワケがない。ウケる。（653条、P.521）

イ × 賃貸人が死んでも賃貸借契約は終わらない。そりゃそうでしょ。賃貸人の相続人は、賃貸人の地位をそのまま引き継ぐ。「オヤジが死んでもうたから賃貸は終わりや、はよ出てってや（関西の方、あってますか？）」というおバカなことになるワケがない。ウケる。（896条）

ウ × 売主が死んでも売買契約は終わらない。そりゃそうでしょ。売主の相続人は、売主の地位をそのまま引き継ぐ。「あのな、売主のとうちゃんが死んだんで売買は無効や」というおバカなことになるワケがない。ウケる。（896条）

エ × 使用貸借は、借主の死亡によって終了だよね。終わっちゃったんだから、借主Aの相続人は「当該使用貸借契約の借主の地位を相続して」とはならない。当該建物を使用することはできない。はよ出てってや〜。（597条、P.559）

誤っているものはア、イ、ウ、エの「四つ」。選択肢4が正解となる。

【問 4】 民法：相続 ★★

選択肢1。配偶者居住権の存続期間は、配偶者の終身の間とする。ただし、遺産の分割の協議若しくは遺言に別段の定めがあるとき、又は家庭裁判所が遺産の分割の審判において別段の定めをしたときは、その定めるところによる。（P.631〜632）

1 ○ ということで、遺産の分割の協議で「存続期間を20年」と定めることができる。そんでね、この期間については、延長や更新はできないのだ。（1030条）

2 × 配偶者は、居住している建物の所有者の承諾を得なければ、第三者に居住建物を賃貸（第三者に使用・収益）させることができない。（1032条）

3 × 配偶者居住権は、借主の死亡によって終了する。配偶者居住権が相続されることはない。相続されちゃったらワケわかんなくなりそう。（1036条）

4 × 配偶者居住権は、登記がなければ対抗できぬ。なお、「居住建物の所有者は、配偶者に対し、配偶者居住権の設定の登記を備えさせる義務を負う」という規定もある。（1031条）

正解			
問3	4	問4	1

問題

★★★

【問 5】次の記述のうち、民法の規定及び判例によれば、正しいものはどれか。

1　令和３年４月１日において 18 歳の者は成年であるので、その時点で、携帯電話サービスの契約や不動産の賃貸借契約を１人で締結することができる。
2　養育費は、子供が未成熟であって経済的に自立することを期待することができない期間を対象として支払われるものであるから、子供が成年に達したときは、当然に養育費の支払義務が終了する。
3　営業を許された未成年者が、その営業に関するか否かにかかわらず、第三者から法定代理人の同意なく負担付贈与を受けた場合には、法定代理人は当該行為を取り消すことができない。
4　意思能力を有しないときに行った不動産の売買契約は、後見開始の審判を受けているか否かにかかわらず効力を有しない。

★★★

【問 6】売買代金債権（以下この問において「債権」という。）の譲渡（令和３年７月１日に譲渡契約が行われたもの）に関する次の記述のうち、民法の規定によれば、誤っているものはどれか。

1　譲渡制限の意思表示がされた債権が譲渡された場合、当該債権譲渡の効力は妨げられないが、債務者は、その債権の全額に相当する金銭を供託することができる。
2　債権が譲渡された場合、その意思表示の時に債権が現に発生していないときは、譲受人は、その後に発生した債権を取得できない。
3　譲渡制限の意思表示がされた債権の譲受人が、その意思表示がされていたことを知っていたときは、債務者は、その債務の履行を拒むことができ、かつ、譲渡人に対する弁済その他の債務を消滅させる事由をもって譲受人に対抗することができる。
4　債権の譲渡は、譲渡人が債務者に通知し、又は債務者が承諾をしなければ、債務者その他の第三者に対抗することができず、その譲渡の通知又は承諾は、確定日付のある証書によってしなければ、債務者以外の第三者に対抗することができない。

解説 ➔ 解答

【問 5】 民法：未成年者・意思能力 ★★★

選択肢2の養育費。これって宅建業に関する実用的な知識か（笑）。ま、養育費を払っている人は、すぐにわかったことでしょう。人生いろいろ。

1 × 18歳が成年とされるのは令和4年4月1日からだ。令和3年4月1日時点では、18歳の者は、原則として1人で契約を締結することはできぬ。（4条）

2 × オレの友だちは、子供が成年に達しているけど「まだ大学生だ」ということで、いまだに養育費を払っているぜ。たいへんだね。でね、「子供の経済的・社会的に一人前になるまでに要する費用」というのが養育費なので、成年に達したときに、当然に支払義務が終了するとは限らない。もう一度言うけど、たいへんだね。人生いろいろ。

3 × えーとね、営業を許された未成年者は「その営業に関しては、成年者と同一の行為能力を有する」ということだよね。なので、その「営業に関する」場合は取り消すことができないが、そうじゃない場合は取り消すことができる。（6条、P.403）

4 ○ そもそも論だけど「法律行為の当事者が意思表示をした時に意思能力を有しなかったときは、その法律行為は、無効とする」だもんね。後見開始の審判を受けているか否か（成年被後見人かどうか）にかかわらず無効。効力を有しない。（3条の2、P.397）

【問 6】 民法：債権譲渡 ★★★

債権譲渡。近年の改正点を主に出題。復習するのにちょうどいいです。

1 ○ 「譲渡しないでね」と当事者が譲渡制限の意思表示をしたときであっても、債権の譲渡は、その効力を妨げられない。つまり譲渡できちゃうんだけど、債務者は、その債権の全額に相当する金銭を債務の履行地の供託所に供託することができる。（466条の2、P.459）

2 × いわゆる「将来債権」っていうやつですね。債権の譲渡は、その意思表示の時に債権が現に発生していることを要しない。で、そんな「将来債権」の譲受人は「発生した債権を当然に取得する」とされてます。（466条の6、P.457）

3 ○ 「譲渡しないでねって意思表示してたでしょ」という債務者は、「譲渡制限の意思表示がされたことを知り、又は重大な過失によって知らなかった譲受人」に対し、その債務の履行を拒むことができ、かつ、譲渡人に対する弁済その他の債務を消滅させる事由をもってその第三者に対抗することができる。（466条、P.458）

4 ○ よく出題されている選択肢。債権の譲渡は、譲渡人が債務者に通知をし、又は債務者が承諾をしなければ、債務者その他の第三者に対抗することができない。この通知又は承諾は、確定日付のある証書によってしなければ、債務者以外の第三者に対抗することができない。（467条、P.460）

正解			
問5	4	問6	2

>> 問題

★★

【問 7】 Aを売主、Bを買主として、A所有の甲自動車を50万円で売却する契約（以下この問において「本件契約」という。）が令和３年７月１日に締結された場合に関する次の記述のうち、民法の規定によれば、誤っているものはどれか。

1　Bが甲自動車の引渡しを受けたが、甲自動車のエンジンに契約の内容に適合しない欠陥があることが判明した場合、BはAに対して、甲自動車の修理を請求することができる。

2　Bが甲自動車の引渡しを受けたが、甲自動車に契約の内容に適合しない修理不能な損傷があることが判明した場合、BはAに対して、売買代金の減額を請求することができる。

3　Bが引渡しを受けた甲自動車が故障を起こしたときは、修理が可能か否かにかかわらず、BはAに対して、修理を請求することなく、本件契約の解除をすることができる。

4　甲自動車について、第三者CがA所有ではなくC所有の自動車であると主張しており、Bが所有権を取得できないおそれがある場合、Aが相当の担保を供したときを除き、BはAに対して、売買代金の支払を拒絶することができる。

★★★

【問 8】 Aが１人で居住する甲建物の保存に瑕疵があったため、令和３年７月１日に甲建物の壁が崩れて通行人Bがケガをした場合（以下この問において「本件事故」という。）における次の記述のうち、民法の規定によれば、誤っているものはどれか。

1　Aが甲建物をCから賃借している場合、Aは甲建物の保存の瑕疵による損害の発生の防止に必要な注意をしなかったとしても、Bに対して不法行為責任を負わない。

2　Aが甲建物を所有している場合、Aは甲建物の保存の瑕疵による損害の発生の防止に必要な注意をしたとしても、Bに対して不法行為責任を負う。

3　本件事故について、AのBに対する不法行為責任が成立する場合、BのAに対する損害賠償請求権は、B又はBの法定代理人が損害又は加害者を知らないときでも、本件事故の時から20年間行使しないときには時効により消滅する。

4　本件事故について、AのBに対する不法行為責任が成立する場合、BのAに対する損害賠償請求権は、B又はBの法定代理人が損害及び加害者を知った時から５年間行使しないときには時効により消滅する。

解説 ➔ 解答

【問 7】 民法：売買契約 ★★

出題者さんは中古車が好きなのでしょう。クレイジーケンバンドの「シャリマール」という曲を聞いてみてください。「サニー・カローラ・ファミリア・スタンザ・ホーミー・チェイサー♪」。この問題の出題者さんに捧げます。これからは宅建業に関する内容を出題しましょう。イイネ!!

1 ○ ひどい中古車だね〜。エンジンがね。そりゃ修理を請求できるでしょ。買主は、売主に対し、目的物の修補、代替物の引渡し又は不足分の引渡しによる履行の追完を請求することができる。(562条、P.505)

2 ○ さらにひどい中古車。修理不能な損傷だってよ。本来であれば「買主が相当の期間を定めて履行の追完の催告をし、その期間内に履行の追完がないときは、買主は、その不適合の程度に応じて代金の減額を請求することができる」なんだけど、その損傷がかなりヤバくて履行の追完が不能であるときは、買主は、追完の催告をすることなく、直ちに代金の減額を請求することができる。(563条、P.506)

3 × 中古自動車の悲劇が続く。故障です。修理が不可能（履行が不能）だったら修理の請求（履行の催告）をすることなく、契約を解除することができるけど、修理が可能（履行が可能）だったら、修理の請求（履行の催告）をしてからの解除となる。(541条、542条、P.497)

4 ○ そしてついに悲劇が喜劇に。「その車はオレのだ」と謎の人物登場。買主がその買い受けた権利の全部若しくは一部を取得することができず、又は失うおそれがあるときは、買主は、その危険の程度に応じて、代金の全部又は一部の支払を拒むことができる。ただし、売主が相当の担保を供したときは、この限りでない。(576条、P.510)

【問 8】 民法：不法行為 ★★★

「土地の工作物の設置又は保存に瑕疵があることによって他人に損害を生じたとき」というやつですね。まず占有者が不法行為責任（損害賠償責任）を負う。必要な注意をしていたときは所有者。所有者は無過失責任。言い訳できぬ。

1 × 占有者Aは、「損害の発生の防止に必要な注意をしなかった」っていうんだから、ザンネンながら不法行為責任を負う。(717条、P.610〜611)

2 ○ 所有者Aは無過失責任。所有者は損害の発生の防止に必要な注意をしたとしても、ザンネンながら不法行為責任を負う。(717条、P.610〜611)

3 ○ そうだよね。被害者らが損害及び加害者を知っているかどうかにかかわらず、「不法行為の時から20年間行使しない」と時効により消滅だ。(724条、P.608)

4 ○ 「通行人Bにケガをさせた」ということだから「人の生命又は身体を害する不法行為による損害賠償請求権」となり、この場合は「被害者又はその法定代理人が損害及び加害者を知った時から5年間行使しないとき」には時効により消滅だ。(724条、P.608)

正解			
問7	3	問8	1

問題

★★

【問 9】 Aには死亡した夫Bとの間に子Cがおり、Dには離婚した前妻Eとの間に子F及び子Gがいる。Fの親権はEが有し、Gの親権はDが有している。AとDが婚姻した後にDが令和３年７月１日に死亡した場合における法定相続分として、民法の規定によれば、正しいものはどれか。

1　Aが２分の１、Fが４分の１、Gが４分の１
2　Aが２分の１、Cが６分の１、Fが６分の１、Gが６分の１
3　Aが２分の１、Gが２分の１
4　Aが２分の１、Cが４分の１、Gが４分の１

★

【問10】 AとBとの間で、Aを売主、Bを買主とする、等価値の美術品甲又は乙のいずれか選択によって定められる美術品の売買契約（以下この問において「本件契約」という。）が令和３年７月１日に締結された場合に関する次の記述のうち、民法の規定によれば、正しいものはどれか。

1　本件契約において、給付の目的を甲にするか乙にするかについて、第三者Ｃを選択権者とする合意がなされた場合、Ｃが選択をすることができないときは、選択権はＢに移転する。
2　本件契約において、給付の目的を甲にするか乙にするかについて、Ａを選択権者とする合意がなされた後に、Ａの失火により甲が全焼したときは、給付の目的物は乙となる。
3　本件契約において、給付の目的を甲にするか乙にするかについての選択権に関する特段の合意がない場合、Ｂが選択権者となる。
4　本件契約において、給付の目的を甲にするか乙にするかについて、第三者Ｄを選択権者とする合意がなされた場合、Ｄが選択権を行使するときは、ＡとＢの両者に対して意思表示をしなければならない。

★★★

【問11】 Aは、所有している甲土地につき、Bとの間で建物所有を目的とする賃貸借契約（以下この問において「借地契約」という。）を締結する予定であるが、期間が満了した時点で、確実に借地契約が終了するようにしたい。この場合に関する次の記述のうち、借地借家法の規定によれば、誤っているものはどれか。

1　事業の用に供する建物を所有する目的とし、期間を60年と定める場合には、契約の更新や建物の築造による存続期間の延長がない旨を書面で合意すれば、公正証書で合意しなくても、その旨を借地契約に定めることができる。
2　居住の用に供する建物を所有することを目的とする場合には、公正証書によって借地契約を締結するときであっても、期間を20年とし契約の更新や建物の築造による存続期間の延長がない旨を借地契約に定めることはできない。
3　居住の用に供する建物を所有することを目的とする場合には、借地契約を書面で行えば、借地権を消滅させるため、借地権の設定から20年が経過した日に甲土地上の建物の所有権を相当の対価でＢからＡに移転する旨の特約を有効に定めることができる。
4　借地契約がＢの臨時設備の設置その他一時使用のためになされることが明らかである場合には、期間を５年と定め、契約の更新や建物の築造による存続期間の延長がない旨を借地契約に定めることができる。

解説 ➔ 解答

【問 9】 民法：相続 ★★

夫を亡くしたAは、バツイチのDと再婚した。そしてまもなく（かどうかは書いてないけど）Dも死んだ。もしや「夫連続怪死事件」発生か（笑）。そして相続人は、果たして誰だ。まず、AとDは婚姻しているのでAの法定相続分は２分の１。残りの２分の１は子の相続分となる。死んだDには子Ｆ及びＧがいるので、ＦとＧが４分の１ずつ相続する。Aの連れ子Cはカンケーなし（養子縁組していれば話は別だ）。なお、親権と相続分もカンケーなし。ということで、選択肢１が正解。（819条、820条、P.625～627）

【問10】 民法：選択債権 ★

初登場（ほとんど市販テキストには載っていないかも）の「選択債権」。さらに美術品。こんなのが宅建業の実用的な知識なのかね。で、債権の目的が数個の給付の中から選択によって定まるときは、その選択権は、債務者に属する。

1 × で、第三者が選択をすべき場合において、第三者が選択をすることができず、又は選択をする意思を有しないときは、選択権は、債務者Aに移転する。（409条）

2 ○ で、債権の目的である給付の中に不能のものがある場合において、その不能が選択権を有する者の過失（Aの失火）によるものであるときは、債権は、その残存するものについて存在する（給付の目的物は乙となる）。しかしAは失火で美術品甲を全焼させるなんてね。美術品だけの全焼で済んだのであろうか。いずれにせよ「火の用心が大事だ」ということを、この選択肢を通して、出題者は言いたかったのであろう。（410条）

3 × 債権の目的が数個の給付の中から選択によって定まるときは、その選択権は、債務者Aに属する。これが基本パターンだね。（406条）

4 × 第三者が選択をすべき場合には、その選択は、債権者又は債務者に対する意思表示によってする。どっちかでOK。両者に対して意思表示をする必要なし。（409条）

【問11】 借地借家法：借地 ★★★

選択肢１がお見事。すばらしいヒッカケ。「事業用定期借地権だから公正証書による契約だろ」で沈没。選択肢２との対比（居住用建物を所有することを目的とする借地権）も見事。選択肢４も「一時使用目的の借地権」をズバっと出して潔い。

1 ○ 事業用定期借地権を装ったニクいヒッカケ。お見事。存続期間を「50年以上」として借地権を設定する場合においては、いわゆる一般定期借地権でOK。なので、「契約の更新や建物の築造による存続期間の延長がない旨」の特約を公正証書による等「書面」ですればOK。（22条、P.568）

2 ○ 事業用定期借地権だったらOKなんだけどね。「居住の用に供する建物を所有することを目的」っていうんだから、期間は最低でも30年としなければならぬ。「20年」とするとか「契約の更新や建物の築造による存続期間の延長がない」とかは公正証書だろうがなんだろうがNG。（23条、P.577）

3 × 「20年」じゃないよね。建物譲渡特約付借地権とするんだったら、「借地権を消滅させるため、その設定後30年以上を経過した日」とせねばならぬ。（24条、P.590）

4 ○ 一時使用目的の借地権だね。借地借家法の存続期間や更新に関する規定は適用なし。期間を５年と定めようが、契約の更新や建物の築造による存続期間の延長がない旨だろうが、お好きにどうぞ。（25条、P.592）

正解					
問9	1	問10	2	問11	3

令和3年度 問題・解説・解答

>> 問題

★★★

【問12】 Aを賃貸人、Bを賃借人とする甲建物の賃貸借契約（以下この問において「本件契約」という。）が令和３年７月１日に締結された場合に関する次の記述のうち、民法及び借地借家法の規定並びに判例によれば、正しいものはどれか。

1　本件契約について期間の定めをしなかった場合、AはBに対して、いつでも解約の申入れをすることができ、本件契約は、解約の申入れの日から３月を経過することによって終了する。

2　甲建物がBに引き渡された後、甲建物の所有権がAからCに移転した場合、本件契約の敷金は、他に特段の合意がない限り、BのAに対する未払賃料債務に充当され、残額がCに承継される。

3　甲建物が適法にBからDに転貸されている場合、AがDに対して本件契約が期間満了によって終了する旨の通知をしたときは、建物の転貸借は、その通知がされた日から３月を経過することによって終了する。

4　本件契約が借地借家法第38条の定期建物賃貸借契約で、期間を５年、契約の更新がない旨を定めた場合、Aは、期間満了の１年前から６月前までの間に、Bに対し賃貸借が終了する旨の通知をしなければ、従前の契約と同一条件で契約を更新したものとみなされる。

★★★

【問13】 建物の区分所有等に関する法律（以下この問において「法」という。）に関する次の記述のうち、誤っているものはどれか。

1　法又は規約により集会において決議をすべき場合において、区分所有者が１人でも反対するときは、集会を開催せずに書面によって決議をすることはできない。

2　形状又は効用の著しい変更を伴う共用部分の変更については、区分所有者及び議決権の各４分の３以上の多数による集会の決議で決するものであるが、規約でこの区分所有者の定数を過半数まで減ずることができる。

3　敷地利用権が数人で有する所有権その他の権利である場合には、規約に別段の定めがあるときを除いて、区分所有者は、その有する専有部分とその専有部分に係る敷地利用権とを分離して処分することができない。

4　各共有者の共用部分の持分は、規約に別段の定めがある場合を除いて、その有する専有部分の床面積の割合によるが、この床面積は壁その他の区画の中心線で囲まれた部分の水平投影面積である。

解説 ➡ 解答

【問12】 借地借家法：借家 ★★★

選択肢4。うっかり「通知」を忘れていたAが、あわてて通知した。そしたら、その通知の日から6月を経過した後に、めでたく建物の賃貸借は終了となる。めでたしめでたし。

1 × 建物の賃貸人Aが賃貸借の解約の申入れをした場合は「3月」じゃないよね。建物の賃貸借は、Aの解約の申入れの日から「6月」を経過することによって終了だ。ちなみに、賃貸人から解約の申入れをする場合、正当の事由が必要だよ。（借地借家法27条、P.597）

2 ○ 賃貸された建物が譲渡されたときは、その不動産の賃貸人たる地位は、その譲受人Cに移転する。で、敷金関係はCに承継されるが、承継される金額は、賃借人の賃貸人に対する未払賃料債務が控除された残額となる。（民法605条の2、P.562）

3 × 「3月」じゃないよね。建物の賃貸人Aは、建物の転借人Dに期間満了によって終了する旨の通知をしなければ、その終了をDに対抗することができない。で、Aがこの通知をしたときは、建物の転貸借は、その通知がされた日から「6月」を経過することによって終了だ。（借地借家法34条、P.600）

4 × 「従前の契約と同一条件で契約を更新したもの」とはみなされないよね。定期建物賃貸借の期間が1年以上であるので、建物の賃貸人Aは、期間の満了の1年前から6月前までの間に建物の賃借人Bに対し期間の満了により建物の賃貸借が終了する旨の通知をしなければならぬ。通知期間経過後にBに通知をした場合、その通知の日から6月を経過した後に賃貸借は終了だ。（借地借家法38条、P.603）

【問13】 区分所有法 ★★★

選択肢1。宅建ダイナマイターズにはおなじみの、音声講義での人気キャラ「集会じーさん」が登場です。「オレはね、やだよ反対だ。集会が終わってからみんなで一杯キューってやりてーんでね」。かくして書面決議はできなくなった。

1 ○ この法律又は規約により集会において決議をすべき場合において、区分所有者「全員」の承諾があるときは、書面又は電磁的方法による決議をすることができる。がしかし、区分所有者の1人でも反対すれば、書面や電磁的方法によって決議をすることができなくなっちゃうのよね。（45条、P.682）

2 ○ まいどおなじみの定番。その形状又は効用の著しい変更を伴う共用部分の変更（重大変更）は、区分所有者及び議決権の各4分の3以上の多数による集会の決議で決する。で、この区分所有者の定数は、規約でその過半数まで減ずることができる。（17条、P.673）

3 ○ 分離処分の禁止ですね。敷地利用権が数人で有する所有権その他の権利である場合には、区分所有者は、その有する専有部分とその専有部分に係る敷地利用権とを分離して処分することができない。ただし、規約に別段の定めがあるときは、この限りでない。（22条、P.674）

4 × 「中心線」じゃないよね。各共有者の持分は、その有する専有部分の床面積の割合による。そして、その床面積は、壁その他の区画の「内側線」で囲まれた部分の水平投影面積による。（14条、P.670）

正解			
問12	2	問13	4

>> 問題

★★

【問14】 不動産の登記に関する次の記述のうち、不動産登記法の規定によれば、正しいものはどれか。

1　所有権の登記の抹消は、所有権の移転の登記がある場合においても、所有権の登記名義人が単独で申請することができる。
2　登記の申請をする者の委任による代理人の権限は、本人の死亡によって消滅する。
3　法人の合併による権利の移転の登記は、登記権利者が単独で申請することができる。
4　信託の登記は、受託者が単独で申請することができない。

★★

【問15】 都市計画法に関する次の記述のうち、誤っているものはどれか。

1　地区計画については、都市計画に、当該地区計画の目標を定めるよう努めるものとされている。
2　地区計画については、都市計画に、区域の面積を定めるよう努めるものとされている。
3　地区整備計画においては、市街化区域と市街化調整区域との区分の決定の有無を定めることができる。
4　地区整備計画においては、建築物の建蔽率の最高限度を定めることができる。

★★

【問16】 都市計画法に関する次の記述のうち、正しいものはどれか。ただし、許可を要する開発行為の面積については、条例による定めはないものとし、この問において「都道府県知事」とは、地方自治法に基づく指定都市、中核市及び施行時特例市にあってはその長をいうものとする。

1　市街化区域において、都市公園法に規定する公園施設である建築物の建築を目的とした5,000㎡の土地の区画形質の変更を行おうとする者は、あらかじめ、都道府県知事の許可を受けなければならない。
2　首都圏整備法に規定する既成市街地内にある市街化区域において、住宅の建築を目的とした800㎡の土地の区画形質の変更を行おうとする者は、あらかじめ、都道府県知事の許可を受けなければならない。
3　準都市計画区域において、商業施設の建築を目的とした2,000㎡の土地の区画形質の変更を行おうとする者は、あらかじめ、都道府県知事の許可を受けなければならない。
4　区域区分が定められていない都市計画区域において、土地区画整理事業の施行として行う8,000㎡の土地の区画形質の変更を行おうとする者は、あらかじめ、都道府県知事の許可を受けなければならない。

解説 → 解答

【問14】 不動産登記法 ★★

選択肢1。AからBに所有権が移転している場合で、なんらかの事情でAの所有権保存登記とBへの所有権移転登記を抹消するとしたら、まず「Bを登記義務者・Aを登記権利者」として、Bへの所有権移転登記の抹消を申請し、その後に、所有権保存の登記の抹消を申請することになる。所有権保存登記の抹消はA単独でOK。

1 × 所有権の登記の抹消は、所有権の移転の登記がない場合に限り、つまり所有権の保存登記しかないときだったら、所有権の登記名義人が単独で申請することができる。(77条)

2 × これはまいどおなじみの選択肢だね。登記の申請をする者の委任による代理人の権限は、本人の死亡によっては、消滅しない。(17条、P.652)

3 ○ これも定番の選択肢。相続又は法人の合併による権利の移転の登記は、登記権利者が単独で申請することができる。(63条、P.653)

4 × 信託の登記は、受託者が単独で申請することができる。(98条、P.661)

【問15】 都市計画法：地区計画 ★★

地区計画に関する都市計画に定めるものは「地区計画の名称・位置・区域」。定めるよう努めるものとするものは「区域の面積」のほか「地区計画の目標」「当該区域の整備、開発及び保全に関する方針」。

1 ○ マニアック。そうなんですよ。「当該地区計画の目標」は「定めるよう努めるものとする」なんです。(12条の5、P.243)

2 ○ 「区域の面積」も、「定めるよう努めるものとする」です。(12条の5、P.243)

3 × 区域区分は地区計画で定めるレベルの話ではないしね。なんだかよく意味がわからん選択肢ですが。地区整備計画において定めることができる事項の中に、「市街化区域と市街化調整区域との区分の決定の有無」というのはない。(12条の5、P.243)

4 ○ 地区整備計画に、地区計画の区域でのいろんな決め事が書いてある。読んでみましょう。地区整備計画においては、建築物の建蔽率の最高限度を定めることができる。(12条の5、P.244)

【問16】 都市計画法：開発許可 ★★

選択肢1と2がマニアックなので、むずかしかったかなー。選択肢3と4の「×」はすぐにわかったと思うけど。

1 × 「都市公園法に規定する公園施設である建築物」は「公益上必要な建築物」に該当するんだわ。なので、その建築を目的とした開発行為は、都道府県知事の許可（開発許可）は不要です。(29条、施行令21条、P.268)

2 ○ マニアックなところからの出題。東京都の23区もそうなんだけど、「首都圏整備法に規定する既成市街地内にある市街化区域」では、開発許可を不要とする面積を、そもそも「500㎡未満」としているのよ。「800㎡」だったら都道府県知事の許可（開発許可）が必要。(29条、施行令19条)

3 × 準都市計画区域内だもんね。「3,000㎡未満」だったら都道府県知事の許可（開発許可）は不要だよね。(29条、P.266)

4 × 土地区画整理事業の施行として行う開発行為だから、どこでやろうと面積がどうであろうと、都道府県知事の許可（開発許可）は不要だよね。(29条、P.268)

正解		
問14 3	問15 3	問16 2

>> 問題

★★

【問17】 建築基準法に関する次の記述のうち、正しいものはどれか。

1　居室の内装の仕上げには、ホルムアルデヒドを発散させる建築材料を使用することが認められていない。
2　4階建ての共同住宅の敷地内には、避難階に設けた屋外への出口から道又は公園、広場その他の空地に通ずる幅員が2m以上の通路を設けなければならない。
3　防火地域又は準防火地域内にある建築物で、外壁が防火構造であるものについては、その外壁を隣地境界線に接して設けることができる。
4　建築主は、3階建ての木造の共同住宅を新築する場合において、特定行政庁が、安全上、防火上及び避難上支障がないと認めたときは、検査済証の交付を受ける前においても、仮に、当該共同住宅を使用することができる。

★

【問18】 次の記述のうち、建築基準法の規定によれば、誤っているものはどれか。

1　都市計画により建蔽率の限度が10分の6と定められている近隣商業地域において、準防火地域内にある耐火建築物で、街区の角にある敷地又はこれに準ずる敷地で特定行政庁が指定するものの内にある建築物については、建蔽率の限度が10分の8となる。
2　市町村は、集落地区計画の区域において、用途地域における用途の制限を補完し、当該区域の特性にふさわしい土地利用の増進等の目的を達成するため必要と認める場合においては、国土交通大臣の承認を得て、当該区域における用途制限を緩和することができる。
3　居住環境向上用途誘導地区内においては、公益上必要な一定の建築物を除き、建築物の建蔽率は、居住環境向上用途誘導地区に関する都市計画において建築物の建蔽率の最高限度が定められたときは、当該最高限度以下でなければならない。
4　都市計画区域内のごみ焼却場の用途に供する建築物について、特定行政庁が建築基準法第51条に規定する都市計画審議会の議を経てその敷地の位置が都市計画上支障がないと認めて許可した場合においては、都市計画においてその敷地の位置が決定しているものでなくても、新築することができる。

解説 → 解答

【問17】 建築基準法 ★★

選択肢1。石綿をあらかじめ添加した建築材料だったら使用することが認められていないけど、ホルムアルデヒドを発散させる建築材料は使用 OK となる場合あり。

1 × ヒッカケ。ホルムアルデヒドを発散させる建築材料なんだけど、居室を有する建築物にあっては、一定の技術的基準に適合するものであれば使用 OK となっている。(28 条、P.287)

2 × 細かいなー。「2 m」じゃないんだわ。共同住宅又は階数が3以上である建築物の敷地内には、避難階に設けた屋外への出口から道又は公園、広場その他の空地に通ずる幅員が「1.5 m」以上の通路を設けなければならない。(施行令 128 条)

3 × 「防火構造」じゃなくて「耐火構造」だよね。防火地域又は準防火地域内にある建築物で、外壁が耐火構造のものについては、その外壁を隣地境界線に接して設けることができる。(63 条、P.327)

4 ○ 木造3階建ての建築物などを新築する(建築確認を必要とする)場合はさ、検査済証の交付を受けた後でなければ、新築した建築物を使用してはならないんだけど、「特定行政庁が、安全上、防火上及び避難上支障がないと認めたとき」は、検査済証の交付を受ける前においても、仮に、当該建築物を使用することができる。(7条の6、P.339)

【問18】 建築基準法 ★

選択肢2。集落地区計画は地区計画の仲間。地区計画には一般的な地区計画のほか、防災街区整備地区計画、歴史的風土維持向上地区計画、沿道地区計画、集落地区計画の5種類があり、まとめて「地区計画等」と呼んだりする。

1 ○ 準防火地域内にある耐火建築物で、建蔽率プラス 10%。さらに、街区の角にある敷地又はこれに準ずる敷地で特定行政庁が指定するものの内にある建築物で、建蔽率プラス 10%。ということで、「10 分の8」が建蔽率の限度となる。(53 条、P.306)

2 × 集落地区計画では、用途制限を緩和することはできない。条文では「用途地域における用途の制限を補完し、当該地区計画等(集落地区計画を除く。)の区域の特性にふさわしい土地利用の増進等の目的を達成するため必要と認める場合においては、国土交通大臣の承認を得て、条例で、用途制限を緩和することができる」となっている。(68 条の2、P.243)

3 ○ 地域地区の一種なんだけど「居住環境向上用途誘導地区」というのもある。居住環境向上用途誘導地区内においては、公益上必要な一定の建築物を除き、建築物の建蔽率は、居住環境向上用途誘導地区に関する都市計画において建築物の建蔽率の最高限度が定められたときは、当該最高限度以下でなければならない。(60 条の2の2、P.237)

4 ○ ごみ焼却場のほか、卸売市場、火葬場、と畜場、汚物処理場などの用途に供する建築物は、都市計画においてその敷地の位置が決定しているものでなければ、新築や増築はできないんだけど、特定行政庁が都道府県都市計画審議会の議を経てその敷地の位置が都市計画上支障がないと認めて許可した場合においては、この限りでない。新築 OK。(51 条、P.298)

正解			
問17	4	問18	2

問題

★★★

【問19】 **宅地造成及び特定盛土等規制法（以下この問において「法」という。）に関する次の記述のうち、誤っているものはどれか。なお、この問において「都道府県知事」とは、地方自治法に基づく指定都市、中核市及び施行時特例市にあってはその長をいうものとする。（法改正により問題文、選択肢すべてを修正している）**

1　宅地造成等工事規制区域内において、宅地を造成するために切土をする土地の面積が500㎡であって盛土を生じない場合、切土をした部分に生じる崖の高さが1.5 mであれば、都道府県知事の法第12条第１項本文の工事の許可は不要である。

2　都道府県知事は、法第12条第１項本文の工事の許可の申請があった場合においては、遅滞なく、文書をもって許可又は不許可の処分を申請者に通知しなければならない。

3　都道府県知事は、一定の場合には都道府県（地方自治法に基づく指定都市、中核市又は施行時特例市の区域にあっては、それぞれ指定都市、中核市又は施行時特例市）の規則で、宅地造成等について規定する技術的基準を強化し、又は付加することができる。

4　都道府県知事は、宅地造成等工事規制区域内で、宅地造成等に伴う災害で相当数の居住者その他の者に危害を生ずるものの発生のおそれが大きい一団の造成宅地の区域であって一定の基準に該当するものを、造成宅地防災区域として指定することができる。

★★

【問20】 **土地区画整理法に関する次の記述のうち、誤っているものはどれか。**

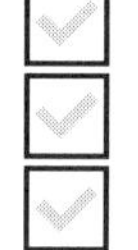

1　換地計画において参加組合員に対して与えるべきものとして定められた宅地は、換地処分の公告があった日の翌日において、当該宅地の所有者となるべきものとして換地計画において定められた参加組合員が取得する。

2　換地計画において換地を定める場合においては、換地及び従前の宅地の位置、地積、土質、水利、利用状況、環境等が照応するように定めなければならない。

3　土地区画整理組合の設立の認可の公告があった日後、換地処分の公告がある日までは、施行地区内において、土地区画整理事業の施行の障害となるおそれがある土地の形質の変更を行おうとする者は、当該土地区画整理組合の許可を受けなければならない。

4　土地区画整理組合の組合員は、組合員の３分の１以上の連署をもって、その代表者から理由を記載した書面を土地区画整理組合に提出して、理事又は監事の解任を請求することができる。

★★★

【問21】 **農地に関する次の記述のうち、農地法（以下この問において「法」という。）の規定によれば、誤っているものはどれか。**

1　遺産分割によって農地を取得する場合には、法第３条第１項の許可は不要であるが、農業委員会への届出が必要である。

2　法第３条第１項の許可を受けなければならない場合の売買については、その許可を受けずに農地の売買契約を締結しても、所有権移転の効力は生じない。

3　砂利採取法第16条の認可を受けて市街化調整区域内の農地を砂利採取のために一時的に借り受ける場合には、法第５条第１項の許可は不要である。

4　都道府県が市街化調整区域内の農地を取得して病院を建設する場合には、都道府県知事（法第４条第１項に規定する指定市町村の区域内にあってはその長）との協議が成立すれば、法第５条第１項の許可があったものとみなされる。

解説 ➔ 解答

【問19】 宅地造成及び特定盛土等規制法 ★★★

選択肢3が「初めての出題」だったかな。とはいえ、選択肢4の「×」。また出題したね。もはや誰も間違えないんじゃないかなー。選択肢1と2も楽勝で「○」だしね。

1 ○ まず、切土をした部分に生じる崖の高さが「2m」を超えてない。で、切土をする土地の面積が「500㎡」を超えていない。ちょうど500㎡。笑える。ということで、都道府県知事の許可は不要だね。（10条、P.344）

2 ○ そりゃそうでしょ。遅滞なく、文書をもって許可又は不許可を申請者に通知せねばならぬ。（14条）

3 ○ そうなんですよ。できるんですよ。その地方の気候、風土又は地勢の特殊性により、都道府県の規則で工事の技術的基準を強化し、又は必要な技術的基準を付加することができる。（施行令20条）

4 × まいどおなじみの選択肢。造成宅地防災区域は、宅地造成等工事規制区域内で定められることはない。（45条、P.349）

【問20】 土地区画整理法 ★★

選択肢1。一瞬「?」となったかな。初めての出題かも。とはいえ、選択肢3の「×」。まったくもう、定番を出題しちゃって。オマケに「×」でこれが正解肢だなんて。サービスのしすぎでしょ出題者さん。

1 ○ こんな規定もあります。換地計画において参加組合員に対して与えるべきものとして定められた宅地は、換地処分の公告があった日の翌日において、当該宅地の所有者となるべきものとして換地計画において定められた参加組合員が取得する。（104条）

2 ○ 換地照応の原則ですね。換地計画において換地を定める場合においては、換地及び従前の宅地の位置、地積、土質、水利、利用状況、環境等が照応するように定めなければならない。（89条、P.370）

3 × まいどおなじみの選択肢。「土地区画整理組合の許可」じゃなくて「都道府県知事等」の許可ですよね。もはや誰も間違えないんじゃないかなー。（76条、P.368）

4 ○ これも初出題ですね。こんな規定もあります。土地区画整理組合の組合員は、組合員の3分の1以上の連署をもって、その代表者から理由を記載した書面を組合に提出して、理事又は監事の解任を請求することができる。こいつら何をやっちゃったんですかねー。（27条）

【問21】 農地法 ★★★

選択肢4はあまり出題されてないところだけど、あとの選択肢は、まいどおなじみの定番でした。楽勝。

1 ○ そうね。遺産分割によって農地を取得する場合には、農地法3条の許可は不要だけど、農業委員会への届出は必要だよね。遺産分割とかで誰が権利者になったか把握したいということで。（3条の3、P.381）

2 ○ 農地法3条の許可を受けないでした売買契約は無効だよね。なので所有権移転の効力は生じない。（3条、P.380）

3 × また出た砂利採取法（笑）。一時的であっても農地以外にするために貸し付ける場合には、農地法第5条の許可が必要でーす。（5条、P.384）

4 ○ 国又は都道府県等が、農地を農地以外のものにするために農地を取得しようとする場合においては、国又は都道府県等と都道府県知事等との協議が成立することをもって農地法第5条の許可があったものとみなされる。（5条、P.384）

正解		
問19 4	問20 3	問21 3

令和3年度 ≫ 問題・解説・解答

問題

★★★

【問22】 国土利用計画法第23条の届出（以下この問において「事後届出」という。）に関する次の記述のうち、正しいものはどれか。なお、この問において「都道府県知事」とは、地方自治法に基づく指定都市にあってはその長をいうものとする。

1　土地売買等の契約を締結した場合には、当事者のうち当該契約による権利取得者は、その契約を締結した日の翌日から起算して３週間以内に、事後届出を行わなければならない。

2　都道府県知事は、事後届出をした者に対し、その届出に係る土地に関する権利の移転若しくは設定後における土地の利用目的又は土地に関する権利の移転若しくは設定の対価の額について、当該土地を含む周辺の地域の適正かつ合理的な土地利用を図るために必要な助言をすることができる。

3　事後届出が必要な土地売買等の契約を締結したにもかかわらず、所定の期間内に当該届出をしなかった者は、都道府県知事からの勧告を受けるが、罰則の適用はない。

4　宅地建物取引業者Ａが所有する準都市計画区域内の20,000㎡の土地について、10,000㎡をＢ市に、10,000㎡を宅地建物取引業者Ｃに売却する契約を締結した場合、Ｂ市は事後届出を行う必要はないが、Ｃは一定の場合を除き事後届出を行う必要がある。

★

【問23】 所得税法に関する次の記述のうち、正しいものはどれか。

1　譲渡所得の特別控除額（50万円）は、譲渡益のうち、まず、資産の取得の日以後５年以内にされた譲渡による所得で政令で定めるものに該当しないものに係る部分の金額から控除し、なお控除しきれない特別控除額がある場合には、それ以外の譲渡による所得に係る部分の金額から控除する。

2　譲渡所得の金額の計算上、資産の譲渡に係る総収入金額から控除する資産の取得費には、その資産の取得時に支出した購入代金や購入手数料の金額は含まれるが、その資産の取得後に支出した設備費及び改良費の額は含まれない。

3　建物の全部の所有を目的とする土地の賃借権の設定の対価として支払を受ける権利金の金額が、その土地の価額の10分の５に相当する金額を超えるときは、不動産所得として課税される。

4　居住者がその取得の日以後５年以内に固定資産を譲渡した場合には、譲渡益から譲渡所得の特別控除額（50万円）を控除した後の譲渡所得の金額の２分の１に相当する金額が課税標準とされる。

★★

【問24】 不動産取得税に関する次の記述のうち、正しいものはどれか。

1　平成28年に新築された既存住宅（床面積210㎡）を個人が自己の居住のために取得した場合、当該取得に係る不動産取得税の課税標準の算定については、当該住宅の価格から1,200万円が控除される。

2　家屋が新築された日から３年を経過して、なお、当該家屋について最初の使用又は譲渡が行われない場合においては、当該家屋が新築された日から３年を経過した日において家屋の取得がなされたものとみなし、当該家屋の所有者を取得者とみなして、これに対して不動産取得税を課する。

3　不動産取得税は、不動産の取得があった日の翌日から起算して２か月以内に当該不動産の所在する都道府県に申告納付しなければならない。

4　不動産取得税は、不動産を取得するという比較的担税力のある機会に相当の税負担を求める観点から創設されたものであるが、不動産取得税の税率は４％を超えることができない。

解説 → 解答

【問22】 国土利用計画法 ★★★

選択肢4。20,000㎡の「切り売り」なんだけど、準都市計画区域での「10,000㎡」の売買契約。「B市に 15,000㎡、Cに 5,000㎡で、両方とも事後届出なし」というオチのほうがおもしろかったんじゃないかな。どうでしょ出題者さん。

1 × 「3週間」じゃないよね。契約を締結した日から起算して「2週間」以内に、一定の事項を都道府県知事に届け出なければならない。(23 条、P.354)

2 × 事後届出なんだから「対価の額」については助言できないよね。「土地の利用目的」については助言できるけど。(27 条の 2、P.359)

3 × 罰則の適用もあるよね。「6月以下の懲役又は 100 万円以下の罰金」というのが用意されている。(47 条、P.359)

4 ○ 準都市計画区域内なので「10,000㎡以上」だったら事後届出が必要。で、当事者の一方又は双方が国・地方公共団体である場合には、事後届出は不要。ということで、B市は事後届出を行う必要なし。Cは事後届出を行う必要あり。(23 条、P.356 ~ 357)

【問23】 所得税 ★

いずれの選択肢も過去 10 年よりも前から引っ張ってきやがった。選択肢1は「平成 20 年【問26】肢3」、選択肢2は「平成 20 年【問 26】肢2」、選択肢3は「平成 17 年【問 26】肢2」、選択肢4は「平成 17 年【問 26】肢4」と同趣旨だった。くそー。

1 ○ 譲渡益から特別控除額を控除する場合はですね、まずは短期譲渡所得に該当する金額から控除する。で、控除しきれない特別控除額がある場合には長期譲渡所得に該当する金額から控除。

2 × 取得費には、取得時に支出した購入代金や購入手数料のみならず、資産の取得後に支出したメンテナンス代(設備費や改良費)の額も含まれる。

3 × 個人が土地や建物を賃貸して受け取ることになる借賃や権利金は「不動産所得」となるんだけど、受け取る権利金の金額が土地の価額の 10 分の5に相当する金額を超える場合には、「譲渡所得」として課税される。

4 × 「その取得後5年以内に固定資産を譲渡した場合」は短期譲渡所得となり、その際の譲渡所得金額が課税標準となる。「特別控除額(50 万円)を・・・2分の1に・・・」というような規定はない。

【問24】 不動産取得税 ★★

選択肢1が、一瞬「?」となったかも。選択肢4も「?」となったかも。選択肢2と3の「×」が速攻でわかればよし。

1 ○ 個人が自己居住用の既存住宅(50㎡以上 240㎡以下)を取得した際の課税標準の特例。さて、いくら控除されるかというと新築されたときの控除額。平成9年4月1日以降だと 1,200 万円控除。(P.707)

2 × 「3年」じゃないよね。家屋が新築された日から「6月」(宅建業者の場合は1年)を経過して、だよね。(P.706)

3 × この選択肢はまいどおなじみ。「申告納付」じゃないよね。不動産取得税の徴収については「普通徴収」の方法によらなければならない。(P.706)

4 × このような規定なし。不動産取得税の標準税率は4%(住宅などについては3%)とされており、4%を超えることができないというような定め方(制限税率)ではない。(P.706)

正解		
問22 4	問23 1	問24 1

令和3年度 問題・解説・解答

>> 問題

★★

【問25】不動産の鑑定評価に関する次の記述のうち、不動産鑑定評価基準によれば、誤っているものはどれか。

1　不動産鑑定士の通常の調査の範囲では、対象不動産の価格への影響の程度を判断するための事実の確認が困難な特定の価格形成要因がある場合、鑑定評価書の利用者の利益を害するおそれがないと判断されるときに限り、当該価格形成要因について調査の範囲に係る条件を設定することができる。

2　対象不動産を価格時点において再調達することを想定した場合において必要とされる適正な原価の総額を再調達原価というが、建設資材、工法等の変遷により、対象不動産の再調達原価を求めることが困難な場合には、対象不動産と同等の有用性を持つものに置き換えて求めた原価を再調達原価とみなすものとする。

3　取引事例等に係る取引が特殊な事情を含み、これが当該取引事例等に係る価格等に影響を及ぼしている場合に、適切に補正することを時点修正という。

4　不動産の鑑定評価によって求める賃料は、一般的には正常賃料又は継続賃料であるが、鑑定評価の依頼目的に対応した条件により限定賃料を求めることができる場合がある。

★★★

【問26】宅地建物取引業者Aが、自ら売主として宅地建物取引業者ではない買主Bに対し建物の売却を行う場合における宅地建物取引業法第35条に規定する重要事項の説明に関する次の記述のうち、正しいものはどれか。

1　Aは、Bに対し、専任の宅地建物取引士をして説明をさせなければならない。

2　Aは、Bに対し、代金以外に授受される金銭の額だけでなく、当該金銭の授受の目的についても説明しなければならない。

3　Aは、Bに対し、建物の上に存する登記された権利の種類及び内容だけでなく、移転登記の申請の時期についても説明しなければならない。

4　Aは、Bに対し、売買の対象となる建物の引渡しの時期について説明しなければならない。

★★★

【問27】宅地建物取引業の免許（以下この問において「免許」という。）に関する次の記述のうち、宅地建物取引業法の規定によれば、正しいものはどれか。

1　個人Aが不正の手段により免許を受けた後、免許を取り消され、その取消しの日から5年を経過した場合、その間に免許を受けることができない事由に該当することがなかったとしても、Aは再び免許を受けることはできない。

2　免許を受けようとする個人Bが破産手続開始の決定を受けた後に復権を得た場合においても、Bは免許を受けることができない。

3　免許を受けようとするC社の役員Dが刑法第211条（業務上過失致死傷等）の罪により地方裁判所で懲役1年の判決を言い渡された場合、当該判決に対してDが高等裁判所に控訴し裁判が係属中であっても、C社は免許を受けることができない。

4　免許を受けようとするE社の役員に、宅地建物取引業法の規定に違反したことにより罰金の刑に処せられた者がいる場合、その刑の執行が終わって5年を経過しなければ、E社は免許を受けることができない。

解説 ➔ 解答

【問25】 不動産鑑定評価 ★★

選択肢１と２。なんかコムズカシイ。初出題か。過去問でも見たことないし。がしかし、選択肢３は「これ、事情補正じゃん」とわかれば一発一撃だったが。

1 ○ 「特定の価格形成要因」が存する場合、当該価格形成要因について調査の範囲に係る条件（調査範囲等条件）を設定することができる。

2 ○ そりゃそうだろうね。建設資材、工法等の変遷により、対象不動産の再調達原価を求めることが困難な場合には、対象不動産と同等の有用性を持つものに置き換えて求めた原価（置換原価）を再調達原価とみなすものとする。

3 × 「時点修正」じゃないよね。事情を補正しているよね。取引事例等に係る取引等が特殊な事情を含み、これが当該取引事例等に係る価格等に影響を及ぼしているときは適切に補正しなければならない。これを事情補正という。

4 ○ 正常価格や限定価格があったように、賃料にも、正常賃料（継続賃料）や限定賃料がある。鑑定評価の依頼目的に対応した条件により限定賃料を求めることができる場合がある。

【問26】 宅建業法：重要事項の説明等（35 条書面） ★★★

まいどおなじみの、なんの新鮮味もないド定番が並ぶ。こんなのを出し続ける出題者側の「執念」みたいなものが、ある意味、恐怖だ。選択肢３と４。宅建ダイナマイターズだったら「じきじきじきはさんじゅうななじょう」かもぉ〜ん♪で、一発一撃。

1 × 出た〜。永遠に出続けるド定番。宅建士だったらOK。専任じゃなくてもね。っていうか、もはやこれを「○」にする人って、この世にいるのだろうか？（35 条、P.153）

2 ○ そりゃそうでしょ。代金以外に授受される金銭の額だけ説明して「なんのために授受するお金なのかはご想像におまかせします」とか。バカか（笑）。「代金、交換差金及び借賃以外に授受される金銭の額及び当該金銭の授受の目的」は説明事項だ。（35 条、P.162）

3 × 出た〜。永遠に出続けるド定番。「移転登記の申請の時期」は説明すべき重要事項とはされてません。37 条書面に記載だね。（35 条、P.161、173）

4 × 出た〜。永遠に出続けるド定番。「引渡しの時期」は説明すべき重要事項とはされてません。37 条書面に記載だね。（35 条、P.161、173）

【問27】 宅建業法：免許の基準 ★★★

免許の基準。どの選択肢も定番。「どっかで見たなー」とデジャブ（笑）。楽勝でしたね。

1 × 「不正の手段により免許を受けた」という理由での免許取消だと「５年間」は免許不可だけど、「取消しの日から５年を経過」だもんね。免許 OK。（5条、P.054）

2 × まいどおなじみの選択肢。「破産手続開始の決定を受けて復権を得ない者」は免許不可だけど、復権を得たのであれば免許 OK。（5条、P.053）

3 × 「懲役１年」という地裁の判決だったとしても、裁判が係属中ということだから、まだ刑が確定していないもんね。この時点では確定的に免許不可とはならない。（5条、P.057）

4 ○ 宅建業法違反で罰金の刑に処せられ、その刑の執行が終わってから５年を経過しない者は免許不可。そんな輩を役員にしているＥ社も免許不可。そんなＥ社はどんな社風なのでしょう。宅建士になったら、そんなＥ社に就職してみてね。（5条、P.057、064）

正解		
問25　3	問26　2	問27　4

問題

★★★

【問28】 宅地建物取引士の登録（以下この問において「登録」という。）に関する次の記述のうち、宅地建物取引業法の規定によれば、正しいものはどれか。

1　宅地建物取引士Ａ（甲県知事登録）が、乙県に所在する宅地建物取引業者の事務所の業務に従事することとなったときは、Ａは甲県知事を経由せずに、直接乙県知事に対して登録の移転を申請しなければならない。

2　甲県知事の登録を受けているが宅地建物取引士証の交付を受けていないＢが、宅地建物取引士としてすべき事務を行った場合、情状のいかんを問わず、甲県知事はＢの登録を消除しなければならない。

3　宅地建物取引士Ｃ（甲県知事登録）は、宅地建物取引業者Ｄ社を退職し、宅地建物取引業者Ｅ社に再就職したが、ＣはＤ社及びＥ社のいずれにおいても専任の宅地建物取引士ではないので、勤務先の変更の登録を申請しなくてもよい。

4　甲県で宅地建物取引士資格試験を受け、合格したＦは、乙県に転勤することとなったとしても、登録は甲県知事に申請しなければならない。

★★★

【問29】 次の記述のうち、宅地建物取引業法の規定によれば、正しいものはどれか。

1　宅地建物取引業者は、その事務所ごとに従業者の氏名、従業者証明書番号その他国土交通省令で定める事項を記載した従業者名簿を備えなければならず、当該名簿を最終の記載をした日から５年間保存しなければならない。

2　宅地建物取引業者は、一団の宅地の分譲を行う案内所において宅地の売買の契約の締結を行わない場合、その案内所には国土交通省令で定める標識を掲示しなくてもよい。

3　宅地建物取引業者が、一団の宅地の分譲を行う案内所において宅地の売買の契約の締結を行う場合、その案内所には国土交通大臣が定めた報酬の額を掲示しなければならない。

4　宅地建物取引業者は、事務所以外の継続的に業務を行うことができる施設を有する場所であっても、契約（予約を含む。）を締結せず、かつ、その申込みを受けない場合、当該場所に専任の宅地建物取引士を置く必要はない。

★★★

【問30】 宅地建物取引業者がその業務に関して行う広告に関する次の記述のうち、宅地建物取引業法の規定によれば、正しいものはいくつあるか。

ア　宅地の販売広告において、宅地に対する将来の利用の制限について、著しく事実に相違する表示をしてはならない。

イ　建物の貸借の媒介において広告を行った場合には、依頼者の依頼の有無にかかわらず、報酬の限度額を超えて、当該広告の料金に相当する額を受領することができる。

ウ　複数の区画がある宅地の売買について、数回に分けて広告するときは、最初に行う広告に取引態様の別を明示すれば足り、それ以降は明示する必要はない。

エ　賃貸マンションの貸借に係る媒介の依頼を受け、媒介契約を締結した場合であっても、当該賃貸マンションが建築確認申請中であるときは広告をすることができない。

1　一つ　　2　二つ　　3　三つ　　4　四つ

解説 → 解答

【問28】 宅建業法：宅地建物取引士 ★★★

基本的な話でまとめてきた一品。復習するのにちょうどいい。選択肢１。そもそも「移転を申請しなければならない」じゃないしね。速攻で「×」。

1 × 登録の移転の申請は、登録をしている都道府県知事（甲県知事）を経由して、だよね。乙県知事に直接じゃないっす。そりゃそうだろうね。あと、登録の移転は「申請しなければならない」じゃないよね。（190 条、P.078）

2 × 「情状のいかんを問わず」じゃないっす。「宅地建物取引士としてすべき事務を行い、情状が特に重いとき」は登録を消除しなければならない。（68 条の 2、P.202）

3 × 宅地建物取引士資格登録簿には、専任の宅地建物取引士ではないとしても、業務に従事する宅建業者の商号や免許証番号が登載されているよね。なので、勤務先の変更があれば変更の登録を申請しなければならぬ。（20 条、規則４条の２の２、P.073）

4 ○ 甲県で合格してるんだもんね。登録は甲県知事に申請しなければならない。（18 条、P.068）

【問29】 宅建業法：従業者名簿・標識・案内所 ★★★

従業者名簿、標識、報酬額の掲示、専任の宅地建物取引士と、すべてどっかで見たような選択肢が並ぶ。いつまでも出題され続ける定番。楽勝でしたね。

1 × ５年間じゃないよね。従業者名簿の保存期間は、最終の記載をした日から 10 年間だ。帳簿の保存期間とのヒッカケかな。（48 条、規則 17 条の2、P.090）

2 × まいどおなじみのド定番。売買契約の締結を行わないとしても、その案内所には標識を掲示しなければならぬ。もはや間違える人（これを「○」にする人）は皆無と思われる。（50 条、規則 19 条、P.090、092）

3 × 売買契約の締結を行うとしても、案内所は案内所で、事務所ではない。なので、報酬の額を掲示する必要はない。（46 条、P.090）

4 ○ 「契約（予約を含む。）を締結せず、かつ、その申込みを受けない」というんだったら、その案内所等（事務所以外の継続的に業務を行うことができる施設を有する場所）に専任の宅地建物取引士を置く必要なし。（31 条の3、規則 15 条の5の2、P.085）

【問30】 宅建業法：広告 ★★★

広告と取引態様からの出題。すべて過去問と同趣旨での繰り返し出題。いずれも「どっかで見たな」という一品。個数問題だけど、まぁどうってことないっすよね。

ア ○ そりゃそうでしょ。将来の利用の制限について著しく事実に相違する表示をしてはならぬ。（32 条、P.099）

イ × 「依頼者の依頼の有無にかかわらず」じゃないよね。依頼者の依頼によって行う広告の料金だったら別途受領できるけどね。（P.122）

ウ × 取引態様は、各回の広告に明示しなければならない。最初の広告だけじゃダメ。（34 条、P.100）

エ ○ 建築確認申請中だもんね。貸借の媒介自体はしてもいいけど、申請中での広告はダメ。（33 条、P.098）

正しいものはア、エの「二つ」。選択肢２が正解となる。

正解		
問28 4	問29 4	問30 2

問題

★★

【問31】 宅地建物取引業保証協会（以下この問において「保証協会」という。）に関する次の記述のうち、宅地建物取引業法の規定によれば、誤っているものはどれか。

1　保証協会は、当該保証協会の社員である宅地建物取引業者が社員となる前に当該宅地建物取引業者と宅地建物取引業に関し取引をした者の有するその取引により生じた債権に関し弁済業務保証金の還付が行われることにより弁済業務の円滑な運営に支障を生ずるおそれがあると認めるときは、当該社員に対し、担保の提供を求めることができる。

2　保証協会の社員である宅地建物取引業者は、取引の相手方から宅地建物取引業に係る取引に関する苦情について解決の申出が当該保証協会になされ、その解決のために当該保証協会から資料の提出の求めがあったときは、正当な理由がある場合でなければ、これを拒んではならない。

3　保証協会の社員である宅地建物取引業者は、当該宅地建物取引業者と宅地建物取引業に関し取引をした者の有するその取引により生じた債権に関し弁済業務保証金の還付がなされたときは、その日から２週間以内に還付充当金を保証協会に納付しなければならない。

4　還付充当金の未納により保証協会の社員がその地位を失ったときは、保証協会は、直ちにその旨を当該社員であった宅地建物取引業者が免許を受けた国土交通大臣又は都道府県知事に報告しなければならない。

★★★

【問32】 宅地建物取引業の免許（以下この問において「免許」という。）に関する次の記述のうち、宅地建物取引業法の規定によれば、正しいものはどれか。なお、いずれの場合も、その行為を業として営むものとする。

1　A社が、都市計画法に規定する用途地域外の土地であって、ソーラーパネルを設置するための土地の売買を媒介しようとする場合、免許は必要ない。

2　B社が、土地区画整理事業の換地処分により取得した換地を住宅用地として分譲しようとする場合、免許は必要ない。

3　農業協同組合Cが、組合員が所有する宅地の売却の代理をする場合、免許は必要ない。

4　D社が、地方公共団体が定住促進策としてその所有する土地について住宅を建築しようとする個人に売却する取引の媒介をしようとする場合、免許は必要ない。

★★

【問33】 宅地建物取引業法第35条に規定する重要事項の説明における水防法施行規則第11条第1号の規定により市町村（特別区を含む。以下この問において同じ。）の長が提供する図面（以下この問において「水害ハザードマップ」という。）に関する次の記述のうち、正しいものはどれか。なお、説明の相手方は宅地建物取引業者ではないものとする。

1　宅地建物取引業者は、市町村が、取引の対象となる宅地又は建物の位置を含む水害ハザードマップを作成せず、又は印刷物の配布若しくはホームページ等への掲載等をしていないことを確認できた場合は、重要事項説明書にその旨記載し、重要事項説明の際に提示すべき水害ハザードマップが存在しない旨を説明すればよい。

2　宅地建物取引業者は、市町村が取引の対象となる宅地又は建物の位置を含む「洪水」、「雨水出水（内水）」、「高潮」の水害ハザードマップを作成している場合、重要事項説明の際にいずれか１種類の水害ハザードマップを提示すればよい。

3　宅地建物取引業者は、市町村が取引の対象となる宅地又は建物の位置を含む水害ハザードマップを作成している場合、売買又は交換の媒介のときは重要事項説明の際に水害ハザードマップを提示しなければならないが、貸借の媒介のときはその必要はない。

4　宅地建物取引業者は、市町村が取引の対象となる宅地又は建物の位置を含む水害ハザードマップを作成している場合、重要事項説明書に水害ハザードマップを添付すれば足りる。

解説 ➔ 解答

【問31】 宅建業法：保証協会 ★★

選択肢３。２週間は２週間なんだけど、いつから２週間だっけ。あとの選択肢はまぁまぁできたかな。

1 ○ その輩を加入させると「弁済業務の円滑な運営に支障を生ずるおそれがある」というんだったら、保証協会は、その輩（当該社員）に対し、担保の提供を求めることができる。（64条の4、P.185）

2 ○ その輩に対する苦情。その解決のために保証協会から資料の提出の求めがあったときは、その輩（保証協会の社員である宅建業者）は、正当な理由がある場合でなければ、これを拒んではならない。（64条の5、P.185）

3 × 出たヒッカケ。「その日（還付がなされた日）から２週間」じゃないよね。「還付充当金を保証協会に納付すべき旨の通知を受けた日から２週間」だよね。（64条の10、P.189）

4 ○ そしてその輩は保証協会の社員の地位を失ったのであった。保証協会は、新たに社員が加入し、又は社員がその地位を失ったときは、直ちに、その旨を当該社員である宅建業者が免許を受けた国土交通大臣又は都道府県知事に報告しなければならない。（64条の4、P.184）

【問32】 宅建業法：宅建業の免許 ★★★

国や地方公共団体、信託銀行や信託会社とかだったら免許不要。選択肢３はひさしぶりの農協ヒッカケ。選択肢４もひさしぶりの「売主は免許不要」ヒッカケ。選択肢１のソーラーパネル。初登場。いまどき。

1 ○ 用途地域外ということだから、建物の敷地に供せられる土地だったら宅地となる。ソーラーパネルは建物じゃないから宅地にならず、となると免許は不要。（2条、P.031）

2 × 宅地をどこから仕入れるかはどうでもいいんだけど、住宅用地（宅地）を分譲しようというBは、そりゃもちろん免許が必要。（2条、P.032）

3 × 宅地の売却の代理だもんね。免許が必要。農業協同組合だからといって免許不要とはならない。（2条、P.032）

4 × 売主はどこの誰でもいいんだけど、宅地の売買の媒介だもんね。D社は免許が必要。（2条、P.032）

【問33】 宅建業法：重要事項の説明等（35条書面） ★★

「水害ハザードマップ」をネタにしての出題。水害ハザードマップに取引する宅地建物の位置が表示されているときは、重要事項として「ほらここ。水害ハザードマップのここにある物件ですよ」と宅地建物の所在地を説明すべし。

1 ○ とにもかくにも、水害ハザードマップがないんだもんね。そしたら、存在しない旨を説明すればよい。（35条、規則16条の4の3、P.159）

2 × いずれか１種類じゃないでしょ。笑える。「洪水」「雨水出水（内水）」「高潮」の水害ハザードマップが作成されているんだったら提示しましょうよ。ちなみに「高潮」とは台風や発達した低気圧が通過するとき潮位が大きく上昇する現象。そんで水害。（35条、規則16条の4の3）

3 × 出た。「貸借の媒介のときは必要ない」だって。貸借の媒介のときも必要でしょ。「貸借だから、水害のこと説明しなくてもいっか」とはなりません。（35条、規則16条の4の3、P.160）

4 × 添付だけじゃ足りぬ。取引対象となる「宅地又は建物の位置」が水害ハザードマップに表示されているときは、その「所在地」を説明しなければならない。（35条、規則16条の4の3、P.159）

正解					
問31	3	問32	1	問33	1

問題

★★★

【問34】宅地建物取引業法の規定に基づく営業保証金に関する次の記述のうち、正しいものはどれか。

1　国土交通大臣から免許を受けた宅地建物取引業者が、営業保証金を主たる事務所のもよりの供託所に供託した場合、当該供託所から国土交通大臣にその旨が通知されるため、当該宅地建物取引業者は国土交通大臣にその旨を届け出る必要はない。

2　宅地建物取引業者と宅地建物取引業に関し取引をした者は、その取引により生じた債権に関し、当該宅地建物取引業者が供託した営業保証金について、その債権の弁済を受ける権利を有するが、取引をした者が宅地建物取引業者に該当する場合は、その権利を有しない。

3　営業保証金は、金銭による供託のほか、有価証券をもって供託することができるが、金銭と有価証券とを併用して供託することはできない。

4　有価証券を営業保証金に充てる場合における当該有価証券の価額は、国債証券の場合はその額面金額の100分の90、地方債証券の場合はその額面金額の100分の80である。

★★★

【問35】宅地建物取引士の登録（以下この問において「登録」という。）及び宅地建物取引士証に関する次の記述のうち、正しいものはいくつあるか。

ア　宅地建物取引士（甲県知事登録）が事務禁止処分を受けた場合、宅地建物取引士証を甲県知事に速やかに提出しなければならず、速やかに提出しなかったときは10万円以下の過料に処せられることがある。

イ　宅地建物取引士（甲県知事登録）が宅地建物取引士としての事務禁止処分を受け、その禁止の期間中に本人の申請により登録が消除された場合は、その者が乙県で宅地建物取引士資格試験に合格したとしても、当該期間が満了していないときは、乙県知事の登録を受けることができない。

ウ　宅地建物取引士（甲県知事登録）が甲県から乙県に住所を変更したときは、乙県知事に対し、登録の移転の申請をすることができる。

エ　宅地建物取引士（甲県知事登録）が本籍を変更した場合、遅滞なく、甲県知事に変更の登録を申請しなければならない。

1　一つ　　2　二つ　　3　三つ　　4　四つ

★★★

【問36】宅地建物取引業者が行う宅地建物取引業法第35条に規定する重要事項の説明に関する次の記述のうち、同法の規定に少なくとも説明しなければならない事項として掲げられていないものはどれか。

1　建物の貸借の媒介を行う場合における、「都市計画法第29条第1項の規定に基づく制限」

2　建物の貸借の媒介を行う場合における、「当該建物について、石綿の使用の有無の調査の結果が記録されているときは、その内容」

3　建物の貸借の媒介を行う場合における、「台所、浴室、便所その他の当該建物の設備の整備の状況」

4　宅地の貸借の媒介を行う場合における、「敷金その他いかなる名義をもって授受されるかを問わず、契約終了時において精算することとされている金銭の精算に関する事項」

解説 ➔ 解答

【問34】 宅建業法：営業保証金 ★★★

まいどおなじみの営業保証金。とくに新鮮味もなく、これといったトピカル（話題性・時事性）なものもないけど、まぁまぁ復習するのにちょうどいいかな。

1 × 「当該供託所から国土交通大臣にその旨が通知されるため」ともっともらしいことが書いてありますが（笑）。営業保証金を供託した旨を国土交通大臣に届け出なければならぬ。（25条、P.177）

2 ○ そのとおり。宅建業者は営業保証金から弁済を受ける権利を有しない。対象外っすね。（27条、P.178）

3 × 金銭と有価証券を併用しての供託もOKだよね。（25条、P.177）

4 × ちがうよね、国債証券はその額面金額、地方債証券は額面金額の100分の90だよね。（25条、規則15条、P.177）

【問35】 宅建業法：宅地建物取引士 ★★★

記述イ。再びの受験ご苦労さまでした。単なる事務の禁止処分なんだから、自分で登録を消除するとか、ほかで受験するとか、そんな労力をかけずにおとなしくしてりゃいいのにね（笑）。

ア ○ そうなんだよね。宅地建物取引士証を速やかに提出しなかったときは10万円以下の過料に処せられることがある。（86条、P.207）

イ ○ 乙県でも宅建試験に合格したのね。嫌味か。で、事務の禁止期間中に本人の申請により登録が消除され、まだその期間が満了していない場合は、乙県知事の登録も受けることができない。（18条、P.071）

ウ × うれしいド定番。単なる住所の変更のときは、登録の移転はできないよねー。だれでもわかる選択肢。ありがとう出題者さん。（19条の2、P.077）

エ ○ 本籍も宅地建物取引士資格登録簿の登載事項。なので、遅滞なく、変更の登録を申請しなければならぬ。（20条、規則14条の2の2、P.073）

正しいものはア、イ、エの「三つ」。選択肢3が正解となる。

【問36】 宅建業法：重要事項の説明等（35条書面） ★★★

「少なくとも説明しなければならない事項として掲げられていないもの」という、まったくまどろっこしい表現だね。重要事項として説明しなくてもいいのはどれでしょう、ということ。

1 掲げられていない 「都市計画法29条第1項の規定に基づく制限」とは「開発許可」に関する規制。「建物の貸借の媒介」を行う場合にはカンケーないので、説明しなくてもよい。（35条）

2 掲げられている 「建物の貸借の媒介」を行う場合でも、そりゃやっぱり「当該建物について、石綿の使用の有無の調査の結果が記録されているときは、その内容」を説明しないとね。（35条、規則16条の4の3、P.160）

3 掲げられている そりゃそうでしょ。「台所、浴室、便所その他の当該建物の設備の整備の状況」は、まさに「建物の貸借の媒介」を行う場合に説明しないとね。（35条、規則16条の4の3、P.168）

4 掲げられている 「敷金その他いかなる名義をもって授受されるかを問わず、契約終了時において精算することとされている金銭の精算に関する事項」は、宅地や建物の貸借の媒介を行う場合、説明しなければならぬ。（35条、規則16条の4の3、P.169）

正解		
問34 2	問35 3	問36 1

令和3年度 問題・解説・解答

問題

★★★

【問37】 宅地建物取引業法第35条の規定に基づく重要事項の説明及び同法第37条の規定により交付すべき書面（以下この問において「37条書面」という。）に関する次の記述のうち、正しいものはどれか。

1　宅地建物取引業者は、媒介により区分所有建物の賃貸借契約を成立させた場合、専有部分の用途その他の利用の制限に関する規約においてペットの飼育が禁止されているときは、その旨を重要事項説明書に記載して説明し、37条書面にも記載しなければならない。

2　宅地建物取引業者は、自ら売主となる土地付建物の売買契約において、宅地建物取引業者ではない買主から保全措置を講ずる必要のない金額の手付金を受領する場合、手付金の保全措置を講じないことを、重要事項説明書に記載して説明し、37条書面にも記載しなければならない。

3　宅地建物取引業者は、媒介により建物の敷地に供せられる土地の売買契約を成立させた場合において、当該売買代金以外の金銭の授受に関する定めがあるときは、その額並びに当該金銭の授受の時期及び目的を37条書面に記載しなければならない。

4　宅地建物取引業者は、自ら売主となる土地付建物の売買契約及び自ら貸主となる土地付建物の賃貸借契約のいずれにおいても、37条書面を作成し、その取引の相手方に交付しなければならない。

★★★

【問38】 宅地建物取引業者Aが、宅地建物取引業者BからB所有の建物の売却を依頼され、Bと一般媒介契約（以下この問において「本件契約」という。）を締結した場合に関する次の記述のうち、宅地建物取引業法の規定に違反しないものはいくつあるか。

ア　本件契約を締結する際に、Bから有効期間を6か月としたい旨の申出があったが、AとBが協議して、有効期間を3か月とした。

イ　当該物件に係る買受けの申込みはなかったが、AはBに対し本件契約に係る業務の処理状況の報告を口頭により14日に1回以上の頻度で行った。

ウ　Aは本件契約を締結した後、所定の事項を遅滞なく指定流通機構に登録したが、その登録を証する書面を、登録してから14日後にBに交付した。

エ　本件契約締結後、1年を経過しても当該物件を売却できなかったため、Bは売却をあきらめ、当該物件を賃貸することにした。そこでBはAと当該物件の貸借に係る一般媒介契約を締結したが、当該契約の有効期間を定めなかった。

1　一つ　　2　二つ　　3　三つ　　4　四つ

解説 ➔ 解答

【問37】 宅建業法：35条書面・37条書面 ★★★

令和３年の10月の試験で「自ら貸主」はどこで出てくるかなと楽しみでした。そうきたか選択肢４。読み飛ばし狙いかな。ナイス出題者。

1 × 「専有部分の用途その他利用の制限に関する規約」としての「ペットの飼育禁止」については、貸借の媒介の場合だとしても35条書面（重要事項説明書）には記載＆説明が必要なんだけど、37条書面には記載不要。記載があってもいいと思うけどね。（35条、37条、規則16条の2、P.164、173～174）

2 × 「手付金等の保全措置」についてもね、35条書面（重要事項説明書）には記載＆説明が必要なんだけど、37条書面には記載不要。（35条、37条、P.162、173～174）

3 ○ そのとおり。「当該売買代金以外の金銭の授受に関する定め」があるんだったら、「その額並びに当該金銭の授受の時期及び目的」を37条書面に記載しなければならぬ。（37条、P.173）

4 × 出た「自ら貸主」。自ら売主となる場合は、そりゃやっぱり「37条書面」は作成＆交付だけど、自ら貸主のときはね。宅建業にはならないから37条書面もへったくれもカンケーなし。（2条、P.029）

【問38】 宅建業法：媒介契約 ★★★

媒介契約からの出題。この年は「一般媒介」でまとめてきました。一般媒介だからなんでもOK。記述エの業者A。1年も媒介やってて、話をまとめられず。ザンネンだー（笑）。

ア 違反しない　別にいいんじゃない、一般媒介だし。有効期間、好きにして～!!（34条の2、P.108）

イ 違反しない　別にいいんじゃない、一般媒介だし。業務の処理状況の報告、好きにして～!!（34条の2、P.108）

ウ 違反しない　別にいいんじゃない、一般媒介だし。指定流通機構に登録してもしなくても、登録を証する書面の交付も、好きにして～!!（34条の2、P.108）

エ 違反しない　別にいいんじゃない、貸借の媒介でしょ。そもそも宅建業法の適用がないし、有効期間だのなんだの、好きにして～!!（34条の2、P.112）

違反しないものはア、イ、ウ、エの「四つ」。選択肢4が正解となる。

正解			
問37	3	問38	4

問題

★★★

【問39】宅地建物取引業者Aが、自ら売主として、宅地建物取引業者Bの媒介により、宅地建物取引業者ではないCを買主とするマンションの売買契約を締結した場合における宅地建物取引業法第37条の2の規定に基づくいわゆるクーリング・オフについて告げるときに交付すべき書面（以下この問において「告知書面」という。）に関する次の記述のうち、正しいものはどれか。

1　告知書面には、クーリング・オフによる買受けの申込みの撤回又は売買契約の解除があったときは、Aは、その買受けの申込みの撤回又は売買契約の解除に伴う損害賠償又は違約金の支払を請求することができないことを記載しなければならない。

2　告知書面には、クーリング・オフについて告げられた日から起算して８日を経過するまでの間は、Cが当該マンションの引渡しを受け又は代金の全部を支払った場合を除き、書面によりクーリング・オフによる買受けの申込みの撤回又は売買契約の解除を行うことができることを記載しなければならない。

3　告知書面には、Cがクーリング・オフによる売買契約の解除をするときは、その旨を記載した書面がAに到達した時点で、その効力が発生することを記載しなければならない。

4　告知書面には、A及びBの商号又は名称及び住所並びに免許証番号を記載しなければならない。

★★★

【問40】次の記述のうち、宅地建物取引業法の規定によれば、正しいものはどれか。

1　宅地建物取引業者は、その業務に関する帳簿を備え、取引のあったつど、その年月日、その取引に係る宅地又は建物の所在及び面積その他国土交通省令で定める事項を記載しなければならないが、支店及び案内所には備え付ける必要はない。

2　成年である宅地建物取引業者は、宅地建物取引業の業務に関し行った行為について、行為能力の制限を理由に取り消すことができる。

3　宅地建物取引業者は、一団の宅地建物の分譲をする場合における当該宅地又は建物の所在する場所に国土交通省令で定める標識を掲示しなければならない。

4　宅地建物取引業者は、業務上取り扱ったことについて知り得た秘密に関し、税務署の職員から質問検査権の規定に基づき質問を受けたときであっても、回答してはならない。

★★★

【問41】宅地建物取引業者Aが行う業務に関する次の記述のうち、宅地建物取引業法の規定によれば、正しいものはいくつあるか。なお、この問において「37条書面」とは、同法第37条の規定により交付すべき書面をいうものとする。

ア　Aが自ら売主として建物を売却する場合、宅地建物取引業者Bに当該売却の媒介を依頼したときは、Bは宅地建物取引士をして37条書面に記名させなければならず、Aも宅地建物取引士をして37条書面に記名させなければならない。

イ　Aが自ら売主として建物を売却する場合、当該売買契約に際し、買主から支払われる手付金の額が売買代金の５％未満であるときは、当該手付金の額の記載があれば、授受の時期については37条書面に記載しなくてもよい。

ウ　Aが売主を代理して建物を売却する場合、買主が宅地建物取引業者であるときは、37条書面を交付しなくてもよい。

エ　Aが売主を代理して抵当権が設定されている建物を売却する場合、当該抵当権の内容について37条書面に記載しなければならない。

1　一つ　　2　二つ　　3　三つ　　4　四つ

解説 ➡ 解答

【問39】 宅建業法：宅建業者が売主（クーリング・オフ） ★★★

クーリング・オフの告知書面を見たことがない人はネットで検索してね。ネット上にいっぱいありますので、テキトーなのを見てみてね。

1 ○ そりゃそうでしょ。損害賠償又は違約金の支払を請求することができないことを記載しなければならぬ。（37条の2、規則16条の6、P.130）

2 × おっと読み飛ばし狙いか。「又は」じゃないよね。「マンションの引渡しを受け、かつ、代金の全部を支払った場合を除き」だよね。（37条の2、規則16条の6、P.133）

3 × こちらも読み飛ばし狙いか。「Aに到達した時点で」じゃないよね。「Cが発信した時点」でだよね。（37条の2、規則16条の6、P.130）

4 × Bは媒介業者なんだからBの商号だの住所だのは記載しなくてもいいでしょ。（37条の2、規則16条の6）

【問40】 宅建業法：帳簿・標識・守秘義務 ★★★

選択肢4。税務署の職員から質問検査権の規定に基づく質問だもんね。正当な事由だ。守秘義務を盾に回答しないとなると、話がややこしくなりそうでおもしろい。

1 × 業務に関する帳簿は、案内所には備え付けなくてもいいけど、支店（事務所）には備え付けなければならぬ。（49条、P.091）

2 × 宅建業者（個人に限り、未成年者を除く。）が宅建業の業務に関し行った行為は、行為能力の制限によっては取り消すことができない。成年被後見人や被保佐人などの制限行為能力者でも宅建業者になれる（昨今の改正で、成年被後見人や被保佐人だったとしても、それだけでは免許不可とはならなくなった）ため、このような規定があるのでしょう。（47条の3）

3 ○ まいどおなじみの出題。「一団の宅地建物の分譲をする場合における当該宅地又は建物の所在する場所」にも一定の標識を掲示だ。もはや誰もこれを「×」にしないんじゃないかなー。（50条1項、規則19条、P.090、092）

4 × 正当な事由でしょう。秘密を回答しましょう。（45条、P.101）

【問41】 宅建業法：契約書面の交付（37条書面） ★★★

個数問題だけど、いずれもどっかで見たことある内容じゃないでしょうか。このように、過去と同趣旨の問題が、延々と繰り返し出題されるのでした。

ア ○ 売主業者Aも媒介業者Bも、いずれも宅地建物取引士をして37条書面に記名させなければならぬ。（37条、P.170～171）

イ × 代金及び交換差金以外の金銭（手付金、固定資産税の清算金、媒介報酬、金融機関の事務手数料、登記費用など）の授受に関する定めがあるときは、その額にかかわらず、授受の時期と目的を37条書面に記載しなければならぬ。（37条、P.173）

ウ × まいどおなじみのド定番。宅建業者が相手方であっても37条書面を交付しなければならぬ。（37条、P.171）

エ × ヒッカケ。抵当権などの登記された権利の種類や内容、登記名義人などは37条書面には記載しなくてもよい。35条書面には記載がなければならないけどね。（37条、P.173～174、157）

正しいものはアの「一つ」。選択肢1が正解となる。

正解		
問39 1	問40 3	問41 1

令和3年度≫問題・解説・解答

>> 問題

★★★

【問42】 **宅地建物取引業者Aが、自ら売主として宅地建物取引業者ではないBを買主とする土地付建物の売買契約（代金3,200万円）を締結する場合に関する次の記述のうち、民法及び宅地建物取引業法の規定によれば、正しいものはどれか。**

1　割賦販売の契約を締結し、当該土地付建物を引き渡した場合、Aは、Bから800万円の賦払金の支払を受けるまでに、当該土地付建物に係る所有権の移転登記をしなければならない。

2　当該土地付建物の工事の完了前に契約を締結した場合、Aは、宅地建物取引業法第41条に定める手付金等の保全措置を講じなくても手付金100万円、中間金60万円を受領することができる。

3　当事者の債務の不履行を理由とする契約の解除に伴う損害賠償の予定額を400万円とし、かつ、違約金の額を240万円とする特約を定めた場合、当該特約は無効となる。

4　当事者の債務の不履行を理由とする契約の解除に伴う損害賠償の予定額を定めていない場合、債務の不履行による損害賠償の請求額は売買代金の額の10分の2を超えてはならない。

★★★

【問43】 **宅地建物取引業者の業務に関する次の記述のうち、宅地建物取引業法の規定に違反するものはいくつあるか。**

ア　マンションの販売に際して、買主が手付として必要な額を持ち合わせていなかったため、手付を分割受領することにより、契約の締結を誘引した。

イ　宅地の売買に際して、相手方が「契約の締結をするかどうか明日まで考えさせてほしい」と申し出たのに対し、事実を歪めて「明日では契約締結できなくなるので、今日しか待てない」と告げた。

ウ　マンション販売の勧誘を電話で行った際に、勧誘に先立って電話口で宅地建物取引業者の商号又は名称を名乗らずに勧誘を行った。

エ　建物の貸借の媒介に際して、賃貸借契約の申込みをした者がその撤回を申し出たが、物件案内等に経費がかかったため、預り金を返還しなかった。

1　一つ　　2　二つ　　3　三つ　　4　四つ

解説 ➔ 解答

【問42】 宅建業法：宅建業者が売主（複合） ★★★

選択肢1。割賦販売においての所有権留保等の禁止。「30%」がキーワード。がしかし、ローン全盛のいま、なんでまた割賦販売なんて出題したんだろうね（笑）。

1 × 代金3,200万円の30%は960万円。800万円ではなく960万円の賦払金の支払を受けるまでに、所有権の移転登記をしなければならぬ。（43条、P.149～150）

2 ○ 工事完了前の契約。代金3,200万円の5%は160万円。手付金等の保全措置を講じなくても160万円の手付金等（手付金100万円・中間金60万円）を受領することができる。（41条、P.143）

3 × 代金3,200万円の20%は640万円。損害賠償の予定額と違約金を定めるときは、合算して代金の20%（640万円）までだったらOKだよね。（38条、P.136）

4 × 損害賠償の予定額を定めていないときは実損額にて処理。損害賠償の請求額は代金の20%を超える場合もありうる。（38条、P.135）

【問43】 宅建業法：業務に関する禁止事項 ★★★

個数問題だけど、いずれもどっかで見たような・・・。過去に出題された内容が、こうしてまた繰り返し出題されるのでありました。楽勝でしょ。

ア 違反 「手付について貸付けその他信用の供与をすることにより契約の締結を誘引する行為」は禁止。手付の分割受領はこれに当たるよん。（47条、P.102）

イ 違反 「正当な理由なく、当該契約を締結するかどうかを判断するために必要な時間を与えることを拒むこと」は禁止。事実を歪めて「明日では契約できなくなるので・・・」はこれに当たるよん。（47条の2、P.104）

ウ 違反 「契約の勧誘に先立って宅建業者の商号又は名称及び当該勧誘を行う者の氏名並びに当該契約の締結について勧誘をする目的である旨を告げずに、勧誘を行うことは禁止」だよん。（47条の2、P.104）

エ 違反 「宅建業者の相手方等が契約の申込みの撤回を行うに際し、既に受領した預り金を返還することを拒むこと」は禁止だよん。（47条の2、P.105）

違反するものはア、イ、ウ、エの「四つ」。選択肢4が正解となる。

正解			
問42	2	問43	4

問題

★★★

【問44】宅地建物取引業者Ａ（消費税課税事業者）が受け取ることができる報酬額についての次の記述のうち、宅地建物取引業法の規定によれば、正しいものはどれか。

1　居住の用に供する建物（１か月の借賃 20 万円。消費税等相当額を含まない。）の貸借であって 100 万円の権利金の授受があるものの媒介をする場合、依頼者双方から受領する報酬の合計額は 11 万円を超えてはならない。

2　宅地（代金 1,000 万円。消費税等相当額を含まない。）の売買について、売主から代理の依頼を受け、買主から媒介の依頼を受け、売買契約を成立させて買主から 303,000 円の報酬を受領する場合、売主からは 489,000 円を上限として報酬を受領することができる。

3　宅地（代金 300 万円。消費税等相当額を含まない。）の売買の媒介について、通常の媒介と比較して現地調査等の費用が６万円（消費税等相当額を含まない。）多く要した場合、依頼者双方から合計で 44 万円を上限として報酬を受領することができる。

4　店舗兼住宅（１か月の借賃 20 万円。消費税等相当額を含まない。）の貸借の媒介をする場合、依頼者の一方から受領する報酬は 11 万円を超えてはならない。

★★

【問45】宅地建物取引業者Ａが、自ら売主として宅地建物取引業者ではない買主Ｂに新築住宅を販売する場合における次の記述のうち、特定住宅瑕疵担保責任の履行の確保等に関する法律の規定によれば、正しいものはどれか。

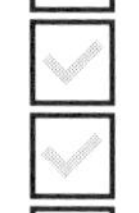

1　Ｂが建設業者である場合、Ａは、Ｂに引き渡した新築住宅について、住宅販売瑕疵担保保証金の供託又は住宅販売瑕疵担保責任保険契約の締結を行う義務を負わない。

2　Ａが住宅販売瑕疵担保責任保険契約を締結する場合、当該契約は、ＢがＡから当該新築住宅の引渡しを受けた時から２年以上の期間にわたって有効なものでなければならない。

3　Ａが住宅販売瑕疵担保責任保険契約を締結した場合、Ａ及びＢは、指定住宅紛争処理機関に特別住宅紛争処理の申請をすることにより、当該新築住宅の瑕疵に関するＡとＢとの間の紛争について、あっせん、調停又は仲裁を受けることができる。

4　ＡＢ間の新築住宅の売買契約において、当該新築住宅の構造耐力上主要な部分に瑕疵があってもＡが瑕疵担保責任を負わない旨の特約があった場合、住宅販売瑕疵担保保証金の供託又は住宅販売瑕疵担保責任保険契約の締結を行う義務はない。

解説 → 解答

【問44】 宅建業法：報酬 ★★★

選択肢1の権利金100万円。バカみたいに高額。居住用建物で借賃20万円だから礼金（権利金）が5か月。誰が借りるんだこんな物件。この問題（選択肢）に限らず、この手のおバカな設定が過去問に意外と多い。笑える。出題者の顔がみたい。

1 × 借賃20万円なので、依頼者双方から受領する報酬額の合計は22万円（消費税等相当額を含む）までとなる。なお、居住用建物の貸借の媒介なので、権利金を売買代金として報酬額を計算することはできぬ。(46条、P.120)

2 ○ 代金1,000万円×3％＋6万円＝36万円。36万円×2＝72万円。消費税等相当額を入れると79万2,000円。代理と媒介がからんでいても合計79万2,000円が報酬額の上限。買主側の媒介業者が「30万3,000円」だったら売主側の代理業者は「48万9,000円」まで。(46条、P.119)

3 × 300万円×4％＋2万円＝14万円。低廉な空家等の売買の媒介に該当するのであれば、売主側から現地調査等に要する費用を受領することができるが上限は18万円まで。売主から「18万円」、買主から「14万円」であわせて32万円。これに消費税等相当額を入れて35万2,000円が報酬の上限となる。(46条、P.117)

4 × 店舗兼住宅は専ら居住の用に供する建物とはいえないので、依頼者の一方から受ける報酬の額、割合については規制なし。報酬の合計額が22万円（消費税等相当額を含む）以内であれば、依頼者双方からどのような割合で報酬を受けてもよく、依頼者一方のみから報酬を受けることもOK。(46条、P.119)

【問45】 住宅瑕疵担保履行法 ★★

選択肢1はまいどおなじみの「建設業者」。買主が「宅建業者」だったら住宅販売瑕疵担保保証金の供託又は住宅販売瑕疵担保責任保険契約の締結を行う義務はないけどね。(11条〜12条、P.208〜214)

1 × Bは建設業者だもんね。宅建業者ではないので、住宅販売瑕疵担保保証金の供託又は住宅販売瑕疵担保責任保険契約の締結を行う義務を負う。(2条)

2 × 2年以上じゃないよね。売主である宅建業者Aから当該新築住宅の引渡しを受けた時から10年以上の期間にわたって有効なものでなければならない。

3 ○ そのとおり。当事者の双方又は一方からの申請により、あっせん、調停又は仲裁を受けることができる。

4 × 「Aが瑕疵担保責任を負わない旨の特約」は買主に不利なので無効。なので、住宅販売瑕疵担保保証金の供託又は住宅販売瑕疵担保責任保険契約の締結を行う義務がある。

正解			
問44	2	問45	3

問題

★★★

【問46】独立行政法人住宅金融支援機構（以下この問において「機構」という。）に関する次の記述のうち、誤っているものはどれか。

1　機構は、証券化支援事業（買取型）において、賃貸住宅の購入に必要な資金の貸付けに係る金融機関の貸付債権を譲受けの対象としている。
2　機構は、市街地の土地の合理的な利用に寄与する一定の建築物の建設に必要な資金の貸付けを業務として行っている。
3　機構は、証券化支援事業（買取型）において、省エネルギー性に優れた住宅を取得する場合について、貸付金の利率を一定期間引き下げる制度を設けている。
4　機構は、経済事情の変動に伴い、貸付けを受けた者の住宅ローンの元利金の支払が著しく困難になった場合に、償還期間の延長等の貸付条件の変更を行っている。

★★★

【問47】宅地建物取引業者が行う広告に関する次の記述のうち、不当景品類及び不当表示防止法（不動産の表示に関する公正競争規約を含む。）の規定によれば、正しいものはどれか。（法改正により選択肢２を修正している）

1　住宅の居室の広さを畳数で表示する場合には、畳１枚当たりの広さにかかわらず、実際に当該居室に敷かれている畳の数を表示しなければならない。
2　団地（一団の宅地又は建物をいう。）と駅その他の施設との間の道路距離又は所要時間は、取引する区画のうちそれぞれの施設ごとにその施設から最も近い区画を起点として算出した数値とともに、その施設から最も遠い区画を起点として算出した数値も表示することとされている。
3　新築分譲マンションを完成予想図により表示する場合、完成予想図である旨を表示すれば、緑豊かな環境であることを訴求するために周囲に存在しない公園等を表示することができる。
4　新築分譲住宅の販売に当たって行う二重価格表示は、実際に過去において販売価格として公表していた価格を比較対照価格として用いて行うのであれば、値下げの時期から１年以内の期間は表示することができる。

★★

【問48】次の記述のうち、正しいものはどれか。

1　建築着工統計（令和３年１月公表）によれば、令和２年１月から令和２年 12 月までの新設住宅着工戸数は約 81.5 万戸となり、４年ぶりに増加に転じた。
2　令和３年版土地白書（令和３年６月公表）によれば、土地取引について、売買による所有権移転登記の件数でその動向を見ると、令和２年の全国の土地取引件数は約 128 万件となり、５年連続の増加となっている。
3　令和３年地価公示（令和３年３月公表）によれば、令和２年１月以降の１年間の地価の変動を見ると、全国平均の用途別では、住宅地及び商業地は下落に転じたが、工業地は５年連続の上昇となっている。
4　年次別法人企業統計調査（令和元年度。令和２年 10 月公表）によれば、令和元年度における不動産業の営業利益は約５兆円を超え、前年度を上回った。

解説 → 解答

【問46】 住宅金融支援機構 ★★★

「住宅金融支援機構」は定番の【問 46】で出題。「誤っているものはどれか」での出題も定番。（13条、P.740 ～ 744）

1 × 単なる「賃貸住宅」の購入に必要な資金の貸付けに係る金融機関の貸付債権は、譲受けの対象としていない。そりゃそうでしょ。

2 ○ 機構は、合理的土地利用建築物の建設（例：密集地解消のための建替え）に必要な資金の貸付け業務を行っている。直接融資業務の一つだね。

3 ○ 省エネルギー性に優れた住宅を取得する場合、貸付金の利率を一定期間引き下げる制度がある。

4 ○ 経済事情の変動に伴い、元利金の支払が著しく困難になった場合、貸付条件の変更を行っている。

【問47】 景品表示法 ★★★

選択肢３が笑える。そりゃダメだろ。ナイス出題者。選択肢１、２、４は解説を参照されたし。

1 × 「畳１枚当たりの広さにかかわらず」というのがウソくさいでしょ。ちなみにですが、「住宅の居室等の広さを畳数で表示する場合においては、畳１枚当たりの広さは 1.62㎡（各室の壁心面積を畳数で除した数値）以上の広さがあるという意味で用いること」とされてます。

2 ○ 最も近い区画を起点とした数値だけだとね。最も遠い区画を起点として算出した数値もともに表示だね。

3 × 周囲に存在しない公園等を表示しちゃ、そりゃダメでしょ。

4 × 「１年以内」じゃないんだよね。値下げの時期から「６か月以内」の期間は表示することができる。

【問48】 統計等 ★★ ＊令和３年度の統計数値での出題。参考まで＊

【問 48】はこのような統計数値からの出題です。別途、最新データに基づく受験対策レジュメをご用意いたしますのでご活用ください（８月中旬予定）。

1 × 建築着工統計（令和３年１月公表）によれば、令和２年１月から令和２年 12 月までの新設住宅着工戸数は約 81.5 万戸となり、４年連続の減少となっていた。

2 × 令和３年版土地白書（令和３年６月公表）によれば、土地取引について、売買による所有権移転登記の件数でその動向を見ると、令和２年の全国の土地取引件数は約 128 万件となり、ほぼ横ばいで推移していた。

3 ○ 令和３年地価公示（令和３年３月公表）によれば、令和２年１月以降の１年間の地価の変動を見ると、全国平均の用途別では、住宅地及び商業地は下落に転じたが、工業地は５年連続の上昇となっていた。

4 × 年次別法人企業統計調査（令和元年度。令和２年 10 月公表）によれば、令和元年度における不動産業の営業利益は約４兆 2,000 億円で、前年度を下回っていた。

正解		
問46 1	問47 2	問48 3

問題

★★★

【問49】 土地に関する次の記述のうち、最も不適当なものはどれか。

1　森林は、木材資源としても重要で、水源涵養、洪水防止等の大きな役割を担っている。
2　活動度の高い火山の火山麓では、火山活動に伴う災害にも留意する必要がある。
3　林相は良好でも、破砕帯や崖錐等の上の杉の植林地は、豪雨に際して崩壊することがある。
4　崖錐や小河川の出口で堆積物の多い所等は、土石流の危険が少ない。

★★

【問50】 建物の構造に関する次の記述のうち、最も不適当なものはどれか。

1　鉄骨構造は、主要構造の構造形式にトラス、ラーメン、アーチ等が用いられ、高層建築の骨組に適している。
2　鉄骨構造の床は既製気泡コンクリート板、プレキャストコンクリート板等でつくられる。
3　鉄骨構造は、耐火被覆や鋼材の加工性の問題があり、現在は住宅、店舗等の建物には用いられていない。
4　鉄骨構造は、工場、体育館、倉庫等の単層で大空間の建物に利用されている。

解説 → 解答

【問49】 土地の形質等 ★★★

火山麓。画像検索とかしてみてね。活火山の火山麓なんて、危なくてしょーがねー。

1 適当　森林は、木材資源としても重要で、水源涵養、洪水防止等の大きな役割を担っている。伐採しすぎると災害が発生したりするしね。

2 適当　そりゃそうでしょ。活動度の高い火山の火山麓では、火山活動に伴う災害にも留意する必要がある。

3 適当　破砕帯や崖錐等の上の杉の植林地だもんね。見た目はだいじょうぶそうでも、豪雨に際して崩壊することがある。

4 不適当　崖錐や小河川の出口で堆積物の多い所等は、堆積物が襲いかかってくるかも。土石流の危険大。

【問50】 建物の構造等 ★★

選択肢３の鉄骨構造。住宅、店舗等の建物に、やたら用いられているでしょ。「既製気泡コンクリート板」とか「プレキャストコンクリート板」は、画像検索してみてね。あ、あれか、みたいな。

1 適当　鉄骨構造は、高層建築の骨組に適している。

2 適当　鉄骨構造の床は既製気泡コンクリート板、プレキャストコンクリート板等でつくられる。

3 不適当　鉄骨構造は、住宅、店舗等の建物に用いられている。

4 適当　鉄骨構造は、工場、体育館、倉庫等の単層で大空間の建物に利用されている。体育館とか倉庫にいったら見上げたりしてみてね。キョロキョロしてみよう。

正解			
問49	4	問50	3

令和２年度本試験問題・解説・解答

問題

★★

【問 1】不法行為（令和２年４月１日以降に行われたもの）に関する次の記述のうち、民法の規定及び判例によれば、誤っているものはどれか。

1　建物の建築に携わる設計者や施工者は、建物としての基本的な安全性が欠ける建物を設計し又は建築した場合、設計契約や建築請負契約の当事者に対しても、また、契約関係にない当該建物の居住者に対しても損害賠償責任を負うことがある。

2　被用者が使用者の事業の執行について第三者に損害を与え、第三者に対してその損害を賠償した場合には、被用者は、損害の公平な分担という見地から相当と認められる額について、使用者に対して求償することができる。

3　責任能力がない認知症患者が線路内に立ち入り、列車に衝突して旅客鉄道事業者に損害を与えた場合、当該責任無能力者と同居する配偶者は、法定の監督義務者として損害賠償責任を負う。

4　人の生命又は身体を害する不法行為による損害賠償請求権は、被害者又はその法定代理人が損害及び加害者を知った時から５年間行使しない場合、時効によって消滅する。

★★★

【問 2】ＡがＢに対して、Ａ所有の甲土地を売却する代理権を令和２年７月１日に授与した場合に関する次の記述のうち、民法の規定及び判例によれば、正しいものはどれか。

1　Ｂが自己又は第三者の利益を図る目的で、Ａの代理人として甲土地をＤに売却した場合、Ｄがその目的を知り、又は知ることができたときは、Ｂの代理行為は無権代理とみなされる。

2　ＢがＣの代理人も引き受け、ＡＣ双方の代理人として甲土地に係るＡＣ間の売買契約を締結した場合、Ａに損害が発生しなければ、Ｂの代理行為は無権代理とはみなされない。

3　ＡがＢに授与した代理権が消滅した後、ＢがＡの代理人と称して、甲土地をＥに売却した場合、ＡがＥに対して甲土地を引き渡す責任を負うことはない。

4　Ｂが、Ａから代理権を授与されていないＡ所有の乙土地の売却につき、Ａの代理人としてＦと売買契約を締結した場合、ＡがＦに対して追認の意思表示をすれば、Ｂの代理行為は追認の時からＡに対して効力を生ずる。

合格判定基準	50問中36問以上正解（登録講習修了者　45問中31問 以上正解）12月実施分		
受験者データ	申込者数 → 5万5,121人	受験者数 → 3万5,258人	合格者数 → 4,609人（合格率13.1%）

解説 → 解答

【問 1】 民法：判決文（不法行為） ★★

選択肢4。「人の生命又は身体を害する不法行為による損害賠償請求権」の消滅時効の期間は「5年」だったよね。選択肢1〜3は判例。参考まで。（709条、710条）

1 ○ そうなんですよ。「建物を買い受けた居住者（設計契約や請負契約の当事者に対しても）は、建物としての基本的な安全性が欠ける建物を設計し又は建築した設計者や施工者に、不法行為に基づく損害賠償を請求できる」という判例があります。

2 ○ 使用者から被用者への「求償権」というのはポピュラーですが、被用者から使用者への、いわば「逆求償権」というものは認められるかどうか。判例によると「被用者は、損害の公平な分担という見地から相当と認められる額について、使用者に対して求償することができる」とのこと。

3 × さて、単に「責任無能力者と同居する配偶者」は「責任無能力者の監督義務者責任」を負うのかどうか。判例によると、単に配偶者というだけでは「責任無能力者に代わって第三者に損害賠償をすべき法定の監督義務者とはいえない」とのこと。

4 ○ 「人の生命又は身体を害する不法行為による損害賠償請求権」は「被害者又はその法定代理人が損害及び加害者を知った時から5年間行使しないとき」又は「権利を行使することができる時から20年間行使しないとき」は時効により消滅となる。（724条、P.608）

【問 2】 民法：代理 ★★★

選択肢1。代理権の濫用となる場合は、原則として無権代理行為となる。選択肢3。そういえばアナタ、表見代理っていうのを、まだ覚えていますか。

1 ○ 代理権の濫用。Bは悪いヤツだ。代理人（B）が自己又は第三者の利益を図る目的で代理権の範囲内の行為をした場合において、相手方（D）がその目的を知り、又は知ることができたときは、その行為は、代理権を有しない者がした行為（無権代理行為）とみなす。（107条、P.425）

2 × 「Aに損害が発生しなければ」じゃないよね。双方代理による行為は無権代理行為として扱われる。がしかし、「債務の履行及び本人があらかじめ許諾した行為」については無権代理とはみなされない。微妙なヒッカケ。（108条、P.425）

3 × 代理権消滅後の表見代理が成立する場合があるかも。この場合、代理権の消滅の事実を知らなかった第三者（E）に対してAは売主としての責任を負う。なので「AがEに対して甲土地を引き渡す責任を負うことはない」と断言しているので「×」です。（112条、P.433）

4 × Aが無権代理人Bの行為を追認した場合、いつから効力が生じるんだっけ。「Bの代理行為は追認の時から」じゃないよね。「契約の時にさかのぼって」その効力が生じるんだよね。（116条、P.429）

令和2年度 ≫ 問題・解説・解答

正解			
問1	3	問2	1

問題

★

【問 3】親族に関する次の記述のうち、民法の規定及び判例によれば、正しいものはどれか。

1　姻族関係は、離婚した場合及び夫婦の一方が死亡した場合、当然に終了する。

2　離婚に当たり、相手方に有責不法の行為がなければ、他の一方は、相手方に対して財産の分与を請求することができない。

3　未成年者に対して親権を行う者がないときは、家庭裁判所は、検察官の請求によって、親族の中から未成年後見人を選任する。

4　夫婦間で婚姻の届出前に別段の契約をしなかった場合、夫婦のいずれに属するか明らかでない財産は、その共有に属するものと推定される。

★★★

【問 4】債務不履行に関する次の記述のうち、民法の規定及び判例によれば、誤っているものはどれか。なお、債務は令和２年４月１日以降に生じたものとする。

1　債務の履行について不確定期限があるときは、債務者は、その期限が到来したことを知らなくても、期限到来後に履行の請求を受けた時から遅滞の責任を負う。

2　債務の目的が特定物の引渡しである場合、債権者が目的物の引渡しを受けることを理由なく拒否したため、その後の履行の費用が増加したときは、その増加額について、債権者と債務者はそれぞれ半額ずつ負担しなければならない。

3　債務者がその債務について遅滞の責任を負っている間に、当事者双方の責めに帰することができない事由によってその債務の履行が不能となったときは、その履行不能は債務者の責めに帰すべき事由によるものとみなされる。

4　契約に基づく債務の履行が契約の成立時に不能であったとしても、その不能が債務者の責めに帰することができない事由によるものでない限り、債権者は、履行不能によって生じた損害について、債務不履行による損害の賠償を請求することができる。

解説 → 解答

【問 3】 民法：親族 ★

離婚経験者だったら、選択肢２はすぐにわかるかな。なお財産分与の対象となるのはあくまで「結婚してから形成された共有財産」だよ。結婚前にもっていたそれぞれの財産は関係なし。

1 × 終了しそうなんだけどね。姻族関係は離婚によって終了するけど、夫婦の一方が死亡した場合は、生存配偶者が姻族関係を終了させる意思を表示したときに、姻族関係は終了する。（728 条）

2 × 財産分与とは、夫婦で築いた財産（共有財産）を分割することをいう。で、どういう理由で離婚したにしろ、財産分与の請求はできるでしょ。念のためだけど、「財産分与」というのと「慰謝料（それと婚姻費用、俗にいうコンピ。経験者のみなさん、コンピ地獄のアレだ）」とは別の話だよ。

3 × 親族の中から選ぶような感じだけどね。未成年後見人の選任につき、親族の中からというような制約はない。（840 条）

4 ○ 夫婦の一方が婚姻前から有する財産及び婚姻中自己の名で得た財産は、その特有財産（夫婦の一方が単独で有する財産）となるんだけど、夫婦のいずれに属するか明らかでない財産は、その共有に属するものと推定される。（762 条）

【問 4】 民法：債務不履行 ★★★

「債務不履行」からの出題。選択肢３は、履行遅滞中に「当事者双方の責めに帰することができない事由」によって履行不能となっちゃった場合は、果たして誰の責任か、というお話。

1 ○ そうだよね。債務の履行について不確定期限があるときは、債務者は、その期限の到来した後に履行の請求を受けた時又はその期限の到来したことを知った時のいずれか早い時から遅滞の責任を負う。（412 条、P.465）

2 × いやいや、これって誰のせい？　債権者（引渡しを受ける側）が債務の履行を受けることを拒み、又は受けることができないことによって、その履行の費用が増加したときは、その増加額は、債権者の負担となるよ。（413 条、P.466）

3 ○ 「債務者がその債務について遅滞の責任を負っている間」だもんね。当事者双方の責めに帰することができない事由によってその債務の履行が不能となったときは、その履行の不能は、債務者の責めに帰すべき事由によるものとみなす。（413 条の２、P.467）

4 ○ 契約に基づく債務の履行がその契約の成立の時に不能だったという場合でも、その履行の不能によって生じた損害の賠償を請求することができます。ただし、その不能が契約その他の債務の発生原因及び取引上の社会通念に照らして債務者の責めに帰することができない事由によるものであるときは、この限りでない（請求できない）ですが。（412 条の２、P.465）

正解			
問3	4	問4	2

問題

★★

【問 5】 時効に関する次の記述のうち、民法の規定及び判例によれば、誤っているものはどれか。なお、時効の対象となる債権の発生原因は、令和２年４月１日以降に生じたものとする。

1　消滅時効の援用権者である「当事者」とは、権利の消滅について正当な利益を有する者であり、債務者のほか、保証人、物上保証人、第三取得者も含まれる。

2　裁判上の請求をした場合、裁判が終了するまでの間は時効が完成しないが、当該請求を途中で取り下げて権利が確定することなく当該請求が終了した場合には、その終了した時から新たに時効の進行が始まる。

3　権利の承認があったときは、その時から新たに時効の進行が始まるが、権利の承認をするには、相手方の権利についての処分につき行為能力の制限を受けていないことを要しない。

4　夫婦の一方が他方に対して有する権利については、婚姻の解消の時から６箇月を経過するまでの間は、時効が完成しない。

★★★

【問 6】 AはBにA所有の甲建物を令和２年７月１日に賃貸し、BはAの承諾を得てCに適法に甲建物を転貸し、Cが甲建物に居住している場合における次の記述のうち、民法の規定及び判例によれば、誤っているものはどれか。

1　Aは、Bとの間の賃貸借契約を合意解除した場合、解除の当時Bの債務不履行による解除権を有していたとしても、合意解除したことをもってCに対抗することはできない。

2　Cの用法違反によって甲建物に損害が生じた場合、AはBに対して、甲建物の返還を受けた時から１年以内に損害賠償を請求しなければならない。

3　AがDに甲建物を売却した場合、AD間で特段の合意をしない限り、賃貸人の地位はDに移転する。

4　BがAに約定の賃料を支払わない場合、Cは、Bの債務の範囲を限度として、Aに対して転貸借に基づく債務を直接履行する義務を負い、Bに賃料を前払いしたことをもってAに対抗することはできない。

解説 ➔ 解答

【問 5】 民法：消滅時効 ★★

選択肢１。時効は、当事者（消滅時効にあっては、保証人、物上保証人、第三取得者その他権利の消滅について正当な利益を有する者を含む。）が援用しなければ、裁判所がこれによって裁判をすることができない。

1 ○ そのとおり。消滅時効を援用することができる「当事者」には、保証人、物上保証人、第三取得者も含まれまーす。（145 条、P.439）

2 × 裁判上の請求を途中で取り下げて権利が確定することなく当該請求が終了した場合、その終了の時から６箇月（６ヶ月）を経過するまでは、時効は完成しない。その終了の時からいきなり時効が進行しちゃうことはない。ちょいとお待ちを。（147 条、P.441）

3 ○ ちょっと細かいですが。「権利の承認があったときは、その時から新たに時効の進行が始まる」ことになるんだけど、「承認をするには、相手方の権利についての処分につき行為能力の制限を受けていないこと又は権限があることを要しない」という規定あり。（152 条）

4 ○ 離婚できたら、やっと他人。夫婦関係の継続中は、相互間での権利の行使は事実上困難なので、別れたら、さぁ対決。なので「夫婦の一方が他の一方に対して有する権利については、婚姻の解消の時から６箇月を経過するまでの間は、時効は、完成しない」としているのであった。（159 条、P.444）

【問 6】 民法：賃貸借 ★★★

選択肢４の「○」はわかったかな。選択肢１～３は、近年の改正点からの出題。解説を参照してみてね。

1 × えーとですね、賃貸人は、賃借人との間の賃貸借を合意により解除したことをもって転借人に対抗することができないんだけど、その解除の当時、賃貸人が賃借人の債務不履行による解除権を有していたときは、この限りでない。Ｃに対抗することができるよ。（613 条、P.569）

2 ○ そうなんですよ。Ｃの用法違反により生じた損害賠償（契約の本旨に反する使用又は収益によって生じた損害の賠償）は、貸主Ａが返還を受けた時から１年以内に請求しなければならない。（600 条、P.573）

3 ○ これもそうですよね。建物の引渡し（借地借家法）による対抗要件を備えた不動産が譲渡されたときは、その不動産の賃貸人たる地位は、その譲受人Ｄに移転する。（605 条の２、P.562）

4 ○ 賃借人（Ｂ）が適法に賃借物を転貸したときは、転借人（Ｃ）は、賃貸人（Ａ）と賃借人（Ｂ）との間の賃貸借に基づく賃借人の債務の範囲を限度として、賃貸人（Ａ）に対して転貸借に基づく債務を直接履行する義務を負う。この場合においては、賃料の前払をもって賃貸人（Ａ）に対抗することができない。（613 条、P.568）

正解			
問5	2	問6	1

問題

★★★

【問 7】 Aを売主、Bを買主として、令和２年７月１日に甲土地の売買契約（以下この問において「本件契約」という。）が締結された場合における次の記述のうち、民法の規定によれば、正しいものはどれか。

1　甲土地の実際の面積が本件契約の売買代金の基礎とした面積より少なかった場合、Bはそのことを知った時から２年以内にその旨をAに通知しなければ、代金の減額を請求することができない。
2　AがBに甲土地の引渡しをすることができなかった場合、その不履行がAの責めに帰することができない事由によるものであるときを除き、BはAに対して、損害賠償の請求をすることができる。
3　Bが売買契約で定めた売買代金の支払期日までに代金を支払わなかった場合、売買契約に特段の定めがない限り、AはBに対して、年５％の割合による遅延損害金を請求することができる。
4　本件契約が、Aの重大な過失による錯誤に基づくものであり、その錯誤が重要なものであるときは、Aは本件契約の無効を主張することができる。

★★★

【問 8】 1億2,000万円の財産を有するAが死亡した場合の法定相続分についての次の記述のうち、民法の規定によれば、正しいものの組み合わせはどれか。

ア　Aの長男の子B及びC、Aの次男の子Dのみが相続人になる場合の法定相続分は、それぞれ4,000万円である。
イ　Aの長男の子B及びC、Aの次男の子Dのみが相続人になる場合の法定相続分は、B及びCがそれぞれ3,000万円、Dが6,000万円である。
ウ　Aの父方の祖父母E及びF、Aの母方の祖母Gのみが相続人になる場合の法定相続分は、それぞれ4,000万円である。
エ　Aの父方の祖父母E及びF、Aの母方の祖母Gのみが相続人になる場合の法定相続分は、E及びFがそれぞれ3,000万円、Gが6,000万円である。

1　ア、ウ　　2　ア、エ　　3　イ、ウ　　4　イ、エ

★

【問 9】 地役権に関する次の記述のうち、民法の規定及び判例によれば、誤っているものはどれか。

1　地役権は、継続的に行使されるもの、又は外形上認識することができるものに限り、時効取得することができる。
2　地役権者は、設定行為で定めた目的に従い、承役地を要役地の便益に供する権利を有する。
3　設定行為又は設定後の契約により、承役地の所有者が自己の費用で地役権の行使のために工作物を設け、又はその修繕をする義務を負担したときは、承役地の所有者の特定承継人もその義務を負担する。
4　要役地の所有権とともに地役権を取得した者が、所有権の取得を承役地の所有者に対抗し得るときは、地役権の取得についても承役地の所有者に対抗することができる。

解説 ➔ 解答

【問 7】 民法：売買契約 ★★★

選択肢1は「苦し紛れに出題した」という感あり。解説を参照されたし。選択肢2が当たり前すぎて戸惑う。選択肢3は「5％」ではないし、選択肢4は「無効を主張することができる」ではないしね。いずれも速攻で「×」ですね。

1 × そもそも、売主が「種類又は品質に関して」契約の内容に適合しない目的物を買主に引き渡した場合に、「不適合を知った時から1年以内に通知」しないと「履行の追完」だの「代金の減額」だのができないというような「売主への通知期間の制限」があるんだけど、「数量についての不適合（売買代金の基礎とした面積より少なかった）」については、この「通知期間の制限」は設けられていない。（566条、P.508）

2 ○ そりゃ損害賠償を請求できるでしょ。甲土地の引渡しができないという不履行がAの責めに帰することができない事由によるものであるときを除き、ですけどね。（415条、P.468）

3 × 「年5％の割合」による遅延損害金でしたっけ。ちがいますよね。「債務者が遅滞の責任を負った最初の時点における法定利率（年3％・変動制）」でしたよね。（419条、P.471）

4 × 錯誤による意思表示のオチは「無効を主張することができる」でしたっけ。ちがいますよね。「取り消すことができる」でしたよね。（95条、P.416）

【問 8】 民法：相続 ★★

さぁみなさん、算数のお時間ですよ。アとイは長男・次男の子が代襲して相続するパターン。ウとエは直系尊属が相続するパターン。（900条）

ア × Aの長男の法定相続分は6,000万円。これを代襲して相続人となるB及びCで分けるから、各3,000万円。次男の法定相続分は6,000万円。これを相続人となるDが代襲して6,000万円。（P.625）

イ ○ 上記アの解説のとおり。（P.625）

ウ ○ 父母が死亡している場合は、その祖父母が相続人となる。で、直系尊属（EFG）が相続人となる場合、法定相続分は頭割りとなる。なので、4,000万円ずつ。（P.626）

エ × 上記ウの解説のとおり。（P.626）

正しいものの組み合わせは「イ、ウ」。選択肢3が正解となる。

【問 9】 民法：地役権 ★

地役権からの出題。ちょっとマイナーでマニアックですが。ご参考まで。（P.526～527）

1 × 地役権も時効によって取得できるけど、「地役権は、継続的に行使され、かつ、外形上認識することができるものに限り、時効によって取得することができる」だよ。「又は」ではないんだよね。（283条）

2 ○ そのとおり。地役権者は、設定行為で定めた目的に従い、他人の土地（承役地）を自己の土地（要益地）の便益に供する権利を有する。（280条）

3 ○ そのとおり。承役地の所有者が自己の費用で地役権の行使のために工作物を設け、又はその修繕をする義務を負担したときは、承役地の所有者の特定承継人も、その義務を負担する。（286条）

4 ○ 地役権は、要役地の所有権に従たるものとして、その所有権とともに移転する。判例によると、要役地の所有権の移転についての登記（所有権の登記）があれば、地役権の取得についても承役地の所有者に対抗できるそうです。（281条、判例）

正解		
問7　2	問8　3	問9　1

問題

★★★

【問10】 不動産の共有に関する次の記述のうち、民法の規定によれば、誤っているものはどれか。(法改正により選択肢2を修正している)

1　共有物の各共有者の持分が不明な場合、持分は平等と推定される。
2　各共有者は、他の共有者の同意を得なければ、共有物に変更（その形状又は効用の著しい変更を伴わないものを除く。）を加えることができない。
3　共有物の保存行為については、各共有者が単独ですることができる。
4　共有者の一人が死亡して相続人がないときは、その持分は国庫に帰属する。

★★

【問11】 次の記述のうち、借地借家法の規定及び判例によれば、正しいものはどれか。

1　借地権者が借地権の登記をしておらず、当該土地上に所有権の登記がされている建物を所有しているときは、これをもって借地権を第三者に対抗することができるが、建物の表示の登記によっては対抗することができない。
2　借地権者が登記ある建物を火災で滅失したとしても、建物が滅失した日から2年以内に新たな建物を築造すれば、2年を経過した後においても、これをもって借地権を第三者に対抗することができる。
3　土地の賃借人が登記ある建物を所有している場合であっても、その賃借人から当該土地建物を賃借した転借人が対抗力を備えていなければ、当該転借人は転借権を第三者に対抗することができない。
4　借地権者が所有する数棟の建物が一筆の土地上にある場合は、そのうちの一棟について登記があれば、借地権の対抗力が当該土地全部に及ぶ。

★★★

【問12】 賃貸人Aと賃借人Bとの間で令和2年7月1日に締結した居住用建物の賃貸借契約に関する次の記述のうち、民法及び借地借家法の規定並びに判例によれば、誤っているものはどれか。

1　当該建物の修繕が必要である場合において、BがAに修繕が必要である旨を通知したにもかかわらずAが相当の期間内に必要な修繕をしないときは、Bは自ら修繕をすることができる。
2　BがAに無断でCに当該建物を転貸した場合であっても、Aに対する背信行為と認めるに足りない特段の事情があるときは、Aは賃貸借契約を解除することができない。
3　賃貸借契約に期間を定め、賃貸借契約を書面によって行った場合には、AがBに対しあらかじめ契約の更新がない旨を説明していれば、賃貸借契約は期間満了により終了する。
4　Bが相続人なしに死亡した場合、Bと婚姻の届出をしていないが事実上夫婦と同様の関係にあった同居者Dは、Bが相続人なしに死亡したことを知った後1月以内にAに反対の意思表示をしない限り、賃借人としてのBの権利義務を承継する。

解説 ➔ 解答

【問10】 民法：共有 ★★★

「共有」からの出題。シンプルです。過去に出題されている内容とおなじです。そうです、だれでも正解できちゃう問題。

1 ○ そのとおり。各共有者の持分は、相等しいもの（平等）と推定されます。（250条、P.614）
2 ○ そりゃそうだよね。各共有者は、他の共有者の同意を得なければ、共有物に変更を加えることができない。（251条、P.616）
3 ○ これもそう。保存行為は、各共有者が単独ですることができる。（252条、P.616）
4 × 「国庫に帰属」じゃないよね。共有者の一人が、その持分を放棄したとき、又は死亡して相続人がないときは、その持分は、他の共有者に帰属する。（255条、P.614）

【問11】 借地借家法：借地 ★★

選択肢2は「んー、なんか足りないかな」と思ってもらえたら。他の選択肢は判例からの出題で、選択肢1と3は平成24年の【問11】でも出題。選択肢4の出題は平成11年以来。解説を参照されたし。（10条、P.581～582）

1 × 借地権は、借りている土地についての賃借権の登記がなくても、その土地の上に借地権者が登記されている建物を所有するときは、これをもって借地権を第三者に対抗することができる。でね、判例によると、この建物の登記は表示の登記でもOKとのこと。
2 × 「建物が滅失した日から2年以内に新たな建物を築造すれば」だけじゃちょっと足りないかな。借地権を第三者に対抗することができるのは「建物の滅失があった日から2年を経過した後にあっては、その前に建物を新たに築造し、かつ、その建物につき登記した場合に限る」です。
3 × 判例によると、「転借人は、賃借人が対抗力のある建物を所有しているのであれば、転借権を第三者に対抗することができる」とのこと。
4 ○ そうなんですよね。これも判例なんだけど「借地上に登記された建物が一棟あれば、他の建物について登記がなかったとしても、借地人は借地全体に対して借地権を対抗することができる」とのこと。

【問12】 借地借家法：借家 ★★★

「建物の賃貸借」からの出題で、選択肢1と2は民法（判例）。選択肢3と4は借地借家法の借家関係から。基本的な内容での出題でした。

1 ○ 賃借人Bは困っちゃうよね。なので、「賃借人が賃貸人に修繕が必要である旨を通知し、又は賃貸人がその旨を知ったにもかかわらず、賃貸人が相当の期間内に必要な修繕をしないとき」は賃借人Bは自ら修繕することができるよ。（民法607条の2、P.563）
2 ○ まいどおなじみの「無断転貸だけど解除できない」パターン。賃貸人Aに対する「背信的行為と認めるに足りない特別な事情」があるときは解除できないっすよね。（民法612条、判例、P.566～567）
3 × 定期建物賃貸借契約とするには、期間を定めて賃貸借契約を書面（公正証書による等書面）によって行い、事前に更新がない旨を書面で説明し、賃貸借の期間が1年以上である場合には、建物の賃貸人は、期間の満了の1年前から6ヶ月前までの間に建物の賃借人に対し期間の満了により建物の賃貸借が終了する旨の通知をしなければ・・・などなどの段取りあり。（借地借家法38条、P.602）
4 ○ 婚姻の届出はしていないが「心の家族」がいた。そうなんです。彼女（と勝手に女性としておりますが）は、彼が亡くなったことを知った後1ヶ月以内に「承継しません」という意思表示をしない限り・・・。（借地借家法36条、P.601）

正解		
問10 4	問11 4	問12 3

令和2年度 ≫ 問題・解説・解答

問題

★★★

【問13】 建物の区分所有等に関する法律に関する次の記述のうち、誤っているものはどれか。

1　規約の保管場所は、建物内の見やすい場所に掲示しなければならない。
2　管理者は、規約に特別の定めがあるときは、共用部分を所有することができる。
3　規約及び集会の決議は、区分所有者の特定承継人に対しては、その効力を生じない。
4　区分所有者は、規約に別段の定めがない限り集会の決議によって、管理者を解任することができる。

★

【問14】 不動産の登記に関する次の記述のうち、不動産登記法の規定によれば、誤っているものはどれか。

1　表題部所有者が表示に関する登記の申請人となることができる場合において、当該表題部所有者について相続があったときは、その相続人は、当該表示に関する登記を申請することができる。
2　所有権の登記以外の権利に関する登記がある土地については、分筆の登記をすることができない。
3　区分建物が属する一棟の建物が新築された場合における当該区分建物についての表題登記の申請は、当該新築された一棟の建物についての表題登記の申請と併せてしなければならない。
4　登記の申請書の閲覧は、請求人が利害関係を有する部分に限り、することができる。

★★

【問15】 都市計画法に関する次の記述のうち、正しいものはどれか。

1　市街化区域及び区域区分が定められていない都市計画区域については、少なくとも道路、病院及び下水道を定めるものとされている。
2　市街化調整区域内においては、都市計画に、市街地開発事業を定めることができないこととされている。
3　都市計画区域は、市町村が、市町村都市計画審議会の意見を聴くとともに、都道府県知事に協議し、その同意を得て指定する。
4　準都市計画区域については、都市計画に、高度地区を定めることができないこととされている。

解説 → 解答

【問13】 区分所有法 ★★★

選択肢2。いわゆる管理所有というやつです。管理者は、規約に特別の定めがあるときは、共用部分を所有することができる。あくまでも管理のための所有であって、処分権限（譲渡するとか抵当権設定とか）までは含まれません。

1 ○ なんだかなー、こんな、誰でもわかっちゃう選択肢を出すなんて。規約の保管場所は、建物内の見やすい場所に掲示しなければならない。解説の書きようがない。（33 条、P.683）

2 ○ 管理者は、規約に特別の定めがあるときは、共用部分を所有することができる。（27 条、P.676）

3 × そんなバカな。規約や集会の決議がですよ、区分所有者の特定承継人（例：中古で買ったおっさん）に対して効力を生じないなんてことだと、おっさん大暴れ（笑）。おっさんも守れ。（46 条、P.683）

4 ○ はたして管理者の彼は、一体なにをやらかしたのでしょうか。区分所有者は、規約に別段の定めがない限り集会の決議によって、管理者を選任し、又は解任することができる。（25 条、P.675）

【問14】 不動産登記法 ★

マイナーなところからの出題。ちょっと解きにくいかなと。ご参考まで。

1 ○ 表題部所有者（例：おっさんA）が表示に関する登記の申請人となることができる場合において、おっさんAが死んだときは、おっさんAの相続人（例：妻B子）は、当該表示に関する登記を申請することができる。（30 条）

2 × たとえば、抵当権の設定登記（所有権の登記以外の権利に関する登記）がある土地でも、分筆登記（例：２筆に分ける）をすることができる。その２筆の土地それぞれに、引き続き抵当権が設定されているという扱い。（40 条参考）

3 ○ 区分建物が属する一棟の建物が新築された場合（例：分譲マンションが新築された場合）、当該区分建物（専有部分）についての表題登記の申請は、当該新築された一棟の建物についての表題登記の申請と併せてしなければならない。（48 条）

4 ○ 「登記の申請書の閲覧」だって。原則として、何人も、登記官に対し、手数料を納付して、登記簿の附属書類の閲覧を請求することができるんだけど、土地所在図・地積測量図・地役権図面・建物図面・各階平面図以外のもの（登記申請書とか）の閲覧請求は、請求人が利害関係を有する部分に限られる。（121 条）

【問15】 都市計画法：都市計画全般 ★★

選択肢1。たしかに「病院」を定めるでもいいかなと。がしかし、法律上は「道路・公園・下水道」なんだよね。

1 × おっと「病院」ヒッカケ。市街化区域及び区域区分が定められていない都市計画区域については、少なくとも道路、公園及び下水道を定めるものとされてます。（13 条、P.249）

2 ○ そりゃそうだよね。市街地開発事業は、市街化区域又は区域区分が定められていない都市計画区域内において、一体的に開発し、又は整備する必要がある土地の区域について定めることとされてます。（12 条、P.250）

3 × 都市計画区域の指定は「市町村」じゃなくて「都道府県」だよね。で、「関係市町村及び都道府県都市計画審議会の意見を聴くとともに、国土交通大臣に協議し、その同意を得なければならない」という段取り。（５条、P.257）

4 × 準都市計画区域については、都市計画に、高度地区は定めることはできるよ。再開発系の「高度利用地区」は定めることはできないけどね。（８条、P.219）

正解		
問13　3	問14　2	問15　2

令和 2 年度 ≫ 問題・解説・解答

問題

★★★

【問16】都市計画法に関する次の記述のうち、正しいものはどれか。ただし、許可を要する開発行為の面積については、条例による定めはないものとし、この問において「都道府県知事」とは、地方自治法に基づく指定都市、中核市及び施行時特例市にあってはその長をいうものとする。

1　市街化調整区域において、非常災害のため必要な応急措置として8,000㎡の土地の区画形質の変更を行おうとする者は、あらかじめ、都道府県知事の許可を受けなければならない。

2　市街化区域において、社会教育法に規定する公民館の建築の用に供する目的で行われる1,500㎡の土地の区画形質の変更を行おうとする者は、都道府県知事の許可を受けなくてよい。

3　区域区分が定められていない都市計画区域において、店舗の建築の用に供する目的で行われる2,000㎡の土地の区画形質の変更を行おうとする者は、あらかじめ、都道府県知事の許可を受けなければならない。

4　市街化調整区域において、自己の居住の用に供する住宅の建築の用に供する目的で行われる100㎡の土地の区画形質の変更を行おうとする者は、都道府県知事の許可を受けなくてよい。

★★

【問17】建築基準法に関する次の記述のうち、誤っているものはどれか。

1　建築物が防火地域及び準防火地域にわたる場合においては、その全部について、敷地の属する面積が大きい方の地域内の建築物に関する規定を適用する。

2　倉庫の用途に供する建築物で、その用途に供する3階以上の部分の床面積の合計が500㎡であるものは、耐火建築物としなければならない。

3　高さ25 mの建築物には、周囲の状況によって安全上支障がない場合を除き、有効に避雷設備を設けなければならない。

4　高さ1 m以下の階段の部分には、手すりを設けなくてもよい。

解説 ➔ 解答

【問16】 都市計画法：開発許可 ★★★

過去問でおなじみの「非常災害のため必要な応急措置」と「公民館」が、こうして令和の時代になっても、出題されつづけております。いつまでも、変わることのない定番の味わい。（29条）

1 × まいどおなじみの「非常災害のため必要な応急措置」としての土地の区画形質の変更（開発行為）。どこで行おうと、面積にかかわりなく、都道府県知事の許可（開発許可）を受ける必要なし。（P.268）

2 ○ 出ましたこちらもまいどおなじみの「公民館」。公民館の建築の用に供する目的での土地の区画形質の変更（開発行為）については、どこで行おうと、面積にかかわりなく、都道府県知事の許可（開発許可）を受ける必要なし。（P.268）

3 × 「区域区分が定められていない都市計画区域」では、3,000㎡未満の土地の区画形質の変更（開発行為）については都道府県知事の許可（開発許可）を受ける必要なし。（P.266）

4 × 「市街化調整区域」では、開発区域の面積により都道府県知事の許可（開発許可）が不要となるような規定なし。でもって、公民館などじゃなくて自宅建築ということだしね。100㎡だとしても許可が必要。（P.266）

【問17】 建築基準法 ★★

選択肢2はマイナーなところ（耐火建築物等としなければならない特殊建築物）からの出題。選択肢4もマイナー。ということで選択肢3の「○」がわかればよし。

1 × 出た〜「敷地の属する面積」ヒッカケ。そうではなくて「建築物」自体が防火地域及び準防火地域にわたる場合においては、その全部について防火地域（厳しい方）の建築物に関する規定を適用する。（65条、P.328）

2 ○ ちょっとマニアック。倉庫の用途に供する建築物で、3階以上の部分の床面積の合計が200㎡を超えるものは、耐火建築物としなければならない。（別表第一）

3 ○ そのとおり。高さ20mを超える建築物には、周囲の状況によって安全上支障がない場合を除き、有効に避雷設備を設けなければならない。（33条、P.287）

4 ○ 階段には、手すりを設けなければならないが、高さ1m以下の階段の部分には設けなくてもよい。（施行令25条）

令和2年度 ≫ 問題・解説・解答

正解	
問16 2	問17 1

問題

★★

【問18】 次の記述のうち、建築基準法（以下この問において「法」という。）の規定によれば、誤っているものはどれか。

1　建築物の壁又はこれに代わる柱は、地盤面下の部分又は特定行政庁が建築審査会の同意を得て許可した歩廊の柱その他これに類するものを除き、壁面線を越えて建築してはならない。

2　特別用途地区内においては、地方公共団体は、その地区の指定の目的のために必要と認める場合は、国土交通大臣の承認を得て、条例で、法第48条第1項から第13項までの規定による用途制限を緩和することができる。

3　都市計画により建蔽率の限度が10分の8と定められている準工業地域においては、防火地域内にある耐火建築物については、法第53条第1項から第5項までの規定に基づく建蔽率に関する制限は適用されない。

4　田園住居地域内の建築物に対しては、法第56条第1項第3号の規定（北側斜線制限）は適用されない。

★★★

【問19】 宅地造成及び特定盛土等規制法に関する次の記述のうち、誤っているものはどれか。（法改正により問題文、選択肢すべてを修正している）

1　宅地造成等工事規制区域は、宅地造成等に伴い災害が生ずるおそれが大きい市街地若しくは市街地になろうとする土地の区域又は集落の区域であって、宅地造成等に関する工事につき規制を行う必要があるものについて、国土交通大臣が指定することができる。

2　宅地造成等工事規制区域内において宅地造成等に関する工事を行う場合、宅地造成等に伴う災害を防止するために行う高さが5mを超える擁壁の設置に係る工事については、政令で定める資格を有する者の設計によらなければならない。

3　都道府県（地方自治法に基づく指定都市、中核市又は施行時特例市の区域にあっては、それぞれ指定都市、中核市又は施行時特例市）は、基礎調査のために行う測量又は調査のため他人の占有する土地に立ち入ったことにより他人に損失を与えた場合においては、その損失を受けた者に対して、通常生ずべき損失を補償しなければならない。

4　宅地造成及び特定盛土等規制法第12条第1項本文の許可を受けた工事が完了した場合、当該許可を受けた者は、都道府県知事（地方自治法に基づく指定都市、中核市又は施行時特例市にあってはその長）の検査を申請しなければならない。

解説 → 解答

【問18】 建築基準法 ★★

選択肢4まで読めば、これが「×」で正解となるんだけどね。選択肢2や3で「法●条の規定うんぬん」の記述がウザい。選択肢3の「準工業地域」もウザい。「商業地域じゃないよヒッカケ」を狙ったのであろう。

1 ○ そりゃそうでしょ。建築物の壁やこれに代わる柱などは壁面線を越えて建築してはならない。「地盤面下の部分又は特定行政庁が建築審査会の同意を得て許可した歩廊の柱その他これに類するもの」についてはこの限りでないけどね。（47条、P.293）

2 ○ そうなんです。特別用途地区内においては、国土交通大臣の承認を得て、条例で、用途地域内での建築制限の規定（法第48条第1項から第13項までの規定）による制限を緩和することができる。（49条、P.294）

3 ○ これはまいどおなじみ。防火地域内で、かつ、建蔽率の限度が10分の8と定められている地域内にある耐火建築物等については、建蔽率に関する制限は適用されない。準工業地域でも建蔽率の限度を「10分の8」と定めることができるよ。（53条、P.305）

4 × 北側斜線制限は、田園住居地域内の建築物に対しても適用される。宅建ダイナマイターズのみなさんだったら「ていていちゅうちゅう、でん、きたがわ」のゴロ（覚え方）で一発一撃でしたね。よかったです。（56条、P.317）

【問19】 宅地造成及び特定盛土等規制法 ★★★

選択肢1。国土交通大臣だっけ。楽勝の「×」でした。これが正解肢。選択肢3は「土地の立入り等に伴う損失の補償」。このような規定があります。

1 × あらま、国土交通大臣だって。違うよね。宅地造成等工事規制区域を指定するのは、都道府県知事だよね〜＼(^o^)／（10条、P.342）

2 ○ ちょっとマニアック。「高さが5mを超える擁壁の設置」や「切土又は盛土をする土地の面積が1,500㎡を超える土地における排水施設の設置」に係る工事は、政令で定める資格を有する者の設計によらなければならない。（13条、施行令21条、P.343）

3 ○ ちょっとマイナー。都道府県（指定都市などの一定の市）は、「測量又は調査のための土地の立入り」により他人に損失を与えた場合においては、その損失を受けた者に対して、通常生ずべき損失を補償しなければならない。（8条）

4 ○ そりゃそうだよね。検査の結果、工事が一定の規定に適合している場合、検査済証が交付されます。（17条）

正解	
問18　4	問19　1

>> 問題

★★

【問20】土地区画整理法に関する次の記述のうち、正しいものはどれか。

1　市町村が施行する土地区画整理事業の施行後の宅地の価額の総額が土地区画整理事業の施行前の宅地の価額の総額より減少した場合においては、その差額に相当する金額を、従前の宅地に存する建築物について賃借権を有する者に対して支払わなければならない。

2　施行者は、仮換地を指定した時に、清算金を徴収し、又は交付しなければならない。

3　換地計画において換地を定める場合においては、換地及び従前の宅地の位置、地積、土質、水利、利用状況、環境等が照応するように定めなければならない。

4　土地区画整理組合が施行する土地区画整理事業の換地計画においては、災害を防止し、及び衛生の向上を図るために宅地の地積の規模を適正にする特別な必要があると認められる場合は、その換地計画に係る区域内の地積が小である宅地について、過小宅地とならないように換地を定めることができる。

★★★

【問21】農地に関する次の記述のうち、農地法（以下この問において「法」という。）の規定によれば、正しいものはどれか。

1　山林を開墾し、農地として耕作している土地であっても、土地登記簿上の地目が山林であれば、法の適用を受ける農地に該当しない。

2　親から子に対して、所有するすべての農地を一括して贈与する場合には、法第3条第1項の許可を受ける必要はない。

3　耕作を目的として農業者が競売により農地を取得する場合であっても、法第3条第1項の許可を受ける必要がある。

4　市街化区域以外の区域に存する4haを超える農地を転用する場合には、農林水産大臣の許可を受ける必要がある。

解説 ➔ 解答

【問20】 土地区画整理法 ★★

選択肢3があっけなく「○」だから、まぁできたかな。選択肢1と4はマイナーなところからの出題(もしかしたら初出題)。解説を参照されたし。

1 × 市町村などが施行者となる公的施行の場合、「その差額に相当する金額」をたしかに支払わなければならないんだけど、「建築物について賃借権を有する者」はその対象とされていない。「従前の宅地の所有者及びその宅地について地上権、永小作権、賃借権その他の宅地を使用し、又は収益することができる権利を有する者」が対象です。(109条)

2 × わ、せこいヒッカケ。施行者は、仮換地を指定した場合、仮に算出した仮清算金を徴収し、又は交付することができる。清算金の徴収・交付は換地処分の公告で確定してから。なお、仮清算金の額との間に差額があるときは、施行者は、その差額に相当する金額を徴収し、又は交付しなければならない。(110条、P.374、376)

3 ○ そのとおり。換地計画において換地を定める場合においては、換地及び従前の宅地の位置、地積、土質、水利、利用状況、環境等が照応するように定めなければならない。「換地照応の原則」と言ったりもする。(89条、P.370)

4 × 「過小宅地」うんぬんの話は、施行者が都道府県や市町村などの公的施行のとき。土地区画整理組合などの民間施行の場合は、そりゃ自分たちの土地についての「換地計画」なんだから好きにすればよし。(91条)

【問21】 農地法 ★★★

選択肢1。それにしても、延々と出題され続けています。もはや、誰が間違うだろうという域に達しています。選択肢2がナイスヒッカケ。さすがっす。

1 × 登記簿上の地目にかかわらず、農地として耕作している土地は「農地」として扱われる。(2条、P.378)

2 × わ、ヒッカケかな。農地を贈与する場合も、農地法第3条の許可が必要だよね。「親から子へ」というフレーズがお見事。さすが出題者さん。(3条、P.379)

3 ○ 「耕作を目的として」とあるので、競売により農地を取得する際、農地法第3条の許可が必要だよね。(3条、P.379)

4 × 農地を転用する場合で、「市街化区域以外の区域」とあるので農地法第4条の許可が必要で、それは都道府県知事等の許可。4haを超えるうんぬんとありますが、面積はカンケーなし。(4条、P.381)

正解			
問20	3	問21	3

>> 問題

★★★

【問22】 国土利用計画法第 23 条の届出（以下この問において「事後届出」という。）に関する次の記述のうち、正しいものはどれか。なお、この問において「都道府県知事」とは、地方自治法に基づく指定都市にあってはその長をいうものとする。

1　都道府県知事は、事後届出に係る土地の利用目的及び対価の額について、届出をした宅地建物取引業者に対し勧告することができ、都道府県知事から勧告を受けた当該業者が勧告に従わなかった場合、その旨及びその勧告の内容を公表することができる。

2　事後届出が必要な土地売買等の契約により権利取得者となった者が事後届出を行わなかった場合、都道府県知事から当該届出を行うよう勧告されるが、罰則の適用はない。

3　国が所有する市街化区域内の一団の土地である 1,500㎡の土地と 500㎡の土地を個人Ａが購入する契約を締結した場合、Ａは事後届出を行う必要がある。

4　個人Ｂが所有する都市計画区域外の 11,000㎡の土地について、個人ＣがＢとの間で対価を支払って地上権設定契約を締結した場合、Ｃは事後届出を行う必要がある。

★★★

【問23】 住宅用家屋の所有権の移転登記に係る登録免許税の税率の軽減措置に関する次の記述のうち、正しいものはどれか。

1　この税率の軽減措置の適用を受けるためには、やむを得ない事情がある場合を除き、その住宅用家屋の取得後１年以内に所有権の移転登記を受けなければならない。

2　この税率の軽減措置は、住宅用家屋を相続により取得した場合に受ける所有権の移転登記についても適用される。

3　この税率の軽減措置に係る登録免許税の課税標準となる不動産の価額は、売買契約書に記載されたその住宅用家屋の実際の取引価格である。

4　過去にこの税率の軽減措置の適用を受けたことがある者は、再度この措置の適用を受けることはできない。

★★★

【問24】 固定資産税に関する次の記述のうち、正しいものはどれか。

1　固定資産税を既に全納した者が、年度の途中において土地の譲渡を行った場合には、その譲渡後の月数に応じて税額の還付を受けることができる。

2　固定資産税の税率は、1.7％を超えることができない。

3　固定資産税の納期は、４月、７月、12 月及び２月中において、当該市町村の条例で定めることとされているが、特別の事情がある場合においては、これと異なる納期を定めることができる。

4　200㎡以下の住宅用地に対して課する固定資産税の課税標準は、課税標準となるべき価格の２分の１の額とする特例措置が講じられている。

解説 ➔ 解答

【問22】 国土利用計画法 ★★★

選択肢4の「地上権設定契約」。しばらく出てなかったなぁー。・・・と、ワタクシごとで恐縮ですが、講師稼業の月日を振り返ってみたり。

1 × えーとですね、「事後届出に係る土地の利用目的」については勧告することができますが「対価の額」については、今さら勧告なんて、あなた、できるワケないじゃない。だって「事後」の届出だもんね。(24条、P.358)

2 × いやいやいやいや、罰則あり。事後届出を行わなかった場合、「6月以下の懲役又は100万円以下の罰金」が用意されている。(47条、P.359)

3 × 国との取引だもんね。いらないでしょ事後届出。買い占め型で面積が合計で2,000㎡となるとしてもね。前半読み飛ばしねらいのヒッカケかな。(23条、P.357)

4 ○ 権利金（対価）を払っての、地上権設定契約。「地上権設定契約」がピンと来ない人は「借地権設定契約」と考えておいてもらえたら。権利金（対価）の授受があって、面積も都市計画区域外で10,000㎡以上なので届出対象面積に達しているから、Cは事後届出を行う必要がある。(23条、P.355)

【問23】 登録免許税 ★★★

登録免許税からの出題。過去に出題されたものと同趣旨での繰り返し出題となるので、なにも勉強していなかった人以外は、できたんじゃないかなと。

1 ○ そのとおり。軽減措置の適用にあたり「取得後1年以内」という制限あり。(P.714)

2 × 相続による取得の場合は、えーと、適用ないです。(P.714)

3 × いやいやいやいや、「実際の取引価格」ではないですよね。登記等の時の価額（固定資産課税台帳の価格）によります。(P.713)

4 × そんなことないでしょ。「過去にこの税率の軽減措置の適用を・・・」というような規定なし。

【問24】 固定資産税 ★★★

選択肢1。固定資産税は、賦課期日（毎年1月1日）現在の登記簿等に所有者として登記されている人（例：おっさんA）に対して課税されちゃう。仮に、1月2日以降に「おっさんA」から別の「おっさんB」に所有権の移転があっても、納税義務者は「おっさんA」。なお、実社会では固定資産税を日割り等で精算を行う商慣習あり。でも法律でそうなっているわけじゃない。当事者間の合意で勝手にやっている。

1 × できたらいいのにね。気持ちはよくわかります。(P.709)

2 × 固定資産税の標準税率は1.4%だけど、税率は、市町村の条例でアゲアゲOK。おまけに1.7%までというような上限なし。歳入重視で、がっぽりアゲちゃえ市町村。(P.709)

3 ○ そうそう。固定資産税の納期は、4月、7月、12月及び2月中において、当該市町村の条例で定めることとされているが、特別の事情がある場合においては、これと異なる納期を定めることができる。(P.709)

4 × もっともっと。そうです「6分の1」でしたよね。なので更地にしちゃうと税額が・・・わ、一気に6倍、というか「もともとの税額」に戻る。(P.710)

正解		
問22 4	問23 1	問24 3

問題

★★★

【問25】 地価公示法に関する次の記述のうち、正しいものはどれか。

1　土地鑑定委員会は、その土地に地上権が存する場合であっても、標準地として選定することができる。
2　土地鑑定委員会は、標準地について、2人以上の不動産鑑定士の鑑定評価を求めるものとし、当該2人以上の不動産鑑定士は、土地鑑定委員会に対し、鑑定評価書を連名で提出しなければならない。
3　土地鑑定委員会は、標準地の正常な価格を判定したときは、標準地の単位面積当たりの価格のほか、当該標準地の価格の総額についても官報で公示しなければならない。
4　土地収用法その他の法律によって土地を収用することができる事業を行う者は、標準地として選定されている土地を取得する場合において、当該土地の取得価格を定めるときは、公示価格と同額としなければならない。

★★★

【問26】 次の記述のうち、宅地建物取引業法の規定によれば、正しいものはどれか。

1　宅地建物取引業者は、建物の売買に際し、買主に対して売買代金の貸借のあっせんをすることにより、契約の締結を誘引してはならない。
2　宅地建物取引士は、自ら役員を務める宅地建物取引業者が宅地建物取引業に関し不正な行為をし、情状が特に重いことにより免許を取り消された場合、宅地建物取引士の登録を消除されることとなる。
3　宅地建物取引業者は、建築工事完了前の賃貸住宅について、借主として貸借の契約を締結してはならない。
4　宅地建物取引業者は、10区画以上の一団の宅地の分譲を行う案内所を設置し、当該案内所において売買の契約の締結をし、又は契約の申込みを受ける場合は、当該案内所にその業務に関する帳簿を備え付けなければならない。

★★★

【問27】 宅地建物取引業者がその業務に関して行う広告に関する次の記述のうち、宅地建物取引業法の規定によれば、正しいものはどれか。

1　広告の表示が実際のものよりも著しく優良又は有利であると人を誤認させるようなものであっても、誤認による損害が実際に発生していなければ、監督処分の対象とならない。
2　宅地建物取引業者は、建築確認申請中の建物について、建築確認申請中である旨を表示すれば、自ら売主として当該建物を販売する旨の広告をすることができる。
3　宅地建物取引業者は、宅地の造成工事の完了前においては、当該造成工事に必要とされる許可等の処分があった後であれば、当該宅地の販売に関する広告をすることができる。
4　テレビやインターネットを利用して行う広告は、新聞の折込チラシや配布用のチラシと異なり、規制の対象とならない。

解説 → 解答

【問25】 地価公示法 ★★★

選択肢4の「公示価格と同額」という文言は初出題かも。とはいえ、選択肢1が一発一撃なので、これがわからなかったということは、なにも勉強していなかったということがわかる。

1 ○ 選定できるよね。なお、「正常な価格」を判定する際は、地上権などがないものとして、だよね。（3条、P.699）

2 × 出た、文末読み飛ばし狙い。鑑定評価書を「連名」ではなく、「それぞれ」が提出。そして「土地鑑定委員会は、その結果を審査し、必要な調整を行って」という段取り。（5条、P.699）

3 × えーとですね、「当該標準地の価格の総額」は公示事項ではないです。（6条、P.699）

4 × 「公示価格と同額」ではないよね。「公示価格を規準としなければならない」となっております。規準とした結果、ちょっと「含み」があったりするかも。大人の事情。（9条、11条、P.697）

【問26】 宅建業法：業務に関する禁止事項・監督処分 ★★★

選択肢1。これも禁止だなんて、さすがにやり過ぎ、と思ったんだけど。がしかし、不動産投資の詐欺まがいの輩たちが、ほら、銀行と組んでアレしてたでしょ。もしかしたら出題者さんは、この選択肢で警鐘を鳴らしたのでありましょうか。

1 × 手付の貸付などで契約の締結を誘引することは禁止されているけど、「買主に売買代金の貸借のあっせん（提携した金融機関の住宅ローンを宅建業者が紹介）」をすることによる契約締結の誘引は禁止されていない。がしかし、どんな銀行（金融機関）と提携しているのかな〜。（47条、P.102）

2 ○ 役員だもんなぁ〜。宅建業に関し不正な行為（業務停止処分に該当）をし、情状が特に重いことを理由としての免許の取消しは、宅建士の登録不可となる基準に該当する。なので、宅建士として特になにしたワケじゃないとしても、そんな業者の役員だったというだけで、登録は消除されちゃう。（68条の2、P.069、202）

3 × 「自ら借主となる」というパターンはめずらしいかも。ふつうは「自ら貸主として」で出題するけどね。結局、単に建物の賃貸借なので（宅建業にはならないので）、宅建業法の適用なし。お好きにどうぞ。（2条、P.029）

4 × 事務所じゃないもんね。この「10区画以上の・・・案内所」は宅建士を1人以上設置しなければならない案内所にはなるけど、事務所にはならないから、帳簿がどうのはカンケーない。（49条、P.090）

【問27】 宅建業法：広告 ★★★

それにしても、選択肢1の「損害が実際になければ」だの、選択肢2の「建築確認申請中での販売広告」だの。まぁほんと、出題者側も飽きずに延々と出し続けてます。

1 × なるでしょ（笑）。「そういうインチキな広告をした気持ちがワタシ的には許せないのよ」という感じですね。（32条、P.099）

2 × 建築確認を受けてからじゃないと「販売する旨の広告」なんてダメ。できません。（33条、P.098）

3 ○ 宅地の造成工事に必要とされる許可等の処分（例：都市計画法の開発許可）があった後であれば、造成工事完了前の宅地の販売に関する広告をすることができる。（33条、P.098）

4 × なるでしょ（笑）。もしこれが「○」だったら、テレビやインターネットを利用して行う広告は、ウソだらけ誇大広告、やりたい放題し放題。そんな世界だと、さすがにヤバいんじゃないの。（32条、P.099）

正解		
問25 1	問26 2	問27 3

問題

★★★

【問28】宅地建物取引業者Aが、BからB所有の宅地の売却について媒介の依頼を受けた場合における次の記述のうち、宅地建物取引業法の規定によれば、正しいものはいくつあるか。なお、この問において「専任媒介契約」とは、専属専任媒介契約ではない専任媒介契約をいうものとする。

ア　AがBとの間で専任媒介契約を締結した場合、Bの要望により当該宅地を指定流通機構に登録しない旨の特約をしているときを除き、Aは、当該契約締結日から７日以内（Aの休業日を含まない。）に、当該宅地の所在等を指定流通機構に登録しなければならない。

イ　AがBとの間で専任媒介契約を締結した場合、AはBに対して、当該契約に係る業務の処理状況を１週間に１回以上報告しなければならない。

ウ　AがBとの間で一般媒介契約を締結し、当該契約において、Bが他の宅地建物取引業者に重ねて依頼するときは当該他の宅地建物取引業者を明示する義務がある旨を定める場合、Aは、Bが明示していない他の宅地建物取引業者の媒介又は代理によって売買の契約を成立させたときの措置を宅地建物取引業法第34条の２第１項の規定に基づき交付すべき書面に記載しなければならない。

エ　AがBとの間で一般媒介契約を締結した場合、AがBに対し当該宅地の価額について意見を述べるときは、不動産鑑定士に評価を依頼して、その根拠を明らかにしなければならない。

１　一つ　　２　二つ　　３三つ　　４　四つ

★★★

【問29】次の記述のうち、宅地建物取引業法の規定によれば、正しいものはどれか。

１　宅地建物取引業者（甲県知事免許）が、乙県内に新たに事務所を設置して宅地建物取引業を営むため、国土交通大臣に免許換えの申請を行い、その免許を受けたときは、国土交通大臣から、免許換え前の免許（甲県知事）の有効期間が経過するまでの期間を有効期間とする免許証の交付を受けることとなる。

２　宅地建物取引士（甲県知事登録）が、乙県に所在する宅地建物取引業者の事務所の業務に従事することとなったため、乙県知事に登録の移転の申請とともに宅地建物取引士証の交付の申請をしたときは、乙県知事から、有効期間を５年とする宅地建物取引士証の交付を受けることとなる。

３　宅地建物取引士（甲県知事登録）が、乙県に所在する建物の売買に関する取引において宅地建物取引士として行う事務に関し不正な行為をし、乙県知事により事務禁止処分を受けたときは、宅地建物取引士証を甲県知事に提出しなければならない。

４　宅地建物取引業者（甲県知事免許）は、乙県内で一団の建物の分譲を行う案内所を設置し、当該案内所において建物の売買の契約を締結し、又は契約の申込みを受ける場合、国土交通大臣に免許換えの申請をしなければならない。

解説 ➔ 解答

【問28】 宅建業法：媒介契約 ★★★

記述エ。もしそんなルールだったら、不動産鑑定士さんへのお仕事が増えて、きっと彼ら彼女らから喜ばれることでしょう。そうだったらいいのにね。（34条の2）

ア × 「Bの要望により・・・特約をしているときを除き」とあるけど、そんな特約は無効。専任媒介契約なんだから当該契約締結日から7日以内（Aの休業日を含まない。）に登録しなければならぬ。（P.108）

イ × えーと、「専属専任媒介契約ではない専任媒介契約」だもんね。そしたら「1週間に1回以上」ではなくて「2週間に1回以上」の報告でOK。（P.108）

ウ ○ 一般媒介契約で「Bが他の宅地建物取引業者に・・・明示する義務」があるということだから、「Bが明示していない・・・措置」を媒介契約書（第34条の2第1項の規定に基づき交付すべき書面）に記載せねばならぬ。（P.112）

エ × 媒介契約の種類を問わず、宅建業者が価額について意見を述べるときは「その根拠を明らかにしなければならない」けど、「不動産鑑定士に評価を依頼して」とまではされていない。（P.112）

正しいものはウの「一つ」。選択肢1が正解となる。

【問29】 宅建業法：免許換え・宅地建物取引士証 ★★★

選択肢1と2を並べて出題するなんて、なかなかいいセンスですね。さすがです（と上から目線）。選択肢4の「案内所」は、結局は案内所。アヒルはアヒル、スズメはスズメ、みたいな。

1 × 長々と書いてあるけど、結局、免許換えでしょ。新しい免許として扱われるから有効期限は5年間。「免許換え前の免許（甲県知事）の有効期間が経過するまでの期間を有効期間」というウザい感じではない。（7条、P.042）

2 × おっと、こちらは登録の移転に伴う宅建士証の有効期間。こっちの場合、乙県知事から「従前の宅建士証の有効期間が経過するまでの期間を有効期間とする宅建士証」の交付を受けることとなる。（22条の2、P.078）

3 ○ そのとおり。甲県知事登録だから、乙県知事により事務禁止処分を受けたとしても、宅建士証の提出先は甲県知事となる。（22条の2、P.076）

4 × 事務所じゃないもんね。この「乙県内で一団の建物の分譲を行う案内所」は宅建士を1人以上設置しなければならない案内所にはなるけど、事務所にはならないから、免許換えがどうのこうのはカンケーない。（49条、P.085～086）

令和2年度 問題・解説・解答

正解			
問28	1	問29	3

>> 問題

★★★

【問30】 **宅地建物取引業保証協会（以下この問において「保証協会」という。）に関する次の記述のうち、宅地建物取引業法の規定によれば、正しいものはどれか。**

1　本店と３つの支店を有する宅地建物取引業者が保証協会に加入しようとする場合、当該保証協会に、110万円の弁済業務保証金分担金を納付しなければならない。

2　保証協会の社員又は社員であった者が、当該保証協会から、弁済業務保証金の還付額に相当する還付充当金を当該保証協会に納付すべき旨の通知を受けたときは、その通知を受けた日から２週間以内に、その通知された額の還付充当金を当該保証協会に納付しなければならない。

3　保証協会に加入している宅地建物取引業者は、保証を手厚くするため、更に別の保証協会に加入することができる。

4　保証協会の社員（甲県知事免許）と宅地建物取引業に関し取引をした者が、その取引により生じた債権に関し、当該保証協会が供託した弁済業務保証金について弁済を受ける権利を実行しようとするときは、弁済を受けることができる額について甲県知事の認証を受ける必要がある。

★★★

【問31】 **宅地建物取引業の免許に関する次の記述のうち、宅地建物取引業法の規定によれば、正しいものはどれか。**

1　宅地建物取引業者が、免許を受けてから１年以内に事業を開始せず免許が取り消され、その後５年を経過していない場合は、免許を受けることができない。

2　免許を受けようとしている法人の政令で定める使用人が、破産手続開始の決定を受け、復権を得てから５年を経過していない場合、当該法人は免許を受けることができない。

3　免許権者は、免許に条件を付することができ、免許の更新に当たっても条件を付することができる。

4　宅地建物取引業者の役員の住所に変更があったときは、30日以内に免許権者に変更を届け出なければならない。

解説 ➔ 解答

【問30】 宅建業法：保証協会 ★★★

選択肢1の「110万円」はどっから出てきたんだろ。あ、そっか、本店も30万円としたのか。あれ、ちがうな。せめて120万円としてくれたら、少しはマトモな選択肢になったかな。どなたか出題者さんに、そうお伝えいただけますか？

1 × 60万円（本店）と30万円×3＝90万円（支店3つ）だから、150万円の弁済業務保証金分担金を納付しなければならない。（64条の9、P.186）

2 ○ なんの変哲もない「○」。そのとおりです。その通知を受けた日から2週間以内に、その通知された額の還付充当金を当該保証協会に納付しなければならない。つまらない解説ですみません。（64条の8、P.189）

3 × 「保証を手厚くする」という心構えは立派ですが、その前に、トラブルを起こさないようにね。一の保証協会の社員である者は、他の保証協会の社員となることができない。（64条の4、P.184）

4 × 長々と書いてありますが、最後のオチの部分が誤り。「甲県知事の認証」じゃなくて「保証協会」の認証だよね。（64条の8、P.188）

【問31】 宅建業法：宅建業の免許 ★★★

免許が取り消されてから「5年間・免許不可」となるのは「①不正の手段で免許を受けた」「②業務停止処分に該当する行為をし情状が特に重い」「③業務停止処分に違反」のときだよね。

1 × 免許を取り消された理由が「免許を受けてから1年以内に事業を開始せず」だもんね。いわゆる「悪質3種」で免許を取り消されたわけじゃないので、5年を待つことなく免許OKだよね。（5条、P.054）

2 × まいどおなじみの破産。免許を受けようとする法人の「政令で定める使用人」が免許不可となる事由（破産手続開始の決定を受けて復権を得ない者）に該当していれば、当該法人は免許を受けることはできないけど、復権を得ているんだもんね。免許を受けることができる。5年を待つ必要なし。（5条、P.053）

3 ○ 国土交通大臣又は都道府県知事（免許権者）は、免許に条件（例：取引状況を事業年度終了後に報告すること）を付したり変更したりすることができるもんね。更新の場合もおんなじ。（3条の2、P.048）

4 × 出たヒッカケ。宅建業者の役員の住所は、そもそも宅地建物取引業者名簿の登載事項ではないよね。なので、住所に変更があったとしてもそれがどうした。変更の届出は不要でしょ。（8条、9条、P.043）

正解			
問30	2	問31	3

問題

★★

【問32】宅地建物取引業者が行う宅地建物取引業法第35条に規定する重要事項の説明に関する次の記述のうち、正しいものはいくつあるか。なお、説明の相手方は宅地建物取引業者ではないものとする。

ア　宅地の売買の媒介を行う場合、当該宅地が急傾斜地の崩壊による災害の防止に関する法律第3条第1項により指定された急傾斜地崩壊危険区域にあるときは、同法第7条第1項に基づく制限の概要を説明しなければならない。

イ　建物の貸借の媒介を行う場合、当該建物が土砂災害警戒区域等における土砂災害防止対策の推進に関する法律第7条第1項により指定された土砂災害警戒区域内にあるときは、その旨を説明しなければならない。

ウ　宅地の貸借の媒介を行う場合、文化財保護法第46条第1項及び第5項の規定による重要文化財の譲渡に関する制限について、その概要を説明する必要はない。

エ　宅地の売買の媒介を行う場合、当該宅地が津波防災地域づくりに関する法律第21条第1項により指定された津波防護施設区域内にあるときは、同法第23条第1項に基づく制限の概要を説明しなければならない。

1　一つ　　2　二つ　　3　三つ　　4　四つ

★★★

【問33】宅地建物取引業法に規定する営業保証金に関する次の記述のうち、正しいものはどれか。

1　宅地建物取引業者は、事業の開始後、新たに従たる事務所を設置したときは、その従たる事務所の最寄りの供託所に政令で定める額の営業保証金を供託し、その旨を免許権者に届け出なければならない。

2　宅地建物取引業者は、主たる事務所を移転したためその最寄りの供託所が変更した場合、国債証券をもって営業保証金を供託しているときは、遅滞なく、従前の主たる事務所の最寄りの供託所に対し、営業保証金の保管替えを請求しなければならない。

3　宅地建物取引業者は、免許の有効期間満了に伴い営業保証金を取り戻す場合は、還付請求権者に対する公告をすることなく、営業保証金を取り戻すことができる。

4　免許権者は、宅地建物取引業者が宅地建物取引業の免許を受けた日から3月以内に営業保証金を供託した旨の届出をしないときは、その届出をすべき旨の催告をしなければならず、その催告が到達した日から1月以内に届出がないときは、当該宅地建物取引業者の免許を取り消すことができる。

解説 ➔ 解答

【問32】 宅建業法：重要事項の説明等（35条書面） ★★

記述ウの「重要文化財の譲渡に関する制限（文化財保護法）」とは、「重要文化財を有償で譲り渡そうとする者は、譲渡の相手方、予定対価の額などの一定事項を、まず文化庁長官に国に対する売渡しの申出をしなければならない」という話。貸借だったら関係ない。（35条）

ア ○ 急傾斜地崩壊危険区域にあるときは、同法第7条第1項に基づく制限の概要（例：工作物の設置については都道府県知事の許可が必要）を説明しなければならない。

イ ○ 土砂災害警戒区域内にあるときは、その旨を説明しなければならない。建物の貸借の媒介の場合であってもおなじ。（P.159）

ウ ○ 宅地の貸借の媒介のときは、重要文化財の譲渡に関する制限（文化財保護法）についての概要を説明する必要はない。

エ ○ 津波防護施設区域内（読んでのとおり、津波を防護する施設を設置する区域）の土地において津波防護施設以外の施設又は工作物（例：民家）の新築又は改築、土地の掘削、盛土又は切土などについては津波防護施設管理者の許可を受けなければならない。宅地の売買の媒介の場合、これを説明しなさい、ということ。なお、宅地の貸借の媒介だったら説明は不要ですが。

正しいものはア、イ、ウ、エの「四つ」。選択肢4が正解となる。

【問33】 宅建業法：営業保証金 ★★★

営業保証金からの出題。だいたいいつも過去に出題された内容と同趣旨での繰り返し出題だから、勉強していない人以外はできたと思います。

1 × 「その従たる事務所の最寄りの供託所」じゃないよね。事務所新設の場合でも、やっぱり「主たる事務所の最寄りの供託所」への供託だよね。（26条、P.176）

2 × 「国債証券をもって営業保証金を供託」しているんだもんね。「遅滞なく、営業保証金を移転後の主たる事務所の最寄りの供託所に新たに供託しなければならない」という段取り。金銭のみだったら営業保証金の保管替えを請求できるけどね。（29条、P.181）

3 × 免許の有効期間満了に伴い営業保証金を取り戻す場合でも、還付請求権者に対する公告が必要だよね。（30条、P.183）

4 ○ そのとおり。文末にあるとおり「当該宅地建物取引業者の免許を取り消すことができる」という扱いになる。念のためだけど「取り消さなければならない」だったら「×」になるけどね。（25条、P.178）

正解			
問32	4	問33	4

問題

★★★

【問34】 宅地建物取引業者（消費税課税事業者）が受けることができる報酬に関する次の記述のうち、宅地建物取引業法の規定によれば、誤っているものはどれか。

1　宅地建物取引業者が受けることのできる報酬は、依頼者が承諾していたとしても、国土交通大臣の定める報酬額の上限を超えてはならない。

2　宅地建物取引業者は、その業務に関し、相手方に不当に高額の報酬を要求した場合、たとえ受領していなくても宅地建物取引業法違反となる。

3　宅地建物取引業者が、事業用建物の貸借（権利金の授受はないものとする。）の媒介に関する報酬について、依頼者の双方から受けることのできる報酬の合計額は、借賃（消費税等相当額を含まない。）１か月分の1.1倍に相当する金額が上限であり、貸主と借主の負担の割合については特段の規制はない。

4　宅地建物取引業者は、依頼者の依頼によらない広告の料金に相当する額を報酬額に合算する場合は、代理又は媒介に係る報酬の限度額を超える額の報酬を依頼者から受けることができる。

★★★

【問35】 宅地建物取引業者Ａが行う媒介業務に関する次の記述のうち、宅地建物取引業法の規定によれば、正しいものはいくつあるか。なお、この問において「37 条書面」とは、同法第 37 条の規定により交付すべき書面をいうものとする。

ア　Ａが建物の売買契約を成立させた場合においては、37 条書面を買主に交付するに当たり、37 条書面に記名した宅地建物取引士ではないＡの従業者が当該書面を交付することができる。

イ　Ａが建物の賃貸借契約を成立させた場合においては、契約の当事者が宅地建物取引業者であっても、37 条書面には、引渡しの時期及び賃借権設定登記の申請の時期を記載しなければならない。

ウ　Ａが建物の売買契約を成立させた場合において、天災その他不可抗力による損害の負担に関する定めがあるときは、重要事項説明書にその旨記載していたとしても、その内容を 37 条書面に記載しなければならない。

エ　Ａが事業用宅地の定期賃貸借契約を公正証書によって成立させた場合においては、公正証書とは別に 37 条書面を作成し交付するに当たり、契約の当事者が宅地建物取引業者であっても、宅地建物取引士をして 37 条書面に記名させなければならない。

1　一つ　　2　二つ　　3　三つ　　4　四つ

★★★

【問36】 宅地建物取引業者の守秘義務に関する次の記述のうち、宅地建物取引業法（以下この問において「法」という。）の規定によれば、正しいものはどれか。

1　宅地建物取引業者は、依頼者本人の承諾があった場合でも、秘密を他に漏らしてはならない。

2　宅地建物取引業者が、宅地建物取引業を営まなくなった後は、その業務上取り扱ったことについて知り得た秘密を他に漏らしても、法に違反しない。

3　宅地建物取引業者は、裁判の証人として、その取り扱った宅地建物取引に関して証言を求められた場合、秘密に係る事項を証言することができる。

4　宅地建物取引業者は、調査の結果判明した法第 35 条第１項各号に掲げる事項であっても、売主が秘密にすることを希望した場合は、買主に対して説明しなくてもよい。

解説 ➡ 解答

【問34】 宅建業法：報酬 ★★★

報酬を苦手としている人もいるけど、この問題のように「計算」が出ないこともある。なので、「パーセント」の掛け算（算数）がわからなくてもだいじょうぶなときもある。幸運を祈る。（46条）

1 ○ そうですそのとおり。依頼者が承諾していたとしても、国土交通大臣の定める報酬額の上限を超えてはならない。（P.114）

2 ○ たとえ受領していなくてもね。「受領しようとした（高額な報酬を要求した）という気持ちがワタシ的には許せないのよ」という感じですね。（P.102）

3 ○ 居住用建物じゃなくて事業用建物だもんね。借賃（消費税等相当額を含まない。）1か月分の1.1倍に相当する金額が上限であり、貸主と借主の負担の割合については特段の規制はない。（P.119）

4 × 報酬額に混ぜちゃえばドサクサでOKみたいな。そんなワケないでしょ。「依頼者の依頼によらない広告の料金に相当する額」は受領できない。（P.122）

【問35】 宅建業法：契約書面の交付（37条書面） ★★★

記述エは宅地の「事業用定期借地権」を出してきて、借地借家法上の「契約を公正証書によって・・・」を前フリとして使ってきた。めんどくさい出題者だ。がしかし、記述イの「及び賃借権設定登記の申請の時期」というフレーズをドサクサにまぎれて出した感は、好き。（37条）

ア ○ そうだよね。37条書面は誰が交付してもよいです。（P.171）

イ × 契約の当事者が宅建業者であっても、37条書面には、「引渡しの時期」を記載しなければならないけど、当事者が宅建業者であってもなくても「賃借権設定登記の申請の時期」は記載しなくてもよい。っていうか、ふつうの建物賃貸借だったら、賃借権設定登記なんか、そもそもしないだろうけどね。（P.173～174）

ウ ○ 天災その他不可抗力による損害の負担に関する「定め」があるときは、37条書面にその内容を記載しなければならぬ。重要事項説明書にその旨記載していたとしてもね。（P.174）

エ ○ 結局のところ、37条書面には、契約の当事者が宅建業者であっても、宅建士の記名が必要です。（P.170）

正しいものはア、ウ、エの「三つ」。選択肢3が正解となる。

【問36】 宅建業法：守秘義務 ★★★

守秘義務で「丸ごと1問」というのも珍しいけど、できたでしょ。ちなみに「宅建業者は、正当な理由がある場合でなければ、その業務上取り扱ったことについて知り得た秘密を他に漏らしてはならない。宅地建物取引業を営まなくなった後であっても、また同様とする」です。（45条）

1 × 依頼者本人の承諾があるんだったら、いいんじゃないの。（P.101）

2 × これがOKなら、ものすごい回顧録（暴露本）でも出版しちゃいましょうか。宅建業を営まなくなった後であっても、業務上取り扱ったことについて知り得た秘密を他に漏らしてはならない。（P.102）

3 ○ そりゃそうでしょ。「正当な理由がある場合」となるでしょ。（P.101）

4 × 逆にさぁ～、これってさ、説明しなきゃいけないんじゃないの。事実の不告知で宅建業法違反を問われるかも。もちろん「重要事項」としての告知だから「正当な理由がある場合」となるでしょ。（P.101、152）

正解		
問34　4	問35　3	問36　3

問題

★★★

【問37】 宅地建物取引業法第 37 条の規定により交付すべき書面（以下この問において「37 条書面」という。）に関する次の記述のうち、同法の規定によれば、正しいものはどれか。

1　既存の建物の構造耐力上主要な部分等の状況について当事者の双方が確認した事項がない場合、確認した事項がない旨を 37 条書面に記載しなければならない。

2　代金又は交換差金についての金銭の貸借のあっせんに関する定めがない場合、定めがない旨を 37 条書面に記載しなければならない。

3　損害賠償額の予定又は違約金に関する定めがない場合、定めがない旨を 37 条書面に記載しなければならない。

4　宅地又は建物に係る租税その他の公課の負担に関する定めがない場合、定めがない旨を 37 条書面に記載しなければならない。

★★★

【問38】 宅地建物取引士に関する次の記述のうち、宅地建物取引業法及び民法の規定によれば、正しいものはいくつあるか。

ア　宅地建物取引業者は、事務所に置く唯一の専任の宅地建物取引士が退任した場合、その日から 30 日以内に新たな専任の宅地建物取引士を設置し、その設置の日から２週間以内に、専任の宅地建物取引士の変更があった旨を免許権者に届け出なければならない。

イ　未成年者も、法定代理人の同意があれば、宅地建物取引業者の事務所に置かれる専任の宅地建物取引士となることができる。

ウ　宅地建物取引士は、重要事項説明書を交付するに当たり、相手方が宅地建物取引業者である場合、相手方から宅地建物取引士証の提示を求められない限り、宅地建物取引士証を提示する必要はない。

エ　成年被後見人又は被保佐人は、宅地建物取引士として都道府県知事の登録を受けることができない。

1　一つ　　2　二つ　　3　三つ　　4　なし

解説 ➔ 解答

【問37】 宅建業法：契約書面の交付（37 条書面） ★★★

ちょっと変わった「37 条書面」からの出題。選択肢 1 だけが「37 条書面に必ず記載しなければならない事項」なので「確認した事項がない旨」を記載せねばならぬ。（37 条）

1 ○ 「当該建物が既存の建物であるときは、建物の構造耐力上主要な部分等の状況について当事者の双方が確認した事項」は、37 条書面に必ず記載しなければならない事項となっているので、「確認した事項がない」旨を記載せねばならぬ。（P.173）

2 × 「代金又は交換差金についての金銭の貸借のあっせんに関する定め」が「ある」場合においては、それに関連する一定事項を記載しなければならないけど、「ない」場合は、なにも記載しなくてよい。（P.174）

3 × 「損害賠償額の予定又は違約金に関する定め」が「ある」場合は、その内容を記載しなければならないけど、「ない」場合は、なにも記載しなくてよい。（P.174）

4 × 「宅地又は建物に係る租税その他の公課の負担に関する定め」が「ある」場合は、その内容を記載しなければならないけど、「ない」場合は、なにも記載しなくてよい。（P.174）

【問38】 宅建業法：宅地建物取引士 ★★★

記述エ。法律（成年被後見人等の権利の制限に係る措置の適正化等を図るための関係法律の整備に関する法律）の趣旨はわかります、成年被後見人等であることを理由に不当に差別されないようにしましょう、ですよね。でもね、どうなんだろ。

ア × 日数が逆。「2 週間以内」に新たな専任の宅建士を設置し、その設置の日から「30 日以内」に免許権者に届出（変更の届出）だ。（9 条、31 条の 3、P.043、087）

イ × 同意では足りません。その未成年者（宅建業に係る営業に関し成年者と同一の行為能力を有する未成年者 = 営業許可を受けた未成年者）が宅建業者（役員）であって、その未成年者が自ら主として業務に従事する事務所だったら、その事務所の専任の宅建士になれる（みなされる）。（31 条の 3、P.072、087）

ウ ○ 「相手方が宅建業者」だ「重要事項説明書を交付だ」と書いてありますが、要は「取引の関係者から請求があったときは、宅建士証を提示しなければならない」ということを出題したかったのであろう。（P.076）

エ × 成年被後見人又は被保佐人だとしても、ただそれだけで登録不可とはならない。「心身の故障により宅建士の事務を適正に行うことができない者」かどうかが判断基準。成年被後見人及び被保佐人だとしても「契約の締結及びその履行にあたり必要な認知、判断及び意思疎通を適切に行うことができる能力を有する旨を記載した医師の診断書」があれば登録 OK。

正しいものはウの「一つ」。選択肢 1 が正解となる。

正解			
問37	1	問38	1

問題

★★★

【問39】 **宅地建物取引業者Ａが、自ら売主として宅地建物取引業者ではない買主Ｂとの間で締結した宅地の売買契約について、Ｂが宅地建物取引業法第 37 条の２の規定に基づき、いわゆるクーリング・オフによる契約の解除をする場合における次の記述のうち、誤っているものはどれか。**

1　Ｂは、Ａの仮設テント張りの案内所で買受けの申込みをし、２日後、Ａの事務所で契約を締結した上で代金全額を支払った。その５日後、Ｂが、宅地の引渡しを受ける前に当該契約について解除の書面を送付した場合、Ａは代金全額が支払われていることを理由に契約の解除を拒むことができる。

2　Ｂは、自らの希望により自宅近くの喫茶店において買受けの申込みをし、売買契約を締結した。当該契約に係るクーリング・オフについては、その３日後にＡから書面で告げられた場合、Ｂは、当該契約の締結日から 10 日後であっても契約の解除をすることができる。

3　Ｂは、Ａの仮設テント張りの案内所で買受けの申込みをし、Ａの事務所でクーリング・オフについて書面で告げられ、その日に契約を締結した。この書面の中で、クーリング・オフによる契約の解除ができる期間を 14 日間としていた場合、Ｂは、当該契約の締結日から 10 日後であっても契約の解除をすることができる。

4　Ｂは、売買契約締結後に速やかに建物建築工事請負契約を締結したいと考え、自ら指定した宅地建物取引業者であるハウスメーカー（Ａから当該宅地の売却について代理又は媒介の依頼は受けていない。）の事務所で買受けの申込み及び売買契約の締結をし、その際、クーリング・オフについて書面で告げられた。その６日後、Ｂが当該契約について解除の書面を送付した場合、Ａは契約の解除を拒むことができない。

★★★

【問40】 **宅地建物取引業法（以下この問において「法」という。）に規定する業務に関する禁止事項についての次の記述のうち、正しいものはどれか。**

1　宅地建物取引業者が、マンション販売の勧誘をするに際し、相手方から購入を希望しない旨の返事があった後に、当該勧誘を継続することは法に違反しない。

2　宅地建物取引業者は、契約の相手方に対して資金不足を理由に手付の貸付けを行ったが、契約締結後償還された場合は法に違反しない。

3　宅地建物取引業者は、契約の締結の勧誘をするに際し、理由の如何を問わず、相手方に対して当該契約を締結するかどうかを判断するために必要な時間を与えることを拒んではならない。

4　宅地建物取引業者は、勧誘の相手方が金銭的に不安であることを述べたため、売買代金の額を引き下げて、契約の締結を勧誘したとしても、法に違反しない。

解説 → 解答

【問39】 宅建業法：宅建業者が売主（クーリング・オフ） ★★★

選択肢4の無関係なハウスメーカー。たまに出題。でもそろそろ飽きた。（37条の2）

1 × 「仮設テント張りの案内所で買受けの申込み」で、「代金の全額は支払ったけど、まだ引渡しを受けてない」もんね。解除を拒めんわな。（P.133）

2 ○ 日数を数えんのがめんどくせー。喫茶店での買受けの申し込みをした日を月曜とするとその3日後だから月火水木に「クーリング・オフについて書面で告げられ」たから、木金土日月火水木までクーリング・オフによる解除OK。契約の日から数えてみると月火水木金土日月火水木で、最後の木は10日後。（P.133）

3 ○ 「クーリング・オフによる契約の解除ができる期間を14日間」は買主に有利なので有効。10日後であっても契約の解除をすることができる。（P.133）

4 ○ 「Aから当該宅地の売却について代理又は媒介の依頼は受けていない」んだから、この宅建業者であるハウスメーカーの事務所は、クーリング・オフうんぬんの「事務所」にはならないよね。告知後6日目なので解除OK。（P.132）

【問40】 宅建業法：業務に関する禁止事項 ★★★

選択肢3。「理由の如何を問わず」じゃないんだよね。ちなみに「如何」は「いかん」と読みます。「じょなに」ではありません。

1 × え、そんなことでスゴスゴと引き下がってきたら上司に「仕事をなめてんのかコラ〜」とどつかれる。灰皿が飛ぶ。だから、アナタはこれを「○」にしたんだよね。そんなアナタに告げる。違反です。（47条の2、P.104）

2 × そりゃ手付を貸しましたよ。こっちもノルマがありますからね。必死です。でもいいじゃないですか。手付は返してもらったんだから。そんなアナタに告げる。違反です。（47条、P.102）

3 × 「理由の如何を問わず」が誤。「正当な理由なく、当該契約を締結するかどうかを判断するために必要な時間を与えることを拒むこと」がNG。がしかし、どんな状況のときが「正当な理由」になるのかね。この条文を作った人に聞いてみたい。（47条の2、P.104）

4 ○ 単なる値引きだよね。これが違法になるっていうことになると、我ら宅建業者はどうすればいいんだろう。「相手方が金銭的に不安であると述べた」というフレーズと、「契約の締結を勧誘した」というフレーズで、なんとなく悪徳感を出したかったのかな。

正解			
問39	1	問40	4

>> 問題

★★★

【問41】 宅地建物取引業法第49条に規定する帳簿に関する次の記述のうち、正しいものはどれか。

1　宅地建物取引業者は、本店と複数の支店がある場合、支店には帳簿を備え付けず、本店に支店の分もまとめて備え付けておけばよい。
2　宅地建物取引業者は、宅地建物取引業に関し取引のあったつど、その年月日、その取引に係る宅地又は建物の所在及び面積その他国土交通省令で定める事項を帳簿に記載しなければならない。
3　宅地建物取引業者は、帳簿を各事業年度の末日をもって閉鎖するものとし、閉鎖後5年間当該帳簿を保存しなければならないが、自ら売主となり、又は売買の媒介をする新築住宅に係るものにあっては10年間保存しなければならない。
4　宅地建物取引業者は、帳簿の記載事項を、事務所のパソコンのハードディスクに記録し、必要に応じ当該事務所においてパソコンやプリンターを用いて明確に紙面に表示する場合でも、当該記録をもって帳簿への記載に代えることができない。

★★★

【問42】 宅地建物取引業法第35条に規定する重要事項の説明に関する次の記述のうち、誤っているものはどれか。なお、説明の相手方は宅地建物取引業者ではないものとする。

1　地域における歴史的風致の維持及び向上に関する法律第12条第1項により指定された歴史的風致形成建造物である建物の売買の媒介を行う場合、その増築をするときは市町村長への届出が必要である旨を説明しなくてもよい。
2　既存の建物の売買の媒介を行う場合、当該建物の建築確認済証がなくなっているときは、その旨を説明すればよい。
3　区分所有建物の売買の媒介を行う場合、一棟の建物の維持修繕の実施状況が記録されているときは、その内容を説明しなければならない。
4　建物の貸借の媒介を行う場合、台所、浴室、便所その他の当該建物の設備の整備の状況について、説明しなければならない。

解説 ➔ 解答

【問41】 宅建業法：帳簿 ★★★

選択肢4。えぇー、ぜんぶ手書きですか。もしそうだったら、すっげーめんどくさくないですか。これを「○」にしたあなた、なんというか、いまの時代を生きているっていう感覚、ちゃんとありますか？（49条、P.091）

1 × 帳簿はですね、事務所ごとに備えなければなりませぬ。「本店に支店の分もまとめて」はNG。

2 ○ そのとおり。宅建業に関し取引のあったつど、その年月日などの一定事項を帳簿に記載せねばならぬ。

3 × 「自ら売主となり、又は売買の媒介をする新築住宅」という、微妙にセコいヒッカケというか読み飛ばしねらいというか。帳簿の保存期間は「事業年度の末日をもって閉鎖するものとし、閉鎖後5年間」で、「新築住宅で自ら売主」となる場合は「10年間」。「売買の媒介をする新築住宅」についての帳簿の保存期間は「5年間」でOK。

4 × そんなアホな（笑）。パソコンのハードディスク（電子計算機に備えられたファイル又は磁気ディスク）に記録され、必要に応じ当該事務所においてパソコンやプリンター（電子計算機その他の機器）を用いて明確に紙面に表示されるときは、当該記録をもって帳簿への記載に代えることができる。

【問42】 宅建業法：重要事項の説明等（35条書面） ★★★

選択肢1。「歴史的風致形成建造物」がなんだかわかんなくても「増築をするときは市町村長への届出が必要である」ということを「説明しなくてよい」というオチが、なんかウソくさいでしょ。（35条）

1 × 「歴史的風致形成建造物」を画像検索してみてね。こんなの買うヤツいるのかな。で、そんな建築物に「増築しよう」だなんて、なんと大それたことを。そりゃ市町村長への届出くらいいるでしょ。説明してくださいよ。

2 ○ 「建築確認済証がなくなっているとき」といういい加減さが好き。既存の建物の売買の媒介の場合、重要事項として「設計図書や点検記録など書類」の「保存の状況」を説明することになっていて、で、その書類のなかに「建築確認済証」も入っているんだけど、「保存の状況」ということだから「なくなってまーす」でOK。（P.159）

3 ○ 区分所有建物の売買で、特に中古ということになると、やっぱり「一棟の建物の維持修繕の実施状況」がどうなっているのかが、かなり大事。なので「一棟の建物の維持修繕の実施状況が記録されているときは、その内容」を説明してもらわないとね。（P.167）

4 ○ 建物の貸借だから、いまある設備（例:不人気の3点ユニット）を使わないとね。なので「台所、浴室、便所その他の当該建物の設備の整備の状況について」を説明してもらわないとね。（P.168）

正解			
問41	2	問42	1

問題

★★★

【問43】 宅地建物取引業法に規定する宅地建物取引士及びその登録（以下この問において「登録」という。）に関する次の記述のうち、正しいものはどれか。

1　登録を受けている者が精神の機能の障害により宅地建物取引士の事務を適正に行うに当たって必要な認知、判断及び意思疎通を適切に行うことができない者となった場合、本人がその旨を登録をしている都道府県知事に届け出ることはできない。

2　甲県知事の登録を受けている宅地建物取引士が乙県知事に登録の移転の申請を行うとともに宅地建物取引士証の交付の申請を行う場合、交付の申請前6月以内に行われる乙県知事が指定した講習を受講しなければならない。

3　宅地建物取引士が、事務禁止処分を受け、宅地建物取引士証をその交付を受けた都道府県知事に速やかに提出しなかったときは、50万円以下の罰金に処せられることがある。

4　宅地建物取引士が、刑法第222条（脅迫）の罪により、罰金の刑に処せられ、登録が消除された場合、刑の執行を終わり又は執行を受けることがなくなった日から5年を経過するまでは、新たな登録を受けることができない。

★★★

【問44】 宅地建物取引業法に関する次の記述のうち、正しいものはいくつあるか。

ア　宅地には、現に建物の敷地に供されている土地に限らず、将来的に建物の敷地に供する目的で取引の対象とされる土地も含まれる。

イ　農地は、都市計画法に規定する用途地域内に存するものであっても、宅地には該当しない。

ウ　建物の敷地に供せられる土地であれば、都市計画法に規定する用途地域外に存するものであっても、宅地に該当する。

エ　道路、公園、河川等の公共施設の用に供せられている土地は、都市計画法に規定する用途地域内に存するものであれば宅地に該当する。

1　一つ　　2　二つ　　3　三つ　　4　四つ

解説 → 解答

【問43】 宅建業法：宅地建物取引士 ★★★

宅地建物取引士の登録関連からの出題。選択肢１は「死亡等の届出」、選択肢２は「登録の移転」、選択肢３は「宅地建物取引士証がらみの過料ヒッカケ」、選択肢４は「登録不可となる基準」と、まさにオールスター選抜。

1 × 「精神の機能の障害により・・・できない者」となった場合、①本人、②その法定代理人、③同居の親族が「その旨を当該登録をしている都道府県知事に届け出なければならない」とされています。なので、当のご本人でも、届け出ることはできますけどね。（21 条、P.080）

2 × 登録の移転に伴う場合だよね。この場合は「交付の申請前６月以内に行われる乙県知事が指定した講習」は受講する必要はないんです。（22 条の２）

3 × わ、50 万円の罰金。えー、前科がついちゃう、そんなに重罪だっけ。いえ、10 万円以下の過料ですみます。（86 条、P.207）

4 ○ 脅迫の罪で罰金の刑に処せられた場合、そりゃもちろん登録は消除となり、さらに「刑の執行を終わり又は執行を受けることがなくなった日から５年を経過するまで」は、新たな登録を受けることができない。（18 条、P.069）

【問44】 宅建業法：宅地 ★★★

土地のうち、宅建業法上の「宅地」になるのはどんな土地でしたっけ。そうです。「将来的に建物の敷地に供する目的で取引の対象とされる土地」も宅地として取り扱おうじゃないか。（2 条、P.031）

ア ○ そうだよね。「将来的に建物の敷地に供する目的で取引の対象とされる土地」も、宅建業法上の宅地となるよね。

イ × 都市計画法に規定する用途地域内にある土地は、道路・公園・河川・広場・水路（覚え方：どこがこうずい？）に供されている土地以外は、すべて宅地となる。なので農地だとしても宅地だよ。

ウ ○ そりゃそうでしょ。どこにある土地だったとしても「建物の敷地に供せられる土地」であれば宅地でしょ。

エ × 用途地域内に存する土地は、原則として宅地に該当するけど、「道路、公園、河川等の公共施設の用に供せられている土地」は、例外的に宅地に該当しない。

正しいものはア、ウの「二つ」。選択肢２が正解となる。

正解			
問43	4	問44	2

問題

★★★

【問45】 宅地建物取引業者Aが自ら売主として、宅地建物取引業者ではない買主Bに新築住宅を販売する場合における次の記述のうち、特定住宅瑕疵担保責任の履行の確保等に関する法律によれば、正しいものはどれか。

1　Aが、住宅販売瑕疵担保保証金を供託する場合、当該住宅の床面積が100㎡以下であるときは、新築住宅の合計戸数の算定に当たって、2戸をもって1戸と数えることになる。

2　Aは、住宅瑕疵担保責任保険法人と住宅販売瑕疵担保責任保険契約の締結をした場合、Bが住宅の引渡しを受けた時から10年以内に当該住宅を転売したときは、当該住宅瑕疵担保責任保険法人にその旨を申し出て、当該保険契約の解除をしなければならない。

3　Aは、住宅販売瑕疵担保責任保険契約の締結をした場合、当該住宅を引き渡した時から10年間、当該住宅の構造耐力上主要な部分、雨水の浸入を防止する部分、給水設備又はガス設備の隠れた瑕疵によって生じた損害について保険金の支払を受けることができる。

4　住宅販売瑕疵担保責任保険契約は、新築住宅を引き渡したAが住宅瑕疵担保責任保険法人と締結する必要があり、Bが保険料を支払うものではない。

★★★

【問46】 独立行政法人住宅金融支援機構（以下この問において「機構」という。）に関する次の記述のうち、誤っているものはどれか。

1　機構は、地震に対する安全性の向上を主たる目的とする住宅の改良に必要な資金の貸付けを業務として行っている。

2　証券化支援事業（買取型）における民間金融機関の住宅ローン金利は、金融機関によって異なる場合がある。

3　機構は、高齢者が自ら居住する住宅に対して行うバリアフリー工事に係る貸付けについて、貸付金の償還を高齢者の死亡時に一括して行うという制度を設けている。

4　証券化支援業務（買取型）において、機構による譲受けの対象となる住宅の購入に必要な資金の貸付けに係る金融機関の貸付債権には、当該住宅の購入に付随する改良に必要な資金は含まれない。

★★★

【問47】 宅地建物取引業者が行う広告に関する次の記述のうち、不当景品類及び不当表示防止法（不動産の表示に関する公正競争規約を含む。）の規定によれば、正しいものはどれか。

1　建築基準法第42条第2項の規定により道路とみなされる部分（セットバックを要する部分）を含む土地については、セットバックを要する旨及びその面積を必ず表示しなければならない。

2　取引態様については、「売主」、「貸主」、「代理」又は「媒介（仲介）」の別を表示しなければならず、これらの用語以外の「直販」、「委託」等の用語による表示は、取引態様の表示とは認められない。

3　インターネット上に掲載している賃貸物件について、掲載した後に契約済みとなり実際には取引できなくなっていたとしても、当該物件について消費者からの問合せがなく、故意に掲載を継続していたものでなければ、不当表示に問われることはない。

4　新築分譲住宅を販売するに当たり、販売価格が確定していないため直ちに取引することができない場合、その取引開始時期をあらかじめ告知する予告広告を行うことはできない。

解説 ➔ 解答

【問45】 住宅瑕疵担保履行法 ★★★

選択肢2。住宅の転売につき、事前に一定の手続きをしていれば、転得者も保険の適用を受けることができます。ご参考まで。

1 × 「当該住宅の床面積が100㎡以下」じゃないよね。「55㎡以下」だよね。新築住宅の合計戸数の算定につき、床面積が55㎡以下のものは、その2戸をもって1戸と数えることができます。ゴロを覚えてたかな。「ゴーゴーにこいち」チャッチャッチャチャチャ←手拍子のつもり。(11条、P.211)

2 × 住宅販売瑕疵担保責任保険契約は、買主が新築住宅の引渡しを受けた時から10年以上の期間にわたって有効なものでなければならない。文末の「住宅販売瑕疵担保責任保険契約を解除しなければならない」は誤。(2条、P.213)

3 × 「給水設備又はガス設備の隠れた瑕疵」は対象外だよね。保険金の支払いの対象となる瑕疵は「当該住宅の構造耐力上主要な部分、雨水の浸入を防止する部分」についてだよね。(2条、P.209)

4 ○ そのとおり。買主Bが保険料を支払うものじゃありません。(2条、P.213)

【問46】 住宅金融支援機構 ★★★

いずれも過去に出題されている選択肢だよね。勉強していない人以外だったら、できたんじゃないかと思われる。(13条)

1 ○ そのとおり。「地震に対する安全性の向上を主たる目的とする住宅の改良に必要な資金の貸付け」は、機構の直接融資業務の1つだよー。(P.743)

2 ○ そのとおり。民間金融機関の住宅ローン金利は、そりゃやっぱり金融機関によって異なるでしょ。なお「同一の金利である」で「×」として出すときもある。(P.742)

3 ○ 高齢者の自宅に対して行うバリアフリー工事に係る貸付け。お亡くなりになったときに機構に一括返済という制度(死亡時一括償還制度)あり。

4 × 単なる「住宅の改良に必要な資金」の貸付けに係る債権だったら証券化支援業務(買取型)の対象にはならないけど、「住宅の購入に付随する改良に必要な資金」だったら対象となる。(P.741)

【問47】 景品表示法 ★★★

選択肢3。「インターネットの記事(広告)なんてどうせインチキだらけだしね」と思っている人をヒッカケようとしたのだろうか。そりゃネット上はフェイクだらけだけどね。

1 × 文末の「必ず」が誤。セットバックを要する部分の面積がおおむね10%以上である場合は、セットバックを要する旨及びその面積を表示しなければならない。(P.732)

2 ○ そのとおり。個人的には「直販」でも意味がわかるからいいんじゃないかとは思いますがね。でもダメなんだってさ。(P.734)

3 × 「実際には取引できなくなっていた」んだから、放置しちゃダメでしょ。不当表示に問われるでしょ。インターネット広告だったらどうでもいい、というワケにもいかない。(P.738)

4 × できます。「予告広告」とは、新築分譲マンションなどで価格等が確定していないため、直ちに取引することができない物件について、その本広告に先立ち、その取引開始時期をあらかじめ告知する広告表示をいう。

正解					
問45	4	問46	4	問47	2

令和2年度 問題・解説・解答

問題

★★

【問48】 次の記述のうち、正しいものはどれか。

1　建築着工統計（令和２年１月公表）によれば、平成31年１月から令和元年12月までの新設住宅着工戸数は約90.5万戸となり、３年ぶりに増加に転じた。

2　令和２年版国土交通白書（令和２年６月公表）によれば、平成31年３月末における宅地建物取引業者数は12万4,000を超えている。

3　令和２年版土地白書（令和２年６月公表）によれば、平成30年の住宅地、工業用地等の宅地は約196万haあるが、前年に比べて大きく減少した。

4　平成30年度法人企業統計調査（令和元年９月公表）によれば、不動産業について、平成30年度の売上高営業利益率及び売上高経常利益率は、いずれも10%以下となっている。

★★★

【問49】 土地に関する次の記述のうち、最も不適当なものはどれか。

1　山地は、地形がかなり急峻で、大部分が森林となっている。

2　低地は、一般に洪水や地震などに対して弱く、防災的見地からは住宅地として好ましくない。

3　埋立地は、一般に海面に対して数mの比高を持ち、干拓地に比べ自然災害に対して危険度が高い。

4　台地は、一般に地盤が安定しており、低地に比べ自然災害に対して安全度が高い。

★★

【問50】 建築物の構造に関する次の記述のうち、最も不適当なものはどれか。

1　基礎は、硬質の支持地盤に設置するとともに、上部構造とも堅固に緊結する必要がある。

2　木造建物を耐震、耐風的な構造にするためには、できるだけ建物の形態を単純にすることが適切である。

3　鉄骨造は、不燃構造であり、靭性が大きいことから、鋼材の防錆処理を行う必要はない。

4　近年、コンクリートと鉄筋の強度が向上しており、鉄筋コンクリート造の超高層共同住宅建物もみられる。

解説 → 解答

【問48】 統計等 ★★ ＊令和２年度の統計数値での出題。参考まで＊

【問 48】はこのような統計数値からの出題です。別途、最新データに基づく受験対策レジュメをご用意いたしますのでご活用ください。(8 月中旬予定)

1 × 建築着工統計（令和２年１月公表）によれば、平成 31 年１月から令和元年 12 月までの新設住宅着工戸数は約 90.5 万戸となり、３年連続の減少となっていた。
2 ○ 令和２年版国土交通白書（令和２年６月公表）によれば、平成 31 年３月末における宅地建物取引業者数は 12 万 4,000 を超えていた。
3 × 令和２年版土地白書（令和２年６月公表）によれば、平成 30 年の住宅地、工業用地等の宅地は約 196 万 ha あり、横ばいとなっていた。
4 × 平成 30 年度法人企業統計調査（令和元年９月公表）によれば、不動産業について、平成 30 年度の売上高営業利益率及び売上高経常利益率は、いずれも 11.1%（10% 以上）となっていた。

【問49】 土地の形質等 ★★★

選択肢１と２と４。当たり前すぎて、解説がとても書きにくい。

1 適当　そうです。それが山地です。急峻です。森林です。
2 適当　そうです。それが低地です。洪水や地震に弱いです。住宅地としては好ましくないです。
3 不適当　埋立地は、一般に海面に対して数mの比高を持っているから、水害に対しては、干拓地と比べれば危険度は低い。危険度は低いとはいっても、あくまでも干拓地と比べればね。
4 適当　そうです。それが台地です。地盤が安定しています。低地に比べ自然災害に対して安全度が高いです。

【問50】 建物の構造等 ★★

選択肢３が、ばかばかしくて好き。そりゃ不適当でしょ。錆びちゃうでしょ。

1 適当　そうです。基礎は、硬質の支持地盤に設置しましょう。上部構造とも堅固に緊結しましょう。
2 適当　そうです。木造建物を耐震、耐風的な構造にするためには、できるだけ建物の形態を単純にしましょう。
3 不適当　鉄骨が、錆びるよ。不燃構造だけど、鋼材の防錆処理を行う必要あり。
4 適当　鉄筋コンクリート造は「RC 構造」とも。「超高層 RC 構造」で画像検索してみてね。鉄筋コンクリート造の超高層共同住宅建物とは、よくある高層タワーマンションのこと。

正解		
問48　2	問49　3	問50　3

令和2年度本試験問題・解説・解答

問題

★★

【問 1】 Aが購入した甲土地が他の土地に囲まれて公道に通じない土地であった場合に関する次の記述のうち、民法の規定及び判例によれば、正しいものはどれか。

1 甲土地が共有物の分割によって公道に通じない土地となっていた場合には、Aは公道に至るために他の分割者の所有地を、償金を支払うことなく通行することができる。

2 Aは公道に至るため甲土地を囲んでいる土地を通行する権利を有するところ、Aが自動車を所有していても、自動車による通行権が認められることはない。

3 Aが、甲土地を囲んでいる土地の一部である乙土地を公道に出るための通路にする目的で賃借した後、甲土地をBに売却した場合には、乙土地の賃借権は甲土地の所有権に従たるものとして甲土地の所有権とともにBに移転する。

4 Cが甲土地を囲む土地の所有権を時効により取得した場合には、AはCが時効取得した土地を公道に至るために通行することができなくなる。

★★

【問 2】 令和2年7月1日に下記ケース①及びケース②の保証契約を締結した場合に関する次の1から4までの記述のうち、民法の規定によれば、正しいものはどれか。

(ケース①) 個人Aが金融機関Bから事業資金として1,000万円を借り入れ、CがBとの間で当該債務に係る保証契約を締結した場合

(ケース②) 個人Aが建物所有者Dと居住目的の建物賃貸借契約を締結し、EがDとの間で当該賃貸借契約に基づくAの一切の債務に係る保証契約を締結した場合

1 ケース①の保証契約は、口頭による合意でも有効であるが、ケース②の保証契約は、書面でしなければ効力を生じない。

2 ケース①の保証契約は、Cが個人でも法人でも極度額を定める必要はないが、ケース②の保証契約は、Eが個人でも法人でも極度額を定めなければ効力を生じない。

3 ケース①及びケース②の保証契約がいずれも連帯保証契約である場合、BがCに債務の履行を請求したときはCは催告の抗弁を主張することができるが、DがEに債務の履行を請求したときはEは催告の抗弁を主張することができない。

4 保証人が保証契約締結の日前1箇月以内に公正証書で保証債務を履行する意思を表示していない場合、ケース①のCがAの事業に関与しない個人であるときはケース①の保証契約は効力を生じないが、ケース②の保証契約は有効である。

合格判定基準	50問中38問以上正解（登録講習修了者 45問中33問以上正解）10月実施分		
受験者データ	申込者数 → 20万4,163人	受験者数 → 16万8,989人	合格者数 → 29,728人（合格率17.6%）

解説 → 解答

【問1】 民法：相隣関係 ★★

甲土地を「袋地」、甲土地を囲む土地を「囲繞地（いにょうち）」と呼ぶこともあります。袋地の所有者は囲繞地を通行する権利（囲繞地通行権）を有します。とはいえ、囲繞地を通行するにあたり、袋地の所有者は、原則として償金を支払わなければなりません。（210条～213条、P.621）

1 ○ 「償金」なんだけど、「分割によって公道に通じない土地」となって「他の分割者の所有地」を通行するという場合は、支払う必要なし。そりゃそうだよね。

2 × 通行権の内容として、自動車による通行が含まれるのかどうか。判例によると「諸事情を総合考慮して判断すべき」とされています。なので、認められることもある。

3 × 地役権（P.527参照）じゃなくて賃借権だからね。地役権だったら甲土地を要益地として「甲土地の所有権に従たるもの」と扱われますけど、賃借権だとザンネンながらそのような扱いはありません。

4 × 囲繞地通行権は民法で認められている権利なので、「Cが時効取得した土地を公道に至るために通行することができなくなる」とはなりません。

【問2】 民法：保証債務 ★★

とりあえず、選択肢1と3は速攻で「×」だよね。事業資金にからむ保証契約の場合、「公正証書で保証人になろうとする者が保証債務を履行する意思」を表示していなければ保証契約は効力を生じない。ケース②は「一切の債務」といっているので、保証契約の時点で、現実にどれだけ債務が発生するのかがはっきりしないパターン。こういう保証契約を「根保証契約」といって、「個人（法人を除く）」が根保証をする場合は「極度額（保証人が支払いの責任を負う上限）」を定めなければなりません。そうじゃないと保証人が破滅する。

1 × ①でも②でもおなじだよ。保証契約は、書面でしなければ、その効力を生じない。（446条、P.480）

2 × 建物賃貸借契約に基づく「一切の債務」を保証するというケース②は「根保証（一定の範囲に属する不特定の債務を主たる債務とする保証契約）」となり、「個人」が根保証をする場合「極度額（上限）」を定めなければならない。「法人」が根保証をする場合は「極度額」を定める必要はない。なので「Eが個人でも法人でも」は誤り。なお、①は「1,000万円」と決まっているので根保証とはならない。（465条の2）

3 × 保証契約が連帯保証契約の場合、連帯保証人には催告の抗弁を主張することはできない。①でも②でもおなじだよ。（454条、P.483）

4 ○ 事業資金のための貸金債務を主たる債務とする保証契約（ケース①）の場合、保証契約の締結の日前1箇月以内に作成された公正証書で保証人になろうとする者（法人ではなく個人で、Aの事業に関与する者（例：取締役）ではない場合）が保証債務を履行する意思を表示していなければ、その効力を生じない。ということで、①の保証契約の効力は生じないけど、「事業資金のための貸金債務を主たる債務」の保証ではない②では有効となる。（465条の6、P.481）

正解			
問1	1	問2	4

令和2年度 問題・解説・解答

問題

★★

【問 3】次の１から４までの契約に関する記述のうち、民法の規定及び下記判決文によれば、誤っているものはどれか。なお、これらの契約は令和２年４月１日以降に締結されたものとする。

（判決文）

法律が債務の不履行による契約の解除を認める趣意は、契約の要素をなす債務の履行がないために、該契約をなした目的を達することができない場合を救済するためであり、当事者が契約をなした主たる目的の達成に必須的でない附随的義務の履行を怠ったに過ぎないような場合には、特段の事情の存しない限り、相手方は当該契約を解除することができないものと解するのが相当である。

1　土地の売買契約において、売主が負担した当該土地の税金相当額を買主が償還する付随的義務が定められ、買主が売買代金を支払っただけで税金相当額を償還しなかった場合、特段の事情がない限り、売主は当該売買契約の解除をすることができない。

2　債務者が債務を履行しない場合であっても、債務不履行について債務者の責めに帰すべき事由がないときは付随的義務の不履行となり、特段の事情がない限り、債権者は契約の解除をすることができない。

3　債務不履行に対して債権者が相当の期間を定めて履行を催告してその期間内に履行がなされない場合であっても、催告期間が経過した時における債務不履行がその契約及び取引上の社会通念に照らして軽微であるときは、債権者は契約の解除をすることができない。

4　債務者が債務を履行しない場合であって、債務者がその債務の全部の履行を拒絶する意思を明確に表示したときは、債権者は、相当の期間を定めてその履行を催告することなく、直ちに契約の解除をすることができる。

★★★

【問 4】建物の賃貸借契約が期間満了により終了した場合における次の記述のうち、民法の規定によれば、正しいものはどれか。なお、賃貸借契約は、令和２年７月１日付けで締結され、原状回復義務について特段の合意はないものとする。

1　賃借人は、賃借物を受け取った後にこれに生じた損傷がある場合、通常の使用及び収益によって生じた損耗も含めてその損傷を原状に復する義務を負う。

2　賃借人は、賃借物を受け取った後にこれに生じた損傷がある場合、賃借人の帰責事由の有無にかかわらず、その損傷を原状に復する義務を負う。

3　賃借人から敷金の返還請求を受けた賃貸人は、賃貸物の返還を受けるまでは、これを拒むことができる。

4　賃借人は、未払賃料債務がある場合、賃貸人に対し、敷金をその債務の弁済に充てるよう請求することができる。

★★

【問 5】ＡとＢとの間で令和２年７月１日に締結された委任契約において、委任者Ａが受任者Ｂに対して報酬を支払うこととされていた場合に関する次の記述のうち、民法の規定によれば、正しいものはどれか。

1　Ａの責めに帰すべき事由によって履行の途中で委任が終了した場合、Ｂは報酬全額をＡに対して請求することができるが、自己の債務を免れたことによって得た利益をＡに償還しなければならない。

2　Ｂは、契約の本旨に従い、自己の財産に対するのと同一の注意をもって委任事務を処理しなければならない。

3　Ｂの責めに帰すべき事由によって履行の途中で委任が終了した場合、ＢはＡに対して報酬を請求することができない。

4　Ｂが死亡した場合、Ｂの相続人は、急迫の事情の有無にかかわらず、受任者の地位を承継して委任事務を処理しなければならない。

解説 → 解答

【問 3】 民法：判決文（契約の解除） ★★

この判決文は「主たる目的の達成に必須的でない附随的義務の履行を怠ったに過ぎないような場合には、特段の事情の存しない限り、相手方は当該契約を解除することができない」と言っています。選択肢３と４は民法の規定にて。

1 ○ 「土地の税金相当額を買主が償還する」という付随的義務の履行を怠ったに過ぎないような場合には、特段の事情の存しない限り、相手方は当該契約を解除することができない。

2 × この判決文では「債務不履行について債務者の責めに帰すべき事由がないときは付随的義務の不履行となり」とは言っていません。また、「債務不履行について債務者の責めに帰すべき事由がない」としても、契約の解除は可能となる。

3 ○ これは民法の条文そのまま。「債務の不履行がその契約及び取引上の社会通念に照らして軽微」であるときは、債権者は契約の解除をすることはできない。（541 条、P.497）

4 ○ これも民法の条文そのまま。「債務者がその債務の全部の履行を拒絶する意思を明確に表示」したときは、債権者は、直ちに解除できる。催告不要です。（542 条、P.498）

【問 4】 民法：賃貸借契約 ★★★

選択肢１と２は「賃借人の原状回復義務」から、選択肢３と４は「敷金」からの出題。選択肢１と２の「×」はすぐわかったでしょ。

1 × 「通常の使用及び収益によって生じた賃借物の損耗」は、賃借人の原状回復の対象とはされていないよね。あと、「賃借物の経年変化」によるものもね。（621 条、P.572）

2 × 「賃借人の帰責事由の有無にかかわらず」じゃないよね。その損傷が借主の責めに帰することができない事由によるものであるときは、その損傷を原状に復する義務なし。（599 条、622 条、P.572）

3 ○ 賃貸人は「賃貸借が終了し、かつ、賃貸物の返還を受けたとき」は敷金を返還しなければならない。なので、賃貸物の返還を受けるまでは返還を拒むことができます。（622 条の 2、P.573）

4 × 賃借人のほうから「充当しろ〜」という請求はできません。賃借人が未払い賃料や損害賠償債務を履行しない場合、賃貸人はその敷金を債務の弁済に充てることができる。（622 条の 2、P.574）

【問 5】 民法：委任契約 ★★

選択肢１は「債務者の危険負担等」からの出題。委任者Ａが債権者で、受任者Ｂが債務者となります。選択肢２は速攻で「×」だよね。選択肢３は「あれ？　どうだっけ？」みたいな感じかな。

1 ○ 債権者(A)の責めに帰すべき事由によって債務を履行することができなくなったときは、債権者(A)は、反対給付の履行（報酬の支払い）を拒むことができない。この場合において、債務者（B）は、自己の債務を免れたことによって利益を得たときは、これを債権者（A）に償還しなければならない。（536 条、P.494 参考）

2 × 受任者Ｂは、委任の本旨に従い、「善良な管理者の注意をもって」委任事務を処理する義務を負う。「自己の財産に対するのと同一の注意」だと足りません。（644 条、P.516）

3 × 受任者Ｂは、Ｂの責めに帰すべき事由（委任者Ａの責めに帰することができない事由）によって委任事務の履行をすることができなくなったとき（履行の途中で委任が終了したとき）であっても、既にした履行の割合に応じて報酬を請求することができる。（648 条、P.518）

4 × 受任者Ｂの死亡により委任は終了する。終わりです。なお、「委任が終了」した場合で「急迫の事情」があるときは、「受任者（相続人・法定代理人）は必要な処分をしなければならない」という規定はありますが、これとのヒッカケかな。（653 条、P.521）

正解					
問3	2	問4	3	問5	1

問題

★★★

【問６】 ＡとＢとの間で令和２年７月１日に締結された売買契約に関する次の記述のうち、民法の規定によれば、売買契約締結後、ＡがＢに対し、錯誤による取消しができるものはどれか。

1　Ａは、自己所有の自動車を100万円で売却するつもりであったが、重大な過失によりＢに対し「10万円で売却する」と言ってしまい、Ｂが過失なく「Ａは本当に10万円で売るつもりだ」と信じて購入を申し込み、ＡＢ間に売買契約が成立した場合

2　Ａは、自己所有の時価100万円の壺を10万円程度であると思い込み、Ｂに対し「手元にお金がないので、10万円で売却したい」と言ったところ、ＢはＡの言葉を信じ「それなら10万円で購入する」と言って、ＡＢ間に売買契約が成立した場合

3　Ａは、自己所有の時価100万円の名匠の絵画を贋作だと思い込み、Ｂに対し「贋作であるので、10万円で売却する」と言ったところ、Ｂも同様に贋作だと思い込み「贋作なら10万円で購入する」と言って、ＡＢ間に売買契約が成立した場合

4　Ａは、自己所有の腕時計を100万円で外国人Ｂに売却する際、当日の正しい為替レート（１ドル100円）を重大な過失により１ドル125円で計算して「8,000ドルで売却する」と言ってしまい、Ａの錯誤について過失なく知らなかったＢが「8,000ドルなら買いたい」と言って、ＡＢ間に売買契約が成立した場合

★★★

【問７】 保証に関する次の記述のうち、民法の規定及び判例によれば、誤っているものはどれか。なお、保証契約は令和２年４月１日以降に締結されたものとする。

1　特定物売買における売主の保証人は、特に反対の意思表示がない限り、売主の債務不履行により契約が解除された場合には、原状回復義務である既払代金の返還義務についても保証する責任がある。

2　主たる債務の目的が保証契約の締結後に加重されたときは、保証人の負担も加重され、主たる債務者が時効の利益を放棄すれば、その効力は連帯保証人に及ぶ。

3　委託を受けた保証人が主たる債務の弁済期前に債務の弁済をしたが、主たる債務者が当該保証人からの求償に対して、当該弁済日以前に相殺の原因を有していたことを主張するときは、保証人は、債権者に対し、その相殺によって消滅すべきであった債務の履行を請求することができる。

4　委託を受けた保証人は、履行の請求を受けた場合だけでなく、履行の請求を受けずに自発的に債務の消滅行為をする場合であっても、あらかじめ主たる債務者に通知をしなければ、同人に対する求償が制限されることがある。

★★

【問８】 相続（令和２年７月１日に相続の開始があったもの）に関する次の記述のうち、民法の規定によれば、誤っているものはどれか。

1　相続回復の請求権は、相続人又はその法定代理人が相続権を侵害された事実を知った時から５年間行使しないときは、時効によって消滅する。

2　被相続人の子が相続開始以前に死亡したときは、その者の子がこれを代襲して相続人となるが、さらに代襲者も死亡していたときは、代襲者の子が相続人となることはない。

3　被相続人に相続人となる子及びその代襲相続人がおらず、被相続人の直系尊属が相続人となる場合には、被相続人の兄弟姉妹が相続人となることはない。

4　被相続人の兄弟姉妹が相続人となるべき場合であっても、相続開始以前に兄弟姉妹及びその子がいずれも死亡していたときは、その者の子（兄弟姉妹の孫）が相続人となることはない。

解説 → 解答

【問 6】 民法：意思表示（錯誤） ★★★

錯誤による意思表示。表意者Aの「重大な過失」による場合は、Aは意思表示の取消しをすることはできないんだけど、相手方Bが「表意者に錯誤があることを知り、または重大な過失によって知らなかったとき」「相手方Bが表意者Aと同一の錯誤に陥っていたとき」はこの限りではない。（95条、P.416～417）

1 取消しはできない　Aの「重大な過失」による意思表示。で、相手方Bは「過失なく信じて」ということだから「錯誤による取消し」はできません。

2 取消しはできない　Aに「10万円程度（思い込み）」という動機の錯誤あり。動機の表示もなく、「BはAの言葉を信じ」ということなので「錯誤による取消し」はできません。

3 取消しができる　「贋作だ」と動機の錯誤。「贋作である」と動機も表示。さらにBも同一の錯誤に陥っているので、「錯誤による取消し」ができます。

4 取消しはできない　Aの「重大な過失」による意思表示。で、相手方（外国人）Bは「過失なく知らなかった」ということなので「錯誤による取消し」はできません。

【問 7】 民法：保証 ★★★

選択肢1。果たして保証人は、契約が解除された後の原状回復義務まで保証するのかどうか。

1 ○ 判例によると、「特定物の売買における売主の保証人は、売主の債務不履行により契約が解除された場合の原状回復義務（既払代金の返還義務）についても、特に反対の意思表示のないかぎり、保証の責に任ずるものと認めるのを相当とする」だそうです。

2 × 主たる債務の目的が保証契約の締結後に加重されたときであっても、保証人の負担は加重されない。そりゃそうでしょ。また、判例によれば、主たる債務者が時効の利益を放棄しても、保証人（連帯保証人であってもなくても）にはその効果が及ばない。保証人は主たる債務についての消滅時効を援用することができます。（448条、P.482）

3 ○ 債務の弁済期前に保証人が債務の弁済。でも主たる債務者が「相殺できたのに」と主張している。となると保証人は「債権者に対し、その相殺によって消滅すべきであった債務の履行を請求することができる」というオチ。（459条の2、P.488）

4 ○ 主たる債務者にしてみれば「あらかじめ通知をしてよ」ということであろう。「主たる債務者は、債権者に対抗することができた事由をもってその保証人に対抗することができる」となるので、同人に対する求償が制限されることがある。（463条、P.488）

【問 8】 民法：相続 ★★

選択肢1の「相続回復請求権」。「相続開始の時から20年を経過したとき」も同様。

1 ○ 相続回復の請求権は、相続人またはその法定代理人が相続権を侵害された事実を知った時から5年間行使しないときは、時効によって消滅する。相続回復の請求権は初出題。（884条）

2 × 被相続人の子が先に死んでいた場合や、欠格・廃除により相続権を失っていたら、その者の子が相続人。「子」の場合、以降も、延々と代襲あり。（887条、P.625）

3 ○ 第一順位の子及びその代襲相続人がおらず、被相続人の直系尊属（第二順位）が相続人となる場合には、被相続人の兄弟姉妹（第三順位）が相続人となることはない。被相続人の兄弟姉妹は、子も直系尊属もいない場合に、やっと相続人となれる。（889条、P.626）

4 ○ 兄弟姉妹が相続人となるべき場合であっても、相続開始以前に兄弟姉妹及びその子（死んだ人から見れば甥・姪）がいずれも死亡していたときは、その者の子（兄弟姉妹の孫・死んだ人から見れば甥・姪の子）が相続人となることはない。再代襲なし。（889条、P.626）

正解					
問6	3	問7	2	問8	2

問題

★★

【問 9】 Aがその所有する甲建物について、Bとの間で、①Aを売主、Bを買主とする売買契約を締結した場合と、②Aを贈与者、Bを受贈者とする負担付贈与契約を締結した場合に関する次の記述のうち、民法の規定及び判例によれば、正しいものはどれか。なお、これらの契約は、令和２年７月１日に締結され、担保責任に関する特約はないものとする。

1　①の契約において、Bが手付を交付し、履行期の到来後に代金支払の準備をしてAに履行の催告をした場合、Aは、手付の倍額を現実に提供して契約の解除をすることができる。

2　②の契約が書面によらずになされた場合、Aは、甲建物の引渡し及び所有権移転登記の両方が終わるまでは、書面によらないことを理由に契約の解除をすることができる。

3　②の契約については、Aは、その負担の限度において、売主と同じく担保責任を負う。

4　①の契約については、Bの債務不履行を理由としてAに解除権が発生する場合があるが、②の契約については、Bの負担の不履行を理由としてAに解除権が発生することはない。

★★★

【問10】 Aが甲土地を所有している場合の時効に関する次の記述のうち、民法の規定及び判例によれば、誤っているものはどれか。

1　Bが甲土地を所有の意思をもって平穏かつ公然に17年間占有した後、CがBを相続し甲土地を所有の意思をもって平穏かつ公然に３年間占有した場合、Cは甲土地の所有権を時効取得することができる。

2　Dが、所有者と称するEから、Eが無権利者であることについて善意無過失で甲土地を買い受け、所有の意思をもって平穏かつ公然に３年間占有した後、甲土地がAの所有であることに気付いた場合、そのままさらに７年間甲土地の占有を継続したとしても、Dは、甲土地の所有権を時効取得することはできない。

3　Dが、所有者と称するEから、Eが無権利者であることについて善意無過失で甲土地を買い受け、所有の意思をもって平穏かつ公然に３年間占有した後、甲土地がAの所有であることを知っているFに売却し、Fが所有の意思をもって平穏かつ公然に甲土地を７年間占有した場合、Fは甲土地の所有権を時効取得することができる。

4　Aが甲土地を使用しないで20年以上放置していたとしても、Aの有する甲土地の所有権が消滅時効にかかることはない。

★★★

【問11】 A所有の甲土地につき、令和２年７月１日にBとの間で居住の用に供する建物の所有を目的として存続期間30年の約定で賃貸借契約（以下この問において「本件契約」という。）が締結された場合に関する次の記述のうち、民法及び借地借家法の規定並びに判例によれば、正しいものはどれか。

1　Bは、借地権の登記をしていなくても、甲土地の引渡しを受けていれば、甲土地を令和２年７月２日に購入したCに対して借地権を主張することができる。

2　本件契約で「一定期間は借賃の額の増減を行わない」旨を定めた場合には、甲土地の借賃が近傍類似の土地の借賃と比較して不相当となったときであっても、当該期間中は、AもBも借賃の増減を請求することができない。

3　本件契約で「Bの債務不履行により賃貸借契約が解除された場合には、BはAに対して建物買取請求権を行使することができない」旨を定めても、この合意は無効となる。

4　AとBとが期間満了に当たり本件契約を最初に更新する場合、更新後の存続期間を15年と定めても、20年となる。

解説 ➔ 解答

【問 9】 売買契約・贈与契約 ★★

負担付贈与契約とは、贈与者（A）が受贈者（B）になにがしかの債務を負担させる贈与契約。となると贈与者（A）もその負担の限度において、売主と同じく担保責任を負います。

1 × 手付を用いての契約の解除は、相手方が契約の履行に着手した後はできません。Bが「履行期の到来後に代金支払の準備をして」とあるので、売主Aは手付の倍額を現実に提供したとしても、契約を解除することはできない。（557条、P.502）

2 × ②の贈与契約なんだけど「書面によらない贈与は、各当事者が解除をすることができる。ただし、履行の終わった部分については、この限りでない（550条）」という規定あり。この「履行の終わった部分」の解釈として「（不動産の）引渡しがなくても（所有権）移転登記があれば履行が終わったものとする」となる(判例)。「両方が終わるまで」だと誤り。移転登記が終わっていれば解除できない。

3 ○ 負担付贈与については、贈与者は、その負担の限度において、売主と同じく担保の責任を負う。（551条）

4 × ①の売買契約での債務不履行での解除はともかく、「贈与」するから「負担してね」という②の場合でも、「負担」の不履行を理由として、贈与者が解除することもありえる。（553条）

【問10】 取得時効 ★★★

選択肢4は速攻で「○」だよね。選択肢1～3は「占有期間は合算してもよいのでしょうか？」という話。できますよね。あと、前の占有者が善意無過失だったら善意無過失を引き継ぐ。（162条、P.536）

1 ○ Bの占有期間とCの占有期間を合算すると20年。Cは「20年間占有したぜ」と主張できる。ということで、Cは甲土地の所有権を時効取得することができる。

2 × Dは占有の始めに「善意無過失」ということだから、その後に「甲土地がAの所有であることに気付いた」としても、「10年」の占有で足りる。Dは、甲土地の所有権を時効取得することができる。

3 ○ Dは占有の始めに「善意無過失」で「3年」の占有。その後に「甲土地がAの所有であることを知っているF」が占有。この場合、そもそものDの占有が「善意無過失」なので、合算して「10年」の占有で足りる。Fは甲土地の所有権を時効取得することができる。

4 ○ そりゃそうでしょ。所有権は消滅時効にかかることはない。（166条、P.441）

【問11】 借地借家法：借地 ★★★

選択肢4が楽勝で「○」。宅建ダイナマイターズのみなさん（音声講義をお聴きのみなさん）だったら、覚え方「30・20・10・10・10（さんじゅーにじゅーじゅーじゅーじゅー）」で一発一撃でしたね。

1 × 「甲土地の引渡しを受けていれば」だって（笑）。建物の賃貸借（借家）とのヒッカケですね。借地権の登記をしていなくても「土地の上に借地権者が登記されている建物を所有するとき」だったら、借地権を主張できる。（10条、P.581）

2 × 借賃が、経済事情の変動や近傍類似の土地の借賃と比較して不相当となったときは、契約の条件にかかわらず、当事者は、将来に向かって借賃の増減を請求することができる。ただし、一定の期間地代等を増額しない旨の特約がある場合には、その定めに従う。（11条、P.583）

3 × 借地権者の建物買取請求権は、借地権の存続期間が満了した場合において契約の更新がないときに認められている。そもそも「Bの債務不履行により賃貸借契約が解除された場合には、BはAに対して建物買取請求権を行使することができない」わけだから、それを明示した特約（合意）は有効でしょ。（13条、P.584）

4 ○ 最初の更新後の借地権の存続期間は「20年」。20年より長ければ（例：25年）OKだけど、「15年」と定めたら「20年」となる。簡単でしたね。（4条、P.577）

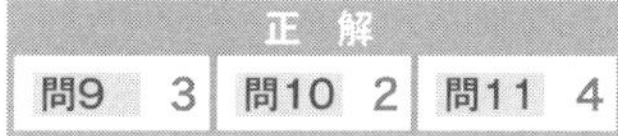

正解		
問9 3	問10 2	問11 4

令和2年度 問題・解説・解答

>> 問題

★★★

【問12】 ＡとＢとの間でＡ所有の甲建物をＢに対して、居住の用を目的として、期間２年、賃料月額 10 万円で賃貸する旨の賃貸借契約（以下この問において「本件契約」という。）を締結し、Ｂが甲建物の引渡しを受けた場合に関する次の記述のうち、民法及び借地借家法の規定並びに判例によれば、誤っているものはどれか。

1　ＡがＣに甲建物を売却した場合、Ｂは、それまでに契約期間中の賃料全額をＡに前払いしていたことを、Ｃに対抗することができる。

2　本件契約が借地借家法第 38 条の定期建物賃貸借契約であって、賃料改定に関する特約がない場合、経済事情の変動により賃料が不相当となったときは、ＡはＢに対し、賃料増額請求をすることができる。

3　本件契約が借地借家法第 38 条の定期建物賃貸借契約である場合、Ａは、転勤、療養、親族の介護その他のやむを得ない事情があれば、Ｂに対し、解約を申し入れ、申入れの日から１月を経過することによって、本件契約を終了させることができる。

4　本件契約が借地借家法第 38 条の定期建物賃貸借契約であって、造作買取請求に関する特約がない場合、期間満了で本件契約が終了するときに、Ｂは、Ａの同意を得て甲建物に付加した造作について買取請求をすることができる。

★★

【問13】 建物の区分所有等に関する法律に関する次の記述のうち、正しいものはどれか。

1　共用部分の変更（その形状又は効用の著しい変更を伴わないものを除く。）は、区分所有者及び議決権の各４分の３以上の多数による集会の決議で決するが、この区分所有者の定数は、規約で２分の１以上の多数まで減ずることができる。

2　共用部分の管理に係る費用については、規約に別段の定めがない限り、共有者で等分する。

3　共用部分の保存行為をするには、規約に別段の定めがない限り、集会の決議で決する必要があり、各共有者ですることはできない。

4　一部共用部分は、これを共用すべき区分所有者の共有に属するが、規約で別段の定めをすることにより、区分所有者全員の共有に属するとすることもできる。

★★

【問14】 不動産の登記に関する次の記述のうち、不動産登記法の規定によれば、正しいものはどれか。

1　敷地権付き区分建物の表題部所有者から所有権を取得した者は、当該敷地権の登記名義人の承諾を得なければ、当該区分建物に係る所有権の保存の登記を申請することができない。

2　所有権に関する仮登記に基づく本登記は、登記上の利害関係を有する第三者がある場合であっても、その承諾を得ることなく、申請することができる。

3　債権者Ａが債務者Ｂに代位して所有権の登記名義人ＣからＢへの所有権の移転の登記を申請した場合において、当該登記を完了したときは、登記官は、Ａに対し、当該登記に係る登記識別情報を通知しなければならない。

4　配偶者居住権は、登記することができる権利に含まれない。

解説 ➔ 解答

【問12】 借地借家法：借家 ★★★

「あれ？　みんな「○」になっちゃう」と焦ったあなた。そうなんですよ、選択肢３がヒッカケ。賃貸人Ａからの解約の申入れはできないですよね。

1 ○ Ｂは「甲建物の引渡し」を受けているので、建物の賃貸借はＣに対しても効力を生ずる。「効力を生ずる」とは、前の賃貸人（Ａ）との間での賃貸借の期間や賃料の額、賃料を前払いしたことなどを、Ｃに対しても主張できるというのが判例。（31条、民法605条参考、P.598）

2 ○ 定期建物賃貸借契約の場合、賃料改定に関する特約（増減請求をしないという特約）をすることができる。で、その「特約がない」ということだから、経済事情の変動により賃料が不相当となったときは、ＡはＢに対し、賃料増額請求をすることができる。（32条、38条、P.598）

3 × 定期建物賃貸借契約の場合、賃借人Ｂは「転勤、療養、親族の介護その他のやむを得ない事情」があれば建物の賃貸借の解約の申入れをすることができる。がしかし、賃貸人Ａからはできぬ。（38条、P.604）

4 ○ 定期建物賃貸借契約であってもなくても、造作買取請求に関する特約（造作買取請求権は行使しないという特約）がないんだから、Ｂは、Ａの同意を得て甲建物に付加した造作について買取請求をすることができる。（33条、P.599）

【問13】 区分所有法 ★★

選択肢１が「２分の１以上」という、ズッコケながらも笑えるヒッカケ。過半数だよね。選択肢４の一部共用部分とは、一部の区分所有者のみの共用に供されることが明らかな共用部分。たとえば一部の区分所有者のみが使用するエレベーターとか。

1 × 文末の「この区分所有者の定数は、規約で２分の１以上の多数まで減ずることができる」の「２分の１以上」が誤り。規約で「過半数」まで減ずることができる。（17条、P.673）

2 × 「等分」じゃないでしょ。各共有者は、規約に別段の定めがない限り、その持分に応じて、共用部分の管理に係る費用を負担する。（19条、P.670）

3 × 共用部分の管理に関する事項は、集会の決議で決するということなんだけど、保存行為は、各共有者がすることができる。（18条、P.673）

4 ○ 一部共用部分は、これを共用すべき区分所有者の共有に属するものなんだけど、規約で「区分所有者全員の共有に属する」とすることもできる。（11条、P.677参考）

【問14】 不動産登記法 ★★

区分建物とは、区分所有法での「専有部分」のこと。選択肢１はちょっとマイナーな話。選択肢２の「×」がわかればよしとしましょう。選択肢３の登記識別情報の出題は初かも。

1 ○ 「敷地権付き」とは、敷地権の登記がされていて、区分建物と敷地利用権の分離処分が禁止となっている状態。で、区分建物にあっては、表題部所有者（例：分譲業者など）から所有権を取得した者も、所有権の保存の登記を申請することができるんだけど、この場合、当該敷地権の登記名義人の承諾を得なければならない。（74条、P.693参考）

2 × 第三者の承諾を得ないとね。所有権に関する仮登記に基づく本登記は、登記上の利害関係を有する第三者がある場合には、当該第三者の承諾があるときに限り、申請することができる。（109条、P.658）

3 × 登記官の「登記識別情報」の通知は、登記の申請人自らが登記名義人となるときに行われる。「債権者Ａが債務者Ｂを代位してＢ名義とする登記の申請」ということだと、登記の申請人（Ａ）と登記名義人（Ｂ）が異なるので、通知されない。（21条、P.654）

4 × 配偶者居住権は、登記することができる権利に含まれる。（3条、P.645）

正解		
問12　3	問13　4	問14　1

問題

★★

【問15】 都市計画法に関する次の記述のうち、正しいものはどれか。

1　地区計画については、都市計画に、地区施設及び地区整備計画を定めるよう努めるものとされている。

2　都市計画事業の認可の告示があった後に当該認可に係る事業地内の土地建物等を有償で譲り渡そうとする者は、施行者の許可を受けなければならない。

3　第二種住居地域は、中高層住宅に係る良好な住居の環境を保護するため定める地域とされている。

4　市街化調整区域における地区計画は、市街化区域における市街化の状況等を勘案して、地区計画の区域の周辺における市街化を促進することがない等当該都市計画区域における計画的な市街化を図る上で支障がないように定めることとされている。

★★★

【問16】 都市計画法に関する次の記述のうち、誤っているものはどれか。なお、この問において「都道府県知事」とは、地方自治法に基づく指定都市、中核市及び施行時特例市にあってはその長をいうものとする。

1　開発許可を申請しようとする者は、あらかじめ、開発行為又は開発行為に関する工事により設置される公共施設を管理することとなる者と協議しなければならない。

2　都市計画事業の施行として行う建築物の新築であっても、市街化調整区域のうち開発許可を受けた開発区域以外の区域内においては、都道府県知事の許可を受けなければ、建築物の新築をすることができない。

3　開発許可を受けた開発行為により公共施設が設置されたときは、その公共施設は、工事完了の公告の日の翌日において、原則としてその公共施設の存する市町村の管理に属するものとされている。

4　開発許可を受けた者から当該開発区域内の土地の所有権を取得した者は、都道府県知事の承認を受けて、当該開発許可を受けた者が有していた当該開発許可に基づく地位を承継することができる。

解説 ➔ 解答

【問15】 都市計画法：都市計画全般 ★★

選択肢1と選択肢4で「どっちかなー」と悩むよね。選択肢1の「地区施設及び地区整備計画」は、都市計画に「定めるもの」とされています。「努めるものとされる」だと誤りになっちゃう。あちゃー細かい。

1 × 地区施設及び地区整備計画は「定めるもの」とされている。なお、地区計画の「面積」「目標」「整備、開発及び方針」は「定めるよう努めるもの」とされています。（12条の5、P.243）

2 × 「施行者の許可」じゃないよね。事業地内の土地建物等を有償で譲り渡そうとする者は「施行者に届け出なければならない」でしたよね。（67条、P.255）

3 × 第二種住居地域は、「主として住居の環境を保護するため定める地域」ですよね。「中高層住宅に係る…」は、第一種中高層住居専用地域での定義でした。（9条、P.225）

4 ○ 市街化調整区域にも地区計画を定めることができるけど、そこはやはり市街化調整区域なんだから、「地区計画の区域の周辺における市街化を促進することがない等」や「計画的な市街化を図る上で支障がないように」という基準がある。（13条、P.243）

【問16】 都市計画法：開発許可 ★★★

なんてったって、泣く子も黙る「都市計画事業の施行」として行う新築だもんね。そりゃ許可なんかいらないだろうということで、速攻で2を「×」にしてほしい。

1 ○ 開発行為に関連して公共施設を設置する場合もあろう。なので、あらかじめ、開発行為などにより設置される公共施設を管理することとなる者と協議しなければならない。（32条、P.270）

2 × 「市街化調整区域のうち開発許可を受けた開発区域以外の区域内」での建築物の新築については都道府県知事の許可が必要だけど、「都市計画事業の施行」としての建築物の新築ということだから、許可は不要です。（43条、P.281）

3 ○ 開発行為により設置された公共施設の管理は、さてどうする。そうです、工事完了の公告の日の翌日において、原則としてその公共施設の存する市町村の管理に属するものとされます。（39条、P.280）

4 ○ 開発区域内の土地の所有権を取得した者は、「都道府県知事の承認」を受ければ、開発許可に基づく地位を承継することができます。（45条、P.277）

正解			
問15	4	問16	2

問題

★★

【問17】 建築基準法に関する次の記述のうち、正しいものはどれか。

1　階数が２で延べ面積が200㎡の鉄骨造の共同住宅の大規模の修繕をしようとする場合、建築主は、当該工事に着手する前に、確認済証の交付を受けなければならない。
2　居室の天井の高さは、一室で天井の高さの異なる部分がある場合、室の床面から天井の最も低い部分までの高さを2.1 m以上としなければならない。
3　延べ面積が1,000㎡を超える準耐火建築物は、防火上有効な構造の防火壁又は防火床によって有効に区画し、かつ、各区画の床面積の合計をそれぞれ1,000㎡以内としなければならない。
4　高さ30 mの建築物には、非常用の昇降機を設けなければならない。

★★

【問18】 建築基準法に関する次の記述のうち、正しいものはどれか。

1　公衆便所及び巡査派出所については、特定行政庁の許可を得ないで、道路に突き出して建築することができる。
2　近隣商業地域内において、客席の部分の床面積の合計が200㎡以上の映画館は建築することができない。
3　建築物の容積率の算定の基礎となる延べ面積には、老人ホームの共用の廊下又は階段の用に供する部分の床面積は、算入しないものとされている。
4　日影による中高層の建築物の高さの制限に係る日影時間の測定は、夏至日の真太陽時の午前８時から午後４時までの間について行われる。

解説 → 解答

【問17】 建築基準法 ★★

選択肢１の「共同住宅（特殊建築物）」は延べ面積が 200㎡超ではないけれど、そもそも鉄骨造ですもんね。２階建てということだから建築確認（確認済証の交付）が必要。選択肢２・３・４は、あちゃー細かいヒッカケ。やだね～ !!!!

1 ○ 鉄骨造（木造以外の建築物）で２以上の階数を有する建築物に大規模の修繕を行う場合、建築主は、当該工事に着手する前に建築確認を受け、確認済証の交付を受けなければならない。（6 条、P.337）

2 × 「2.1 m以上」は「2.1 m以上」なんだけど「室の床面から天井の最も低い部分まで」じゃないんですよね。「一室で天井の高さの異なる部分がある場合においては、その平均の高さ」でした。（21 条、P.287）

3 × 準耐火建築物や耐火建築物だったら、この「防火上有効な構造の防火壁又は防火床によって有効に区画し、かつ、各区画の床面積の合計をそれぞれ 1,000㎡以内」とする旨の規定は適用なし。（26 条、P.330）

4 × 「高さ 31 mを超える」建築物だったら、非常用の昇降機を設けなければならないんだけど、うわ、「高さ 30 mの建築物」だってさ。（34 条、P.287）

【問18】 建築基準法 ★★

選択肢１の公衆便所と巡査派出所。許可不要で建築できそうだ。ヒッカケだ。選択肢４はよく読むと「夏至日」だって。「冬至日」だよね。

1 × 公衆便所及び巡査派出所などの公益上必要な建築物については、特定行政庁が通行上支障がないと認めて建築審査会の同意を得て「許可」したものであれば、道路に突き出して建築することができる。（44 条、P.293）

2 × 近隣商業地域においては、その客席部分の床面積を問わず、映画館を建築することができる。（48 条、P.296）

3 ○ 老人ホームの共用の廊下または階段の用に供する部分の床面積は、建築物の容積率の算定の基礎となる延べ面積には算入されない。（52 条、P.311）

4 × 日影による中高層の建築物の高さの制限に係る日影時間の測定は、「夏至日」ではなく「冬至日」の真太陽時の午前８時から午後４時までの間について行われる。（56 条の２、P.321）

正解			
問17	1	問18	3

問題

★★★

【問19】宅地造成及び特定盛土等規制法に関する次の記述のうち、誤っているものはどれか。なお、この問において「都道府県知事」とは、地方自治法に基づく指定都市、中核市施行時特例市にあってはその長をいうものとする。（法改正により問題文、選択肢すべてを修正している）

1　土地の占有者は、都道府県知事又はその命じた者若しくは委任した者が、基礎調査の指定のために当該土地に立ち入って測量又は調査を行う場合、正当な理由がない限り、立入りを拒み、又は妨げてはならない。

2　宅地を宅地以外の土地にするために行う土地の形質の変更は、宅地造成に該当しない。

3　宅地造成等工事規制区域内において、公共施設用地を宅地に転用する者は、宅地造成等に関する工事を行わない場合でも、都道府県知事の許可を受けなければならない。

4　宅地造成等に関する工事の許可を受けた者が、工事施行者を変更する場合には、遅滞なくその旨を都道府県知事に届け出ればよく、改めて許可を受ける必要はない。

★

【問20】土地区画整理組合（以下この問において「組合」という。）に関する次の記述のうち、土地区画整理法の規定によれば、正しいものはどれか。

1　組合の設立認可を申請しようとする者は、施行地区となるべき区域内の宅地について借地権を有するすべての者の３分の２以上の同意を得なければならないが、未登記の借地権を有する者の同意を得る必要はない。

2　組合の総会の会議は、定款に特別な定めがある場合を除くほか、組合員の半数以上が出席しなければ開くことができない。

3　組合が賦課金を徴収する場合、賦課金の額は、組合員が施行地区内に有する宅地又は借地の地積等にかかわらず一律に定めなければならない。

4　組合の施行する土地区画整理事業に参加することを希望する者のうち、当該土地区画整理事業に参加するのに必要な資力及び信用を有する者であって定款で定められたものは、参加組合員として組合員となる。

解説 ➔ 解答

【問19】 宅地造成及び特定盛土等規制法 ★★★

過去問でおなじみの選択肢2がわからないということは、なにも勉強していなかったということがわかる。選択肢1がちょっとマイナーだったかも。

1 ○ 土地の占有者は、正当な理由がない限り、測量や調査のための土地の立ち入りを拒んだり、妨げたりしてはならない。（5条）

2 ○ 「宅地」を「宅地以外」だもんね。宅地造成に該当しない。（2条、P.343）

3 × 公共施設用地を宅地に転用する場合で、宅地造成等に関する工事を行わないというのであれば、転用した日から14日以内に都道府県知事へ届け出ればOK。許可を受ける必要はない。（21条、P.345）

4 ○ 工事施行者の変更は「軽微な変更」となるので、都道府県知事への届出でOK。改めて許可（変更の許可）を受ける必要はない。（16条、施行規則38条）

【問20】 土地区画整理法 ★

選択肢1の「未登記の借地権」とは、借地上の建物の登記（対抗力）があったとしても土地の賃借権自体の登記がない場合をいう。がしかし、いずれもマイナーな選択肢。

1 × 「未登記の借地権を有する者の同意が不要となる場合」は次のとおり。組合の設立認可の申請にあたっての同意を得ようとする者は、①あらかじめ市町村長に施行地区となるべき区域の公告を申請→②市町村長が公告→③公告があった日から1ヶ月以内に、施行地区となるべき区域の宅地について未登記の借地権を有する者は市町村長に対し、書面で借地権の種類・内容を申告→④申告がない場合は借地権は存しないものとみなす。ここまできて、やっと同意不要となる。（19条、P.367参考）

2 ○ 総会の会議は、定款に特別の定めがある場合を除くほか、組合員の半数以上が出席しなければ開くことができない。（34条）

3 × 「宅地又は借地の地積等にかかわらず一律」ではありません。「賦課金の額は、組合員が施行地区内に有する宅地又は借地の位置、地積等を考慮して公平に定めなければならない」とされています。（40条、P.367参考）

4 × 単に「参加することを希望する者のうち、当該土地区画整理事業に参加するのに必要な資力及び信用を有する者」ということではなく、独立行政法人都市再生機構、地方住宅供給公社、地方公共団体などのうち、定款で定められたものが、参加組合員として、組合の組合員となる。（25条の2、P.367参考）

正解			
問19	3	問20	2

問題

★★★

【問21】農地に関する次の記述のうち、農地法（以下この問において「法」という。）の規定によれば、正しいものはどれか。

1　法第３条第１項の許可が必要な農地の売買については、この許可を受けずに売買契約を締結しても所有権移転の効力は生じない。
2　市街化区域内の自己の農地を駐車場に転用する場合には、農地転用した後に農業委員会に届け出ればよい。
3　相続により農地を取得することとなった場合には、法第３条第１項の許可を受ける必要がある。
4　農地に抵当権を設定する場合には、法第３条第１項の許可を受ける必要がある。

★★★

【問22】国土利用計画法第23条の届出（以下この問において「事後届出」という。）に関する次の記述のうち、正しいものはどれか。

1　Ａが所有する市街化区域内の1,500㎡の土地をＢが購入した場合には、Ｂは事後届出を行う必要はないが、Ｃが所有する市街化調整区域内の6,000㎡の土地についてＤと売買に係る予約契約を締結した場合には、Ｄは事後届出を行う必要がある。
2　Ｅが所有する市街化区域内の2,000㎡の土地をＦが購入した場合、Ｆは当該土地の所有権移転登記を完了した日から起算して２週間以内に事後届出を行う必要がある。
3　Ｇが所有する都市計画区域外の15,000㎡の土地をＨに贈与した場合、Ｈは事後届出を行う必要がある。
4　Ｉが所有する都市計画区域外の10,000㎡の土地とＪが所有する市街化調整区域内の10,000㎡の土地を交換した場合、Ｉ及びＪは事後届出を行う必要はない。

★★

【問23】印紙税に関する次の記述のうち、正しいものはどれか。

1　「建物の電気工事に係る請負代金は1,100万円（うち消費税額及び地方消費税額100万円）とする」旨を記載した工事請負契約書について、印紙税の課税標準となる当該契約書の記載金額は1,100万円である。
2　「Ａの所有する土地（価額5,000万円）とＢの所有する土地（価額4,000万円）とを交換する」旨の土地交換契約書を作成した場合、印紙税の課税標準となる当該契約書の記載金額は4,000万円である。
3　国を売主、株式会社Ｃを買主とする土地の売買契約において、共同で売買契約書を２通作成し、国とＣ社がそれぞれ１通ずつ保存することとした場合、Ｃ社が保存する契約書には印紙税は課されない。
4　「契約期間は10年間、賃料は月額10万円、権利金の額は100万円とする」旨が記載された土地の賃貸借契約書は、記載金額1,300万円の土地の賃借権の設定に関する契約書として印紙税が課される。

解説 → 解答

【問21】 農地法 ★★★

それにしても、またどうして、こうまでして過去問とおなじパターンでの繰り返し出題なのであろうか。これがわからないということは、なにも勉強していなかったということがわかる（笑）。（3条、P.380～381）

1 ○ 農地法3条の許可を受けずに締結した売買契約は効力を生じない。無効となるがゆえ所有権移転の効力は生じない。

2 × 市街化区域内の農地の転用については、あらかじめ農業委員会への届出で足りる。そうなんですよ、この届出は事前の届出です。転用した後では遅い。（4条、P.382）

3 × 相続による農地の取得については、農地法3条の許可は不要で～す。

4 × 農地に抵当権を設定する場合、農地法3条の許可は不要で～す。

【問22】 国土利用計画法 ★★★

選択肢1の「売買に係る予約契約」の場合、予約契約を締結してから2週間以内に事後届出が必要でしたよね。選択肢2は「移転登記を完了した日」だって。選択肢3は贈与で、選択肢4は交換。いずれの出題も定番でした。（23条、P.354～356）

1 ○ 市街化区域内で面積が2,000㎡未満であるため、Bは事後届出を行う必要はないが、市街化調整区域内で面積が6,000㎡（5,000㎡以上）であるため、Dは事後届出を行う必要がある。

2 × 市街化区域内の2,000㎡の土地であるため、Fは売買契約を締結した日から2週間以内に事後届出を行う必要がある。「所有権移転登記を完了した日」からじゃないよね。

3 × 贈与です。贈与の場合は、事後届出は不要です。

4 × 交換も事後届出の対象。都市計画区域外の10,000㎡の土地を取得したJも、市街化調整区域内で10,000㎡（5,000㎡以上）の土地を取得したIも、それぞれ事後届出を行う必要あり。

【問23】 印紙税 ★★

選択肢3が速攻で「○」ですよね。選択肢4の土地の賃貸借契約書の場合、記載金額は「権利金」のみとなります。（P.715～718）

1 × 印紙税の課税標準となる当該契約書の記載金額は1,000万円。消費税額及び地方消費税額の100万円は記載金額に含めません。

2 × 交換の場合、いずれか高いほうの金額が記載金額とされる。4,000万円ではなくて5,000万円ですね。

3 ○ C社が保存する契約書については、国が作成されたものとみなされるため、印紙税は課されない。国や地方公共団体等が作成する文書（契約書）は非課税だよー。

4 × 土地の賃貸借契約書は課税文書なんだけど、権利金の額の「100万円」が記載金額となります。賃料や返還が予定されている保証金などは記載金額に含めません。（P.734参考）

正解		
問21 1	問22 1	問23 3

問題

★★★

【問24】 不動産取得税に関する次の記述のうち、正しいものはどれか。

1 令和２年４月に個人が取得した住宅及び住宅用地に係る不動産取得税の税率は３％であるが、住宅用以外の土地に係る不動産取得税の税率は４％である。

2 一定の面積に満たない土地の取得に対しては、狭小な不動産の取得者に対する税負担の排除の観点から、不動産取得税を課することができない。

3 不動産取得税は、不動産の取得に対して課される税であるので、家屋を改築したことにより、当該家屋の価格が増加したとしても、不動産取得税は課されない。

4 共有物の分割による不動産の取得については、当該不動産の取得者の分割前の当該共有物に係る持分の割合を超えない部分の取得であれば、不動産取得税は課されない。

★★

【問25】 不動産の鑑定評価に関する次の記述のうち、不動産鑑定評価基準によれば、誤っているものはどれか。

1 不動産の価格は、その不動産の効用が最高度に発揮される可能性に最も富む使用を前提として把握される価格を標準として形成されるが、不動産についての現実の使用方法は当該不動産が十分な効用を発揮していない場合があることに留意すべきである。

2 対象建築物に関する工事が完了していない場合でも、当該工事の完了を前提として鑑定評価を行うことがある。

3 特殊価格とは、一般的に市場性を有しない不動産について、その利用現況等を前提とした不動産の経済価値を適正に表示する価格をいい、例としては、文化財の指定を受けた建造物について、その保存等に主眼をおいた鑑定評価を行う場合において求められる価格があげられる。

4 原価法は、対象不動産が建物及びその敷地である場合において、再調達原価の把握及び減価修正を適切に行うことができるときに有効な手法であるが、対象不動産が土地のみである場合には、この手法を適用することはできない。

解説 ➔ 解答

【問24】 不動産取得税 ★★★

選択肢２の「狭小な不動産の取得者に対する税負担の排除の観点」というフレーズがそれらしいウソ。選択肢３は速攻で「×」だよね。（P.705 ～ 706）

1 × 不動産取得税の標準税率は４％なんだけど、「土地３％」「住宅３％」に軽減されています。住宅用以外の土地でも３％です。

2 × 不動産取得税の免税につき、面積要件なし。課税標準が一定額未満の場合には不動産取得税は課されないけどね。

3 × 「家屋の改築」の場合でも不動産取得税は課されるよね。「改築による価値増加分」が不動産取得税の課税対象となる。

4 ○ 共有物の分割による不動産の取得。この場合、自分の持分の割合での分割による取得（例：持分３分の１だったので３分の１を分割により取得）だったら、不動産取得税は課されない。

【問25】 不動産鑑定評価基準 ★★

選択肢１～３は初見なので「？」だったかもしれないけど、選択肢４が一発一撃の「×」で正解。あきらめないで最後の選択肢まで読みなさいよ、という出題者のメッセージか。（P.700 ～ 703）

1 ○ 不動産の価格は、最有効使用を前提として把握される価格を標準として形成されるが、不動産についての現実の使用方法は、必ずしも最有効使用に基づいているものではないです。不合理な、または個人的な事情による使用方法のために、当該不動産が十分な効用を発揮していない場合があることに留意すべきである。

2 ○ 対象建築物に関する工事が完了していない場合でも、当該工事の完了を前提として鑑定評価を行うことがある。この場合の鑑定評価を未竣工建物等鑑定評価という。

3 ○ 特殊価格とは、文化財等の一般的に市場性を有しない不動産について、その利用現況等を前提とした不動産の経済価値を適正に表示する価格をいう。特殊価格を求める場合を例示すれば、文化財の指定を受けた建造物、宗教建築物又は現況による管理を継続する公共公益施設の用に供されている不動産について、その保存等に主眼をおいた鑑定評価を行う場合である。

4 × 原価法は、対象不動産が建物又は建物及びその敷地である場合において、再調達原価の把握及び減価修正を適切に行うことができるときに有効であり、対象不動産が土地のみである場合においても、再調達原価を適切に求めることができるときはこの手法を適用することができる。

正解			
問24	4	問25	4

問題

★★★

【問26】 宅地建物取引業の免許（以下この問において「免許」という。）に関する次の記述のうち、宅地建物取引業法の規定によれば、正しいものはどれか。

1　宅地建物取引業者Ａ社（甲県知事免許）が宅地建物取引業者ではないＢ社との合併により消滅した場合には、Ｂ社は、Ａ社が消滅した日から30日以内にＡ社を合併した旨を甲県知事に届け出れば、Ａ社が受けていた免許を承継することができる。

2　信託業法第３条の免許を受けた信託会社が宅地建物取引業を営もうとする場合には、国土交通大臣の免許を受けなければならない。

3　個人Ｃが、転売目的で競売により取得した宅地を多数の区画に分割し、宅地建物取引業者Ｄに販売代理を依頼して、不特定多数の者に分譲する事業を行おうとする場合には、免許を受けなければならない。

4　宅地建物取引業者Ｅ（乙県知事免許）は、乙県内に２以上の事務所を設置してその事業を営もうとする場合には、国土交通大臣に免許換えの申請をしなければならない。

★★★

【問27】 宅地建物取引業者がその業務に関して行う広告に関する次の記述のうち、宅地建物取引業法の規定によれば、正しいものはいくつあるか。

ア　建物の売却について代理を依頼されて広告を行う場合、取引態様として、代理であることを明示しなければならないが、その後、当該物件の購入の注文を受けたときは、広告を行った時点と取引態様に変更がない場合を除き、遅滞なく、その注文者に対し取引態様を明らかにしなければならない。

イ　広告をするに当たり、実際のものよりも著しく優良又は有利であると人を誤認させるような表示をしてはならないが、誤認させる方法には限定がなく、宅地又は建物に係る現在又は将来の利用の制限の一部を表示しないことにより誤認させることも禁止されている。

ウ　複数の区画がある宅地の売買について、数回に分けて広告をする場合は、広告の都度取引態様の別を明示しなければならない。

エ　宅地の造成又は建物の建築に関する工事の完了前においては、当該工事に必要な都市計画法に基づく開発許可、建築基準法に基づく建築確認その他法令に基づく許可等の申請をした後でなければ、当該工事に係る宅地又は建物の売買その他の業務に関する広告をしてはならない。

1　一つ　　2　二つ　　3　三つ　　4　四つ

★★★

【問28】 宅地建物取引士に関する次の記述のうち、宅地建物取引業法の規定によれば、正しいものはどれか。

1　宅地建物取引士資格試験に合格した者は、合格した日から10年以内に登録の申請をしなければ、その合格は無効となる。

2　宅地建物取引士証の有効期間の更新の申請は、有効期間満了の90日前から30日前までにする必要がある。

3　宅地建物取引士は、重要事項の説明をするときは説明の相手方からの請求の有無にかかわらず宅地建物取引士証を提示しなければならず、また、取引の関係者から請求があったときにも宅地建物取引士証を提示しなければならない。

4　甲県知事の登録を受けている宅地建物取引士が、乙県知事に登録の移転を申請するときは、乙県知事が指定する講習を受講しなければならない。

解説 ➔ 解答

【問26】 宅建業法：宅建業の免許 ★★★

選択肢３は、今までもよく出題されていて、おなじみの「×」パターン。選択肢４の場合は「免許換え」は不要だよね。

1 × 免許は承継できないですよね。あと、合併した旨の届出（廃業等の届出）は、合併により消滅したＡ社を代表する役員だった者が行う。（11 条、P.044）

2 × 信託会社が宅建業を営もうとする場合には、その旨を国土交通大臣に届け出なければならない。「国土交通大臣の免許を受けなければならない」じゃないよね。（77 条、P.037）

3 ○ 宅建業者Ｄに販売代理を依頼したとしても、個人Ｃは、自ら売主として宅建業を営むことにかわりなく、宅建業の免許を受ける必要あり。（2 条、3 条、P.034）

4 × 免許換えは不要。２以上の都道府県内に事務所を設置するわけじゃないしね。乙県内での設置だから、乙県知事の免許のままで OK。（7 条、P.041）

【問27】 宅建業法：広告 ★★★

いずれの選択肢も、過去問でおなじみの「定番」。これがわからないということは、単に勉強していないということかな？

ア × 「広告を行った時点と取引態様に変更がない場合を除き」と、それらしいウソ。購入の注文を受けたときは、遅滞なく、その注文者に対し取引態様を明らかにしなければならない。（34 条、P.100）

イ ○ とにかく誤認させないように。「宅地又は建物に係る現在又は将来の利用の制限の一部を表示しないことにより誤認させること」も禁止されている。（32 条、P.099）

ウ ○ 数回に分けて広告をする場合、最初の広告だけじゃなくて、広告の都度取引態様の別を明示しなければならぬ。（34 条、P.100）

エ × 「許可等の申請をした後でなければ」という定番のヒッカケ。開発許可や建築確認などを受けた後でなければ、当該工事に係る宅地・建物の売買その他の業務に関する広告をしてはならぬ。（33 条、P.098）

正しいものはイ、ウの「二つ」。選択肢２が正解となる。

【問28】 宅建業法：宅地建物取引士 ★★★

選択肢１が珠玉の名作。もしもこういうルールだったら「10 年ぶりに再受験」とか。失われた 10 年。選択肢３が速攻で「○」。簡単すぎる問題でした。

1 × やべー「合格が無効となる」なんて。あはは。けっこうウケました。出題者さんありがとう。こんな規定なし。

2 × これって宅建業の「免許の更新」とのヒッカケだよね。宅地建物取引士証の有効期限の更新については「登録をしている都道府県知事が指定する講習で交付の申請前６ヶ月以内に行われるものを受講」でしたよね。（22 条の 2、P.075）

3 ○ 重要事項の説明をするときは説明の相手方からの請求の有無にかかわらず、また、取引の関係者から請求があったときにも、宅地建物取引士証を提示しなければならぬ。（22 条の 4、35 条、P.076、152）

4 × 唯一、ちょっと悩む選択肢か。登録の移転にあたり、都道府県知事が指定する講習を受ける必要はない。（19 条の 2、P.078）

正解		
問26　3	問27　2	問28　3

令和２年度 ≫ 問題・解説・解答

問題

★★★

【問29】 宅地建物取引業者Ａが、ＢからＢ所有の住宅の売却の媒介を依頼された場合における次の記述のうち、宅地建物取引業法（以下この問において「法」という。）の規定によれば、正しいものはいくつあるか。

ア　Ａは、Ｂとの間で専任媒介契約を締結し、所定の事項を指定流通機構に登録したときは、その登録を証する書面を遅滞なくＢに引き渡さなければならない。

イ　Ａは、Ｂとの間で媒介契約を締結したときは、当該契約が国土交通大臣が定める標準媒介契約約款に基づくものであるか否かの別を、法第 34 条の２第１項の規定に基づき交付すべき書面に記載しなければならない。

ウ　Ａは、Ｂとの間で専任媒介契約を締結するときは、Ｂの要望に基づく場合を除き、当該契約の有効期間について、有効期間満了時に自動的に更新する旨の特約をすることはできない。

エ　Ａは、Ｂとの間で専属専任媒介契約を締結したときは、Ｂに対し、当該契約に係る業務の処理状況を１週間に１回以上報告しなければならない。

1　一つ　　2　二つ　　3　三つ　　4　四つ

★★★

【問30】 宅地建物取引業者Ａ及び宅地建物取引業者Ｂ（ともに消費税課税事業者）が受領する報酬に関する次の記述のうち、宅地建物取引業法の規定によれば、正しいものはどれか。なお、借賃には消費税等相当額を含まないものとする。

1　Ａは売主から代理の依頼を、Ｂは買主から媒介の依頼を、それぞれ受けて、代金 5,000 万円の宅地の売買契約を成立させた場合、Ａは売主から 343 万 2,000 円、Ｂは買主から 171 万 6,000 円、合計で 514 万 8,000 円の報酬を受けることができる。

2　Ａが単独で行う居住用建物の貸借の媒介に関して、Ａが依頼者の一方から受けることができる報酬の上限額は、当該媒介の依頼者から報酬請求時までに承諾を得ている場合には、借賃の 1.1 か月分である。

3　Ａが単独で貸主と借主の双方から店舗用建物の貸借の媒介の依頼を受け、１か月の借賃 25 万円、権利金 330 万円（権利設定の対価として支払われるもので、返還されないものをいい、消費税等相当額を含む。）の賃貸借契約を成立させた場合、Ａが依頼者の一方から受けることができる報酬の上限額は、30 万 8,000 円である。

4　Ａが単独で行う事務所用建物の貸借の媒介に関し、Ａが受ける報酬の合計額が借賃の 1.1 か月分以内であれば、Ａは依頼者の双方からどのような割合で報酬を受けてもよく、また、依頼者の一方のみから報酬を受けることもできる。

★★★

【問31】 宅地建物取引業者が行う宅地建物取引業法第 35 条に規定する重要事項の説明に関する次の記述のうち、正しいものはどれか。なお、説明の相手方は宅地建物取引業者ではないものとする。

1　建物の売買の媒介だけでなく建物の貸借の媒介を行う場合においても、損害賠償額の予定又は違約金に関する事項について、説明しなければならない。

2　建物の売買の媒介を行う場合、当該建物について、石綿の使用の有無の調査の結果が記録されているか照会を行ったにもかかわらず、その存在の有無が分からないときは、宅地建物取引業者自らが石綿の使用の有無の調査を実施し、その結果を説明しなければならない。

3　建物の売買の媒介を行う場合、当該建物が既存の住宅であるときは、建物状況調査を実施しているかどうかを説明しなければならないが、実施している場合その結果の概要を説明する必要はない。

4　区分所有建物の売買の媒介を行う場合、建物の区分所有等に関する法律第２条第３項に規定する専有部分の用途その他の利用の制限に関する規約の定めがあるときは、その内容を説明しなければならないが、区分所有建物の貸借の媒介を行う場合は、説明しなくてよい。

解説 ➔ 解答

【問29】 宅建業法：媒介契約 ★★★

媒介契約は毎年出題されます。いずれも過去問でおなじみの選択肢。（34条の2、P.108～112）

ア ○ 所定の事項を指定流通機構に登録した宅建業者は、その登録を証する書面を、遅滞なく、依頼者に引き渡さなければならない。

イ ○ 法第34条の2第1項の規定に基づき交付すべき書面（媒介契約書）には、「国土交通大臣が定める標準媒介契約約款に基づくものであるか否かの別」を記載しなければならない。

ウ × 「Bの要望に基づく場合」かどうかを問わず、「有効期間満了時に自動的に更新する旨の特約」をすることはできない。

エ ○ 専属専任媒介契約なので、業務の処理状況を「1週間に1回以上」報告しなければならぬ。

正しいものはア、イ、エの「三つ」。選択肢3が正解となる。

【問30】 宅建業法：報酬 ★★★

選択肢1は定番の代理報酬と媒介報酬で「取り過ぎパターン」。居住用建物の貸借の媒介である選択肢2は「報酬請求時までに承諾を得ている場合」が誤り。ちょっと細かいかな。（46条、P.119～121）

1 × Aが受領できる代理報酬の限度額を計算してみると、5,000万円×3％＋6万円＝156万円。156万円×2＝312万円。消費税等相当額を含めた343万2,000円が上限。Bが受領できる媒介報酬の限度額は156万円に消費税相当額を含めた171万6,000円。で、この取引でABが受領できる報酬の合計額は343万2,000円まで。「合計で514万8,000円」ではありません。

2 × 「報酬請求時までに承諾」じゃないよね。「依頼を受けるにあたって依頼者の承諾を得ている」のであれば、借賃の1.1か月分を受領できる。

3 × 店舗用建物の貸借の媒介で権利金300万円（消費税等相当額を含まない）を売買代金とみて計算（売買の媒介をしたとして計算）してみると、300万円×4％＋2万円＝14万円。これに消費税等相当額を含めれば15万4,000円。Aは貸主から15万4,000円、借主から15万4,000円を受領できる。依頼者の一方から30万8,000円を受領することはできない。

4 ○ 居住用建物ではないので、その貸借の媒介に関し、Aが受ける報酬の合計額が借賃の1.1か月分以内であれば、Aは依頼者の双方からどのような割合で報酬を受けてもよく、また、依頼者の一方のみから報酬を受けることもできる。

【問31】 宅建業法：重要事項の説明等（35条書面） ★★★

いずれの選択肢も、過去問でおなじみの定番。選択肢3がちょっとおもしろい。（35条、P.156～167）

1 ○ 「損害賠償額の予定又は違約金に関する事項」については、貸借の媒介を行う場合にも重要事項として説明しなければならぬ。

2 × 「宅地建物取引業者自らが石綿の使用の有無の調査を実施し」ではないよね。石綿の使用の有無の調査の結果が記録されているときは、その内容を説明する。記録されていないときは「記録されていない」でOK。

3 × 「建物状況調査は実施しました。でも、結果の概要は秘密。説明しませんよ～」。あのさー、そんなワケないでしょ。笑えます。「その結果の概要」も説明しなければならぬ。この手のおマヌケ問題の作成技術。キレ味バツグンの出題者。さすがです。

4 × 「専有部分の用途その他の利用の制限に関する規約の定め」は、区分所有建物の貸借の媒介を行う場合でも、もちろん説明せねばならぬ。そりゃそうでしょ。

正解		
問29 3	問30 4	問31 1

>> 問題

★★★

【問32】 宅地建物取引業者Ａが、自ら売主として、宅地建物取引業者ではないＢとの間で建物の売買契約を締結する場合における次の記述のうち、宅地建物取引業法（以下この問において「法」という。）の規定によれば、正しいものはどれか。

1　ＡＢ間の建物の売買契約において、Ｂが当該契約の履行に着手した後においては、Ａは、契約の締結に際してＢから受領した手付金の倍額をＢに現実に提供したとしても、契約を解除することはできない。

2　ＡＢ間の建物の売買契約における「法第37条の２の規定に基づくクーリング・オフによる契約の解除の際に、当該契約の締結に際しＡがＢから受領した手付金は返還しない」旨の特約は有効である。

3　ＡＢ間の建物の割賦販売の契約において、Ｂからの賦払金が当初設定していた支払期日までに支払われなかった場合、Ａは直ちに賦払金の支払の遅滞を理由として当該契約を解除することができる。

4　ＡＢ間で工事の完了前に当該工事に係る建物（代金5,000万円）の売買契約を締結する場合、Ａは、法第41条に定める手付金等の保全措置を講じた後でなければ、Ｂから200万円の手付金を受領してはならない。

★★★

【問33】 宅地建物取引業者Ａが宅地建物取引業法第37条の規定により交付すべき書面（以下この問において「37条書面」という。）に関する次の記述のうち、正しいものはどれか。

1　Ａが媒介により建物の貸借の契約を成立させたときは、37条書面に借賃の額並びにその支払の時期及び方法を記載しなければならず、また、当該書面を契約の各当事者に交付しなければならない。

2　Ａが媒介により宅地の貸借の契約を成立させた場合において、当該宅地の引渡しの時期について重要事項説明書に記載して説明を行ったときは、その内容を37条書面に記載する必要はない。

3　Ａが自ら売主として宅地建物取引業者である買主と建物の売買契約を締結した場合、37条書面に宅地建物取引士をして記名させる必要はない。

4　Ａが自ら売主として宅地の売買契約を締結した場合、代金についての金銭の貸借のあっせんに関する定めがある場合における当該あっせんに係る金銭の貸借が成立しないときの措置については、37条書面に記載する必要はない。

★★★

【問34】 宅地建物取引士の登録（以下この問において「登録」という）及び宅地建物取引士証に関する次の記述のうち、宅地建物取引業法の規定によれば、正しいものはどれか。

1　甲県で宅地建物取引士資格試験に合格した後１年以上登録の申請をしていなかった者が宅地建物取引業者（乙県知事免許）に勤務することとなったときは、乙県知事あてに登録の申請をしなければならない。

2　登録を受けている者は、住所に変更があっても、登録を受けている都道府県知事に変更の登録を申請する必要はない。

3　宅地建物取引士は、従事先として登録している宅地建物取引業者の事務所の所在地に変更があったときは、登録を受けている都道府県知事に変更の登録を申請しなければならない。

4　丙県知事の登録を受けている宅地建物取引士が、丁県知事への登録の移転の申請とともに宅地建物取引士証の交付の申請をした場合は、丁県知事から、移転前の宅地建物取引士証の有効期間が経過するまでの期間を有効期間とする新たな宅地建物取引士証が交付される。

解説 ➡ 解答

【問32】 宅建業法：宅建業者が売主 ★★★

いずれの選択肢も、過去に出題された内容と同趣旨のものなので、復習するのにちょうどよい。

1 ○ 手付を用いての契約の解除は、相手方が契約の履行に着手した後はできません。Bが「当該契約の履行に着手した後」なので、売主Aは手付の倍額を現実に提供したとしても時すでに遅し。解除できない。（39条、P.138）

2 × クーリング・オフによる契約の解除が行われた場合、Aは、速やかに、売買契約の締結に際し受領した手付金をBに返還しなければならない。これに反する特約で申込者等（B）に不利なものは無効となる。（37条の2、P.130）

3 × 直ちに契約を解除することはできないでしょ。割賦販売の契約で、賦払金の支払の義務が履行されない場合、30日以上の相当の期間を定めてその支払を書面で催告し、その期間内にその義務が履行されないときでなければ、賦払金の支払の遅滞を理由として、契約を解除することができない。（42条、P.149）

4 × 「5,000万円」の5％は「250万円」。「工事の完了前」での売買ということだから、「250万円」までであれば、手付金等の保全措置を講じることなく受領できる。（41条、P.143）

【問33】 宅建業法：契約書面の交付（37条書面） ★★★

選択肢1があっけなく「○」で、他の選択肢も過去問でおなじみの「定番」。（37条、P.172～174）

1 ○ 「借賃の額並びにその支払の時期及び方法」は、37条書面に記載しなければならず、37条書面は契約の各当事者に交付しなければならない。

2 × 「当該宅地の引渡しの時期」は、37条書面にこそ記載しなければならない。そもそも重要事項説明書（35条書面）への記載事項ではない。ごていねいに重要事項説明書（35条書面）に記載して説明を行ったとしても、それがどうした？

3 × 宅建業者は、37条書面を作成したときは、宅地建物取引士をして、当該書面に記名させなければならない。買主が宅建業者であってもね。

4 × 「代金についての金銭の貸借のあっせんに関する定めがある場合における当該あっせんに係る金銭の貸借が成立しないときの措置」は、37条書面に記載しなければならない。

【問34】 宅建業法：宅地建物取引士 ★★★

宅地建物取引士の登録と変更の登録、そして登録の移転からの出題。いずれも基本的な内容。（20条、P.073～074）

1 × 甲県で合格したんだから、登録の申請は甲県知事あてだよね。「1年以上登録の申請をしていなかった」とか「乙県知事免許の宅建業者に勤務することとなったとき」とか、出題者さんも創意工夫のヒッカケ連発。

2 × 住所は登録事項だよね。住所に変更があったら、変更の登録を申請しなければならぬ。

3 × そもそも「従事先として登録している宅建業者の事務所の所在地」は登録事項ではないので、変更があったとしても、それがどうした。変更の登録を申請する必要はない。

4 ○ 登録の移転の申請とともに宅地建物取引士証の交付の申請があったときは、移転後の都道府県知事は、移転前の宅地建物取引士証の有効期間が経過するまでの期間を有効期間とする宅地建物取引士証を交付しなければならない。（22条の2、P.078）

正解		
問32 1	問33 1	問34 4

問題

★★★

【問35】宅地建物取引業者Ａ（甲県知事免許）の営業保証金に関する次の記述のうち、宅地建物取引業法の規定によれば、正しいものはどれか。

1　Ａから建設工事を請け負った建設業者は、Ａに対する請負代金債権について、営業継続中のＡが供託している営業保証金から弁済を受ける権利を有する。

2　Ａが甲県内に新たに支店を設置したときは、本店の最寄りの供託所に政令で定める額の営業保証金を供託すれば、当該支店での事業を開始することができる。

3　Ａは、営業保証金の還付により、営業保証金の額が政令で定める額に不足することとなったときは、甲県知事から不足額を供託すべき旨の通知書の送付を受けた日から２週間以内にその不足額を供託しなければならない。

4　Ａが甲県内に本店及び２つの支店を設置して宅地建物取引業を営もうとする場合、供託すべき営業保証金の合計額は 1,200 万円である。

★★★

【問36】宅地建物取引業保証協会（以下この問において「保証協会」という。）に関する次の記述のうち、宅地建物取引業法の規定によれば、正しいものはどれか。

1　保証協会の社員との宅地建物取引業に関する取引により生じた債権を有する者は、当該社員が納付した弁済業務保証金分担金の額に相当する額の範囲内で弁済を受ける権利を有する。

2　保証協会の社員と宅地建物取引業に関し取引をした者が、その取引により生じた債権に関し、弁済業務保証金について弁済を受ける権利を実行するときは、当該保証協会の認証を受けるとともに、当該保証協会に対し還付請求をしなければならない。

3　保証協会は、弁済業務保証金の還付があったときは、当該還付に係る社員又は社員であった者に対し、当該還付額に相当する額の還付充当金をその主たる事務所の最寄りの供託所に供託すべきことを通知しなければならない。

4　保証協会は、弁済業務保証金の還付があったときは、当該還付額に相当する額の弁済業務保証金を供託しなければならない。

解説 ➔ 解答

【問35】 宅建業法：営業保証金 ★★★

選択肢4の「1,200万円」はどういう発想で出てきたのだろう。「弁済業務保証金分担金を10倍にしたのでは」と某受講生。あーなるほど。60万円を600万円。30万円×2を600万円。出題者さん、そういう発想でしたか？

1 × ザンネンながら、建設業者の請負代金債権は、営業保証金からの還付対象外。営業保証金から弁済を受けることができるのは、宅建業者と宅建業に関する取引から生じた債権に限られる。（27条、P.179）

2 × 「本店の最寄りの供託所に政令で定める額の営業保証金を供託すれば」だけだと足りないよね。その旨の届出をした後でなければ、その支店での事業を開始してはならない。（26条、P.177）

3 ○ 営業保証金の不足額を供託せねば。甲県知事から不足額を供託すべき旨の通知書の送付を受けた日から2週間以内にその不足額を供託しなければならない。（28条、P.179）

4 × 本店で1,000万円、2つの支店で500万円×2＝1,000万円。Aが供託すべき営業保証金の額は2,000万円である。（25条、P.176）

【問36】 宅建業法：保証協会 ★★★

選択肢1。「弁済業務保証金分担金の額に相当する額の範囲内」だと、かなり少なくねーか（笑）。いずれの選択肢も定番だから復習するのにちょうどいいでしょ。（64条の8、P.188～189）

1 × 「弁済業務保証金分担金の額に相当する額の範囲内」じゃないよね。営業保証金に換算した額の範囲内（例：分担金が60万円だったら1,000万円まで）となる。

2 × 「保証協会に対し還付請求」じゃないよね。弁済業務保証金について弁済を受ける権利を実行するときの還付請求は、「保証協会が弁済業務保証金を供託している供託所」に対して行う。

3 × 「還付充当金をその主たる事務所の最寄りの供託所に供託」じゃないよね。弁済業務保証金の還付があったときは、「還付充当金を保証協会に納付」すべきことを通知しなければならない。（64条の10）

4 ○ 保証協会は、弁済業務保証金の還付があったときは、還付された弁済業務保証金の額に相当する額の弁済業務保証金を供託しなければならない。ちなみに、国土交通大臣からその旨の通知があった日から2週間以内にね。

正解			
問35	3	問36	4

問題

★★★

【問37】 宅地建物取引業者Aが、自ら売主として宅地の売買契約を締結した場合に関する次の記述のうち、宅地建物取引業法の規定によれば、正しいものはいくつあるか。なお、この問において「37条書面」とは、同法第37条の規定に基づき交付すべき書面をいうものとする。

ア　Aは、専任の宅地建物取引士をして、37条書面の内容を当該契約の買主に説明させなければならない。

イ　Aは、供託所等に関する事項を37条書面に記載しなければならない。

ウ　Aは、買主が宅地建物取引業者であっても、37条書面を遅滞なく交付しなければならない。

エ　Aは、買主が宅地建物取引業者であるときは、当該宅地の引渡しの時期及び移転登記の申請の時期を37条書面に記載しなくてもよい。

1　一つ　　2　二つ　　3　三つ　　4　なし

★★★

【問38】 宅地建物取引業者Aが、BからB所有の甲住宅の売却に係る媒介の依頼を受けて締結する一般媒介契約に関する次の記述のうち、宅地建物取引業法（以下この問において「法」という。）の規定によれば、正しいものはどれか。

1　Aは、法第34条の2第1項の規定に基づき交付すべき書面に、宅地建物取引士をして記名押印させなければならない。

2　Aは、甲住宅の価額について意見を述べる場合、Bに対してその根拠を口頭ではなく書面で明示しなければならない。

3　Aは、当該媒介契約を締結した場合、指定流通機構に甲住宅の所在等を登録しなければならない。

4　Aは、媒介契約の有効期間及び解除に関する事項を、法第34条の2第1項の規定に基づき交付すべき書面に記載しなければならない。

★★★

【問39】 次の記述のうち、宅地建物取引業法の規定によれば、正しいものはどれか。

1　宅地建物取引業者は、従業者名簿の閲覧の請求があったときは、取引の関係者か否かを問わず、請求した者の閲覧に供しなければならない。

2　宅地建物取引業者は、その業務に従事させる者に従業者証明書を携帯させなければならず、その者が宅地建物取引士であり、宅地建物取引士証を携帯していても、従業者証明書を携帯させなければならない。

3　宅地建物取引業者は、その事務所ごとに従業者名簿を備えなければならないが、退職した従業者に関する事項は、個人情報保護の観点から従業者名簿から消去しなければならない。

4　宅地建物取引業者は、その業務に従事させる者に従業者証明書を携帯させなければならないが、その者が非常勤の役員や単に一時的に事務の補助をする者である場合には携帯させなくてもよい。

解説 ➔ 解答

【問37】 宅建業法：契約書面の交付（37条書面） ★★★

記述イの「供託所等に関する事項」が、新鮮といえば新鮮。そのほかの記述は過去に出題されている内容と同趣旨のものなので、これがわからないということは、なにも勉強していないということがわかる。（37条、P.171～174）

ア × 37条書面は、宅地建物取引士に説明させなくてもよい。

イ × 「供託所等に関する事項」は、37条書面の記載事項とはされていない。

ウ ○ 37条書面の交付は、買主が宅建業者であったとしても、省略することはできない。

エ × 「当該宅地の引渡しの時期及び移転登記の申請の時期」は、買主が宅建業者であったとしても、37条書面に記載しなければならない。

正しいものはウの「一つ」。選択肢1が正解となる。

【問38】 宅建業法：媒介契約 ★★★

媒介契約からの出題となると、「専任媒介契約」が多かったりするけど、今回は「一般媒介契約」です。なので、指定流通機構への登録義務なし。（34条の2、P.106～113）

1 × 媒介契約書（法第34条の2第1項の規定に基づき交付すべき書面）には宅建業者の記名押印が必要。「宅地建物取引士」じゃないもんね。

2 × 細かいヒッカケ。宅建業者が価額について意見を述べるときは、その根拠を明らかにしなければならないんだけど、口頭でもOK。

3 × 専任媒介契約じゃなくて「一般媒介契約」だもんね。なので、媒介契約の目的物である宅地建物の所在や規模などを指定流通機構に登録しなくてもよい。

4 ○ 「一般媒介契約」なので、有効期限の制限（3ヶ月まで）はないけれど、媒介契約書（法第34条の2第1項の規定に基づき交付すべき書面）には、媒介契約の有効期間及び解除に関する事項を記載しなければならない。

【問39】 宅建業法：従業者名簿・従業者証明書 ★★★

選択肢3の「個人情報保護の観点から」というのが、それらしいウソ。いろんなフレーズをおりまぜての「ヒッカケ」作り。出題者さんもたいへんです。いずれの選択肢も定番で、過去問と同趣旨なので、復習するのにちょうどいい。（48条、P.090、096）

1 × 「取引の関係者か否かを問わず」ではないよね。宅建業者は、取引の関係者から請求があったときは、従業者名簿をその者の閲覧に供しなければならない。

2 ○ 従業者である宅地建物取引士にも、従業者証明書を携帯させなければならない。宅地建物取引士証を携帯していたとしても、それはそれ、これはこれ。

3 × 従業者名簿には「当該事務所の従業者でなくなったときは、その年月日」を記載しなければならず、また、その最終の記載をした日から10年間保存しなければならない。「退職した従業者に関する事項は、従業者名簿から消去しなければならない」ではない。

4 × いやいや、非常勤の役員や単に一時的に事務の補助をする者にも、従業者証明書を携帯させなければならぬ。

正解		
問37 1	問38 4	問39 2

>> 問題

★★★

【問40】 宅地建物取引業者Aが、自ら売主として、宅地建物取引業者ではないBとの間で宅地の売買契約を締結した場合における、宅地建物取引業法第37条の２の規定に基づくいわゆるクーリング・オフに関する次の記述のうち、Bがクーリング・オフにより契約の解除を行うことができるものはいくつあるか。

ア　Bが喫茶店で当該宅地の買受けの申込みをした場合において、Bが、Aからクーリング・オフについて書面で告げられた日の翌日から起算して８日目にクーリング・オフによる契約の解除の書面を発送し、10日目にAに到達したとき。

イ　Bが喫茶店で当該宅地の買受けの申込みをした場合において、クーリング・オフによる契約の解除ができる期間内に、Aが契約の履行に着手したとき。

ウ　Bが喫茶店で当該宅地の買受けの申込みをした場合において、AとBとの間でクーリング・オフによる契約の解除をしない旨の合意をしたとき。

エ　Aの事務所ではないがAが継続的に業務を行うことができる施設があり宅地建物取引業法第31条の３第１項の規定により専任の宅地建物取引士が置かれている場所で、Bが買受けの申込みをし、２日後に喫茶店で売買契約を締結したとき。

1　一つ　　2　二つ　　3　三つ　　4　四つ

★★★

【問41】 宅地建物取引業者が行う宅地建物取引業法第35条に規定する重要事項の説明に関する次の記述のうち、正しいものはどれか。

1　重要事項説明書には、代表者の記名があれば宅地建物取引士の記名は必要がない。

2　重要事項説明書に記名する宅地建物取引士は専任の宅地建物取引士でなければならないが、実際に重要事項の説明を行う者は専任の宅地建物取引士でなくてもよい。

3　宅地建物取引士証を亡失した宅地建物取引士は、その再交付を申請していても、宅地建物取引士証の再交付を受けるまでは重要事項の説明を行うことができない。

4　重要事項の説明は、宅地建物取引業者の事務所において行わなければならない。

★★

【問42】 宅地建物取引業者Aが、自ら売主として締結する売買契約に関する次の記述のうち、宅地建物取引業法（以下この問において「法」という。）及び民法の規定によれば、誤っているものはどれか。

1　Aが宅地建物取引業者ではないBとの間で締結する宅地の売買契約において、当該宅地の種類又は品質に関して契約の内容に適合しない場合におけるその不適合を担保すべき責任を負う期間をBがその不適合を知った時から２年とする特約を定めた場合、この特約は有効である。

2　Aが宅地建物取引業者ではないCとの間で建築工事の完了前に締結する建物（代金5,000万円）の売買契約においては、Aは、手付金200万円を受領した後、法第41条に定める手付金等の保全措置を講じなければ、当該建物の引渡し前に中間金300万円を受領することができない。

3　Aが宅地建物取引業者Dとの間で造成工事の完了後に締結する宅地（代金3,000万円）の売買契約においては、Aは、法第41条の２に定める手付金等の保全措置を講じないで、当該宅地の引渡し前に手付金800万円を受領することができる。

4　Aが宅地建物取引業者ではないEとの間で締結する建物の売買契約において、Aは当該建物の種類又は品質に関して契約の内容に適合しない場合におけるその不適合を担保すべき責任を一切負わないとする特約を定めた場合、この特約は無効となり、Aが当該責任を負う期間は当該建物の引渡日から２年となる。

解説 ➔ 解答

【問40】 宅建業法：宅建業者が売主（クーリング・オフ） ★★★

記述アは「翌日から起算」というヒッカケ、記述イは「まだ取引が完了していない」、記述「ウ」は「買主Bに不利となる特約」、記述「エ」は「継続業務施設で専任の宅建士の設置義務がある事務所等での買受けの申込み」。すべて出し切った感あり。（37条の2、P.129～134）

ア 解除できない　クーリング・オフによる解除ができる「8日間」は、告げられた日から起算です。Aからクーリング・オフについて書面で告げられた日の翌日から起算して8日目だと「9日目」になってしまう。

イ 解除を行うことができる　喫茶店での買受けの申込みであり、Aが契約の履行に着手をしたというだけの段階だしね。ちなみに、Bが「宅地の引渡しを受け、かつ、その代金の全部を支払ったとき」は、クーリング・オフによる契約の解除ができる期間内だとしても解除できなくなるけどね。

ウ 解除を行うことができる　「AとBとの間でクーリング・オフによる契約の解除をしない旨の合意」があったとしても、Bに不利となる特約だから無効だよね。

エ 解除できない　「継続的に業務を行うことができる施設（テント張りではない）」で「専任の宅地建物取引士が置かれている場所」で買受けの申込みをしている場合、クーリング・オフによる契約の解除を行うことはできない。

クーリング・オフにより解除を行うことができるものはイ、ウの「二つ」。選択肢2が正解となる。

【問41】 宅建業法：重要事項の説明等（35条書面） ★★★

これまた、すべての選択肢が、基本中の基本。「こんな出題だと正解率100%の問題となってしまうのではないか」とシンパイになるが、余計なお世話ですね。（35条、P.152～154）

1 × 「代表者の記名」があってもね。重要事項説明書には宅建士の記名がなければならない。

2 × 宅建士であれば、専任であるかどうかを問わず、重要事項説明書への記名も、重要事項の説明も行うことができる。

3 ○ そりゃそうでしょ。宅建士は、重要事項の説明をするときは、説明の相手方に対し、宅建士証を提示しなければならない。なので、宅建士証の再交付を受けるまでは重要事項の説明を行うことができない。

4 × 重要事項の説明は、どこで行ってもよい。

【問42】 宅建業法：宅建業者が売主（複合） ★★

選択肢1と4は売主業者の「担保責任についての特約の制限」（40条、P.139～141）**から、選択肢2と3は「手付金等の保全」**（41条、P.142～147）**からの出題。出題ミスで複数解となった。**

1 × 「不適合を知った時から2年」というのが不利か。不適合を知った時から1年以内に通知（業法：引き渡してから2年以内に通知）さえしておけば、そこから先は消滅時効（5年間）で消滅しない限り、担保責任（債権の行使）を追求できるという解釈もある。

2 ○ 工事完了前の建物で代金が5,000万円だから、手付金等の保全措置を講じずに受領できる手付金等は250万円（代金の5％）まで。手付金200万円を受領した後に中間金300万円を受領する際は、あらかじめ手付金等の保全措置を講じておかなければならない。

3 ○ 買主が宅建業者Dであるためなんでもよい。手付金等の保全措置を講じなくても、手付金を受領することができる。好きにして。

4 × Aが「不適合を担保すべき責任を一切負わないとする特約」は無効となり、「買主がその不適合を知った日から1年以内に通知」すれば、Aは当該責任を負うことになる。

正解		
問40 2	問41 3	問42 1・4

令和2年度 ≫ 問題・解説・解答

問題

★★★

【問43】 宅地建物取引業の免許（以下この問において「免許」という。）に関する次の記述のうち、宅地建物取引業法の規定によれば、正しいものはどれか。

1　免許を受けようとするA社の取締役が刑法第204条（傷害）の罪により懲役１年執行猶予２年の刑に処せられた場合、刑の執行猶予の言渡しを取り消されることなく猶予期間を満了し、その日から５年を経過しなければ、A社は免許を受けることができない。

2　宅地建物取引業者である個人Bが死亡した場合、その相続人Cは、Bが締結した契約に基づく取引を結了する目的の範囲内において宅地建物取引業者とみなされ、Bが売主として締結していた売買契約の目的物を買主に引き渡すことができる。

3　宅地建物取引業者D社について破産手続開始の決定があった場合、D社を代表する役員は廃業を届け出なければならない。また、廃業が届け出られた日にかかわらず、破産手続開始の決定の日をもって免許の効力が失われる。

4　免許を受けようとするE社の取締役について、破産手続開始の決定があった場合、復権を得た日から５年を経過しなければ、E社は免許を受けることができない。

★★★

【問44】 宅地建物取引業者が行う宅地建物取引業法第35条に規定する重要事項の説明に関する次の記述のうち、誤っているものはどれか。なお、特に断りのない限り、説明の相手方は宅地建物取引業者ではないものとする。

1　昭和55年に新築の工事に着手し完成した建物の売買の媒介を行う場合、当該建物が地方公共団体による耐震診断を受けたものであるときは、その内容を説明しなければならない。

2　貸借の媒介を行う場合、敷金その他いかなる名義をもって授受されるかを問わず、契約終了時において精算することとされている金銭の精算に関する事項を説明しなければならない。

3　自らを委託者とする宅地又は建物に係る信託の受益権の売主となる場合、取引の相手方が宅地建物取引業者であっても、重要事項説明書を交付して説明をしなければならない。

4　区分所有建物の売買の媒介を行う場合、一棟の建物の計画的な維持修繕のための費用の積立てを行う旨の規約の定めがあるときは、その内容を説明しなければならないが、既に積み立てられている額について説明する必要はない。

解説 → 解答

【問43】 宅建業法：宅建業の免許 ★★★

選択肢１と４が免許の基準からの出題。いずれも「５年」を待つ必要なし。選択肢３は「代表する役員」ではなく「破産管財人」が、「破産手続き開始の決定の日」ではなく「届け出の日」をもって。

1 × 執行猶予期間中は免許を受けることはできないけど、執行猶予期間が満了したのであれば、免許OK。「その日から５年を経過しなければ」ではないよね。（５条、P.060）

2 ○ 相続人Cは、宅建業者である個人Bが締結した契約に基づく取引を結了する目的の範囲内において宅建業者とみなされる。なので、Bが売主として締結していた売買契約の目的物を買主に引き渡すことができる。（76条、P.046）

3 × D社について破産手続開始の決定があった場合、「D社を代表する役員」ではなく「破産管財人」が「廃業」を届け出なければならず、また、D社の免許は、「破産手続開始の決定の日」ではなく「廃業が届けられた日」にその効力を失う。（11条、P.044）

4 × 破産手続開始の決定を受けて復権を得ない者は免許を受けることはできないけど、復権を得たのであれば、免許OK。「復権を得た日から５年を経過しなければ」ではないよね。（５条、P.053）

【問44】 宅建業法：重要事項の説明等（35条書面） ★★★

選択肢３の「信託の受益権」とは、信託した宅地建物から得られる利益（賃料収入や売却益など）を受けることができる権利。さらっと飛ばして選択肢４の「×」がわかればよし。（35条、P.150 169）

1 ○ 「昭和56年５月31日以前に新築の工事に着手」した建物であり、「耐震診断を受けたもの」であるときは、その内容を説明しなければならない。

2 ○ 貸借の媒介を行う場合には、敷金その他いかなる名義をもって授受されるかを問わず、契約終了時において精算することとされている金銭の精算に関する事項を説明しなければならない。

3 ○ 宅建業者は、宅地建物に係る信託（当該宅建業者を委託者とするものに限る）の受益権の売主となる場合、取引の相手方が宅建業者であっても、重要事項説明書を交付して説明をしなければならない。

4 × 一棟の建物の計画的な維持修繕のための費用の積立てを行う旨の規約の定めがあるときは、既に積み立てられている額についても説明しなければならない。

令和２年度 問題・解説・解答

正解			
問43	2	問44	4

>> 問題

★★★

【問45】 宅地建物取引業者A（甲県知事免許）が、自ら売主として宅地建物取引業者ではない買主Bに新築住宅を販売する場合における次の記述のうち、特定住宅瑕疵担保責任の履行の確保等に関する法律の規定によれば、正しいものはどれか。

1　Aが媒介を依頼した宅地建物取引業者又はBが住宅販売瑕疵担保責任保険契約の締結をしていれば、Aは住宅販売瑕疵担保保証金の供託又は住宅販売瑕疵担保責任保険契約の締結を行う必要はない。

2　Aが住宅販売瑕疵担保保証金の供託をし、その額が、基準日において、販売新築住宅の合計戸数を基礎として算定する基準額を超えることとなった場合、甲県知事の承認を受けた上で、その超過額を取り戻すことができる。

3　新築住宅をBに引き渡したAは、基準日ごとに基準日から50日以内に、当該基準日に係る住宅販売瑕疵担保保証金の供託及び住宅販売瑕疵担保責任保険契約の締結の状況について、甲県知事に届け出なければならない。

4　Bが宅地建物取引業者である場合であっても、Aは、Bに引き渡した新築住宅について、住宅販売瑕疵担保保証金の供託又は住宅販売瑕疵担保責任保険契約の締結を行う義務を負う。

★★

【問46】 独立行政法人住宅金融支援機構（以下この問において「機構」という。）に関する次の記述のうち、誤っているものはどれか。

1　機構は、証券化支援事業（買取型）において、金融機関から買い取った住宅ローン債権を担保としてMBS（資産担保証券）を発行している。

2　機構は、災害により住宅が滅失した場合におけるその住宅に代わるべき住宅の建設又は購入に係る貸付金については、元金据置期間を設けることができない。

3　機構は、証券化支援事業（買取型）において、賃貸住宅の建設又は購入に必要な資金の貸付けに係る金融機関の貸付債権については譲受けの対象としていない。

4　機構は、貸付けを受けた者とあらかじめ契約を締結して、その者が死亡した場合に支払われる生命保険の保険金を当該貸付けに係る債務の弁済に充当する団体信用生命保険を業務として行っている。

★★★

【問47】 宅地建物取引業者が行う広告に関する次の記述のうち、不当景品類及び不当表示防止法（不動産の表示に関する公正競争規約を含む。）の規定によれば、正しいものはどれか。

1　路地状部分（敷地延長部分）のみで道路に接する土地であって、その路地状部分の面積が当該土地面積のおおむね30%以上を占める場合には、路地状部分を含む旨及び路地状部分の割合又は面積を明示しなければならない。

2　新築住宅を販売するに当たり、当該物件から最寄駅まで実際に歩いたときの所要時間が15分であれば、物件から最寄駅までの道路距離にかかわらず、広告中に「最寄駅まで徒歩15分」と表示することができる。

3　新築分譲住宅を販売するに当たり、予告広告である旨及び契約又は予約の申込みには応じられない旨を明瞭に表示すれば、当該物件が建築確認を受けていなくても広告表示をすることができる。

4　新築分譲マンションを販売するに当たり、住戸により管理費の額が異なる場合であって、すべての住戸の管理費を示すことが広告スペースの関係で困難なときは、全住戸の管理費の平均額を表示すればよい。

解説 → 解答

【問45】 住宅瑕疵担保履行法 ★★★

選択肢２が初出題かな。そのほかの選択肢は過去に出題された内容での繰り返し出題だから、復習するのにちょうどよい。（11条～12条、P.208～214）

1 × 「住宅販売瑕疵担保保証金の供託又は住宅販売瑕疵担保責任保険契約の締結」は、売主となるＡが行わなければならない。

2 ○ 販売新築住宅の合計戸数を基礎として算定する基準額を超えることとなった場合、Ａは、甲県知事の承認を受けた上で、その超過額を取り戻すことができる。

3 × 住宅販売瑕疵担保保証金の供託及び住宅販売瑕疵担保責任保険契約の締結の状況についての届出は、基準日から「50日以内」ではなく「３週間以内」に行うものとされている。

4 × 買主Ｂが宅建業者である場合、「住宅販売瑕疵担保保証金の供託又は住宅販売瑕疵担保責任保険契約の締結」を行う必要はない。（2条）

【問46】 住宅金融支援機構 ★★

「住宅金融支援機構」は定番の【問46】で出題。「誤っているものはどれか」での出題も定番。（13条、P.740～744）

1 ○ 機構は、証券化支援事業（買取型）において、金融機関から買い取った住宅ローン債権を担保としてMBS（資産担保証券）を発行している。

2 × 災害により住宅が滅失したなどの一定の場合、機構は「据置期間」を設けることができる。

3 ○ 「賃貸住宅の建設又は購入に必要な資金の貸付けに係る金融機関の貸付債権」は、証券化支援事業（買取型）での買取りの対象とはなりません。

4 ○ 機構は、貸付けを受けた者とあらかじめ契約を締結して、その者が死亡した場合に支払われる生命保険の保険金を当該貸付けに係る債務の弁済に充当する団体信用生命保険を業務として行っている。

【問47】 景品表示法 ★★★

選択肢３の「予告広告」とは、新築分譲マンションなどで価格等が確定していないため、直ちに取引することができない物件について、その本広告に先立ち、その取引開始時期をあらかじめ告知する広告表示をいいます。

1 ○ 路地状部分の面積が当該土地面積のおおむね30％以上を占める場合には、路地状部分を含む旨及び路地状部分の割合又は面積を明示しなければならない。（P.733）

2 × 「物件から最寄駅までの道路距離にかかわらず」じゃないよね。徒歩による所要時間は、道路距離80ｍにつき１分間で算出した数値を表示しなければならない。（P.734）

3 × 宅地の造成又は建物の建築に関する工事の完了前においては、建築確認や開発許可などがあった後でなければ、その未完成の宅地建物に関する広告表示をしてはならない。予告広告でもダメ。（P.731）

4 × 「全住戸の管理費の平均額」じゃないよね。そのすべての住宅の管理費を示すことが困難であるときは、最低額及び最高額のみで表示することができる。（P.736）

正解		
問45　2	問46　2	問47　1

令和２年度≫問題・解説・解答

問題

★★

【問48】 次の記述のうち、正しいものはどれか。

1　令和２年地価公示（令和２年３月公表）によれば、平成 31 年１月以降の１年間の地価変動は、全国平均では、住宅地については下落であったが、商業地については上昇であった。
2　令和２年版土地白書（令和２年６月公表）によれば、土地取引について、売買による所有権の移転登記の件数でその動向をみると、令和元年の全国の土地取引件数は約 131 万件となり、前年に比べて大きく増加した。
3　建築着工統計（令和２年１月公表）によれば、平成 31 年１月から令和元年 12 月までの持家及び分譲住宅の新設住宅着工戸数は前年に比べて増加したが、貸家の新設住宅着工戸数は減少した。
4　平成 30 年度法人企業統計調査（令和元年９月公表）によれば、不動産業の売上高経常利益率は、平成 26 年度から平成 30 年度までの５年間は、いずれも５％以下となっている。

★★★

【問49】 土地に関する次の記述のうち、最も不適当なものはどれか。

1　都市の中小河川の氾濫の原因の一つは、急速な都市化、宅地化に伴い、降雨時に雨水が短時間に大量に流れ込むようになったことである。
2　中小河川に係る防災の観点から、宅地選定に当たっては、その地点だけでなく、周辺の地形と防災施設に十分注意することが必要である。
3　地盤の液状化については、宅地の地盤条件について調べるとともに、過去の地形についても古地図などで確認することが必要である。
4　地形や地質的な条件については、宅地に適しているか調査する必要があるが、周辺住民の意見は聴かなくてよい。

★

【問50】 建築物の構造に関する次の記述のうち、最も不適当なものはどれか。

1　建物の構成は、大きく基礎構造と上部構造からなっており、基礎構造は地業と基礎盤から構成されている。
2　基礎の種類には、基礎の底面が建物を支持する地盤に直接接する直接基礎と、建物を支持する地盤が深い場合に使用する杭基礎（杭地業）がある。
3　直接基礎の種類には、形状により、柱の下に設ける独立基礎、壁体等の下に設けるべた基礎、建物の底部全体に設ける布基礎（連続基礎）等がある。
4　上部構造は、重力、風力、地震力等の荷重に耐える役目を負う主要構造と、屋根、壁、床等の仕上げ部分等から構成されている。

解説 ➔ 解答

【問48】 統計等 ★★　＊令和２年度の統計数値での出題。参考まで＊

【問 48】はこのような統計数値からの出題です。別途、最新データに基づく受験対策レジュメをご用意いたしますのでご活用ください（8月中旬予定）。

1 × 令和２年地価公示によれば、平成 31 年１月以降の１年間の地価変動は、全国平均では、住宅地は３年連続、商業地は５年連続で上昇していた。

2 × 令和２年版土地白書によれば、土地取引について、売買による所有権の移転登記の件数でその動向をみると、令和元年の全国の土地取引件数は約 131 万件となり、横ばいで推移していた。

3 ○ 建築着工統計（令和２年１月公表）によれば、平成 31 年１月から令和元年 12 月までの持家及び分譲住宅の新設住宅着工戸数は前年に比べて増加したが、貸家の新設住宅着工戸数は減少していた。

4 × 平成 30 年度法人企業統計調査によれば、不動産業の売上高経常利益率は、平成 26 年度から平成 30 年度までの５年間は、いずれも 10%以上となっている。

【問49】 土地の形質等 ★★★

急速な都市化、宅地化。つまりアスファルトだらけの街。雨水が土地に浸透しなくなったので、一気に中小河川に流れ込む。

1 適当　アスファルト舗装だらけの都市。降雨時に雨水が短時間に大量に中小河川に流れ込む。そして氾濫。

2 適当　そりゃそうでしょ。宅地選定に当たっては、周辺の地形と防災施設に十分注意することが必要である。

3 適当　過去の地形についても古地図などで確認してみよう。「え、マジ !!」みたいな事実が判明するかも。

4 不適当　聴いてよ。昔からの住民（古老）は知っているのだ。いろいろなことをね。

【問50】 建物の構造等 ★

「地業」「直接基礎」「杭基礎」「独立基礎」「布基礎」「べた基礎」となじみのない用語が並びます。ネット検索（画像検索）してみてね。一発で「あ、なるほど」となります。

1 適当　建物の構成は、大きく基礎構造と上部構造からなっており、基礎構造は地業と基礎盤から構成されている。

2 適当　基礎の種類には「直接基礎」と建物を支持する地盤が深い場合に使用する「杭基礎（杭地業）」がある。

3 不適当　直接基礎の種類には、形状により、柱の下に設ける「独立基礎」、壁体等の下に設ける「布基礎（連続基礎）」、建物の底部全体に設ける「べた基礎」等がある。

4 適当　上部構造は、重力、風力、地震力等の荷重に耐える役目を負う主要構造と、屋根、壁、床等の仕上げ部分等から構成されている。

正解					
問48	3	問49	4	問50	3

令和1年度本試験問題・解説・解答

問題

★★★

【問 1】 Aは、Aが所有している甲土地をBに売却した。この場合に関する次の記述のうち、民法の規定及び判例によれば、誤っているものはどれか。

1　甲土地を何らの権原なく不法占有しているCがいる場合、BがCに対して甲土地の所有権を主張して明渡請求をするには、甲土地の所有権移転登記を備えなければならない。

2　Bが甲土地の所有権移転登記を備えていない場合には、Aから建物所有目的で甲土地を賃借して甲土地上にD名義の登記ある建物を有するDに対して、Bは自らが甲土地の所有者であることを主張することができない。

3　Bが甲土地の所有権移転登記を備えないまま甲土地をEに売却した場合、Eは、甲土地の所有権移転登記なくして、Aに対して甲土地の所有権を主張することができる。

4　Bが甲土地の所有権移転登記を備えた後に甲土地につき取得時効が完成したFは、甲土地の所有権移転登記を備えていなくても、Bに対して甲土地の所有権を主張することができる。

★★★

【問 2】 AがBに甲土地を売却し、Bが所有権移転登記を備えた場合に関する次の記述のうち、民法の規定及び判例によれば、誤っているものはどれか。(法改正により選択肢3、4を修正している)

1　AがBとの売買契約をBの詐欺を理由に取り消した後、CがBから甲土地を買い受けて所有権移転登記を備えた場合、AC間の関係は対抗問題となり、Aは、いわゆる背信的悪意者ではないCに対して、登記なくして甲土地の返還を請求することができない。

2　AがBとの売買契約をBの詐欺を理由に取り消す前に、Bの詐欺について悪意のCが、Bから甲土地を買い受けて所有権移転登記を備えていた場合、AはCに対して、甲土地の返還を請求することができる。

3　Aの売却の意思表示に、その意思表示に対応する意思を欠くなどの錯誤があり、その錯誤が売買契約の目的及び社会通念に照らして重要なものである場合、Aに重大な過失がなければ、Aは、Bから甲土地を買い受けたCに対して、錯誤による当該意思表示の取消しを主張して、甲土地の返還を請求することができる。

4　Aの売却の意思表示に、その意思表示に対応する意思を欠くなどの錯誤があり、その錯誤が売買契約の目的及び社会通念に照らして重要なものである場合、Aに重大な過失があったとしても、AはBに対して、当然に、錯誤による当該意思表示の取消しを主張して、甲土地の返還を請求することができる。

合格判定基準	50 問中 35 問以上正解（登録講習修了者　45 問中 30 問以上正解）		
受験者データ	申込者数 → 27 万 6,019 人	受験者数 → 22 万 0,694 人	合格者数 → 37,481 人（合格率 17.0 %）

解説 → 解答

【問 1】 民法：対抗要件・取得時効 ★★★

選択肢 1 が「不法占有者」。自己に登記がなくても所有権を主張できるもんね。速攻で「×」と判断できたらうれしい。（177 条、P.528 ～ 538）

1 ×　C は不法占有だもんな。ということで、甲土地の所有者 B は、土地の所有権移転登記を備えていなくても、C に対して所有権を主張して明渡請求をすることができる。

2 ○　建物所有目的で甲土地を賃借している D。そしてちゃんと甲土地上に所有している建物も D 名義で登記してある。ということで、D は対抗要件を備えたバリバリの借地権者。この D に「オレが甲土地の新しい所有者だ」と対抗するには、やっぱり対抗要件を備えていないとね。甲土地の所有権移転登記を備えていない B は、自らが甲土地の所有者であることを主張することができない。

3 ○　A → B → E。A と B は当事者。B と E も当事者。この場合、A と E はどういう関係になるかというと、これも当事者と扱う。なので、E は甲土地の所有権移転登記がなくても、A に対して甲土地の所有権を主張することができる。あくまでも A に対してはね。

4 ○　「B が甲土地の所有権移転登記を備えた後」に取得時効を完成させた F。B は取得時効完成前に甲土地を取得していたわけだ。この場合、F は、甲土地の所有権移転登記を備えていなくても、B に対して甲土地の所有権を主張することができる。

【問 2】 民法：意思表示 ★★★

選択肢 1 は取消後に登場した第三者。いつものパターン（判例）です。選択肢 2 は取消前の第三者。楽勝だったかな？（P.412 ～ 421）

1 ○　A → B。B の詐欺を理由に売買契約を取消し。その後に現れた C。そしてちゃっかり所有権移転登記を備えていると。となるとこの場合、A と C、どっちが勝つかというと C だよね。背信的悪意者じゃないということだし。登記がない A は C に所有権を対抗できず、結果として、甲土地の返還を請求することができない。（177 条）

2 ○　A → B → C。B の詐欺を取り消す前にからんでいる第三者 C。この場合、B の詐欺を理由とする A の「取消し」は、善意無過失の第三者には対抗できないけど、C は「悪意」だよね。となると、C が所有権移転登記を備えていたとしても、A は C に対して、甲土地の返還を請求することができる。（96 条）

3 ○　錯誤に基づく意思表示は取り消すことができ、その取消しは第三者にも対抗することができる。ただし、その取消しは、善意でかつ過失がない第三者（善意無過失の第三者）には対抗できない。（95 条）

4 ×　錯誤に基づく意思表示は取り消すことができるけど、その錯誤が表意者（A）の重大な過失によるものであった場合には、相手方が表意者に錯誤があることを知っているなどの一定の場合を除き、その取消しをすることができない。「当然に」じゃないよね。（95 条）

平成 1 年度 ≫ 問題・解説・解答

正解			
問1	1	問2	4

問題

★★★

【問 3】事業者ではないAが所有し居住している建物につきＡＢ間で売買契約を締結するに当たり、Aは建物引渡しから３か月に限り担保責任を負う旨の特約を付けたが、売買契約締結時点において当該建物の構造耐力上主要な部分に契約内容に適合しない不適合（以下「不適合」という。）が存在しており、Aはそのことを知っていたがBに告げず、Bはそのことを知らなかった。この場合に関する次の記述のうち、民法の規定によれば、正しいものはどれか。（法改正により問題文、選択肢すべてを修正している）

1　Bが当該不適合の存在を建物引渡しから１年が経過した時に知ったとしても、BはAに対して担保責任を追及することができる。

2　建物の構造耐力上主要な部分の不適合については、契約の目的を達成できるか否かにかかわらず、BはAに履行の追完を催告することなく、不適合を理由に当然に売買契約を解除することができる。

3　Bが不適合を理由にAに対して損害賠償請求をすることができるのは、不適合を理由に売買契約を解除することができない場合に限られる。

4　ＡＢ間の売買をBと媒介契約を締結した宅地建物取引業者Cが媒介していた場合には、BはCに対して担保責任を追及することができる。

★★

【問 4】不法行為に関する次の記述のうち、民法の規定及び判例によれば、正しいものはどれか。

1　放火によって家屋が滅失し、火災保険契約の被保険者である家屋所有者が当該保険契約に基づく保険金請求権を取得した場合、当該家屋所有者は、加害者に対する損害賠償請求金額からこの保険金額を、いわゆる損益相殺として控除しなければならない。

2　被害者は、不法行為によって損害を受けると同時に、同一の原因によって損害と同質性のある利益を既に受けた場合でも、その額を加害者の賠償すべき損害額から控除されることはない。

3　第三者が債務者を教唆して、その債務の全部又は一部の履行を不能にさせたとしても、当該第三者が当該債務の債権者に対して、不法行為責任を負うことはない。

4　名誉を違法に侵害された者は、損害賠償又は名誉回復のための処分を求めることができるほか、人格権としての名誉権に基づき、加害者に対し侵害行為の差止めを求めることができる。

★★

【問 5】次の１から４までの記述のうち、民法の規定及び判例並びに下記判決文によれば、誤っているものはどれか。

（判決文）

本人が無権代理行為の追認を拒絶した場合には、その後に無権代理人が本人を相続したとしても、無権代理行為が有効になるものではないと解するのが相当である。けだし、無権代理人がした行為は、本人がその追認をしなければ本人に対してその効力を生ぜず（民法 113 条１項）、本人が追認を拒絶すれば無権代理行為の効力が本人に及ばないことが確定し、追認拒絶の後は本人であっても追認によって無権代理行為を有効とすることができず、右追認拒絶の後に無権代理人が本人を相続したとしても、右追認拒絶の効果に何ら影響を及ぼすものではないからである。

1　本人が無権代理行為の追認を拒絶した場合、その後は本人であっても無権代理行為を追認して有効な行為とすることはできない。

2　本人が追認拒絶をした後に無権代理人が本人を相続した場合と、本人が追認拒絶をする前に無権代理人が本人を相続した場合とで、法律効果は同じである。

3　無権代理行為の追認は、別段の意思表示がないときは、契約の時にさかのぼってその効力を生ずる。ただし、第三者の権利を害することはできない。

4　本人が無権代理人を相続した場合、当該無権代理行為は、その相続により当然には有効とならない。

解説 → 解答

【問 3】 民法：売買契約 ★★★

選択肢１の特約。売主が不適合を知っていたとなると、無効となっちゃうよね。（P.502 ～ 511）

1 ○ Aは「不適合を知っていた」ということだから、「知りながら告げなかった事実」についての担保責任を免れることはできない。で、買主が売主に担保責任を追及するためには「不適合を知った時から１年以内にその旨を売主に通知」ということになるけど、Aは「不適合を知っていた」ということなので「１年以内に通知」という制限も適用なし。（566 条、572 条）

2 × 「建物の構造耐力上主要な部分の不適合」というのがもっともらしいんだけど、でもやっぱり契約を解除するには「相当の期間を定めてその履行の催告」をする必要あり。（564 条、566 条）

3 × そんなことないでしょ。「契約を解除」＋「損害賠償の請求」もオッケー。（541 条、415 条）

4 × 担保責任は売主が負う。媒介業者Cに「担保責任を追求」はできない。（570 条、566 条）

【問 4】 民法：不法行為 ★★

選択肢１の「損益相殺」。不法行為や債務不履行による損害賠償の算定にあたって、被害者または債権者の損害額と、その損害に関連して利益を得ている場合には、その額と損害賠償額の調整をしようという考え方。被害者または債権者が受けた利益額を損害賠償額から控除する。（P.606 ～ 612）

1 × 火災保険（被害者が被保険者）の保険金なんだけど、「損益相殺の対象とはならない」というのが判例。まぁそりゃそうだよなー。加害者（放火犯）が賠償すべき損害額が、被害者が火災保険の保険金を受領したら減額だなんてね。ちょっとひどいよね。

2 × 文末の「損害額から控除されることはない」は誤り。こちらはまさに「損益相殺」の考え方そのもので、不法行為によっての損害額がある反面、損害と同質性のある利益があるのであれば損益相殺。加害者の賠償すべき損害額から控除される。たとえば労災による休業補償給付金などが損益相殺の対象となっている。

3 × 第三者が債務者を教唆 !!　行為者（ここでいう債務者）を教唆した者（ここでいう第三者）は、共同不法行為者としての責任を問われる。ということなので、債権者に対し不法行為責任を負う。（415 条、709 条）

4 ○ 他人の名誉を毀損した者に対しては、裁判所は、被害者の請求により、損害賠償に代えて、又は損害賠償とともに、名誉を回復するのに適当な処分を命ずることができる。なので、「加害者に対し侵害行為の差止め」も求めることができるでしょ。（723 条）

【問 5】 民法：判決文（無権代理） ★★

まいどのことながら読解力を試しています。さぁ国語の試験だよ～。（P.429 ～ 433 参考）

1 ○ そうだね。「追認拒絶の後は本人であっても追認によって無権代理行為を有効とすることができず」と、この判決文で言っている。

2 × 「追認拒絶の後に無権代理人が本人を相続した」場合は、「追認拒絶の効果に何ら影響を及ぼすものではない」とこの判決文で言っている。がしかし、「本人が追認拒絶をする前に無権代理人が本人を相続した」ときの話はこの判決文には出ていない。で、この場合どうなっちゃうかというと「有効な代理行為」となる。別の判例でね。

3 ○ これは「民法」でそういっている。（116 条）

4 ○ 本人が無権代理人を相続した場合、その本人が無権代理人の行為を追認するか否か。追認を拒絶すれば、この判決文でいっているとおり。なので、相続により当然には有効とはならないよね。

正解					
問3	1	問4	4	問5	2

平成 1 年度 » 問題・解説・解答

問題

★★

【問 6】遺産分割に関する次の記述のうち、民法の規定及び判例によれば、正しいものはどれか。

1　被相続人は、遺言によって遺産分割を禁止することはできず、共同相続人は、遺産分割協議によって遺産の全部又は一部の分割をすることができる。
2　共同相続人は、既に成立している遺産分割協議につき、その全部又は一部を全員の合意により解除した上、改めて遺産分割協議を成立させることができる。
3　遺産に属する預貯金債権は、相続開始と同時に当然に相続分に応じて分割され、共同相続人は、その持分に応じて、単独で預貯金債権に関する権利を行使することができる。
4　遺産の分割は、共同相続人の遺産分割協議が成立した時から効力を生ずるが、第三者の権利を害することはできない。

★★

【問 7】Ａを売主、Ｂを買主として甲建物の売買契約が締結された場合におけるＢのＡに対する代金債務（以下「本件代金債務」という。）に関する次の記述のうち、民法の規定及び判例によれば、誤っているものはどれか。

1　Ｂが、本件代金債務につき受領権限のないＣに対して弁済した場合、Ｃに受領権限がないことを知らないことにつきＢに過失があれば、Ｃが受領した代金をＡに引き渡したとしても、Ｂの弁済は有効にならない。
2　Ｂが、Ａの代理人と称するＤに対して本件代金債務を弁済した場合、Ｄに受領権限がないことにつきＢが善意かつ無過失であれば、Ｂの弁済は有効となる。
3　Ｂが、Ａの相続人と称するＥに対して本件代金債務を弁済した場合、Ｅに受領権限がないことにつきＢが善意かつ無過失であれば、Ｂの弁済は有効となる。
4　Ｂは、本件代金債務の履行期が過ぎた場合であっても、特段の事情がない限り、甲建物の引渡しに係る履行の提供を受けていないことを理由として、Ａに対して代金の支払を拒むことができる。

★★

【問 8】Ａを注文者、Ｂを請負人とする請負契約（以下「本件契約」という。）が締結された場合における次の記述のうち、民法の規定及び判例によれば、誤っているものはどれか。（法改正により選択肢１を修正、選択肢２を除外している）

1　本件契約の目的物たる建物に重大な瑕疵（不適合）があるためこれを建て替えざるを得ない場合には、ＡはＢに対して当該建物の建替えに要する費用相当額の損害賠償を請求することができる。
2　法改正によりこの選択肢は成立しなくなりました。
3　本件契約の目的が建物の増築である場合、Ａの失火により当該建物が焼失し増築できなくなったときは、Ｂは本件契約に基づく未履行部分の仕事完成債務を免れる。
4　Ｂが仕事を完成しない間は、ＡはいつでもＢに対して損害を賠償して本件契約を解除することができる。

解説 ➔ 解答

【問 6】 民法：相続 ★★

選択肢３の「預貯金債権」は遺産分割の対象となるので、「当然に相続分に応じて分割」とはならず、各相続人は勝手に「自分の法定相続分」を引き出す（権利を行使する）ことはできません。がしかし･･･。
（P.623 ～ 642 参照）

1 × 被相続人は、遺言により、相続開始の時から５年を超えない期間を定めて、遺産の分割を禁止することができる。（908 条）

2 ○ 「共同相続人全員の同意」があるんだったらね。判例によると、遺産分割協議が成立した後でも、共同相続人全員の同意により、それを解除することができるとのこと。で、その後に改めて遺産分割協議を成立させることも可能。

3 × がしかし、当面の生活費に困ることもあるので【相続開始時の預貯金債権額×３分の１×その法定相続人の法定相続分】であれば引き出せることになっている。なお、標準的な当面の必要生計費や平均的な葬式費用の額などが上限となる。（909 条の２）

4 × 遺産の分割は「相続開始の時にさかのぼってその効力が生じる」のよ。ただし、第三者の権利を害することはできません。「遺産分割協議が成立した時から」じゃないんだよね。（909 条）

【問 7】 民法：弁済 ★★

受領権者以外の者に対する弁済でも、有効となる場合もあったよね。選択肢４は同時履行の抗弁権です。（478 条、P.446 ～ 451）

1 × 受領権者以外の者（C）に対して弁済した場合、Bに過失があれば有効な弁済とはならないけど、「Cが受領した代金をAに引き渡した」というんだったらいいんじゃない？　Bの弁済は有効となる。

2 ○ 受領権者以外の者（取引上の社会通念に照らして受領権者としての外観を有する者）に対してした弁済は、その弁済をした者が善意であり、かつ、過失がなかったときであれば有効となる。

3 ○ 選択肢２の解説をご参照ください。Eも受領権者としての外観を有する者に該当します。

4 ○ 同時履行の抗弁権を主張できるんじゃない？　「本件代金債務の履行期が過ぎた」としても「甲建物の引渡しに係る履行の提供を受けていない」ということだしね。なので、BはAに対して代金の支払を拒むことができる。（533 条）

【問 8】 民法：請負 ★★

選択肢２は除外しました。選択肢１は「建替えに要する費用」を損害賠償として請求できます（判例）が、近年の改正により契約の解除も可能となりました。

1 ○ こういう判例があります。「建替えに要する費用相当額」を損害賠償として請求することができます。なお、建物（仕事の目的物）に、その品質に関して契約の内容に適合しない不適合がある場合、注文者は契約を解除し、損害賠償を請求することもできる。

2 × 除外。除外した選択肢を「正解（誤だった）」とするのもなんか変ですが、諸般の事情により、ご了承ください。選択肢１、３、４が「正」ということを勉強しておいてね。

3 ○ そりゃそうだよね。増築しようにも当該建物がAの失火で焼失だもんね。請負人Bは本件契約に基づく未履行部分の仕事完成債務を免れる。

4 ○ そのとおり。請負人が仕事を完成しない間は、注文者は、いつでも損害を賠償をして契約を解除することができます。（641 条、P.514）

正解					
問6	2	問7	1	問8	2

問題

★★

【問 9】 AがBに対して金銭の支払を求めて訴えを提起した場合の時効の更新に関する次の記述のうち、民法の規定及び判例によれば、誤っているものはどれか。(法改正により問題文及び選択肢すべてを修正している)

1　訴えの提起後に当該訴えが取り下げられた場合には、特段の事情がない限り、時効更新の効力は生じない。
2　訴えの提起後に当該訴えの却下の判決が確定した場合には、時効更新の効力は生じない。
3　訴えの提起後に請求棄却の判決が確定した場合には、時効更新の効力は生じない。
4　訴えの提起後に裁判上の和解が成立した場合には、時効更新の効力は生じない。

★

【問10】 債務者Aが所有する甲土地には、債権者Bが一番抵当権（債権額 2,000 万円）、債権者Cが二番抵当権（債権額 2,400 万円）、債権者Dが三番抵当権（債権額 3,000 万円）をそれぞれ有しているが、BはDの利益のために抵当権の順位を譲渡した。甲土地の競売に基づく売却代金が 6,000 万円であった場合、Bの受ける配当額として、民法の規定によれば、正しいものはどれか。

1　600 万円
2　1,000 万円
3　1,440 万円
4　1,600 万円

★★

【問11】 甲土地につき、期間を 50 年と定めて賃貸借契約を締結しようとする場合（以下「ケース①」という。）と、期間を 15 年と定めて賃貸借契約を締結しようとする場合(以下「ケース②」という。）に関する次の記述のうち、民法及び借地借家法の規定によれば、正しいものはどれか。

1　賃貸借契約が建物を所有する目的ではなく、資材置場とする目的である場合、ケース①は期間の定めのない契約になり、ケース②では期間は 15 年となる。
2　賃貸借契約が建物の所有を目的とする場合、公正証書で契約を締結しなければ、ケース①の期間は 30 年となり、ケース②の期間は 15 年となる。
3　賃貸借契約が居住の用に供する建物の所有を目的とする場合、ケース①では契約の更新がないことを書面で定めればその特約は有効であるが、ケース②では契約の更新がないことを書面で定めても無効であり、期間は 30 年となる。
4　賃貸借契約が専ら工場の用に供する建物の所有を目的とする場合、ケース①では契約の更新がないことを公正証書で定めた場合に限りその特約は有効であるが、ケース②では契約の更新がないことを公正証書で定めても無効である。

解説 ➔ 解答

【問 9】 民法：消滅時効 ★★

選択肢４の「和解」が正解なんだけど、選択肢１から３。いずれもちゃんと訴えていないし、確定判決も出ていないし、というような判断にて。（147 条、P.439 ～ 445）

1 ○ 訴えの提起後に当該訴えが取り下げられたということだと、そもそも訴えてないワケだから確定判決もへったくれもない。時効更新の効力は生じない。

2 ○ 「当該訴えの却下の判決が確定した」ということであれば、こちらも時効更新の効力は生じない。

3 ○ 「請求棄却の判決が確定した」ということであれば、おなじく時効更新の効力は生じない。

4 × 和解が成立した場合、和解によって権利が確定したことになるので、時効は更新される。

【問10】 民法：抵当権 ★

まず、抵当権の順位の譲渡がなかったとして考えてみる。競売代金 6,000 万円ということだから、一番抵当権者のＢは 2,000 万円、二番抵当権者のＣは 2,400 万円とそれぞれ債権額全額の配当を受けることができる。ここまでで 4,400 万円の配当。残り 1,600 万円。三番抵当権者のＤは、債権額は 3,000 万円だけど 1,600 万円の配当しか受けられない。

Ｄは残りの債権（1,400 万円）を泣くことになる。

で、ＢがＤの利益のために「抵当権の順位を譲渡」した場合はどうなるかというと、ＢＤの配当の合計額の範囲内で、「ＤがＢに優先」となる。

ＢとＤの本来の配当額の合計は 2,000 万円＋ 1,600 万円＝ 3,600 万円。

この 3,600 万円を、まずＤに配当する。3,000 万円だよね。残りは 600 万円。これがＢに配当される。

ちなみに、ＢＤで「抵当権の順位を譲渡」があったとしても「債権者Ｃが二番抵当権（債権額 2,400 万円）」には影響なし。念のため。

選択肢１の「600 万円」が正解となる。（398 条の 15、テキスト P.548 参照）

【問11】 借地借家法：借地 ★★

１つの選択肢で２つのことを聞いてくるパターン。出題内容自体はどうっていうこともなく、ただ単に、めんどくさいだけの問題。（P.576 ～ 592）

1 × 甲土地の賃貸借契約が「資材置場」を目的とする場合、民法の規定が適用される。民法上の賃貸借契約の期間は 50 年まで。ケース①での「50 年」は「50 年」。ケース②では期間は「15 年」だったら「15 年」でオッケー。（民法 604 条）

2 × 「建物の所有を目的とする」となっているので借地借家法の適用。期間は「30 年以上」であればオッケー。公正証書で契約を締結しているか否かを問わず、ケース①での「50 年」は「50 年」。ケース②の期間は「30 年」となる。公正証書うんぬんは、おそらくたぶん、事業用定期借地権との混同をねらったしょぼい作戦と思われる。（3 条）

3 ○ ケース①は「50 年」なので、「定期借地権」として契約の更新がないことを書面で定めればその特約は有効。ケース②の「15 年」は、建物が「事業用」ではなく「居住用」であるため「契約の更新がないことを書面で定めても無効」であり、かつ、期間は「30 年」となる。（23 条、22 条）

4 × ケース①で「50 年」の定期借地権とする場合、更新がないことの特約は書面であればよく公正証書である必要はない。ケース②では建物が「工場」なので「公正証書」で契約すれば、「事業用定期借地権」とすることもできる。（22 条、23 条）

正解					
問9	4	問10	1	問11	3

平成1年度 ≫ 問題・解説・解答

問題

★★

【問12】 AがBに対し、A所有の甲建物を３年間賃貸する旨の契約をした場合における次の記述のうち、民法及び借地借家法の規定によれば、正しいものはどれか（借地借家法第39条に定める取壊し予定の建物の賃貸借及び同法第40条に定める一時使用目的の建物の賃貸借は考慮しないものとする。）。

1　ＡＢ間の賃貸借契約について、契約の更新がない旨を定めるには、公正証書による等書面によって契約すれば足りる。

2　甲建物が居住の用に供する建物である場合には、契約の更新がない旨を定めることはできない。

3　ＡがＢに対して、期間満了の３月前までに更新しない旨の通知をしなければ、従前の契約と同一の条件で契約を更新したものとみなされるが、その期間は定めがないものとなる。

4　Ｂが適法に甲建物をＣに転貸していた場合、Ａは、Ｂとの賃貸借契約が解約の申入れによって終了するときは、特段の事情がない限り、Ｃにその旨の通知をしなければ、賃貸借契約の終了をＣに対抗することができない。

★★★

【問13】 建物の区分所有等に関する法律（以下この問において「法」という。）に関する次の記述のうち、正しいものはどれか。

1　専有部分が数人の共有に属するときは、共有者は、集会においてそれぞれ議決権を行使することができる。

2　区分所有者の承諾を得て専有部分を占有する者は、会議の目的たる事項につき利害関係を有する場合には、集会に出席して議決権を行使することができる。

3　集会においては、規約に別段の定めがある場合及び別段の決議をした場合を除いて、管理者又は集会を招集した区分所有者の１人が議長となる。

4　集会の議事は、法又は規約に別段の定めがない限り、区分所有者及び議決権の各４分の３以上の多数で決する。

★

【問14】 不動産の登記に関する次の記述のうち、不動産登記法の規定によれば、誤っているものはどれか。

1　登記の申請に係る不動産の所在地が当該申請を受けた登記所の管轄に属しないときは、登記官は、理由を付した決定で、当該申請を却下しなければならない。

2　所有権の登記名義人が相互に異なる土地の合筆の登記は、することができない。

3　登記官は、一筆の土地の一部が別の地目となったときであっても、職権で当該土地の分筆の登記をすることはできない。

4　登記の申請をする者の委任による代理人の権限は、本人の死亡によっては、消滅しない。

解説 ➔ 解答

【問12】 借地借家法：借家 ★★

選択肢１。足りないっす。選択肢４までたどりつけば正解を出せそう。（P.594～605）

1 ×「足りる」というフレーズはいつも怪しい。そうです、足りない。定期建物賃貸借とするには、公正証書による等書面による契約のほか、「契約の更新がなく期間満了によって終了する」ことを書面によって告げなければならない。（38条）

2 × いや、そんなことないっしょ。居住用の建物であっても、契約の更新がない旨、つまり定期建物賃貸借とすることができる。（38条）

3 ×「期間満了の３月前まで」でしたっけ？　ちがいますよね。「期間満了の１年前から６ヶ月前までの間」に更新しない旨の通知をすれば、ですよね。（26条）

4 ○ はいそのとおり。そもそもの賃貸借契約が解約の申入れによって終了するときは、建物の賃貸人であるＡは、転借人Ｃにその旨の通知をしなければ、賃貸借契約の終了をＣに対抗することができない。（34条）

【問13】 区分所有法 ★★★

「共有者の議決権」「専有部分の占有者」「集会の議長」「集会の議事」と、復習するのにぴったり、ちょうどいい問題ですね。（P.668～684）

1 × 専有部分が数人の共有に属するときは、共有者は、議決権を行使することができる者を１人定めなければならない。（40条）

2 ×「区分所有者の承諾を得て専有部分を占有する者」は、区分所有者じゃないんだから議決権なんて持ってないでしょ。会議の目的たる事項につき利害関係を有する場合には、集会に出席して意見を述べることはできるけどね（意見陳述権）。（44条）

3 ○ 集会の議長。規約に別段の定めがある場合及び別段の決議をした場合を除いて、管理者又は集会を招集した区分所有者の１人が議長となる。（41条）

4 ×「区分所有者及び議決権の各４分の３以上の多数」じゃないよね。法又は規約に別段の定めがない限り、区分所有者及び議決権の各過半数で決する。（39条）

【問14】 不動産登記法 ★

ちなみに「合筆の登記」ができない場合として、①相互に接続していない土地、②地目が相互に異なる土地、③表題部所有者又は所有権の登記名義人が相互に異なる土地、④所有権の登記がない土地と所有権の登記がある土地、⑤所有権の登記以外の権利に関する登記がある土地、などがある。（P.644～659参考）

1 ○ 管轄ちがいの場合ですね。そのとおり。登記官は、理由を付した決定で、当該申請を却下しなければならない。（25条）

2 ○「所有権の登記名義人が相互に異なる土地」だもんね。合筆の登記はすることができない。ちなみに合筆の登記とは「隣接する数筆の土地を一筆の土地に法的に合体すること」をいいます。（41条）

3 × まずですね、「分筆又は合筆の登記は、表題部所有者又は所有権の登記名義人以外の者は、申請することができない」となっているんだけど、この申請がない場合であっても、「登記官は、一筆の土地の一部が別の地目となり、又は地番区域を異にするに至ったときは、職権で、その土地の分筆の登記をしなければならない」とされています。（39条）

4 ○ そうなんです。登記の申請をする者の委任による代理人の権限は、依頼者本人の死亡によっては消滅しない。（17条）

正解		
問12　4	問13　3	問14　3

問題

★★★

【問15】 **都市計画法に関する次の記述のうち、誤っているものはどれか。**

1　高度地区は、用途地域内において市街地の環境を維持し、又は土地利用の増進を図るため、建築物の高さの最高限度又は最低限度を定める地区とされている。

2　特定街区については、都市計画に、建築物の容積率並びに建築物の高さの最高限度及び壁面の位置の制限を定めるものとされている。

3　準住居地域は、道路の沿道としての地域の特性にふさわしい業務の利便の増進を図りつつ、これと調和した住居の環境を保護するため定める地域とされている。

4　特別用途地区は、用途地域が定められていない土地の区域（市街化調整区域を除く。）内において、その良好な環境の形成又は保持のため当該地域の特性に応じて合理的な土地利用が行われるよう、制限すべき特定の建築物等の用途の概要を定める地区とされている。

★★★

【問16】 **都市計画法に関する次の記述のうち、正しいものはどれか。ただし、許可を要する開発行為の面積については、条例による定めはないものとし、この問において「都道府県知事」とは、地方自治法に基づく指定都市、中核市及び施行時特例市にあってはその長をいうものとする。**

1　準都市計画区域において、店舗の建築を目的とした4,000㎡の土地の区画形質の変更を行おうとする者は、あらかじめ、都道府県知事の許可を受けなければならない。

2　市街化区域において、農業を営む者の居住の用に供する建築物の建築を目的とした1,500㎡の土地の区画形質の変更を行おうとする者は、都道府県知事の許可を受けなくてよい。

3　市街化調整区域において、野球場の建設を目的とした8,000㎡の土地の区画形質の変更を行おうとする者は、あらかじめ、都道府県知事の許可を受けなければならない。

4　市街化調整区域において、医療法に規定する病院の建築を目的とした1,000㎡の土地の区画形質の変更を行おうとする者は、都道府県知事の許可を受けなくてよい。

解説 ➔ 解答

【問15】 都市計画法：都市計画全般 ★★★

選択肢４の「特別用途地区」と「特定用途制限地域」とのヒッカケ。これを出すんだったらこのパターンかな。ちなみに選択肢１の「高度地区」。「高度利用地区」とのヒッカケで出すパターンが多いけど、今回はふつうに出題してきました。（9 条、P.236 ～ 244）

1 ○ そのとおり。これがわかんない人は、なにもわかっていないということがわかる。大至急、基本テキストを見直しておいてくれたまえ。健闘を祈る。

2 ○ これもそのとおり。都市計画に、その特定街区で独自の「建築物の容積率並びに建築物の高さの最高限度及び壁面の位置の制限」を定める。そしてその特定街区には、超高層ビルが建つ。

3 ○ なんでこれもまた、基本テキストに書いてあるまんまなんだよぉ～。解説が書けないよ～。そうだよそのとおり。書いてあるとおりだよ、と、いちおう、書いてみた（汗）。

4 × 特別用途地区は「用途地域内」で定める。ちなみに、この選択肢の記述は「特定用途制限地域」についてのものだよね。

【問16】 都市計画法：開発許可 ★★★

選択肢４つとも、どこかで見たような選択肢。またなんでこんなカンタンな問題を出すかな～、と思ったが。ね、みんなできたよね !!（29 条、P.262 ～ 269）

1 ○ 準都市計画区域だと、3,000㎡以上の開発行為については開発許可が必要だよね。「店舗の建築を目的とした 4,000㎡の土地の区画形質の変更」ということなので、都道府県知事の許可（開発許可）を受けねばならぬ。

2 × 出ましたまいどおなじみのヒッカケ。いや、もうヒッカケともいえないか。市街化区域なので、「農業を営む者の居住の用に供する建築物の建築を目的とする土地の区画形質の変更（開発行為）」だとしても、1,000㎡以上だったら都道府県知事の許可（開発許可）を受けねばならぬ。

3 × 野球場かぁ～。この野球場が第二種特定工作物になるかどうか。で、「野球場の建設を目的とした 8,000㎡の土地の区画形質の変更」ということで、あらまザンネン、「10,000㎡以上」じゃないから開発行為とはならないよね～。開発行為とはならないので開発許可も不要。（4 条）

4 × そして病院の登場。「医療法に規定する病院の建築を目的とした 1,000㎡の土地の区画形質の変更」は、いわゆる「公益上のうんぬん」で開発許可が不要となる開発行為じゃないよね。市街化調整区域とあるので、その規模を問わず都道府県知事の許可（開発許可）を受けねばならぬ。

正解	
問15　4	問16　1

問題

★

【問17】建築基準法に関する次の記述のうち、誤っているものはどれか。

1　特定行政庁は、緊急の必要がある場合においては、建築基準法の規定に違反した建築物の所有者等に対して、仮に、当該建築物の使用禁止又は使用制限の命令をすることができる。

2　地方公共団体は、条例で、津波、高潮、出水等による危険の著しい区域を災害危険区域として指定することができ、当該区域内における住居の用に供する建築物の建築の禁止その他建築物の建築に関する制限で災害防止上必要なものは当該条例で定めることとされている。

3　防火地域内にある看板で建築物の屋上に設けるものは、その主要な部分を不燃材料で造り、又はおおわなければならない。

4　共同住宅の住戸には、非常用の照明装置を設けなければならない。

★

【問18】建築基準法に関する次の記述のうち、正しいものはどれか。（法改正により選択肢３を修正している）

1　第一種低層住居専用地域内においては、延べ面積の合計が60㎡であって、居住の用に供する延べ面積が40㎡、クリーニング取次店の用に供する延べ面積が20㎡である兼用住宅は、建築してはならない。

2　工業地域内においては、幼保連携型認定こども園を建築することができる。

3　都市計画において定められた建蔽率の限度が10分の8とされている地域外で、かつ、防火地域内にある準耐火建築物の建蔽率については、都市計画において定められた建蔽率の数値に10分の1を加えた数値が限度となる。

4　地方公共団体は、その敷地が袋路状道路にのみ接する一戸建ての住宅について、条例で、その敷地が接しなければならない道路の幅員に関して必要な制限を付加することができる。

解説 ➔ 解答

【問17】 建築基準法 ★

選択肢４の「非常用の照明装置」。読んでのとおり、まさに非常用の照明装置で、震災や火災時などでの停電の際、避難するための灯となるのものであります。まさに「命を守る」ための重要な設備。でね、どこに設置するかというと、不特定多数の人が出入りする映画館、ホテル、学校、店舗などでは設置が義務付けられているんだが…。(P.284 ～ 337)

1 ○ 本来であれば、建築基準法の規定に違反した建築物の所有者等に対して、あらかじめ一定の通知をするとともに、意見書及び自己に有利な証拠を提出する機会を与えた上での「使用禁止又は使用制限の命令」なんだけど、緊急の必要がある場合においては、一定の手続によらないで、「仮に、使用禁止又は使用制限の命令」をすることができる。(9 条)

2 ○ そのとおり。「災害危険区域」は津波や高潮（低気圧による海面の吸い上げ)、出水（河川の水のあふれ）などの自然災害よる危険性が高い場所に指定される。指定されると住宅の建築は禁止となったりする。全国で約１万 8,000 ヶ所ほど指定あり。至急ご確認を。詳細は自治体の HP にて。〈横浜市　災害危険区域〉とかで検索されたし。(39 条)

3 ○ 防火地域内での「燃えない看板ルール」と、宅建ダイナマイトの講義ではいっているやつです。「屋上に設ける看板や広告塔など」のほか「高さ３mを超える看板や広告塔など」も主要な部分を不燃材料で造り、又はおおわなければならない。(64 条)

4 × 「非常用の照明装置の設置義務」なんだけど、一戸建ての住宅や共同住宅の住戸は適用除外（設けなくてもよい）となっている。非常時、各自でがんばってください。(令 126 条の 4)

【問18】 建築基準法 ★

「幼保連携型認定こども園」は「幼稚園（学校)」なのか「保育所（どこでも建築オッケー)」なのか。条文の定義では「学校（幼保連携型認定こども園を除く)」となっているので、幼保連携型認定こども園は「保育所」としての取り扱い。なので工業専用地域にもガンガン建築しちゃって～。ほらぁ～トラックがいっぱいだぁ～、お散歩行こう。(P.284 ～ 337)

1 × 「店舗兼用住宅」は「住宅」なのか「店舗」なのか。果たして第一種低層住居専用地域に建築できるのか。で、「延べ面積の２分の１以上が居住用」であり「店舗の部分の床面積が 50㎡以下」であれば、第一種低層住居専用地域でも建築オッケーとなる。でもさ、出題者さん、延べ面積 40㎡で店舗部分が 20㎡というこの「店舗兼用住宅」、小さすぎない？？（48 条)

2 ○ 幼保連携型認定こども園は「保育所」としての取り扱い。なので用途地域を問わず建築可能。ちなみに「幼稚園（学校)」は、工業地域・工業専用地域では建築できない。(48 条)

3 × 「建蔽率の限度が 10 分の８とされている地域外」で、防火地域内。そこに耐火建築物だったら「都市計画において定められた建蔽率の数値に 10 分の１を加えた数値が限度」となるけど、準耐火建築物の場合は緩和なし。ちょっと細かい。(53 条)

4 × 地方公共団体は、その敷地が袋路状道路にのみ接する建築物で、延べ面積が 150㎡を超えるものについては、条例で、その敷地が接しなければならない道路の幅員に関して必要な制限を付加することができるが、「一戸建ての住宅」については適用されない。(43 条)

正解	
問17　4	問18　2

問題

★★★

【問19】 宅地造成及び特定盛土等規制法に関する次の記述のうち、正しいものはどれか。なお、この問において「都道府県知事」とは、地方自治法に基づく指定都市、中核市及び施行時特例市にあってはその長をいうものとする。（法改正により問題文、選択肢すべてを修正している）

1　宅地造成等工事規制区域外において行われる宅地造成等に関する工事については、工事主は、工事に着手する日の14日前までに都道府県知事に届け出なければならない。

2　宅地造成等工事規制区域内において行われる宅地造成等に関する工事の許可を受けた者は、国土交通省令で定める軽微な変更を除き、当該許可に係る工事の計画の変更をしようとするときは、遅滞なくその旨を都道府県知事に届け出なければならない。

3　宅地造成等工事規制区域の指定の際に、当該宅地造成等工事規制区域内において宅地造成等工事を行っている工事主は、当該工事について都道府県知事の許可を受ける必要はない。

4　都道府県知事は、宅地造成等に伴い災害が生ずるおそれが大きい市街地若しくは市街地となろうとする土地の区域又は集落の区域であって、宅地造成等に関する工事について規制を行う必要があるものを、造成宅地防災区域として指定することができる。

★★

【問20】 土地区画整理法に関する次の記述のうち、誤っているものはどれか。

1　仮換地の指定があった日後、土地区画整理事業の施行による施行地区内の土地及び建物の変動に係る登記がされるまでの間は、登記の申請人が確定日付のある書類によりその指定前に登記原因が生じたことを証明した場合を除き、施行地区内の土地及び建物に関しては他の登記をすることができない。

2　施行者が個人施行者、土地区画整理組合、区画整理会社、市町村、独立行政法人都市再生機構又は地方住宅供給公社であるときは、その換地計画について都道府県知事の認可を受けなければならない。

3　個人施行者以外の施行者は、換地計画を定めようとする場合においては、その換地計画を2週間公衆の縦覧に供しなければならない。

4　換地処分の公告があった場合においては、換地計画において定められた換地は、その公告があった日の翌日から従前の宅地とみなされ、換地計画において換地を定めなかった従前の宅地について存する権利は、その公告があった日が終了した時において消滅する。

解説 → 解答

【問19】 宅地造成及び特定盛土等規制法 ★★★

どれもこれも過去問と似たりよったりだけど、選択肢2なんてよくよく読むと、とっても変。「軽微な変更を除き」「遅滞なくその旨を都道府県知事に届け出なければならない」。苦し紛れ感あり（笑）。とはいえ出題者もたいへんだ。なんとか新鮮味を出さないとね。（P.342 ～ 350）

1 × おっと読み飛ばし狙いかぁ〜。「宅地造成等工事規制区域外」だってさ。なので、許可も届出もへったくれもない。（12条、21条）

2 × 宅地造成等に関する工事の許可を受けた者は、「国土交通省令で定める軽微な変更」を除き、当該許可に係る工事の計画の変更をしようとするときは、変更の許可を受けなければならぬ。「国土交通省令で定める軽微な変更（例：工事完了予定年月日の変更）」だったら変更の許可は不要。遅滞なくその旨を都道府県知事に届け出ればオッケー。（16条）

3 ○ そうだよね、許可を受ける必要はない。この場合どうするかというと、「21日以内」に届出でオッケー。（21条）

4 × 「宅地造成等に伴い災害が生ずるおそれが大きい市街地又は市街地となろうとする土地の区域又は集落の区域」は、「宅地造成等工事規制区域」としての指定対象。「造成宅地防災区域」の指定対象となるエリアは、もっと命の危険が迫る感じ。「相当数の居住者などに危害を生ずるものの発生のおそれが大きい」とかだよね。（10条、45条）

【問20】 土地区画整理法 ★★

選択肢1の冒頭部分。「仮換地の指定があった日後」というのがまったくのナンセンス。単なる言葉遊びかい。これ。なので「なんでこんなの出題したんだい？」と出題者に聞いてみたいところですが、そいつが誰なのかわかりません。（P.364 ～ 377）

1 × 冒頭の「仮換地の指定があった日後」というのがナンセンス。仮換地の指定があったからといっても、まだ権利関係がどうなるものでもなく、「土地区画整理事業の施行による施行地区内の土地及び建物の変動に係る登記がされるまでの間、どうのこうの」は換地処分の公告があった場合のお話。（107条）

2 ○ 施行者は、施行地区内の宅地について換地処分を行うため、換地計画を定めなければならず、民間施行（個人・組合・整理会社）、市町村又は機構等であるときは、その換地計画について都道府県知事の認可を受けなければならない。（86条）

3 ○ 個人施行者の場合は、土地所有者または借地権者が自分の宅地について行う土地区画整理事業なのでそれはそれでいいとして、「個人施行者以外の施行者」の場合は、換地計画を定めるにあたり、2週間公衆の縦覧に供しなければならない。（88条）

4 ○ そのとおり。「換地処分の公告」により様々な権利関係が確定する。換地処分の公告の日の翌日から従前の宅地とみなされたり、換地処分の公告があった日が終了した時に権利が消滅したりする。（104条）

正解	
問19　3	問20　1

問題

★★★

【問21】 農地に関する次の記述のうち、農地法（以下この問において「法」という。）の規定によれば、正しいものはどれか。

1　耕作目的で原野を農地に転用しようとする場合、法第4条第1項の許可は不要である。
2　金融機関からの資金借入れのために農地に抵当権を設定する場合、法第3条第1項の許可が必要である。
3　市街化区域内の農地を自家用駐車場に転用する場合、法第4条第1項の許可が必要である。
4　砂利採取法による認可を受けた採取計画に従って砂利採取のために農地を一時的に貸し付ける場合、法第5条第1項の許可は不要である。

★★★

【問22】 国土利用計画法第23条の届出（以下この問において「事後届出」という。）に関する次の記述のうち、正しいものはどれか。

1　宅地建物取引業者Aが、自己の所有する市街化区域内の2,000㎡の土地を、個人B、個人Cに1,000㎡ずつに分割して売却した場合、B、Cは事後届出を行わなければならない。
2　個人Dが所有する市街化区域内の3,000㎡の土地を、個人Eが相続により取得した場合、Eは事後届出を行わなければならない。
3　宅地建物取引業者Fが所有する市街化調整区域内の6,000㎡の一団の土地を、宅地建物取引業者Gが一定の計画に従って、3,000㎡ずつに分割して購入した場合、Gは事後届出を行わなければならない。
4　甲市が所有する市街化調整区域内の12,000㎡の土地を、宅地建物取引業者Hが購入した場合、Hは事後届出を行わなければならない。

★

【問23】 個人が令和元年（平成31年）中に平成31年1月1日において所有期間が10年を超える居住用財産を譲渡した場合のその譲渡に係る譲渡所得の課税に関する次の記述のうち、誤っているものはどれか。

1　その譲渡について収用交換等の場合の譲渡所得等の5,000万円特別控除の適用を受ける場合であっても、その特別控除後の譲渡益について、居住用財産を譲渡した場合の軽減税率の特例の適用を受けることができる。
2　居住用財産を譲渡した場合の軽減税率の特例は、その個人が平成29年において既にその特例の適用を受けている場合であっても、令和元年（平成31年）中の譲渡による譲渡益について適用を受けることができる。
3　居住用財産の譲渡所得の3,000万円特別控除は、その個人がその個人と生計を一にしていない孫に譲渡した場合には、適用を受けることができない。
4　その譲渡について収用等に伴い代替資産を取得した場合の課税の特例の適用を受ける場合には、その譲渡があったものとされる部分の譲渡益について、居住用財産を譲渡した場合の軽減税率の特例の適用を受けることができない。

解説 → 解答

【問21】 農地法 ★★★

選択肢１の「耕作目的で原野を農地に転用」という表現が目新しいかな。とはいえ、まぁしかし、どこかで見たような選択肢ばかりですみません。…となぜかお詫びしたい心境（笑）。(P.378 ～ 386)

1 ○ 原野を農地に転用ね。農地法上の許可は不要。そもそも最初が「農地」ではない場合、農地法の出番はありません。開墾して「農地」になった途端、あれこれうるさいことをいい始めます。

2 × 農地に抵当権を設定する場合、農地法上の許可は不要。ただし競売で農地を取得する場合、農地法第３条か第５条の許可が必要だよ。入札にあたり「買受適格証明書」というのをあらかじめ取得しておかなければならないけど。(3 条、5 条)

3 × 市街化区域内の農地を転用する場合は、農業委員会への届出で足り、農地法第４条の許可を受ける必要はないっす !!!!（4 条）

4 × ひさしぶりに登場の「砂利採取法」。一時的であっても農地以外にするために賃貸借をする場合には、農地法第５条の許可が必要でーす。(5 条)

【問22】 国土利用計画法 ★★★

「市街化区域」「相続」「一団の土地（買いの一団）」「甲市」と、いずれもどこかで見たような選択肢。国土利用計画法（出題）は、もはや誰がどうやっても新鮮味は出せないのかも !! (23 条、P.351 ～ 362)

1 × 市街化区域内だと「2,000㎡以上」で事後届出が必要。ＢもＣも 1,000㎡だから、事後届出を行う必要なし。

2 × 相続は土地売買等の契約に該当しないので、事後届出を行う必要なし。

3 ○ 市街化調整区域では 5,000㎡以上の土地について、事後届出が必要。で、「一定の計画に従って、3,000㎡ずつに分割して購入」となると一団の土地（買いの一団）となり、合計面積が 6,000㎡なので、事後届出が必要となるよねー。

4 × 甲市が売主。当事者の一方が市（国等）であるため、事後届出を行う必要なし。

【問23】 所得税 ★

土地収用法などの法律で収用権が認められている公共事業のために土地建物を売った場合には、課税の特例が受けられます。２つある。まず補償金などで買い換える場合は「収用等に伴い代替資産を取得した場合の課税の特例」。実際には「売った買った」となるけど「売った」という譲渡はなかったもの（課税なし）となる。買い換えをしない場合は「譲渡所得から最高 5,000 万円までを差し引く特例」。「収用交換等の場合の譲渡所得等の 5,000 万円特別控除」という。(P.722 ～ 726 参考)

1 ○ まず「収用交換等の場合の譲渡所得等の 5,000 万円特別控除の適用」で 5,000 万円をどぉーんと控除。で、その譲渡益（余っているおカネ）に乗じる税率も「居住用財産を譲渡した場合の軽減税率の特例（10%・15%）」の適用を受けることができる。

2 × 「居住用財産を譲渡した場合の軽減税率の特例」の適用は、３年に一度。前年（平成30年）、前々年（平成29年）に適用を受けている場合、令和元年（平成31年）中の譲渡による譲渡益についての適用はなし。

3 ○ 「居住用財産の譲渡所得の 3,000 万円特別控除」は、直系血族には適用除外。生計を一にしていない（いっしょに生活していない）としても、孫は直系血族なので、居住用財産を孫に譲渡したとしても、適用なし。

4 ○ 「収用等に伴い代替資産を取得した場合の課税の特例」すなわち、その補償金での買い換え。「売った金額＜買い換えた金額」だったら課税なしなんだけど、「売った金額＞買い換えた金額」で譲渡益が出た場合は課税となる。で、税率なんだけど、この場合は軽減税率の適用はなし。

正解		
問21　1	問22　3	問23　2

問題

★★

【問24】 固定資産税に関する次の記述のうち、地方税法の規定によれば、正しいものはどれか。

1　居住用超高層建築物（いわゆるタワーマンション）に対して課する固定資産税は、当該居住用超高層建築物に係る固定資産税額を、各専有部分の取引価格の当該居住用超高層建築物の全ての専有部分の取引価格の合計額に対する割合により按分した額を、各専有部分の所有者に対して課する。

2　住宅用地のうち、小規模住宅用地に対して課する固定資産税の課税標準は、当該小規模住宅用地に係る固定資産税の課税標準となるべき価格の3分の1の額とされている。

3　固定資産税の納期は、他の税目の納期と重複しないようにとの配慮から、4月、7月、12月、2月と定められており、市町村はこれと異なる納期を定めることはできない。

4　固定資産税は、固定資産の所有者に対して課されるが、質権又は100年より永い存続期間の定めのある地上権が設定されている土地については、所有者ではなくその質権者又は地上権者が固定資産税の納税義務者となる。

★★★

【問25】 地価公示法に関する次の記述のうち、正しいものはどれか。

1　都市及びその周辺の地域等において、土地の取引を行う者は、取引の対象土地から最も近傍の標準地について公示された価格を指標として取引を行うよう努めなければならない。

2　標準地は、都市計画区域外や国土利用計画法の規定により指定された規制区域内からは選定されない。

3　標準地の正常な価格とは、土地について、自由な取引が行われるとした場合におけるその取引（一定の場合を除く。）において通常成立すると認められる価格をいい、当該土地に関して地上権が存する場合は、この権利が存しないものとして通常成立すると認められる価格となる。

4　土地鑑定委員会は、自然的及び社会的条件からみて類似の利用価値を有すると認められる地域において、土地の利用状況、環境等が特に良好と認められる一団の土地について標準地を選定する。

解説 ➔ 解答

【問24】 固定資産税 ★★

ふつうのマンションだったら、その建物の固定資産税は「専有部分の床面積」の割合により按分された額となる。階層に関わらず面積が同じであれば同額。だがしかし、タワーマンションの場合だと、上層階と下層階とでものすごい価格差あり。なので単純に「按分」でいいかというと、やっぱりそうはいかないと。（P.708 ～ 712）

1 × タワーマンション全体にかかる固定資産税額を「各専有部分の取引価格」で「按分」するのではなく、もともとのやり方である「床面積」での「按分」とするんだけど、「階層による補正調整」というのが入る。結果として、中央階より高層階の所有者の税額は高くなる。

2 × 「３分の１」だっけ？　違いますよね～。小規模住宅用地に対して課する固定資産税の課税標準は、当該小規模住宅用地に係る固定資産税の課税標準となるべき価格の「６分の１」の額とされている。

3 × 「他の税目の納期と重複しないようにとの配慮」というのがもっともらしいけど、市町村は、「４月、７月、12 月、２月」とは異なる納期を定めることができる。

4 ○ 固定資産税の納税義務者は所有者が原則だけど、質権又は 100 年より永い存続期間の定めのある地上権が設定されている土地については、所有者ではなくその質権者又は地上権者が固定資産税の納税義務者となる。

【問25】 地価公示法 ★★★

選択肢１の「最も近傍の標準地」とか、選択肢４の「特に良好」とか。地味にヒッカケようとしている出題者さんの並々ならぬ意欲は買いますが（笑）。（P.696 ～ 700）

1 × 「取引の対象土地から最も近傍の標準地」じゃないんだよね。「取引の対象土地に類似する利用価値を有すると認められる標準地」について公示された価格を指標として取引を行うよう努めなければならぬ。（1 条の 2）

2 × 標準地は都市計画区域外からも選定されるよね。なお、国土利用計画法の規定により指定された規制区域内からは選定されません。規制区域は土地売買等の契約が許可制度（一般的には取引禁止）となっている区域なのでね。（2 条）

3 ○ そうそう。地上権などの土地の使用収益を制限する権利が存する場合は、これらの権利が存しないものとして通常成立すると認められる価格だよね。（2 条）

4 × 「特に良好と認められる一団の土地」じゃないよね。地価公示の標準地は「土地の利用状況、環境等が通常と認められる一団の土地」について選定するものとされています。（3 条）

平成 1 年度 ≫ 問題・解説・解答

正解			
問24	4	問25	3

>> 問題

★★★

【問26】 宅地建物取引業法に関する次の記述のうち、正しいものはどれか。

1　宅地建物取引業者は、自己の名義をもって、他人に、宅地建物取引業を営む旨の表示をさせてはならないが、宅地建物取引業を営む目的をもってする広告をさせることはできる。

2　宅地建物取引業とは、宅地又は建物の売買等をする行為で業として行うものをいうが、建物の一部の売買の代理を業として行う行為は、宅地建物取引業に当たらない。

3　宅地建物取引業の免許を受けていない者が営む宅地建物取引業の取引に、宅地建物取引業者が代理又は媒介として関与していれば、当該取引は無免許事業に当たらない。

4　宅地建物取引業者の従業者が、当該宅地建物取引業者とは別に自己のために免許なく宅地建物取引業を営むことは、無免許事業に当たる。

★★★

【問27】 宅地建物取引業法に関する次の記述のうち、正しいものはいくつあるか。なお、取引の相手方は宅地建物取引業者ではないものとする。（法改正により記述イを修正している）

ア　宅地建物取引業者は、自己の所有に属しない宅地又は建物についての自ら売主となる売買契約を締結してはならないが、当該売買契約の予約を行うことはできる。

イ　宅地建物取引業者は、自ら売主となる宅地又は建物の売買契約において、その目的物が種類又は品質に関して契約の内容に適合しない場合におけるその不適合を担保すべき責任に関し、取引の相手方が同意した場合に限り、当該不適合について買主が売主に通知すべき期間につき「当該宅地又は建物の引渡しの日から１年」とする特約を有効に定めることができる。

ウ　宅地建物取引業者は、いかなる理由があっても、その業務上取り扱ったことについて知り得た秘密を他に漏らしてはならない。

エ　宅地建物取引業者は、宅地建物取引業に係る契約の締結の勧誘をするに際し、その相手方に対し、利益を生ずることが確実であると誤解させるべき断定的判断を提供する行為をしてはならない。

1　一つ　　2　二つ　　3　三つ　　4　なし

★★

【問28】 宅地建物取引業者が建物の貸借の媒介を行う場合における宅地建物取引業法第35条に規定する重要事項の説明に関する次の記述のうち、正しいものはどれか。なお、説明の相手方は宅地建物取引業者ではないものとする。

1　当該建物が住宅の品質確保の促進等に関する法律第５条第１項に規定する住宅性能評価を受けた新築住宅であるときは、その旨を説明しなければならない。

2　当該建物が既存の建物であるときは、既存住宅に係る住宅の品質確保の促進等に関する法律第６条第３項に規定する建設住宅性能評価書の保存の状況について説明しなければならない。

3　当該建物が既存の建物である場合、石綿使用の有無の調査結果の記録がないときは、石綿使用の有無の調査を自ら実施し、その結果について説明しなければならない。

4　当該建物が建物の区分所有等に関する法律第２条第１項に規定する区分所有権の目的であるものであって、同条第３項に規定する専有部分の用途その他の利用の制限に関する規約の定めがあるときは、その内容を説明しなければならない。

解説 → 解答

【問26】 宅建業法：宅建業の免許・要不要 ★★★

選択肢4がおもしろい。従業者が会社の客を奪って、こっそり闇営業。こら～、なに勝手にやってんだよ !!! もちろん無免許事業なのでタイホもありうる（笑）。(P.028～048)

1 × アホか（笑）。宅建業者は、自己の名義をもって、他人に、宅建業を営む旨の表示をさせてはならず、もちろん、宅建業を営む目的をもってする広告をさせることもできない。(13条)

2 × 建物には建物の一部を含みます。建物の一部とは、たとえば分譲マンションの専有部分（例：404号室）とか。それ自体独立して売買や貸借の対象となるんだったら、宅建業に当たる。(2条)

3 × 「自己所有地を区画割りして宅地として分譲しよう（宅建業の取引）」とか。そんな宅建業の取引に、宅建業者が代理又は媒介として関与していたとしても、自らが宅建業を営むことに変わりない。なので無免許事業に当たるでしょ。(12条)

4 ○ 宅建業者A社に勤める某が、某自身で宅建業を営む。それもこっそりA社の客を引き抜きつつ。ぐふふ。お前も悪よの。そしてそれは宅建業法違反。某は某で免許を受けてね～ !! (3条、12条)

【問27】 宅建業法：宅建業者が売主・業務規制 ★★★

いつも出題されているような選択肢が並ぶ。個数問題とはいえこれだったらね。っていうか、これがわからないという人は、きっと「別の道」があるかと思います。(P.101～105、124～148)

ア × 自己の所有に属しない宅地又は建物について、売主となる売買契約もそうだけど、売買契約の予約もダメです。(33条の2)

イ × 取引の相手方が同意したとしても、通知期間を「当該宅地又は建物の引渡しの日から1年」とする特約は無効。「引渡しの日から2年」よりも買主に不利だしね。(40条)

ウ × 「いかなる理由があっても」は怪しい。宅建業者は、正当な理由がある場合でなければ、業務上知り得た秘密を他に漏らしてはならない。正当な理由がある場合だったら話は別。(45条)

エ ○ そのとおり。契約の締結の勧誘をするに際し、その相手方に対し、「ぜったいに値上がりする」とか「家賃収入は永遠にだいじょうぶ」とか。そういったような「利益を生ずることが確実であると誤解させるべき断定的判断」を提供する行為をしてはならない。(47条の2)

正しいものはエの「一つ」。選択肢1が正解となる。

【問28】 宅建業法：重要事項の説明等（35条書面） ★★

選択肢4まで読めば、まいどおなじみという感じの「区分所有建物の場合、専有部分の用途その他の利用の制限に関する規約の定め」で「○」ができるかと。選択肢1と2はちょっと細かいかも。(35条、P.156～169)

1 × 「建物の貸借の媒介」の場合、「当該建物が住宅の品質確保の促進等に関する法律第5条第1項に規定する住宅性能評価を受けた新築住宅」であっても、その旨を説明する必要はない。

2 × 「建物の貸借の媒介」の場合、「建設住宅性能評価書の保存の状況」については説明する必要はない。

3 × 「石綿使用の有無の調査結果の記録がないとき」は、その旨（ないということ）を説明すればよく、「石綿使用の有無の調査を自ら実施」などは要求されていない。

4 ○ 区分所有建物の場合、専有部分の用途その他の利用の制限に関する規約の定めがあるときは、その内容を説明しなければならない。貸借の媒介の場合であってもおなじ。

正解		
問26 4	問27 1	問28 4

平成1年度≫問題・解説・解答

問題

★

【問29】宅地建物取引業法（以下この問において「法」という。）の規定に基づく監督処分及び罰則に関する次の記述のうち、正しいものはいくつあるか。

ア　宅地建物取引業者A（国土交通大臣免許）が甲県内における業務に関し、法第37条に規定する書面を交付していなかったことを理由に、甲県知事がAに対して業務停止処分をしようとするときは、あらかじめ、内閣総理大臣に協議しなければならない。

イ　乙県知事は、宅地建物取引業者B（乙県知事免許）に対して指示処分をしようとするときは、聴聞を行わなければならず、聴聞の期日における審理は、公開により行わなければならない。

ウ　丙県知事は、宅地建物取引業者C（丙県知事免許）が免許を受けてから1年以内に事業を開始しないときは、免許を取り消さなければならない。

エ　宅地建物取引業者D（丁県知事免許）は、法第72条第1項の規定に基づき、丁県知事から業務について必要な報告を求められたが、これを怠った。この場合、Dは50万円以下の罰金に処せられることがある。

1　一つ　　2　二つ　　3　三つ　　4　四つ

★★★

【問30】宅地建物取引業者が行う広告に関する次の記述のうち、宅地建物取引業法の規定に違反するものはいくつあるか。

ア　建築基準法第6条第1項に基づき必要とされる確認を受ける前において、建築工事着手前の賃貸住宅の貸主から当該住宅の貸借の媒介を依頼され、取引態様を媒介と明示して募集広告を行った。

イ　一団の宅地の売買について、数回に分けて広告する際に、最初に行った広告以外には取引態様の別を明示しなかった。

ウ　建物の貸借の媒介において、依頼者の依頼によらない通常の広告を行い、国土交通大臣の定める報酬限度額の媒介報酬のほか、当該広告の料金に相当する額を受領した。

エ　建築工事着手前の分譲住宅の販売において、建築基準法第6条第1項に基づき必要とされる確認を受ける前に、取引態様を売主と明示して当該住宅の広告を行った。

1　一つ　　2　二つ　　3　三つ　　4　四つ

★★

【問31】宅地建物取引業者Aが、BからB所有の既存のマンションの売却に係る媒介を依頼され、Bと専任媒介契約（専属専任媒介契約ではないものとする。）を締結した。この場合における次の記述のうち、宅地建物取引業法の規定によれば、正しいものはいくつあるか。

ア　Aは、専任媒介契約の締結の日から7日以内に所定の事項を指定流通機構に登録しなければならないが、その期間の計算については、休業日数を算入しなければならない。

イ　AがBとの間で有効期間を6月とする専任媒介契約を締結した場合、その媒介契約は無効となる。

ウ　Bが宅地建物取引業者である場合、Aは、当該専任媒介契約に係る業務の処理状況の報告をする必要はない。

エ　AがBに対して建物状況調査を実施する者のあっせんを行う場合、建物状況調査を実施する者は建築士法第2条第1項に規定する建築士であって国土交通大臣が定める講習を修了した者でなければならない。

1　一つ　　2　二つ　　3　三つ　　4　四つ

解説 ➔ 解答

【問29】 宅建業法：監督処分 ★

「ア」がちょっとわかんないかなー。んー、くそー、イヤなとこ出してきたなー。「イ」と「ウ」がわからないということは、なにもわかっていないということがわかる。「エ」は罰金に処せられる場合あり。でもどうかなー、できたかなー。(P.194～204)

ア × 甲県知事かぁ～。国土交通大臣の免許を受けた宅建業者に監督処分を行う際、あらかじめ内閣総理大臣に協議しなければならないのは、国土交通大臣が監督処分をする場合だわ。甲県知事がする監督処分については協議不要。(71 条の 2)

イ ○ 指示処分などの監督処分にあたっては聴聞を行わなければならず、聴聞の期日における審理は、公開により行わなければならない。(69 条)

ウ ○ 宅建業者が免許を受けてから1年以内に事業を開始しない場合は、免許を取り消さなければならない。(66 条)

エ ○ 業務について必要な報告を求められたがこれを怠った場合、50 万円以下の罰金に処せられることがある。(72 条、83 条)

正しいものはイ、ウ、エの「三つ」。選択肢３が正解となる。

【問30】 宅建業法：広告 ★★★

それにしても、ひどい会社だね～(笑)。選択肢の事例、全部違反。広告関係をまとめての出題なので、復習するにはちょうどいい問題です。(P.097～100)

ア 違反する　建築確認を受ける前だもんね。募集広告はやっちゃダメ。「貸借の媒介を依頼され、取引態様を媒介と明示して募集広告を行った」は違反だよー。(33 条)

イ 違反する　取引態様の明示はですね、広告ごとに明示しなければならない。なので「最初に行った広告以外には取引態様の別を明示しなかった」は違反だよー。(34 条)

ウ 違反する　「依頼者の依頼によらない通常の広告」とあるので、そりゃやっぱり「報酬限度額の媒介報酬のほか、当該広告の料金に相当する額を受領」は違反でしょ。依頼者の依頼による広告だったら話は別だけどね。(46 条)

エ 違反する　建築確認を受ける前だもんね。分譲広告はしちゃダメ。「確認を受ける前に、取引態様を売主と明示して当該住宅の広告を行った」は違反だよー。(33 条)

違反するものはア、イ、ウ、エの「四つ」。選択肢４が正解となる。

【問31】 宅建業法：媒介契約 ★★

「ア」は割とすぐに「休業日は除くだ!!」とわかるかも。「イ」は媒介契約自体は無効とはならないよね。「ウ」もなんとかなるとして、「エ」がちょっと細かいところからの出題。個数問題じゃなくて「正しいものはどれか」だったら消去法で「エ(選択肢だったら４)」を選べたかも。(34 条の 2、P.106～113)

ア × 「えーと、どうだったっけ。あ、休業日は含まないだった」と思い出せましたでしょうか。専任媒介契約を締結した場合、7日以内(休業日を除く)に所定の事項を指定流通機構に登録しなければならない。

イ × 専任媒介契約の有効期限を６月と定めたときは、有効期間は３月となる。だがしかし、媒介契約自体が無効となったりはしない。

ウ × 依頼者が宅建業者であったとしても、媒介契約に係る業務の処理状況を報告しなければならない。省略はダメよ。

エ ○ そうなんですよ。建物状況調査を実施する者は「建築士」であって、さらに「国土交通大臣が定める講習を修了した者」でなければなりません。

正しいものはエの「一つ」。選択肢１が正解となる。

正解		
問29　3	問30　4	問31　1

問題

★★

【問32】 宅地建物取引業者A（消費税課税事業者）が受け取ることのできる報酬額に関する次の記述のうち、宅地建物取引業法の規定によれば、誤っているものはどれか。（法改正により選択肢すべてを修正）

1　宅地（代金200万円。消費税等相当額を含まない。）の売買の代理について、通常の売買の代理と比較して現地調査等の費用が8万円（消費税等相当額を含まない。）多く要した場合、売主Bと合意していた場合には、AはBから308,000円を上限として報酬を受領することができる。

2　事務所（1か月の借賃110万円。消費税等相当額を含む。）の貸借の媒介について、Aは依頼者の双方から合計で110万円を上限として報酬を受領することができる。

3　既存住宅の売買の媒介について、Aが売主Cに対して建物状況調査を実施する者をあっせんした場合、AはCから報酬とは別にあっせんに係る料金を受領することはできない。

4　宅地（代金200万円。消費税等相当額を含まない。）の売買の媒介について、通常の売買の媒介と比較して現地調査等の費用を多く要しない場合でも、売主Dと合意していた場合には、AはDから198,000円を報酬として受領することができる。

★★★

【問33】 宅地建物取引業保証協会（以下この問において「保証協会」という。）に関する次の記述のうち、宅地建物取引業法の規定によれば、正しいものはどれか。

1　宅地建物取引業者で保証協会に加入した者は、その加入の日から2週間以内に、弁済業務保証金分担金を保証協会に納付しなければならない。

2　保証協会の社員となった宅地建物取引業者が、保証協会に加入する前に供託していた営業保証金を取り戻すときは、還付請求権者に対する公告をしなければならない。

3　保証協会の社員は、新たに事務所を設置したにもかかわらずその日から2週間以内に弁済業務保証金分担金を納付しなかったときは、保証協会の社員の地位を失う。

4　還付充当金の未納により保証協会の社員の地位を失った宅地建物取引業者は、その地位を失った日から2週間以内に弁済業務保証金を供託すれば、その地位を回復する。

★★★

【問34】 宅地建物取引業法（以下この問において「法」という。）第37条の規定により交付すべき書面（以下この問において「37条書面」という。）に関する次の記述のうち、法の規定によれば、正しいものはどれか。

1　宅地建物取引業者が自ら売主として建物の売買を行う場合、当事者の債務の不履行を理由とする契約の解除に伴う損害賠償の額として売買代金の額の10分の2を超えない額を予定するときは、37条書面にその内容を記載しなくてよい。

2　宅地建物取引業者が既存住宅の売買の媒介を行う場合、37条書面に当該建物の構造耐力上主要な部分等の状況について当事者の双方が確認した事項を記載しなければならない。

3　宅地建物取引業者は、その媒介により売買契約を成立させた場合、当該宅地又は建物に係る租税その他の公課の負担に関する定めについて、37条書面にその内容を記載する必要はない。

4　宅地建物取引業者は、その媒介により契約を成立させ、37条書面を作成したときは、法第35条に規定する書面に記名した宅地建物取引士をして、37条書面に記名させなければならない。

解説 ➔ 解答

【問32】 宅建業法：報酬 ★★

400万円以下の「低廉な空き家等」で、選択肢1は代理。ちょっとめんどくさい。選択肢4は「現地調査等の費用を多く要しない」だってさ。上乗せはダメだよね。なお、選択肢2の「依頼者の双方から合計で」というフレーズがにくい。「依頼者の双方からそれぞれで」と誤読しそう。それを狙ったヒッカケかな。さすがです。（46条、P.114～122）

1 ○ 400万円以下であるため「低廉な空家等」の売買の代理として、現地調査費等に要する費用をプラスで受領できる。まずは代理報酬の計算。200万円×5％＝10万円。代理なので依頼者から20万円。これと8万円なので、28万円。税込みで30万8,000円が上限となる。

2 ○ 1か月の借賃が110万円(税込み)ということだから、Aは依頼者の双方から「合計」で110万円(税込み）を受領することができる。「双方から合計で」という表現がにくいね。

3 ○ ダメです。建物状況調査を実施する者をあっせんしたとしても、報酬とは別にあっせんに係る料金を受領することはできない。

4 × 「現地調査等の費用を多く要しない」ということだから、報酬とは別にその「謎のカネ」を受領することはできない。200万円×5％＝10万円。媒介の依頼者Cから受領できる報酬の限度額は税込みで11万円。

【問33】 宅建業法：保証協会 ★★★

よく出題されている項目を、またよく出題してくれています。出題者さんいつもマンネリでありがとう。選択肢4は笑える。バカくさい出題なんだけど、まぁ新鮮味があった。（P.184～191）

1 × 加入の日から2週間じゃないよね。保証協会に加入しようとする日までに、弁済業務保証金分担金を保証協会に納付しなければならぬ。（64条の9）

2 × これって公告不要じゃん。保証協会の社員となった宅建業者が営業保証金を取り戻す場合だよね。そうです、公告は不要です。（64条の14）

3 ○ そうです。新たに事務所を設置した場合は、2週間以内に弁済業務保証金分担金を保証協会に納付しなければならぬ。納付しなかったときはサヨウナラ。保証協会の社員の地位を失います。（64条の9）

4 × こんな規定ないんじゃね？？　っていうかさ、「その地位を失った日から2週間以内に弁済業務保証金を供託すれば」というのが愉快。そもそも弁済業務保証金は保証協会が供託しているワケで、宅建業者が勝手に供託できるワケねーだろ。（64条の15）

【問34】 宅建業法：契約書面の交付（37条書面） ★★★

念のためですけど、重要事項説明書と契約書面への記名。宅地建物取引士によるものであればオッケー。同一の宅地建物取引士でなくてもよい。（37条、P.170～174）

1 × 記載しなきゃダメだよね。損害賠償の額として売買代金の額の10分の2を超えない額を予定したんだったら、その予定額を37条書面に記載。予定してないんだったら記載しなくてもいいんだけどね。

2 ○ 既存住宅の売買の場合、37条書面に当該建物の構造耐力上主要な部分等の状況について当事者の双方が確認した事項を記載しなければならない。当事者の双方が、建物の品質や状態についてあらかじめ確認した上で契約する。すばらしい。紛争防止に大いに役立つ。

3 × 記載しなきゃダメだよね。売買契約の場合で、「当該宅地又は建物に係る租税その他の公課の負担に関する定め」があるんだったら、37条書面にその内容を記載しなければならない。

4 × 37条書面に記名する宅地建物取引士と、35条書面に記名した宅地建物取引士は、同一人物じゃなくてもよい。

正解		
問32　4	問33　3	問34　2

問題

★★★

【問35】 宅地建物取引業者Aが行う業務に関する次の記述のうち、宅地建物取引業法の規定に違反しないものはどれか。

1　Aは、宅地建物取引業者ではないBが所有する宅地について、Bとの間で確定測量図の交付を停止条件とする売買契約を締結した。その後、停止条件が成就する前に、Aは自ら売主として、宅地建物取引業者ではないCとの間で当該宅地の売買契約を締結した。

2　Aは、その主たる事務所に従事する唯一の専任の宅地建物取引士Dが令和元年5月15日に退職したため、同年6月10日に新たな専任の宅地建物取引士Eを置いた。

3　Aは、宅地建物取引業者Fから宅地の売買に関する注文を受けた際、Fに対して取引態様の別を明示しなかった。

4　Aは、宅地の貸借の媒介に際し、当該宅地が都市計画法第29条の許可の申請中であることを知りつつ、賃貸借契約を成立させた。

★★

【問36】 宅地建物取引業者Aが宅地建物取引業法（以下この問において「法」という。）第37条の規定により交付すべき書面（以下この問において「37条書面」という。）に関する次の記述のうち、法の規定によれば、正しいものはいくつあるか。

ア　Aは、その媒介により建築工事完了前の建物の売買契約を成立させ、当該建物を特定するために必要な表示について37条書面で交付する際、法第35条の規定に基づく重要事項の説明において使用した図書の交付により行った。

イ　Aが自ら貸主として宅地の定期賃貸借契約を締結した場合において、借賃の支払方法についての定めがあるときは、Aは、その内容を37条書面に記載しなければならず、借主が宅地建物取引業者であっても、当該書面を交付しなければならない。

ウ　土地付建物の売主Aは、買主が金融機関から住宅ローンの承認を得られなかったときは契約を無条件で解除できるという取決めをしたが、自ら住宅ローンのあっせんをする予定がなかったので、37条書面にその取決めの内容を記載しなかった。

エ　Aがその媒介により契約を成立させた場合において、契約の解除に関する定めがあるときは、当該契約が売買、貸借のいずれに係るものであるかを問わず、37条書面にその内容を記載しなければならない。

1　一つ　　2　二つ　　3　三つ　　4　四つ

解説 ➔ 解答

【問35】 宅建業法：業務に関する禁止事項 ★★★

選択肢 2。「主たる事務所に従事する唯一の専任の宅地建物取引士」というのが泣ける。君しかいなかったんだよぉ〜。見捨てないでくれ〜。で、結果的に違反（笑）。宅建試験に受かっていない従業者のみなさん、こんなことにならないよう、さぁ受験勉強だぁ〜!! (P.084 〜 105)

1 違反する　宅地の所有者Bとの売買契約が停止条件付きだもんね。なので「停止条件が成就する前に、Aは自ら売主として、宅地建物取引業者ではないCとの間で当該宅地の売買契約を締結した」は、はいもちろん宅建業法違反でございます。(33 条の 2)

2 違反する　やばい、専任の宅地建物取引士がいなくなった。補充しなければ。何日以内だっけ。あ、そうそう「2週間以内」だ。「令和元年5月 15 日に退職したため、同年6月 10 日に新たな専任の宅地建物取引士Eを置いた」だと、「2週間」をオーバー。間に合いませんでしたね。ザンネンながら宅建業法違反でございます。(31 条の 3)

3 違反する　取引態様の明示義務。これって、相手方が宅建業者だとしても省略できないよね。ということで、こちらも宅建業法違反でございます。(34 条)

4 違反しない　「都市計画法第 29 条の許可」とは開発許可のことで、おっと許可申請中に賃貸借の媒介。そうなんだよね、「賃貸借の媒介→賃貸借契約の成立」は許可を受ける前でもオッケーでした。(36 条)

【問36】 宅建業法：契約書面の交付（37 条書面） ★★

「いくつあるか」の個数問題なので、「イ」とか「ウ」とのヒッカケにやられそう。「イ」はオーソドックスに自ら貸主ヒッカケ。この年も堂々と出題。定期借地権がどうしたこうしたという展開でそっちに目が奪われる。お見事でした。 (37 条、P.170 〜 174)

ア ○ 37 条書面では「宅地建物を特定するために必要な表示」が必要。で、宅地建物を特定するために必要な表示について 37 条書面で交付する際、工事完了前の建物については、重要事項の説明において使用した図書の交付により行うものとされています。

イ × 出た、自ら貸主。ヒッカケ。宅建業ではない。なので、「宅地の定期賃貸借契約」がどうしたこうしたと書いてありますけど、そもそも宅建業法の適用がないので、37 条書面がどうしたこうしたもカンケーないっす。

ウ × とにもかくにも「解除できるという取決め」をしたんだもんね。「自ら住宅ローンのあっせんをする予定」はないとしても「金融機関から住宅ローンの承認を得られなかったときは契約を無条件で解除できる」という取決めをしたのだから、それを 37 条書面に記載しなければならぬ。

エ ○ そりゃそうだよね。「契約の解除に関する定め」があるときは、媒介で成立させたのが売買であっても貸借であっても、37 条書面にその内容を記載しなければならぬ。

正しいものはア、エの「二つ」。選択肢２が正解となる。

正解			
問35	4	問36	2

>> 問題

★★★

【問37】 宅地建物取引業者Aが、自ら売主として、宅地建物取引業者ではないBとの間で締結する建築工事完了前のマンション（代金3,000万円）の売買契約に関する次の記述のうち、宅地建物取引業法（この問において「法」という。）の規定によれば、正しいものはどれか。（法改正により選択肢2を修正している）

1　Aが手付金として200万円を受領しようとする場合、Aは、Bに対して書面で法第41条に定める手付金等の保全措置を講じないことを告げれば、当該手付金について保全措置を講じる必要はない。

2　Aが手付金を受領している場合、Bが契約の履行に着手する前であっても、Aは、契約を解除することについて正当な理由がなければ、手付金の倍額を現実に提供して契約を解除することができない。

3　Aが150万円を手付金として受領し、さらに建築工事完了前に中間金として50万円を受領しようとする場合、Aは、手付金と中間金の合計額200万円について法第41条に定める手付金等の保全措置を講じれば、当該中間金を受領することができる。

4　Aが150万円を手付金として受領し、さらに建築工事完了前に中間金として500万円を受領しようとする場合、Aは、手付金と中間金の合計額650万円について法第41条に定める手付金等の保全措置を講じたとしても、当該中間金を受領することができない。

★★★

【問38】 宅地建物取引業者Aが、自ら売主として、宅地建物取引業者ではないBとの間で宅地の売買契約を締結した場合における、宅地建物取引業法第37条の2の規定に基づくいわゆるクーリング・オフに関する次の記述のうち、誤っているものはいくつあるか。

ア　Bがクーリング・オフにより売買契約を解除した場合、当該契約の解除に伴う違約金について定めがあるときは、Aは、Bに対して違約金の支払を請求することができる。

イ　Aは、Bの指定した喫茶店で買受けの申込みを受けたが、その際クーリング・オフについて何も告げず、その3日後に、クーリング・オフについて書面で告げたうえで売買契約を締結した。この契約において、クーリング・オフにより契約を解除できる期間について買受けの申込みをした日から起算して10日間とする旨の特約を定めた場合、当該特約は無効となる。

ウ　Aが媒介を依頼した宅地建物取引業者Cの事務所でBが買受けの申込みをし、売買契約を締結した場合、Aからクーリング・オフについて何も告げられていなければ、当該契約を締結した日から起算して8日経過していてもクーリング・オフにより契約を解除することができる。

1　一つ　　2　二つ　　3　三つ　　4　なし

★★

【問39】 宅地建物取引業者が行う宅地建物取引業法第35条に規定する重要事項の説明に関する次の記述のうち、正しいものはどれか。なお、説明の相手方は宅地建物取引業者ではないものとする。

1　既存住宅の貸借の媒介を行う場合、建物の建築及び維持保全の状況に関する書類の保存状況について説明しなければならない。

2　宅地の売買の媒介を行う場合、登記された抵当権について、引渡しまでに抹消される場合は説明しなくてよい。

3　宅地の貸借の媒介を行う場合、借地権の存続期間を50年とする賃貸借契約において、契約終了時における当該宅地の上の建物の取壊しに関する事項を定めようとするときは、その内容を説明しなければならない。

4　建物の売買又は貸借の媒介を行う場合、当該建物が津波防災地域づくりに関する法律第53条第1項により指定された津波災害警戒区域内にあるときは、その旨を、売買の場合は説明しなければならないが、貸借の場合は説明しなくてよい。

解説 → 解答

【問37】 宅建業法：宅建業者が売主（手付金等の保全措置） ★★★

選択肢２で手付による解除。「正当な理由」がそれらしいけど。選択肢４の中間金。宅建業法上、中間金の受領額などについての制約はありません。（41 条、P.142 ～ 146）

1 × 書面で告げればいいってもんじゃねーだろ（笑）。代金の５％を超えるので、その「200 万円」につき手付金等の保全措置を講じなければならない。

2 × 手付を使っての解除には「正当な理由」は必要なしです。「Bが契約の履行に着手する前」なので、売主Aは手付金の倍額を現実に提供して契約を解除することができる。（39 条）

3 ○ 手付金等の合計額は 200 万円となる。中間金 50 万円を受領するにあたり、手付金と中間金の合計額 200 万円について法第 41 条に定める手付金等の保全措置を講じれば、当該中間金を受領することができる。

4 × 手付金の受領額については代金の 20％までという制約はあるけど、「中間金」については、宅建業法上の制約なし。なので 500 万円の受領でもオッケー。手付金と中間金の合計額 650 万円について手付金等の保全措置を講じれば、当該中間金を受領することができる。

【問38】 宅建業法：宅建業者が売主（クーリング・オフ） ★★★

「イ」なんだけど、日数を数えるのがめんどくさい。で、結局は無効なんだけどね。クーリング・オフからの出題も、新鮮味を出そうとするとたいへんですね。「ア」と「ウ」はごくふつうの、誰でもわかる「×」でした。（37 条の 2、P.129 ～ 134）

ア × だからダメだってば。クーリング・オフによる解除があった場合、仮に違約金の定めがあったとしても、違約金の支払いを請求することはできない。

イ ○ 日数を数えるのがめんどくせー。喫茶店での買受けの申込みの日（月曜だったとしよう）になにも告げず、契約した日（３日後なので木曜）に告げたわけだ。となると木曜から「８日間」で【木・金・土・日・月・火・水・木（←最終日）】。買受けの申込みの日から 10 日間だと【月・火・水・木・金・土・日・月・火・水】。「木（←最終日）」が足りない。ということで無効となる。

ウ × 「Aが媒介を依頼した宅地建物取引業者Cの事務所」での「Bの買受けの申込み」については、クーリング・オフ制度の適用はなし。なので、選択肢にはあれこれ書いてありますけど、クーリング・オフにより契約を解除することはできません。

誤っているものはア、ウの「二つ」。選択肢２が正解となる。

【問39】 宅建業法：重要事項の説明等（35 条書面） ★★

選択肢４の津波災害警戒区域。その区域内にある賃貸物件。借りるときに「津波災害警戒区域」だということを知りたいよね。売買だったら説明するけど貸借のときは説明しないなんて、それってどうなの？？（35 条、P.156 ～ 169）

1 × 既存住宅の「貸借の媒介」の場合、建物の建築及び維持保全の状況に関する書類の保存状況についての説明は不要となる。

2 × 引渡しまでに抹消される場合だとしても、説明の時点で「登記された抵当権」が存在するのであれば、説明しなければならない。

3 ○ 宅地の貸借の場合、契約終了時における当該宅地の上の建物の取壊しに関する事項を定めようとするときは、その内容を説明しなければならない。

4 × 売買の場合のほか貸借の場合であっても、「津波災害警戒区域内にある旨」を説明しなければならない。

正解		
問37　3	問38　2	問39　3

問題

★★★

【問40】 **次の記述のうち、宅地建物取引業法の規定によれば、誤っているものはどれか。**

1　宅地建物取引業者の従業者は、取引の関係者の請求があったときは、従業者証明書を提示しなければならないが、宅地建物取引士は、重要事項の説明をするときは、請求がなくても説明の相手方に対し、宅地建物取引士証を提示しなければならない。

2　宅地建物取引業者は、その業務に関する帳簿を、各取引の終了後5年間、当該宅地建物取引業者が自ら売主となる新築住宅に係るものにあっては10年間、保存しなければならない。

3　宅地建物取引業者が、一団の宅地建物の分譲を案内所を設置して行う場合、その案内所が一時的かつ移動が容易な施設であるときは、当該案内所には、クーリング・オフ制度の適用がある旨等所定の事項を表示した標識を掲げなければならない。

4　宅地建物取引業者が、一団の宅地建物の分譲を案内所を設置して行う場合、その案内所が契約を締結し、又は契約の申込みを受ける場所であるときは、当該案内所には、専任の宅地建物取引士を置かなければならない。

★★★

【問41】 **宅地建物取引業者が行う宅地建物取引業法第35条に規定する重要事項の説明（以下この問において「重要事項説明」という。）に関する次の記述のうち、正しいものはどれか。なお、説明の相手方は宅地建物取引業者ではないものとする。**

1　建物管理が管理会社に委託されている建物の貸借の媒介をする宅地建物取引業者は、当該建物が区分所有建物であるか否かにかかわらず、その管理会社の商号及びその主たる事務所の所在地について、借主に説明しなければならない。

2　宅地建物取引業者である売主は、他の宅地建物取引業者に媒介を依頼して宅地の売買契約を締結する場合、重要事項説明の義務を負わない。

3　建物の貸借の媒介において、建築基準法に規定する建蔽率及び容積率に関する制限があるときは、その概要を説明しなければならない。

4　重要事項説明では、代金、交換差金又は借賃の額を説明しなければならないが、それ以外に授受される金銭の額については説明しなくてよい。

★★★

【問42】 **宅地建物取引業法第2条第1号に規定する宅地に関する次の記述のうち、誤っているものはどれか。**

1　建物の敷地に供せられる土地は、都市計画法に規定する用途地域の内外を問わず宅地であるが、道路、公園、河川等の公共施設の用に供せられている土地は、用途地域内であれば宅地とされる。

2　宅地とは、現に建物の敷地に供せられている土地に限らず、広く建物の敷地に供する目的で取引の対象とされた土地をいうものであり、その地目、現況の如何を問わない。

3　都市計画法に規定する市街化調整区域内において、建物の敷地に供せられる土地は宅地である。

4　都市計画法に規定する準工業地域内において、建築資材置場の用に供せられている土地は宅地である。

解説 ➔ 解答

【問40】 宅建業法：帳簿・標識・従業者証明書・宅地建物取引士 ★★★

ざっと読んで「あれ全部「○」？」あれあれ？？。なんだ「選択肢２か」となればハッピーエンド。集中力を欠き、オマケに妙な囁きが聞こえたため、選択肢３とか選択肢４を選んだりしていると、かなりさびしい結果になる。（P.084～097）

1 ○ 従業者証明書。取引の関係者の請求があったときは従業者証明書を提示してくださいね。宅地建物取引士証。宅地建物取引士が重要事項の説明をするときは、請求がなくても説明の相手方に対し提示してくださいね。（48条、35条）

2 × 「各取引の終了後５年間」だってさ。うわ、読み飛ばし狙いかっ。帳簿の保存期間は各事業年度末日で閉鎖し「閉鎖後５年間」だよね。自ら売主となる新築住宅に係るものにあっては「10年間」。（49条）

3 ○ 「案内所が一時的かつ移動が容易な施設」とあるのでテント張りの類の案内所。なのでこの案内所の標識には「クーリング・オフ制度の適用がある旨」などの所定の事項の表示が必要です。（50条）

4 ○ 一団の宅地建物の分譲をするために設置する案内所で「契約を締結し、又は契約の申込みを受ける」ということであれば、その案内所には専任の宅地建物取引士を置かなければならない。（31条の3）

【問41】 宅建業法：重要事項の説明等（35条書面） ★★★

フツーに勉強していれば、別にどうということもない問題。これがわからなかったということは、たぶん、あなたには「別の道」があるかもしれない。（35条、P.156～169）

1 ○ 区分所有建物であるか否かを問わず、その賃貸物件の「建物管理」が委託されている場合、その管理会社の商号及びその主たる事務所の所在地につき、重要事項として借主に説明しなければならない。

2 × 媒介業者がいるとしても、売主である宅建業者にも、重要事項説明の義務がある。

3 × 出たヒッカケ。でも、もう誰もひっかからないかな。単に「建物の貸借」の媒介であれば、建蔽率や容積率に関する制限については説明しなくてもだいじょうぶ。

4 × 逆ですよね。「代金、交換差金又は借賃の額」については説明すべき重要事項ではないけど、「それ以外に授受される金銭の額」については説明しなければならない。

【問42】 宅建業法：宅地の定義 ★★★

用途地域内では道路・公園・河川・広場・水路の用に供されている土地は宅地とはならない。で、用途地域内外を問わず、「建物の敷地に供される土地」だったら宅地となる。（2条、P.031～032）

1 × 「建物の敷地に供せられる土地」は、都市計画法に規定する用途地域の内外を問わず「宅地」になる。で、「用途地域」については、建物の敷地に供せられるかどうかを問わず、原則として「宅地」にしちゃう。だがしかし、「道路、公園、河川等の公共施設の用に供せられている土地」は宅地としない。「どこがこうずい」というゴロあわせ（覚え方）あり!!

2 ○ そのとおり。「建物の敷地に供する目的で取引の対象とされた土地」も宅地です。その地目（登記上の土地の種類）や現況の如何を問わない。

3 ○ 市街化調整区域に所在する土地についての販売広告には「宅地の造成や建物の建築はできません」という文言を入れなければならないけど、それはそれとして、市街化調整区域であっても「建物の敷地に供せられる土地」は宅地として扱う。

4 ○ 準工業地域は用途地域のひとつ。用途地域内であるから建築資材置場の用に供せられている土地は宅地となる。道路・公園・河川・広場・水路の用に供されているわけじゃないからね。

正解		
問40　2	問41　1	問42　1

問題

★★★

【問43】 宅地建物取引業の免許（以下この問において「免許」という。）に関する次の記述のうち、宅地建物取引業法の規定によれば、正しいものはどれか。

1　免許を受けようとする法人の非常勤役員が、刑法第246条（詐欺）の罪により懲役1年の刑に処せられ、その刑の執行が終わった日から5年を経過していなくても、当該法人は免許を受けることができる。

2　免許を受けようとする法人の政令で定める使用人が、刑法第252条（横領）の罪により懲役1年執行猶予2年の刑に処せられ、その刑の執行猶予期間を満了している場合、その満了の日から5年を経過していなくても、当該法人は免許を受けることができる。

3　免許を受けようとする法人の事務所に置く専任の宅地建物取引士が、刑法第261条（器物損壊等）の罪により罰金の刑に処せられ、その刑の執行が終わった日から5年を経過していない場合、当該法人は免許を受けることができない。

4　免許を受けようとする法人の代表取締役が、刑法第231条（侮辱）の罪により拘留の刑に処せられ、その刑の執行が終わった日から5年を経過していない場合、当該法人は免許を受けることができない。

★★

【問44】 宅地建物取引業法に規定する宅地建物取引士資格登録（以下この問において「登録」という。）に関する次の記述のうち、正しいものはどれか。

1　業務停止の処分に違反したとして宅地建物取引業の免許の取消しを受けた法人の政令で定める使用人であった者は、当該免許取消しの日から5年を経過しなければ、登録を受けることができない。

2　宅地建物取引業者A（甲県知事免許）に勤務する宅地建物取引士（甲県知事登録）が、宅地建物取引業者B（乙県知事免許）に勤務先を変更した場合は、乙県知事に対して、遅滞なく勤務先の変更の登録を申請しなければならない。

3　甲県知事登録を受けている者が、甲県から乙県に住所を変更した場合は、宅地建物取引士証の交付を受けていなくても、甲県知事に対して、遅滞なく住所の変更の登録を申請しなければならない。

4　宅地建物取引士資格試験に合格した者は、宅地建物取引に関する実務の経験を有しない場合でも、合格した日から1年以内に登録を受けようとするときは、登録実務講習を受講する必要はない。

解説 → 解答

【問43】 宅建業法：免許の基準 ★★★

非常勤役員が詐欺、政令で定める使用人が横領、専任の宅地建物取引士が器物損壊等。さらに代表取締役が「侮辱」の罪により拘留の刑。さぁみなさん、この会社に就職してみましょう。楽しい日々が待ってまぁーす。（5条、P.052～064）

1 × 非常勤役員でも役員は役員。この役員が免許不可となる基準に該当。禁錮以上の刑（懲役の刑）に処せられ、刑の執行が終わった日から5年を経過していないので、当該法人は免許を受けることはできないよね。

2 ○ 政令で定める使用人が免許不可となる基準に該当していたら、当該法人は免許不可だけど、執行猶予期間が満了しているしね。執行猶予付きでの禁錮以上の刑（懲役の刑）の場合、執行猶予期間中は免許不可だけど、執行猶予期間が満了すれば免許オッケー。満了後5年を待つ必要はありません。

3 × 単に「専任の宅地建物取引士」というだけでは、当該法人の免許の基準うんぬんはカンケーありませんっ。ちなみに「刑法第261条（器物損壊等）の罪により罰金の刑」だから、そもそも免許不可となる基準には該当していない。

4 × 「拘留」だと免許不可にはならない。なので代表取締役がこんな人だけど、この会社（法人）は宅建業の免許を受けることができる。

【問44】 宅建業法：宅地建物取引士 ★★

選択肢1の「政令で定める使用人」。法人の「役員」だったら登録不可となるけど「政令で定める使用人」だったという場合は登録不可とはならぬ。ここが勝負でしたね。で、ここを「×」で勝負できたのに、選択肢2とか4を選んでいたら、けっこうウケる。（18条、20条、P.066～077）

1 × 「業務停止の処分に違反」などの悪質3種で免許を取り消された法人の場合、その法人の「役員」だったら登録不可となるけど「政令で定める使用人」だったという場合はセーフ。登録不可とはならない。なので彼（または彼女）は、宅地建物取引士資格登録を受けることができる。

2 × うわ、ヒッカケ。よく読まないとね。勤務先の宅建業者を変更した場合、変更の登録を申請しなきゃいけないけど、申請先は甲県知事。甲県知事の登録を受けているんだもんね。乙県知事への申請ではありません。

3 ○ 宅地建物取引士資格登録簿には「住所」が登載されているから、住所を変更した場合は変更の登録を申請しなければならぬ。宅地建物取引士証が交付されていなくても、そもそも登録事項に変更があるもんね。

4 × 「宅地建物取引に関する実務の経験を有しない」方は、どうぞ弊社主催の「登録実務講習」を受講なさってくださいね。合格した日から1年以内にどうのこうのは、宅地建物取引士証の交付の際のお話でございます。

正解			
問43	2	問44	3

問題

★★★

【問45】特定住宅瑕疵担保責任の履行の確保等に関する法律に基づく住宅販売瑕疵担保保証金の供託又は住宅販売瑕疵担保責任保険契約の締結に関する次の記述のうち、誤っているものはどれか。

1　宅地建物取引業者は、自ら売主として新築住宅を販売する場合だけでなく、新築住宅の売買の媒介をする場合においても、住宅販売瑕疵担保保証金の供託又は住宅販売瑕疵担保責任保険契約の締結を行う義務を負う。

2　自ら売主として新築住宅を販売する宅地建物取引業者は、住宅販売瑕疵担保保証金の供託をしている場合、当該住宅の売買契約を締結するまでに、当該住宅の宅地建物取引業者ではない買主に対し、供託所の所在地等について、それらの事項を記載した書面を交付して説明しなければならない。

3　自ら売主として新築住宅を宅地建物取引業者ではない買主に引き渡した宅地建物取引業者は、基準日ごとに基準日から３週間以内に、当該基準日に係る住宅販売瑕疵担保保証金の供託及び住宅販売瑕疵担保責任保険契約の締結の状況について、宅地建物取引業の免許を受けた国土交通大臣又は都道府県知事に届け出なければならない。

4　住宅販売瑕疵担保責任保険契約を締結している宅地建物取引業者は、当該保険に係る新築住宅に、構造耐力上主要な部分又は雨水の浸入を防止する部分の隠れた瑕疵（構造耐力又は雨水の浸入に影響のないものを除く。）がある場合に、特定住宅販売瑕疵担保責任の履行によって生じた損害について保険金を請求することができる。

★★★

【問46】独立行政法人住宅金融支援機構（以下この問において「機構」という。）に関する次の記述のうち、誤っているものはどれか。

1　機構は、証券化支援事業（買取型）において、中古住宅を購入するための貸付債権を買取りの対象としていない。

2　機構は、証券化支援事業（買取型）において、バリアフリー性、省エネルギー性、耐震性又は耐久性・可変性に優れた住宅を取得する場合に、貸付金の利率を一定期間引き下げる制度を実施している。

3　機構は、マンション管理組合や区分所有者に対するマンション共用部分の改良に必要な資金の貸付けを業務として行っている。

4　機構は、災害により住宅が滅失した場合において、それに代わるべき建築物の建設又は購入に必要な資金の貸付けを業務として行っている。

★★

【問47】宅地建物取引業者が行う広告に関する次の記述のうち、不当景品類及び不当表示防止法（不動産の表示に関する公正競争規約を含む。）の規定によれば、正しいものはどれか。

1　土地を販売するに当たり、購入者に対し、購入後一定期間内に当該土地に建物を建築することを条件としていても、建物建築の発注先を購入者が自由に選定できることとなっていれば、当該土地の広告に「建築条件付土地」と表示する必要はない。

2　新聞折込チラシにおいて新築賃貸マンションの賃料を表示するに当たり、すべての住戸の賃料を表示することがスペース上困難な場合は、標準的な１住戸１か月当たりの賃料を表示すれば、不当表示に問われることはない。

3　リフォーム済みの中古住宅については、リフォーム済みである旨を必ず表示しなければならない。

4　分譲住宅について、住宅の購入者から買い取って再度販売する場合、当該住宅が建築後１年未満で居住の用に供されたことがないものであるときは、広告に「新築」と表示しても、不当表示に問われることはない。

解説 ➔ 解答

【問45】 住宅瑕疵担保履行法 ★★★

はい、まいどおなじみの選択肢が並びます。過去に出題されたものとほぼおなじ。繰り返し出題です。でもどうして、できないのだろう（笑）。(P.208～214)

1 × 「資力確保措置」としての「住宅販売瑕疵担保保証金の供託又は住宅販売瑕疵担保責任保険契約の締結」は、新築住宅を販売する宅建業者に課せられている義務。媒介業者には課せられていない。(2条)

2 ○ そのとおり。「当該住宅の売買契約を締結するまで」に、書面を交付して説明しなければならない。(15条)

3 ○ こちらもそうだね。基準日から３週間以内に、資力確保措置の状況について、免許を受けた国土交通大臣又は都道府県知事に届け出なければならない。(12条)

4 ○ 「構造耐力上主要な部分又は雨水の浸入を防止する部分の隠れた瑕疵」は保険の対象。宅建業者は、特定住宅販売瑕疵担保責任の履行によって生じた損害について保険金を請求することができます。なお、売主業者が特定住宅販売瑕疵担保責任の履行をしない場合は、買主が保険金を請求できます。(2条)

【問46】 住宅金融支援機構 ★★★

あっけらかんと、選択肢１が「×」で正解。ほぼ全員が正解したと思われる。この【問46】から【問50】の５問か、いわゆる免除科目。でもそんなにむずかしくしてこないので、みんな４点くらいは取っちゃうかな。ということで免除組もピンチを迎える。(13条、P.740～744)

1 × そんなことないでしょ。機構は、中古住宅を購入するための貸付債権を買取りの対象としています。

2 ○ バリアフリー性、省エネルギー性、耐震性又は耐久性・可変性に優れた住宅を取得する場合に、貸付金の利率を一定期間引き下げる制度を実施している。こういう制度もあります。

3 ○ 大規模修繕の費用とかですね。機構は、マンション管理組合や区分所有者に対するマンション共用部分の改良に必要な資金の貸付けを業務として行っている。

4 ○ 災害により住宅が滅失。そんなとき、機構の出番です。機構は、それに代わるべき建築物の建設又は購入に必要な資金の貸付けを業務として行っている。

【問47】 景品表示法 ★★

選択肢３と４で、めっちゃ迷うかも。選択肢３の「必ず」という表現、選択肢４の「え、これって中古じゃないの」的な。ここは勝負問題となりました。さぁ、あなたはどっちで勝負ですか？

1 × いやいやいやいや、「購入後一定期間内に当該土地に建物を建築することを条件」としているんだから、「建築条件付土地」ですよね。建物建築の発注先を購入者が自由に選定できるとしていてもね。(P.733)

2 × 「標準的な１住戸１か月当たりの賃料」だったっけ？　違いますよね。「１住戸当たりの最低賃料・最高賃料」だよね。っていうかさ、「標準的な賃料」の表示だったら判断に困るでしょ（笑）。(P.736)

3 × さぁ勝負、こっちが「×」だぁー。「リフォーム済み」を売りにしたい、つまり「表示」するのであれば、内容や時期を表示せよということ。売りにしない、つまり表示しないというのもオッケー。(P.735)

4 ○ たしかに「新築」とは、「建築後１年未満」で「居住の用に供されたことがないもの」ですよね。「住宅の購入者から買い取って再度販売」だとしても、要件的には、新築だもんね。(P.737)

正解					
問45	1	問46	1	問47	4

問題

【問48】 **次の記述のうち、正しいものはどれか。**

1 平成29年度法人企業統計年報（平成30年9月公表）によれば、平成29年度における全産業の経常利益は前年度に比べ11.4%増加となったが、不動産業の経常利益は13.8%減少した。
2 平成31年地価公示（平成31年3月公表）によれば、平成30年1月以降の1年間の地価変動率は、全国平均では住宅地、商業地、工業地のいずれについても上昇となった。
3 令和元年版国土交通白書（令和元年7月公表）によれば、平成30年3月末における宅地建物取引業者数は約20万に達している。
4 建築着工統計（平成31年1月公表）によれば、平成30年の貸家の新設着工戸数は約39.6万戸となっており、7年連続の増加となった。

★★★

【問49】 **土地に関する次の記述のうち、最も不適当なものはどれか。**

1 台地、段丘は、農地として利用され、また都市的な土地利用も多く、地盤も安定している。
2 台地を刻む谷や台地上の池沼を埋め立てた所では、地盤の液状化が発生し得る。
3 台地、段丘は、水はけも良く、宅地として積極的に利用されているが、自然災害に対して安全度の低い所である。
4 旧河道や低湿地、海浜の埋立地では、地震による地盤の液状化対策が必要である。

★

【問50】 **建築物の構造に関する次の記述のうち、最も不適当なものはどれか。**

1 地震に対する建物の安全確保においては、耐震、制震、免震という考え方がある。
2 制震は制振ダンパーなどの制振装置を設置し、地震等の周期に建物が共振することで起きる大きな揺れを制御する技術である。
3 免震はゴムなどの免震装置を設置し、上部構造の揺れを減らす技術である。
4 耐震は、建物の強度や粘り強さで地震に耐える技術であるが、既存不適格建築物の地震に対する補強には利用されていない。

解説 → 解答

【問48】 統計等　＊令和元年度の統計数値での出題。参考まで＊

【問 48】はこのような統計数値からの出題です。別途、最新データに基づく受験対策レジュメをご用意いたしますのでご活用ください（8月中旬予定）。

1 × 平成 29 年度法人企業統計年報によれば、平成 29 年度における全産業の経常利益は前年度に比べ 11.4%増加となり、不動産業の経常利益は 13.8%増加となっていた。

2 ○ 平成 31 年地価公示によれば、平成 30 年 1 月以降の 1 年間の地価変動率は、全国平均では住宅地、商業地、工業地のいずれについても上昇となっていた。

3 × 令和元年版国土交通白書によれば、平成 30 年 3 月末における宅地建物取引業者数は 12 万 3,782 業者であった。約 20 万には達していなかった。

4 × 建築着工統計によれば、平成 30 年の貸家の新設着工戸数は約 39.6 万戸となっており、7 年ぶりの減少となっていた。

【問49】 土地の形質等　★★★

液状化現象の実験動画があった。砂を含んだ水。振動を与えると、砂と水がぐちゃぐちゃになって物体が沈む。検索してみてね。へーと思う。が、けっこう怖い。いや、かなり怖い。

1 適当　台地や段丘は、どちらも地盤は安定していて、棚田などの農地利用でもいいし、住宅地や商業地としても最適。

2 適当　液状化が起きやすいのは、地下水位が浅いところ。谷や池沼を埋めた立てた所では、そりゃやっぱり地盤の液状化が発生し得るでしょ。

3 不適当　台地や段丘は、一般に地盤は安定していて、低地などに比べれば自然災害に対しての安全性は高い。

4 適当　旧河道や低湿地、海浜の埋立地は地下水位が浅いもんね。となると液状化が起きやすい。地震による地盤の液状化対策が必要である。

【問50】 建物の構造等　★

「耐震」「制震」「免震」シリーズ。平成 25 年【問 50】も復習しておいてね。

1 適当　地震に対する建物の安全確保においては、耐震、制震、免震という考え方がある。はい、まったくそのとおりでございます。

2 適当　制震（構造）は制振ダンパーなどを設置し、地震等の揺れを制御する技術（構造）です。

3 適当　免震（構造）は、建物の下部構造と上部構造との間に積層ゴムなどを設置し、揺れを減らす技術（構造）です。

4 不適当　そんなことないでしょ。既存不適格建築物の耐震補強として、耐震技術（構造）が用いられている。

正解		
問48　2	問49　3	問50　4

宅地建物取引士資格試験 平成30年度本試験問題・解説・解答

問題

★★

【問 1】AがBに甲土地を売却した場合に関する次の記述のうち、民法の規定及び判例によれば、誤っているものはどれか。（法改正により選択肢2、4を修正している）

1　甲土地につき売買代金の支払と登記の移転がなされた後、第三者の詐欺を理由に売買契約が取り消された場合、原状回復のため、BはAに登記を移転する義務を、AはBに代金を返還する義務を負い、各義務は同時履行の関係となる。

2　Aが甲土地を売却した意思表示に錯誤があったとしても、Aに重大な過失があって取消しを主張することができない場合は、BもAの錯誤を理由として取消しを主張することはできない。

3　ＡＢ間の売買契約が仮装譲渡であり、その後BがCに甲土地を転売した場合、Cが仮装譲渡の事実を知らなければ、Aは、Cに虚偽表示による無効を対抗することができない。

4　Aが第三者の詐欺によってBに甲土地を売却し、その後BがDに甲土地を転売した場合、Bが第三者の詐欺の事実を知らず、かつ、知ることができなかったとしても、Dが第三者の詐欺の事実を知っていれば、Aは詐欺を理由にＡＢ間の売買契約を取り消すことができる。

★★

【問 2】Aが、所有する甲土地の売却に関する代理権をBに授与し、BがCとの間で、Aを売主、Cを買主とする甲土地の売買契約（以下この問において「本件契約」という。）を締結した場合における次の記述のうち、民法の規定及び判例によれば、正しいものはどれか。

1　Bが売買代金を着服する意図で本件契約を締結し、Cが本件契約の締結時点でこのことを知っていた場合であっても、本件契約の効果はAに帰属する。

2　AがBに代理権を授与するより前にBが補助開始の審判を受けていた場合、Bは有効に代理権を取得することができない。

3　BがCの代理人にもなって本件契約を成立させた場合、Aの許諾の有無にかかわらず、本件契約は無効となる。

4　AがBに代理権を授与した後にBが後見開始の審判を受け、その後に本件契約が締結された場合、Bによる本件契約の締結は無権代理行為となる。

★

【問 3】AとBとの間で、5か月後に実施される試験（以下この問において「本件試験」という。）にBが合格したときにはA所有の甲建物をBに贈与する旨を書面で約した（以下この問において「本件約定」という。）。この場合における次の記述のうち、民法の規定及び判例によれば、誤っているものはどれか。

1　本件約定は、停止条件付贈与契約である。

2　本件約定の後、Aの放火により甲建物が滅失し、その後にBが本件試験に合格した場合、AはBに対して損害賠償責任を負う。

3　Bは、本件試験に合格したときは、本件約定の時点にさかのぼって甲建物の所有権を取得する。

4　本件約定の時点でAに意思能力がなかった場合、Bは、本件試験に合格しても、本件約定に基づき甲建物の所有権を取得することはできない。

合格判定基準　50 問中 37 問以上正解（登録講習修了者　45 問中 32 問以上正解）

受験者データ　申込者数 → 26 万 5,444 人　受験者数 → 21 万 3,914 人　合格者数 → 3 万 3,360 人（合格率 15.6%）

解説 → 解答

【問 1】民法：意思表示　★★

選択肢１～３は、基本的な話。選択肢４は、軽くヒッカケ（笑）。

1 ○ 土地の売買契約が取り消された場合、ＢはＡに登記を移転する義務を、ＡはＢに代金を返還する義務をそれぞれ負うよね。原状回復義務です。で、この義務は、同時履行の関係となるよー。（533 条、P.499）

2 ○ そもそもＢは、Ａの錯誤を理由として取消しを主張することはできないよね。（95 条、P.416）

3 ○ みんなの大好きな「仮装譲渡」だよー。第三者Ｃが善意（仮装譲渡の事実を知らない）であれば、Ａは、Ｃに虚偽表示による無効を対抗することができない。（94 条、P.414）

4 × Ｂが「第三者の詐欺である事実を知り、または知ることができた」のであれば、Ａは取消しを主張できるんだけどね。そうじゃないわけだから取り消せない。その後の転得者Ｄがどうであれ（悪意でも）、ＡはＡＢ間の売買契約を取り消せない。（96 条、P.419）

【問 2】民法：代理　★★

選択肢１。「本件契約の効果はＡに帰属する」なんてことになっちゃったら世の中大混乱。

1 × 「Ｂが売買代金を着服する意図」というのがニクイねぇ～。で、Ｃも「契約の締結時点でこのことを知っていた」だってさ。なんなんだこの２人は（笑）。もちろん契約の効果は本人に帰属しません。代理人Ｂが自己の利益を図る目的で代理権の範囲内の行為をした場合において、相手方Ｃがその目的を知っていたときは、Ｂの行為は無権代理行為として扱われる。（107 条、P.425）

2 × 「Ｂが補助開始の審判を受けていた」とは、Ｂが被補助人だよ、という意味。代理人は行為能力者でなくてもよい。有効に代理権を取得できます。（102 条、P.424）

3 × みなさんの大好きな「双方代理」（笑）。Ａの許諾があれば双方代理はオッケーだよね。（108条、P.425）

4 ○ おっとこちらは「代理権を授与した後にＢが後見開始の審判を受けた」というパターン。代理人が成年被後見人になっちゃったら代理権は消滅だよね。Ｂによる本件契約の締結は無権代理行為となる。（111 条、P.426）

【問 3】民法：停止条件　★

選択肢２が笑える。停止条件付贈与契約の目的物である自分の建物を、放火。なんだコイツ（笑）。この年度の「【問９】売主と買主の間で交通事故」「【問 30】権利金 150 万円」「【問 40】電話はしないけど訪問」と並ぶお笑い問題。（P.494 ～ 495）

1 ○ なんじゃこの選択肢。読んでのとおり（笑）。（127 条）

2 ○ 条件付法律行為の各当事者は、条件の成否が未定である間は、条件が成就した場合（Ｂが試験に合格した場合）にその法律行為から生ずべき相手方（Ｂ）の利益を害することができない。そりゃそうだよね。で、相手方（Ｂ）の利益を害した当事者（Ａ）は、損害賠償責任を負うとされている。（128 条、709 条）

3 × えーとですね、Ｂは、本件試験に合格したときに甲建物の所有権を取得します。さかのぼらない。（127条）

4 ○ 「本件約定の時点でＡに意思能力がなかった」んだから、そりゃ契約自体が無効だよね。（3 条の 2、P.397）

正解					
問1	4	問2	4	問3	3

問題

★★

【問 4】時効の援用に関する次の記述のうち、民法の規定及び判例によれば、誤っているものはどれか。

1　消滅時効完成後に主たる債務者が時効の利益を放棄した場合であっても、保証人は時効を援用することができる。
2　後順位抵当権者は、先順位抵当権の被担保債権の消滅時効を援用することができる。
3　詐害行為の受益者は、債権者から詐害行為取消権を行使されている場合、当該債権者の有する被保全債権について、消滅時効を援用することができる。
4　債務者が時効の完成の事実を知らずに債務の承認をした場合、その後、債務者はその完成した消滅時効を援用することはできない。

★

【問 5】Aは、隣人Bの留守中に台風が接近して、屋根の一部が壊れていたB宅に甚大な被害が生じる差し迫ったおそれがあったため、Bからの依頼なくB宅の屋根を修理した。この場合における次の記述のうち、民法の規定によれば、誤っているものはどれか。

1　Aは、Bに対して、特段の事情がない限り、B宅の屋根を修理したことについて報酬を請求することができない。
2　Aは、Bからの請求があったときには、いつでも、本件事務処理の状況をBに報告しなければならない。
3　Aは、B宅の屋根を善良な管理者の注意をもって修理しなければならない。
4　AによるB宅の屋根の修理が、Bの意思に反することなく行われた場合、AはBに対し、Aが支出した有益な費用全額の償還を請求することができる。

★★

【問 6】Aが所有する甲土地上にBが乙建物を建築して所有権を登記していたところ、AがBから乙建物を買い取り、その後、Aが甲土地にCのために抵当権を設定し登記した。この場合の法定地上権に関する次の記述のうち、民法の規定及び判例によれば、誤っているものはどれか。

1　Aが乙建物の登記をA名義に移転する前に甲土地に抵当権を設定登記していた場合、甲土地の抵当権が実行されたとしても、乙建物のために法定地上権は成立しない。
2　Aが乙建物を取り壊して更地にしてから甲土地に抵当権を設定登記し、その後にAが甲土地上に丙建物を建築していた場合、甲土地の抵当権が実行されたとしても、丙建物のために法定地上権は成立しない。
3　Aが甲土地に抵当権を設定登記するのと同時に乙建物にもCのために共同抵当権を設定登記した後、乙建物を取り壊して丙建物を建築し、丙建物にCのために抵当権を設定しないまま甲土地の抵当権が実行された場合、丙建物のために法定地上権は成立しない。
4　Aが甲土地に抵当権を設定登記した後、乙建物をDに譲渡した場合、甲土地の抵当権が実行されると、乙建物のために法定地上権が成立する。

解説 → 解答

【問 4】 民法：消滅時効 ★★

選択肢2がヒッカケ。「詐害行為取消権」もなんじゃこりゃ。(P.439 ～ 445 参考)

1 ○ 主たる債務者が時効の利益を放棄した（消滅時効は完成しましたけどおカネは返済します）としても、その効力は保証人には及ばないという判例あり。保証人などの「消滅時効の完成により直接利益を受ける者」は時効を援用することができるのだ。(145 条)

2 × できそうなんだけどな。先順位抵当権の被担保債権が時効消滅すれば抵当権の順位が繰り上がるしね。がしかし「後順位抵当権者は先順位抵当権の被担保債権の消滅により直接利益を受ける者ではない」→「先順位抵当権の被担保債権の消滅時効を援用することはできない」(判例)。

3 ○ たとえば債権者Aに意地悪（詐害行為）するため債務者Bが自分の財産をCに譲渡したという状況。この場合、BC間の譲渡を債権者Aは取り消せる。詐害行為取消権の行使という。でね、詐害行為の受益者＝Cは、Aの債権がなくなれば利益があるわけだ。なので「債権者の有する被担保債権について消滅時効を援用することができる」(判例)。

4 ○ やだぁー、消滅時効が完成していたのにぃ～（涙）。「債務者が時効の完成の事実を知らずに債務の承認」をしちゃうと、もはや消滅時効の援用はできなくなります(判例)。ザンネンでした。

【問 5】 民法：事務管理 ★

「事務管理」という項目からの出題。それも丸々1問でとなると初かも。「事務管理」とは、義務なく他人のために事務の管理（例：依頼なくB宅の屋根を修理）をすることをいいます。(未掲載)

1 ○ そうなんです。勝手にやり始めたということから、特段の事情がない限り、「報酬」を請求することができない。なお、「報酬」は請求できないけど「費用」については償還請求権あり。

2 ○ 「事務管理」については「委任」の規定を一部準用します。ということで、「本人からの請求があったときには、いつでも、本件事務処理の状況を報告しなければならない」とされます。(701 条、645 条)

3 × 「事務管理」のうち、「緊急事務管理（例：台風の接近などで、急迫の危害を免れさせるためにはじめた事務管理)」となる場合、「善良なる管理者としての注意」までは要求されていません。(698 条)

4 ○ Aは、Bのために有益な費用を支出したときは、Bに対し、その償還を請求することができる。(702 条)

【問 6】 民法：抵当権 ★★

当初は「A所有の甲土地」に「Bが乙建物を所有」だったんだけど、その後にAが乙建物を買い取った。これでようやく土地と建物の所有者がAとなりまして、やっと「法定地上権」の成立要件が整ったわけです。(判例、P.551 ～ 553)

1 × 「抵当権設定当時、土地と建物が同一の所有者」であれば法定地上権は成立する。「同一の所有者」の判断基準は「登記上の名義」ではなく「実質的な所有者が誰か」で判断しましょう(判例)。

2 ○ 抵当権設定当時、更地だもんね。更地に抵当権を設定した後に建物を建築したとしても、そりゃアンタ、法定地上権は成立しないよね。

3 ○ 「共同抵当（権)」とは複数の不動産に抵当権を設定し、一つの債権を担保すること。で、甲土地と乙建物に抵当権を設定した後、乙建物を取壊して丙建物を再築。丙建物に抵当権を設定しない状況で抵当権実行。判例によりますと、法定地上権は成立せず。

4 ○ 「抵当権設定当時、土地と建物が同一の所有者」であれば法定地上権は成立する。Dは抵当権者や落札者に堂々と地上権を主張できる。

正解					
問4	2	問5	3	問6	1

>> 問題

【問 7】 債権譲渡に関する次の記述のうち、民法の規定及び判例によれば、誤っているものはどれか。

＊民法の改正により、現時点では問題として成立していないため、除外しています。

★★

【問 8】 次の1から4までの記述のうち、民法の規定及び下記判決文によれば、誤っているものはどれか。

（判決文）

賃借人は、賃貸借契約が終了した場合には、賃借物件を原状に回復して賃貸人に返還する義務があるところ、賃貸借契約は、賃借人による賃借物件の使用とその対価としての賃料の支払を内容とするものであり、賃借物件の損耗の発生は、賃貸借という契約の本質上当然に予定されているものである。それゆえ、建物の賃貸借においては、賃借人が社会通念上通常の使用をした場合に生ずる賃借物件の劣化又は価値の減少を意味する通常損耗に係る投下資本の減価の回収は、通常、減価償却費や修繕費等の必要経費分を賃料の中に含ませてその支払を受けることにより行われている。そうすると、建物の賃借人にその賃貸借において生ずる通常損耗についての原状回復義務を負わせるのは、賃借人に予期しない特別の負担を課すことになるから、賃借人に同義務が認められるためには、（中略）その旨の特約（以下「通常損耗補修特約」という。）が明確に合意されていることが必要であると解するのが相当である。

1　賃借物件を賃借人がどのように使用しても、賃借物件に発生する損耗による減価の回収は、賃貸人が全て賃料に含ませてその支払を受けることにより行っている。

2　通常損耗とは、賃借人が社会通念上通常の使用をした場合に生ずる賃借物件の劣化又は価値の減少を意味する。

3　賃借人が負担する通常損耗の範囲が賃貸借契約書に明記されておらず口頭での説明等もない場合に賃借人に通常損耗についての原状回復義務を負わせるのは、賃借人に予期しない特別の負担を課すことになる。

4　賃貸借契約に賃借人が原状回復義務を負う旨が定められていても、それをもって、賃借人が賃料とは別に通常損耗の補修費を支払う義務があるとはいえない。

解説 → 解答

【問 7】 民法：債権譲渡

【問 8】 民法：判決文問題（賃貸借） ★★

①賃貸借契約が終了した場合には原状回復義務がある。②社会通念上通常の使用による劣化や価値の減少＝「通常損耗」の補修費→賃料に含まれる。③「通常損耗」についての原状回復義務を負担させるには、明確に「通常損耗補修特約」が合意されていなければならない。まぁそりゃそうだよね、みたいな話ですよね。（P.570 ～ 574 参考）

1 × 「どのように使用しても」じゃないですよね。めちゃくちゃな使い方をした結果ということであれば、話は別。「通常損耗」の補修費だったら賃料に含まれるという話ですもんね。

2 ○ 「通常損耗」とは、賃借人が社会通念上通常の使用をした場合に生ずる賃借物件の劣化又は価値の減少を意味する。

3 ○ そのとおり。説明もなにもなかったのに、賃借人に「通常損耗」についての原状回復義務を負わせるのは、賃借人に予期しない特別の負担を課すことになる。なので、「通常損耗」についての原状回復義務を負担させるには、明確に「通常損耗補修特約」が合意されていなければならない。

4 ○ 賃貸借契約が終了した場合の原状回復義務なんだけど、「通常損耗」の補修費については賃料に含まれる。なので、明確な特約がない限り、賃借人が賃料とは別に「通常損耗」の補修費を支払う義務はない。

正解			
問7	-	問8	1

問題

★★

【問 9】 Aは、平成 30 年 10 月 1 日、A所有の甲土地につき、Bとの間で、代金 1,000 万円、支払期日を同年 12 月 1 日とする売買契約を締結した。この場合の相殺に関する次の記述のうち、民法の規定及び判例によれば、正しいものはどれか。

1　BがAに対して同年 12 月 31 日を支払期日とする貸金債権を有している場合には、Bは同年 12 月 1 日に売買代金債務と当該貸金債権を対当額で相殺することができる。

2　同年 11 月 1 日にAの売買代金債権がAの債権者Cにより差し押さえられても、Bは、同年 11 月 2 日から 12 月 1 日までの間にAに対する別の債権を取得した場合には、同年 12 月 1 日に売買代金債務と当該債権を対当額で相殺することができる。

3　同年 10 月 10 日、BがAの自動車事故によって被害を受け、Aに対して不法行為に基づく損害賠償債権を取得した場合には、Bは売買代金債務と当該損害賠償債権を対当額で相殺することができる。

4　BがAに対し同年 9 月 30 日に消滅時効の期限が到来する貸金債権を有していた場合には、Aが当該消滅時効を援用したとしても、Bは売買代金債務と当該貸金債権を対当額で相殺することができる。

★★

【問10】 相続に関する次の記述のうち、民法の規定及び判例によれば、誤っているものはどれか。

1　無権代理人が本人に無断で本人の不動産を売却した後に、単独で本人を相続した場合、本人が自ら当該不動産を売却したのと同様な法律上の効果が生じる。

2　相続財産に属する不動産について、遺産分割前に単独の所有権移転登記をした共同相続人から移転登記を受けた第三取得者に対し、他の共同相続人は、自己の持分を登記なくして対抗することができる。

3　連帯債務者の一人が死亡し、その相続人が数人ある場合、相続人らは被相続人の債務の分割されたものを承継し、各自その承継した範囲において、本来の債務者とともに連帯債務者となる。

4　共同相続に基づく共有物の持分価格が過半数を超える相続人は、協議なくして単独で共有物を占有する他の相続人に対して、当然にその共有物の明渡しを請求することができる。

解説 → 解答

【問 9】 民法：相殺 ★★

相殺。ちょっとめんどくさい問題でした。選択肢2は「差し押さえのタイミング」と「反対債権の取得のタイミング」をからめた話。差し押さえが後だったらね。選択肢3は、世にも奇妙な物語。売主と買主との間で交通事故が起こった。どんな状況だ。けっこう笑える。(P.452 ～ 454)

1 × Aは12月31日にカネを返す。12月31日まで期限の利益がある。12月31日までにカネを用意しておけばオッケー。なのにBは12月1日（自分が土地代金を払う日）に相殺できるか。そりゃできないでしょ。Aからだったらできるけどね(判例)。

2 × 11月1日にCがAの債権を差し押さえた。債権を差し押さえたCはその債権で回収しようと安心している。その後に債権を取得したBが相殺できるか。そりゃできないでしょ。差し押さえが後だったらできるけどね。(511条)

3 ○ 笑える。売主Aが買主Bをクルマでひいた。なんじゃこりゃ。被害者であるBは売買代金債務と当該損害賠償債権を対当額で相殺することができる。それにしてもこんな設定で、不法行為の被害者からの相殺を強引に出題した出題者さん。好きです。それも正解肢で出すなんて。(509条)

4 × Bの債権は9月30日に時効消滅。ザンネンでした。時効消滅する前に相殺適状（お互い相殺できる状態）になってたら、時効で消滅した債権で相殺できるけどね。Bの債権が消滅した後に、Aの債権だもんね。(508条)

【問10】 民法：相続 ★★

相続は【問10】が定位置なんだけど、めんどくさい問題でした。無権代理人が本人を相続したパターンを選択肢1に突っ込んできたところが新鮮。選択肢3は連帯債務。参考まで(判例)。

1 ○ 無権代理人が本人を相続したパターン。無権代理人の「不動産の売却」は相続によって有効となり、元無権代理人は追認拒絶ができない。ということで、本人が自ら当該不動産を売却したのと同様な法律上の効果が生じる。(P.426)

2 ○ 相続した不動産を、遺産分割前に、つまり、まだどうなるかわからないうちに共同相続人の一人が第三者に譲渡し、所有権移転登記までしちゃったという局面。で、第三者に登記があったとしても、他の相続人の持分については「無権利者」ということになり、「他の共同相続人は、自己の持分を登記なくして対抗することができる」となる。平成19年【問6】も参照してみてね。(P.595参考)

3 ○ たとえば1,000万円の債務につき、連帯債務者AとB（A：1,000万円、B：1,000万円）がいたとして、Bが死んだ。BにはC、Dの相続人がいた。この場合どうなるかというと、A：1,000万円、C：500万円、D：500万円という負担割合での連帯債務者となります。(P.454参考)

4 × たとえば3人の相続人ABCが建物を相続することになったとしよう（持分は3分の1ずつ）。だがその建物はAが占有しているものだった。さてこの場合、BCは協議なくして、当然にAに明渡しを請求できるか。判例によると、当然には明渡し請求はできないとなりました。やっぱり協議をしましょうね。(未掲載)

正解			
問9	3	問10	4

問題

★★★

【問11】 AとBとの間で、A所有の甲土地につき建物所有目的で賃貸借契約（以下この問において「本件契約」という。）を締結する場合に関する次の記述のうち、民法及び借地借家法の規定並びに判例によれば、正しいものはどれか。

1　本件契約が専ら事業の用に供する建物の所有を目的とする場合には、公正証書によらなければ無効となる。

2　本件契約が居住用の建物の所有を目的とする場合には、借地権の存続期間を20年とし、かつ、契約の更新請求をしない旨を定めても、これらの規定は無効となる。

3　本件契約において借地権の存続期間を60年と定めても、公正証書によらなければ、その期間は30年となる。

4　Bは、甲土地につき借地権登記を備えなくても、Bと同姓でかつ同居している未成年の長男名義で保存登記をした建物を甲土地上に所有していれば、甲土地の所有者が替わっても、甲土地の新所有者に対し借地権を対抗することができる。

★★★

【問12】 AとBとの間で、Aが所有する甲建物をBが５年間賃借する旨の契約を締結した場合における次の記述のうち、民法及び借地借家法の規定によれば、正しいものはどれか（借地借家法第39条に定める取壊し予定の建物の賃貸借及び同法第40条に定める一時使用目的の建物の賃貸借は考慮しないものとする。）。

1　ＡＢ間の賃貸借契約が借地借家法第38条の定期建物賃貸借で、契約の更新がない旨を定めた場合には、５年経過をもって当然に、ＡはＢに対して、期間満了による終了を対抗することができる。

2　ＡＢ間の賃貸借契約が借地借家法第38条の定期建物賃貸借で、契約の更新がない旨を定めた場合には、当該契約の期間中、Ｂから中途解約を申し入れることはできない。

3　ＡＢ間の賃貸借契約が借地借家法第38条の定期建物賃貸借でない場合、Ａ及びＢのいずれからも期間内に更新しない旨の通知又は条件変更しなければ更新しない旨の通知がなかったときは、当該賃貸借契約が更新され、その契約は期間の定めがないものとなる。

4　ＣがＢから甲建物を適法に賃貸された転借人で、期間満了によってＡＢ間及びＢＣ間の賃貸借契約が終了する場合、Ａの同意を得て甲建物に付加した造作について、ＢはＡに対する買取請求権を有するが、ＣはＡに対する買取請求権を有しない。

★★★

【問13】 建物の区分所有等に関する法律に関する次の記述のうち、誤っているものはどれか。

1　規約の設定、変更又は廃止を行う場合は、区分所有者の過半数による集会の決議によってなされなければならない。

2　規約を保管する者は、利害関係人の請求があったときは、正当な理由がある場合を除いて、規約の閲覧を拒んではならず、閲覧を拒絶した場合は20万円以下の過料に処される。

3　規約の保管場所は、建物内の見やすい場所に掲示しなければならない。

4　占有者は、建物又はその敷地若しくは附属施設の使用方法につき、区分所有者が規約又は集会の決議に基づいて負う義務と同一の義務を負う。

解説 ➔ 解答

【問11】 借地借家法：借地 ★★★

ウッカリすると選択肢１のヒッカケにやられそう。無効にはならないよね。「Bと同姓でかつ同居している未成年の長男名義で保存登記」とヤケに具体的な選択肢４。借地権者の名義じゃなかったのね。
(P.576 ～ 592)

1 × 事業用定期借地権とするのであれば、その設定契約は、たしかに「公正証書」によりしなければならないんだけど、公正証書によらなければどうなるかというと、単に普通の建物所有目的の土地賃貸借契約となる。無効とはならないよね。(23 条)

2 ○ 「居住用の建物の所有を目的」とするわけだから、借地権の存続期間は最低 30 年としないとね。「契約の更新請求をしない旨」についても、事業用定期借地権だったら「20 年」でも可能だけど、「居住用の建物の所有を目的」だもんね。「存続期間 20 年」「契約の更新をしない旨」はいずれも無効。(23 条)

3 × 借地権の存続期間は「30 年」より長い分には問題なし。「60 年」と定めたのであれば「60 年」でオッケー。公正証書による必要もなし。(3 条)

4 × 借地権自体の登記がなくても、借地上に借地権者名義で登記されている建物があれば、第三者に借地権を対抗できる。「長男名義で保存登記をした建物」かぁ～。名義が借地権者以外だと対抗力なし。ザンネンでした。(10 条)

【問12】 借地借家法：借家 ★★★

定期建物賃貸借をからめての、まいどおなじみの建物賃貸借の問題。選択肢３で一発。楽勝でしたね。
(P.594 ～ 606)

1 × 「5 年経過をもって当然に」かぁ～。「当然に」は怪しい。期間が１年以上の定期建物賃貸借だから、期間満了の１年前から６ヶ月前までの間に「期間満了により終了だぜ」という通知をしておかないと、期間満了による終了を対抗できない。(38 条)

2 × 建物の賃借人Bからの「中途解約」の申し入れなんだけど、定期建物賃貸借の場合、やむを得ない事情で生活の本拠として使用できなくなったときなど一定の要件に該当すれば認められているよね。「Bから中途解約を申し入れることはできない」と断言しているので×。(38 条)

3 ○ 定期建物賃貸借でないということだから更新あり。「A及びBのいずれからも期間内に更新しない旨の通知又は条件変更しなければ更新しない旨の通知」がなかったら賃貸借契約は同一の条件で更新となり、その契約は期間の定めがないものとなる。(26 条)

4 × おっと「造作買取請求権」。「造作買取請求権」は転借人にも認められているよ～。(33 条)

【問13】 区分所有法 ★★★

選択肢１が、なんでまたこんなカンタンな内容を出したんでしょうか。一撃の×。そんでこれが正解肢。あんなに区分所有法を勉強したのになぁ～(笑)。選択肢２～４も、そのまんま○です。(P.668～690)

1 × 「区分所有者の過半数」じゃないよね。規約の設定、変更又は廃止を行う場合は、「区分所有者及び議決権の各４分の３以上の多数による集会の決議」によってなされなければならない。(31 条)

2 ○ 規約を保管する者は、利害関係人の請求があったときは、正当な理由がある場合を除いて、規約の閲覧を拒んではならず、閲覧を拒絶した場合は 20 万円以下の過料に処される。(71 条)

3 ○ 規約の保管場所は、建物内の見やすい場所に掲示しなければならない。(33 条)

4 ○ 賃借人などの占有者も、建物や敷地、附属施設の使用方法につき、区分所有者が規約又は集会の決議に基づいて負う義務と同一の義務を負うよ。(46 条)

正解					
問11	2	問12	3	問13	1

問題

★★

【問14】 不動産の登記に関する次の記述のうち、誤っているものはどれか。

1　登記は、法令に別段の定めがある場合を除き、当事者の申請又は官庁若しくは公署の嘱託がなければ、することができない。

2　表示に関する登記は、登記官が、職権ですることができる。

3　所有権の登記名義人は、建物の床面積に変更があったときは、当該変更のあった日から1月以内に、変更の登記を申請しなければならない。

4　所有権の登記名義人は、その住所について変更があったときは、当該変更のあった日から1月以内に、変更の登記を申請しなければならない。

★★★

【問15】 国土利用計画法第23条の届出（以下この問において「事後届出」という。）に関する次の記述のうち、正しいものはどれか。

1　事後届出に係る土地の利用目的について、甲県知事から勧告を受けた宅地建物取引業者Aがその勧告に従わないときは、甲県知事は、その旨及びその勧告の内容を公表することができる。

2　乙県が所有する都市計画区域内の土地（面積6,000㎡）を買い受けた者は、売買契約を締結した日から起算して2週間以内に、事後届出を行わなければならない。

3　指定都市（地方自治法に基づく指定都市をいう。）の区域以外に所在する土地について、事後届出を行うに当たっては、市町村の長を経由しないで、直接都道府県知事に届け出なければならない。

4　宅地建物取引業者Bが所有する市街化区域内の土地（面積2,500㎡）について、宅地建物取引業者Cが購入する契約を締結した場合、Cは事後届出を行う必要はない。

★★★

【問16】 都市計画法に関する次の記述のうち、誤っているものはどれか。

1　田園住居地域内の農地の区域内において、土地の形質の変更を行おうとする者は、一定の場合を除き、市町村長の許可を受けなければならない。

2　風致地区内における建築物の建築については、一定の基準に従い、地方公共団体の条例で、都市の風致を維持するため必要な規制をすることができる。

3　市街化区域については、少なくとも用途地域を定めるものとし、市街化調整区域については、原則として用途地域を定めないものとする。

4　準都市計画区域については、無秩序な市街化を防止し、計画的な市街化を図るため、都市計画に市街化区域と市街化調整区域との区分を定めなければならない。

解説 → 解答

【問14】 不動産登記法 ★★

選択肢4が「あ、これって甲区（権利の登記）じゃん」と気がつけば一発一撃。難問が多い不動産登記法なんだけど、たまにこうして得点できそうなのを出題してくれたりします。出題者さんありがとう。（P.644 ～ 659）

1 ○ そのとおり。登記は、法令に別段の定めがある場合を除き、当事者の申請又は官庁若しくは公署の嘱託がなければ、することができない。（16 条）

2 ○ これもそのとおり。表示に関する登記は、登記官が、職権ですることができる。（28 条）

3 ○ 建物登記の表題部（表示に関する登記）としての「建物の床面積」。変更があった場合は、変更のあった日から1月以内に、変更の登記を申請しなければならない。（44 条、51 条）

4 × うっかりするとこれも「○」にしてしまいそう。だがしかし、「所有権の登記名義人」の「住所」は権利部（権利に関する登記）のほうだよね。なので「1月以内にうんぬん」はないです。（64 条）

【問15】 国土利用計画法 ★★★

選択肢1の「勧告」「公表」はまいどおなじみの内容。一撃で「○」とできましたか。ちなみに選択肢3の指定都市（政令指定都市）なんだけど、さて問題です。いまいくつあるでしょうか。20都市です。はい、では北から順番にどうぞ（笑）。（23 条、P.351 ～ 362）

1 ○ 事後届出に係る「土地の利用目的」について、都道府県知事は勧告をすることができる。で、その勧告に従わないときは、都道府県知事は、その旨及びその勧告の内容を公表することができます。そのまんま「○」なので解説が書きにくい。（26 条）

2 × 取引の相手方が乙県だもんね。当事者の一方又は双方が国や地方公共団体などの場合、事後届出は不要です。面積要件など考える必要もなし。

3 × 指定都市（一般にいう政令指定都市）の場合だと、都道府県の権限が市に移譲されているので、市長＝知事となりまして、市長に直接の事後届出となるんだけど、「指定都市の区域以外」だったら、基本パターンどおりに市町村の長を経由しての都道府県知事に「事後届出」となる。

4 × 「市街化区域」で「2,000㎡以上」の土地の売買契約なので、購入したCは事後届出が必要だよね。宅建業者間の取引だったとしても、事後届出は必要です。もしかしてヒッカケのつもりかな。

【問16】 都市計画法：都市計画全般 ★★★

フツーに取り組んでいれば、選択肢4が速攻で「×」だよね。田園住居地域内の農地については、土地の形質の変更などにつき制限あり。

1 ○ 田園住居地域内の農地。農地としてキープしていきたい。なので、土地の形質の変更などを行うときは、市町村長の許可が必要となります。（52 条、P.226）

2 ○ 都市の風致を維持したいわけだから、風致地区内では勝手な建築行為はできない。地方公共団体の条例で規制（例：知事の許可）しています。（58 条、P.234）

3 ○ なんでまたこんな基本的な内容を出題したんだろ（笑）。市街化区域については、少なくとも用途地域を定めるものとし、市街化調整区域については、原則として用途地域を定めないものとする。（13 条、P.224）

4 × 準都市計画区域には「市街化区域・市街化調整区域（区域区分）」を定めることはできない。そもそも準都市計画区域は、積極的に都市を建設していく区域じゃないもんね。（8 条、P.224）

正解		
問14　4	問15　1	問16　4

問題

★★★

【問17】 都市計画法に関する次の記述のうち、誤っているものはどれか。ただし、許可を要する開発行為の面積については、条例による定めはないものとし、この問において「都道府県知事」とは、地方自治法に基づく指定都市、中核市及び施行時特例市にあってはその長をいうものとする。

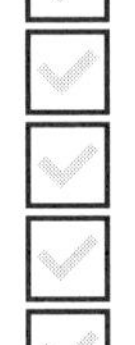

1　非常災害のため必要な応急措置として開発行為をしようとする者は、当該開発行為が市街化調整区域内において行われるものであっても都道府県知事の許可を受けなくてよい。

2　用途地域等の定めがない土地のうち開発許可を受けた開発区域内においては、開発行為に関する工事完了の公告があった後は、都道府県知事の許可を受けなければ、当該開発許可に係る予定建築物以外の建築物を新築することができない。

3　都市計画区域及び準都市計画区域外の区域内において、8,000㎡の開発行為をしようとする者は、都道府県知事の許可を受けなくてよい。

4　準都市計画区域内において、農業を営む者の居住の用に供する建築物の建築を目的とした1,000㎡の土地の区画形質の変更を行おうとする者は、あらかじめ、都道府県知事の許可を受けなければならない。

★★

【問18】 建築基準法に関する次の記述のうち、正しいものはどれか。

1　建築物の高さ31ｍ以下の部分にある全ての階には、非常用の進入口を設けなければならない。

2　防火地域内にある３階建ての木造の建築物を増築する場合、その増築に係る部分の床面積の合計が10㎡以内であれば、その工事が完了した際に、建築主事又は指定確認検査機関の完了検査を受ける必要はない。

3　４階建ての事務所の用途に供する建築物の２階以上の階にあるバルコニーその他これに類するものの周囲には、安全上必要な高さが1.1ｍ以上の手すり壁、さく又は金網を設けなければならない。

4　建築基準法の改正により、現に存する建築物が改正後の規定に適合しなくなった場合、当該建築物の所有者又は管理者は速やかに当該建築物を改正後の建築基準法の規定に適合させなければならない。

解説 ➔ 解答

【問17】 都市計画法（開発許可） ★★★

選択肢4の「準都市計画区域」で、「あら？」とちょっととまどったかもしれませんが。選択肢1～3が楽勝で「○」。ステキな出題者さんでした。ありがとう。（29条）

1 ○ 「非常災害のため必要な応急措置として開発行為」だもんね。まいどおなじみです。市街化調整区域内であれどこであれ、都道府県知事の許可を受けなくてよい。（P.268）

2 ○ 「用途地域等の定めがない土地」ということだから、開発行為に関する工事完了の公告があった後は、都道府県知事の許可を受けなければ、当該開発許可に係る予定建築物以外の建築物を新築することができない。用途地域が定められていたら、話は別だけどね（42条、P.279）

3 ○ 「都市計画区域及び準都市計画区域外」だから10,000㎡以上の開発行為だったら都道府県知事の許可が必要だよね。8,000㎡の開発行為をしようとする者は、都道府県知事の許可を受けなくてよい。（P.266）

4 × 「準都市計画区域内」での「農業を営む者の居住の用に供する建築物の建築を目的とした開発行為」については、面積がどうであれ都道府県知事の許可は不要です。（P.267）

【問18】 建築基準法 ★★

選択肢1の「非常用の進入口」は初登場かな。「全ての階」というのがなんか変だな、と思ってもらえれば。選択肢2は建築確認、選択肢4は既存不適格建築物の出題。

1 × 火災時などで外から消防隊が中に入る「非常用の進入口」。高さ31m以下の部分にある「3階」以上の階に設ける。ちなみに「窓」があれば設ける必要はないから、窓がない倉庫のような建物をイメージされたし。（令126条の6、未掲載）

2 × 防火地域内だと10㎡以内の増築であっても、建築確認を受けなければならないよね。で、建築確認を受けた工事が完了したら「建築主事又は指定確認検査機関の完了検査」を受けなければならない。ちょっとひねくれた出題っすね。（7条、P.337～338）

3 ○ そのとおり。2階以上の階にあるバルコニーその他これに類するものの周囲には、安全上必要な高さが1.1m以上の手すり壁、さく又は金網を設けなければならない。1階には設置不要だけどね（笑）。（令126条、P.287）

4 × 「既存不適格建築物」という制度（建築基準法の適用除外）があるじゃん。とりあえず、そのまま使っていてよいです。全部こわしてすぐに建て替えろとか、そんなルールだったら世の中たいへんだよね（笑）。（3条、P.286）

正解			
問17	4	問18	3

>> 問題

★★★

【問19】建築基準法（以下この問において「法」という。）に関する次の記述のうち、誤っているものはどれか。

1　田園住居地域内においては、建築物の高さは、一定の場合を除き、10ｍ又は12ｍのうち当該地域に関する都市計画において定められた建築物の高さの限度を超えてはならない。

2　一の敷地で、その敷地面積の40％が第二種低層住居専用地域に、60％が第一種中高層住居専用地域にある場合は、原則として、当該敷地内には大学を建築することができない。

3　都市計画区域の変更等によって法第３章の規定が適用されるに至った際現に建築物が立ち並んでいる幅員２ｍの道で、特定行政庁の指定したものは、同章の規定における道路とみなされる。

4　容積率規制を適用するに当たっては、前面道路の境界線又はその反対側の境界線からそれぞれ後退して壁面線の指定がある場合において、特定行政庁が一定の基準に適合すると認めて許可した建築物については、当該前面道路の境界線又はその反対側の境界線は、それぞれ当該壁面線にあるものとみなす。

★★★

【問20】宅地造成等及び特定盛土等規制法に関する次の記述のうち、誤っているものはどれか。なお、この問において「都道府県知事」とは、地方自治法に基づく指定都市、中核市及び施行時特例市にあってはその長をいうものとする。（法改正により問題文、選択肢すべてを修正している）

1　宅地造成等工事規制区域内において、過去に宅地造成等に関する工事が行われ現在は工事主とは異なる者がその工事が行われた土地を所有している場合、当該土地の所有者は、宅地造成等に伴う災害が生じないよう、その土地を常時安全な状態に維持するように努めなければならない。

2　宅地造成等工事規制区域内において行われる宅地造成等に関する工事について許可をする都道府県知事は、当該許可に、工事の施行に伴う災害を防止するために必要な条件を付することができる。

3　宅地を宅地以外の土地にするために行う土地の形質の変更は、宅地造成に該当しない。

4　宅地造成等工事規制区域内において、切土であって、当該切土をする土地の面積が400㎡で、かつ、高さ１ｍの崖を生ずることとなるものに関する工事を行う場合には、一定の場合を除き、都道府県知事の許可を受けなければならない。

★★

【問21】土地区画整理法に関する次の記述のうち、正しいものはどれか。

1　土地区画整理事業とは、公共施設の整備改善及び宅地の利用の増進を図るため、土地区画整理法で定めるところに従って行われる、都市計画区域内及び都市計画区域外の土地の区画形質の変更に関する事業をいう。

2　土地区画整理組合の設立の認可の公告があった日以後、換地処分の公告がある日までは、施行地区内において、土地区画整理事業の施行の障害となるおそれがある建築物その他の工作物の新築を行おうとする者は、都道府県知事及び市町村長の許可を受けなければならない。

3　土地区画整理事業の施行者は、仮換地を指定した場合において、従前の宅地に存する建築物を移転し、又は除却することが必要となったときは、当該建築物を移転し、又は除却することができる。

4　土地区画整理事業の施行者は、仮換地を指定した場合において、当該仮換地について使用又は収益を開始することができる日を当該仮換地の効力発生の日と同一の日として定めなければならない。

解説 → 解答

【問19】 建築基準法 ★★★

選択肢4は読むのがめんどくさいのでパス（笑）。選択肢2は過半が第一種中高層住居専用地域。大学の建築オッケーですね。

1 ○ 田園住居地域は、第一種・第二種低層住居専用地域の仲間。第一種・第二種低層住居専用地域内での場合とおなじく、建築物の高さは 10 mか 12 mが上限となる。（55条、P.316）

2 × 敷地が2以上の用途地域にわたる場合は、面積の大きいほうの用途地域の用途制限に従う。「60%が第一種中高層住居専用地域」なので大学を建築することができる。（91条、48条、P.295）

3 ○ 都市計画区域の変更等によって法第3章の「道路・接道義務」の規定が適用されるに至った際、現に建築物が立ち並んでいる幅員4m未満の道で、特定行政庁の指定したものは道路とみなされる。原則として「1.8 m～4 m未満」の道が指定の対象なんだけど、「1.8 m未満」を「みなし道路」に指定する際は、あらかじめ「建築審査会の同意」が必要となります。（42条、P.290）

4 ○ めんどくさかったらパス。なにをいっているかというと、前面道路の境界線や反対側の境界線から後退して「壁面線の指定」があるときは、その「後退している距離」を「前面道路の幅員」に加えて容積率を計算（幅員の数値× 0.4 か 0.6）しましょう、というようなこと。（52条、P.309 参考）

【問20】 宅地造成及び特定盛土等規制法 ★★★

まいどおなじみの「宅地造成及び特定盛土等規制法」。そしていつものように「誤っているものはどれか」での出題。すべての選択肢が、どこかで見たような選択肢。デジャブっていうんでしたっけ？

1 ○ いまの所有者が工事主ではないとしてもだ、所有者としての義務を果たしてもらわねば。宅地造成等に伴う災害が生じないよう、その土地を常時安全な状態に維持するように努めなければならない。（22条、P.346）

2 ○ 都道府県知事は、宅地造成等に関する工事についての許可に、工事の施行に伴う災害を防止するために必要な条件を付することができる。（12条）

3 ○ 宅地を宅地以外の土地にするために行う土地の形質の変更は、宅地造成に該当しない。（2条、P.343）

4 × 宅地造成等工事規制区域内の「切土」なんだけど、崖の高さが2m超ではなく、面積も500㎡超ではないので、「宅地造成」には該当しないんだよね。なので、都道府県知事の許可は不要です。（2条、P.346）

【問21】 土地区画整理法 ★★

選択肢2の解説の「都道府県知事等」の許可とは、「市の区域だったら市長の許可」、「町村の区域だったら知事の許可」となります。

1 × 「土地区画整理事業」なんだけど、「都市計画区域外」では施行しないんだよね。（2条、P.364）

2 × 「市町村長の許可」じゃないよね。とくに「町村長」。土地区画整理組合が施行する土地区画整理事業の施行地区内において、建築物の新築などを行おうとする者は、「都道府県知事等（知事か市長）の許可」を受けなければならない。（76条、P.368）

3 ○ そのとおり。施行者は、仮換地を指定した場合において、従前の宅地に存する建築物を移転し、又は除却することが必要となったときは、当該建築物を移転し、又は除却することができる。（77条、未掲載）

4 × 「同一の日として定めなければならない」じゃないよね。施行者は「仮換地の使用又は収益を開始することができる日」を「仮換地の効力発生の日」とは別に定めることもできる。（99条、P.373）

正解		
問19 2	問20 4	問21 3

問題

★★★

【問22】 農地法（以下この問において「法」という。）に関する次の記述のうち、正しいものはどれか。

1　市街化区域内の農地を宅地とする目的で権利を取得する場合は、あらかじめ農業委員会に届出をすれば法第５条の許可は不要である。
2　遺産分割により農地を取得することとなった場合、法第３条第１項の許可を受ける必要がある。
3　法第２条第３項の農地所有適格法人の要件を満たしていない株式会社は、耕作目的で農地を借り入れることはできない。
4　雑種地を開墾し耕作している土地でも、登記簿上の地目が雑種地である場合は、法の適用を受ける農地に当たらない。

★

【問23】 住宅用家屋の所有権の移転登記に係る登録免許税の税率の軽減措置に関する次の記述のうち、正しいものはどれか。

1　個人が他の個人と共有で住宅用の家屋を購入した場合、当該個人は、その住宅用の家屋の所有権の移転登記について、床面積に自己が有する共有持分の割合を乗じたものが50㎡以上でなければ、この税率の軽減措置の適用を受けることができない。
2　この税率の軽減措置は、登記の対象となる住宅用の家屋の取得原因を限定しており、交換を原因として取得した住宅用の家屋について受ける所有権の移転登記には適用されない。
3　所有権の移転登記に係る住宅用の家屋が耐火建築物の場合、築年数25年以内であっても、耐震基準適合証明書により一定の耐震基準を満たしていることが証明されないときは、この税率の軽減措置の適用を受けることができない。
4　この税率の軽減措置の適用を受けるためには、登記の申請書に、その家屋が一定の要件を満たす住宅用の家屋であることについての税務署長の証明書を添付しなければならない。

★★★

【問24】 不動産取得税に関する次の記述のうち、正しいものはどれか。

1　不動産取得税は、不動産の取得があった日の翌日から起算して３月以内に当該不動産が所在する都道府県に申告納付しなければならない。
2　不動産取得税は不動産の取得に対して課される税であるので、家屋を改築したことにより当該家屋の価格が増加したとしても、新たな不動産の取得とはみなされないため、不動産取得税は課されない。
3　相続による不動産の取得については、不動産取得税は課されない。
4　一定の面積に満たない土地の取得については、不動産取得税は課されない。

解説 ➔ 解答

【問22】 農地法 ★★★

選択肢1がメチャメチャかんたんな「○」でこれが正解肢。なんだよもう。あんなに農地法を勉強したのになぁ〜。

1 ○ 「市街化区域内の農地」を「宅地」とする目的で権利を取得。そうです。農業委員会への届出で足ります。農地法第5条の許可は不要です。(5条、P.384)

2 × 「遺産分割」での「農地の取得」については、農地法第3条の許可は不要です。(3条、P.381)

3 × 「農地所有適格法人の要件を満たしていない株式会社」でも、農地の借り入れは認められている。「農地所有適格法人の要件を満たしていない株式会社」ということだから、農地の所有はできないけどね。読めばわかるか。(2条、P.380)

4 × だから農地だってば(笑)。永遠に出題され続けるこのパターン。登記簿上の地目にかかわらず、「現況が農地」であれば「農地法上の農地」となる。(2条、P.378)

【問23】 登録免許税 ★

住宅用家屋の所有権の移転登記に係る登録免許税の税率の軽減措置(1,000分の20→1,000分の3に軽減)をテーマにした問題。選択肢2の「交換」は適用対象外なのであります。(P.714参考)

1 × この住宅用家屋の床面積が50㎡以上であれば、税率の軽減措置を受けることができる。

2 ○ 税率の軽減措置が適用されるのは「売買」と「競落」の場合に限定されています。なので交換で取得した住宅用の家屋について受ける所有権の移転登記には、税率の軽減措置は適用されない。

3 × 住宅用の家屋が耐火建築物の場合、「築年数25年以内」か「耐震基準適合証明書により一定の耐震基準を満たしている」かどちらかを満たしていれば、税率の軽減措置の適用を受けることができる。

4 × かなりマニアックなところからの出題。「その家屋が一定の要件を満たす住宅用の家屋であること」についての証明書は「市区町村長」による。「税務署長」ではありません。

【問24】 不動産取得税 ★★★

選択肢1と4で、「あれ?」という感じで、ちょっと動揺したかもしれないけど、でもね、選択肢3がね、まいどおなじみだもんね。(P.705〜708)

1 × 不動産取得税の納期は各都道府県により異なります。あと、不動産取得税の納税方法については、申告納付じゃなくて普通徴収。取得後6ヶ月〜1年半くらいの間に各都道府県から届く「納税通知書」を使用して金融機関での納付だよん。

2 × 「家屋の改築」の場合でも不動産取得税は課されるよね。「改築による価値増加分」が不動産取得税の課税対象。

3 ○ まいどおなじみ。出題者さんありがとう。相続による不動産の取得については不動産取得税は課されませーん!!

4 × おっと「一定の面積に満たない土地」かぁ。不動産取得税の免税点で「面積でどうのこうの」はないです。土地だと課税標準が「10万円未満」だったら不動産取得税は課されない。

正解					
問22	1	問23	2	問24	3

問題

★★

【問25】不動産の鑑定評価に関する次の記述のうち、不動産鑑定評価基準によれば、正しいものはどれか。

1　不動産の価格は、その不動産の効用が最高度に発揮される可能性に最も富む使用を前提として把握される価格を標準として形成されるが、これを最有効使用の原則という。
2　収益還元法は、賃貸用不動産又は賃貸以外の事業の用に供する不動産の価格を求める場合に特に有効な手法であるが、事業の用に供さない自用の不動産の鑑定評価には適用すべきではない。
3　鑑定評価の基本的な手法は、原価法、取引事例比較法及び収益還元法に大別され、実際の鑑定評価に際しては、地域分析及び個別分析により把握した対象不動産に係る市場の特性等を適切に反映した手法をいずれか1つ選択して、適用すべきである。
4　限定価格とは、市場性を有する不動産について、法令等による社会的要請を背景とする鑑定評価目的の下で、正常価格の前提となる諸条件を満たさないことにより正常価格と同一の市場概念の下において形成されるであろう市場価値と乖離することとなる場合における不動産の経済価値を適正に表示する価格のことをいい、民事再生法に基づく鑑定評価目的の下で、早期売却を前提として求められる価格が例としてあげられる。

★★★

【問26】宅地建物取引業者が行う広告に関する次の記述のうち、宅地建物取引業法（以下この問において「法」という。）の規定によれば、正しいものはどれか。

1　宅地の売買に関する広告をインターネットで行った場合において、当該宅地の売買契約成立後に継続して広告を掲載していたとしても、当該広告の掲載を始めた時点で当該宅地に関する売買契約が成立していなかったときは、法第32条に規定する誇大広告等の禁止に違反しない。
2　販売する宅地又は建物の広告に著しく事実に相違する表示をした場合、監督処分の対象となるほか、6月以下の懲役及び100万円以下の罰金を併科されることがある。
3　建築基準法第6条第1項の確認を申請中の建物については、当該建物の売買の媒介に関する広告をしてはならないが、貸借の媒介に関する広告はすることができる。
4　宅地建物取引業者がその業務に関して広告をするときは、実際のものより著しく優良又は有利であると人を誤認させるような表示をしてはならないが、宅地又は建物に係る現在又は将来の利用の制限の一部を表示しないことによりそのような誤認をさせる場合は、法第32条に規定する誇大広告等の禁止に違反しない。

★★

【問27】宅地建物取引業者Aは、Bが所有し、居住している甲住宅の売却の媒介を、また、宅地建物取引業者Cは、Dから既存住宅の購入の媒介を依頼され、それぞれ媒介契約を締結した。その後、B及びDは、それぞれA及びCの媒介により、甲住宅の売買契約（以下この問において「本件契約」という。）を締結した。この場合における次の記述のうち、宅地建物取引業法（以下この問において「法」という。）の規定によれば、正しいものはどれか。なお、この問において「建物状況調査」とは、法第34条の2第1項第4号に規定する調査をいうものとする。

1　Aは、甲住宅の売却の依頼を受けた媒介業者として、本件契約が成立するまでの間に、Dに対し、建物状況調査を実施する者のあっせんの有無について確認しなければならない。
2　A及びCは、本件契約が成立するまでの間に、Dに対し、甲住宅について、設計図書、点検記録その他の建物の建築及び維持保全の状況に関する書類で国土交通省令で定めるものの保存の状況及びそれぞれの書類に記載されている内容について説明しなければならない。
3　CがDとの間で媒介契約を締結する2年前に、甲住宅は既に建物状況調査を受けていた。この場合において、A及びCは、本件契約が成立するまでの間に、Dに対し、建物状況調査を実施している旨及びその結果の概要について説明しなければならない。
4　A及びCは、Dが宅地建物取引業者である場合であっても、法第37条に基づき交付すべき書面において、甲住宅の構造耐力上主要な部分等の状況について当事者の双方が確認した事項があるときにその記載を省略することはできない。

解説 ➔ 解答

【問25】 不動産鑑定評価 ★★

選択肢２の「自用の不動産にも収益還元法じゃん」、選択肢３の「いずれか１つ選択してじゃないじゃん」、選択肢４の「あ、これって限定価格じゃないじゃん」が、分かってもらえてればうれしいです。

1 ○ そのとおり。「最有効使用の原則」とは「不動産の価格は、その不動産の効用が最高度に発揮される可能性に最も富む使用を前提として把握される価格を標準として形成される」ことをいう。（未掲載）

2 × 収益還元法は、賃貸用不動産又は賃貸以外の事業の用に供する不動産の価格を求める場合に特に有効な手法であるが、事業の用に供さない自用の不動産の鑑定評価にも「賃貸を想定することにより適用すべき」とされる。（P.703）

3 × 「いずれか１つ選択して」じゃないよね。「複数の鑑定評価の手法を適用すべき」となる。（P.701）

4 × 「限定価格」じゃないよね。「市場性を有する不動産について、法令等による社会的要請を背景とする鑑定評価目的の下で…」は、「特定価格」についての話です。（P.701）

【問26】 宅建業法：広告 ★★★

選択肢２の「併科」ってなんだっけ、となるかもしれないけど、あとの選択肢がメッチャかんたんなので、ここは一発一撃で決めていただきたい。（32条、33条）

1 × インターネットだろうがなんだろうが、掲載を始めた時点でどうであれ、売買契約成立後に継続して広告を掲載しちゃいかんだろうが。取引できない物件の広告なんだから、誇大広告等の禁止の規定に違反するでしょ。（P.099）

2 ○ そりゃもちろん「著しく事実に相違する表示」をしたら監督処分の対象となりまして、6月以下の懲役・100万円以下の罰金を併科される場合あり。（P.205）

3 × まいどおなじみの「建築確認を申請中の建物」。ありがとうございます。売買の媒介に関する広告・貸借の媒介に関する広告はいずれもNG。（P.098）

4 × これを○にしたアナタ、筋金入りのワルだね。「現在又は将来の利用の制限を一部を表示をしない」ことにより誤認をさせても誇大広告に該当しないというルールだったら、もっと楽しい業界になります。違反に決まっているだろーが。（P.099）

【問27】 宅建業法：35条書面・37条書面・媒介契約 ★★

ヒッカケというか、ちょっと細かいところからの出題となった選択肢１～３。なんとかガマンして選択肢４までたどり着けば、正解できたかな。

1 × Bから甲住宅の売却の依頼を受けた媒介業者としてのA。媒介業者としてBに交付すべき媒介契約書には「建物状況調査を実施する者のあっせん」に関する事項を記載しなければならないけど、媒介依頼を受けていないDに対し「建物状況調査を実施する者のあっせんの有無について確認しなければならない」とはされていない。（34条の2、P.112～113）

2 × 出たヒッカケ。重要事項として、設計図書、点検記録などの書類の「保存の状況」を説明しなければならないが、「書類に記載されている内容」は説明しなくてもよい。（35条、P.159）

3 × 「２年前」だって。重要事項として「建物状況調査の結果」の説明なんだけど、説明義務があるのは「実施後１年を経過していないもの」の場合なんだよね。２年前だと古すぎ。説明しなければならないだと「×」となります。（35条、P.159）

4 ○ 37条書面には「甲住宅（既存の建物）の構造耐力上主要な部分等の状況について双方で確認した事項」を記載せねばならぬ。37条書面の交付の相手方が宅建業者だとしてもおなじ。記載を省略しちゃダメよん。（37条、P.173）

正解		
問25　1	問26　2	問27　4

>> 問題

★★★

【問28】 次の記述のうち、宅地建物取引業法（以下この問において「法」という。）の規定によれば、正しいものはいくつあるか。

ア　宅地建物取引業者が、買主として、造成工事完了前の宅地の売買契約を締結しようとする場合、売主が当該造成工事に関し必要な都市計画法第29条第1項の許可を申請中であっても、当該売買契約を締結することができる。

イ　宅地建物取引業者が、買主として、宅地建物取引業者との間で宅地の売買契約を締結した場合、法第37条の規定により交付すべき書面を交付しなくてよい。

ウ　営業保証金を供託している宅地建物取引業者が、売主として、宅地建物取引業者との間で宅地の売買契約を締結しようとする場合、営業保証金を供託した供託所及びその所在地について、買主に対し説明をしなければならない。

エ　宅地建物取引業者が、宅地の売却の依頼者と媒介契約を締結した場合、当該宅地の購入の申込みがあったときは、売却の依頼者が宅地建物取引業者であっても、遅滞なく、その旨を当該依頼者に報告しなければならない。

1　一つ　　2　二つ　　3　三つ　　4　なし

★★★

【問29】 Aは、Bとの間で、Aが所有する建物を代金2,000万円で売却する売買契約（以下この問において「本件契約」という。）を締結した。この場合における次の記述のうち、宅地建物取引業法（以下この問において「法」という。）の規定に違反しないものはどれか。（法改正により選択肢4を修正している）

1　A及びBがともに宅地建物取引業者である場合において、Aは、本件契約の成立後、法第37条の規定により交付すべき書面を作成し、記名は宅地建物取引士ではない者が行い、これをBに交付した。

2　A及びBがともに宅地建物取引業者である場合において、当事者の債務の不履行を理由とする契約の解除があったときの損害賠償の額を600万円とする特約を定めた。

3　Aは宅地建物取引業者であるが、Bは宅地建物取引業者ではない場合において、Aは、本件契約の締結に際して、500万円の手付を受領した。

4　Aは宅地建物取引業者であるが、Bは宅地建物取引業者ではない場合において、本件契約の目的物である建物の種類又は品質に関して契約の内容に適合しない場合におけるその不適合を担保すべき責任に関し、「契約の解除又は損害賠償の請求は目的物の引渡しの日から1年以内に当該不適合についてAに通知したときに限る」とする旨の特約を定めた。

★★★

【問30】 宅地建物取引業者A（消費税課税事業者）は、Bが所有する建物について、B及びCから媒介の依頼を受け、Bを貸主、Cを借主とし、1か月分の借賃を10万円（消費税等相当額を含まない。）、CからBに支払われる権利金（権利設定の対価として支払われる金銭であって返還されないものであり、消費税等相当額を含まない。）を150万円とする定期建物賃貸借契約を成立させた。この場合における次の記述のうち、宅地建物取引業法の規定によれば、正しいものはどれか。（法改正により選択肢1、2を修正している）

1　建物が店舗用である場合、Aは、B及びCの承諾を得たときは、B及びCの双方からそれぞれ11万円の報酬を受けることができる。

2　建物が居住用である場合、Aが受け取ることができる報酬の額は、CからBに支払われる権利金の額を売買に係る代金の額とみなして算出される16万5,000円が上限となる。

3　建物が店舗用である場合、Aは、Bからの依頼に基づくことなく広告をした場合でも、その広告が賃貸借契約の成立に寄与したときは、報酬とは別に、その広告料金に相当する額をBに請求することができる。

4　定期建物賃貸借契約の契約期間が終了した直後にAが依頼を受けてBC間の定期建物賃貸借契約の再契約を成立させた場合、Aが受け取る報酬については、宅地建物取引業法の規定が適用される。

解説 → 解答

【問28】 宅建業法：契約締結時期・37条書面・供託所の説明・媒介契約 ★★★

「相手方が宅建業者」でまとめてきた一品。契約締結時期の制限、37条書面の交付、営業保証金の供託所等の説明、媒介契約とオムニバス形式。復習するのにちょうどよい。

ア × 「都市計画法第29条第1項の許可」とは開発許可のこと。宅建業者が買主だとしても、「開発許可を申請中」の段階では売買契約を締結しちゃダメだよ〜。(36条、P.098)

イ × 宅建業者間での宅地の売買契約だとしても、37条書面は交付しなければならない。出題してくれてありがとうございます。まいどおなじみの選択肢。(37条、P.171)

ウ × おっとこれは「営業保証金を供託した供託所及びその所在地」じゃないですか。そうです、相手方が宅建業者だったら説明不要。(35条の2、P.192)

エ ○ そして媒介契約。依頼者が宅建業者だとしても、「当該宅地の購入の申込み」があったときは、遅滞なく、その旨を報告しなければならぬ。(34条の2、P.110)

正しいものはエの「一つ」。選択肢1が正解となる。

【問29】 宅建業法：37条書面・宅建業者が売主 ★★★

選択肢1の「37条書面への記名」はすぐわかるし、あとの選択肢もどこかで見たものばかり。「この問題はちゃんと正解してね」という出題者さんの優しさなのでしょうか。愛してしまいそうです。

1 違反する　宅建業者間の取引であっても、37条書面への記名は宅地建物取引士が行わなければならない。(37条、P.171)

2 違反しない　宅建業者間の取引なので、「当事者の債務の不履行を理由とする契約の解除があったときの損害賠償の額」を代金の20%超で予定してもオッケー。どうぞお好きに攻めてちょーだい。(P.125.134)

3 違反する　買主が宅建業者ではないので、受領できる手付金の額は、代金の額の20%(400万円)まで。「500万円の手付を受領した」は違反でーす。(39条、P.138)

4 違反する　買主が宅建業者ではないので、「不適合を担保すべき責任」に関し、その通知期間を「目的物の引渡しの日から2年」よりも買主が不利となる特約をしてはならない。「目的物の引渡しの日から1年以内に通知」は違反でーす。(40条、P.140)

【問30】 宅建業法：報酬 ★★★

けっこう笑える問題。借賃が10万円の物件で、権利金が15ヶ月(150万円)。こんな物件なんて客付けできないよー。あっはっは。バカみたいでおもしろい。せめて店舗で保証金だったらあるかもね。計算しなくても選択肢4があっけなく○。(46条、P.119〜121)

1 × 店舗用の建物であっても、「B及びCの双方」から受領する報酬は11万円(税込み)まで。「双方からそれぞれ11万円」だと違反だよね。

2 × 借賃10万円の居住用で権利金150万円。この出題者の顔が見たい。「あなた正気でしたか?」と聞いてみたい。で、居住用なので「権利金の額を売買に係る代金の額」として報酬額を算出することはNG。11万円が上限となる。

3 × 店舗用であろうとなかろうと、「依頼者からの依頼に基づかない広告」の広告料金は請求できません。まいどおなじみの選択肢。

4 ○ 「定期建物賃貸借契約の再契約」だとしても、そりゃやっぱり報酬額につき宅建業法の規定が適用されるでしょ。この選択肢を先に見ちゃえば、計算しなくてもよかったのにね。

正解					
問28	1	問29	2	問30	4

>> 問題

★★

【問31】 宅地建物取引業者A（消費税課税事業者）が受け取ることのできる報酬の上限額に関する次の記述のうち、宅地建物取引業法の規定によれば、正しいものはどれか。

1　土地付中古住宅（代金500万円。消費税等相当額を含まない。）の売買について、Aが売主Bから媒介を依頼され、現地調査等の費用が通常の売買の媒介に比べ5万円（消費税等相当額を含まない。）多く要する場合、その旨をBに対し説明した上で、AがBから受け取ることができる報酬の上限額は286,000円である。

2　土地付中古住宅（代金300万円。消費税等相当額を含まない。）の売買について、Aが買主Cから媒介を依頼され、現地調査等の費用が通常の売買の媒介に比べ4万円（消費税等相当額を含まない。）多く要する場合、その旨をCに対し説明した上で、AがCから受け取ることができる報酬の上限額は198,000円である。

3　土地（代金350万円。消費税等相当額を含まない。）の売買について、Aが売主Dから媒介を依頼され、現地調査等の費用が通常の売買の媒介に比べ2万円（消費税等相当額を含まない。）多く要する場合、その旨をDに対し説明した上で、AがDから受け取ることができる報酬の上限額は198,000円である。

4　中古住宅（1か月分の借賃15万円。消費税等相当額を含まない。）の貸借について、Aが貸主Eから媒介を依頼され、現地調査等の費用が通常の貸借の媒介に比べ3万円（消費税等相当額を含まない。）多く要する場合、その旨をEに対し説明した上で、AがEから受け取ることができる報酬の上限額は198,000円である。

★★★

【問32】 次の記述のうち、宅地建物取引業法の規定によれば、正しいものはどれか。

1　宅地建物取引士が都道府県知事から指示処分を受けた場合において、宅地建物取引業者（国土交通大臣免許）の責めに帰すべき理由があるときは、国土交通大臣は、当該宅地建物取引業者に対して指示処分をすることができる。

2　宅地建物取引士が不正の手段により宅地建物取引士の登録を受けた場合、その登録をした都道府県知事は、宅地建物取引士資格試験の合格の決定を取り消さなければならない。

3　国土交通大臣は、すべての宅地建物取引士に対して、購入者等の利益の保護を図るため必要な指導、助言及び勧告をすることができる。

4　甲県知事の登録を受けている宅地建物取引士が、乙県知事から事務の禁止の処分を受けた場合は、速やかに、宅地建物取引士証を乙県知事に提出しなければならない。

★★★

【問33】 宅地建物取引業者Aは、Bから、Bが所有し居住している甲住宅の売却について媒介の依頼を受けた。この場合における次の記述のうち、宅地建物取引業法（以下この問において「法」という。）の規定によれば、正しいものはどれか。

1　Aが甲住宅について、法第34条の2第1項第4号に規定する建物状況調査の制度概要を紹介し、Bが同調査を実施する者のあっせんを希望しなかった場合、Aは、同項の規定に基づき交付すべき書面に同調査を実施する者のあっせんに関する事項を記載する必要はない。

2　Aは、Bとの間で専属専任媒介契約を締結した場合、当該媒介契約締結日から7日以内（休業日を含まない。）に、指定流通機構に甲住宅の所在等を登録しなければならない。

3　Aは、甲住宅の評価額についての根拠を明らかにするため周辺の取引事例の調査をした場合、当該調査の実施についてBの承諾を得ていなくても、同調査に要した費用をBに請求することができる。

4　AとBの間で専任媒介契約を締結した場合、Aは、法第34条の2第1項の規定に基づき交付すべき書面に、BがA以外の宅地建物取引業者の媒介又は代理によって売買又は交換の契約を成立させたときの措置について記載しなければならない。

解説 → 解答

【問31】 宅建業法：報酬 ★★

「400万円以下」の空家等につき売買の媒介・代理をする場合、売主から通常の報酬額のほか「現地調査等の費用」を上乗せして受領できる。ただし上限は18万円まで。選択肢2は買主から受領はNG。選択肢4は貸借の媒介なのでカンケーなし。（46条、P.115～117）

1 × 土地付中古住宅で代金が500万円だから、500万円×3％＋6万円＝21万円。なのでAがBから受領できる報酬の上限額は23万1,000円（税込み）となる。代金400万円以下ではないので、「現地調査費等の費用」の上乗せはNG。

2 × こんどは代金300万円。300万円×4％＋2万円＝14万円。Aが買主Cから受領できる報酬の上限額は15万4,000円（税込み）となる。なお、代金400万円以下なので「現地調査費等の費用」を売主から受領できるが、買主からは受領できない。

3 ○ 350万円×4％＋2万円＝16万円。400万円以下なので「現地調査費等の費用」を売主から受領できるけど、合計で上限は18万円。この選択肢だとちょうど「2万円」を受領して、税込みで19万8,000円。オッケーです。

4 × 貸借の媒介なので、そもそも「現地調査費等の費用」を受領することはできぬ。借賃15万円なので、AがEから受領できる報酬の上限額は16万5,000円（税込み）となる。

【問32】 宅建業法：監督処分 ★★★

選択肢4はまいどおなじみ。選択肢3が一瞬「？」となりそう。でもね、国土交通大臣がたかが一個人の宅地建物取引士にそんなことするかね。あ、選択肢2も「合格の決定」を読み飛ばしそう。

1 ○ 宅地建物取引士が都道府県知事から指示処分を受けた。「なぜキミは？」「か、か、会社の命令だったんですっ（涙）」というようなノリ。国土交通大臣から、当該宅建業者への指示処分もありでしょ。（65条、P.196）

2 × おっと。「不正の手段で宅地建物取引士の登録を受けた」ということであれば登録の消除処分になるけど、合格の決定までは取り消されないっす。（68条の2、P.202）

3 × フツーに考えても、一個人（宅地建物取引士）に国土交通大臣からの「指導・助言及び勧告」なんてね。国土交通大臣はすべての宅建業者に「指導・助言及び勧告」をすることができるけど、宅地建物取引士にはできない。（P.203）

4 × 乙県知事から事務の禁止の処分を受けたとしても、「甲県知事の登録」を受けている宅地建物取引士なので、宅地建物取引士証は甲県知事に提出だよね。（22条の2、P.200）

【問33】 宅建業法：媒介契約 ★★★

選択肢1がイヤですね～。とはいえ、選択肢2は速攻で×だもんな。選択肢4までたどり着けば、はいこれが「○」で正解肢。（34条の2、P.112～113）

1 × おっと、それっぽいヒッカケ。既存建物の場合の「建物状況調査を実施する者のあっせんに関する事項」は、媒介契約書に記載がなければならぬ。あっせんを希望しなかった場合、その旨（希望なし・無）を記載だよね。

2 × 専属専任媒介契約だから、指定流通機構への登録は「5日以内」。休業日を含まないはオッケーなんだけどね。

3 × 依頼者の承諾を得ずに行った「周辺の取引事例の調査」の費用。請求できるものなら請求したい。請求できません。

4 ○ 専任媒介契約なので、媒介契約書には「他の宅建業者の媒介・代理によって売買・交換の契約を成立させたときの措置」についての記載がなければならない。

正解		
問31 3	問32 1	問33 4

問題

★★★

【問34】宅地建物取引業者が媒介により既存建物の貸借の契約を成立させた場合、宅地建物取引業法第37条の規定により、当該貸借の契約当事者に対して交付すべき書面に必ず記載しなければならない事項の組合せはどれか。（法改正により記述アを修正している）

ア　建物の品質に関して契約の内容に適合しない不適合についての担保責任の内容
イ　当事者の氏名（法人にあっては、その名称）及び住所
ウ　建物の引渡しの時期
エ　建物の構造耐力上主要な部分等の状況について当事者双方が確認した事項

1　ア、イ　　2　イ、ウ　　3　イ、エ　　4　ウ、エ

★★

【問35】宅地建物取引業者間の取引における宅地建物取引業法第35条に規定する重要事項の説明及び重要事項を記載した書面（以下この問において「重要事項説明書」という。）の交付に関する次の記述のうち、正しいものはどれか。（法改正により選択肢3を修正している）

1　建物の売買においては、売主は取引の対象となる建物（昭和56年6月1日以降に新築の工事に着手したものを除く。）について耐震診断を受けなければならず、また、その診断の結果を重要事項説明書に記載しなければならない。
2　建物の売買においては、その対象となる建物が未完成である場合は、重要事項説明書を交付した上で、宅地建物取引士をして説明させなければならない。
3　建物の売買においては、その建物が品質に関して契約の内容に適合しない場合におけるその不適合を担保すべき責任の履行に関し保証保険契約の締結などの措置を講ずるかどうか、また、講ずる場合はその概要を重要事項説明書に記載しなければならない。
4　宅地の交換において交換契約に先立って交換差金の一部として30万円の預り金の授受がある場合、その預り金を受領しようとする者は、保全措置を講ずるかどうか、及びその措置を講ずる場合はその概要を重要事項説明書に記載しなければならない。

★★★

【問36】宅地建物取引業の免許（以下この問において「免許」という。）に関する次の記述のうち、宅地建物取引業法の規定によれば、正しいものはどれか。

1　宅地建物取引業者Aが免許の更新の申請を行った場合において、免許の有効期間の満了の日までにその申請について処分がなされないときは、Aの従前の免許は、有効期間の満了によりその効力を失う。
2　甲県に事務所を設置する宅地建物取引業者B（甲県知事免許）が、乙県所在の宅地の売買の媒介をする場合、Bは国土交通大臣に免許換えの申請をしなければならない。
3　宅地建物取引業を営もうとする個人Cが、懲役の刑に処せられ、その刑の執行を終えた日から5年を経過しない場合、Cは免許を受けることができない。
4　いずれも宅地建物取引士ではないDとEが宅地建物取引業者F社の取締役に就任した。Dが常勤、Eが非常勤である場合、F社はDについてのみ役員の変更を免許権者に届け出る必要がある。

解説 ➔ 解答

【問34】 宅建業法：契約書面の交付（37条書面） ★★★

既存建物の貸借の媒介の場合の「37条書面」。そりゃ氏名だ住所だ、引渡しの時期は記載事項ですぐわかるけど、記述エは「あれ？　どうだったっけ？」というパターンかな。（37条、P.173～174）

ア 記載事項ではない　貸借の媒介なので「担保責任の内容」については37条書面への記載事項ではない。売買（交換）の場合で、さらに「定めがある」ときは記載だよね。

イ 記載事項　「当事者の氏名（法人にあっては、その名称）及び住所」が37条書面に書いてなかったらどうなるの（笑）。バカバカしいけど笑えます。もちろん「必ず記載しなければならない事項」だよ。

ウ 記載事項　これもまいどおなじみ。「建物の引渡しの時期」は、もちろん「必ず記載しなければならない事項」だよ。書いていなかったらヤバいでしょ。

エ 記載事項ではない　なるほどここでヒッカケか。既存建物なんだけど「貸借の媒介」なので、「建物の構造耐力上主要な部分等の状況について当事者双方が確認した事項」は37条書面への記載事項ではないのよ。売買（交換）の場合は記載事項だけどね。

37条書面に必ず記載しなければならない事項の組合せは「イ、ウ」。選択肢2が正解となる。

【問35】 宅建業法：重要事項の説明等（35条書面） ★★

選択肢1は速攻で「×」だよね。選択肢3と4で迷う。そうなんです、すみません。預り金が「50万円未満」だったら除外なんです。（35条）

1 × 「耐震診断を受けなければならず」で、はい、速攻で「×」。宅建業者に耐震診断の実施まで義務づけてはいない。（P.160）

2 × 「宅建業者間の取引」だもんね。重要事項説明書は交付する必要があるけど、宅地建物取引士をしての説明は省略できる。「対象となる建物が未完成である場合」というのがそれらしく入ってますが、カンケーない。（P.152）

3 ○ そうなんですよね。「保証保険契約の締結などの措置を講ずるかどうか、また、講ずる場合はその概要」を重要事項説明書に記載しなければならないっす。（P.163）

4 × 「30万円の預り金」というのがニクい。「支払金や預り金という名目で金銭を受領しようとする場合、保全措置を講じるかどうか、講ずる場合はその措置の概要を説明する」ということなんだけど、「50万円未満」だった場合は除外されてます。（P.163）

【問36】 宅建業法：免許制度・免許の基準 ★★★

選択肢3がドンピシャの免許不可。フツーに取り組んでいれば一発一撃。誰でも正解してしまうであろう。なので、執行猶予をつけるとか、もうちょっと難しくしてくれてもいいんじゃね（笑）。

1 × そんなことないでしょ。「免許の有効期間の満了の日までにその申請について処分がなされないとき」は、Aの従前の免許は、なお効力あり。そのままで営業できます。（3条、P.040）

2 × 単に「乙県所在の宅地の売買の媒介」をするだけだったら甲県知事免許のままでオッケー。「乙県に事務所を設置」だったら国土交通大臣に免許換えの申請だよね。（7条、P.041）

3 ○ 「懲役の刑に処せられ、その刑の執行を終えた日から5年を経過しない」というヤツは、そりゃもちろんドンピシャの免許不可。免許を受けることはできない。（5条、P.057）

4 × 常勤でも非常勤でも、役員は役員。会社の登記（商業登記）でも常勤・非常勤の区別なし。なので、F社はD・Eのいずれについても、役員に変更があったとして、免許権者に届け出る必要がある。変更の届出ですね。（9条、P.043）

正解		
問34　2	問35　3	問36　3

問題

★★

【問37】宅地建物取引業者である売主Aが、宅地建物取引業者Bの媒介により宅地建物取引業者ではない買主Cと新築マンションの売買契約を締結した場合において、宅地建物取引業法第37条の2の規定に基づくいわゆるクーリング・オフに関する次の記述のうち、正しいものはいくつあるか。

ア　AとCの間で、クーリング・オフによる契約の解除に関し、Cは契約の解除の書面をクーリング・オフの告知の日から起算して8日以内にAに到達させなければ契約を解除することができない旨の特約を定めた場合、当該特約は無効である。

イ　Cは、Bの事務所で買受けの申込みを行い、その3日後に、Cの自宅近くの喫茶店で売買契約を締結した場合、クーリング・オフによる契約の解除はできない。

ウ　Cは、Bからの提案によりCの自宅で買受けの申込みを行ったが、クーリング・オフについては告げられず、その10日後に、Aの事務所で売買契約を締結した場合、クーリング・オフによる契約の解除はできない。

エ　クーリング・オフについて告げる書面には、Bの商号又は名称及び住所並びに免許証番号を記載しなければならない。

1　一つ　　2　二つ　　3　三つ　　4　なし

★★★

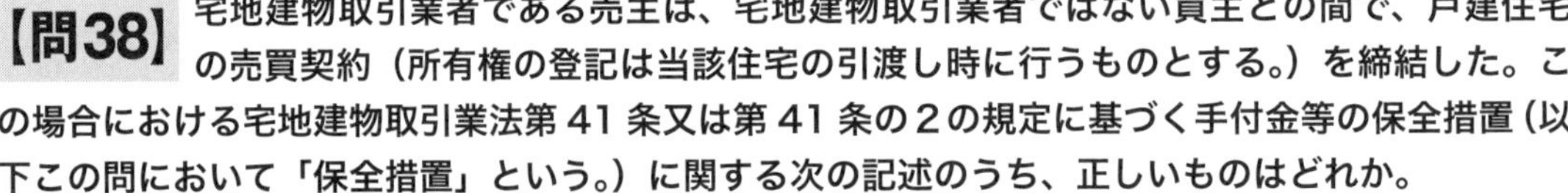

【問38】宅地建物取引業者である売主は、宅地建物取引業者ではない買主との間で、戸建住宅の売買契約（所有権の登記は当該住宅の引渡し時に行うものとする。）を締結した。この場合における宅地建物取引業法第41条又は第41条の2の規定に基づく手付金等の保全措置（以下この問において「保全措置」という。）に関する次の記述のうち、正しいものはどれか。

1　当該住宅が建築工事の完了後で、売買代金が3,000万円であった場合、売主は、買主から手付金200万円を受領した後、当該住宅を引き渡す前に中間金300万円を受領するためには、手付金200万円と合わせて保全措置を講じた後でなければ、その中間金を受領することができない。

2　当該住宅が建築工事の完了前で、売買代金が2,500万円であった場合、売主は、当該住宅を引き渡す前に買主から保全措置を講じないで手付金150万円を受領することができる。

3　当該住宅が建築工事の完了前で、売主が買主から保全措置が必要となる額の手付金を受領する場合、売主は、事前に、国土交通大臣が指定する指定保管機関と手付金等寄託契約を締結し、かつ、当該契約を証する書面を買主に交付した後でなければ、買主からその手付金を受領することができない。

4　当該住宅が建築工事の完了前で、売主が買主から保全措置が必要となる額の手付金等を受領する場合において売主が銀行との間で締結する保証委託契約に基づく保証契約は、建築工事の完了までの間を保証期間とするものでなければならない。

★★★

【問39】宅地建物取引業者が建物の貸借の媒介を行う場合における宅地建物取引業法（以下この問において「法」という。）第35条に規定する重要事項の説明に関する次の記述のうち、誤っているものはどれか。なお、特に断りのない限り、当該建物を借りようとする者は宅地建物取引業者ではないものとする。

1　当該建物を借りようとする者が宅地建物取引業者であるときは、貸借の契約が成立するまでの間に重要事項を記載した書面を交付しなければならないが、その内容を宅地建物取引士に説明させる必要はない。

2　当該建物が既存の住宅であるときは、法第34条の2第1項第4号に規定する建物状況調査を実施しているかどうか、及びこれを実施している場合におけるその結果の概要を説明しなければならない。

3　台所、浴室、便所その他の当該建物の設備の整備の状況について説明しなければならない。

4　宅地建物取引士は、テレビ会議等のＩＴを活用して重要事項の説明を行うときは、相手方の承諾があれば宅地建物取引士証の提示を省略することができる。

解説 ➔ 解答

【問37】 宅建業法：宅建業者が売主（クーリング・オフ） ★★

記述「エ」で「やられたぁ～」という人がいるかも。読み飛ばしちゃいそうだもんね。なんだよBって媒介業者じゃんかぁ～!! (37 条の 2、P.130 ～ 133)

ア ○ 「8日以内にAに到達させなければ」はダメだよね。「8日以内に発信」でクーリング・オフによる解除だもんね。買主に不利な特約なので無効となりまーす。

イ ○ 「Bの事務所で買受けの申込みを行い」だと、その後どこで契約を締結していようともクーリング・オフによる契約の解除はできないもんね。

ウ × 買主Cからの提案（申出）ではなくて、「Bからの提案によりCの自宅で買受けの申込み」だもんね。それに「クーリング・オフについては告げられず」なので8日の起算も始まらない。クーリング・オフによる契約の解除オッケー。

エ × 「Bの商号又は名称及び住所並びに免許証番号」かぁ～。読み飛ばしそう。媒介業者じゃなくて「売主業者Aの商号又は名称及び住所並びに免許証番号」を記載しなければならない。

正しいものはア、イの「二つ」。選択肢2が正解となる。

【問38】 宅建業法：宅建業者が売主（手付金等の保全措置） ★★★

まいどおなじみの手付金等の保全措置からの出題。選択肢3の「指定保管期間による保全措置」は工事完了後の物件のときだけだよね。(41 条、41 条の 2、P.143 ～ 144)

1 ○ 工事完了後の物件だから、代金の額の10%となる300万円を超える手付金等を受領するときは、保全措置を講じないとね。中間金300万円を受領するためには、手付金200万円と合わせて保全措置を講じた後でなければ、その中間金を受領することができない。

2 × 「建築工事の完了前で、売買代金が2,500万円」だから、保全措置を講じずに受領できる手付金等の額は125万円まで。手付金150万円を受領するんだったら保全措置を講じてからじゃないとね。

3 × 「建築工事の完了前」の物件なので、指定保管機関を利用する保全措置（指定保管機関による保管）は使えない。建築工事完了後の物件だったら「指定保管機関による保管」でもオッケーだけどね。

4 × 「建築工事の完了までの間を保証期間」じゃないよね。足りません。完了から引渡しまでの間に売主業者がズッコケたらどーすんのよ。「引渡しまで」を保証期間としないとな。

【問39】 宅建業法：重要事項の説明等（35 条書面） ★★★

ＩＴを活用した重要事項の説明。近年オッケーとなりました。ただし、宅地・建物の貸借の媒介・代理の場合だけ。売買の媒介・代理の場合は、まだダメだよん。(35 条)

1 ○ 相手方が宅建業者だからね。貸借の契約が成立するまでの間に35条書面（重要事項説明書）は交付しなければならないけど、説明は省略してもオッケー。(P.152)

2 ○ 「既存の住宅」の場合だと、「建物の状況調査を実施しているかどうか・実施している場合におけるその結果の概要」につき、重要事項として説明しなければならない。売買の媒介の場合だけでなく、貸借の媒介の場合でもね。(P.159)

3 ○ 建物の貸借の媒介なので、「台所、浴室、便所その他の当該建物の設備の整備の状況」について説明しなければならない。(P.168)

4 × 貸借の媒介の場合、テレビ会議等のＩＴを活用して重要事項の説明を行うことができるけど、そりゃやっぱり、宅地建物取引士証を提示せねばならぬ。省略できないよ～。(P.155)

正解		
問37 2	問38 1	問39 4

>> 問題

★★★

【問40】 宅地建物取引業者Aが行う業務に関する次の記述のうち、宅地建物取引業法の規定に違反するものはいくつあるか。

ア　Aは、自ら売主として、建物の売買契約を締結するに際し、買主が手付金を持ち合わせていなかったため手付金の分割払いを提案し、買主はこれに応じた。

イ　Aは、建物の販売に際し、勧誘の相手方から値引きの要求があったため、広告に表示した販売価格から100万円値引きすることを告げて勧誘し、売買契約を締結した。

ウ　Aは、土地の売買の媒介に際し重要事項の説明の前に、宅地建物取引士ではないAの従業者をして媒介の相手方に対し、当該土地の交通等の利便の状況について説明させた。

エ　Aは、投資用マンションの販売に際し、電話で勧誘を行ったところ、勧誘の相手方から「購入の意思がないので二度と電話をかけないように」と言われたことから、電話での勧誘を諦め、当該相手方の自宅を訪問して勧誘した。

1　一つ　　2　二つ　　3　三つ　　4　四つ

★★★

【問41】 次の記述のうち、宅地建物取引業の免許を要する業務が含まれるものはどれか。

1　A社は、所有する土地を10区画にほぼ均等に区分けしたうえで、それぞれの区画に戸建住宅を建築し、複数の者に貸し付けた。

2　B社は、所有するビルの一部にコンビニエンスストアや食堂など複数のテナントの出店を募集し、その募集広告を自社のホームページに掲載したほか、多数の事業者に案内を行った結果、出店事業者が決まった。

3　C社は賃貸マンションの管理業者であるが、複数の貸主から管理を委託されている物件について、入居者の募集、貸主を代理して行う賃貸借契約の締結、入居者からの苦情・要望の受付、入居者が退去した後の清掃などを行っている。

4　D社は、多数の顧客から、顧客が所有している土地に住宅や商業用ビルなどの建物を建設することを請け負って、その対価を得ている。

★★★

【問42】 次の記述のうち、宅地建物取引業法（以下この問において「法」という。）の規定によれば、正しいものはどれか。

1　宅地建物取引士が死亡した場合、その相続人は、死亡した日から30日以内に、その旨を当該宅地建物取引士の登録をしている都道府県知事に届け出なければならない。

2　甲県知事の登録を受けている宅地建物取引士は、乙県に所在する宅地建物取引業者の事務所の業務に従事しようとするときは、乙県知事に対し登録の移転の申請をし、乙県知事の登録を受けなければならない。

3　宅地建物取引士は、事務禁止の処分を受けたときは宅地建物取引士証をその交付を受けた都道府県知事に提出しなくてよいが、登録消除の処分を受けたときは返納しなければならない。

4　宅地建物取引士は、法第37条に規定する書面を交付する際、取引の関係者から請求があったときは、専任の宅地建物取引士であるか否かにかかわらず宅地建物取引士証を提示しなければならない。

解説 → 解答

【問40】 宅建業法：業務に関する禁止事項 ★★★

記述「エ」がサイコーでしょ。あっはっは。この年でいちばんおもしろい話だったかも。どうしても売りつけたかったんだよね。（47条、47条の2、P.102～105）

ア 違反する　ダメでしょ（笑）。手付金の分割払いを提案することにより売買契約の締結を誘引する行為は、宅建業法違反となります。まいどおなじみですね。

イ 違反しない　単に値引きだもんね。これが違反となっちゃったら、世の中どーなる？

ウ 違反しない　「交通等の利便の状況」についての説明は、「重要事項として説明すべき事項」ではないので、宅地建物取引士ではない従業者が行ってもオッケー。

エ 違反する　「電話をかけないように」といわれたから「じゃ、自宅に突撃だぁー」という営業マン。ダメです。「購入の意思がない」と表示した相手方に対し、勧誘を継続する行為は宅建業法違反となります。

違反するものはア、エの「二つ」。選択肢2が正解となる。

【問41】 宅建業法：宅建業の免許・要不要 ★★★

「宅地建物取引業の免許を要する業務」という表現が新鮮ですね。選択肢1と2は「自ら貸主」となる行為で、選択肢4は建物の建設。いずれも業として行うとしても、宅建業とはなりません。（3条、P.032～033）

1 含まれない　単に自ら賃貸しているだけなので、宅地建物取引業の免許を要する業務とはならない。

2 含まれない　こちらも単に貸主として、自社ビルのテナントを募集するということなので、宅地建物取引業の免許を要する業務とはならない。

3 含まれる　賃貸マンションの管理業者が「貸主を代理して行う賃貸借契約の締結」をするということだね。これって「貸借の代理」なので、宅地建物取引業の免許を要する業務となる。

4 含まれない　建物の建設は、宅地建物取引業の免許を要する業務とはならない。

【問42】 宅建業法：宅地建物取引士 ★★★

選択肢4。「法第37条に規定する書面を交付する際」というフレーズでヒッカケねらいか。やるなー出題者。（37条）

1 ×　おっと、「死亡した日から 30日以内」じゃないよね。「死亡の事実を知った日から 30日以内」に、相続人が、その旨を当該宅地建物取引士の登録をしている都道府県知事に届け出なければならない。（P.060）

2 ×　まいどおなじみの「登録の移転」。登録の移転は任意だよね。「乙県に所在する宅地建物取引業者の事務所の業務に従事しよう」ということだから登録の移転をすることができるけど、「乙県知事に対し登録の移転の申請をし、乙県知事の登録を受けなければならない」だと×です。（P.078）

3 ×　違います。事務禁止の処分を受けたときは、交付を受けた都道府県知事に宅地建物取引士証を提出しなければならぬ。なお、登録消除の処分を受けたときは宅地建物取引士証を返納だ。（P.076、200）

4 ○　重要事項の説明のときは請求がなくても「宅地建物取引士証を提示」だけど、そのほかの場合は、取引の関係者から請求があったときには、専任の宅地建物取引士であるか否かにかかわらず宅地建物取引士証を提示しなければならない。ただそれだけの話なんだけど、「法第37条に規定する書面を交付する際」というフレーズで、変に深読みしてズッコケそう。（P.076）

正解		
問40　2	問41　3	問42　4

問題

★★★

【問43】 宅地建物取引業法に規定する営業保証金に関する次の記述のうち、正しいものはどれか。

1　宅地建物取引業者は、免許を受けた日から３月以内に営業保証金を供託した旨の届出を行わなかったことにより国土交通大臣又は都道府県知事の催告を受けた場合、当該催告が到達した日から１月以内に届出をしないときは、免許を取り消されることがある。

2　宅地建物取引業者に委託している家賃収納代行業務により生じた債権を有する者は、宅地建物取引業者が供託した営業保証金について、その債権の弁済を受けることができる。

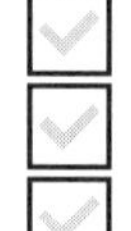

3　宅地建物取引業者は、宅地建物取引業の開始後１週間以内に、供託物受入れの記載のある供託書の写しを添附して、営業保証金を供託した旨を免許を受けた国土交通大臣又は都道府県知事に届け出なければならない。

4　宅地建物取引業者は、新たに事務所を２か所増設するための営業保証金の供託について国債証券と地方債証券を充てる場合、地方債証券の額面金額が800万円であるときは、額面金額が200万円の国債証券が必要となる。

★★

【問44】 宅地建物取引業保証協会（以下この問において「保証協会」という。）の社員である宅地建物取引業者Ａに関する次の記述のうち、宅地建物取引業法の規定によれば、正しいものはどれか。

1　Ａは、保証協会の社員の地位を失った場合、Ａとの宅地建物取引業に関する取引により生じた債権に関し権利を有する者に対し、６月以内に申し出るべき旨の公告をしなければならない。

2　保証協会は、Ａの取引の相手方から宅地建物取引業に係る取引に関する苦情を受けた場合は、Ａに対し、文書又は口頭による説明を求めることができる。

3　Ａは、保証協会の社員の地位を失った場合において、保証協会に弁済業務保証金分担金として150万円の納付をしていたときは、全ての事務所で営業を継続するためには、１週間以内に主たる事務所の最寄りの供託所に営業保証金として1,500万円を供託しなければならない。

4　Ａは、その一部の事務所を廃止したときは、保証協会が弁済業務保証金の還付請求権者に対し、一定期間内に申し出るべき旨の公告をした後でなければ、弁済業務保証金分担金の返還を受けることができない。

解説 ➔ 解答

【問43】 宅建業法：営業保証金 ★★★

選択肢１がドンピシャで「○」なので一発一撃かな。選択肢２の「家賃収納代行業務」は宅建業とはならない。選択肢４が、なんか上手な感じのヒッカケ。（25条）

1 ○ まったくそのとおり。免許→供託→届出→開業という流れなんだけど、免許を受けた日から３月以内に営業保証金を供託した旨の届出がないときは、国土交通大臣又は都道府県知事は、届出をすべき旨の「催告」をしなければならない。で、その催告が到達した日から１月以内に届出をしないときは、免許を取り消されることがある。（P.178）

2 × たしかに宅建業者との取引により生じた債権なんだけど「家賃収納代行業務により生じた債権」は、宅建業から生じた債権ではないので、営業保証金からの弁済は受けられない。（27条、P.179）

3 × 免許→供託→届出→開業という流れ。なので「宅建業の開始後１週間以内にどうしたこうした」という話ではない。営業保証金を供託した旨の届出をした後での開業となる。（P.177）

4 × 新たに事務所を２か所増設ということだから、あと営業保証金として1,000万円だよね。で、地方債証券の額面金額が800万円→評価額は800万円×90％＝720万円。となるとだ、国債証券200万円だと、80万円足りないっす。（P.177）

【問44】 宅建業法：保証協会 ★★

選択肢２が初出題かな。「たぶんこれ○かな」と思いつつ、選択肢３は「営業保証金として2,000万円供託」だし、選択肢４は「一部事務所廃止は公告不要」。選択肢１のヒッカケにやられなければできたかな。

1 × おっと、「６月以内に申し出るべき旨の公告」は保証協会が行いますよね。Aじゃないです。うっかりすると読み飛ばしそう。ナイスヒッカケ !!（64条の11、P.191）

2 ○ 保証協会は、社員の取引の相手方から苦情を受けた場合は、当該社員に対し、文書や口頭による説明を求めることができる。（64条の3、P.185）

3 × 弁済業務保証金分担金として150万円の納付ということだから、主たる事務所（60万円）＋従たる事務所３つ（30万円×３）。なので、１週間以内に主たる事務所の最寄りの供託所に営業保証金として2,500万円を供託しなければならない。（64条の15、P.191）

4 × 「一部の事務所を廃止」したときの超過額の取戻しにつきまして、営業保証金だと「公告」となるけど、弁済業務保証金のほうは、保証協会は公告することなく取り戻せる。保証協会が取り戻した後、「弁済業務保証金分担金の返還」となる。（64条の11、P.191）

正解			
問43	1	問44	2

問題

★★★

【問45】 特定住宅瑕疵担保責任の履行の確保等に関する法律に基づく住宅販売瑕疵担保保証金の供託又は住宅販売瑕疵担保責任保険契約の締結に関する次の記述のうち、正しいものはどれか。

1　宅地建物取引業者は、自ら売主として新築住宅を販売する場合及び新築住宅の売買の媒介をする場合において、住宅販売瑕疵担保保証金の供託又は住宅販売瑕疵担保責任保険契約の締結を行う義務を負う。

2　自ら売主として新築住宅を宅地建物取引業者でない買主に引き渡した宅地建物取引業者は、その住宅を引き渡した日から3週間以内に、住宅販売瑕疵担保保証金の供託又は住宅販売瑕疵担保責任保険契約の締結の状況について、宅地建物取引業の免許を受けた国土交通大臣又は都道府県知事に届け出なければならない。

3　自ら売主として新築住宅を宅地建物取引業者でない買主に引き渡した宅地建物取引業者は、基準日に係る住宅販売瑕疵担保保証金の供託及び住宅販売瑕疵担保責任保険契約の締結の状況について届出をしなければ、当該基準日の翌日から起算して50日を経過した日以後においては、新たに自ら売主となる新築住宅の売買契約を締結することができない。

4　住宅販売瑕疵担保責任保険契約を締結している宅地建物取引業者は、当該住宅を引き渡した時から10年間、住宅の構造耐力上主要な部分の瑕疵によって生じた損害についてのみ保険金を請求することができる。

★★

【問46】 独立行政法人住宅金融支援機構（以下この問において「機構」という。）に関する次の記述のうち、誤っているものはどれか。

1　機構は、住宅の建設又は購入に必要な資金の貸付けに係る金融機関の貸付債権の譲受けを業務として行っているが、当該住宅の建設又は購入に付随する土地又は借地権の取得に必要な資金の貸付けに係る金融機関の貸付債権については、譲受けの対象としていない。

2　機構は、金融機関による住宅資金の供給を支援するため、金融機関が貸し付けた住宅ローンについて、住宅融資保険を引き受けている。

3　機構は、証券化支援事業（買取型）において、ＭＢＳ（資産担保証券）を発行することにより、債券市場（投資家）から資金を調達している。

4　機構は、高齢者の家庭に適した良好な居住性能及び居住環境を有する住宅とすることを主たる目的とする住宅の改良（高齢者が自ら居住する住宅について行うものに限る。）に必要な資金の貸付けを業務として行っている。

★★

【問47】 宅地建物取引業者が行う広告に関する次の記述のうち、不当景品類及び不当表示防止法（不動産の表示に関する公正競争規約を含む。）の規定によれば、正しいものはどれか。（法改正により選択肢1を修正している）

1　新築分譲住宅について、価格Ａで販売を開始してから3か月以上経過したため、価格Ａから価格Ｂに値下げをすることとし、価格Ａと価格Ｂを併記して、値下げをした旨を表示する場合、値下げ金額が明確になっていれば、価格Ａの公表日及び値下げした日を表示する必要はない。

2　土地上に古家が存在する場合に、当該古家が、住宅として使用することが可能な状態と認められる場合であっても、古家がある旨を表示すれば、売地と表示して販売しても不当表示に問われることはない。

3　新築分譲マンションの広告において、当該マンションの完成図を掲載する際に、敷地内にある電柱及び電線を消去する加工を施した場合であっても、当該マンションの外観を消費者に対し明確に示すためであれば、不当表示に問われることはない。

4　複数の売買物件を1枚の広告に掲載するに当たり、取引態様が複数混在している場合には、広告の下部にまとめて表示すれば、どの物件がどの取引態様かを明示していなくても不当表示に問われることはない。

解説 ➔ 解答

【問45】 住宅瑕疵担保履行法 ★★★

念のためですが「住宅の構造耐力上主要な部分等」には、「等」がついていますので、「住宅の構造耐力上主要な部分」と「雨水の浸入を防止する部分」の２つを意味します。

1 × 「住宅販売瑕疵担保保証金の供託又は住宅販売瑕疵担保責任保険契約の締結を行う義務」は、宅建業者が自ら売主として新築住宅を販売する場合のみあり。新築住宅の売買の媒介をする場合には「義務なし」です。（2条、P.210）

2 × 「住宅を引き渡した日から３週間以内」じゃないよね。「基準日から３週間以内」に、住宅販売瑕疵担保保証金の供託又は住宅販売瑕疵担保責任保険契約の締結の状況について、宅地建物取引業の免許を受けた国土交通大臣又は都道府県知事に届け出なければならない。（12条、P.213）

3 ○ そのとおり。「基準日の翌日から起算して 50 日を経過した日」以後においては、新たに自ら売主となる新築住宅の売買契約を締結することができない。（13条、P.213）

4 × 「住宅の構造耐力上主要な部分の瑕疵」のほか「雨水の浸入を防止する部分の瑕疵」の損害についても保険金を請求できる。（2条、P.209）

【問46】 住宅金融支援機構 ★★

まいどおなじみの「住宅金融支援機構」は定番の【問 46】。そしていつものように「誤っているものはどれか」での出題。（13条、P.740 ～ 744）

1 × そんなことないでしょ。「住宅の建設又は購入に付随する土地又は借地権の取得に必要な資金の貸付けに係る金融機関の貸付債権」も、譲受けの対象だよね。

2 ○ 住宅融資保険とは、金融機関の住宅ローンが返済不能となったなどの場合、機構が金融機関に保険金を支払う制度。機構は、そんな住宅融資保険を引き受けている。

3 ○ そのとおり。機構は、民間金融機関から買い取った住宅ローン債権を担保としてＭＢＳ（資産担保証券）を発行する。で、これを投資家に売りまくって資金を調達している。で、かき集めたカネで、また住宅ローンを買う。そんな流れです。どうか破綻しませんように。

4 ○ 機構は、直接融資業務として、高齢者の家庭に適した良好な居住性能及び居住環境を有する住宅とすることを主たる目的とする住宅の改良（高齢者が自ら居住する住宅について行うものに限る。）に必要な資金の貸付けを行っている。

【問47】 景品表示法 ★★

まいどおなじみの「景品表示法」。選択肢３が笑えるかな。ダメでしょ（笑）。（P.704 ～ 713）

1 × 過去の販売価格「価格Ａ」を比較対象価格として「二重価格表示」をする場合、「値下げ金額が明確」になっていたとしても、「価格Ａの公表日及び値下げした日」を表示しなければ不当表示となる。

2 ○ そりゃそうだよね。土地上に古家が存在する場合、古家がある旨を表示すれば、売地と表示して販売しても不当表示に問われることはない。

3 × ダメでしょ（笑）。「敷地内にある電柱及び電線を消去する加工」して、ステキに見せようとするわけですもんね。不当表示です。

4 × 「広告の下部にまとめて表示すれば」という気持ちもわからないでもないが、それぞれに取引態様の別を明示しなければならない。

正解		
問45　3	問46　1	問47　2

>> 問題

【問48】 **次の記述のうち、正しいものはどれか。**

1　建築着工統計(平成30年1月公表)によれば、平成29年の新設住宅着工戸数は前年比0.3%の増加だったが、新設住宅のうち、分譲住宅の着工戸数は前年比1.9%の減少となった。

2　平成28年度法人企業統計年報（平成29年9月公表）によれば、平成28年度における全産業の売上高は前年度に比べ1.7%増加したが、不動産業の売上高は9.1%減少した。

3　平成30年地価公示（平成30年3月公表）によれば、平成29年1月以降の1年間の地価変動率は、住宅地の全国平均では、昨年の横ばいから10年ぶりに上昇に転じた。

4　平成30年版土地白書（平成30年6月公表）によれば、土地取引について、売買による所有権移転登記の件数でその動向を見ると、平成29年の全国の土地取引件数は132万件となり、5年連続で減少した。

★★

【問49】 **土地に関する次の記述のうち、最も不適当なものはどれか。**

1　山麓の地形の中で、地すべりによってできた地形は一見なだらかで、水はけもよく、住宅地として好適のように見えるが、末端の急斜面部等は斜面崩壊の危険度が高い。

2　台地の上の浅い谷は、豪雨時には一時的に浸水することがあり、現地に入っても気付かないことが多いが、住宅地としては注意を要する。

3　大都市の大部分は低地に立地しているが、この数千年の間に形成され、かつては湿地や旧河道であった地域が多く、地震災害に対して脆弱で、また洪水、高潮、津波等の災害の危険度も高い。

4　低地の中で特に災害の危険度の高い所は、扇状地の中の微高地、自然堤防、廃川敷となった旧天井川等であり、比較的危険度の低い所が沿岸部の標高の低いデルタ地域、旧河道等である。

★★

【問50】 **建築物の構造に関する次の記述のうち、最も不適当なものはどれか。**

1　木造建物を造る際には、強度や耐久性において、できるだけ乾燥している木材を使用するのが好ましい。

2　集成木材構造は、集成木材で骨組を構成したもので、大規模な建物にも使用されている。

3　鉄骨構造は、不燃構造であり、耐火材料による耐火被覆がなくても耐火構造にすることができる。

4　鉄筋コンクリート構造は、耐久性を高めるためには、中性化の防止やコンクリートのひび割れ防止の注意が必要である。

解説 ➔ 解答

【問48】 統計等　＊平成30年度の統計数値での出題。参考まで＊

【問48】はこの様な統計数値からの出題です。別途、最新データに基づく受験対策レジュメをご用意しますのでご活用ください（8月中旬予定）。

1 × 建築着工統計によれば、平成29年の新設住宅着工戸数は前年比0.3%の減少となっていた。また、新設住宅のうち、分譲住宅の着工戸数は前年比1.9%の増加となっていた。

2 × 平成28年度法人企業統計年報によれば、平成28年度における全産業の売上高は前年度に比べ1.7%増加し、不動産業の売上高も9.1%増加していた。

3 ○ 平成30年地価公示によれば、平成29年1月以降の1年間の地価変動率は、住宅地の全国平均では、昨年の横ばいから10年ぶりに上昇に転じていた。

4 × 平成30年版土地白書によれば、土地取引について、売買による所有権移転登記の件数でその動向を見ると、平成29年の全国の土地取引件数は132万件となり、対前年比2.1%の増加となっていた。

【問49】 土地の形質等　★★

選選択肢4の「旧天井川」。画像検索してみてください。なぜ平地より高いところに流れていたんでしょうかねぇ〜。干上がって廃川敷。むしろ宅地に適しているとか。

1 適当　地すべりによってできた地形は一見なだらかで、水はけもよく、たしかに「住宅地として好適」のように見えるが、末端の急斜面部等は斜面崩壊の危険度が高い。

2 適当　台地の上の浅い谷は、たしかに「現地に入っても気付かない」ことが多いけど、豪雨時には一時的に浸水することがあり、住宅地としては注意を要する。

3 適当　いわれてみればそうなんだけど「大都市の大部分は低地」に立地しています。海沿いとか。なので、地震災害に対して脆弱で、また洪水、高潮、津波等の災害の危険度も高い。

4 不適当　逆ですよね。低地の中でも、比較的危険度の低い所が、扇状地の中の微高地、自然堤防、廃川敷となった旧天井川等であり、特に災害の危険度の高い所は、沿岸部の標高の低いデルタ地域、旧河道等ですよね。

【問50】 建物の構造等　★★

選択肢4のコンクリートの中性化。コンクリートは弱アルカリ性なので中の鉄筋が腐食しないんだけど、外気中の炭酸ガスや水分などの影響を受け、表面から徐々に中性化していき、そしてついに内部の鉄筋にまで達するとサビ（腐食）がはじまります。

1 適当　そりゃそうでしょ。木材は乾燥しているほうが強度もあるしね。

2 適当　集成木材構造は、大規模な建物にも使用されている。お時間あるとき、画像検索してみてくださいね。

3 不適当　鉄骨構造は、不燃構造かもしれないけど、鉄がむき出しなので火熱に弱い。耐火材料による耐火被覆をしなければ耐火構造にすることができない。

4 適当　鉄筋コンクリート構造の耐久性は、「中性化の防止」や「コンクリートのひび割れ防止」により高めることができる。

正解					
問48	3	問49	4	問50	3

平成29年度本試験問題・解説・解答

問題

★★

【問 1】代理に関する次の記述のうち、民法の規定及び判例によれば、誤っているものはどれか。

1　売買契約を締結する権限を与えられた代理人は、特段の事情がない限り、相手方からその売買契約を取り消す旨の意思表示を受領する権限を有する。

2　委任による代理人は、本人の許諾を得たときのほか、やむを得ない事由があるときにも、復代理人を選任することができる。

3　復代理人が委任事務を処理するに当たり金銭を受領し、これを代理人に引き渡したときは、特段の事情がない限り、代理人に対する受領物引渡義務は消滅するが、本人に対する受領物引渡義務は消滅しない。

4　夫婦の一方は、個別に代理権の授権がなくとも、日常家事に関する事項について、他の一方を代理して法律行為をすることができる。

★★

【問 2】所有権の移転又は取得に関する次の記述のうち、民法の規定及び判例によれば、正しいものはどれか。

1　Aの所有する甲土地をBが時効取得した場合、Bが甲土地の所有権を取得するのは、取得時効の完成時である。

2　Aを売主、Bを買主としてCの所有する乙建物の売買契約が締結された場合、BがAの無権利について善意無過失であれば、AB間で売買契約が成立した時点で、Bは乙建物の所有権を取得する。

3　Aを売主、Bを買主として、丙土地の売買契約が締結され、代金の完済までは丙土地の所有権は移転しないとの特約が付された場合であっても、当該売買契約締結の時点で丙土地の所有権はBに移転する。

4　AがBに丁土地を売却したが、AがBの強迫を理由に売買契約を取り消した場合、丁土地の所有権はAに復帰し、初めからBに移転しなかったことになる。

★★

【問 3】次の1から4までの記述のうち、民法の規定及び下記判決文によれば、誤っているものはどれか。

(判決文)

共有者の一部の者から共有者の協議に基づかないで共有物を占有使用することを承認された第三者は、その者の占有使用を承認しなかった共有者に対して共有物を排他的に占有する権原を主張することはできないが、現にする占有がこれを承認した共有者の持分に基づくものと認められる限度で共有物を占有使用する権原を有するので、第三者の占有使用を承認しなかった共有者は右第三者に対して当然には共有物の明渡しを請求することはできないと解するのが相当である。

1　共有者は、他の共有者との協議に基づかないで当然に共有物を排他的に占有する権原を有するものではない。

2　AとBが共有する建物につき、AB間で協議することなくAがCと使用貸借契約を締結した場合、Bは当然にはCに対して当該建物の明渡しを請求することはできない。

3　DとEが共有する建物につき、DE間で協議することなくDがFと使用貸借契約を締結した場合、Fは、使用貸借契約を承認しなかったEに対して当該建物全体を排他的に占有する権原を主張することができる。

4　GとHが共有する建物につき、Gがその持分を放棄した場合は、その持分はHに帰属する。

合格判定基準	50 問中 35 問以上正解（登録講習修了者　45 問中 30 問以上正解）		
受験者データ	申込者数 → 25 万 8,511 人	受験者数 → 20 万 9,354 人	合格者数 → 3 万 2,644 人（合格率 15.6%）

解説 → 解答

【問 1】 民法：代理 ★★

選択肢２がわかればよし。あとは参考程度にしておこう。（P.422 ～ 433）

1 ○ 判例によると、「売買契約を締結する権限を与えられた代理人は、特段の事情がない限り、相手方からその売買契約を取り消す旨の意思表示を受領する権限を有する」だそうです。取消しの意思表示だけはなにがなんでも本人がしなさい、というのも現実的じゃないしね。（99 条）

2 ○ 委任による代理人は、「本人の許諾を得たとき」又は「やむを得ない事由があるとき」は、復代理人を選任することができる。（104 条）

3 × 復代理人は「受領物を代理人に引き渡す義務」と「本人に対して、代理人と同一の義務」を負っていますけど、とりあえず、受領した金銭を代理人に引き渡したんだから、それでいいのでは。本人にも引き渡せって言われてもね、どうすりゃいいんでしょ。（107 条）

4 ○ 夫婦の一方は、個別に代理権の授権がなくとも、日常家事に関する事項について、他の一方を代理して法律行為をすることができる。（761 条、テキスト未掲載）

【問 2】 民法：対抗要件・取得時効 ★★

解説を読んでみれば当たり前の話ばっかりなんだが、「問題文」となると難しく感じるかも。

1 × 時効の効力は起算日に遡る。前からそうだったことにしよう。Ｂが甲土地の所有権を取得するのは、占有の開始時からと扱う。（44 条、P.439、534）

2 × 他人の権利（Ｃの所有する乙建物）を目的とする売買契約を締結したときは、売主Ａは、Ｃから「乙建物の所有権を取得」して買主Ｂに移転する義務を負う。なので、Ｂが善意無過失であったとしても「売買契約が成立した時点でＢは乙建物の所有権を取得」とはならない。（560 条、P.504）

3 × 「代金の完済までは丙土地の所有権は移転しない」という特約があるんだったらそのようにしてくださいよ。「ＡＢ間で売買契約が成立した時点で、Ｂは乙建物の所有権を取得する」とはならない。（176 条）

4 ○ Ｂの強迫を理由に売買契約を取り消したんだから、土地の所有権はＡに復帰し、初めからＢに移転しなかったことになる。（96 条、121 条、P.421）

【問 3】 民法：判決文（共有） ★★

「共有者の一部の者から共有者の協議に基づかないで共有物を占有使用することを承認された第三者は、その者の占有使用を承認しなかった共有者に対して共有物を排他的に占有する権原を主張することはできない」の逆を言っている選択肢３。（P.614 ～ 619 参考）

1 ○ 各共有者は、共有物の全部について「その持分に応じた使用をすることができる」に留まるため、共有者は、他の共有者との協議に基づかなければ、当然に共有物を排他的に占有する権原を有しない。（249 条）

2 ○ Ａの持分と認められる限度でＣは建物を使用できる。Ｂは当然にはＣに対して当該建物の明渡しを請求することはできない。

3 × Ｆは、Ｄの持分と認められる限度で建物を使用できるに過ぎないので、Ｅに対して当該建物全体を排他的に占有する権原を主張することはできない。

4 ○ 共有者の一人が持分を放棄したときは、その持分は他の共有者に帰属する。（255 条）

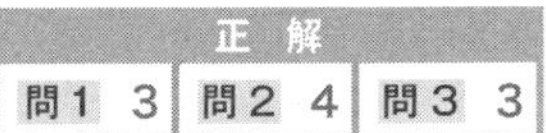

正解		
問１　３	問２　４	問３　３

問題

【問 4】次の記述のうち、平成 29 年4月1日現在施行されている民法の条文に規定されているものはどれか。

＊民法の改正により、現時点では問題として成立していないため、除外しています。

★★★

【問 5】Aは、中古自動車を売却するため、Bに売買の媒介を依頼し、報酬として売買代金の３%を支払うことを約した。Bの媒介によりAは当該自動車をCに 100 万円で売却した。この場合に関する次の記述のうち、民法の規定及び判例によれば、正しいものはどれか。（法改正により選択肢２を修正している）

1　Bが報酬を得て売買の媒介を行っているので、CはAから当該自動車の引渡しを受ける前に、100 万円をAに支払わなければならない。

2　当該自動車が契約内容に適合しないものであった場合には、CはAに対しても、Bに対しても、担保責任を追及することができる。

3　売買契約が締結された際に、Cが解約手付として手付金 10 万円をAに支払っている場合には、Aはいつでも 20 万円を償還して売買契約を解除することができる。

4　売買契約締結時には当該自動車がAの所有物ではなく、Aの父親の所有物であったとしても、ＡＣ間の売買契約は有効に成立する。

★★

【問 6】Aが死亡し、相続人がBとCの２名であった場合に関する次の記述のうち、民法の規定及び判例によれば、正しいものはどれか。

1　①BがAの配偶者でCがAの子である場合と、②BとCがいずれもAの子である場合とでは、Bの法定相続分は①の方が大きい。

2　Aの死亡後、いずれもAの子であるBとCとの間の遺産分割協議が成立しないうちにBが死亡したときは、Bに配偶者Dと子Eがいる場合であっても、Aの遺産分割についてはEが代襲相続人として分割協議を行う。

3　遺産分割協議が成立するまでの間に遺産である不動産から賃料債権が生じていて、BとCがその相続分に応じて当該賃料債権を分割単独債権として確定的に取得している場合、遺産分割協議で当該不動産をBが取得することになっても、Cが既に取得した賃料債権につき清算する必要はない。

4　Bが自己のために相続の開始があったことを知った時から３か月以内に家庭裁判所に対して、相続によって得た財産の限度においてのみAの債務及び遺贈を弁済すべきことを留保して相続を承認する限定承認をする旨を申述すれば、Cも限定承認をする旨を申述したとみなされる。

解説 → 解答

【問 4】 民法（条文）

【問 5】 民法：売買契約　★★★

不動産の試験なのに「中古自動車の売却」ってどういうことだ。他の出題者はなんとも思わなかったのか。でも選択肢4がかんたんだったので、この出題者を許してやってください。

1 × 同時履行の抗弁権。Cの100万円の支払いとAの自動車の引渡しは同時履行の関係となる。自動車の引渡しを受ける前に、100万円をAに支払う必要なし。（533条、P.492～493）

2 × Bは媒介しているだけ。売主ではないので、CはBに対しては、担保責任を追及できない。売主であるAに対してだけ。（570条、566条、P.507）

3 × Cが契約の履行に着手しちゃったあとは、Aは手付倍返しでの解除はできない。「Aはいつでも20万円を償還して」ではない。（577条、P.502～503）

4 ○ 他人の所有物を売買契約の目的とした場合でも、契約は有効だもんな。（561条、P.504）

【問 6】 民法：相続　★★

選択肢1がわかればよし。選択肢2も解説を読めば、そりゃそうだなと。選択肢4も限定承認は全員で。となると消去法で3を「○」にできるかどうか。（P.623～642参考）

1 × ①の「BがAの配偶者」だと法定相続分は2分の1。②の「BとCがいずれもAの子」だと、単に子が二人だからBの法定相続分は2分の1。おなじじゃん。（900条）

2 × Bが先に死んでいるんだったらEが代襲相続するけどね。死んだ順番はA→Bなので「Eが代襲相続して」は誤り。で、この選択肢は、Aが死んでオタオタしているうちに（遺産分割協議が成立しないうちに）、あれま、Bが死んでしまったぁ～という状況。ややこしい状況だな～。この場合、とりあえず「Aの遺産の一部をBが相続していた」と扱って、さらにそれを「Bの相続人である配偶者Dと子Eが相続した」というふうに考えておく。で、そうこうしているうちに、やっとAの遺産の分割協議がはじまるワケでね。そりゃもちろん、本来であればBとCで分割協議だよ。だがしかし、Bが死んでしまっているので、Cと、DとEでの分割協議というふうになっちゃうわけです。

3 ○ 遺産分割協議中に不動産から生じた賃料の取り扱い。判例によると、「BとCがその相続分に応じて当該賃料債権を分割単独債権として確定的に取得している場合、その後に遺産分割協議で当該不動産をBが取得することになっても、Cが既に取得した賃料債権につき清算する必要はない」だそうです。（909条、テキスト未掲載）

4 × 限定承認は、共同相続人が全員で行う必要がある。Bが「限定承認する」と申述したとしても、「Cも限定承認をする旨を申述した」とはみなされない。CはCで申述せよ。（915条）

正解		
問4 -	問5 4	問6 3

問題

【問 7】 請負契約に関する次の記述のうち、民法の規定及び判例によれば、誤っているものはどれか。

＊民法の改正により、現時点では問題として成立していないため、除外しています。

★★

【問 8】 A、B、Cの３人がDに対して900万円の連帯債務を負っている場合に関する次の記述のうち、民法の規定及び判例によれば、正しいものはどれか。なお、A、B、Cの負担部分は等しいものとする。（法改正により選択肢１を修正している）

1　DがAに対して履行の請求をした場合、B及びCがそのことを知らなくても、B及びCについて、その効力が生じる。

2　Aが、Dに対する債務と、Dに対して有する200万円の債権を対当額で相殺する旨の意思表示をDにした場合、B及びCのDに対する連帯債務も200万円が消滅する。

3　Bのために時効が完成した場合、A及びCのDに対する連帯債務も時効によって全部消滅する。

4　CがDに対して100万円を弁済した場合は、Cの負担部分の範囲内であるから、Cは、A及びBに対して求償することはできない。

★★★

【問 9】 1億2,000万円の財産を有するAが死亡した。Aには、配偶者はなく、子B、C、Dがおり、Bには子Eが、Cには子Fがいる。Bは相続を放棄した。また、Cは生前のAを強迫して遺言作成を妨害したため、相続人となることができない。この場合における法定相続分に関する次の記述のうち、民法の規定によれば、正しいものはどれか。

1　Dが4,000万円、Eが4,000万円、Fが4,000万円となる。

2　Dが1億2,000万円となる。

3　Dが6,000万円、Fが6,000万円となる。

4　Dが6,000万円、Eが6,000万円となる。

解説 ➔ 解答

【問 7】 民法：請負

【問 8】 民法：連帯債務 ★★

選択肢２の相殺がわかれば、それが正解肢。選択肢１の「履行の請求」なんだけど、ＤがＡに対して履行の請求をしても、原則として、Ｂ・Ｃに対しては履行の請求をしたことにならないよね。（P.472～479）

1 × 連帯債務者の１人に対する履行の請求は、原則として他の連帯債務者に対しては効力が生じない。（441 条）

2 ○ 連帯債務者Ａが 200 万円の反対債権で相殺を援用。素晴らしいぞＡ。となると、債権は、すべての連帯債務者の利益のために消滅する。Ｂ及びＣのＤに対する連帯債務も 200 万円が消滅する。残債務は 700 万円。（436 条）

3 × 全部は消滅しないし、むしろそのまま。Ｂの時効が完成した場合であっても、Ａ・Ｃの連帯債務には影響なく、Ｂのみ連帯債務者ではなくなる。（441 条）

4 × 連帯債務者の１人が一部を弁済した場合、それが負担部分（300 万円）の範囲内だとしても、Ｃは、Ａ及びＢに「約 33 万円払え」と求償できる。（442 条）

【問 9】 民法：相続 ★★★

１億 2,000 万円の財産。いいなぁ～。相続人なんだが、子Ｂは相続を放棄しているので、Ｂの子Ｅも代襲相続なし。Ａを強迫して遺言作成を妨害した子Ｃは相続人となることはできないが、Ｃの子ＦはＣを代襲相続する。ということで、相続人はＤとＦ。仲良く分けあって「Ｄが 6,000 万円、Ｆが 6,000 万円」となる。選択肢３が正解。（939 条、887 条、P.623～627）

正解					
問７	-	問８	2	問９	3

問題

★

【問10】①不動産質権と②抵当権に関する次の記述のうち、民法の規定によれば、誤っているものはどれか。

1　①では、被担保債権の利息のうち、満期となった最後の２年分についてのみ担保されるが、②では、設定行為に別段の定めがない限り、被担保債権の利息は担保されない。

2　①は、10年を超える存続期間を定めたときであっても、その期間は10年となるのに対し、②は、存続期間に関する制限はない。

3　①は、目的物の引渡しが効力の発生要件であるのに対し、②は、目的物の引渡しは効力の発生要件ではない。

4　①も②も不動産に関する物権であり、登記を備えなければ第三者に対抗することができない。

★★★

【問11】Ａ所有の甲土地につき、平成29年10月１日にＢとの間で賃貸借契約（以下「本件契約」という。）が締結された場合に関する次の記述のうち、民法及び借地借家法の規定並びに判例によれば、正しいものはどれか。

1　Ａが甲土地につき、本件契約とは別に、平成29年９月１日にＣとの間で建物所有を目的として賃貸借契約を締結していた場合、本件契約が資材置場として更地で利用することを目的とするものであるときは、本件契約よりもＣとの契約が優先する。

2　賃借権の存続期間を10年と定めた場合、本件契約が居住の用に供する建物を所有することを目的とするものであるときは存続期間が30年となるのに対し、本件契約が資材置場として更地で利用することを目的とするものであるときは存続期間は10年である。

3　本件契約が建物所有を目的として存続期間60年とし、賃料につき３年ごとに１％ずつ増額する旨を公正証書で定めたものである場合、社会情勢の変化により賃料が不相当となったときであっても、ＡもＢも期間満了まで賃料の増減額請求をすることができない。

4　本件契約が建物所有を目的としている場合、契約の更新がなく、建物の買取りの請求をしないこととする旨を定めるには、ＡはあらかじめＢに対してその旨を記載した書面を交付して説明しなければならない。

★★★

【問12】Ａが所有する甲建物をＢに対して３年間賃貸する旨の契約をした場合における次の記述のうち、借地借家法の規定によれば、正しいものはどれか。

1　ＡがＢに対し、甲建物の賃貸借契約の期間満了の１年前に更新をしない旨の通知をしていれば、ＡＢ間の賃貸借契約は期間満了によって当然に終了し、更新されない。

2　Ａが甲建物の賃貸借契約の解約の申入れをした場合には申入れ日から３月で賃貸借契約が終了する旨を定めた特約は、Ｂがあらかじめ同意していれば、有効となる。

3　Ｃが甲建物を適法に転借している場合、ＡＢ間の賃貸借契約が期間満了によって終了するときに、Ｃがその旨をＢから聞かされていれば、ＡはＣに対して、賃貸借契約の期間満了による終了を対抗することができる。

4　ＡＢ間の賃貸借契約が借地借家法第38条の定期建物賃貸借で、契約の更新がない旨を定めるものである場合、当該契約前にＡがＢに契約の更新がなく期間の満了により終了する旨を記載した書面を交付して説明しなければ、契約の更新がない旨の約定は無効となる。

解説 → 解答

【問10】 民法：抵当権・質権 ★

不動産質権。めんどくさいからパスでいいや。（P.540 ～ 557）

1 × ①不動産質権では、原則として利息は担保されない。つまり質権者は利息を請求することができない。②抵当権では、被担保債権の利息のうち、満期となった最後の２年分についてのみ担保される。逆なんだよね、この選択肢は。（358 条、356 条、359 条、375 条）

2 ○ ①不動産質権は、10 年を超える存続期間を定めることはできない。②抵当権は、存続期間に関する制限はない。（360 条）

3 ○ ①不動産質権は、「目的物の引渡し」が効力の発生要件となる。②の抵当権は、目的物の引渡しは効力の発生要件ではない。（344 条）

4 ○ ①は不動産質権だしね。②も不動産に関する物権であり、第三者に対抗するには登記を備えておかなければならない。（177 条）

【問11】 借地借家法：借地 ★★★

借地権だと存続期間は 30 年以上。そうじゃない土地賃借権はどうぞご自由に。（P.576 ～ 592）

1 × ＢもＣも、先に登記を備えたほうが勝つ。ＡＢ間の契約よりもＡＣ間の契約が先日付だったとしても、それだけで「優先する」とはならない。（民法 605 条）

2 ○ 建物所有を目的とする土地賃貸借契約（借地権）には借地借家法が適用されるので、存続期間を10 年と定めても 30 年と法定される。「資材置場として更地で利用することを目的」としている場合は民法を適用するので、50 年を超えなければ好きにして。（3 条、9 条、民法 604 条）

3 × そんな定めがあってもだ、社会情勢の変化により賃料が不相当となったら、当事者は、将来に向かって賃料の増減額請求をすることができる。（11 条）

4 × 定期借地権のことを言っているみたいだね。定期借地権に関しては「書面により説明せよ」という規定なし。定期建物賃貸借（定期借家）とのヒッカケかな。（22 条）

【問12】 借地借家法：借家 ★★★

選択肢１の「当然に」はあやしい。選択肢３は「Ｃがその旨をＢから聞かされて」いるというシチュエーション。選択肢４まで読めば、はいこれこれ。（P.594 ～ 605）

1 × 期間満了の１年前に更新をしない旨の通知をしていたとしても、「使用継続による更新」もありうる。「当然に終了し、更新されない」だと×だよね。（26 条、28 条）

2 × Ｂがあらかじめ同意していたとしても、「Ａからの解約の申入れ日から３月で賃貸借は終了する」旨は、Ｂに不利となる特約なので無効。なお、貸主からの解約の申し入れについては、解約の申し入れから終了までは３ヶ月ではなく「６ヶ月」でなければならず、さらに「正当の事由」も必要だ。借地借家法は借主の味方だ。（27 条、30 条）

3 × 「Ｃがその旨をＢから聞かされていれば」ときたか。通知が必要です。建物の賃貸人Ａは、転借人Ｃに対して、期間満了により終了することを通知しなければ、その終了を対抗することができない。（34 条）

4 ○ 定期建物賃貸借とするには、契約の更新がなく期間の満了により終了する旨を記載した書面を交付して説明しなければならない。その説明がなければ、契約の更新がない旨の約定は無効となる。（38 条）

正解					
問10	1	問11	2	問12	4

平成29年度≫問題・解説・解答

問題

★★★

【問13】建物の区分所有等に関する法律に関する次の記述のうち、誤っているものはどれか。

1　管理者は、少なくとも毎年1回集会を招集しなければならない。

2　区分所有者の5分の1以上で議決権の5分の1以上を有するものは、管理者に対し、会議の目的たる事項を示して、集会の招集を請求することができるが、この定数は規約で減ずることはできない。

3　集会の招集の通知は、区分所有者が管理者に対して通知を受け取る場所をあらかじめ通知した場合には、管理者はその場所にあててすれば足りる。

4　集会は、区分所有者全員の同意があれば、招集の手続を経ないで開くことができる。

★★

【問14】不動産の登記に関する次の記述のうち、不動産登記法の規定によれば、誤っているものはどれか。

1　建物の名称があるときは、その名称も当該建物の表示に関する登記の登記事項となる。

2　地上権の設定の登記をする場合において、地上権の存続期間の定めがあるときは、その定めも登記事項となる。

3　賃借権の設定の登記をする場合において、敷金があるときであっても、その旨は登記事項とならない。

4　事業用定期借地権として借地借家法第23条第1項の定めのある賃借権の設定の登記をする場合、その定めも登記事項となる。

★★★

【問15】農地に関する次の記述のうち、農地法（以下この問において「法」という。）の規定によれば、正しいものはどれか。

1　市街化区域内の農地を耕作のために借り入れる場合、あらかじめ農業委員会に届出をすれば、法第3条第1項の許可を受ける必要はない。

2　市街化調整区域内の4ヘクタールを超える農地について、これを転用するために所有権を取得する場合、農林水産大臣の許可を受ける必要がある。

3　銀行から500万円を借り入れるために農地に抵当権を設定する場合、法第3条第1項又は第5条第1項の許可を受ける必要がある。

4　相続により農地の所有権を取得した者は、遅滞なく、その農地の存する市町村の農業委員会にその旨を届け出なければならない。

解説 → 解答

【問13】 区分所有法 ★★★

この区分所有法は得点してほしいな〜。選択肢2。集会召集をしやすくする方向だったらオッケーだよー。（P.679）

1 ○ 管理者は、少なくとも毎年1回集会を招集しなければならない。まったくそのとおりなので、解説が書けない。（34条）

2 × 集会召集の「区分所有者の5分の1以上で議決権の5分の1以上」は、規約で減ずることができる。より集会召集をしやすくする方向ならオッケー。（34条）

3 ○ 「通知を受け取る場所をあらかじめ通知」してくれているんだから、その場所にあてて通知すればいいじゃん。（35条）

4 ○ 集会は、区分所有者全員の同意があれば、招集の手続を経ないで開くことができる。まったくそのとおりなので、解説が書けない。（36条）

【問14】 不動産登記法 ★★

「これだー」という爽快感はないかもしれないけど、なんとなく、選択肢3はバツかな、という感じでしょうか。（P.644〜659）

1 ○ 建物の名称があるときは、その名称も当該建物の表示に関する登記の登記事項となる。（44条）

2 ○ 建物所有などを目的として他人の土地を使用収益する地上権。存続期間の定めがあれば、それも登記事項となる。（78条）

3 × 敷金があるんだったら、登記しておいたほうがよくない？　なので、賃借権の設定の登記をする場合において、敷金があるときは、その旨は登記事項となるよー。（81条）

4 ○ 事業用定期借地権だもんね。そりゃやっぱり、登記事項でしょ。（81条）

【問15】 農地法 ★★★

この農地法は得点してほしいなー。選択肢1とか、ヒッカケだけどだいじょうぶでしょ。

1 × 出ましたヒッカケ。農地を耕作目的での借り入れ。市街化区域であっても農地法第3条の許可でしょ。届出じゃないよね。（3条、P.379）

2 × 市街化調整区域の農地を転用目的で取得。農地法第5条の許可。面積に関わりなく都道府県知事等の許可だよね。農林水産大臣じゃないです。（5条、P.383）

3 × おっと抵当権。抵当権の設定については、農地法上の許可はいらないでしょ。（3条、5条、P.379〜380）

4 ○ 相続で農地の所有権を取得。この場合、農地法第3条の許可はいらないけど、「相続で取得しましたよ」という意味合いの届出が必要。農業委員会に届け出てくださいねー。（3条、3条の3、P.381）

正解		
問13　2	問14　3	問15　4

問題

★★

【問16】 都市計画法に関する次の記述のうち、正しいものの組合せはどれか。

ア　都市計画施設の区域又は市街地開発事業の施行区域内において建築物の建築をしようとする者は、一定の場合を除き、都道府県知事（市の区域内にあっては、当該市の長）の許可を受けなければならない。

イ　地区整備計画が定められている地区計画の区域内において、建築物の建築を行おうとする者は、都道府県知事（市の区域内にあっては、当該市の長）の許可を受けなければならない。

ウ　都市計画事業の認可の告示があった後、当該認可に係る事業地内において、当該都市計画事業の施行の障害となるおそれがある土地の形質の変更を行おうとする者は、都道府県知事（市の区域内にあっては、当該市の長）の許可を受けなければならない。

エ　都市計画事業の認可の告示があった後、当該認可に係る事業地内の土地建物等を有償で譲り渡そうとする者は、当該事業の施行者の許可を受けなければならない。

1　ア、ウ　　2　ア、エ　　3　イ、ウ　　4　イ、エ

★★★

【問17】 都市計画法に関する次の記述のうち、正しいものはどれか。ただし、許可を要する開発行為の面積について、条例による定めはないものとし、この問において「都道府県知事」とは、地方自治法に基づく指定都市、中核市及び施行時特例市にあってはその長をいうものとする。

1　準都市計画区域内において、工場の建築の用に供する目的で1,000㎡の土地の区画形質の変更を行おうとする者は、あらかじめ、都道府県知事の許可を受けなければならない。

2　市街化区域内において、農業を営む者の居住の用に供する建築物の建築の用に供する目的で1,000㎡の土地の区画形質の変更を行おうとする者は、あらかじめ、都道府県知事の許可を受けなければならない。

3　都市計画区域及び準都市計画区域外の区域内において、変電所の建築の用に供する目的で1,000㎡の土地の区画形質の変更を行おうとする者は、あらかじめ、都道府県知事の許可を受けなければならない。

4　区域区分の定めのない都市計画区域内において、遊園地の建設の用に供する目的で3,000㎡の土地の区画形質の変更を行おうとする者は、あらかじめ、都道府県知事の許可を受けなければならない。

★★★

【問18】 建築基準法に関する次の記述のうち、誤っているものはどれか。（法改正により選択肢2を修正している）

1　鉄筋コンクリート造であって、階数が2の住宅を新築する場合において、特定行政庁が、安全上、防火上及び避難上支障がないと認めたときは、検査済証の交付を受ける前においても、仮に、当該建築物を使用することができる。

2　長屋の各戸の界壁は、原則として小屋裏又は天井裏に達するものであることとされている。

3　下水道法に規定する処理区域内においては、便所は、汚水管が公共下水道に連結された水洗便所としなければならない。

4　ホテルの用途に供する建築物を共同住宅（その用途に供する部分の床面積の合計が300㎡）に用途変更する場合、建築確認は不要である。

解説 → 解答

【問16】 都市計画法：都市計画全般 ★★

記述イ。「地区計画の区域内」で「都道府県知事の許可」だってさ。速攻で×。市町村長への届出だよね。イを消そう。

ア ○ 「都市計画施設の区域又は市街地開発事業の施行区域内」での「建築物の建築」については、都道府県知事の許可を受けねばならぬ。（53条、P.252）

イ × だから市町村長の届出だってば。都市計画施設の区域だ、市街地開発事業の施行区域だ、地区計画の区域だと並べてのヒッカケといえば、これ。ド定番です。（58条の2、P.245）

ウ ○ 「事業地内」での「土地の形質の変更」については、都道府県知事の許可を受けねばならぬ。（65条、P.254）

エ × 「事業地内」での「土地建物等を有償譲渡」は、施行者への届出だよね。許可じゃないよー。（67条、P.255）

正しい組み合わせは「ア、ウ」。選択肢1が正解となる。

【問17】 都市計画法：開発許可 ★★★

市街化区域内だと「農業うんぬん」でも1,000㎡以上だったら開発許可が必要だよね〜。

1 × 「工場の建築の用に供する目的で1,000㎡の土地の区画形質の変更」は開発行為となるけど、開発許可は不要。「準都市計画区域内」だと「3,000㎡以上」の開発行為が開発許可の対象だよね。（29条、P.266）

2 ○ 出ました。まいどおなじみの「市街化区域内」での「農業を営む者の居住の用に供する建築物」の開発行為。1,000㎡以上であれば開発許可を受けないとね。（29条、P.266〜267）

3 × 「変電所の建築の用に供する目的」の開発行為については、区域を問わず、面積を問わず、開発許可は不要だよね。（29条、P.268）

4 × 出ました。10,000㎡未満の遊園地。第二種特定工作物にはならないよね。なので「遊園地の建設の用に供する目的で3,000㎡の土地の区画形質の変更」はそもそも開発行為にはならないので、開発許可なんていらないよー。（4条、P.263〜264）

【問18】 建築基準法 ★★★

選択肢4まで読めば、なんだ建築確認が必要じゃん。「ホテル→共同住宅」は特殊建築物間の類似の用途変更とはならないよね。他の選択肢は参考まで。

1 ○ 「木造の3階建て」や「木造以外の2階建て」などの大規模建築物については、検査済証の交付があった後でなければ使用できないけど、特定行政庁が安全上などで支障がないと認めたときは、仮使用オッケー。（7条の6、P.339）

2 ○ 長屋の各戸の界壁は、小屋裏又は天井裏に達するものとしなければならない。このような規定もあります。（30条、テキスト未記載）

3 ○ 便所は、汚水管が公共下水道に連結された水洗便所としなければならない。このような規定もあります。（31条、テキスト未記載）

4 × 特殊建築物間での「類似の用途変更」だったら建築確認は不要だけど、ホテルから共同住宅への用途変更は「類似の用途変更」とはならないので、建築確認が必要となります。（87条、P.337）

正解		
問16 1	問17 2	問18 4

問題

★★

【問19】 建築基準法（以下この問において「法」という。）に関する次の記述のうち、正しいものはどれか。

1　都市計画区域又は準都市計画区域内における用途地域の指定のない区域内の建築物の建蔽率の上限値は、原則として、法で定めた数値のうち、特定行政庁が土地利用の状況等を考慮し当該区域を区分して都道府県都市計画審議会の議を経て定めるものとなる。

2　第二種中高層住居専用地域内では、原則として、ホテル又は旅館を建築することができる。

3　幅員4m以上であり、法が施行された時点又は都市計画区域若しくは準都市計画区域に入った時点で現に存在する道は、特定行政庁の指定がない限り、法上の道路とはならない。

4　建築物の前面道路の幅員により制限される容積率について、前面道路が2つ以上ある場合には、これらの前面道路の幅員の最小の数値（12m未満の場合に限る。）を用いて算定する。

★

【問20】 宅地造成及び特定盛土等規制法に関する次の記述のうち、誤っているものはどれか。なお、この問において「都道府県知事」とは、地方自治法に基づく指定都市、中核市及び施行時特例市にあってはその長をいうものとする。（法改正により問題文、選択肢すべてを修正している）

1　都道府県知事は、宅地造成等工事規制区域内の土地で、宅地造成等に伴う災害の防止のため必要な擁壁が設置されていないために、これを放置するときは、宅地造成等に伴う災害の発生のおそれが大きいと認められる場合、一定の限度のもとに、当該土地の所有者、管理者又は占有者に対して、擁壁の設置を命ずることができる。

2　都道府県知事は、宅地造成等工事規制区域内の土地において行われている工事の状況について、その工事が宅地造成等に関する工事であるか否かにかかわらず、当該土地の所有者、管理者又は占有者に対して報告を求めることができる。

3　都道府県知事は、一定の場合には都道府県（指定都市、中核市又は施行時特例市の区域にあっては、それぞれ指定都市、中核市又は施行時特例市）の規則で、宅地造成について規定する工事の技術的基準を強化することができる。

4　宅地造成等工事規制区域内において、政令で定める技術的基準を満たす地表水等を排除するための排水施設の除却工事を行おうとする場合は、一定の場合を除き、都道府県知事への届出が必要となるが、当該技術的基準を満たす必要のない地表水等を排除するための排水施設を除却する工事を行おうとする場合は、都道府県知事に届け出る必要はない。

★★★

【問21】 土地区画整理法に関する次の記述のうち、誤っているものはどれか。なお、この問において「組合」とは、土地区画整理組合をいう。

1　組合は、事業の完成により解散しようとする場合においては、都道府県知事の認可を受けなければならない。

2　施行地区内の宅地について組合員の有する所有権の全部又は一部を承継した者がある場合においては、その組合員がその所有権の全部又は一部について組合に対して有する権利義務は、その承継した者に移転する。

3　組合を設立しようとする者は、事業計画の決定に先立って組合を設立する必要があると認める場合においては、7人以上共同して、定款及び事業基本方針を定め、その組合の設立について都道府県知事の認可を受けることができる。

4　組合が施行する土地区画整理事業に係る施行地区内の宅地について借地権のみを有する者は、その組合の組合員とはならない。

解説 ➔ 解答

【問19】 建築基準法 ★★

選択肢1がめんどくさい。解説をご参照ください。選択肢3は「昔からあった道」のこと。

1 ○ 用途地域の指定のない区域内の建蔽率は、10分の3、10分の4、10分の5、10分の6、10分の7のうち、特定行政庁が都道府県都市計画審議会の議を経て定める。ということをむずかしくいっている。（53条、P.304）

2 × ホテル・旅館は、第二種中高層住居専用地域には建築できませーん。高校生（工業・工専）、お手手（低層）つないでホテルでチュッチュ（中高層）、田んぼや畑（田園）もいけません。低層・中高層・田園・工業・工専には建築不可。（48条、P.296、300）

3 × 「幅員4m以上であり、法が施行された時点又は都市計画区域若しくは準都市計画区域に入った時点で現に存在する道」は、それだけで「道路」と扱う。特定行政庁の指定は不要だよー。（42条、P.289）

4 × 前面道路が2つ以上ある場合、幅員の「最小の数値」じゃなくて、「最大の数値」を使って算定するんだよね。（52条、P.309）

【問20】 宅地造成及び特定盛土等規制法 ★

めずらしく宅地造成及び特定盛土等規制法がめんどくさい。なんじゃこりゃ。パスしてください。

1 ○ 都道府県知事は、宅地造成等工事規制区域内の土地の所有者、管理者又は占有者に対して、擁壁の設置を命ずることができる。だって危ないんだもんな。（23条、P.345）

2 ○ 都道府県知事は、宅地造成等工事規制区域内の土地において行われている工事の状況について、土地の所有者、管理者又は占有者に対して報告を求めることができる。「その工事が宅地造成等に関する工事であるか否かにかかわらず」で迷うけど。（25条、P.346）

3 ○ 都道府県知事は、都道府県の規則で、工事の技術的基準を強化することができる。（施行令20条）

4 × 14日以内に届出が必要となる除却工事をこまかくいうと、「高さ2mを超える擁壁・地表水等を排除するための排水施設地・滑り抑止ぐい等」の全部又は一部の除却の工事となる。技術的基準がどうのこうのといってるけど、排水施設を除却する工事だから届出が必要となる、といいたいのだろうこの出題者は。いまいち意味がわからん。（21条、施行令26条、P.345）

【問21】 土地区画整理法 ★★★

この土地区画整理法は得点して欲しいな〜。選択肢3は解説をご参照ください。（P.367）

1 ○ 事業の完成のほか、総会の議決や定款で定めた解散事由の発生などにより組合を解散させる場合、都道府県知事の認可が必要でーす。（45条）

2 ○ 施行地区内の宅地の所有権の全部又は一部を承継したら、おなじく権利義務も承継しまーす。（26条）

3 ○ 組合を設立しようとする者は、7人以上共同して、定款及び「事業計画」を定め、その組合の設立について都道府県知事の認可を受けなければならない。で、「事業計画」の決定に先立って組合を設立する必要があると認める場合においては、定款及び「事業基本方針」を定め、その組合の設立について都道府県知事の認可を受けることができる。（14条）

4 × 施行地区内の宅地の所有者だけではなく、借地権者も組合員となるよー。（25条）

正解		
問19 1	問20 4	問21 4

問題

★

【問22】 次の記述のうち、正しいものはどれか。

1　津波防災地域づくりに関する法律によれば、津波防護施設区域内において土地の掘削をしようとする者は、一定の場合を除き、津波防護施設管理者の許可を受けなければならない。

2　国土利用計画法によれば、市街化区域内の3,000㎡の土地を贈与により取得した者は、2週間以内に、都道府県知事（地方自治法に基づく指定都市にあっては、当該指定都市の長）に届け出なければならない。

3　景観法によれば、景観計画区域内において建築物の新築、増築、改築又は移転をした者は、工事着手後30日以内に、その旨を景観行政団体の長に届け出なければならない。

4　道路法によれば、道路の区域が決定された後道路の供用が開始されるまでの間であっても、道路管理者が当該区域についての土地に関する権原を取得する前であれば、道路管理者の許可を受けずに、当該区域内において工作物を新築することができる。

★

【問23】 所得税法に関する次の記述のうち、正しいものはどれか。

1　個人が台風により主として保養の用に供する目的で所有する別荘について受けた損失の金額（保険金等により補てんされる部分の金額を除く。）は、その損失を受けた日の属する年分又はその翌年分の譲渡所得の金額の計算上控除される。

2　建物の所有を目的とする土地の賃借権の設定の対価として支払を受ける権利金の金額が、その土地の価額の10分の5に相当する金額を超えるときは、不動産所得として課税される。

3　譲渡所得とは資産の譲渡による所得をいうので、不動産業者である個人が営利を目的として継続的に行っている土地の譲渡による所得は、譲渡所得として課税される。

4　個人が相続（限定承認に係るものを除く。）により取得した譲渡所得の基因となる資産を譲渡した場合における譲渡所得の金額の計算については、その資産をその相続の時における価額に相当する金額により取得したものとして計算される。

★★

【問24】 固定資産税に関する次の記述のうち、正しいものはどれか。

1　固定資産税は、固定資産が賃借されている場合、所有者ではなく当該固定資産の賃借人に対して課税される。

2　家屋に対して課する固定資産税の納税者が、その納付すべき当該年度の固定資産税に係る家屋について家屋課税台帳等に登録された価格と当該家屋が所在する市町村内の他の家屋の価格とを比較することができるよう、当該納税者は、家屋価格等縦覧帳簿をいつでも縦覧することができる。

3　固定資産税の納税者は、その納付すべき当該年度の固定資産課税に係る固定資産について、固定資産課税台帳に登録された価格について不服があるときは、一定の場合を除いて、文書をもって、固定資産評価審査委員会に審査の申出をすることができる。

4　平成29年1月1日現在において更地であっても住宅の建設が予定されている土地においては、市町村長が固定資産課税台帳に当該土地の価格を登録した旨の公示をするまでに当該住宅の敷地の用に供された場合には、当該土地に係る平成29年度の固定資産税について、住宅用地に対する課税標準の特例が適用される。

解説 → 解答

【問22】 その他法令制限 ★

国土利用計画法が「2軍落ち（丸々1問での出題ではない）」のときは、このパターンの問題が出題される。

1 ○ 津波防護施設区域内において土地の掘削をしようとする者は、一定の場合を除き、津波防護施設管理者の許可を受けなければならない。（テキスト未掲載）

2 × 「贈与」の場合は、国土利用計画法上の事後届出は不要となる。（P.380）

3 × 景観計画区域内において建築物の新築などをする場合、事前に景観行政団体（都道府県や一定の市町村）の長に届け出なければならない。事後届出ではないのよ。（テキスト未掲載）

4 × 道路の供用が開始されるまでの間であっても、工作物の新築などをする場合は、道路管理者の許可を受けなければならない。（P.392）

【問23】 所得税 ★

なんじゃこりゃ。めんどくさいのでパス。（テキスト未掲載）

1 ○ 居住者が災害や盗難などで生活に通常必要でない資産（保養目的で所有する別荘を含む）について損失を受けた場合、その損失を受けた日の属する年分又はその翌年分の譲渡所得の金額の計算上、控除すべき金額とみなされる。

2 × 借地権設定の対価として支払を受ける権利金の金額がその土地の価額の10分の5に相当する金額を超える場合には、権利金の額を売買代金とみて「譲渡所得」として課税される。不動産所得（家賃の類）とは扱いません。賃貸借だけど実質的には売買みたいなもんだもんね。

3 × 仕事でやってんだから「事業所得」だろ。

4 × 「相続の時における価額に相当する金額により取得したもの」とはされず、被相続人の取得費を引き継ぐことになる。

【問24】 固定資産税 ★★

ちょっとむずかしいかなー。「★★」じゃなくて「★」かなーと悩む。選択肢1の×はすぐにわかってほしいところ。（P.708～712）

1 × そんなことないだろ。固定資産税は、固定資産の所有者に課税だろ。

2 × 家屋価格等縦覧帳簿の縦覧は4月1日から20日まで。

3 ○ 固定資産課税台帳に登録された価格について不服があるときは、固定資産評価審査委員会に審査の申出をすることができる。

4 × なんだか文章が長くていやですねー。1月1日時点で更地だったら更地。のちに建物を建てたとしても、住宅用地に対する課税標準の特例（課税標準が6分の1となる例のあれです）は適用されない。

正解					
問22	1	問23	1	問24	3

問題

★★★

【問25】 地価公示法に関する次の記述のうち、正しいものはどれか。

1　土地鑑定委員会は、標準地の単位面積当たりの価格及び当該標準地の前回の公示価格からの変化率等一定の事項を官報により公示しなければならないとされている。

2　土地鑑定委員会は、公示区域内の標準地について、毎年２回、２人以上の不動産鑑定士の鑑定評価を求め、その結果を審査し、必要な調整を行って、一定の基準日における当該標準地の単位面積当たりの正常な価格を判定し、これを公示するものとされている。

3　標準地は、土地鑑定委員会が、自然的及び社会的条件からみて類似の利用価値を有すると認められる地域において、土地の利用状況、環境等が通常であると認められる一団の土地について選定するものとされている。

4　土地の取引を行う者は、取引の対象となる土地が標準地である場合には、当該標準地について公示された価格により取引を行う義務を有する。

★★★

【問26】 宅地建物取引業者Ａ（消費税課税事業者）は貸主Ｂから建物の貸借の媒介の依頼を受け、宅地建物取引業者Ｃ（消費税課税事業者）は借主Ｄから建物の貸借の媒介の依頼を受け、ＢとＤの間での賃貸借契約を成立させた。この場合における次の記述のうち、宅地建物取引業法（以下この問において「法」という。）の規定によれば、正しいものはどれか。なお、１か月分の借賃は９万円（消費税等相当額を含まない。）である。（法改正により選択肢１、2、４を修正している）

1　建物を店舗として貸借する場合、当該賃貸借契約において200万円の権利金（権利設定の対価として支払われる金銭であって返還されないものをいい、消費税等相当額を含まない。）の授受があるときは、Ａ及びＣが受領できる報酬の限度額の合計は220,000円である。

2　ＡがＢから49,500円の報酬を受領し、ＣがＤから49,500円の報酬を受領した場合、ＡはＢの依頼によって行った広告の料金に相当する額を別途受領することができない。

3　Ｃは、Ｄから報酬をその限度額まで受領できるほかに、法第35条の規定に基づく重要事項の説明を行った対価として、報酬を受領することができる。

4　建物を居住用として貸借する場合、当該賃貸借契約において100万円の保証金（Ｄの退去時にＤに全額返還されるものとする。）の授受があるときは、Ａ及びＣが受領できる報酬の限度額の合計は110,000円である。

★★★

【問27】 宅地建物取引業者Ａが、自ら売主として宅地建物取引業者でない買主Ｂとの間で締結した宅地の売買契約に関する次の記述のうち、宅地建物取引業法及び民法の規定によれば、正しいものはいくつあるか。（法改正により全ての記述を修正している）

ア　売買契約において、当該宅地の契約不適合をＡが担保すべき責任に関し、Ｂの通知期間を引渡しの日から２年間とする特約を定めた場合、その特約は無効となる。

イ　売買契約において、売主の責めに帰すべき事由による不適合についてのみ引渡しの日から１年間担保責任を負うという特約を定めた場合、その特約は無効となる。

ウ　Ａが担保責任を負う期間内においては、損害賠償の請求をすることはできるが、契約を解除することはできないとする特約を定めた場合、その特約は有効である。

1　一つ　　2　二つ　　3　三つ　　4　なし

解説 → 解答

【問25】 地価公示法 ★★★

選択肢３がドンピシャなのでかえって悩むかも。変化率は公示事項じゃないよね。（P.696 ～ 700）

1 × 「標準地の単位面積当たりの価格」はともかく、「当該標準地の前回の公示価格からの変化率」は、公示事項とはされていない。でも情報としてけっこう出てたりするけどね。（6 条）

2 × 「毎年２回」じゃないでしょ。そんなにやんないでしょ。毎年１回でしょ。（2 条）

3 ○ 標準地は、土地鑑定委員会が選定しまぁーす。選択肢に書いてあるとおりなので解説がむずかしいでーす。（3 条）

4 × 出ましたヒッカケ。取引の対象となる土地が標準地であったとしてもだよ、当該標準地について公示された価格を指標として取引を行うよう努めなければならないのであって、「公示された価格により取引を行う義務を有する」じゃないよね。（1 条の 2）

【問26】 宅建業法：報酬 ★★★

賃貸借の媒介報酬。権利金 200 万円。計算は 200 万円 ×５％＝ 10 万円なんだな。これができなくても他の選択肢が見え見えの「×」。（46 条、P.115、119 ～ 122）

1 ○ 店舗なので権利金 200 万円を売買代金とみて（売買の媒介をしたとして）計算。200 万円以下なので、200 万円×５％＝ 10 万円。これに消費税込みだと 11 万円。AはBから、CはDから 11 万円を報酬として受領できる。合計して 22 万円。

2 × A及びCがそれぞれ「４万 9,500 円の報酬を受領」するのはもちろん OK で、さらに「依頼者の依頼によって行った広告の料金に相当する額」については別途受領 OK。

3 × 「法第 35 条の規定に基づく重要事項の説明を行った対価」なんていうものは報酬として受領できぬ。

4 × 全額返還されるとあるので、「100 万円の保証金」は権利金にはならない。なので 100 万円を売買代金とする計算はできない。１ヶ月分の借賃９万円＋消費税が限度。

【問27】 宅建業法：宅建業者が売主（担保責任の特約） ★★★

「売主の責めに帰すべき事由」とか「解除できない」とかはダメでしょ。（40 条、P.139 ～ 141）

ア × 売主業者が負う担保責任に関し、Bの通知期間を「引渡しの日から２年間とする」という特約は OK だよね。無効にはなりません。

イ ○ 「売主の責めに帰すべき事由による不適合についてのみ」はNGだよね。売主の過失の有無を問わず、責任を負う。そんで担保責任を負う期間が「引渡しの日から１年間」だという特約もダメ。

ウ × 「契約を解除することはできないとする特約」はダメだよね。無効です。

正しいものはイの「一つ」。選択肢１が正解となる。

正解		
問25　3	問26　1	問27　1

問題

★★★

【問28】 宅地建物取引業者Aが行う業務に関する次の記述のうち、宅地建物取引業法（以下この問において「法」という。）の規定に違反しないものはいくつあるか。

ア　Aは、法第49条に規定されている業務に関する帳簿について、業務上知り得た秘密が含まれているため、当該帳簿の閉鎖後、遅滞なく、専門業者に委託して廃棄した。

イ　Aは、宅地の売却を希望するBと専任代理契約を締結した。Aは、Bの要望を踏まえ、当該代理契約に指定流通機構に登録しない旨の特約を付したため、その登録をしなかった。

ウ　Aの従業者Cは、投資用マンションの販売において、勧誘に先立ちAの名称を告げず、自己の氏名及び契約締結の勧誘が目的であることを告げたうえで勧誘を行ったが、相手方から関心がない旨の意思表示があったので、勧誘の継続を断念した。

エ　Aは、自ら売主として新築マンションを分譲するに当たり、売買契約の締結に際して買主から手付を受領した。その後、当該契約の当事者の双方が契約の履行に着手する前に、Aは、手付を買主に返還して、契約を一方的に解除した。

1　一つ　　2　二つ　　3　三つ　　4　なし

★★

【問29】 次の記述のうち、宅地建物取引業法（以下この問において「法」という。）の規定によれば、正しいものはどれか。

1　宅地建物取引業者A（甲県知事免許）は、マンション管理業に関し、不正又は著しく不当な行為をしたとして、マンションの管理の適正化の推進に関する法律に基づき、国土交通大臣から業務の停止を命じられた。この場合、Aは、甲県知事から法に基づく指示処分を受けることがある。

2　国土交通大臣は、宅地建物取引業者B（乙県知事免許）の事務所の所在地を確知できない場合、その旨を官報及び乙県の公報で公告し、その公告の日から30日を経過してもBから申出がないときは、Bの免許を取り消すことができる。

3　国土交通大臣は、宅地建物取引業者C（国土交通大臣免許）に対し、法第35条の規定に基づく重要事項の説明を行わなかったことを理由に業務停止を命じた場合は、遅滞なく、その旨を内閣総理大臣に通知しなければならない。

4　宅地建物取引業者D（丙県知事免許）は、法第72条第1項に基づく丙県職員による事務所への立入検査を拒んだ。この場合、Dは、50万円以下の罰金に処せられることがある。

★★★

【問30】 宅地建物取引業法（以下この問において「法」という。）の規定に関する次の記述のうち、誤っているものはどれか。なお、この問において「登録」とは、宅地建物取引士の登録をいうものとする。

1　宅地建物取引士A（甲県知事登録）が、甲県から乙県に住所を変更したときは、乙県知事に対し、登録の移転の申請をすることができる。

2　宅地建物取引業者B（甲県知事免許）が、乙県に所在する1棟のマンション（150戸）を分譲するため、現地に案内所を設置し契約の申込みを受けるときは、甲県知事及び乙県知事に、その業務を開始する日の10日前までに、法第50条第2項の規定に基づく届出をしなければならない。

3　宅地建物取引士資格試験合格後18月を経過したC（甲県知事登録）が、甲県知事から宅地建物取引士証の交付を受けようとする場合は、甲県知事が指定する講習を交付の申請前6月以内に受講しなければならない。

4　宅地建物取引業者D社（甲県知事免許）が、合併により消滅したときは、その日から30日以内に、D社を代表する役員であった者が、その旨を甲県知事に届け出なければならない。

解説 → 解答

【問28】 宅建業法：帳簿・媒介契約・業務に関する禁止事項 ★★★

遅滞なく帳簿を廃棄しちゃいかんでしょ。「専任代理契約」でビビったかも。

ア 違反する　確かに帳簿には「業務上知り得た秘密」が含まれているんでしょうが。がしかし、事業年度末日に閉鎖し、閉鎖後５年間は保存しておかねばならぬ。廃棄はダメよん。（49 条、P.091）

イ 違反する　専任代理契約は専任媒介契約の規定を準用します。なので、指定流通機構に登録しないことは違反だよー。（34 条の 2、P.108 ～ 109、112）

ウ 違反する　「勧誘に先立ちＡの名称を告げず」でアウト。（47 条の 2、P.104）

エ 違反する　「Ａは、手付を買主に返還して、契約を一方的に解除」はダメだよね。売主Ａからの解除は、手付倍返し。（39 条、P.137 ～ 138）

違反しないものは「なし」。選択肢４が正解となる。

【問29】 宅建業法：監督処分 ★★

選択肢４を「○」にする勇気があったかどうか。知らない選択肢。選択肢２の「×」は速攻でわかってほしいところだけど。

1 ×　「マンション管理業に関して、マンションの管理の適正化の推進に関する法律に基づき、国土交通大臣から業務の停止を命じられた」としてもね。それだけを理由として「宅建業法に基づく指示処分」とはならないでしょ。（65 条、P.196）

2 ×　出ました免許の取消し。免許の取消しは乙県知事免許だけが行うことができる。国土交通大臣だとしてもムリです。（67 条、P.198）

3 ×　国土交通大臣が監督処分をしようとするときは、あらかじめ内閣総理大臣と協議をしなければならない。通知だと足りない。（71 条の 2、P.203）

4 ○　職員による事務所への立入検査を拒んだ場合、50 万円以下の罰金に処せられることがある。（72 条、83 条、テキスト未掲載）

【問30】 宅建業法：免許制度・各種届出・宅地建物取引士 ★★★

選択肢１がうれしい。だから「住所地に登録の移転の申請」じゃないんだってば。これが「誤り」で一発一撃ラッキー問題。

1 ×　単に住所を乙県に変更しただけじゃ、登録の移転はできないよね。乙県の事務所の業務に従事するんだったら、できるけどね。（19 条の 2、P.077）

2 ○　契約の申込みを受ける案内所を設置するということだから、甲県知事と乙県知事に、その業務を開始する日の 10 日前までに、法第 50 条第２項の規定に基づく届出（案内所等の届出）をしなければならないよね。（50 条、P.088 ～ 089）

3 ○　18 月を経過かぁ～。合格してから１年以内ではないので、甲県知事が指定する講習を交付の申請前６月以内に受講しなければなりませーん。（22 条の 2、P.075）

4 ○　どっちが合併により消滅したのかというとＤ社。なので、Ｄ社を代表する役員であった者が、30 日以内に甲県知事に届け出なければなりませーん。（11 条、P.044 ～ 045）

正解		
問28　4	問29　4	問30　1

>> 問題

★★★

【問31】 宅地建物取引業者Aが、自ら売主として、宅地建物取引業者でないBとの間でマンション（代金3,000万円）の売買契約を締結しようとする場合における次の記述のうち、宅地建物取引業法（以下この問において「法」という。）の規定によれば、正しいものはいくつあるか。

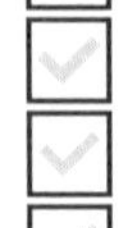

ア　Bは自ら指定した自宅においてマンションの買受けの申込みをした場合においても、法第37条の2の規定に基づき、書面により買受けの申込みの撤回を行うことができる。

イ　BがAに対し、法第37条の2の規定に基づき、書面により買受けの申込みの撤回を行った場合、その効力は、当該書面をAが受け取った時に生じることとなる。

ウ　Aは、Bとの間で、当事者の債務不履行を理由とする契約解除に伴う違約金について300万円とする特約を定めた場合、加えて、損害賠償の予定額を600万円とする特約を定めることができる。

1　一つ　　2　二つ　　3　三つ　　4　なし

★★★

【問32】 宅地建物取引業法に規定する営業保証金に関する次の記述のうち、誤っているものはどれか。

1　宅地建物取引業者は、主たる事務所を移転したことにより、その最寄りの供託所が変更となった場合において、金銭のみをもって営業保証金を供託しているときは、従前の供託所から営業保証金を取り戻した後、移転後の最寄りの供託所に供託しなければならない。

2　宅地建物取引業者は、事業の開始後新たに事務所を設置するため営業保証金を供託したときは、供託物受入れの記載のある供託書の写しを添附して、その旨を免許を受けた国土交通大臣又は都道府県知事に届け出なければならない。

3　宅地建物取引業者は、一部の事務所を廃止し営業保証金を取り戻そうとする場合には、供託した営業保証金につき還付を請求する権利を有する者に対し、6月以上の期間を定めて申し出るべき旨の公告をしなければならない。

4　宅地建物取引業者は、営業保証金の還付があったために営業保証金に不足が生じたときは、国土交通大臣又は都道府県知事から不足額を供託すべき旨の通知書の送付を受けた日から2週間以内に、不足額を供託しなければならない。

★★★

【問33】 宅地建物取引業者が行う宅地建物取引業法第35条に規定する重要事項の説明に関する次の記述のうち、正しいものはどれか。なお、説明の相手方は宅地建物取引業者ではないものとする。

1　宅地の売買の媒介を行う場合、売買の各当事者すなわち売主及び買主に対して、書面を交付して説明しなければならない。

2　宅地の売買の媒介を行う場合、代金に関する金銭の貸借のあっせんの内容及び当該あっせんに係る金銭の貸借が成立しないときの措置について、説明しなければならない。

3　建物の貸借の媒介を行う場合、私道に関する負担について、説明しなければならない。

4　建物の売買の媒介を行う場合、天災その他不可抗力による損害の負担に関する定めがあるときは、その内容について、説明しなければならない。

解説 ➔ 解答

【問31】 宅建業法：宅建業者が売主（クーリング・オフ・損害賠償額の予定） ★★★

「37条の2の規定に基づく買受けの申込みの撤回」とはクーリング・オフのことだよ〜。（37条の2）

ア × 「買主が自ら指定した自宅」は「事務所等」になるので、そこで「買受けの申込み」をしちゃったらクーリング・オフできない。（P.132）

イ × クーリング･オフの効力は書面を発信したときに生じる。Aが受け取った時じゃないよー。（P.130）

ウ × 違約金と損害賠償の予定額は、あわせて代金の20%（600万円）まで。300万円＋600万円とすることはできない。（38条、P.136）

正しいものは「なし」。選択肢4が正解となる。

【問32】 宅建業法：営業保証金 ★★★

選択肢1がうれしい「×」。これはできるだろっ!!　あとの選択肢もまいどおなじみだよね。

1 × 金銭のみをもって営業保証金を供託しているときは､「保管替えの請求」をしなければならない。「取り戻した後に供託」はできませーん。（29条1項、P.181）

2 ○ 事業の開始後新たに事務所を設置するため営業保証金を供託したときは、営業保証金を供託した旨の届出をしなければならぬ。（26条、25条、P.176〜177）

3 ○ 営業保証金の場合、一部の事務所廃止による超過額の取戻しも、公告が必要でーす。（30条、P.183）

4 ○ 不足額を供託すべき旨の通知書の送付を受けた日から2週間以内に、不足額を供託しなければならぬ。（28条、P.179）

【問33】 宅建業法：重要事項の説明（35条書面） ★★★

「説明の相手方が宅建業者ではないものとする」と最後に書いてある。宅建業者が相手方だったら説明不要だよね。（35条）

1 × 売主には書面交付＆説明は不要だよね。まいどおなじみの×でした。（P.152〜153）

2 ○ 「代金に関する金銭の貸借のあっせんの内容」と「金銭の貸借が成立しないときの措置（融資が受けられなかったときの措置）」は説明しないとならぬ。（P.163）

3 × 「建物の貸借の媒介」のときは「私道に関する負担」は説明不要だよね。（P.157）

4 × 契約書面（37条書面）には「天災その他不可抗力による損害の負担に関する定め」があるときは記載せねばならぬけど。重要事項としては説明不要だよね。（P.174、P.156〜167）

正解		
問31　4	問32　1	問33　2

問題

★★★

【問34】 次の記述のうち、宅地建物取引業法（以下この問において「法」という。）の規定によれば、誤っているものはどれか。

1　宅地建物取引業者が、自ら売主として、宅地及び建物の売買の契約を締結するに際し、手付金について、当初提示した金額を減額することにより、買主に対し売買契約の締結を誘引し、その契約を締結させることは、法に違反しない。

2　宅地建物取引業者が、アンケート調査をすることを装って電話をし、その目的がマンションの売買の勧誘であることを告げずに勧誘をする行為は、法に違反する。

3　宅地建物取引業者が、宅地及び建物の売買の媒介を行うに際し、媒介報酬について、買主の要望を受けて分割受領に応じることにより、契約の締結を誘引する行為は、法に違反する。

4　宅地建物取引業者が、手付金について信用の供与をすることにより、宅地及び建物の売買契約の締結を誘引する行為を行った場合、監督処分の対象となるほか、罰則の適用を受けることがある。

★★★

【問35】 次の記述のうち、宅地建物取引業法（以下この問において「法」という。）の規定によれば、正しいものはどれか。

1　宅地建物取引業者は、自ら貸主として締結した建物の賃貸借契約について、法第49条に規定されている業務に関する帳簿に、法及び国土交通省令で定められた事項を記載しなければならない。

2　宅地建物取引業者は、その業務に関する帳簿を、一括して主たる事務所に備えれば、従たる事務所に備えておく必要はない。

3　宅地建物取引業者は、その業務に関する帳簿に報酬の額を記載することが義務付けられており、違反した場合は指示処分の対象となる。

4　宅地建物取引業者は、その業務に従事する者であっても、一時的に事務の補助のために雇用した者については、従業者名簿に記載する必要がない。

★★★

【問36】 次の記述のうち、宅地建物取引業法の規定によれば、正しいものはどれか。なお、この問において「免許」とは、宅地建物取引業の免許をいう。

1　宅地建物取引業者Aは、免許の更新を申請したが、免許権者である甲県知事の申請に対する処分がなされないまま、免許の有効期間が満了した。この場合、Aは、当該処分がなされるまで、宅地建物取引業を営むことができない。

2　Bは、新たに宅地建物取引業を営むため免許の申請を行った。この場合、Bは、免許の申請から免許を受けるまでの間に、宅地建物取引業を営む旨の広告を行い、取引する物件及び顧客を募ることができる。

3　宅地建物取引業者Cは、宅地又は建物の売買に関連し、兼業として、新たに不動産管理業を営むこととした。この場合、Cは兼業で不動産管理業を営む旨を、免許権者である国土交通大臣又は都道府県知事に届け出なければならない。

4　宅地建物取引業者である法人Dが、宅地建物取引業者でない法人Eに吸収合併されたことにより消滅した場合、一般承継人であるEは、Dが締結した宅地又は建物の契約に基づく取引を結了する目的の範囲内において宅地建物取引業者とみなされる。

解説 → 解答

【問34】 宅建業法：業務に関する禁止事項・監督処分 ★★★

選択肢１や３。一瞬「？」と迷うかもしれないけど、手付の貸付けには厳罰が待っている。（47条、47条の2、P.102～105）

1 ○ ほほぉ～手付の減額ね。手付を貸し付けて売買契約の締結を誘引しているワケじゃなくて、単に減額だもんな。OKでしょ。

2 ○ 「その目的がマンションの売買の勧誘であることを告げずに勧誘」はNG。違反です。

3 × 選択肢１といい、この選択肢といい、この年の出題者はよく考えるよね（笑）。報酬の分割受領自体はOKでしょ。違反とはならない。

4 ○ 「手付金について信用の供与をする」とは手付金の貸付けや、後日払いを認めたりすること。手付けの貸付けなどによる売買契約の締結を誘引する行為は厳罰。監督処分の対象となるほか、「6月以下の懲役・100万円以下の罰金」という罰則も用意されている。（P.197～205）

【問35】 宅建業法：帳簿・従業者名簿 ★★★

「帳簿の記載事項に報酬の額ってあったっけ？」と一瞬悩むかもしれないけど、そのほかの選択肢がカンタンだもんな。（P.090～091）

1 × なるほどそうきたか。「自ら貸主として締結した建物の賃貸借契約」は宅建業じゃないもんな。なので宅建業法上の帳簿うんぬんはカンケーなし。（2条）

2 × だから「一括して主たる事務所」はNGなんだってば。帳簿は事務所ごとに備えておかなければなりませーん。（49条）

3 ○ 報酬の額も帳簿へ記載せねばならぬ。違反した場合は指示処分の対象です。（49条、65条）

4 × 「一時的に事務の補助のために雇用した者」も従業者名簿に記載しておかなければならぬ。（48条）

【問36】 宅建業法：免許制度（各種届出） ★★★

選択肢４がいつもの「みなし宅建業者」。選択肢３の兼業。変更の届出は不要だよね。

1 × 免許の更新申請期間内（90日前から30日前）までにちゃんと申請したのにも関わらず、有効期間満了日までに新しい免許がこなかった（処分がなかった）ときは、旧免許にて宅建業を営んでOK。（3条、P.040）

2 × これはダメでしょ。免許の申請中（つまり無免許の状態）で「宅地建物取引業を営む旨の広告を行い、取引する物件及び顧客を募る」ことなんてできませーん。（12条、P.047）

3 × 宅建業以外の事業を行うことになっても、その旨の届出は不要です。宅建業以外に行っている事業の種類は宅地建物取引業者名簿の登載事項だけど、変更があったとしても変更の届出は不要。（9条、P.043）

4 ○ 宅建業者Dを引き継いだEは、Dが締結した宅地又は建物の契約に基づく取引を結了する目的の範囲内において宅建業者とみなされまぁーす。（76条、P.045～046）

正解		
問34 3	問35 3	問36 4

>> 問題

★★★

【問37】 次の記述のうち、宅地建物取引業法（以下この問において「法」という。）の規定によれば、正しいものはどれか。

1　宅地建物取引士は、取引の関係者から請求があったときは、物件の買受けの申込みの前であっても宅地建物取引士証を提示しなければならないが、このときに提示した場合、後日、法第35条に規定する重要事項の説明をする際は、宅地建物取引士証を提示しなくてもよい。

2　甲県知事の登録を受けている宅地建物取引士Aは、乙県に主たる事務所を置く宅地建物取引業者Bの専任の宅地建物取引士となる場合、乙県知事に登録を移転しなければならない。

3　宅地建物取引士の登録を受けるには、宅地建物取引士資格試験に合格した者で、2年以上の実務の経験を有するもの又は国土交通大臣がその実務の経験を有するものと同等以上の能力を有すると認めたものであり、法で定める事由に該当しないことが必要である。

4　宅地建物取引士は、取引の関係者から請求があったときは、従業者証明書を提示しなければならないが、法第35条に規定する重要事項の説明をする際は、宅地建物取引士証の提示が義務付けられているため、宅地建物取引士証の提示をもって、従業者証明書の提示に代えることができる。

★★★

【問38】 宅地建物取引業者Aが、宅地建物取引業法（以下この問において「法」という。）第37条の規定により交付すべき書面（以下この問において「37条書面」という。）に関する次の記述のうち、法の規定に違反しないものはどれか。（法改正により選択肢4を修正している）

1　Aは、売主を代理して宅地の売買契約を締結した際、買主にのみ37条書面を交付した。

2　Aは、自ら売主となる宅地の売買契約において、手付金等を受領するにもかかわらず、37条書面に手付金等の保全措置の内容を記載しなかった。

3　Aは、媒介により宅地の売買契約を成立させた場合において、契約の解除に関する定めがあるにもかかわらず、37条書面にその内容を記載しなかった。

4　Aは、自ら売主となる宅地の売買契約において、当該宅地の品質に関して契約の内容に適合しない不適合についての担保責任に関する特約を定めたが、買主が宅地建物取引業者であり、担保責任に関する特約を自由に定めることができるため、37条書面にその内容を記載しなかった。

★★★

【問39】 営業保証金を供託している宅地建物取引業者Aと宅地建物取引業保証協会（以下この問において「保証協会」という。）の社員である宅地建物取引業者Bに関する次の記述のうち、宅地建物取引業法の規定によれば、正しいものはいくつあるか。

ア　A（国土交通大臣免許）は、甲県内にある主たる事務所とは別に、乙県内に新たに従たる事務所を設置したときは、営業保証金をその従たる事務所の最寄りの供託所に供託しなければならない。

イ　Aは、平成29年5月1日に、Bに手付金500万円を支払い、宅地の売買契約を締結した。宅地の引渡しの前にBが失踪し、宅地の引渡しを受けることができなくなったときは、Aは、手付金について、弁済業務保証金から弁済を受けることができる。

ウ　Bは、保証協会の社員の地位を失ったときは、その地位を失った日から1週間以内に、営業保証金を供託しなければならない。

エ　Bの取引に関して弁済業務保証金の還付があったときは、Bは、保証協会から当該還付額に相当する額の還付充当金を納付すべき旨の通知を受けた日から2週間以内に、還付充当金を保証協会に納付しなければならない。

1　一つ　　2　二つ　　3　三つ　　4　四つ

解説 ➡ 解答

【問37】 宅建業法：重要事項の説明（35条書面）・宅地建物取引士 ★★★

選択肢３の「国土交通大臣がその実務の経験を有するものと同等以上の能力を有すると認めたもの」とは、たとえば「登録実務講習の修了」など。

1 × 重要事項を説明する際、あらためて宅地建物取引士証を提示しなきゃダメです。（35条、P.152）

2 × 文末の「登録を移転しなければならない」だけを見て×。乙県知事に登録の移転をすることができるけど、義務じゃないもんね。（19条の2、P.077）

3 ○ 登録を受けるには２年以上の実務経験があるか、登録実務講習を修了（国土交通大臣がその実務の経験を有するものと同等以上の能力を有すると認めたもの）するか。そして登録の登録不可となる基準（事由）に該当していないこと。（18条、P.073）

4 × 従業者証明書は従業者証明書。宅地建物取引士証は宅地建物取引士証。重要事項説明の際だとしても、取引の関係者から請求があったんだったら、従業者証明書を提示してね。代替はできないよー。（35条、48条、P.096、152）

【問38】 宅建業法：契約書面の交付（37条書面） ★★★

まいどおなじみの37条書面。新鮮味はないんだけど、選択肢４がおもしろいといえばおもしろい。（37条）

1 違反する　Aは買主のほか、代理の依頼者で売主にも37条書面を交付せねばならぬ。37条書面は、売主と買主、当事者双方に交付だもんね。（P.171）

2 違反しない　手付金等の保全措置の内容は37条書面への記載事項じゃないもんね。重要事項説明書（35条書面）には記載だけどね。（P.173～174、162）

3 違反する　「契約の解除に関する定め」があるときは、37条書面に記載しなければならぬ。（P.174）

4 違反する　買主が宅建業者で、担保責任の特約はなんでもいいとしてもだ、「担保責任に関する特約」を定めたのであれば、37条書面に記載しなければならぬ。（P.174）

【問39】 宅建業法：営業保証金・保証協会 ★★★

営業保証金と保証協会の複合問題。この手の出題はあまりないので新鮮でしょ。宅建業者は営業保証金や弁済業務保証金からの還付対象外となるよー。

ア × 新たに従たる事務所を設置したときの営業保証金も、主たる事務所の最寄りの供託所に供託だよね。（26条、25条、P.176～177）

イ × おっと、宅建業者は弁済業務保証金の還付の対象外。ザンネンだがAよ、本来だったら還付の対象となる事例なんだが、あきらめてくれ。（64条の8、P.188）

ウ ○ １週間で果たして営業保証金が用意できるか。そういう問題もあろうが、保証協会の社員の地位を失ったときは、その地位を失った日から１週間以内に、営業保証金を供託しなければならない。（64条の15、P.191）

エ ○ こちらは２週間以内。保証協会から還付充当金を納付すべき旨の通知を受けた日から２週間以内に、還付充当金を保証協会に納付しなければならない。（64条の10、P.189）

正しいものはウ、エの「二つ」。選択肢２が正解となる。

正解					
問37	3	問38	2	問39	2

平成29年度 問題・解説・解答

問題

★★★

【問40】宅地建物取引業法（以下この問において「法」という。）第37条の規定により交付すべき書面（以下この問において「37条書面」という。）に関する次の記述のうち、法の規定に違反しないものはどれか。

1　宅地建物取引業者Aは、中古マンションの売買の媒介において、当該マンションの代金の支払の時期及び引渡しの時期について、重要事項説明書に記載して説明を行ったので、37条書面には記載しなかった。

2　宅地建物取引業者である売主Bは、宅地建物取引業者Cの媒介により、宅地建物取引業者ではない買主Dと宅地の売買契約を締結した。Bは、Cと共同で作成した37条書面にCの宅地建物取引士の記名がなされていたため、その書面に、Bの宅地建物取引士をして記名をさせなかった。

3　売主である宅地建物取引業者Eの宅地建物取引士Fは、宅地建物取引業者ではない買主Gに37条書面を交付する際、Gから求められなかったので、宅地建物取引士証をGに提示せずに当該書面を交付した。

4　宅地建物取引業者Hは、宅地建物取引業者ではない売主Iから中古住宅を購入する契約を締結したが、Iが売主であるためIに37条書面を交付しなかった。

★★★

【問41】宅地建物取引業者が行う宅地建物取引業法第35条に規定する重要事項の説明に関する次の記述のうち、誤っているものはどれか。なお、説明の相手方は宅地建物取引業者ではないものとする。

1　区分所有建物の売買の媒介を行う場合、当該1棟の建物及びその敷地の管理が委託されているときは、その委託を受けている者の氏名（法人にあっては、その商号又は名称）及び住所（法人にあっては、その主たる事務所の所在地）を説明しなければならない。

2　土地の売買の媒介を行う場合、移転登記の申請の時期の定めがあるときは、その内容を説明しなければならない。

3　住宅の売買の媒介を行う場合、宅地内のガス配管設備等に関して、当該住宅の売買後においても当該ガス配管設備等の所有権が家庭用プロパンガス販売業者にあるものとするときは、その旨を説明する必要がある。

4　中古マンションの売買の媒介を行う場合、当該マンションの計画的な維持修繕のための費用の積立てを行う旨の規約の定めがあるときは、その内容及び既に積み立てられている額について説明しなければならない。

★★★

【問42】宅地建物取引業者が行う広告に関する次の記述のうち、宅地建物取引業法の規定によれば、正しいものはいくつあるか。

ア　宅地の販売広告において、宅地の将来の環境について、著しく事実に相違する表示をしてはならない。

イ　宅地又は建物に係る広告の表示項目の中に、取引物件に係る現在又は将来の利用の制限があるが、この制限には、都市計画法に基づく利用制限等の公法上の制限だけではなく、借地権の有無等の私法上の制限も含まれる。

ウ　顧客を集めるために売る意思のない条件の良い物件を広告することにより他の物件を販売しようとした場合、取引の相手方が実際に誤認したか否か、あるいは損害を受けたか否かにかかわらず、監督処分の対象となる。

エ　建物の売却について代理を依頼されて広告を行う場合、取引態様として、代理であることを明示しなければならないが、その後、当該物件の購入の注文を受けたとき、広告を行った時点と取引態様に変更がない場合でも、遅滞なく、その注文者に対し取引態様を明らかにしなければならない。

1　一つ　　2　二つ　　3　三つ　　4　四つ

解説 ➔ 解答

【問40】 宅建業法：契約書面の交付（37条書面） ★★★

まいどおなじみの「37条書面」。まいどおなじみの選択肢が並んでいますね。（37条）

1 違反する　「代金の支払の時期及び引渡しの時期」は必ず37条書面には記載だよね。重要事項説明書には記載しなくてもいいんだけどね。（P.173）

2 違反する　売主である宅建業者Bも、Bの宅地建物取引士をして、Cと共同で作成した37条書面に記名させねばならぬ。（P.170～171）

3 違反しない　37条書面の交付については、宅建業法上の規制はないよね。宅地建物取引士が交付しなくてもいいし、もちろん宅地建物取引士証を提示しなくてもよい。（P.170～171）

4 違反する　相手方が宅建業者であってもなくても、37条書面の交付は省略できません。この選択肢は、宅建業者が買主。この場合、買主側の宅建業者は、売主に37条書面を交付しなければならないっす。（P.170～171）

【問41】 宅建業法：重要事項の説明（35条書面） ★★★

まいどおなじみの「35条書面」。新鮮味はないですが。選択肢3がちょっと珍しいかな。（35条）

1 ○ 分譲マンションの場合、マンション管理業者の氏名（商号）、住所（主たる事務所の所在地）は説明事項だもんな。（P.167）

2 × 「移転登記の申請の時期の定め」は、重要事項として説明しなくてもいいよね。（P.156）

3 ○ ごちゃごちゃ書いてあるけど、要は飲用水・電気・ガスの整備状況を説明せよ、ということ。（P.158）

4 ○ 分譲マンションの場合、維持修繕のための費用の積立てを行う旨の規約の内容と、既に積み立てられている額を説明しなければならない。（P.166）

【問42】 宅建業法：広告 ★★★

記述イ。借地権が設定されているんだったらその旨を表示しないとね。借地権が設定されている宅地を買っても使えないもんな。（32条、P.099～100）

ア ○ 現在の環境もそうだけど「将来の環境について、著しく事実に相違する表示」もしちゃいかんでしょ。

イ ○ 借地権が設定されてますよ的な表示が必要。現在又は将来の利用の制限には、都市計画法などによる制限のほか、借地権の有無等の私法上の制限も含まれる。

ウ ○ 宅建業者のみなさん、違反ですよ～。取引の相手方が実際に誤認したか否か、あるいは損害を受けたか否かにかかわらず、違反は違反。監督処分の対象となる。

エ ○ 広告を行った時点と取引態様に変更がない場合でも、取引態様を明らかにせねばならぬ。（34条）

正しいものはア、イ、ウ、エの「四つ」。選択肢4が正解となる。

正解					
問40	3	問41	2	問42	4

問題

★★

【問43】宅地建物取引業者Aが、BからB所有の中古マンションの売却の依頼を受け、Bと専任媒介契約（専属専任媒介契約ではない媒介契約）を締結した場合に関する次の記述のうち、宅地建物取引業法（以下この問において「法」という。）の規定によれば、正しいものはいくつあるか。

ア　Aは、2週間に1回以上当該専任媒介契約に係る業務の処理状況をBに報告しなければならないが、これに加え、当該中古マンションについて購入の申込みがあったときは、遅滞なく、その旨をBに報告しなければならない。

イ　当該専任媒介契約の有効期間は、3月を超えることができず、また、依頼者の更新しない旨の申出がなければ自動更新とする旨の特約も認められない。ただし、Bが宅地建物取引業者である場合は、AとBの合意により、自動更新とすることができる。

ウ　Aは、当該専任媒介契約の締結の日から7日（ただし、Aの休業日は含まない。）以内に所定の事項を指定流通機構に登録しなければならず、また、法第50条の6に規定する登録を証する書面を遅滞なくBに提示しなければならない。

エ　当該専任媒介契約に係る通常の広告費用はAの負担であるが、指定流通機構への情報登録及びBがAに特別に依頼した広告に係る費用については、成約したか否かにかかわらず、国土交通大臣の定める報酬の限度額を超えてその費用をBに請求することができる。

1　一つ　　2　二つ　　3　三つ　　4　四つ

★★★

【問44】宅地建物取引業の免許（以下この問において「免許」という。）に関する次の記述のうち、宅地建物取引業法の規定によれば、正しいものはどれか。

1　宅地建物取引業者A社が免許を受けていないB社との合併により消滅する場合、存続会社であるB社はA社の免許を承継することができる。

2　個人である宅地建物取引業者Cがその事業を法人化するため、新たに株式会社Dを設立しその代表取締役に就任する場合、D社はCの免許を承継することができる。

3　個人である宅地建物取引業者E（甲県知事免許）が死亡した場合、その相続人は、Eの死亡を知った日から30日以内に、その旨を甲県知事に届け出なければならず、免許はその届出があった日に失効する。

4　宅地建物取引業者F社（乙県知事免許）が株主総会の決議により解散することとなった場合、その清算人は、当該解散の日から30日以内に、その旨を乙県知事に届け出なければならない。

解説 ➔ 解答

【問43】 宅建業法：媒介契約 ★★

「ウ」は提示だって。うっかり見落としてしまいそう。「エ」の「指定流通機構への情報登録の費用」だって。請求できるのであれば請求したいところだ（笑）。（34条の2、P.108～110）

ア ○ 専任媒介契約だから2週間に1回以上の処理状況の報告のほか、購入の申込みがあったときは、遅滞なく、報告してくださいね～。

イ × 専任媒介契約の有効期間は3月を超えることはできない。ここまではオッケー。がしかし、依頼者が宅建業者であっても、媒介契約の有効期間の「自動更新」とする特約はダメ。

ウ × 専任媒介契約だから「媒介締結の日から7日以内に所定の事項を指定流通機構に登録」まではオッケー。がしかし、登録を証する書面を遅滞なくBに「提示」じゃないでしょ。交付でしょ。

エ × 「特別に依頼した広告に係る費用」はともかく、「指定流通機構への情報登録に要した費用（そもそも費用なし）」は依頼者に請求できないでしょ。

正しいものはアの「一つ」。選択肢1が正解となる。

【問44】 宅建業法：宅建業の免許 ★★★

選択肢1と2。免許は承継しないんだってば。しつこくて、好き。（11条、P.044～046）

1 × 合併したとしても、宅建業の免許は承継できないでしょ。合併後のB社が宅建業を営むのであれば、B社として宅建業の免許を受けなければならない。

2 × 個人業者Cと株式会社D社は別人格でしょ。株式会社D社が宅建業を営むのであれば、D社として宅建業の免許を受けなければならない。個人業者Cが代表取締役に就任すれば、その個人業者Cの免許でよい（承継する）なんてことにはならない。

3 × 「その相続人は、Eの死亡を知った日から30日以内に、その旨を甲県知事に届け出なければならず」まではオッケーなんだけど、個人業者Eが死亡したときに免許は失効。そうじゃないと、死んだ業者の免許だけ生きていることになり怖い。

4 ○ 解散の場合は清算人。解散の日から30日以内に、その旨を乙県知事に届け出なければなりませ～ん。

平成29年度 » 問題・解説・解答

正解			
問43	1	問44	4

問題

★★★

【問45】 宅地建物取引業者Aが自ら売主として、宅地建物取引業者でない買主Bに新築住宅を販売する場合における次の記述のうち、特定住宅瑕疵担保責任の履行の確保等に関する法律の規定によれば、正しいものはどれか。

1　Aは、住宅販売瑕疵担保保証金の供託をする場合、Bに対し、当該住宅を引き渡すまでに、供託所の所在地等について記載した書面を交付して説明しなければならない。

2　自ら売主として新築住宅をBに引き渡したAが、住宅販売瑕疵担保保証金を供託する場合、その住宅の床面積が55㎡以下であるときは、新築住宅の合計戸数の算定に当たって、床面積55㎡以下の住宅2戸をもって1戸と数えることになる。

3　Aは、基準日に係る住宅販売瑕疵担保保証金の供託及び住宅販売瑕疵担保責任保険契約の締結の状況についての届出をしなければ、当該基準日から1月を経過した日以後においては、新たに自ら売主となる新築住宅の売買契約を締結してはならない。

4　Aは、住宅販売瑕疵担保責任保険契約の締結をした場合、当該住宅を引き渡した時から10年間、当該住宅の給水設備又はガス設備の瑕疵によって生じた損害について保険金の支払を受けることができる。

★★

【問46】 独立行政法人住宅金融支援機構（以下この問において「機構」という。）に関する次の記述のうち、誤っているものはどれか。

1　機構は、団体信用生命保険業務として、貸付けを受けた者が死亡した場合のみならず、重度障害となった場合においても、支払われる生命保険の保険金を当該貸付けに係る債務の弁済に充当することができる。

2　機構は、直接融資業務において、高齢者の死亡時に一括償還をする方法により貸付金の償還を受けるときは、当該貸付金の貸付けのために設定された抵当権の効力の及ぶ範囲を超えて、弁済の請求をしないことができる。

3　証券化支援業務（買取型）に係る貸付金の利率は、貸付けに必要な資金の調達に係る金利その他の事情を勘案して機構が定めるため、どの金融機関においても同一の利率が適用される。

4　証券化支援業務（買取型）において、機構による譲受けの対象となる住宅の購入に必要な資金の貸付けに係る金融機関の貸付債権には、当該住宅の購入に付随する改良に必要な資金も含まれる。

★★

【問47】 宅地建物取引業者がインターネット不動産情報サイトにおいて行った広告表示に関する次の記述のうち、不当景品類及び不当表示防止法（不動産の表示に関する公正競争規約を含む。）の規定によれば、正しいものはどれか。

1　物件の所有者に媒介を依頼された宅地建物取引業者Aから入手した当該物件に関する情報を、宅地建物取引業者Bが、そのままインターネット不動産情報サイトに表示し広告を行っていれば、仮に入手した物件に関する情報が間違っていたとしても不当表示に問われることはない。

2　新築の建売住宅について、建築中で外装が完成していなかったため、当該建売住宅と規模、外観等は同一ではないが同じ施工業者が他の地域で手掛けた建売住宅の外観写真を、施工例である旨を明記して掲載した。この広告表示が不当表示に問われることはない。

3　取引しようとする賃貸物件から最寄りの甲駅までの徒歩所要時間を表示するため、当該物件から甲駅までの道路距離を80ｍで除して算出したところ5.25分であったので、1分未満を四捨五入して「甲駅から5分」と表示した。この広告表示が不当表示に問われることはない。

4　新築分譲マンションについて、パンフレットには当該マンションの全戸数の専有面積を表示したが、インターネット広告には当該マンションの全戸数の専有面積のうち、最小面積及び最大面積のみを表示した。この広告表示が不当表示に問われることはない。

解説 → 解答

【問45】 住宅瑕疵担保履行法 ★★★

この年の選択肢1と3。ほぼ毎年おなじ項目。出題者さま。愛してます。いつもほんとうにありがとうございます。あ、選択肢2もだ。

1 × 「供託所の所在地等について記載した書面を交付して説明」は、契約を締結するまでに。「住宅を引き渡すまでに」ではないです。まいどおなじみ。(15条、P.212)

2 ○ ゴーゴーニコイチ、チャッチャッチャチャチャ。新築住宅の合計戸数の算定に当たって、床面積55㎡以下の住宅2戸をもって1戸と数える。(11条、P.211)

3 × 「当該基準日から1月を経過した日以後」ではなくて、「基準日の翌日から起算して50日を経過した日以後」だよね。(12条、P.213)

4 × 「給水設備又はガス設備の瑕疵」は、「住宅の構造耐力上主要な部分等の隠れた瑕疵」とはならないんだよね。なので住宅販売瑕疵担保責任保険契約の対象にはならない。保険金の支払いは受けられない。(2条、P.211)

【問46】 住宅金融支援機構 ★★

ちょっと細かいところからの出題。がしかし、選択肢3が一発で「×」でしょ。(13条、P.740～744)

1 ○ 重度障害となった場合においても、支払われる生命保険の保険金を当該貸付けに係る債務の弁済に充当することができる。

2 ○ 高齢者の死亡時に一括償還をする方法により貸付金の償還を受けるときは、当該貸付金の貸付けのために設定された抵当権の効力の及ぶ範囲を超えて、弁済の請求をしないことができる。

3 × 選択肢1と2がよくわかんなくても、「どの金融機関においても同一の利率が適用」で「×」。金融機関により異なるもんな。

4 ○ 「住宅の改良資金」の貸付債権も、証券化支援業務（買取型）の対象となります。

【問47】 景品表示法 ★★

選択肢4。「インターネット広告」ときたか。マンションの専有面積については最小面積及び最大面積のみの表示でオッケー。ちょっと細かいですが。(P.730～738)

1 × 自分のせいじゃないとしてもだ、「入手した物件に関する情報が間違っていた」としたら、そりゃ不当表示に問われることもあろう。

2 × 「施工業者が他の地域で手掛けた建売住宅の外観写真」だとダメなんです。用いることができる外観写真は、規模・形質・外観が新築の建売住宅と同一のもの。

3 × 5.25分だったら、切り上げて6分として表示しなければならぬ。1分未満の端数は1分として算出。四捨五入はダメです。

4 ○ パンフレット等の媒体を除き、マンションの専有面積については最小面積及び最大面積のみの表示でよいです。(テキスト未掲載)

正解		
問45 2	問46 3	問47 4

問題

【問48】 次の記述のうち、正しいものはどれか。

1　平成 29 年地価公示（平成 29 年 3 月公表）によれば、住宅地の公示地価の全国平均は、9 年連続で下落した。

2　建築着工統計（平成 29 年 1 月公表）によれば、平成 28 年の持家の新設着工戸数は約 29.2 万戸となり、3 年ぶりに増加に転じた。

3　平成 29 年版土地白書（平成 29 年 5 月公表）によれば、土地取引について、売買による所有権移転登記の件数でその動向を見ると、平成 28 年の全国の土地取引件数は 129 万件となり、2 年連続の減少となった。

4　平成 27 年度法人企業統計年報（平成 28 年 9 月公表）によれば、平成 27 年度における不動産業の経常利益は約 4 兆 3,000 億円となっており、前年度比 7.5% 増となった。

★★★

【問49】 土地に関する次の記述のうち、最も不適当なものはどれか。

1　扇状地は、山地から河川により運ばれてきた砂礫等が堆積して形成された地盤である。

2　三角州は、河川の河口付近に見られる軟弱な地盤である。

3　台地は、一般に地盤が安定しており、低地に比べ、自然災害に対して安全度は高い。

4　埋立地は、一般に海面に対して比高を持ち、干拓地に比べ、水害に対して危険である。

★★

【問50】 建物の構造と材料に関する次の記述のうち、最も不適当なものはどれか。

1　木材の強度は、含水率が小さい状態の方が低くなる。

2　鉄筋は、炭素含有量が多いほど、引張強度が増大する傾向がある。

3　常温、常圧において、鉄筋と普通コンクリートを比較すると、熱膨張率はほぼ等しい。

4　鉄筋コンクリート構造は、耐火性、耐久性があり、耐震性、耐風性にも優れた構造である。

解説 → 解答

【問48】 統計等　＊平成 29 年度の統計数値での出題。参考まで＊

【問 48】はこのような統計数値からの出題です。別途、最新データに基づく受験対策レジュメをご用意しますのでご活用ください。（8月中旬）

1 × 平成 29 年地価公示によれば、住宅地の公示地価の全国平均は下落ではなく横ばいとなっていた。
2 ○ 建築着工統計（平成 29 年 1 月公表）によれば、平成 28 年の持家の新設着工戸数は約 29.2 万戸となり、3年ぶりに増加に転じていた。
3 × 平成 29 年版土地白書によれば、平成 28 年の全国の土地取引件数は 129 万件となり、2年連続の増加となっていた。
4 × 平成 27 年度法人企業統計年報によれば、平成 27 年度における不動産業の経常利益は約 4 兆 3,000 億円となっており、前年度比 7.5%減となっていた。

【問49】 土地の形質等　★★★

扇状地は、狭い山間を抜けた川が広い平地に出たところに土砂が堆積してできた土地。 三角州は、川が海や湖に抜けて出るところに土砂が堆積してできた土地。あとで画像検索してみてね。

1 適当　扇状地は、山地から平野や盆地に移る所などに見られ、川の出口付近で扇状に広がっている。地盤は、山地から河川により運ばれてきた砂礫等が堆積して形成されている。
2 適当　三角州は河川によって運ばれた土砂が河口付近に堆積することにより形成されている。そりゃ軟弱ですよ。
3 適当　台地は、一般に地盤が安定しており、低地に比べ、自然災害に対して安全度は高い。そのとおりなので、解説のしようがない。
4 不適当　埋立地は、一般に海面に対して比高を持っているんだから、水害に対しては、干拓地と比べれば安全。安全っていっても、あくまでも干拓地と比べればね。

【問50】 建物の構造等　★★

選択肢 1。木材は乾いているほうが強いもんね。速攻で「不適当」となったかな。

1 不適当　木材の強度は、含水率が小さい（乾いている）ほうが、高くなる。
2 適当　鉄筋は、炭素含有量が多いほど引張強度が増大するんだけど、反面、加工がしにくくなる。
3 適当　鉄筋とコンクリートの熱膨張率はほぼ等しい。なので「鉄筋コンクリート造」が世の中で重宝されている。
4 適当　鉄筋コンクリート構造は、耐火性、耐久性があり、耐震性、耐風性にも優れた構造である。そのとおりなので、解説のしようがない。

正解		
問48　2	問49　4	問50　1

宅地建物取引士資格試験

平成28年度本試験問題・解説・解答

>> 問題

【問 1】次の記述のうち、民法の条文に規定されているものはどれか。

＊民法の改正により、現時点では問題として成立していないため、除外しています。

★★★

【問 2】制限行為能力者に関する次の記述のうち、民法の規定及び判例によれば、正しいものはどれか。

1　古着の仕入販売に関する営業を許された未成年者は、成年者と同一の行為能力を有するので、法定代理人の同意を得ないで、自己が居住するために建物を第三者から購入したとしても、その法定代理人は当該売買契約を取り消すことができない。

2　被保佐人が、不動産を売却する場合には、保佐人の同意が必要であるが、贈与の申し出を拒絶する場合には、保佐人の同意は不要である。

3　成年後見人が、成年被後見人に代わって、成年被後見人が居住している建物を売却する際、後見監督人がいる場合には、後見監督人の許可があれば足り、家庭裁判所の許可は不要である。

4　被補助人が、補助人の同意を得なければならない行為について、同意を得ていないにもかかわらず、詐術を用いて相手方に補助人の同意を得たと信じさせていたときは、被補助人は当該行為を取り消すことができない。

★★★

【問 3】ＡがＡ所有の甲土地をＢに売却した場合に関する次の記述のうち、民法の規定及び判例によれば、正しいものはどれか。

1　Ａが甲土地をＢに売却する前にＣにも売却していた場合、Ｃは所有権移転登記を備えていなくても、Ｂに対して甲土地の所有権を主張することができる。

2　ＡがＢの詐欺を理由に甲土地の売却の意思表示を取り消しても、取消しより前にＢが甲土地をＤに売却し、Ｄが所有権移転登記を備えた場合には、ＤがＢの詐欺の事実を知っていたか否かにかかわらず、ＡはＤに対して甲土地の所有権を主張することができない。

3　Ａから甲土地を購入したＢは、所有権移転登記を備えていなかった。Ｅがこれに乗じてＢに高値で売りつけて利益を得る目的でＡから甲土地を購入し所有権移転登記を備えた場合、ＥはＢに対して甲土地の所有権を主張することができない。

4　ＡＢ間の売買契約が、Ｂの意思表示の動機に錯誤があって締結されたものである場合、Ｂが所有権移転登記を備えていても、ＡはＢの錯誤を理由にＡＢ間の売買契約を取り消すことができる。

合格判定基準	50問中35問以上正解（登録講習修了者　45問中30問以上正解）		
受験者データ	申込者数 → 24万7,761人	受験者数 → 19万8,375人	合格者数 → 3万0,589人（合格率 15.4%）

解説 → 解答

【問 1】 民法：条文

【問 2】 民法：制限行為能力者　★★★

選択肢４は、制限行為能力者のだましのテクニック。（P.400 ～ 409）

1 × 「古着の仕入販売に関する営業」の許可を受けた未成年者は、その営業の範囲だけ「成年者と同一の行為能力を有する未成年者」となる。その他の場面では単なる未成年者。なので選択肢の場合、法定代理人は売買契約を取り消すことができる。（5条）

2 × 被保佐人が不動産を売却する場合にも贈与の申し出を拒絶する場合にも、保佐人の同意が必要だよ。（13条）

3 × 成年後見人が、成年被後見人に代わって、その居住用建物を売却するには、後見監督人ではなく家庭裁判所の許可を得なければならない。（859条の3）

4 ○ そのとおり。「行為能力者である」と詐術を用いた場合、当該行為を取り消すことはできませーん。判例によると、「補助人の同意を得たと信じさせていた」も立派な詐術になりまぁーす。（21条）

【問 3】 民法：対抗要件　★★★

選択肢４はどう転んでも×ですね。選択肢３は背信的悪意者だよね。

1 × AがBとCに二重譲渡。この場合はBかCか、先に登記したほうの勝ち。BCの優劣は登記の有無で決めます。Cは、先に契約していたとしても、登記がなければBに所有権を主張できませーん。（177条、P.525）

2 × 詐欺を理由とする取消しは、善意でかつ過失がない第三者には主張できませーん。でも悪意だったら主張できるよね。なので「詐欺の事実を知っていたか否かにかかわらず、……主張することができない」だと×です。（96条、P.419）

3 ○ 出たぁー。背信的悪意者。「Bが登記を備えていないのに乗じ、Bに高値で売りつけて利益を得る目的で」というEは、ドンピシャの背信的悪意者。で、Eが登記をしていたとしても、Bに対して甲地の所有権を主張することはできませーん。（P.533）

4 × 表意者ではないAが「錯誤を理由に取り消すことができる」は誤り。できません。（95条、P.416）

正解		
問1 －	問2 4	問3 3

問題

★★

【問 4】 Aは、A所有の甲土地にBから借り入れた3,000万円の担保として抵当権を設定した。この場合における次の記述のうち、民法の規定及び判例によれば、誤っているものはどれか。

1　Aが甲土地に抵当権を設定した当時、甲土地上にA所有の建物があり、当該建物をAがCに売却した後、Bの抵当権が実行されてDが甲土地を競落した場合、DはCに対して、甲土地の明渡しを求めることはできない。

2　甲土地上の建物が火災によって焼失してしまったが、当該建物に火災保険が付されていた場合、Bは、甲土地の抵当権に基づき、この火災保険契約に基づく損害保険金を請求することができる。

3　AがEから500万円を借り入れ、これを担保するために甲土地にEを抵当権者とする第2順位の抵当権を設定した場合、BとEが抵当権の順位を変更することに合意すれば、Aの同意がなくても、甲土地の抵当権の順位を変更することができる。

4　Bの抵当権設定後、Aが第三者であるFに甲土地を売却した場合、FはBに対して、民法第383条所定の書面を送付して抵当権の消滅を請求することができる。

★

【問 5】 Aが、Bに対する債権をCに譲渡した場合に関する次の記述のうち、民法の規定及び判例によれば、正しいものはどれか。（法改正により選択肢3を修正している）

1　AのBに対する債権に譲渡禁止の特約があり、Cがその特約の存在を知りながら債権の譲渡を受けていれば、Cからさらに債権の譲渡を受けた転得者Dがその特約の存在を知らなかったことにつき重大な過失がない場合でも、BはDに対して特約の存在を対抗することができる。

2　AがBに債権譲渡の通知を発送し、その通知がBに到達していなかった場合には、Bが異議をとどめない承諾をしても、BはCに対して当該債権に係る債務の弁済を拒否することができる。

3　AのBに対する債権に譲渡禁止の特約がなく、Cに譲渡された時点ではまだ発生していない将来の取引に関する債権であった場合でもAからCへの債権譲渡は有効である。

4　Aに対し弁済期が到来した貸金債権を有していたBは、Aから債権譲渡の通知を受けるまでに、異議をとどめない承諾をせず、相殺の意思表示もしていなかった。その後、Bは、Cから支払請求を受けた際に、Aに対する貸金債権との相殺の意思表示をしたとしても、Cに対抗することはできない。

★★★

【問 6】 Aを売主、Bを買主とする甲土地の売買契約（以下この問において「本件契約」という。）が締結された場合の売主の担保責任に関する次の記述のうち、民法の規定及び判例によれば、誤っているものはどれか。（法改正により選択肢1、3、4を修正している）

1　Bが、甲土地がCの所有物であることを知りながら本件契約を締結した場合でも、Aが甲土地の所有権を取得してBに移転することができないときは、BはAに対して、損害賠償を請求することができる。

2　Bが、甲土地がCの所有物であることを知りながら本件契約を締結した場合、Aが甲土地の所有権を取得してBに移転することができないときは、Bは、本件契約を解除することができる。

3　A所有の甲土地が抵当権の目的となっており、抵当権の存在を前提に売買代金が廉価であったなどの場合でも、当該抵当権が実行されれば、Bは、直ちに契約を解除することができる。

4　A所有の甲土地が抵当権の目的となっているが、当該抵当権の存在が契約内容に適合しないと認められる場合、Bは、当該契約を解除することができる。

解説 ➔ 解答

【問 4】 民法：抵当権 ★★

選択肢２がヒッカケ。建物に抵当権を設定しているわけじゃないんだもんね。（P.540 ～ 555）

1 ○ 土地と土地上に建物があって、抵当権設定時に両方ともＡが所有していたわけだから、選択肢の場合、法定地上権が成立するよね。抵当権を設定した後に建物を第三者に譲渡したときでも成立です。なのでＤはＣに対して、甲土地の明渡しを求めることはできません。（388 条）

2 × 建物に抵当権を設定しているんだったら、物上代位ということで損害保険金を請求できるんだけどなー。Ｂは甲土地に抵当権を設定しているだけなので、損害保険金には手を出せない。

3 ○ そのとおり。抵当権の順位は、抵当権者（ＢとＥ）の合意によって変更することができるよー。（374 条）

4 ○ Ｆは、抵当不動産の第三取得者なので、抵当権消滅請求をすることができまぁーす。第三取得者Ｆは抵当権者Ｂに対し、所定の書類を送付して抵当権の消滅を請求することができる。（379 条）

【問 5】 民法：債権譲渡 ★

ちょっとむずかしいかなー。債権譲渡の問題は登場人物が多くなるから、ややこしくってめんどくさい。（P.456 ～ 462）

1 × 譲渡禁止特約をしたときであっても、債権の譲渡は、その効力を妨げられない。ＢはＤに対して特約の存在（債権を譲渡を禁止する旨の意思表示）を対抗することはできない。（466 条）

2 × 債権譲渡の通知がＢに到達していなくても、Ｂが債権譲渡について承諾しているから、ＣはＢに対して対抗要件を備えていることになる。ということで、ＢはＣに対して債務の弁済を拒否することができない。（467 条）

3 ○ 契約時点では、将来発生が不確実な債権であっても譲渡することができる。ということで、ＡからＣへの債権譲渡は有効。（466 条の 6）

4 × 債権譲渡の通知を受けた時点（対抗要件具備時）で「弁済期が到来した貸金債権」を持っているＢは、債権の譲受人であるＣに相殺を主張することができる。（468 条）

【問 6】 民法：売買契約 ★★★

他人の権利を売買したり、抵当権が存在していたりと、そういう事例ばかり勉強していると、「世の中、なんでもないふつうの売買契約ってあるのかな」と変なふうに思ってしまいそう（笑）。（P.504 ～ 511）

1 ○ 他人の権利を売買の目的としたときは、売主は、その権利を取得して買主に移転する義務を負う。「甲土地の所有権を取得してＢに移転することができない」となるとＡの債務不履行となり、Ｂは契約の解除や損害賠償を請求することができる。（561 条、415 条）

2 ○ そうそう。選択肢１の解説にもあるとおり、Ｂは契約の解除や損害賠償を請求することができる。（561 条）

3 × 「抵当権の存在を前提に売買代金が廉価であった」とあるので、抵当権が存在していたとしても「契約内容に適合しない」とはいえないかな。なので、抵当権が実行されたとしても、ある意味、予想されたことでもあるので、直ちに解除とはならない。（570 条）

4 ○ 「当該抵当権の存在が契約内容に適合しない」とあるので、買主は売主に担保責任を追及することができる。契約を解除することも可能となる。（570 条）

正解		
問4 2	問5 3	問6 3

問題

★★

【問 7】 AがBから賃借する甲建物に、運送会社Cに雇用されているDが居眠り運転するトラックが突っ込んで甲建物の一部が損壊した場合（以下「本件事故」という。）に関する次の記述のうち、民法の規定及び判例によれば、正しいものはいくつあるか。なお、DはCの業務として運転をしていたものとする。（法改正により記述アを修正している）

ア　甲建物の賃料は、その一部滅失により使用及び収益をすることができなくなった場合には、その使用及び収益をすることができなくなった部分の割合に応じて、減額される。

イ　Aは、甲建物の残りの部分だけでは賃借した目的を達することができない場合、Bとの賃貸借契約を解除することができる。

ウ　Cは、使用者責任に基づき、Bに対して本件事故から生じた損害を賠償した場合、Dに対して求償することができるが、その範囲が信義則上相当と認められる限度に制限される場合がある。

1　一つ　　2　二つ　　3　三つ　　4　なし

★★★

【問 8】 AがBに甲建物を月額10万円で賃貸し、BがAの承諾を得て甲建物をCに適法に月額15万円で転貸している場合における次の記述のうち、民法の規定及び判例によれば、誤っているものはどれか。

1　Aは、Bの賃料の不払いを理由に甲建物の賃貸借契約を解除するには、Cに対して、賃料支払の催告をして甲建物の賃料を支払う機会を与えなければならない。

2　BがAに対して甲建物の賃料を支払期日になっても支払わない場合、AはCに対して、賃料10万円をAに直接支払うよう請求することができる。

3　AがBの債務不履行を理由に甲建物の賃貸借契約を解除した場合、CのBに対する賃料の不払いがなくても、AはCに対して、甲建物の明渡しを求めることができる。

4　AがBとの間で甲建物の賃貸借契約を合意解除した場合、AはCに対して、Bとの合意解除に基づいて、当然には甲建物の明渡しを求めることができない。

★★

【問 9】 次の1から4までの記述のうち、民法の規定及び下記判決文によれば、誤っているものはどれか。（法改正により選択肢1、3を修正している）

（判決文）

契約の一方当事者が、当該契約の締結に先立ち、信義則上の説明義務に違反して、当該契約を締結するか否かに関する判断に影響を及ぼすべき情報を相手方に提供しなかった場合には、上記一方当事者は、相手方が当該契約を締結したことにより被った損害につき、不法行為による賠償責任を負うことがあるのは格別、当該契約上の債務の不履行による賠償責任を負うことはないというべきである。（中略）上記のような場合の損害賠償請求権は不法行為により発生したものである（略）。

1　信義則上の説明義務に違反して、当該契約を締結するか否かに関する判断に影響を及ぼすべき情報を買主に提供しなかった売主に対する買主の損害賠償請求権（人の生命又は身体の侵害によるものではないものとする）は、買主が損害及び加害者を知った時から3年間行使しないときは、時効により消滅する。

2　信義則上の説明義務に違反して、当該契約を締結するか否かに関する判断に影響を及ぼすべき情報を買主に提供しなかった売主に対する買主の損害賠償請求権は、損害を被っていることを買主が知らない場合でも、売買契約から10年間行使しないときは、時効により消滅する。

3　買主に対して債権を有している売主は、信義則上の説明義務に違反して、当該契約を締結するか否かに関する判断に影響を及ぼすべき情報を買主に提供しなかった売主に対する買主の損害賠償請求権（売主の悪意に基づく債務から生じたものとする）を受働債権とする相殺をもって、買主に対抗することができない。

4　売主が信義則上の説明義務に違反して、当該契約を締結するか否かに関する判断に影響を及ぼすべき情報を買主に提供しなかった場合、買主は、売主に対して、この説明義務違反を理由に、売買契約上の債務不履行責任を追及することはできない。

解説 ➔ 解答

【問 7】 民法：賃貸借・不法行為 ★★

賃借物の一部が賃借人の過失によらないで滅失し、残りの部分では借り続ける意味がないとき、そりゃ解除したいですよね。（P.564 ～609）

ア ○ 甲建物の一部が滅失することにより使用及び収益をすることができなくなった場合において、それが、居眠り運転のトラックが突っ込んだといような事由（賃借人の責めに帰することができない事由）によるものであるときは、賃料は、その使用及び収益をすることができなくなった部分の割合に応じて、減額される。（611 条）

イ ○ 残りの部分だけでは賃借人が賃借をした目的を達することができないときは、賃借人は、契約の解除をすることができまぁーす。（611 条）

ウ ○ そうなんですよ。使用者の求償権については、「信義則上相当と認められる限度」という制限（判例）があります。（715 条）

正しいものはア、イ、ウの「三つ」。選択肢３が正解となる。

【問 8】 民法：賃貸借 ★★★

賃貸人は果たして転借人に賃貸借の解除を主張できるか、というのが選択肢の３と４。合意解除だったら対抗できないよー。（613 条、P.568）

1 × Ｂの債務不履行（賃料不払い）の場合、Ａは賃貸借契約を解除することができ、転貸借契約も終了となる。で、その場合なんだけど、ＡはＣに対して賃料支払の機会を与える義務はない（判例）とのこと。

2 ○ そうそう。賃貸人Ａは転借人Ｃに対して賃料を請求することができる。この場合、賃料と転借料の少ないほうの額までだよね。10 万円まで。

3 ○ そうなんだよね。賃借人Ｂの債務不履行によりＡＢ間の賃貸借契約が解除となったら、ＣのＢに対する賃料の不払いがなくても、ＢＣ間の転貸借契約もおなじく終了と扱われる。なのでＡはＣに対して、甲建物の明渡しを求めることができる。

4 ○ そのとおり。賃貸人は賃貸借の合意解除を転借人に対抗できない。Ａは、当然には甲建物の明渡しを求めることはできないよん。

【問 9】 民法：判決文（不法行為・損害賠償） ★★

契約当事者は、契約締結に先立ち、信義則上の説明義務に違反して、当該契約を締結するか否かに関する判断に影響を及ぼすべき情報を相手方に提供しなかった場合には「損害賠償責任」を負うけど、その根拠は、「不法行為」による賠償責任であり、「債務の不履行」による賠償責任ではないよー。（P.606 ～ 609）

1 ○ そうそう。不法行為に基づく損害賠償請求権の消滅時効は、買主が損害及び加害者を知った時から「３年間」行使しないときは、時効により消滅するよー。（724 条）

2 × 不法行為による損害賠償請求権が消滅するのは、選択肢１の「３年間」か「不法行為の時から20年を経過したとき」だよね。10年間行使しなかったとしても、その時点で時効消滅しないよー。（724 条）

3 ○ そのとおり。この場合の加害者（売主）からは相殺することはできないよー。（509 条）

4 ○ そのとおり。債務不履行による賠償責任じゃないから「売買契約上の債務不履行責任を追及することはできない」ということになりまーす。

正解		
問7　3	問8　1	問9　2

問題

★★

【問10】 甲建物を所有するAが死亡し、相続人がそれぞれAの子であるB及びCの2名である場合に関する次の記述のうち、民法の規定及び判例によれば、誤っているものはどれか。

1　Bが甲建物を不法占拠するDに対し明渡しを求めたとしても、Bは単純承認をしたものとはみなされない。

2　Cが甲建物の賃借人Eに対し相続財産である未払賃料の支払いを求め、これを収受領得したときは、Cは単純承認をしたものとみなされる。

3　Cが単純承認をしたときは、Bは限定承認をすることができない。

4　Bが自己のために相続の開始があったことを知らない場合であっても、相続の開始から3か月が経過したときは、Bは単純承認をしたものとみなされる。

★★

【問11】 Aが居住用の甲建物を所有する目的で、期間30年と定めてBから乙土地を賃借した場合に関する次の記述のうち、借地借家法の規定及び判例によれば、正しいものはどれか。なお、Aは借地権登記を備えていないものとする。

1　Aが甲建物を所有していても、建物保存登記をAの子C名義で備えている場合には、Bから乙土地を購入して所有権移転登記を備えたDに対して、Aは借地権を対抗することができない。

2　Aが甲建物を所有していても、登記上の建物の所在地番、床面積等が少しでも実際のものと相違している場合には、建物の同一性が否定されるようなものでなくても、Bから乙土地を購入して所有権移転登記を備えたEに対して、Aは借地権を対抗することができない。

3　AB間の賃貸借契約を公正証書で行えば、当該契約の更新がなく期間満了により終了し、終了時にはAが甲建物を収去すべき旨を有効に規定することができる。

4　Aが地代を支払わなかったことを理由としてBが乙土地の賃貸借契約を解除した場合、契約に特段の定めがないときは、Bは甲建物を時価で買い取らなければならない。

解説 → 解答

【問10】 民法：相続 ★★

選択肢４の「相続の開始から」だと×。「相続の開始を知った時から」だよね。つまんない選択肢なんだけど、でもできたかな。(P.629 ～ 630)

1 ○ 「相続人が相続財産の全部又は一部を処分したとき、相続人は、単純承認をしたものとみなされる」という規定があるんだけど「保存行為」は例外となってます。で、選択肢の「不法占有者に対する明渡し」の請求は保存行為にあたる(判例)。ということで、単純承認をしたとみなされることはない。(921 条)

2 ○ 相続人が相続債権の取立（未払賃料の支払いを求める）をして、これを収受領得した場合、「相続財産の一部を処分した場合」に該当するそうです(判例)。なのでCは単純承認をしたものとみなされまーす。(921 条)

3 ○ これはできたでしょ。相続人が数人あるときは、限定承認は、共同相続人の全員が共同してのみこれをすることができる。Cが単純承認しちゃったら、Bは限定承認をすることができない。(923 条)

4 × 相続の承認又は放棄をすべき期間（熟慮期間）は、相続人が自己のために「相続の開始があったことを知った時」から３か月以内だよん。(915 条)

【問11】 借地借家法：借地 ★★

登記簿上の建物。多少違っていても、建物の同一性が否定されるものでないんだったら、だいじょうぶじゃない？ (P.576 ～ 592)

1 ○ 借地権自体の登記がなくても、借地権者が登記されている建物を所有するときは、借地権を第三者に対抗することができる（10条）けど、建物の登記は、借地権者名義のものでなければなりませーん(判例)。

2 × 登記上の建物の所在地番や床面積等が多少相違していても、建物の同一性が確認できる程度の軽微な相違であれば、借地権を対抗することができるとのこと(判例)。

3 × 「契約の更新がなく期間満了により終了し、終了時にはAが甲建物を収去すべき旨を有効に規定」するためには、定期借地権を設定する必要があるんだけど、「期間 30年」だから一般定期借地権とすることはできないし、「居住用建物」の所有を目的としているから、事業用定期借地権を設定することもできない。賃貸借契約を公正証書で行うとしても、できないものはできません。(22 条、23 条)

4 × 賃借人の債務不履行によって契約が終了した場合には、建物買取請求権は認められません(判例)。そりゃそうでしょ。

正解			
問10	4	問11	1

問題

★★★

【問12】 AはBと、B所有の甲建物につき、居住を目的として、期間3年、賃料月額20万円と定めて賃貸借契約（以下この問において「本件契約」という。）を締結した。この場合における次の記述のうち、借地借家法の規定及び判例によれば、誤っているものはどれか。

1　AもBも相手方に対し、本件契約の期間満了前に何らの通知もしなかった場合、従前の契約と同一の条件で契約を更新したものとみなされるが、その期間は定めがないものとなる。

2　BがAに対し、本件契約の解約を申し入れる場合、甲建物の明渡しの条件として、一定額以上の財産上の給付を申し出たときは、Bの解約の申入れに正当事由があるとみなされる。

3　甲建物の適法な転借人であるCが、Bの同意を得て甲建物に造作を付加した場合、期間満了により本件契約が終了するときは、CはBに対してその造作を時価で買い取るよう請求することができる。

4　本件契約が借地借家法第38条の定期建物賃貸借で、契約の更新がない旨を定めた場合でも、BはAに対し、同条所定の通知期間内に、期間満了により本件契約が終了する旨の通知をしなければ、期間3年での終了をAに対抗することができない。

★

【問13】 建物の区分所有等に関する法律に関する次の記述のうち、正しいものはどれか。

1　管理者は、集会において、毎年2回一定の時期に、その事務に関する報告をしなければならない。

2　管理者は、規約に特別の定めがあるときは、共用部分を所有することができる。

3　管理者は、自然人であるか法人であるかを問わないが、区分所有者でなければならない。

4　各共有者の共用部分の持分は、規約で別段の定めをしない限り、共有者数で等分することとされている。

★★

【問14】 不動産の登記に関する次の記述のうち、不動産登記法の規定によれば、誤っているものはどれか。

1　新築した建物又は区分建物以外の表題登記がない建物の所有権を取得した者は、その所有権の取得の日から1月以内に、所有権の保存の登記を申請しなければならない。

2　登記することができる権利には、抵当権及び賃借権が含まれる。

3　建物が滅失したときは、表題部所有者又は所有権の登記名義人は、その滅失の日から1月以内に、当該建物の滅失の登記を申請しなければならない。

4　区分建物の所有権の保存の登記は、表題部所有者から所有権を取得した者も、申請することができる。

解説 ➔ 解答

【問12】 借地借家法：借家 ★★★

いくら高額（一定額以上）とはいえ、立退料の提供だけじゃ「正当事由あり」とはなりません。あと、転借人にも造作買取請求権は認められまーす。（P.594 ～ 605）

1 ○ 建物の賃貸借で期間の定めあり（３年間）。で、当事者が期間の満了の１年前から６月前までの間に相手方に対して更新をしない旨の通知をしなかったときは、従前の契約と同一の条件（賃料月額 20 万円）で契約を更新したものとみなされる。期間はどうなるかというと「定めがないもの」とされる。（26 条）

2 × たとえ高額だとしても立退料の提供（財産上の給付）だけじゃ「正当の事由あり」とはされませーん。「正当の事由」の有無は、建物の使用を必要とする事情・賃貸借に関する従前の経過・建物の利用状況・建物の現況・財産上の給付（立退料の提供）を総合的に考慮して決定されまぁーす。（28 条）

3 ○ 転借人にも造作買取請求権がありまーす。期間満了や解約の申入れによって契約が終了する際に、賃貸人に対し、賃貸人の同意を得て付加した造作の買取りを請求できる。（33 条）

4 ○ 存続期間が１年以上の定期建物賃貸借契約の場合には、賃貸人は、期間の満了の１年前から６月前までの間に期間満了により賃貸借が終了する旨の通知をしなければ、賃貸借の終了を賃借人に対抗することができませーん。（38 条）

【問13】 区分所有法 ★

ちょっとむずかしかったですね。マンションの規約で「管理者は区分所有者」と定めている場合が多いんだろうけど、区分所有法上は特に制約はありませーん。（P.668 ～ 690）

1 × 「毎年２回」じゃないよー。管理者は、集会において、毎年１回一定の時期に、その事務に関する報告をしなければならないとされてます。（43 条）

2 ○ そうそう。規約に特別の定めがあるときは、共用部分を管理者の所有とすることができる。（27 条）

3 × 区分所有法上、管理者についての制限はありませーん。個人でも法人でも、区分所有者以外でも、誰でもオッケー。（25 条）

4 × 各共有者の共用部分の持分は、その有する専有部分の床面積の割合によるのが原則だよー。「共有者数で等分（おなじ割合）」ではありませーん。（14 条）

【問14】 不動産登記法 ★★

選択肢１がヒッカケ。「所有権の保存登記」は権利に関する登記だから、義務（申請しなければならない）じゃないよねー。（P.644 ～ 659）

1 × 新築した建物又は区分建物以外の表題登記がない建物の所有権を取得した者は、その所有権の取得の日から１月以内に、表題登記を申請しなければならないけど、「所有権の保存の登記」の申請は任意。「しなければならない」だと×。（47 条）

2 ○ 抵当権も賃借権も登記することができる権利の一種でーす。（３条）

3 ○ 建物が滅失したときは、表題部所有者又は所有権の登記名義人は、その滅失の日から１月以内に、当該建物の滅失の登記を申請しなければならぬ。（57 条）

4 ○ 区分建物にあっては、表題部所有者から所有権を取得した者も、所有権の保存の登記を申請することができるよー。（74 条）

正解		
問12 2	問13 2	問14 1

問題

★★★

【問15】 国土利用計画法第23条に規定する届出（以下この問において「事後届出」という。）に関する次の記述のうち、正しいものはどれか。

1　市街化区域内の土地（面積2,500㎡）を購入する契約を締結した者は、その契約を締結した日から起算して3週間以内に事後届出を行わなければならない。

2　Aが所有する監視区域内の土地（面積10,000㎡）をBが購入する契約を締結した場合、A及びBは事後届出を行わなければならない。

3　都市計画区域外に所在し、一団の土地である甲土地（面積6,000㎡）と乙土地（面積5,000㎡）を購入する契約を締結した者は、事後届出を行わなければならない。

4　市街化区域内の甲土地（面積3,000㎡）を購入する契約を締結した者が、その契約締結の1月後に甲上地と一団の土地である乙土地（面積4,000㎡）を購入することとしている場合においては、甲土地の事後届出は、乙土地の契約締結後に乙土地の事後届出と併せて行うことができる。

★★

【問16】 都市計画法に関する次の記述のうち、正しいものはどれか。

1　市街地開発事業等予定区域に係る市街地開発事業又は都市施設に関する都市計画には、施行予定者をも定めなければならない。

2　準都市計画区域については、都市計画に準防火地域を定めることができる。

3　高度利用地区は、用途地域内において市街地の環境を維持し、又は土地利用の増進を図るため、建築物の高さの最高限度又は最低限度を定める地区である。

4　地区計画については、都市計画に、地区計画の種類、名称、位置、区域及び面積並びに建築物の建蔽率及び容積率の最高限度を定めなければならない。

★★

【問17】 都市計画法に関する次の記述のうち、正しいものはどれか。なお、この問において「都道府県知事」とは、地方自治法に基づく指定都市、中核市及び施行時特例市にあってはその長をいうものとする。

1　開発許可を受けた者は、開発行為に関する工事を廃止するときは、都道府県知事の許可を受けなければならない。

2　二以上の都府県にまたがる開発行為は、国土交通大臣の許可を受けなければならない。

3　開発許可を受けた者から当該開発区域内の土地の所有権を取得した者は、都道府県知事の承認を受けることなく、当該開発許可を受けた者が有していた当該開発許可に基づく地位を承継することができる。

4　都道府県知事は、用途地域の定められていない土地の区域における開発行為について開発許可をする場合において必要があると認めるときは、当該開発区域内の土地について、建築物の敷地、構造及び設備に関する制限を定めることができる。

解説 ➔ 解答

【問15】 国土利用計画法 ★★★

選択肢4がおもしろい。両方あわせての事後届出でもよさそうな雰囲気。上手なヒッカケ。（23条）

1 × 市街化区域で2,000㎡以上の土地だから、事後届出が必要なんだけど、3週間以内じゃないよねー。2週間以内だよねー。（P.354）

2 × ひさびさに登場の「監視区域」だけど、監視区域内での土地売買等の契約については事後届出じゃないよねー。事前届出だよねー。（P.360）

3 ○ 都市計画区域外では10,000㎡以上の土地について、事後届出が必要。で、甲土地（6,000㎡）と乙土地（5,000㎡）は一団の土地（買いの一団）となり、合計面積が11,000㎡なので、事後届出が必要だよねー。（P.356）

4 × 市街化区域内で2,000㎡以上の土地を購入しているんだから、契約締結後2週間以内に事後届出が必要。1月後に乙土地と併せての事後届出では遅いよねー。（P.354）

【問16】 都市計画法：都市計画全般 ★★

ちょっとむずかしいかなー。準都市計画区域に準防火地域。んー？？　選択肢4の地区計画。ん？？

1 ○ 市街地開発事業等予定区域に係る市街地開発事業又は都市施設に関する都市計画には、施行予定者をも定めなければならない。市街地開発事業等予定区域については、平成24年度の【問16】選択肢1の解説をご参照ください。（12条の3、テキスト未記載）

2 × うわ。準都市計画区域には準防火地域を定めることはできないっす！（8条、P.219）

3 × 「建築物の高さの最高限度又は最低限度」を定めるのは高度地区。高度利用地区は建築物の容積率の最高限度及び最低限度、建築物の建蔽率の最高限度、建築物の建築面積の最低限度並びに壁面の位置の制限を定める地区。（9条、P.231）

4 × 地区計画についての都市計画で定めなければならないのは、地区計画の種類、名称、位置、区域であり、面積は「定めるよう努めるものとする」となっている。で、建築物の建蔽率及び容積率の最高限度は、地区整備計画で定めることができるものとなっている。（12条の4、12条の5、P.243～244）

【問17】 都市計画法：開発許可 ★★

選択肢2が「そうかも」と思わせる。二以上の都府県にまたがる都市計画区域は国土交通大臣の指定だけど、そのあたりとのヒッカケでしょうか。（P.265. 275～277）

1 × 許可じゃないよねー。開発許可を受けた者は、開発行為に関する工事を廃止したときは、遅滞なく、その旨を都道府県知事に届け出なければならない。（38条）

2 × 開発行為の許可をするのは、あくまで都道府県知事だよー。二以上の都府県にまたがる場合であっても「国土交通大臣の許可」とはならない。それぞれの都府県で都道府県知事の許可を受けてね。（29条）

3 × 開発許可を受けた者から土地の所有権を取得した者は、都道府県知事の承認を受けて、開発許可に基づく地位を承継することができる。承認を受けないと承継できない。（45条）

4 ○ そのとおり。都道府県知事は、用途地域の定められていない土地の区域における開発行為について開発許可をする場合において必要があると認めるときは、当該開発区域内の土地について、建築物の建蔽率、建築物の高さ、壁面の位置その他建築物の敷地、構造及び設備に関する制限を定めることができる。（41条）

正解		
問15　3	問16　1	問17　4

>> 問題

★★★

【問18】 建築基準法に関する次の記述のうち、正しいものはどれか。（法改正により選択肢 3、4を修正している）

1　防火地域にある建築物で、外壁が耐火構造のものについては、その外壁を隣地境界線に接して設けることができる。

2　高さ 30 mの建築物には、原則として非常用の昇降機を設けなければならない。

3　準防火地域内においては、その建築物の外壁の開口部などにつき、延焼防止をするための措置を講じる必要はない。

4　延べ面積が1,000㎡を超える耐火建築物は、防火上有効な構造の防火壁又は防火床によって有効に区画し、かつ、各区画の床面積の合計をそれぞれ1,000㎡以内としなければならない。

★★

【問19】 建築基準法に関する次の記述のうち、誤っているものはどれか。

1　特定行政庁が許可した場合、第一種低層住居専用地域内においても飲食店を建築することができる。

2　前面道路の幅員による容積率制限は、前面道路の幅員が 12 m以上ある場合は適用されない。

3　公園内にある建築物で特定行政庁が安全上、防火上及び衛生上支障がないと認めて許可したものについては、建蔽率の制限は適用されない。

4　第一種住居地域内における建築物の外壁又はこれに代わる柱の面から敷地境界線までの距離は、当該地域に関する都市計画においてその限度が定められた場合には、当該限度以上でなければならない。

★★★

【問20】 宅地造成及び特定盛土等規制法（以下この問において「法」という。）に関する次の記述のうち、誤っているものはどれか。なお、この問において「都道府県知事」とは、地方自治法に基づく指定都市、中核市及び施行時特例市にあってはその長をいうものとする。（法改正により問題文、選択肢すべてを修正している）

1　宅地造成等工事規制区域外に盛土によって造成された一団の造成宅地の区域において、造成された盛土の高さが5 m未満の場合は、都道府県知事は、当該区域を造成宅地防災区域として指定することができない。

2　宅地造成等工事規制区域内において、切土又は盛土をする土地の面積が600㎡である場合、その土地における排水施設は、政令で定める資格を有する者によって設計される必要はない。

3　宅地造成等工事規制区域内の土地において、高さが2 mを超える擁壁を除却する工事を行おうとする者は、一定の場合を除き、その工事に着手する日の14日前までにその旨を都道府県知事に届け出なければならない。

4　宅地造成等工事規制区域内において、公共施設用地を宅地に転用した者は、一定の場合を除き、その転用した日から14日以内にその旨を都道府県知事に届け出なければならない。

解説 ➔ 解答

【問18】 建築基準法 ★★★

選択肢１は速攻で○を。選択肢２はちょっと細かいヒッカケか。

1 ○ 防火地域・準防火地域内にある建築物で、外壁が耐火構造のものについては、その外壁を隣地境界線に接して設けることができるよー！（63条、P.330）

2 × おっと、非常用の昇降機を設けなければならないのは「高さ30ｍ」じゃなくて「高さ31ｍ」を超える建築物にだよー！（34条、P.287）

3 × 防火地域・準防火地域内にある建築物は、その外壁の開口部で延焼のおそれのある部分に防火戸を設け、かつ、壁、柱、床などについても、一定の技術的基準に適当するものなどとしなければならない。（61条、P.326）

4 × 延べ面積が1,000㎡を超える建築物は、防火壁又は防火床で区画し、各区画の床面積の合計をそれぞれ1,000㎡以内としなければならないんだけど、建築物が耐火建築物・準耐火建築物の場合は例外で、防火壁又は防火床で区画する必要はないよー。（26条、P.330）

【問19】 建築基準法 ★★

選択肢１の「特定行政庁の許可」はちょっとマニアックかな。選択肢４は「第一種住居地域」だよ。「第一種・第二種低層住居専用地域」と読み間違えないでね。

1 ○ 第一種低層住居専用地域内には、たしかに飲食店を建築することはできないんだけど、特定行政庁の許可を受ければ話は別。建築オッケー。（48条、P.294）

2 ○ 前面道路の幅員が12ｍ以上あれば、前面道路の幅員による容積率制限は適用されない。12ｍ未満だったら適用あり。（52条、P.309）

3 ○ 公園や広場などの内にある建築物で特定行政庁が安全上、防火上及び衛生上支障がないと認めて許可したものについては、建蔽率の制限が適用されません。（53条、P.305）

4 × 外壁の後退距離の限度が定められるのは、第一種・第二種低層住居専用地域と田園住居地域内に限られる。「第一種住居地域内」で定められることはないです。（54条、P.324）

【問20】 宅地造成及び特定盛土等規制法 ★★★

選択肢２の「600㎡」がニクい。「お、500㎡超じゃないか」との勘違いを狙ったヒッカケか。

1 × ５ｍ未満であったとしても「造成宅地防災区域として指定することができない」とは限らない。なお、造成宅地防災区域としての指定基準として「盛土をした土地の面積が3,000㎡以上」とか「盛土をする前の地盤面が水平面に対し20度以上の角度をなし、かつ、盛土の高さが５ｍ以上」などの基準があることはある。（45条、P.349）

2 ○ 600㎡だったら有資格者の設計でなくてもオッケー。「高さが５ｍを超える擁壁の設置」か「切土又は盛土をする土地の面積1,500㎡を超える土地における排水施設の設置」だったら有資格者の設計でなければならない。（13条、施行令22条、P.344）

3 ○ 「高さが２ｍを超える擁壁を除却する工事」だと、その工事に着手する日の「14日前」までに、都道府県知事に届出だよねー。（21条、P.347）

4 ○ 「公共施設用地を宅地に転用」だと、その転用した日から「14日以内」に、都道府県知事に届出だよねー。（21条、施行令26条、P.345）

正解		
問18 1	問19 4	問20 1

平成28年度 ≫ 問題・解説・解答

問題

★★★

【問21】土地区画整理法に関する次の記述のうち、誤っているものはどれか。

1　施行者は、換地処分を行う前において、換地計画に基づき換地処分を行うため必要がある場合においては、施行地区内の宅地について仮換地を指定することができる。

2　仮換地が指定された場合においては、従前の宅地について権原に基づき使用し、又は収益することができる者は、仮換地の指定の効力発生の日から換地処分の公告がある日まで、仮換地について、従前の宅地について有する権利の内容である使用又は収益と同じ使用又は収益をすることができる。

3　施行者は、仮換地を指定した場合において、特別の事情があるときは、その仮換地について使用又は収益を開始することができる日を仮換地の指定の効力発生日と別に定めることができる。

4　土地区画整理組合の設立の認可の公告があった日後、換地処分の公告がある日までは、施行地区内において、土地区画整理事業の施行の障害となるおそれがある土地の形質の変更を行おうとする者は、当該土地区画整理組合の許可を受けなければならない。

★★★

【問22】農地に関する次の記述のうち、農地法（以下この問において「法」という。）の規定によれば、正しいものはどれか。

1　相続により農地を取得する場合は、法第３条第１項の許可を要しないが、相続人に該当しない者に対する特定遺贈により農地を取得する場合も、同項の許可を受ける必要はない。

2　法第２条第３項の農地所有適格法人の要件を満たしていない株式会社は、耕作目的で農地を借り入れることはできない。

3　法第３条第１項又は法第５条第１項の許可が必要な農地の売買について、これらの許可を受けずに売買契約を締結しても、その所有権の移転の効力は生じない。

4　農業者が、市街化調整区域内の耕作しておらず遊休化している自己の農地を、自己の住宅用地に転用する場合、あらかじめ農業委員会へ届出をすれば、法第４条第１項の許可を受ける必要がない。

★★

【問23】印紙税に関する次の記述のうち、正しいものはどれか。

1　印紙税の課税文書である不動産譲渡契約書を作成したが、印紙税を納付せず、その事実が税務調査により判明した場合は、納付しなかった印紙税額と納付しなかった印紙税額の10%に相当する金額の合計額が過怠税として徴収される。

2　「Ａの所有する甲土地（価額3,000万円）とＢの所有する乙土地（価額3,500万円）を交換する」旨の土地交換契約書を作成した場合、印紙税の課税標準となる当該契約書の記載金額は3,500万円である。

3　「Ａの所有する甲土地（価額3,000万円）をＢに贈与する」旨の贈与契約書を作成した場合、印紙税の課税標準となる当該契約書の記載金額は、3,000万円である。

4　売上代金に係る金銭の受取書（領収書）は記載された受取金額が３万円未満の場合、印紙税が課されないことから、不動産売買の仲介手数料として、現金49,500円（消費税及び地方消費税を含む。）を受け取り、それを受領した旨の領収書を作成した場合、受取金額に応じた印紙税が課される。

解説 → 解答

【問21】 土地区画整理法 ★★★

選択肢4の「土地区画整理組合の許可」。速攻で×を!! (P.368〜373)

1 ○ そうそう。土地区画整理事業の施行者は、換地処分を行う前において、必要がある場合には、仮換地を指定することができまぁーす。(98条)

2 ○ これもそうだよね。指定された仮換地を使用又は収益することになりまーす。(99条)

3 ○ 仮換地に使用・収益の障害となる物件が存するなどの特別な事情があるときは、仮換地について使用・収益を開始することができる日を別に定めることができる。(99条)

4 × 「都道府県知事の許可」でーす。「土地区画整理組合の許可」じゃありませーん。(76条)

【問22】 農地法 ★★★

選択肢4。「耕作しておらず遊休化している」としても「農地」と書いてあるので、農地法上の農地として考えるべし。 (P.378 〜 386)

1 × うわ、まちがえそう。「相続人に対する特定遺贈(例:この農地を遺贈します)」だったら農地法第3条の許可は不要なんだけど、「相続人に該当しない者に対する特定遺贈」だと農地法第3条の許可が必要なのよ。(3条)

2 × 農地所有適格法人以外の株式会社でも、農地を借り入れることはできまーす。農地の所有は認められていませんが。(3条)

3 ○ そのとおり。農地法第3条や第5条の許可を受けずにした売買契約は無効だよ。なので所有権移転の効力は生じませーん。(3条、5条)

4 × 「市街化区域内」じゃなくて「市街化調整区域」だもんね。農地法第4条の許可が必要でーす。市街化区域内だったら農業委員会への届出でオッケーなんだけどね。(4条)

【問23】 印紙税 ★★

税務調査かぁー。ばれたら3倍。そして、5万円未満の受取書(領収書)は非課税だよー。 (P.715 〜 719)

1 × 脱税がばれた(笑)。その場合は「納付しなかった印紙税額」と「その2倍に相当する金額」との合計額が過怠税として徴収される。本来の税額の3倍。ちなみに自主申告の場合だと1.1倍(印紙税額+10%)です。

2 ○ 交換契約書に双方の価額が記載されているときは、高いほうの金額で印紙税額が決まるよー。なお、交換差金のみが記載されているときは「交換差金」にて。

3 × 贈与契約書の場合は、価額の記載があったとしても、記載金額のない不動産の譲渡に関する契約書として印紙税が課税される。「記載金額 3,000 万円」との扱いではありません。

4 × 記載された受取金額が5万円未満の受取書(領収書)は非課税でーす。記載金額が 49,500 円の領収書には、印紙税は課税されませーん。

正解		
問21 4	問22 3	問23 2

平成28年度 ≫ 問題・解説・解答

>> 問題

★★

【問24】 不動産取得税に関する次の記述のうち、正しいものはどれか。

1　家屋が新築された日から３年を経過して、なお、当該家屋について最初の使用又は譲渡が行われない場合においては、当該家屋が新築された日から３年を経過した日において家屋の取得がなされたものとみなし、当該家屋の所有者を取得者とみなして、これに対して不動産取得税を課する。

2　不動産取得税は、不動産の取得に対して課される税であるので、法人の合併により不動産を取得した場合にも、不動産取得税は課される。

3　平成28年４月に取得した床面積240㎡である新築住宅に係る不動産取得税の課税標準の算定については、当該新築住宅の価格から1,200万円が控除される。

4　平成28年４月に個人が取得した住宅及び住宅用地に係る不動産取得税の税率は３％であるが、住宅用以外の家屋及びその土地に係る不動産取得税の税率は４％である。

★

【問25】 不動産の鑑定評価に関する次の記述のうち、不動産鑑定評価基準によれば、正しいものはどれか。

1　不動産の鑑定評価によって求める価格は、基本的には正常価格であるが、市場性を有しない不動産については、鑑定評価の依頼目的及び条件に応じて限定価格、特定価格又は特殊価格を求める場合がある。

2　同一需給圏とは、一般に対象不動産と代替関係が成立して、その価格の形成について相互に影響を及ぼすような関係にある他の不動産の存する圏域をいうが、不動産の種類、性格及び規模に応じた需要者の選好性によって、その地域的範囲は狭められる場合もあれば、広域的に形成される場合もある。

3　鑑定評価の各手法の適用に当たって必要とされる取引事例等については、取引等の事情が正常なものと認められるものから選択すべきであり、売り急ぎ、買い進み等の特殊な事情が存在する事例を用いてはならない。

4　収益還元法は、対象不動産が将来生み出すであろうと期待される純収益の現在価値の総和を求めることにより対象不動産の試算価格を求める手法であるが、市場における土地の取引価格の上昇が著しいときは、その価格と収益価格との乖離が増大するものであるため、この手法の適用は避けるべきである。

★★★

【問26】 宅地建物取引業者Ａ（甲県知事免許）に対する監督処分に関する次の記述のうち、宅地建物取引業法（以下この問において「法」という。）の規定によれば、正しいものはどれか。

1　Ａは、自らが売主となった分譲マンションの売買において、法第35条に規定する重要事項の説明を行わなかった。この場合、Ａは、甲県知事から業務停止を命じられることがある。

2　Ａは、乙県内で宅地建物取引業に関する業務において、著しく不当な行為を行った。この場合、乙県知事は、Ａに対し、業務停止を命ずることはできない。

3　Ａは、甲県知事から指示処分を受けたが、その指示処分に従わなかった。この場合、甲県知事は、Ａに対し、１年を超える期間を定めて、業務停止を命ずることができる。

4　Ａは、自ら所有している物件について、直接賃借人Ｂと賃貸借契約を締結するに当たり、法第35条に規定する重要事項の説明を行わなかった。この場合、Ａは、甲県知事から業務停止を命じられることがある。

解説 → 解答

【問24】不動産取得税 ★★

選択肢2はうれしい×。選択肢3もうれしい○。みんなできたかな。(P.705～708)

1 × 「3年」じゃなくて「6月」。6月を経過しても、最初の使用又は譲渡が行われないときは、その時点での所有者を取得者とみなして、不動産取得税が課されまーす。

2 × 法人の合併による不動産の取得は、不動産取得税は課税されませーん。

3 ○ そのとおり。床面積が50㎡以上240㎡以下の新築住宅を取得した場合、不動産取得税の課税標準から1,200万円が控除されまーす。

4 × 不動産取得税の標準税率は、本来は4%なんだけど、「土地3%」「住宅3%」に軽減されています。住宅以外は4%のままだけど。で、「住宅用以外の土地」についても、土地は土地なので、税率は3%。4%じゃないです。

【問25】不動産鑑定評価 ★

ちょっとむずかしいかな。選択肢4の×がわかればオッケー。(P.700～703)

1 × 「市場性を有しない不動産」となれば、特殊価格(文化財とか宗教建築物など)だよね。「市場性を有しない不動産については・・・限定価格、特定価格又は特殊価格」じゃないです。

2 ○ 同一需給圏とは、一般に対象不動産と代替関係が成立して、その価格の形成について相互に影響を及ぼすような関係にある他の不動産の存する圏域をいいます。コムズカシイので参考まで。(テキスト未記載)

3 × 売り急ぎ、買い進み等の特殊な事情が存在する場合には、正常なものに補正できるものであれば採用しよう。「用いてはならない」だと×。

4 × いやいやいや、「市場における土地の取引価格の上昇が著しいとき」こそ、先走りがちな取引価格に対する有力な験証手段として、収益還元法が活用されるべきであります。

【問26】宅建業法:監督処分 ★★★

選択肢3。うっかり読み飛ばしちゃいそう。業務停止の期間は1年以内です。選択肢4は「自ら貸主」だよー。(65条、P.195～198)

1 ○ そりゃ命じられることがあるでしょ。Aが宅建業法に違反して重要事項の説明を行わなかった場合、甲県知事は、業務停止を命じることができる。

2 × えー、できるでしょ。乙県内で著しく不当な行為を行った場合、乙県知事は、業務停止を命じることができる。

3 × 指示処分を受けたにも関わらず、その指示に従わないと「業務停止処分」の対象となるけど、業務停止の期間は「1年以内」だよー。「1年を超える期間」を定めての業務停止はできないのだ。

4 × おっと、選択肢の場合、宅建業者AはBに自己物件を「自ら賃貸」しているだけだから宅建業とはならない。なのでBに重要事項の説明をする必要もないし、業務停止処分にもならないし。

正解					
問24	3	問25	2	問26	1

問題

★★★

【問27】 宅地建物取引業者Aが、BからB所有の宅地の売却に係る媒介を依頼された場合における次の記述のうち、宅地建物取引業法（以下この問において「法」という。）の規定によれば、正しいものはどれか。なお、この問において一般媒介契約とは、専任媒介契約でない媒介契約をいう。

1　AがBと一般媒介契約を締結した場合、当該一般媒介契約が国土交通大臣が定める標準媒介契約約款に基づくものであるか否かの別を、法第34条の2第1項に規定する書面に記載する必要はない。

2　AがBと専任媒介契約を締結した場合、当該宅地の売買契約が成立しても、当該宅地の引渡しが完了していなければ、売買契約が成立した旨を指定流通機構に通知する必要はない。

3　AがBと一般媒介契約を締結した場合、当該宅地の売買の媒介を担当するAの宅地建物取引士は、法第34条の2第1項に規定する書面に記名押印する必要はない。

4　Aは、Bとの間で締結した媒介契約が一般媒介契約であるか、専任媒介契約であるかを問わず、法第34条の2第1項に規定する書面に売買すべき価額を記載する必要はない。

★★★

【問28】 宅地建物取引業者Aが、自ら売主として、宅地建物取引業者でないBとの間でマンション（代金4,000万円）の売買契約を締結した場合に関する次の記述のうち、宅地建物取引業法（以下この問において「法」という。）の規定に違反するものの組合せはどれか。

ア　Aは、建築工事完了前のマンションの売買契約を締結する際に、Bから手付金200万円を受領し、さらに建築工事中に200万円を中間金として受領した後、当該手付金と中間金について法第41条に定める保全措置を講じた。

イ　Aは、建築工事完了後のマンションの売買契約を締結する際に、法第41条の2に定める保全措置を講じることなくBから手付金400万円を受領した。

ウ　Aは、建築工事完了前のマンションの売買契約を締結する際に、Bから手付金500万円を受領したが、Bに当該手付金500万円を現実に提供して、契約を一方的に解除した。

エ　Aは、建築工事完了後のマンションの売買契約を締結する際に、当事者の債務の不履行を理由とする契約の解除に伴う損害賠償の予定額を1,000万円とする特約を定めた。

1　ア、ウ　　2　イ、ウ　　3　ア、イ、エ　　4　ア、ウ、エ

★★★

【問29】 宅地建物取引業者Aの業務に関する次の記述のうち、宅地建物取引業法（以下この問において「法」という。）の規定に違反するものの組合せはどれか。

ア　Aは、マンションを分譲するに際して案内所を設置したが、売買契約の締結をせず、かつ、契約の申込みの受付も行わない案内所であったので、当該案内所に法第50条第1項に規定する標識を掲示しなかった。

イ　Aは、建物の売買の媒介に際し、買主に対して手付の貸付けを行う旨を告げて契約の締結を勧誘したが、売買は成立しなかった。

ウ　Aは、法第49条の規定によりその事務所ごとに備えるべきこととされている業務に関する帳簿について、取引関係者から閲覧の請求を受けたが、閲覧に供さなかった。

エ　Aは、自ら売主となるマンションの割賦販売の契約について、宅地建物取引業者でない買主から賦払金が支払期日までに支払われなかったので、直ちに賦払金の支払の遅延を理由として契約を解除した。

1　ア、イ　　2　ア、ウ　　3　ア、イ、エ　　4　イ、ウ、エ

解説 ➔ 解答

【問27】 宅建業法：媒介契約 ★★★

選択肢３の○が楽勝だけど、残りの選択肢の内容も復習しておいてほしいなー。（34条の2）

1 ×「標準媒介契約約款に基づくか否かの別」は、媒介契約書に記載しなければならない。一般媒介契約であってもおなじ。（P.112）

2 × 売買契約が成立してるんだからさ、その時点で指定流通機構に通知しないとね。登録した物件情報を取り下げてもらわないとまずいでしょ。「引渡しの完了」までだと遅い。（P.110）

3 ○ そのとおり。宅地建物取引士の出番ではありませーん。媒介契約書の作成・記名押印は宅建業者が行いまーす。（P.111）

4 ×「売買すべき価額又はその評価額」は、媒介契約書に必ず記載しなければならない。一般媒介契約でも専任媒介契約でもおなじ。っていうか、売買すべき価格を記載していない媒介契約書なんて、意味があるんですかね。（P.112）

【問28】 宅建業法：宅建業者が売主（複合） ★★★

建築工事完了前と完了後での、手付金等の保全措置のちがいを理解しておいてねー。

ア 違反する　選択肢の手付金と中間金は手付金等になる。工事完了前だから代金の５％（200万円）となる手付金を受領する時点では保全措置は不要だけど、中間金を受領する前に、あわせて400万円について保全措置を講じなければならない。受領したあとじゃ遅いよん。（41条、P.143～144）

イ 違反しない　建築工事完了後だから、手付金等の額が代金の10％（400万円）までだったら保全措置は不要。（41条の2、P.143～144）

ウ 違反する　売主からは、手付倍返し（1,000万円）で解除だよね。「500万円を現実に提供するだけで一方的に契約を解除」は違反でしょ。なお手付の額自体は20％（800万円）以下なので問題なし。（39条、P.138）

エ 違反する　損害賠償の予定額は代金の20％まで。800万円が限度額だよね。これを超える特約を定めることはできない。（38条、P.136）

違反するものの組合せは「ア、ウ、エ」。選択肢４が正解となる。

【問29】 宅建業法：標識・案内所等 ★★★

広告・宣伝・案内だけをする「案内所」でも標識は掲示しないとね。宅建士の設置や届出は不要だけどね。

ア 違反する　契約の締結や申込みの受付を行わないとしても、その案内所には、標識を掲示しなければなりませーん。（50条、P.092）

イ 違反する　売買が成立しなかったからいいじゃん、というワケにいかぬ。手付の貸付けをすることにより契約の締結を勧誘する行為は禁止。ドンピシャの違反。（47条、P.102）

ウ 違反しない　そうそう。帳簿は事務所ごとに備え付けておかなければならないけど、取引の関係者に閲覧させる必要はありませーん。ここが従業者名簿と異なりまーす。（49条、P.090～091）

エ 違反する　宅建業者が自ら売主となる割賦販売契約で、宅建業者ではない買主が賦払金の支払の義務を履行しない場合、「直ちに解除」だと違反でーす。「30日以上の相当の期間を定めてその支払を書面で催告し、その期間内にその義務が履行されないとき」じゃないと解除できないよ。（42条、P.147～149）

違反するものの組合せは「ア、イ、エ」。選択肢３が正解となる。

正解					
問27	3	問28	4	問29	3

問題

★★★

【問30】 宅地建物取引業法第35条に規定する重要事項の説明及び同法第37条の規定により交付すべき書面（以下この問において「37条書面」という。）に関する次の記述のうち、正しいものはどれか。なお、説明の相手方は宅地建物取引業者ではないものとする。（法改正により問題文、選択肢3を修正している）

1　宅地建物取引業者は、建物の貸借の媒介における重要事項の説明において、借賃の額並びにその支払の時期及び方法について説明するとともに、37条書面に記載しなければならない。

2　宅地建物取引士は、重要事項の説明をする際に、相手方から求められない場合は、宅地建物取引士証を提示しなくてもよい。

3　宅地建物取引業者は、37条書面を交付する際に、相手方の承諾の有無にかかわらず、書面の交付に代えて、電磁的方法により提供することができる。

4　宅地建物取引業者は、宅地建物取引士をして37条書面に記名させなければならないが、当該書面の交付は宅地建物取引士でない従業者に行わせることができる。

★★★

【問31】 宅地建物取引業保証協会（以下この問において「保証協会」という。）の社員である宅地建物取引業者に関する次の記述のうち、宅地建物取引業法の規定によれば、正しいものはどれか。（法改正により選択肢4を修正している）

1　保証協会に加入することは宅地建物取引業者の任意であり、一の保証協会の社員となった後に、宅地建物取引業に関し取引をした者の保護を目的として、重ねて他の保証協会の社員となることができる。

2　保証協会に加入している宅地建物取引業者（甲県知事免許）は、甲県の区域内に新たに支店を設置した場合、その設置した日から1月以内に当該保証協会に追加の弁済業務保証金分担金を納付しないときは、社員の地位を失う。

3　保証協会から還付充当金の納付の通知を受けた社員は、その通知を受けた日から2週間以内に、その通知された額の還付充当金を主たる事務所の最寄りの供託所に供託しなければならない。

4　150万円の弁済業務保証金分担金を保証協会に納付して当該保証協会の社員となった者と宅地建物取引業に関し取引をした者（宅地建物取引業者に該当する者を除く。）は、その取引により生じた債権に関し、2,500万円を限度として、当該保証協会が供託した弁済業務保証金から弁済を受ける権利を有する。

★★★

【問32】 宅地建物取引業者A（甲県知事免許）がその業務に関して広告を行った場合における次の記述のうち、宅地建物取引業法の規定に違反しないものはどれか。

1　Aは、宅地の造成に当たり、工事に必要とされる許可等の処分があった宅地について、当該処分があったことを明示して、工事完了前に、当該宅地の販売に関する広告を行った。

2　Aは、自ら売主として新築マンションを分譲するに当たり、建築基準法第6条第1項の確認の申請中であったため、「建築確認申請済」と明示して、当該建物の販売に関する広告を行い、建築確認を受けた後に売買契約を締結した。

3　Aは、中古の建物の売買において、当該建物の所有者Bから媒介の依頼を受け、取引態様の別を明示せずに自社ホームページに広告を掲載したが、広告を見た者からの問い合わせはなく、契約成立には至らなかった。

4　Aは、甲県知事から業務の全部の停止を命じられ、その停止の期間中に未完成の土地付建物の販売に関する広告を行ったが、当該土地付建物の売買の契約は当該期間の経過後に締結した。

解説 ➔ 解答

【問30】 宅建業法：35条書面・37条書面 ★★★

選択肢1は古典的なヒッカケ。選択肢3の電磁的記録での提供は、まだダメです。あくまでも書面で。紙でやってね、紙で。（35条、37条）

1 × 「借賃の額並びにその支払の時期及び方法」は37条書面に必ず記載しなければならない事項だけど、重要事項として説明する必要はありませーん。（P.161、173）

2 × 相手方から求められなかったとしても、重要事項の説明をするときは、宅地建物取引士証を提示しなければならないでしょ。（P.154）

3 × 「相手方の承諾の有無にかかわらず」は誤だよね。（P.170）

4 ○ 37条書面への記名は宅地建物取引士じゃないとダメだけど、37条書面の交付自体は誰でもいいでーす。（P.170～171）

【問31】 宅建業法：保証協会 ★★★

保証協会に加入している宅建業者が、直接、供託所に出向くことはないよね。（P.184～189）

1 × 保証協会に加入するかどうかは、宅建業者の任意だけど、加入できる協会は一つ。重ねて他の保証協会の社員となることはできませーん。（64条の4）

2 × 「1月以内」では遅すぎでーす。新たに事務所を設置したときは、その日から2週間以内に、弁済業務保証金分担金を保証協会に納付しなければなりません。なお、2週間以内に納付しないときは、社員の地位を失う。（64条の9）

3 × 還付充当金は保証協会に納付だよね。社員である宅建業者が、直接、供託所に供託するなんてことはしない。なお、「通知を受けた日から2週間以内」は正しい。（46条の10）

4 ○ 弁済業務保証金分担金が150万円ということは、本店（60万円）＋支店3か所（30万円×3＝90万円）。営業保証金に換算すると2,500万円（1,000万＋500万×3）。というわけで2,500万円が弁済の限度額ということになる。（46条の9）

【問32】 宅建業法：広告・契約締結 ★★★

開発許可や建築確認など、工事に必要とされる許可等の処分があれば広告できます。申請中の場合はダメです。（P.098～100）

1 違反しない　「工事に必要とされる許可等の処分があった」というんだから、広告オッケー。（33条）

2 違反する　建築確認を受けてからじゃないと、広告できません。違反。「建築確認申請済」と明示しても、ぜんぜん意味なし。（33条）

3 違反する　「広告を見た者からの問い合わせはなく、契約成立には至らなかった」としてもだ、広告に取引態様の別を明示しないことは違反。（34条）

4 違反する　ダメでしょ。広告することも「業務」なんだから、業務の全部停止期間中に広告しちゃ違反でしょ。「売買の契約は当該期間の経過後に締結」したとしても許されません。（46条の4）

正解		
問30　4	問31　4	問32　1

問題

★★★

【問33】 宅地建物取引業者が売買等の媒介に関して受けることができる報酬についての次の記述のうち、宅地建物取引業法の規定によれば、誤っているものはいくつあるか。（法改正により選択肢ウを修正している）

ア　宅地建物取引業者が媒介する物件の売買について、売主があらかじめ受取額を定め、実際の売却額との差額を当該宅地建物取引業者が受け取る場合は、媒介に係る報酬の限度額の適用を受けない。

イ　宅地建物取引業者は、媒介に係る報酬の限度額の他に、依頼者の依頼によらない通常の広告の料金に相当する額を報酬に合算して、依頼者から受け取ることができる。

ウ　居住用の建物の貸借の媒介に係る報酬の額は、借賃の1月分の1.1倍に相当する額以内であるが、権利金の授受がある場合は、当該権利金の額を売買に係る代金の額とみなして算定することができる。

1　一つ　　2　二つ　　3　三つ　　4　なし

★★★

【問34】 宅地建物取引業法（以下この問において「法」という。）第47条及び第47条の2に規定されている業務に関する禁止事項に関する次の記述のうち、誤っているものはどれか。なお、Aは宅地建物取引業者である。

1　Aが、賃貸アパートの媒介に当たり、入居申込者が無収入であることを知っており、入居申込書の収入欄に「年収700万円」とあるのは虚偽の記載であることを認識したまま、その事実を告げずに貸主に提出した行為は法に違反する。

2　Aが、分譲マンションの購入を勧誘するに際し、うわさをもとに「3年後には間違いなく徒歩5分の距離に新しく私鉄の駅ができる」と告げた場合、そのような計画はなかったとしても、故意にだましたわけではないので法には違反しない。

3　Aは、建売住宅の売買の相手方である買主から手付放棄による契約の解除の通知を受けたとしても、すでに所有権の移転登記を行い引渡しも済んでいる場合は、そのことを理由に当該契約の解除を拒むことができる。

4　Aが、宅地の売買契約締結の勧誘に当たり、相手方が手付金の手持ちがないため契約締結を迷っていることを知り、手付金の分割払いを持ちかけたことは、契約締結に至らなかったとしても法に違反する。

★★★

【問35】 宅地建物取引業の免許（以下この問において「免許」という。）に関する次の記述のうち、宅地建物取引業法の規定によれば、正しいものはどれか。

1　個人である宅地建物取引業者A（甲県知事免許）が、免許の更新の申請を怠り、その有効期間が満了した場合、Aは、遅滞なく、甲県知事に免許証を返納しなければならない。

2　法人である宅地建物取引業者B（乙県知事免許）が、乙県知事から業務の停止を命じられた場合、Bは、免許の更新の申請を行っても、その業務の停止の期間中は免許の更新を受けることができない。

3　法人である宅地建物取引業者C（国土交通大臣免許）について破産手続開始の決定があった場合、その日から30日以内に、Cを代表する役員Dは、その旨を主たる事務所の所在地を管轄する都道府県知事を経由して国土交通大臣に届け出なければならない。

4　個人である宅地建物取引業者E（丙県知事免許）が死亡した場合、Eの一般承継人Fがその旨を丙県知事に届け出た後であっても、Fは、Eが生前締結した売買契約に基づく取引を結了する目的の範囲内においては、なお宅地建物取引業者とみなされる。

解説 → 解答

【問33】 宅建業法：報酬 ★★★

「ア」が「なんじゃこりゃ？」っていう感じだったかな。「ウ」は「居住用の建物」の貸借の媒介だよー。（46条）

ア × 宅建業者は、国土交通大臣の定める報酬の限度額を超えて報酬を受け取ることはできませーん。報酬の限度額を無視して差額をもらうみたいなやり方はダメです。（P.114～117）

イ × 依頼者の依頼によって行う広告の料金については、報酬のほかに受領できるけど、「依頼者の依頼によらない通常の広告の料金」の受領はできないでしょ。（P.122）

ウ × 権利金の額を売買に係る代金の額とみなして報酬を計算することができるのは、「居住用以外の建物」の場合だけだよー。「居住用」の建物の場合はできないよー。（P.121）

誤っているものはア、イ、ウの「三つ」。選択肢3が正解となる。

【問34】 宅建業法：業務に関する禁止事項 ★★★

選択肢1と2は、けっこう笑える。毎年、こんな感じで笑える問題が1問はあります。出題者さん、いつもありがとうございます。（47条、47条の2、P.102～104）

1 ○ そりゃ違反でしょ。「入居申込者が無収入」なのに「年収700万円」だもんね（笑）。故意に事実を告げない行為は違反です。

2 × これも笑っちゃうよね。うわさだもんね。「3年後には間違いなく徒歩5分の距離に新しく私鉄の駅ができる」と告げることは、断定的判断の提供に該当し、違反です。

3 ○ 「すでに所有権の移転登記を行い引渡しも済んでいる」ということだから、売主Aは履行に着手済み。なので、買主からの手付放棄による解除を拒むことができます。

4 ○ 手付を貸し付けたり分割払いを持ちかけたりして契約の締結を誘因する行為は禁止されてまーす。契約締結に至らなくても違反です。

【問35】 宅建業法：免許制度・各種届出 ★★★

選択肢1がマニアック。こんなの出さないでよぉ～。（P.040、044～048）

1 × おっと、有効期間が満了した場合は、免許証を返納しなくてもいいのよ。免許証を返納しなければならないのは、①免許換えにより免許が効力を失ったとき、②免許の取消処分を受けたとき、③亡失した免許証を発見したとき、④廃業等の届出をするとき。（規4条）

2 × 業務停止期間中でも免許の更新を受けることができる。業務停止期間が満了すれば宅建業を営むことができるしね。再開に備えての免許の更新。できるでしょ。

3 × 宅建業者Cについて破産手続開始の決定があった場合には、「Cを代表する役員D」じゃなくて「破産管財人」が、30日以内に届け出なければなりませーん。なお、届出の段取りは正しいです。（11条）

4 ○ 宅建業者Eが死亡した場合、Eの相続人（一般承継人）Fは、その事実を知った日から30日以内に、その旨を届け出なければならない。で、相続人Fは、取引を結了する目的の範囲内において、宅建業者とみなされる。（11条）

正解		
問33 3	問34 2	問35 4

平成28年度 ≫ 問題・解説・解答

問題

★★

【問36】 宅地建物取引業者が行う宅地建物取引業法第35条に規定する重要事項の説明に関する次の記述のうち、正しいものはいくつあるか。なお、説明の相手方は宅地建物取引業者ではないものとする。（法改正により問題文を修正している）

ア　区分所有権の目的である建物の売買の媒介を行う場合、当該建物が借地借家法第22条に規定する定期借地権の設定された土地の上に存するときは、当該定期借地権が登記されたものであるか否かにかかわらず、当該定期借地権の内容について説明しなければならない。

イ　宅地の貸借の媒介を行う場合、当該宅地が流通業務市街地の整備に関する法律第4条に規定する流通業務地区にあるときは、同法第5条第1項の規定による制限の概要について説明しなければならない。

ウ　建物の売買の媒介を行う場合、当該建物の売買代金の額並びにその支払の時期及び方法について説明する義務はないが、売買代金以外に授受される金銭があるときは、当該金銭の額及び授受の目的について説明しなければならない。

エ　建物の貸借の媒介を行う場合、当該建物が建築工事の完了前であるときは、必要に応じ当該建物に係る図面を交付した上で、当該建築工事の完了時における当該建物の主要構造部、内装及び外装の構造又は仕上げ並びに設備の設置及び構造について説明しなければならない。

1　一つ　　2　二つ　　3　三つ　　4　四つ

★★

【問37】 宅地建物取引業法（以下この問において「法」という。）の規定に関する次の記述のうち、正しいものはいくつあるか。

ア　宅地建物取引業者A（甲県知事免許）が乙県内に新たに支店を設置して宅地建物取引業を営んでいる場合において、免許換えの申請を怠っていることが判明したときは、Aは、甲県知事から業務停止の処分を受けることがある。

イ　宅地建物取引業者Bが自ら売主として宅地の売買契約を成立させた後、当該宅地の引渡しの前に免許の有効期間が満了したときは、Bは、当該契約に基づく取引を結了する目的の範囲内においては、宅地建物取引業者として当該取引に係る業務を行うことができる。

ウ　Cが免許の申請前5年以内に宅地建物取引業に関し不正又は著しく不当な行為をした場合には、その行為について刑に処せられていなかったとしても、Cは免許を受けることができない。

エ　宅地建物取引業者D（甲県知事免許）が乙県内に新たに支店を設置して宅地建物取引業を営むため、国土交通大臣に免許換えの申請を行っているときは、Dは、甲県知事免許業者として、取引の相手方等に対し、法第35条に規定する重要事項を記載した書面及び法第37条の規定により交付すべき書面を交付することができない。

1　一つ　　2　二つ　　3　三つ　　4　四つ

解説 ➔ 解答

【問36】 宅建業法：重要事項の説明（35条書面） ★★

「イ」の「流通業務市街地の整備に関する法律第４条に規定する流通業務地区」は参考まで。「ウ」の「代金の額」がどうしたこうしたは、いつもの出題パターン。（35条、P.158～165）

ア ○ 定期借地権に基づくマンション(区分所有建物）であるときは、敷地権が定期借地権であるとして、その内容を説明しなければならない。登記されているか否かはカンケーないです。

イ ○ ちょっとマニアック。宅地が流通業務市街地整備法に規定する流通業務地区にあるときは、宅地の借主にも影響があるので、同法５条による制限の概要について説明しなければならない。

ウ ○ 「売買代金の額並びにその支払の時期及び方法」については、重要事項として説明する必要はないけど、「代金以外に授受される金銭の額及び授受の目的」については説明しなければならない。

エ ○ 物件が未完成（建築工事の完了前）だったら、建築工事完了時の形状、構造、主要構造部、内装及び外装の形状・仕上げ、設備の設置・構造について説明しなければならない。

正しいものはア、イ、ウ、エの「４つ」。選択肢４が正解となる。

【問37】 宅建業法：宅建業の免許 ★★

「ア」と「ウ」の場面設定がちょっとめんどくさいですねー。むずかしかったかも。

ア × 宅建業者Ａはさ、乙県内に新たに支店を設置するというのだから、国土交通大臣免許への免許換えが必要じゃん。で、免許換えの申請を怠っていることが判明したわけだから、免許の取消処分となる。業務停止処分では済みません。（7条、P.041、198）

イ ○ 免許の有効期間が満了かぁ～。でもね、宅建業者であった者は、宅建業者が締結した契約に基づく取引を結了する目的の範囲内においては、なお宅建業者とみなされる。なので、宅建業者として取引に係る業務を行うことができるよ。（76条、P.046）

ウ ○ 「免許の申請前５年以内に宅建業に関し不正又は著しく不当な行為をした者」は、それだけで免許不可となりまーす。刑に処せられたかどうかはカンケーありません。（5条、P.061）

エ × 免許換えの申請を行っていたとしても、新しい免許を受けるまでは、Ｄはまだ甲県知事免許業者だよ。なので甲県知事免許業者として業務を行ってください。（P.039）

正しいものはイ、ウの「二つ」。選択肢２が正解となる。

正解			
問36	4	問37	2

問題

★★★

【問38】宅地建物取引士資格登録（以下この問において「登録」という。）又は宅地建物取引士に関する次の記述のうち、宅地建物取引業法の規定によれば、正しいものはいくつあるか。（法改正により記述ウを修正している）

ア　宅地建物取引士（甲県知事登録）が、乙県で宅地建物取引業に従事することとなったため乙県知事に登録の移転の申請をしたときは、移転後新たに５年を有効期間とする宅地建物取引士証の交付を受けることができる。

イ　宅地建物取引士は、取引の関係者から宅地建物取引士証の提示を求められたときは、宅地建物取引士証を提示しなければならないが、従業者証明書の提示を求められたときは、宅地建物取引業者の代表取締役である宅地建物取引士は、当該証明書がないので提示をしなくてよい。

ウ　宅地建物取引士が心身の故障により宅地建物取引業を営むことができない者になったときは、その同居の親族は、３月以内に、その旨を登録をしている都道府県知事に届け出なければならない。

エ　宅地建物取引士の氏名等が登載されている宅地建物取引士資格登録簿は一般の閲覧に供されることはないが、専任の宅地建物取引士は、その氏名が宅地建物取引業者名簿に登載され、当該名簿が一般の閲覧に供される。

1　一つ　　2　二つ　　3　三つ　　4　なし

★★★

【問39】宅地建物取引業者が媒介により区分所有建物の貸借の契約を成立させた場合に関する次の記述のうち、宅地建物取引業法（以下この問において「法」という。）の規定によれば、正しいものはどれか。なお、この問において「重要事項説明書」とは法第35条の規定により交付すべき書面をいい、「37条書面」とは法第37条の規定により交付すべき書面をいうものとする。

1　専有部分の用途その他の利用の制限に関する規約において、ペットの飼育が禁止されている場合は、重要事項説明書にその旨記載し内容を説明したときも、37条書面に記載しなければならない。

2　契約の解除について定めがある場合は、重要事項説明書にその旨記載し内容を説明したときも、37条書面に記載しなければならない。

3　借賃の支払方法が定められていても、貸主及び借主の承諾を得たときは、37条書面に記載しなくてよい。

4　天災その他不可抗力による損害の負担に関して定めなかった場合には、その旨を37条書面に記載しなければならない。

★★★

【問40】宅地建物取引業者Ａ（甲県知事免許）は、甲県に本店と支店を設け、営業保証金として1,000万円の金銭と額面金額500万円の国債証券を供託し、営業している。この場合に関する次の記述のうち宅地建物取引業法の規定によれば、正しいものはどれか。（法改正により選択肢３を修正している）

1　Ａは、本店を移転したため、その最寄りの供託所が変更した場合は、遅滞なく、移転後の本店の最寄りの供託所に新たに営業保証金を供託しなければならない。

2　Ａは、営業保証金が還付され、営業保証金の不足額を供託したときは、供託書の写しを添附して、30日以内にその旨を甲県知事に届け出なければならない。

3　本店でＡと宅地建物取引業に関する取引をした者（宅地建物取引業者に該当する者を除く。）は、その取引により生じた債権に関し、1,000万円を限度としてＡからその債権の弁済を受ける権利を有する。

4　Ａは、本店を移転したため、その最寄りの供託所が変更した場合において、従前の営業保証金を取りもどすときは、営業保証金の還付を請求する権利を有する者に対し、一定期間内に申し出るべき旨の公告をしなければならない。

解説 ➔ 解答

【問38】 宅建業法：宅地建物取引士 ★★★

登録の移転に伴う場合の、宅地建物取引士証の有効期間は残存期間だよねー。

ア × 「5年」じゃないです。移転後の都道府県知事は、従前の宅地建物取引士証の有効期間が経過するまでの期間を有効期間とする宅地建物取引士証を交付しなければならない。（22条の2、P.078）

イ × 代表取締役も従業者証明書を携帯しなければならない。役員であろうと、宅地建物取引士であろうとおなじ。で、宅地建物取引士証も従業者証明書も、取引の関係者の請求があったときは提示せねばならぬ。（22条の2、P.076、096）

ウ × 宅地建物取引士が心身の故障により宅地建物取引業を営むことができない者になった場合、本人、法定代理人、同居の親族が届け出なければならないんだけど、3月以内じゃなくて30日以内だよね。（18条、P.080）

エ ○ そうそう。宅地建物取引士資格登録簿には個人情報が山盛りなので、一般の閲覧に供されることはありませーん。で、宅地建物取引業者名簿は一般の閲覧に供されます。専任の宅地建物取引士の氏名も名簿に登載されています。（18条、P.043、073～074）

正しいものはエの「一つ」。選択肢1が正解となる。

【問39】 宅建業法：35条書面・37条書面 ★★★

重要事項説明書と37条書面の複合問題。でも、できたでしょ。（35条、37条、P.161～165、173～174）

1 × おっと、重要事項説明書には「専有部分の利用の制限に関する規約の定め」を記載して説明しなければならないけど、37条書面では記載事項とはされていないよ。

2 ○ 契約の解除に関する事項は、重要事項説明書の記載事項であり説明しなければならず、また、契約の解除に関する定めがあるときは、37条書面にも記載しなければならない。

3 × 借賃の額並びにその支払の時期及び方法は、37条書面に必ず記載せねばならぬ。貸主及び借主の承諾を得たとしても省略はダメです。

4 × 天災その他不可抗力による損害の負担に関しては、その定めがあるときは、37条書面に記載しなければならないけど、定めがない場合だったら記載する必要はないです。

【問40】 宅建業法：営業保証金 ★★★

選択肢2は「2週間以内」だよねー。営業保証金や保証協会だと「2週間以内」が多いです。

1 ○ そうだよね。金銭のみではなく「金銭と国債証券」で営業保証金を供託しているから、移転後の主たる事務所の最寄りの供託所に新たに営業保証金を供託する必要があります。金銭のみだったら「保管替えの請求」ができますが。（29条、P.181）

2 × 「30日以内」じゃなくて「2週間以内」でーす。営業保証金の不足額を供託した場合、2週間以内に、その旨を甲県知事（免許権者）に届け出なければならない。（28条、P.179）

3 × 本店での取引でも支店での取引でも、供託した営業保証金の額が還付の限度額となる。なので1,500万円が限度だね。（27条、P.179）

4 × 営業保証金を取り戻す場合には、原則として公告が必要なんだけど、主たる事務所の移転に伴う場合や保証協会の社員となった場合は、公告なしで取り戻すことができる。（30条、P.183）

正解		
問38 1	問39 2	問40 1

問題

★★★

【問41】宅地建物取引業者Aが行う業務に関する次の記述のうち、宅地建物取引業法（以下この問において「法」という。）の規定によれば、正しいものはどれか。

1　Aは、宅地建物取引業者Bから宅地の売却についての依頼を受けた場合、媒介契約を締結したときは媒介契約の内容を記載した書面を交付しなければならないが、代理契約を締結したときは代理契約の内容を記載した書面を交付する必要はない。

2　Aは、自ら売主として宅地の売買契約を締結したときは、相手方に対して、遅滞なく、法第37条の規定による書面を交付するとともに、その内容について宅地建物取引士をして説明させなければならない。

3　Aは、宅地建物取引業者でないCが所有する宅地について、自らを売主、宅地建物取引業者Dを買主とする売買契約を締結することができる。

4　Aは、宅地建物取引業者でないEから宅地の売却についての依頼を受け、専属専任媒介契約を締結したときは、当該宅地について法で規定されている事項を、契約締結の日から休業日数を含め5日以内に指定流通機構へ登録する義務がある。

★★★

【問42】宅地建物取引業法（以下この問において「法」という。）第37条の規定により交付すべき書面（以下この問において「37条書面」という。）に関する次の記述のうち、正しいものはどれか。なお、Aは宅地建物取引業者（消費税課税事業者）である。

1　Aは、宅地建物取引業者Bと宅地建物取引業者Cの間で締結される宅地の売買契約の媒介においては、37条書面に引渡しの時期を記載しなくてもよい。

2　Aは、自ら売主として土地付建物の売買契約を締結したときは、37条書面に代金の額を記載しなければならないが、消費税等相当額については記載しなくてもよい。

3　Aは、自ら売主として、宅地建物取引業者Dの媒介により、宅地建物取引業者Eと宅地の売買契約を締結した。Dが宅地建物取引士をして37条書面に記名させている場合、Aは宅地建物取引士をして当該書面に記名させる必要はない。

4　Aは、貸主Fと借主Gの間で締結される建物賃貸借契約について、Fの代理として契約を成立させたときは、FとGに対して37条書面を交付しなければならない。

解説 → 解答

【問41】 宅建業法：媒介契約・契約書面の交付（37条書面） ★★★

選択肢1が「代理契約？」となるかな。選択肢3はよく読んでみると、宅建業者が買主じゃん。

1 × 媒介契約書の交付は、宅建業者間の取引でも省略できないよね。で、代理契約についても、媒介契約に関する規定が準用されます。代理契約を締結したときも、代理契約の内容を記載した書面を交付する必要があります。（34条の2、P.111）

2 × 出たぁー、いつものヒッカケ。37条書面は相手方に交付しなければならないけど、宅地建物取引士をして内容を説明させる必要はありませーん。（37条、P.171）

3 ○ 宅建業者Aが自ら売主で、宅建業者Dが買主だから、C所有の宅地の売買契約を締結しても宅建業法には違反しない。お好きにどうぞ。（33条の2、78条、P.125）

4 × 「休業日を除く」ですよね。専属専任媒介契約を締結したときは、媒介契約の日から休業日数を除き、5日以内に指定流通機構に登録でーす。（34条の2、P.108）

【問42】 宅建業法：契約書面の交付（37条書面） ★★★

宅建業者がガチャガチャからんでくる選択肢1と3がウザいです。でも例年、おなじような出題パターンの37条書面です。（37条、P.170～173）

1 × 宅建業者間の売買で、媒介が宅建業者と、なんかウザい（笑）。で、宅建業者間の取引でも37条書面の作成・交付は省略できない。で、37条書面には「引渡しの時期」を必ず記載せねばならぬ。

2 × えーと、消費税等相当額も記載しないとまずいでしょ。37条書面には代金の額と消費税等相当額を記載せねばならぬ。

3 × 選択肢1に引き続きウザい（爆）。で、宅建業者間の取引でも、37条書面には宅地建物取引士の記名が必要。媒介業者であるDも売主業者であるAも、宅地建物取引士をして37条書面に記名させねばならぬ。

4 ○ 貸主Fを代理して賃貸借契約を成立させた媒介業者Aは、借主Gと代理の依頼者で貸主Fの双方に対して37条書面を交付せねばならぬ。

正解			
問41	3	問42	4

問題

★★★

【問43】 宅地建物取引業者Aが、自ら売主として、宅地建物取引業者でないBと建築工事完了前のマンション（代金3,000万円）の売買契約を締結した場合、宅地建物取引業法第41条の規定に基づく手付金等の保全措置（以下この問において「保全措置」という。）に関する次の記述のうち、正しいものはいくつあるか。

ア　Aが、Bから手付金600万円を受領する場合において、その手付金の保全措置を講じていないときは、Bは、この手付金の支払を拒否することができる。

イ　Aが、保全措置を講じて、Bから手付金300万円を受領した場合、Bから媒介を依頼されていた宅地建物取引業者Cは、Bから媒介報酬を受領するに当たり、Aと同様、あらかじめ保全措置を講じなければ媒介報酬を受領することができない。

ウ　Aは、Bから手付金150万円を保全措置を講じないで受領し、その後引渡し前に、中間金350万円を受領する場合は、すでに受領した手付金と中間金の合計額500万円について保全措置を講じなければならない。

エ　Aは、保全措置を講じないで、Bから手付金150万円を受領した場合、その後、建築工事が完了しBに引き渡す前に中間金150万円を受領するときは、建物についてBへの所有権移転の登記がなされるまで、保全措置を講じる必要がない。

1　一つ　　2　二つ　　3　三つ　　4　四つ

★★

【問44】 宅地建物取引業者Aが、自ら売主として、宅地建物取引業者でないBと宅地の売買契約を締結した場合、宅地建物取引業法第37条の2の規定に基づくいわゆるクーリング・オフについてAがBに告げるときに交付すべき書面の内容に関する次の記述のうち、誤っているものはどれか。

1　Aについては、その商号又は名称及び住所並びに免許証番号、Bについては、その氏名（法人の場合、その商号又は名称）及び住所が記載されていなければならない。

2　Bは、クーリング・オフについて告げられた日から起算して8日を経過するまでの間は、代金の全部を支払った場合を除き、書面によりクーリング・オフによる契約の解除を行うことができることが記載されていなければならない。

3　クーリング・オフによる契約の解除は、Bが当該契約の解除を行う旨を記載した書面を発した時にその効力を生ずることが記載されていなければならない。

4　Bがクーリング・オフによる契約の解除を行った場合、Aは、それに伴う損害賠償又は違約金の支払をBに請求することができないこと、また、売買契約の締結に際し、手付金その他の金銭が支払われているときは、遅滞なくその全額をBに返還することが記載されていなければならない。

解説 ➔ 解答

【問43】 宅建業法：宅建業者が売主（手付金等の保全措置） ★★★

建築工事完了前の物件だから、手付金等が代金の５％（または 1,000 万円）を超える場合は保全措置が必要だよー。3,000 万円×５％＝ 150 万円。まず計算しちゃおう。（41 条、P.142 ～ 146）

ア ○ 手付金の額が 150 万円を超えているので、もちろん保全措置が必要です。宅建業者が保全措置を講じないときは、買主は、手付金等を支払わないとすることができる。で、手付金の 600 万円は、ちょうど代金の 20%なので、これ自体は違反ではないです。

イ × 手付金等の保全措置を講じる義務を負うのは、売主となる宅建業者Ａだけだよー。媒介する宅建業者Ｃが保全措置を講ずる必要はありません。報酬うんぬんと、それらしいヒッカケ。

ウ ○ 手付金は 150 万円ちょうどなので保全措置は不要だけど、引渡し前に受領する中間金も「手付金等」だから、手付金等の額はトータルで 500 万円。中間金を受領する前に 500 万円全額について保全措置を講じなければなりませーん。

エ × 契約の時点で「工事完了前」だったら、その後に工事が完了したとしても、工事完了前の物件の売買として扱う。手付金 150 万円の受領はいいんだけど、引渡し前に受領する中間金は手付金等になるので、合計 300 万円につき保全措置を講じなければならない。なお、買主への所有権移転登記がされたら、保全措置は講じなくてもいいけどね。

正しいものはア、ウの「二つ」。選択肢２が正解となる。

【問44】 宅建業法：宅建業者が売主（クーリング・オフ） ★★

例年とは、ちょっと変わったパターンのクーリング・オフについての問題。でも選択肢３と４の「○」はすぐにわかるでしょ。（37 条の 2、P.129 ～ P.134）

１ ○ クーリング・オフができる旨の告知は書面により行わなければならず、その書面には、売主である宅建業者の「商号又は名称、住所、免許証番号」、買主については「買主の氏名（法人の場合は商号又は名称）及び住所」が記載されていなければならない。

２ × 「代金の全部を支払った場合を除き」が怪しい。「宅地又は建物の引渡しを受け、かつ、その代金の全部を支払った場合を除き」との記載でなければならない。

３ ○ そのとおり。「解除を行う旨を記載した書面を発した時にその効力を生ずる」との記載がなければならない

４ ○ そのとおり。「損害賠償又は違約金の支払をＢに請求することができないこと」と「手付金その他の金銭が支払われているときは、遅滞なくその全額をＢに返還すること」との記載がなければならない。

正解			
問43	2	問44	2

平成28年度 問題・解説・解答

問題

★★

【問45】宅地建物取引業者Aが、自ら売主として、宅地建物取引業者でないBに新築住宅を販売する場合における次の記述のうち、特定住宅瑕疵担保責任の履行の確保等に関する法律の規定によれば、正しいものはどれか。

1　Aは、住宅販売瑕疵担保保証金を供託する場合、当該住宅の床面積が100㎡以下であるときは、新築住宅の合計戸数の算定に当たって、2戸をもって1戸と数えることになる。

2　Aは、当該住宅をBに引き渡した日から3週間以内に、住宅販売瑕疵担保保証金の供託又は住宅販売瑕疵担保責任保険契約の締結の状況について、宅地建物取引業の免許を受けた国土交通大臣又は都道府県知事に届け出なければならない。

3　Aは、住宅販売瑕疵担保保証金の供託をする場合、Bに対し、当該住宅の売買契約を締結するまでに、供託所の所在地等について記載した書面を交付して説明しなければならない。

4　Aは、住宅瑕疵担保責任保険法人と住宅販売瑕疵担保責任保険契約の締結をした場合、Bが住宅の引渡しを受けた時から10年以内に当該住宅を転売したときは、住宅瑕疵担保責任保険法人にその旨を申し出て、当該保険契約の解除をしなければならない。

★★

【問46】独立行政法人住宅金融支援機構（以下この問において「機構」という。）に関する次の記述のうち、誤っているものはどれか。

1　機構は、子どもを育成する家庭又は高齢者の家庭に適した良好な居住性能及び居住環境を有する賃貸住宅の建設又は改良に必要な資金の貸付けを業務として行っている。

2　機構は、証券化支援事業（買取型）において、債務者又は債務者の親族が居住する住宅のみならず、賃貸住宅の建設又は購入に必要な資金の貸付けに係る金融機関の貸付債権についても譲受けの対象としている。

3　機構は、証券化支援事業（買取型）において、バリアフリー性、省エネルギー性、耐震性、耐久性・可変性に優れた住宅を取得する場合に、貸付金の利率を一定期間引き下げる制度を実施している。

4　機構は、マンション管理組合や区分所有者に対するマンション共用部分の改良に必要な資金の貸付けを業務として行っている。

★★★

【問47】宅地建物取引業者が行う広告に関する次の記述のうち、不当景品類及び不当表示防止法（不動産の表示に関する公正競争規約を含む。）の規定によれば、正しいものはどれか。

1　インターネット上に掲載した賃貸物件の広告について、掲載直前に契約済みとなったとしても、消費者からの問合せに対し既に契約済みであり取引できない旨を説明すれば、その時点で消費者の誤認は払拭されるため、不当表示に問われることはない。

2　宅地の造成及び建物の建築が禁止されており、宅地の造成及び建物の建築が可能となる予定がない市街化調整区域内の土地を販売する際の新聞折込広告においては、当該土地が市街化調整区域内に所在する旨を16ポイント以上の大きさの文字で表示すれば、宅地の造成や建物の建築ができない旨まで表示する必要はない。

3　半径300m以内に小学校及び市役所が所在している中古住宅の販売広告においては、当該住宅からの道路距離の表示を省略して、「小学校、市役所近し」と表示すればよい。

4　近くに新駅の設置が予定されている分譲住宅の販売広告を行うに当たり、当該鉄道事業者が新駅設置及びその予定時期を公表している場合、広告の中に新駅設置の予定時期を明示して表示してもよい。

解説 → 解答

【問45】 住宅瑕疵担保履行法 ★★

ちょっと細かいところからの出題。むずかしかったかも。(P.211 ～ 213)

1 × 「100㎡以下」じゃなくて「55㎡以下」です。販売新築住宅の合計戸数の算定につき、床面積が 55㎡以下のものは、その2戸をもって1戸としています。じつはこんな規定もあったのでした。2戸でひとつ。いわゆる「にこいち」。「ゴーゴーにこいち !!」という覚え方でどうでしょう。(11 条)

2 × 「引き渡した日から3週間以内」からじゃなくて、「基準日から3週間以内」に、資力確保措置の状況について、その免許を受けた国土交通大臣又は都道府県知事に届け出なければならない。(12 条)

3 ○ そのとおり。売買契約を締結するまでに、住宅販売瑕疵担保保証金の供託をしている供託所の所在地等について記載した書面を交付して説明しなければなりませーん。(15 条)

4 × 住宅販売瑕疵担保責任保険契約は、買主が新築住宅の引渡しを受けた時から 10 年以上の期間にわたって有効なものでなければならない。転売されたとしても保険契約の解除はできない。(2 条)

【問46】 住宅金融支援機構 ★★

ちょっとむずかしかったかも。選択肢1と4は直接融資業務だよー。選択肢3は参考まで。(13 条、P.740 ～ 744)

1 ○ そのとおり。機構は、子育て世帯・高齢者世帯向けの賃貸住宅の建設などに必要な資金の貸付け業務(直接融資業務)を行っている。

2 × 「賃貸住宅の建設又は購入に必要な資金の貸付けに係る金融機関の貸付債権」は、証券化支援事業(買取型)での買取りの対象とはなりませーん。

3 ○ そうなんです。バリアフリー性、省エネルギー性、耐震性、耐久性・可変性に優れた住宅を取得する場合、フラット 35 の借入金利から 10 年間金利を引き下げる優良住宅取得支援制度がある。フラット 35S などの名称で運営されている。(テキスト未掲載)

4 ○ そのとおり。機構は、マンションの共用部分の改良に必要な資金の貸付け業務(直接融資業務)を行っている。

【問47】 景品表示法 ★★★

選択肢1の「消費者からの問合せに対し既に契約済みであり取引できない旨を説明すれば、その時点で消費者の誤認は払拭されるため」という苦し紛れの展開がおもしろい。(P.730 ～ 738)

1 × 不当表示でしょ。インターネットでの広告でも、広告は広告。契約済みとなった(変更があった)ときは速やかに修正するか、取りやめなければならない。

2 × 市街化調整区域内の土地については、「市街化調整区域。宅地の造成及び建物の建築はできません。」と 16 ポイント以上の文字で明示しなければなりませーん。「市街化調整区域内に所在する土地」だけの表示では足りない。

3 × 「近し」だけじゃダメでしょ。おもしろいけど。物件からの道路距離又は徒歩所要時間を明示だね。

4 ○ 「鉄道事業者が新駅設置及びその予定時期を公表している」っていうことだから、広告の中に新駅設置の予定時期を明示して表示してもよいです。

正解		
問45 3	問46 2	問47 4

平成 28 年度 問題・解説・解答

問題

【問48】次の記述のうち、正しいものはどれか。

1　平成28年地価公示（平成28年3月公表）によれば、平成27年1月以降の1年間の地価は、全国平均では、住宅地はわずかに下落しているものの下落幅は縮小しており、全用途平均では昨年までの下落から上昇に転じた。

2　平成28年版土地白書（平成28年5月公表）によれば、平成26年の住宅地、工業用地等の宅地は、全国で約193万ヘクタールあり、近年、減少傾向にある。

3　建築着工統計（平成28年1月公表）によれば、分譲住宅の着工戸数は、消費税増税の影響を受け、マンション、一戸建住宅ともに平成26年から2年連続で前年に比べ減少している。

4　平成27年度国土交通白書（平成28年6月公表）によれば、平成27年3月末時点の宅地建物取引業者数は122,685業者となっており、前年3月末時点に比べ減少した。

★★★

【問49】土地に関する次の記述のうち、最も不適当なものはどれか。

1　豪雨による深層崩壊は、山体岩盤の深い所に亀裂が生じ、巨大な岩塊が滑落し、山間の集落などに甚大な被害を及ぼす。

2　花崗岩が風化してできた、まさ土地帯においては、近年発生した土石流災害によりその危険性が再認識された。

3　山麓や火山麓の地形の中で、土石流や土砂崩壊による堆積でできた地形は危険性が低く、住宅地として好適である。

4　丘陵地や台地の縁辺部の崖崩れについては、山腹で傾斜角が25度を超えると急激に崩壊地が増加する。

★★

【問50】建築物の構造に関する次の記述のうち、最も不適当なものはどれか。

1　鉄骨造は、自重が大きく、靱性が小さいことから、大空間の建築や高層建築にはあまり使用されない。

2　鉄筋コンクリート造においては、骨組の形式はラーメン式の構造が一般に用いられる。

3　鉄骨鉄筋コンクリート造は、鉄筋コンクリート造にさらに強度と靱性を高めた構造である。

4　ブロック造を耐震的な構造にするためには、鉄筋コンクリートの布基礎及び臥梁により壁体の底部と頂部を固めることが必要である。

解説 ➔ 解答

【問48】 統計等　＊平成28年度の統計数値での出題。参考まで＊

【問48】はこのような統計数値からの出題です。別途、最新データに基づく受験対策レジュメをご用意いたしますのでご活用ください。(8月中旬)

1 ○ 平成27年1月以降の1年間の地価は、全国平均では、全用途平均で8年ぶりに上昇に転じていました。
2 × 平成26年の住宅地、工業用地等の宅地は、全国で約193万ヘクタールで、増加傾向にありました。
3 × 分譲住宅の着工戸数は、マンションは前年比4.7%増、一戸建住宅は前年比1.4%減（2年連続の減少）となっていました。
4 × 平成27年3月末時点の宅地建物取引業者数は122,685業者となっており、9年ぶりに増加に転じていました。

【問49】 土地の形質等　★★★

「土石流や土砂崩壊による堆積でできた地形」は、また崩壊するでしょ。

1 適当　そりゃそうでしょ。豪雨による深層崩壊（字を見るだけでも恐ろしい）なんだから、巨大な岩塊が滑落し，山間の集落などに甚大な被害を及ぼすでしょ。
2 適当　まさ土（真砂土）とは、花崗岩が風化してできた砂。まさ土地帯では大規模な土石流災害がしばしば発生する。
3 不適当　土石流や土砂崩壊による体積でできた地形は、再度崩壊する危険性が高く、住宅地としては不適です。
4 適当　斜面の傾斜角が25度を超えると急激に崩壊地が増加します。

【問50】 建物の構造等　★★

選択肢1に書いてあることがすべてちがうのがおもしろい。最後は笑わせてあげようということなんですよね。ありがとー出題者さん。

1 不適当　すべてちがう（笑）。鉄骨造は、自重が軽く、靭性が大きい。なので大空間の建築や高層建築でメチャ使用されている。
2 適当　そのとおり。鉄筋コンクリート構造の骨組の形式として、一般的にラーメン構造が用いられる。ちなみにラーメン構造とは、柱とはりを強剛に組み合わせた直方体で構成する構造だよー。
3 適当　鉄骨鉄筋コンクリート構造は、鉄筋コンクリート構造より強度・靭性が高い。
4 適当　ブロック造とは、コンクリートブロックを積上げて建築物の壁面を構築する構造。ブロック造は耐震性が低いので、底部（基礎）を鉄筋コンクリートの布基礎で固め、頂部には臥梁（がりょう）を設けて耐震的な構造にする。臥梁とは壁体頂部を固める鉄筋コンクリート製の梁のこと。

正解					
問48	1	問49	3	問50	1

平成28年度 問題・解説・解答

問題

【問 1】 次の記述のうち、民法の条文に規定されているものはどれか。

＊民法の改正により、現時点では問題として成立していないため、除外しています。

★★

【問 2】 Aは、その所有する甲土地を譲渡する意思がないのに、Bと通謀して、Aを売主、Bを買主とする甲土地の仮装の売買契約を締結した。この場合に関する次の記述のうち、民法の規定及び判例によれば、誤っているものはどれか。なお、この問において「善意」又は「悪意」とは、虚偽表示の事実についての善意又は悪意とする。

1　善意のCがBから甲土地を買い受けた場合、Cがいまだ登記を備えていなくても、AはAB間の売買契約の無効をCに主張することができない。

2　善意のCが、Bとの間で、Bが甲土地上に建てた乙建物の賃貸借契約（貸主B、借主C）を締結した場合、AはAB間の売買契約の無効をCに主張することができない。

3　Bの債権者である善意のCが、甲土地を差し押さえた場合、AはAB間の売買契約の無効をCに主張することができない。

4　甲土地がBから悪意のCへ、Cから善意のDへと譲渡された場合、AはAB間の売買契約の無効をDに主張することができない。

★★

【問 3】 AB間で、Aを貸主、Bを借主として、A所有の甲建物につき、①賃貸借契約を締結した場合と、②使用貸借契約を締結した場合に関する次の記述のうち、民法の規定によれば、誤っているものはどれか。（法改正により選択肢３、４を修正している）

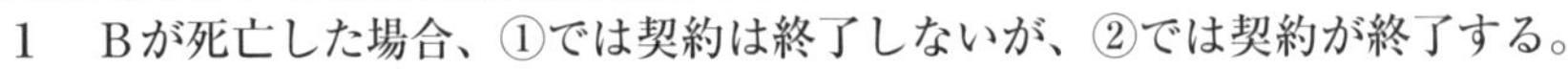

1　Bが死亡した場合、①では契約は終了しないが、②では契約が終了する。

2　Bは、①では、甲建物のAの負担に属する必要費を支出したときは、Aに対しその償還を請求することができるが、②では、甲建物の通常の必要費を負担しなければならない。

3　AB間の契約は、①及び②はいずれも諾成契約である。

4　AはBに対して、甲建物に契約内容に適合しないもの（不適合）があった場合、①及び②のいずれにおいても、売買契約の売主と同じく担保責任を負う。

合格判定基準	50 問中 31 問以上正解（登録講習修了者　45 問中 26 問以上正解）		
受験者データ	申込者数 ➔ 24 万 3,199 人	受験者数 ➔ 19 万 4,859 人	合格者数 ➔ 3 万 0,028 人（合格率 15.4%）

解説 ➔ 解答

【問 1】 民法：条文

【問 2】 民法：意思表示　★★

通謀虚偽表示による契約（仮装の売買契約）の無効は、善意の第三者に主張することができません。それが基本 !!　（94 条、P.414 ～ 415）

1 ○ 第三者は善意であればオッケー。登記を備えている必要はありません。Aは、Cに対して売買契約の無効を主張することができません。

2 × 仮装売買の買主Bが土地上に建てた建物を借りているCは「第三者」には該当しないそうです（判例）。AはAB間の売買契約の無効をCに主張することができます。

3 ○ 通謀虚偽表示の目的物を差し押さえた債権者は「第三者」に該当するそうです（判例）。Cが善意であるためAは無効を主張することができません。

4 ○ Cが悪意であっても転得者Dが善意であれば、Aは、Dに対して所有権を主張することができません。

【問 3】 民法：賃貸借・使用貸借　★★

賃貸借と使用貸借のちがい。使用貸借は無償なので、法的保護が薄いというのがポイント。（P.558 ～ 564）

1 ○ ①の賃借権は相続の対象となるけど、②の使用借権は借主の死亡によってその効力が失われる。終了。（599 条）

2 ○ 借主は、①の賃貸借では賃貸人に支出した必要費の償還を請求することができるけど、②の使用貸借ではできません。借用物の通常の必要費は借主負担となります。（608 条、595 条）

3 ○ ①の賃貸借及び②の使用貸借はいずれも諾成契約（意思表示の合致のみで成立）です。（601 条、593 条）

4 × 売買契約の売主の担保責任の規定は、賃貸借などの有償契約について準用されるので、①の賃貸人は、売主と同様の担保責任を負う（559 条）。がしかし、②の使用貸借は無償契約で、この場合の貸主の担保責任は、贈与に関する「贈与者」の規定（596 条）が準用される。どんな内容かというと「贈与者は、贈与の目的である物又は権利を、贈与の目的として特定した時の状態で引き渡し、又は移転することを約したものと推定する」で、売買の売主の担保責任と比べれば軽減されている。なお、「負担付贈与については、贈与者は、その負担の限度において、売主と同じく担保の責任を負う（551 条）」というのもあって、負担付きの使用貸借（例：無償で貸すけど、これやってね）の場合は、その負担の限度において、売主と同じく担保の責任を負う。

正解		
問 1　-	問 2　2	問 3　4

平成 27 年度 ≫ 問題・解説・解答

問題

★★★

【問 4】A所有の甲土地を占有しているBによる権利の時効取得に関する次の記述のうち、民法の規定及び判例によれば、正しいものはどれか。

1　Bが父から甲土地についての賃借権を相続により承継して賃料を払い続けている場合であっても、相続から20年間甲土地を占有したときは、Bは、時効によって甲土地の所有権を取得することができる。

2　Bの父が11年間所有の意思をもって平穏かつ公然に甲土地を占有した後、Bが相続によりその占有を承継し、引き続き9年間所有の意思をもって平穏かつ公然に占有していても、Bは、時効によって甲土地の所有権を取得することはできない。

3　Aから甲土地を買い受けたCが所有権の移転登記を備えた後に、Bについて甲土地所有権の取得時効が完成した場合、Bは、Cに対し、登記がなくても甲土地の所有者であることを主張することができる。

4　甲土地が農地である場合、BがAと甲土地につき賃貸借契約を締結して20年以上にわたって賃料を支払って継続的に耕作していても、農地法の許可がなければ、Bは、時効によって甲土地の賃借権を取得することはできない。

★

【問 5】占有に関する次の記述のうち、民法の規定及び判例によれば、正しいものはどれか。

1　甲建物の所有者Aが、甲建物の隣家に居住し、甲建物の裏口を常に監視して第三者の侵入を制止していたとしても、甲建物に錠をかけてその鍵を所持しない限り、Aが甲建物を占有しているとはいえない。

2　乙土地の所有者の相続人Bが、乙土地上の建物に居住しているCに対して乙土地の明渡しを求めた場合、Cは、占有者が占有物について行使する権利は適法であるとの推定規定を根拠として、明渡しを拒否することができる。

3　丙土地の占有を代理しているDは、丙土地の占有が第三者に妨害された場合には、第三者に対して占有保持の訴えを提起することができる。

4　占有回収の訴えは、占有を侵奪した者及びその特定承継人に対して当然に提起することができる。

★★★

【問 6】抵当権に関する次の記述のうち、民法の規定及び判例によれば、誤っているものはどれか。

1　賃借地上の建物が抵当権の目的となっているときは、一定の場合を除き、敷地の賃借権にも抵当権の効力が及ぶ。

2　抵当不動産の被担保債権の主債務者は、抵当権消滅請求をすることはできないが、その債務について連帯保証をした者は、抵当権消滅請求をすることができる。

3　抵当不動産を買い受けた第三者が、抵当権者の請求に応じてその代価を抵当権者に弁済したときは、抵当権はその第三者のために消滅する。

4　土地に抵当権が設定された後に抵当地に建物が築造されたときは、一定の場合を除き、抵当権者は土地とともに建物を競売することができるが、その優先権は土地の代価についてのみ行使することができる。

解説 ➔ 解答

【問 4】 民法：対抗要件・取得時効 ★★★

選択肢1のBは賃借人だから所有権を時効取得できない。選択肢2は占有期間の通算、選択肢3は時効完成時の所有者との関係。選択肢4は「賃借権」自体を時効取得したということ。(P.534 ～ 538)

1 × なんだかんだ書いてあるけど、結局Bは、賃借人として占有（他主占有）しているだけである。なので20年間占有を続けたとしても、甲土地の所有権を取得することはできないよー。(162条)

2 × まずBの父が所有の意思をもって11年間占有し、相続したBが引き続き9年間占有で合計20年。おめでとうございます。Bは、甲土地の所有権を時効取得することができまぁーす。(160条)

3 ○ 時効期間進行中（Bの占有中）に所有者となったCとBとの関係は「当事者」となるため、取得時効を完成させたBは、登記がなくても甲土地の所有者であることをCに主張することができまぁーす。

4 × 賃借権も時効取得できます。で、時効による農地の賃借権の取得については農地法3条の規定（許可制度）の適用はないそうです(判例)。(163条)

【問 5】 民法：占有権 ★

マニアックに占有権からの出題。あまりなじみがないよね。市販の宅建受験本で、ここまで記載しているものはあまりないかな。(P.526 参考)

1 × 甲建物の隣家に居住し、甲建物の裏口を常に監視して第三者の侵入を制止しているんだったら、占有していると判断していいそうです(判例)。

2 × 土地所有者Bと土地を使っているCとで争いがある場合、土地を使っているCの側で、その権利の存在を証明する必要があるそうです。占有しているから権利は適法であるとの推定規定での「明渡し拒否」はダメ(判例)。

3 ○ 占有を代理しているDも、占有保持の訴え（妨害の停止及び損害の賠償を請求）を提起することができます。(197条)

4 × 占有回収の訴え（物の返還及び損害の賠償を請求）は、占有を侵奪した者の特定承継人が「侵奪の事実を知っていたとき」は提起することができる。原則として提起はできないので「当然に」だと×。(200条)

【問 6】 民法：抵当権 ★★★

抵当権の基本的なところをまとめてきた問題。これは得点しよう。ちなみに選択肢4は法定地上権は成立しないよー。(P.543 ～ 555)

1 ○ 賃借地上の建物についての抵当権の効力は、敷地の賃借権にも及ぶでしょ。いっしょに競売できます。(370条)

2 × 主たる債務者や保証人は、抵当権消滅請求をすることができないでしょ。(380条)

3 ○ まさにこれは代価弁済。抵当不動産を買い受けた第三者が、抵当権者の請求に応じてその抵当権者にその代価を弁済したときは、抵当権は第三者のために消滅する。(378条)

4 ○ 抵当権の設定後に抵当地に建物が築造されたときは、抵当権者は、土地とともにその建物を競売することができるでしょ。一括競売。優先権は土地の代価についてのみ行使することができる。(389条)

正解					
問4	3	問5	3	問6	2

問題

★

【問 7】債務者Aが所有する甲土地には、債権者Bが一番抵当権（債権額2,000万円）、債権者Cが二番抵当権（債権額2,400万円）、債権者Dが三番抵当権（債権額4,000万円）をそれぞれ有しており、Aにはその他に担保権を有しない債権者E（債権額2,000万円）がいる。甲土地の競売に基づく売却代金5,400万円を配当する場合に関する次の記述のうち、民法の規定によれば、誤っているものはどれか。

1　BがEの利益のため、抵当権を譲渡した場合、Bの受ける配当は0円である。
2　BがDの利益のため、抵当権の順位を譲渡した場合、Bの受ける配当は800万円である。
3　BがEの利益のため、抵当権を放棄した場合、Bの受ける配当は1,000万円である。
4　BがDの利益のため、抵当権の順位を放棄した場合、Bの受ける配当は1,000万円である。

★★

【問 8】同時履行の抗弁権に関する次の記述のうち、民法の規定及び判例によれば、正しいものはいくつあるか。

ア　マンションの賃貸借契約終了に伴う賃貸人の敷金返還債務と、賃借人の明渡債務は、特別の約定のない限り、同時履行の関係に立つ。
イ　マンションの売買契約がマンション引渡し後に債務不履行を理由に解除された場合、契約は遡及的に消滅するため、売主の代金返還債務と、買主の目的物返還債務は、同時履行の関係に立たない。
ウ　マンションの売買契約に基づく買主の売買代金支払債務と、売主の所有権移転登記に協力する債務は、特別の事情のない限り、同時履行の関係に立つ。

1　一つ　2　二つ　3　三つ　4　なし

★★

【問 9】土地の転貸借に関する次の1から4までの記述のうち、民法の規定、判例及び下記判決文によれば、誤っているものはどれか。

（判決文）
土地の賃借人が賃貸人の承諾を得ることなく右土地を他に転貸しても、転貸について賃貸人に対する背信行為と認めるに足りない特段の事情があるため賃貸人が民法第612条第2項により賃貸借を解除することができない場合において、賃貸人が賃借人（転貸人）と賃貸借を合意解除しても、これが賃借人の賃料不払等の債務不履行があるため賃貸人において法定解除権の行使ができるときにされたものである等の事情のない限り、賃貸人は、転借人に対して右合意解除の効果を対抗することができず、したがって、転借人に対して賃貸土地の明渡を請求することはできないものと解するのが相当である。

1　土地の賃借人が無断転貸した場合において賃貸人に対する背信行為と認めるに足りない特段の事情があるため賃貸人が無断転貸を理由に賃貸借契約を解除できないときであっても、賃貸借契約を合意解除したときは、賃貸人は転借人に対して賃貸土地の明渡しを請求することができる。
2　土地の賃貸人が転貸借について承諾を与えた場合には、賃貸人は、無断転貸を理由としては賃貸借契約を解除することはできないが、賃借人と賃貸借契約を合意解除することは可能である。
3　土地の賃借人が無断転貸した場合、賃貸人は、賃貸借契約を民法第612条第2項により解除できる場合とできない場合があり、土地の賃借人が賃料を支払わない場合にも、賃貸人において法定解除権を行使できる場合とできない場合がある。
4　土地の賃借人が無断転貸した場合、転借人は、賃貸人と賃借人との間で賃貸借契約が合意解除されたとしても、賃貸人からの賃貸土地の明渡し請求を拒絶することができる場合がある。

解説 → 解答

【問 7】 民法：抵当権 ★

本来の配当額を計算してみると、一番抵当権者のBは2,000万円、二番のCは2,400万円、三番のDは債権額4,000万円のうちの1,000万円のみ。これで5,400万円の配当終了。無担保債権者であるEはゼロ。（376条、P.547～548）

1 ○ BがEの利益のために「抵当権を譲渡」した場合、Bの配当額（2,000万円）がEに割り当てられ、結果、Bは無担保となりゼロ。

2 × BがDの利益のために「抵当権の順位を譲渡」した場合、B・Dの本来の配当額の合計（2,000万円＋1,000万円＝3,000万円）から、まずDが配当を受ける。残りがあればBに配当されるけど、ないのでゼロ。

3 ○ BがEの利益のために「抵当権を放棄」した場合、本来のBの配当額（2,000万円）をBとEの債権額（ともに2,000万円）の比率に応じて配当する。1:1なのでBに1,000万円、Eに1,000万円。

4 ○ BがDの利益のために「抵当権の順位を放棄」した場合、本来のB・Dの本来の配当額の合計（2,000万円＋1,000万円＝3,000万円）をBとDの債権額の比率に応じて配当する。1:2なのでBに1,000万円、Dに2,000万円。

【問 8】 民法：同時履行の抗弁権 ★★

「ア」の「×」がわかればなんとかなったんじゃないでしょーか。（533条、P.492～493）

ア × 建物明渡しと敷金返還とは同時履行の関係に立たない。明渡債務が先です。明け渡すまでは敷金の返還請求権は発生しませーん（判例）。

イ × 売買契約が債務不履行を理由に解除された場合、売主の代金返還債務と買主の目的物返還債務とは同時履行の関係に立ちまーす。

ウ ○ 買主の売買代金支払債務と売主の「引渡し」や「所有権移転登記に協力する債務」は、そりゃ同時履行の関係に立つでしょ。

正しいものはウの「一つ」。選択肢1が正解となる。

【問 9】 民法：判決文（転貸借） ★★

無断転貸を理由にした解除ができないケースで、つまり転貸借がされている場合で、賃貸人が賃借人と賃貸借を合意解除したとしても、転借人に対して解除を対抗することができず、明渡しを請求することはできない、というのが判決文の趣旨。（P.566～569）

1 × だから賃貸借契約を合意解除したときは、賃貸人は転借人に対して賃貸土地の明渡しを請求することはできないんだってば。（613条）

2 ○ 転貸借について承諾を与えているんだから、賃貸人は、無断転貸を理由としては賃貸借契約を解除することはできない。でも、賃借人と賃貸借契約を合意解除することは可能である。そりゃそうでしょ。

3 ○ 無断転貸した場合でも、背信行為じゃないときは解除することはできない。なので、賃貸人が解除できる場合とできない場合がある。また、賃料の不払いがあったとしても、賃貸借契約の基礎たる相互の信頼関係が破壊されているとはいえない特段の事情がある場合には解除はできない。（612条）

4 ○ まさに判決文の要約。趣旨。

正解		
問7 2	問8 1	問9 1

>> 問題

★

【問10】 遺言及び遺留分に関する次の記述のうち、民法の規定及び判例によれば、正しいものはどれか。(法改正により選択肢3を修正し、4を除外している)

1　自筆証書の内容を遺言者が一部削除する場合、遺言者が変更する箇所に二重線を引いて、その箇所に押印するだけで、一部削除の効力が生ずる。

2　自筆証書による遺言をする場合、遺言書の本文の自署名下に押印がなければ、自署と離れた箇所に押印があっても、押印の要件として有効となることはない。

3　遺言執行者が管理する相続財産を相続人が無断で処分した場合、当該処分行為は、遺言執行者に対する関係で無効となるが、第三者に対する関係では、その第三者の善意か悪意を問わず、無効とならない。

4　法改正によりこの選択肢は成立しなくなりました。

★★

【問11】 AがBとの間で、A所有の甲建物について、期間3年、賃料月額10万円と定めた賃貸借契約を締結した場合に関する次の記述のうち、民法及び借地借家法の規定並びに判例によれば、正しいものはどれか。

1　AがBに対し、賃貸借契約の期間満了の6か月前までに更新しない旨の通知をしなかったときは、AとBは、期間3年、賃料月額10万円の条件で賃貸借契約を更新したものとみなされる。

2　賃貸借契約を期間を定めずに合意により更新した後に、AがBに書面で解約の申入れをした場合は、申入れの日から3か月後に賃貸借契約は終了する。

3　Cが、AB間の賃貸借契約締結前に、Aと甲建物の賃貸借契約を締結していた場合、AがBに甲建物を引き渡しても、Cは、甲建物の賃借権をBに対抗することができる。

4　AB間の賃貸借契約がBの賃料不払を理由として解除された場合、BはAに対して、Aの同意を得てBが建物に付加した造作の買取りを請求することはできない。

★★★

【問12】 賃貸人と賃借人との間で、建物につき、期間5年として借地借家法第38条に定める定期借家契約(以下「定期借家契約」という。)を締結する場合と、期間5年として定期借家契約ではない借家契約(以下「普通借家契約」という。)を締結する場合に関する次の記述のうち、民法及び借地借家法の規定によれば、正しいものはどれか。なお、借地借家法第40条に定める一時使用目的の賃貸借契約は考慮しないものとする。

1　賃借権の登記をしない限り賃借人は賃借権を第三者に対抗することができない旨の特約を定めた場合、定期借家契約においても、普通借家契約においても、当該特約は無効である。

2　賃貸借契約開始から3年間は賃料を増額しない旨の特約を定めた場合、定期借家契約においても、普通借家契約においても、当該特約は無効である。

3　期間満了により賃貸借契約が終了する際に賃借人は造作買取請求をすることができない旨の規定は、定期借家契約では有効であるが、普通借家契約では無効である。

4　賃貸人も賃借人も契約期間中の中途解約をすることができない旨の規定は、定期借家契約では有効であるが、普通借家契約では無効である。

解説 → 解答

【問10】 民法：相続 ★

選択肢1と2は「遺言の訂正」と「押印」。「なるほど」と思ってもらえたらと。（P.634 ～ 642 参考）

1 × 自筆証書中の加除その他の変更は、遺言者が、その場所を指示し、これを変更した旨を付記して特にこれに署名し、かつ、その変更の場所に印を押さなければ、その効力を生じない。単に二重線うんぬんだと足りない。（968 条）

2 × 「遺言書の本文の自署名下に押印」していない場合でも、押印が有効になることがあるそうです（判例）。

3 × 「遺言執行者がある場合には、相続人は、相続財産の処分その他遺言の執行を妨げるべき行為をすることができない」とされていて、この規定に違反してした行為は「無効」となる。がしかし、この無効は善意の第三者に対抗できない。（1013 条、テキスト未掲載）

4 除外

【問11】 借地借家法：借家 ★★

選択肢1は「期間3年」のヒッカケ。選択肢2と3の「×」はすぐにわかってほしいところ。選択肢1と4で迷うかな。（P.594 ～ 605）

1 × 期間満了の6か月前までに更新しない旨の通知をしなかったときは、従前の契約と同一の条件で契約を更新したものとみなされるけど、期間については「定めがないもの」となる。「期間3年」とはならないよ。（26 条、P.563）

2 × 期間の定めのない建物賃貸借において、賃貸人が解約の申入れをした場合、賃貸借契約は解約の申入れの日から6か月を経過したときに終了。3か月じゃないよ。（27 条、P.565）

3 × 建物の賃貸借は、建物の引渡しが対抗要件。Cが先に契約していたとしても、すでに建物の引渡しを受けているBには対抗できない。（31 条、P.566）

4 ○ 賃借人の債務不履行や背信行為のために賃貸借が解除されたような場合だと、造作買取請求権は認められない（判例）。そりゃそうだよね。（P.567）

【問12】 借地借家法：借家 ★★★

定期借家契約と普通借家契約をからめての出題。結局、定期借家契約でも普通借家契約でも「おなじ」が多い。（P.594 ～ 605）

1 ○ 建物の賃借権は、その登記がなくても、建物の引渡しで対抗力あり。これに反する特約で建物の賃借人に不利なものは無効。定期借家契約でも普通借家契約でもおなじ。（31 条、37 条）

2 × 賃料を増額しない旨の特約は有効。定期借家契約でも普通借家契約でもおなじ。（32 条、38 条）

3 × 造作買取請求権は特約で排除することができるでしょ。定期借家契約でも普通借家契約でもおなじ。（33 条）

4 × 普通借家契約でも定期借家契約でも、原則として中途解約はできないので、いずれであっても有効となる。なお、定期借家契約の場合、床面積 200㎡未満の居住用建物の賃貸借で、建物の賃借人に転勤などの一定の事情がある場合は、中途解約することができる（特約がなくても法定されている）。この規定に反する特約で賃借人に不利となるものは無効となる。（38 条）

正解		
問10 -	問11 4	問12 1

問題

★★★

【問13】 建物の区分所有等に関する法律に関する次の記述のうち、正しいものはどれか。（法改正により選択肢３を修正している）

1　管理者が選任されていない場合、集会においては、規約に別段の定めがある場合及び別段の決議をした場合を除いて、集会を招集した区分所有者の１人が議長となる。

2　集会の招集の通知は、会日より少なくとも２週間前に発しなければならないが、この期間は規約で伸縮することができる。

3　集会の議事録が書面で作成されているときは、議長及び集会に出席した区分所有者の１人がこれに署名しなければならない。

4　区分所有者は、規約に別段の定めがない限り集会の決議によって、管理者を選任することができる。この場合、任期は２年以内としなければならない。

★

【問14】 不動産の登記に関する次の記述のうち、不動産登記法の規定によれば、誤っているものはどれか。

1　登記事項証明書の交付の請求は、利害関係を有することを明らかにすることなく、することができる。

2　土地所在図、地積測量図、地役権図面、建物図面及び各階平面図を除く登記簿の附属書類の閲覧の請求は、請求人が利害関係を有する部分に限り、することができる。

3　登記事項証明書の交付の請求は、請求情報を電子情報処理組織を使用して登記所に提供する方法によりすることができる。

4　筆界特定書の写しの交付の請求は、請求人が利害関係を有する部分に限り、することができる。

★★★

【問15】 都市計画法に関する次の記述のうち、正しいものはどれか。なお、この問において「都道府県知事」とは、地方自治法に基づく指定都市、中核市及び施行時特例市にあってはその長をいうものとする。

1　市街化区域内において開発許可を受けた者が、開発区域の規模を100㎡に縮小しようとする場合においては、都道府県知事の許可を受けなければならない。

2　開発許可を受けた開発区域内の土地において、当該開発許可に係る予定建築物を建築しようとする者は、当該建築行為に着手する日の30日前までに、一定の事項を都道府県知事に届け出なければならない。

3　開発許可を受けた開発区域内において、開発行為に関する工事の完了の公告があるまでの間に、当該開発区域内に土地所有権を有する者のうち、当該開発行為に関して同意をしていない者がその権利の行使として建築物を建築する場合については、都道府県知事が支障がないと認めたときでなければ、当該建築物を建築することはできない。

4　何人も、市街化調整区域のうち開発許可を受けた開発区域以外の区域内において、都道府県知事の許可を受けることなく、仮設建築物を新築することができる。

解説 ➔ 解答

【問13】 区分所有法 ★★★

「1人」とか「2週間」「任期2年」などが登場し、あれ、どうだったっけと心配になるような問題。でも得点してほしい問題です。（P.668 ～ 690）

1 ○ 管理者が選任されていない場合、原則として、集会を招集した区分所有者の1人が議長となる。（41条）

2 × 招集通知は、会日より少なくとも1週間前に発しなければならない。「2週間」じゃありませーん。ちなみに、この期間は、規約で伸縮することができる。（35条）

3 × 議長及び集会に出席した区分所有者の2人がこれに署名しなければならない。「出席した区分所有者の1人」じゃ足りませーん。（42条）

4 × 管理者の任期に関する規定なし。なお、区分所有者は、規約に別段の定めがない限り集会の決議によって、管理者を選任することができます。（25条）

【問14】 不動産登記法 ★

とりあえず選択肢1の「○」がわかればよいでしょう。「利害関係の有無を問わずというパターンのほうが多いのかな」と考えておく。（P.644 ～ 659）

1 ○ 利害関係があろうがなかろうが、誰でも登記事項証明書の交付を請求することができる。そりゃそうでしょ。（119条）

2 ○ 土地所在図、地積測量図、地役権図面、建物図面及び各階平面図は誰でも閲覧請求をすることができるけど、これらの図面以外の登記簿の附属書類（例：売買契約書）の閲覧の請求については、利害関係を有する部分に限る。（令21条、テキスト未掲載）

3 ○ 登記事項証明書の交付の請求は、電子情報処理組織を使用して登記所に提供する方法（インターネット経由のオンライン）によりすることもできる。（規194条）

4 × 誰でも、筆界特定書等の写しの交付を請求することができる。「利害関係を有する部分」に限られない。（149条、テキスト未掲載）

【問15】 都市計画法：開発許可 ★★★

選択肢の1の「×」ができたかなー。とりあえず選択肢4まで読めば、なんとか得点できるんじゃないでしょうか。

1 × 開発許可を受けた後、開発区域の区域や位置、規模について変更する場合は変更の許可が必要となるんだけど、開発許可不要となるもの（例：市街化区域内で1,000㎡未満の開発行為）への変更である場合には許可を受ける必要なし。（35条の2、P.277）

2 × 開発許可を受けた開発区域内の土地において、工事完了公告後、予定建築物等以外の建築物を建築するとなると都道府県知事の許可などの段取りがあるけど、予定建築物の建築については特に規定なし。たぶんこの選択肢は、地区計画の区域での「建築」→「建築行為に着手する日の30日前までに届出」とのヒッカケかな。手が込んでます。やるな出題者 !!!（P.279参考）

3 × 開発行為に同意をしていない者が、権利の行使として建築物を建築するなどの場合、どうぞ好き勝手に。「都道府県知事が支障がないと認めたとき」というような規定なし。（37条、P.278）

4 ○ 市街化調整区域のうち開発許可を受けた開発区域以外の区域内では、都道府県知事の許可がなければ建築物の新築などはできないけど、仮設建築物の新築はどうぞご自由に。許可の対象外。（43条、P.281）

正解		
問13 1	問14 4	問15 4

平成27年度 問題・解説・解答

問題

★★

【問16】都市計画法に関する次の記述のうち、正しいものはどれか。

1　第二種住居地域における地区計画については、一定の条件に該当する場合、開発整備促進区を都市計画に定めることができる。

2　準都市計画区域について無秩序な市街化を防止し、計画的な市街化を図るため必要があるときは、都市計画に、区域区分を定めることができる。

3　工業専用地域は、工業の利便を増進するため定める地域であり、風致地区に隣接してはならない。

4　市町村が定めた都市計画が、都道府県が定めた都市計画と抵触するときは、その限りにおいて、市町村が定めた都市計画が優先する。

★★★

【問17】建築基準法に関する次の記述のうち、誤っているものはどれか。

1　防火地域及び準防火地域外において建築物を改築する場合で、その改築に係る部分の床面積の合計が10㎡以内であるときは、建築確認は不要である。

2　都市計画区域外において高さ12 m、階数が3階の木造建築物を新築する場合、建築確認が必要である。

3　事務所の用途に供する建築物をホテル（その用途に供する部分の床面積の合計が500㎡）に用途変更する場合、建築確認は不要である。

4　映画館の用途に供する建築物で、その用途に供する部分の床面積の合計が300㎡であるものの改築をしようとする場合、建築確認が必要である。

★★★

【問18】建築基準法に関する次の記述のうち、誤っているものはどれか。

1　建築物の容積率の算定の基礎となる延べ面積には、エレベーターの昇降路の部分又は共同住宅の共用の廊下若しくは階段の用に供する部分の床面積は、一定の場合を除き、算入しない。

2　建築物の敷地が建蔽率に関する制限を受ける地域又は区域の2以上にわたる場合においては、当該建築物の建蔽率は、当該各地域又は区域内の建築物の建蔽率の限度の合計の2分の1以下でなければならない。

3　地盤面下に設ける建築物については、道路内に建築することができる。

4　建築協定の目的となっている建築物に関する基準が建築物の借主の権限に係る場合においては、その建築協定については、当該建築物の借主は、土地の所有者等とみなす。

解説 → 解答

【問16】 都市計画法：都市計画法全般 ★★

選択肢１が「？」だったかも。選択肢２～４の「×」がわかれば消去法でいけるでしょ。選択肢３はまったくのウソ。

1 ○ 「第二種住居地域、準住居地域、工業地域」と「用途地域が定められていない土地の区域（市街化調整区域を除く。）」における地区計画については、劇場や店舗などの大規模な建築物の整備による商業などの利便の増進を図るため、開発整備促進区を定めることができる。（12条の5、P.245）

2 × 準都市計画区域には区域区分（市街化区域と市街化調整区域との区分）を定めることはできませーん。（8条、P.219、221）

3 × たしかに隣接していないほうがいいかも。でも工業専用地域と風致地区を隣接してはならないとする旨の規定はありません。（P.226、234）

4 × この場合は都道府県が優先。市町村が定めた都市計画が、都道府県が定めた都市計画と抵触するときは、その限りにおいて、都道府県が定めた都市計画が優先する。（15条、P.259）

【問17】 建築基準法：建築確認 ★★★

建築確認からの出題。オーソドックスな内容。これは得点したい問題です。（6条、P.334～338）

1 ○ 防火地域及び準防火地域外なので、10㎡以内の増改築・移転については建築確認は不要でしょ。

2 ○ 「階数が３階の木造建築物」を新築する場合、都市計画区域の内外を問わず、建築確認が必要となりまーす。

3 × 一般の建築物（事務所）を床面積200㎡超の特殊建築物（ホテル）へ用途変更する場合、建築確認が必要となるでしょ。

4 ○ 床面積200㎡超の特殊建築物（映画館）の改築については、建築確認が必要となりまーす。

【問18】 建築基準法 ★★★

容積率、建蔽率、道路、建築協定をまんべんなく出題。復習するのにお手軽な問題です。

1 ○ 容積率の算定の基礎となる延べ面積には、エレベーター（昇降機）の昇降路の部分又は共同住宅の共用の廊下や階段の用に供する部分の床面積は算入しませーん。（52条、P.311）

2 × 「当該各地域又は区域内の建築物の建蔽率の限度の合計の２分の１以下」ではなくて、それぞれの地域に属する敷地の割合に応じて按分計算により算出された数値が建蔽率の限度となる。（53条、P.312）

3 ○ 建築物は道路内に建築できないけど、地盤面下に設ける建築物については、道路内（道路下）に建築することができます。（44条、P.293）

4 ○ 本来、建築物の借主は「土地の所有者等」じゃないんだけど、建物の壁に広告を出すな、というようなことが建築協定の内容に含まれているときは、その建築協定については、当該建築物の借主は、土地の所有者等とみなす。（77条、P.332～333）

正解		
問16　1	問17　3	問18　2

平成27年度 ≫ 問題・解説・解答

>> 問題

★★★

【問19】 宅地造成及び特定盛土等規制法に関する次の記述のうち、誤っているものはどれか。なお、この問において「都道府県知事」とは、地方自治法に基づく指定都市、中核市及び施行時特例市にあってはその長をいうものとする。（法改正により問題文、選択肢すべてを修正している）

1　都道府県知事は、宅地造成等工事規制区域内の土地について、宅地造成等に伴う災害を防止するために必要があると認める場合には、その土地の所有者に対して、擁壁等の設置等の措置をとることを勧告することができる。

2　宅地造成等工事規制区域の指定の際に、当該宅地造成等工事規制区域内において宅地造成等に関する工事を行っている者は、当該工事について改めて都道府県知事の許可を受けなければならない。

3　宅地造成等に関する工事の許可を受けた者が、工事施行者を変更する場合には、遅滞なくその旨を都道府県知事に届け出ればよく、改めて許可を受ける必要はない。

4　宅地造成等工事規制区域内において、宅地を宅地以外の土地にするために切土をする土地の面積が500㎡であって盛土が生じない場合、切土をした部分に生じる崖の高さが1.5 mであれば、都道府県知事の許可は必要ない。

★★

【問20】 土地区画整理法に関する次の記述のうち、誤っているものはどれか。

1　仮換地の指定は、その仮換地となるべき土地の所有者及び従前の宅地の所有者に対し、仮換地の位置及び地積並びに仮換地の指定の効力発生の日を通知してする。

2　施行地区内の宅地について存する地役権は、土地区画整理事業の施行により行使する利益がなくなった場合を除き、換地処分があった旨の公告があった日の翌日以後においても、なお従前の宅地の上に存する。

3　換地計画において定められた保留地は、換地処分があった旨の公告があった日の翌日において、施行者が取得する。

4　土地区画整理事業の施行により生じた公共施設の用に供する土地は、換地処分があった旨の公告があった日の翌日において、すべて市町村に帰属する。

★★★

【問21】 国土利用計画法第23条の事後届出（以下この問において「事後届出」という。）に関する次の記述のうち、正しいものはどれか。

1　都市計画区域外においてAが所有する面積12,000㎡の土地について、Aの死亡により当該土地を相続したBは、事後届出を行う必要はない。

2　市街化区域においてAが所有する面積3,000㎡の土地について、Bが購入した場合、A及びBは事後届出を行わなければならない。

3　市街化調整区域に所在する農地法第3条第1項の許可を受けた面積6,000㎡の農地を購入したAは、事後届出を行わなければならない。

4　市街化区域に所在する一団の土地である甲土地（面積1,500㎡）と乙土地（面積1,500㎡）について、甲土地については売買によって所有権を取得し、乙土地については対価の授受を伴わず賃借権の設定を受けたAは、事後届出を行わなければならない。

解説 → 解答

【問19】 宅地造成及び特定盛土等規制法 ★★★

宅地造成及び特定盛土等規制法は、毎年こんな感じの出題。オーソドックスな内容なので、この問題は正解してほしいと思います。

1 ○ その土地の所有者に対して、擁壁等の設置等の措置をとることを勧告することができます。（22条、P.346）

2 × この場合は宅地造成等工事規制区域の指定の日から21日以内での届出でオッケー。許可は受けない。（21条、P.345）

3 ○ 「工事施行者の変更」は軽微な変更となり、その旨の届出でオッケー。（38条）

4 ○ ジャスト500㎡の切土で、ガケの高さは1.5m。面積が500㎡超でもないし、ガケの高さも2m超でもない。となると、この切土につき宅地造成及び特定盛土等規制法上の許可は不要。（12条、P.343～344）

【問20】 土地区画整理法 ★★

選択肢4は、たぶん一瞬、「○」だと思ってしまう。選択肢1～3は、そこそこオーソドックスな内容でありました。

1 ○ 「仮換地となるべき土地の所有者及び従前の宅地の所有者に対し、仮換地の位置及び地積並びに仮換地の指定の効力発生の日を通知」という段取り。（98条、P.372）

2 ○ 施行地区内の宅地について存する地役権は、換地処分があった旨の公告があった日の翌日以後においても、なお従前の宅地の上に存する。なお、土地区画整理事業の施行により行使する利益がなくなった場合は消滅。（104条、P.377）

3 ○ 保留地は、換地処分があった旨の公告があった日の翌日において、施行者が取得しまーす。（104条、P.376）

4 × 公共施設の用に供する土地は、換地処分があった旨の公告があった日の翌日において、その公共施設を管理すべき者に帰属する。必ずしも市町村に帰属するとは限りませーん。（105条、P.376）

【問21】 国土利用計画法 ★★★

選択肢1の相続。まいどおなじみでこれが正解肢。選択肢3は農地法第3条の許可、選択肢4は権利金のない借地契約。いずれも届出不要。（23条、P.354～357）

1 ○ まいどおなじみの相続。相続は土地売買等の契約に該当しないので、事後届出を行う必要なし。

2 × 市街化区域で3,000㎡の土地の売買なので事後届出の対象となるんだけど、事後届出をしなければならないのは権利取得者であるB。Aはカンケーなし。

3 × おっと農地法第3条の許可。市街化調整区域で6,000㎡の売買だから事後届出の対象となるんだけど、農地法第3条の許可を受けた場合は届出不要。

4 × 「対価の授受を伴わず賃借権の設定（権利金のない借地契約）」は土地売買等の契約に該当しないでしょ。なので事後届出は不要。甲土地の面積が2,000㎡未満なので、こちらは売買ですけど事後届出は不要。

正 解		
問19 2	問20 4	問21 1

平成27年度 問題・解説・解答

問題

★★★

【問22】 農地に関する次の記述のうち、農地法（以下この問において「法」という。）の規定によれば、正しいものはどれか。

1　市街化区域内の農地を耕作目的で取得する場合には、あらかじめ農業委員会に届け出れば、法第3条第1項の許可を受ける必要はない。

2　農業者が自己所有の市街化区域外の農地に賃貸住宅を建設するため転用する場合は、法第4条第1項の許可を受ける必要はない。

3　農業者が自己所有の市街化区域外の農地に自己の居住用の住宅を建設するため転用する場合は、法第4条第1項の許可を受ける必要はない。

4　農業者が住宅の改築に必要な資金を銀行から借りるため、市街化区域外の農地に抵当権の設定が行われ、その後、返済が滞ったため当該抵当権に基づき競売が行われ第三者が当該農地を取得する場合であっても、法第3条第1項又は法第5条第1項の許可を受ける必要がある。

★

【問23】 「直系尊属から住宅取得等資金の贈与を受けた場合の贈与税の非課税」に関する次の記述のうち、正しいものはどれか。

1　直系尊属から住宅用の家屋の贈与を受けた場合でも、この特例の適用を受けることができる。

2　日本国外に住宅用の家屋を新築した場合でも、この特例の適用を受けることができる。

3　贈与者が住宅取得等資金の贈与をした年の1月1日において60歳未満の場合でも、この特例の適用を受けることができる。

4　受贈者について、住宅取得等資金の贈与を受けた年の所得税法に定める合計所得金額が2,000万円を超える場合でも、この特例の適用を受けることができる。

★★

【問24】 固定資産税に関する次の記述のうち、正しいものはどれか。

1　平成27年1月15日に新築された家屋に対する平成27年度分の固定資産税は、新築住宅に係る特例措置により税額の2分の1が減額される。

2　固定資産税の税率は、1.7%を超えることができない。

3　区分所有家屋の土地に対して課される固定資産税は、各区分所有者が連帯して納税義務を負う。

4　市町村は、財政上その他特別の必要がある場合を除き、当該市町村の区域内において同一の者が所有する土地に係る固定資産税の課税標準額が30万円未満の場合には課税できない。

解説 ➔ 解答

【問22】 農地法 ★★★

選択肢2と3。市街化区域外の「外」を見落とさないように。いずれの選択肢もまいどおなじみの出題。農地法での定番。（3条～5条、P.379～384）

1 × 市街化区域であろうとなかろうと、農地を耕作目的で取得する場合には農地法第3条の許可が必要。農業委員会への届出という制度なし。市街化区域の農地を転用ということになると、農業委員会への届出でオッケー。

2 × 「自己所有の市街化区域外の農地に賃貸住宅を建設するため転用」ということだから、農地法第4条の許可が必要。市街化区域内だったら農業委員会への届出でオッケー（許可不要）だけどね。

3 × 「自己所有の市街化区域外の農地に自己の居住用の住宅を建設するため転用」ということだから、農地法第4条の許可が必要。建物の用途は問わない。市街化区域内だったら農業委員会への届出でオッケー。

4 ○ 競売で農地を取得する場合でも、農地法3条または5条の許可が必要でーす。

【問23】 贈与税 ★

住宅取得等資金の贈与税の非課税からの出題。ちょっとむずかしかったかな。選択肢2はフツーに考えて「×」を。（P.719～721）

1 × 直系尊属から住宅取得等資金の贈与を受けた場合は特例の適用があるけど「住宅用の家屋」そのものを贈与された場合は対象外。

2 × やっぱり「日本国内の住宅用家屋」が対象でしょう。国外の住宅は対象外。

3 ○ この特例については、贈与者の年齢は特に制限なし。何歳でもオッケー。直系尊属からの贈与であればこの特例を利用することができます。

4 × この特例の適用を受けるには「合計所得金額が2,000万円以下」であること。2,000万円を超える場合は特例の適用を受けられません。

【問24】 固定資産税 ★★

選択肢1がイヤですねー。後半の「2分の1に減額」がそれらしいので、そっちに引きずられて「○」としちゃいそうです。（P.708～712）

1 × 平成27年1月15日に新築された家屋については平成28年度から課税。平成27年度分の固定資産税の課税対象にはならない。賦課期日の1月1日を基準に考えましょー。

2 × 固定資産税の標準税率は1.4%だけど、財政上その他の必要があると認める場合においては、市町村は標準税率を超える税率を定めることができる。上限なし。

3 × 区分所有家屋（マンション）の土地ということだから、各区分所有者は、持分の割合によって按分した額を納税すればよい。連帯して納税義務を負うわけないでしょ。

4 ○ 土地に係る固定資産税の課税標準額が30万円未満の場合には課税できない。財政上その他特別の必要がある場合は課税できるそうです。

正解					
問22	4	問23	3	問24	4

>> 問題

★

【問25】地価公示法に関する次の記述のうち、誤っているものはどれか。

1　都市計画区域外の区域を公示区域とすることはできない。
2　正常な価格とは、土地について、自由な取引が行われるとした場合におけるその取引において通常成立すると認められる価格をいい、この「取引」には住宅地とするための森林の取引も含まれる。
3　土地鑑定委員会が標準地の単位面積当たりの正常な価格を判定する際は、二人以上の不動産鑑定士の鑑定評価を求めなければならない。
4　土地鑑定委員会が標準地の単位面積当たりの正常な価格を判定したときは、標準地の形状についても公示しなければならない。

★★★

【問26】次の記述のうち、宅地建物取引業法（以下この問において「法」という。）の規定によれば、正しいものはいくつあるか。

ア　都市計画法に規定する工業専用地域内の土地で、建築資材置き場の用に供されているものは、法第２条第１号に規定する宅地に該当する。
イ　社会福祉法人が、高齢者の居住の安定確保に関する法律に規定するサービス付き高齢者向け住宅の貸借の媒介を反復継続して営む場合は、宅地建物取引業の免許を必要としない。
ウ　都市計画法に規定する用途地域外の土地で、倉庫の用に供されているものは、法第２条第１号に規定する宅地に該当しない。
エ　賃貸住宅の管理業者が、貸主から管理業務とあわせて入居者募集の依頼を受けて、貸借の媒介を反復継続して営む場合は、宅地建物取引業の免許を必要としない。

1　一つ　　2　二つ　　3　三つ　　4　四つ

★★★

【問27】宅地建物取引業の免許（以下この問において「免許」という。）に関する次の記述のうち、宅地建物取引業法の規定によれば、誤っているものはどれか。

1　Ａ社は、不正の手段により免許を取得したことによる免許の取消処分に係る聴聞の期日及び場所が公示された日から当該処分がなされるまでの間に、合併により消滅したが、合併に相当の理由がなかった。この場合においては、当該公示の日の50日前にＡ社の取締役を退任したＢは、当該消滅の日から５年を経過しなければ、免許を受けることができない。
2　Ｃ社の政令で定める使用人Ｄは、刑法第234条（威力業務妨害）の罪により、懲役１年、執行猶予２年の刑に処せられた後、Ｃ社を退任し、新たにＥ社の政令で定める使用人に就任した。この場合においてＥ社が免許を申請しても、Ｄの執行猶予期間が満了していなければ、Ｅ社は免許を受けることができない。
3　営業に関し成年者と同一の行為能力を有しない未成年者であるＦの法定代理人であるＧが、刑法第247条（背任）の罪により罰金の刑に処せられていた場合、その刑の執行が終わった日から５年を経過していなければ、Ｆは免許を受けることができない。
4　Ｈ社の取締役Ｉが、暴力団員による不当な行為の防止等に関する法律に規定する暴力団員に該当することが判明し、宅地建物取引業法第66条第１項第３号の規定に該当することにより、Ｈ社の免許は取り消された。その後、Ｉは退任したが、当該取消しの日から５年を経過しなければ、Ｈ社は免許を受けることができない。

解説 ➡ 解答

【問25】 地価公示法 ★

選択肢1と2がちょっとややこしいか。選択肢3と4の「○」がわかればオッケー。(2条、P.696～700)

1 × 標準地の選定は「公示区域内」から行われる。で、公示区域は「都市計画区域内」に限らない。都市計画区域のほか、都市計画区域外であっても「土地取引が相当程度見込まれるもの」は公示区域とすることができる。

2 ○ 「正常な価格」については選択肢の記載どおり。「自由な取引」の「取引」からは農地・採草放牧地・森林の取引が除かれるけど、農地・採草放牧地・森林以外のもの(例:住宅地)とするための「取引」は含まれる。

3 ○ 土地鑑定委員会は、2人以上の不動産鑑定士の鑑定評価を求め、その結果を審査・調整を行って、標準地の単位面積当たりの正常な価格を判定する。

4 ○ 標準地の「形状」についても公示しなければならない。(6条)

【問26】 宅建業法:宅建業の免許・要不要 ★★★

アとウで宅地の定義、イとエで宅建業の定義を出題。「社会福祉法人」がヒッカケ。公益的な法人でも免許は必要だよー。(2条、3条、P.031～032、037)

ア ○ 用途地域内(工業専用地域内)の土地は原則として宅地となる。宅地にならない土地は、道路・公園・河川・広場・水路として使われている土地だけ。

イ × 「住宅の貸借の媒介を反復継続して営む」行為は宅建業となるので、社会福祉法人であっても免許を受けなければならない。ちなみに免許不要となるのは国や都道府県、信託銀行・信託会社など。

ウ × 建物(倉庫)の敷地として使われている土地は、用途地域の内外を問わず宅地となるでしょ。

エ × 「賃貸住宅の貸借の媒介を反復継続して営む」行為は宅建業となるので、もちろん免許が必要でしょ。

正しいものはアの「一つ」。選択肢1が正解となる。

【問27】 宅建業法:免許の基準 ★★★

選択肢4の免許取消は、悪質3種での免許取消しではないことに注意。選択肢1～3はまいどおなじみの定番。(5条)

1 ○ 不正手段で免許を取得したことによる免許取消処分についての聴聞公示の日前60日以内に法人の役員だった者は、法人の消滅から5年を経過しなければ、免許を受けることができない。(P.055)

2 ○ 「懲役1年、執行猶予2年」で執行猶予中の場合、免許は受けられない。そんなDを政令で定める使用人とするE社は免許を受けることができない。(P.057)

3 ○ 「営業に関し成年者と同一の行為能力を有しない未成年者」の場合、法定代理人が免許不可となる基準に該当していると免許を受けることができない。「背任罪で罰金の刑」は立派な免許不可。(P.062)

4 × 「不正の手段により免許を受けた」「業務停止処分に該当する行為をし情状が特に重い」「業務停止処分に違反」という3つの理由(悪質3種)のいずれかで免許を取り消された場合だと「5年」を経過しなければ免許不可。それ以外の取消しの場合は「5年を経過」ルールはありません。(P.060)

正解		
問25 1	問26 1	問27 4

平成27年度 問題・解説・解答

問題

★★★

【問28】 宅地建物取引業者Aが行う業務に関する次の記述のうち、宅地建物取引業法（以下この問において「法」という。）の規定によれば、正しいものはいくつあるか。

ア　Aは、Bが所有する甲宅地の売却に係る媒介の依頼を受け、Bと専任媒介契約を締結した。このとき、Aは、法第34条の2第1項に規定する書面に記名押印し、Bに交付のうえ、宅地建物取引士をしてその内容を説明させなければならない。

イ　Aは、Cが所有する乙アパートの売却に係る媒介の依頼を受け、Cと専任媒介契約を締結した。このとき、Aは、乙アパートの所在、規模、形質、売買すべき価額、依頼者の氏名、都市計画法その他の法令に基づく制限で主要なものを指定流通機構に登録しなければならない。

ウ　Aは、Dが所有する丙宅地の貸借に係る媒介の依頼を受け、Dと専任媒介契約を締結した。このとき、Aは、Dに法第34条の2第1項に規定する書面を交付しなければならない。

1　一つ　　2　二つ　　3　三つ　　4　なし

★★★

【問29】 宅地建物取引業者が行う宅地建物取引業法第35条に規定する重要事項の説明及び書面の交付に関する次の記述のうち、正しいものはどれか。なお、説明の相手方は宅地建物取引業者ではないものとする。（法改正により問題文を修正している）

1　宅地建物取引業者ではない売主に対しては、買主に対してと同様に、宅地建物取引士をして、契約締結時までに重要事項を記載した書面を交付して、その説明をさせなければならない。

2　重要事項の説明及び書面の交付は、取引の相手方の自宅又は勤務する場所等、宅地建物取引業者の事務所以外の場所において行うことができる。

3　宅地建物取引業者が代理人として売買契約を締結し、建物の購入を行う場合は、代理を依頼した者に対して重要事項の説明をする必要はない。

4　重要事項の説明を行う宅地建物取引士は専任の宅地建物取引士でなくてもよいが、書面に記名する宅地建物取引士は専任の宅地建物取引士でなければならない。

★★★

【問30】 宅地建物取引業者Aは、Bが所有する宅地の売却を依頼され、専任媒介契約を締結した。この場合における次の記述のうち、宅地建物取引業法の規定に違反するものはいくつあるか。

ア　Aは、Bが宅地建物取引業者であったので、宅地建物取引業法第34条の2第1項に規定する書面を作成しなかった。

イ　Aは、Bの要望により、指定流通機構に当該宅地を登録しない旨の特約をし、指定流通機構に登録しなかった。

ウ　Aは、短期間で売買契約を成立させることができると判断したので指定流通機構に登録せず、専任媒介契約締結の日の9日後に当該売買契約を成立させた。

エ　Aは、当該契約に係る業務の処理状況の報告日を毎週金曜日とする旨の特約をした。

1　一つ　　2　二つ　　3　三つ　　4　四つ

解説 → 解答

【問28】 宅建業法：媒介契約 ★★★

媒介契約からの出題。「ア」～「ウ」のいずれも、よく出題されている項目で、定番中の定番。（34条の2）

ア × 媒介契約書（法第34条の2第1項に規定する書面）は依頼者に交付しなければならないけど、その内容を宅地建物取引士に説明させる必要はありませーん。（P.111）

イ × 専任媒介契約を締結したときは、指定流通機構に一定事項を登録しなければならないけど、「依頼者の氏名」は登録事項じゃないよー。（P.110）

ウ × 貸借の媒介には、この媒介契約の規定は適用せず。まいどおなじみの出題パターン。媒介契約書の交付義務も、当然ない。（P.106）

正しいものは「なし」。選択肢4が正解となる。

【問29】 宅建業法：重要事項の説明（35条書面） ★★★

「重要事項の説明」として、まいどおなじみの出題項目を並べた問題。速攻で選択肢2の「○」ができちゃう。選択肢3は一瞬「？」となるかも。（35条、P.152～154）

1 × 重要事項の説明は、宅地建物取引業者であるか否かを問わず、売主にする必要はありませーん。まいどおなじみの出題パターン。

2 ○ 「重要事項の説明」も「書面の交付」も、どこでやってもよい。

3 × 建物の購入の代理を依頼した者（要は買主になろうとする者）に、重要事項の説明をする必要あり。

4 × 「重要事項の説明」も「書面への記名」も、宅地建物取引士であれば行うことができまーす。専任でなくてもいいでーす。

【問30】 宅建業法：媒介契約 ★★★

媒介契約からの出題。依頼者が業者、指定流通機構への登録、業務の処理状況の報告と、まいどおなじみの出題項目を並べてきた。（34条の2、P.108～111）

ア 違反する　依頼者が宅建業者でも、媒介契約書（宅建業法第34条の2第1項に規定する書面）を作成・交付しなければならない。省略しちゃダメ。

イ 違反する　依頼者の要望があったとしても、専任媒介契約だから、指定流通機構に登録しなければならない。「登録しない」はダメ。

ウ 違反する　だから「登録しない」はダメなんだってば。専任媒介契約を締結した場合、7日以内に一定事項を登録しなければならない。

エ 違反しない　専任媒介契約を締結したときは、業務の処理状況を2週間に1回以上報告しなければならない。「毎週金曜日」とする旨の特約は依頼者有利なのでオッケー。

違反するものはア、イ、ウの「三つ」。選択肢3が正解となる。

正解		
問28 4	問29 2	問30 3

>> 問題

★

【問31】 **宅地建物取引業者が、宅地建物取引業法第35条に規定する重要事項の説明を行う場合における次の記述のうち、宅地建物取引業法の規定に違反するものはいくつあるか。なお、説明の相手方は宅地建物取引業者ではないものとする。（法改正により問題文を修正している）**

ア　宅地の貸借の媒介の場合、当該宅地が都市計画法の第一種低層住居専用地域内にあり、建築基準法第56条第1項第1号に基づく道路斜線制限があるときに、その概要を説明しなかった。

イ　建物の貸借の媒介の場合、当該建物が新住宅市街地開発事業により造成された宅地上にあり、新住宅市街地開発法第32条第1項に基づく建物の使用及び収益を目的とする権利の設定又は移転について都道府県知事の承認を要する旨の制限があるときに、その概要を説明しなかった。

ウ　建物の貸借の媒介の場合、当該建物が都市計画法の準防火地域内にあり、建築基準法第62条第1項に基づく建物の構造に係る制限があるときに、その概要を説明しなかった。

1　一つ　　2　二つ　　3　三つ　　4　なし

★★★

【問32】 **宅地建物取引業者が行う宅地建物取引業法第35条に規定する重要事項の説明に関する次の記述のうち、正しいものはどれか。なお、説明の相手方は宅地建物取引業者ではないものとする。（法改正により問題文を修正している）**

1　建物の売買の媒介に関し、受領しようとする預り金について保全措置を講ずる場合において、預り金の額が売買代金の額の100分の10以下であるときは、その措置の概要を説明する必要はない。

2　宅地の貸借の媒介を行う場合、当該宅地について借地借家法第22条に規定する定期借地権を設定しようとするときは、その旨を説明しなければならない。

3　建物の貸借の媒介を行う場合、消費生活用製品安全法に規定する特定保守製品の保守点検に関する事項を説明しなければならない。

4　建物の貸借の媒介を行う場合、契約の期間については説明する必要があるが、契約の更新については、宅地建物取引業法第37条の規定により交付すべき書面への記載事項であり、説明する必要はない。

★★★

【問33】 **宅地建物取引業者Ａ及びＢ（ともに消費税課税事業者）が受領した報酬に関する次の記述のうち、宅地建物取引業法の規定に違反するものの組合せはどれか。なお、この問において「消費税等相当額」とは、消費税額及び地方消費税額に相当する金額をいうものとする。**

ア　土地付新築住宅（代金3,000万円。消費税等相当額を含まない。）の売買について、Ａは売主から代理を、Ｂは買主から媒介を依頼され、Ａは売主から211万2,000円を、Ｂは買主から105万6,000円を報酬として受領した。

イ　Ａは、店舗用建物について、貸主と借主双方から媒介を依頼され、借賃1か月分20万円（消費税等相当額を含まない。）、権利金500万円（権利設定の対価として支払われる金銭であって返還されないもので、消費税等相当額を含まない。）の賃貸借契約を成立させ、貸主と借主からそれぞれ22万5,000円を報酬として受領した。

ウ　居住用建物（借賃1か月分10万円）について、Ａは貸主から媒介を依頼され、Ｂは借主から媒介を依頼され、Ａは貸主から8万円、Ｂは借主から5万5,000円を報酬として受領した。なお、Ａは、媒介の依頼を受けるに当たって、報酬が借賃の0.55か月分を超えることについて貸主から承諾を得ていた。

1　ア、イ　　2　イ、ウ　　3　ア、ウ　　4　ア、イ、ウ

解説 ➡ 解答

【問31】 宅建業法：重要事項の説明（35条書面） ★

かなりマニアックな出題。「イ」の新住宅市街地開発事業（新住宅市街地開発法）は参考まで。（35条、P.156参考）

ア 違反する　宅地の貸借の媒介の場合、道路斜線制限があるときは、概要を説明しなければならない。

イ 違反する　建物の貸借の媒介でも説明必要。ちなみに多摩ニュータウン（東京・多摩市）は新住宅市街地開発事業により形成された街。新住宅市街地開発事業の工事完了の公告があった日の翌日から10年間、宅地や宅地上の建物を売買、賃貸する場合、投機的取引抑制などの観点から都道府県知事の承認を要するとしている。

ウ 違反しない　建物の貸借の媒介の場合、防火地域・準防火地域内での建物の構造に係る制限の概要は説明する必要なし。

違反するものはア、イの「二つ」。選択肢2が正解となる。

【問32】 宅建業法：重要事項の説明（35条書面） ★★★

速攻で選択肢2の「○」がわかってほしいところ。選択肢3は参考まで。選択肢4は、いずれも説明が必要でしょ。（35条、P.162.107・168）

1 × 預り金を受領しようとする場合には「保全措置を講ずるかどうか・講ずる場合の措置の概要」を説明しなければならないけど、預り金が50万円未満の場合だったら説明しなくてもよい。「売買代金の額の100分の10以下」じゃないよー。

2 ○ 宅地の貸借の媒介を行う場合で、定期借地権なんだから、そりゃ説明しなければならないでしょー。

3 × なんじゃこりゃ。「特定保守製品の保守点検」の対象は、ガス風呂釜とかガス瞬間湯沸かし器など。長期間使用による経年劣化による事故防止を目的。説明すべき事項とはされていない。

4 × 建物の貸借の媒介にあっては「契約の期間」「契約の更新」のいずれについても説明が必要でーす。

【問33】 宅建業法：報酬 ★★★

報酬について、いずれもオーソドックスな出題内容。「ア」と「ウ」は限度額オーバー。「イ」は権利金を売買金として計算オッケー。（46条）

ア 違反する　代理業者Aと媒介業者Bが受領できる報酬の限度額は合計では211万2,000円まで。（3,000万円×3％＋6万円）×2×1.1＝211万2,000円。Aが211万2,000円（代理報酬の限度）を受領した場合、Bは報酬を受領できない。（P.115）

イ 違反しない　店舗の賃貸借の媒介なので権利金500万円を売買代金とみなして計算できる。（500万円×3％＋6万円）×1.1＝23万1,000円。貸主と借主から媒介依頼を受けているので、それぞれから23万1,000円を受領できる。（P.121）

ウ 違反する　AとBが受領できる報酬の限度額の合計は10万円×1.1＝11万円。承諾を得ているAが貸主から8万円を受領した場合、Bは5万5,000円を借主から受領することはできない。11万円をオーバーしちゃうもんね。（P.120）

違反するものの組み合わせは「ア、ウ」。選択肢3が正解となる。

正解		
問31　2	問32　2	問33　3

問題

★★★

【問34】 宅地建物取引業者Aが、自ら売主として、宅地建物取引業者でないBとの間で建物の売買契約を締結する場合における次の記述のうち、民法及び宅地建物取引業法の規定によれば、正しいものはどれか。（法改正により選択肢2を修正している）

1　Cが建物の所有権を有している場合、AはBとの間で当該建物の売買契約を締結してはならない。ただし、AがCとの間で、すでに当該建物を取得する契約（当該建物を取得する契約の効力の発生に一定の条件が付されている。）を締結している場合は、この限りではない。

2　Aは、Bとの間における建物の売買契約において、「AがBに対して建物の種類又は品質に関して契約の内容に適合しない場合における不適合を担保すべき期間は、建物の引渡しの日から1年以内にBがAに通知した場合とする」旨の特約を付した。この場合、当該特約は無効となり、BがAに対して担保責任を追求することができる通知期間は、当該建物の引渡しの日から2年間となる。

3　Aは、Bから喫茶店で建物の買受けの申込みを受け、翌日、同じ喫茶店で当該建物の売買契約を締結した際に、その場で契約代金の2割を受領するとともに、残代金は5日後に決済することとした。契約を締結した日の翌日、AはBに当該建物を引き渡したが、引渡日から3日後にBから宅地建物取引業法第37条の2の規定に基づくクーリング・オフによる契約の解除が書面によって通知された。この場合、Aは、契約の解除を拒むことができない。

4　AB間の建物の売買契約における「宅地建物取引業法第37条の2の規定に基づくクーリング・オフによる契約の解除の際に、AからBに対して損害賠償を請求することができる」旨の特約は有効である。

★★★

【問35】 宅地建物取引業法の規定に関する次の記述のうち、正しいものはどれか。

1　「宅地建物取引業者は、取引の関係者に対し、信義を旨とし、誠実にその業務を行わなければならない」との規定があるが、宅地建物取引士については、規定はないものの、公正かつ誠実に宅地建物取引業法に定める事務を行うとともに、宅地建物取引業に関連する業務に従事する者との連携に努めなければならないものと解されている。

2　「宅地建物取引士は、宅地建物取引業の業務に従事するときは、宅地建物取引士の信用又は品位を害するような行為をしてはならない」との規定がある。

3　「宅地建物取引士は、宅地建物取引業を営む事務所において、専ら宅地建物取引業に従事し、これに専念しなければならない」との規定がある。

4　「宅地建物取引業者は、その従業者に対し、その業務を適正に実施させるため、必要な教育を行うよう努めなければならない」との規定があり、「宅地建物取引士は、宅地又は建物の取引に係る事務に必要な知識及び能力の維持向上に努めなければならない」との規定がある。

解説 ➔ 解答

【問34】 宅建業法：宅建業者が売主（複合） ★★★

選択肢１は停止条件が付いている。担保責任の特約が無効となったら民法の原則に。クーリング・オフの問題はまいどおなじみ。

1 × ＡＣ間で建物を取得する契約をしていたとしても、停止条件が付されている（当該建物を取得する契約の効力の発生に一定の条件が付されている）ときは、ＡＢ間での売買契約はダメ。締結してはならぬ。(33 条の 2、P.127)

2 × 通知期間を「建物の引渡しの日から１年以内」とする旨の特約は無効となる。で、この場合、通知期間はどうなるかというと、民法の原則に立ち返り「不適合を知った時から１年以内」となる。「建物の引渡しの日から２年間」じゃないよー。(40 条、P.140)

3 ○ 建物の引渡しはあったけど、払ったのは代金の２割。全額を払っていないので、まだクーリング・オフによる解除が可能。Ａは、契約の解除を拒むことができない。(37 条の 2、P.133)

4 × 買主に不利なので「クーリング・オフによる契約の解除の際に、ＡからＢに対して損害賠償を請求することができる」旨の特約は無効。(37 条の 2、P.130)

【問35】 宅建業法：宅地建物取引士 ★★★

宅地建物取引士の「業務処理の原則」「信用失墜行為の禁止」「知識や能力の維持向上」を出題。
(P.067、101)

1 × 「宅地建物取引士は、公正かつ誠実に宅地建物取引業法に定める事務を行うとともに、宅地建物取引業に関連する業務に従事する者との連携に努めなければならない」という規定もあるよー。(15 条)

2 × 「宅地建物取引業の業務に従事するとき」に限定されない。とにもかくにも宅地建物取引士は「宅地建物取引士の信用又は品位を害するような行為をしてはならない」のである。(15 条の 2)

3 × えーとですね、選択肢のような規定はありませーん。

4 ○ そのとおり。両方とも規定あり。(15 条の 3)

平成27年度 問題・解説・解答

正解			
問34	3	問35	4

問題

★★★

【問36】 宅地建物取引業者Aが、自ら売主として、宅地建物取引業者でないBとの間で建物（代金2,400万円）の売買契約を締結する場合における次の記述のうち、宅地建物取引業法の規定によれば、正しいものはいくつあるか。

ア　Aは、Bとの間における建物の売買契約において、当事者の債務の不履行を理由とする契約の解除に伴う損害賠償の予定額を480万円とし、かつ、違約金の額を240万円とする特約を定めた。この場合、当該特約は全体として無効となる。

イ　Aは、Bとの間における建物の売買契約の締結の際、原則として480万円を超える手付金を受領することができない。ただし、あらかじめBの承諾を得た場合に限り、720万円を限度として、480万円を超える手付金を受領することができる。

ウ　AがBとの間で締結する売買契約の目的物たる建物が未完成であり、AからBに所有権の移転登記がなされていない場合において、手付金の額が120万円以下であるときは、Aは手付金の保全措置を講じることなく手付金を受領することができる。

1　一つ　　2　二つ　　3　三つ　　4　なし

★★★

【問37】 次の記述のうち、宅地建物取引業法の規定によれば、正しいものはどれか。なお、この問において「建築確認」とは、建築基準法第6条第1項の確認をいうものとする。

1　宅地建物取引業者は、建築確認が必要とされる建物の建築に関する工事の完了前においては、建築確認を受けた後でなければ、当該建物の貸借の媒介をしてはならない。

2　宅地建物取引業者は、建築確認が必要とされる建物の建築に関する工事の完了前において、建築確認の申請中である場合は、その旨を表示すれば、自ら売主として当該建物を販売する旨の広告をすることができる。

3　宅地建物取引業者は、建築確認が必要とされる建物の建築に関する工事の完了前においては、建築確認を受けた後でなければ、当該建物の貸借の代理を行う旨の広告をしてはならない。

4　宅地建物取引業者は、建築確認が必要とされる建物の建築に関する工事の完了前において、建築確認の申請中である場合は、建築確認を受けることを停止条件とする特約を付ければ、自ら売主として当該建物の売買契約を締結することができる。

解説 → 解答

【問36】宅建業法：宅建業者が売主（複合）★★★

損害賠償額の予定は代金の２割まで。手付もおなじく２割まで。「ウ」の手付金等は代金の５％以下だよ。いずれもまいどおなじみ。

ア × 損害賠償の予定額と違約金の額を合算した額が代金の２割を超えるような特約は無効なんだけど「全体として無効」じゃなくて、２割を超える部分が無効。(38条、P.136)

イ × 買主の承諾があってもなくても、代金の２割を超える手付を受領してはいけませーん。(39条、P.138)

ウ ○ 未完成物件の場合で、手付金等が代金の額の５％以下で、かつ、1,000万円以下なので、手付金等の保全措置を講じることなく受領してオッケー。(41条、P.143)

正しいのはウの「一つ」。選択肢１が正解となる。

【問37】宅建業法：広告・契約締結 ★★★

未完成物件（工事完了前）の建物を題材に、建築確認をからめての広告・契約締結時期の制限。いずれもまいどおなじみの内容でした。(P.098)

1 × 出たぁー「貸借の媒介」。建築確認を受ける前でも、建物（未完成）の「貸借の媒介・代理」はしてもよい。(36条)

2 × 建築確認を受けてからでなければ広告をしてはならない。「建築確認の申請中」の段階ではダメ。(33条)

3 ○ 「貸借の媒介・代理」だったら建築確認を受ける前でもオッケーなんだけど、広告はダメ。建築確認を受けた後でなければ、当該建物の貸借の代理を行う旨の広告をしてはならない。(33条)

4 × 「貸借の媒介・代理」の場合と異なり、建築確認を受けてからでなければ建物の売買契約を締結をすることはできない。「建築確認を受けることを停止条件とする特約」を付けたとしてもダメなものはダメ。(36条)

正解	
問36 1	問37 3

問題

★★★

【問38】宅地建物取引業者Aが宅地建物取引業法第37条の規定により交付すべき書面（以下この問において「37条書面」という。）に関する次の記述のうち、宅地建物取引業法の規定によれば、正しいものはいくつあるか。（法改正により記述アを修正している）

ア　Aが売主を代理して中古マンションの売買契約を締結した場合において、当該マンションが品質に関して契約の内容に適合しない場合において、その不適合を担保すべき責任又は当該責任の履行に関して講ずべき保証保険契約の締結その他の措置についての定めがあるときは、Aは、その内容を37条書面に記載しなければならず、当該書面を、売主及び買主に交付しなければならない。

イ　Aが媒介により中古戸建住宅の売買契約を締結させた場合、Aは、引渡しの時期又は移転登記の申請の時期のいずれかを37条書面に記載しなければならず、売主及び買主が宅地建物取引業者であっても、当該書面を交付しなければならない。

ウ　Aが自ら貸主として宅地の定期賃貸借契約を締結した場合において、借賃の支払方法についての定めがあるときは、Aは、その内容を37条書面に記載しなければならず、借主が宅地建物取引業者であっても、当該書面を交付しなければならない。

エ　Aが自ら買主として宅地の売買契約を締結した場合において、当該宅地に係る租税その他の公課の負担に関する定めがあるときは、Aは、その内容を37条書面に記載しなければならず、売主が宅地建物取引業者であっても、当該書面を交付しなければならない。

1　一つ　　2　二つ　　3　三つ　　4　四つ

★★★

【問39】宅地建物取引業者Aが自ら売主となる売買契約に関する次の記述のうち、宅地建物取引業法（以下この問において「法」という。）の規定によれば、正しいものはどれか。（法改正により選択肢2、4を修正している）

1　宅地建物取引業者でない買主Bが、法第37条の2の規定に基づくクーリング・オフについてAより書面で告げられた日から7日目にクーリング・オフによる契約の解除の書面を発送し、9日目にAに到達した場合は、クーリング・オフによる契約の解除をすることができない。

2　宅地建物取引業者でない買主Cとの間で土地付建物の売買契約を締結するに当たって、Cが建物を短期間使用後取り壊す予定である場合には、建物についての担保責任を負わない旨の特約を定めることができる。

3　宅地建物取引業者Dとの間で締結した建築工事完了前の建物の売買契約において、当事者の債務の不履行を理由とする契約の解除に伴う損害賠償の予定額を代金の額の30%と定めることができる。

4　宅地建物取引業者でない買主Eとの間で締結した宅地の売買契約において、当該宅地の引渡しを当該売買契約締結の日の1月後とし、当該宅地が種類又は品質に関して契約の内容に適合しない場合における不適合を担保すべき責任に関し、そのEの通知期間について、当該売買契約を締結した日から2年間とする特約を定めることができる。

解説 ➔ 解答

【問38】 宅建業法：契約書面の交付（37条書面） ★★★

「イ」の「いずれか」を見落とさないように。「ウ」はそもそも自ら貸主なので、宅建業じゃありませーん。「エ」はややこしくて、軽くウザい。（37条、P.170、173～174）

ア ○ 保証保険契約の締結などの措置について定めがあるんだったら37条書面に記載。37条書面は売主・買主の双方に交付。

イ × 引渡しの時期又は移転登記の申請の時期の「いずれか」じゃなくて両方とも37条書面に記載しなければならぬ。宅建業者が相手でも省略不可。交付せよ。

ウ × 自ら宅地の貸主となる行為は、そもそも宅建業にならないので、37条書面もへったくれもない。カンケーない。

エ ○ 租税その他の公課の負担に関する定めがあるときは、その内容を37条書面に記載しなければならぬ。で、Aは買主だけど業者なので、売主に37条書面を交付。売主が業者でも省略不可。ややこしいわ（笑）。

正しいものはア、エの「二つ」。選択肢2が正解となる。

【問39】 宅建業法：宅建業者が売主（複合） ★★★

クーリング・オフによる契約の解除は書面発信の時点で。選択肢2は取り壊す予定だとしてもダメ。選択肢3は買主が宅建業者だよー。

1 × 7日目にクーリング・オフによる契約の解除の書面を発送しているので、この時点で解除したことになる。発信で解除。到着ではない。（37条の2、P.130）

2 × Cが建物を短期間使用後取り壊す予定だとしても、担保責任を負わない旨の特約は定めることができない。定めても問題なさそうなんだけどね。（40条、P.140）

3 ○ 買主が宅建業者なので好きにやってください。損害賠償の予定額を代金の額の30%でも50%でも。70%でも90%でも（笑）。（38条、78条、P.125、136）

4 × 「締結した日」ではなくて「引渡しの日」だったらOKなんだけどね。引渡しが契約締結の日の1月後ということなので、Eの通知期間を「売買契約を締結した日から2年間」とする特約は無効。（40条、P.140）

正解			
問38	2	問39	3

問題

★★★

【問40】 宅地建物取引業者Aが、自ら売主として宅地建物取引業者でない買主Bとの間で締結した売買契約に関する次の記述のうち、宅地建物取引業法の規定によれば、正しいものはいくつあるか。

ア　Aは、Bとの間で建築工事完了後の建物に係る売買契約（代金3,000万円）において、「Aが契約の履行に着手するまでは、Bは、売買代金の1割を支払うことで契約の解除ができる」とする特約を定め、Bから手付金10万円を受領した。この場合、この特約は有効である。

イ　Aは、Bとの間で建築工事完了前の建物に係る売買契約（代金3,000万円）を締結するに当たり、保険事業者との間において、手付金等について保証保険契約を締結して、手付金300万円を受領し、後日保険証券をBに交付した。

ウ　Aは、Bとの間で建築工事完了前のマンションに係る売買契約（代金3,000万円）を締結し、その際に手付金150万円を、建築工事完了後、引渡し及び所有権の登記までの間に、中間金150万円を受領したが、合計額が代金の10分の1以下であるので保全措置を講じなかった。

1　一つ　　2　二つ　　3　三つ　　4　なし

★★★

【問41】 宅地建物取引業者が売主である新築分譲マンションを訪れた買主Aに対して、当該宅地建物取引業者の従業者Bが行った次の発言内容のうち、宅地建物取引業法の規定に違反しないものはいくつあるか。

ア　A：眺望の良さが気に入った。隣接地は空地だが、将来の眺望は大丈夫なのか。

B：隣接地は、市有地で、現在、建築計画や売却の予定がないことを市に確認しました。将来、建つとしても公共施設なので、市が眺望を遮るような建物を建てることは絶対ありません。ご安心ください。

イ　A：先日来たとき、5年後の転売で利益が生じるのが確実だと言われたが本当か。

B：弊社が数年前に分譲したマンションが、先日高値で売れました。このマンションはそれより立地条件が良く、また、近隣のマンション価格の動向から見ても、5年後値上がりするのは間違いありません。

ウ　A：購入を検討している。貯金が少なく、手付金の負担が重いのだが。

B：弊社と提携している銀行の担当者から、手付金も融資の対象になっていると聞いております。ご検討ください。

エ　A：昨日、申込証拠金10万円を支払ったが、都合により撤回したいので申込証拠金を返してほしい。

B：お預かりした10万円のうち、社内規程上、お客様の個人情報保護のため、申込書の処分手数料として、5,000円はお返しできませんが、残金につきましては法令に従いお返しします。

1　一つ　　2　二つ　　3　三つ　　4　なし

解説 → 解答

【問40】 宅建業法：宅建業者が売主（複合） ★★★

手付の額の制限と手付金等の保全措置。いずれもまいどおなじみの出題内容。いくつあるか（個数問題）だとむずかしく感じるけどね。

ア × 「Bから手付金10万円を受領した」とあるので、買主はこの手付金10万円を放棄すれば解除できる。「さらに代金の1割払え」とする特約は買主に不利なので無効。(39条、P.138)

イ × 「手付金300万円を受領し、後日保険証券をBに交付」だと遅い。保険証券をBに交付した後でなければ手付金等を受領してはならぬ。(41条、P.143)

ウ × 契約の時点で「工事完了前」だったら、その後に工事が完了しても、工事完了前の物件の売買として扱う。手付金150万円は5％以下だからいいけど、次の中間金150万円を受領する前に、合計300万円の保全措置を講じなければならぬ。(41条、P.143～144)

正しいものは「なし」。選択肢4が正解となる。

【問41】 宅建業法：業務に関する禁止事項 ★★★

「ア」と「イ」は笑っちゃうでしょ。断定的判断の提供は禁止です。ウは「手付の貸付」に該当せず。「エ」は全額返金しなきゃダメです。(47条、47条の2)

ア 違反する 「市が眺望を遮るような建物を建てることは絶対ありません」というような、将来の環境について誤解させるべき断定的判断を提供しちゃダメでしょ!! (P.104)

イ 違反する 「5年後値上がりするのは間違いありません」というような、利益を生ずることが確実であると誤解させるべき断定的判断を提供しちゃダメでしょ!! (P.104)

ウ 違反しない おっと手付金の融資。手付金に関し、銀行との金銭の貸借(融資)のあっせんを行うことは、手付の貸付に該当せず。オッケーです。(P.102)

エ 違反する 相手方が契約の申込みの撤回を行うに際し、既に受領した預り金（申込証拠金）の返還を拒むことは違反だよー。全額返金せよ。それにしても、もっともらしいこと言ってますねー（笑）。(P.105)

違反しないものはウの「一つ」。選択肢1が正解となる。

正解			
問40	4	問41	1

問題

★★★

【問42】営業保証金を供託している宅地建物取引業者Aと宅地建物取引業保証協会（以下この問において「保証協会」という。）の社員である宅地建物取引業者Bに関する次の記述のうち、宅地建物取引業法の規定によれば、正しいものはどれか。

1　新たに事務所を設置する場合、Aは、主たる事務所の最寄りの供託所に供託すべき営業保証金に、Bは、保証協会に納付すべき弁済業務保証金分担金に、それぞれ金銭又は有価証券をもって充てることができる。

2　一部の事務所を廃止した場合において、営業保証金又は弁済業務保証金を取り戻すときは、A、Bはそれぞれ還付を請求する権利を有する者に対して6か月以内に申し出るべき旨を官報に公告しなければならない。

3　AとBが、それぞれ主たる事務所の他に3か所の従たる事務所を有している場合、Aは営業保証金として2,500万円の供託を、Bは弁済業務保証金分担金として150万円の納付をしなければならない。

4　宅地建物取引業に関する取引により生じた債権を有する者は、Aに関する債権にあってはAが供託した営業保証金についてその額を上限として弁済を受ける権利を有し、Bに関する債権にあってはBが納付した弁済業務保証金分担金についてその額を上限として弁済を受ける権利を有する。

★★★

【問43】宅地建物取引業法の規定に基づく監督処分等に関する次の記述のうち、誤っているものはどれか。（法改正により選択肢1を修正している）

1　宅地建物取引業者A（甲県知事免許）は、自ら売主となる乙県内に所在する中古住宅の売買の業務に関し、当該売買の契約においてその目的物が契約内容に適合しない場合における不適合を担保すべき責任を負わない旨の特約を付した。この場合、Aは、乙県知事から指示処分を受けることがある。

2　甲県に本店、乙県に支店を設置する宅地建物取引業者B（国土交通大臣免許）は、自ら売主となる乙県内におけるマンションの売買の業務に関し、乙県の支店において当該売買の契約を締結するに際して、代金の30%の手付金を受領した。この場合、Bは、甲県知事から著しく不当な行為をしたとして、業務停止の処分を受けることがある。

3　宅地建物取引業者C（甲県知事免許）は、乙県内に所在する土地の売買の媒介業務に関し、契約の相手方の自宅において相手を威迫し、契約締結を強要していたことが判明した。この場合、甲県知事は、情状が特に重いと判断したときは、Cの宅地建物取引業の免許を取り消さなければならない。

4　宅地建物取引業者D（国土交通大臣免許）は、甲県内に所在する事務所について、業務に関する帳簿を備えていないことが判明した。この場合、Dは、甲県知事から必要な報告を求められ、かつ、指導を受けることがある。

解説 ➔ 解答

【問42】 宅建業法：営業保証金・保証協会 ★★★

営業保証金と保証協会の複合問題。めずらしいです。選択肢2がちょっと悩んじゃうかな。あとはまいどおなじみの出題内容。

1 × 営業保証金は有価証券を充てることができるけど、弁済業務保証金分担金は金銭のみで納付です。有価証券はダメでーす。(26条、64条の9、P.186)

2 × 一部の事務所を廃止した場合の超過額の取戻しは、営業保証金だと「公告」となるけど、弁済業務保証金のほうは、保証協会は公告することなく取り戻せる。(30条、64条の11、P.183、191)

3 ○ 主たる事務所の他に3か所の従たる事務所だから、営業保証金は主たる事務所分1,000万円＋従たる事務所分500万円×3＝2,500万円。弁済業務保証金分担金は主たる事務所分60万円＋従たる事務所分30万円×3＝150万円。以上、算数のお時間でしたー。(25条、64条の9、P.176、186)

4 × 営業保証金だと供託した額が上限となるけど、Bに関する債権にあっては、営業保証金に換算した額が上限となる。「弁済業務保証金分担金についてその額を上限」だと、かなり少なくねーか(笑)。(27条、64条の8、P.188)

【問43】 宅建業法：監督処分 ★★★

宅建業者ABCDはみんな宅建業法違反。とんでもない連中です（笑）。指示処分などは業務地の知事もできるけど、免許取消処分は免許権者だけ。(65条、66条、P.196～198、203)

1 ○「不適合を担保すべき責任を負わない旨の特約」をすることは宅建業法に違反で指示処分の対象となる。業務地の乙県知事から指示処分を受ける場合あり。

2 ×「代金の30%の手付金を受領」は宅建業法違反だけど、えーと、甲県知事から業務停止の処分を受けることはないでしょ。免許権者の国土交通大臣か、業務地の乙県知事からでしょ。

3 ○「相手を威迫し情状が特に重い」というC。怖ぇーよぉ～。で、そんなCの免許は取り消さなければならない。免許の取消処分は免許権者である甲県知事しか行えない。

4 ○ 都道府県知事（甲県知事）は当該都道府県（甲県）の区域内で宅建業を営む宅建業者（D）に対して、宅建業の適正な運営を確保するため必要があるときは、その業務について必要な報告を求め、指導、助言及び勧告をすることができる。「業務に関する帳簿を備えていない」ことはもちろん宅建業法違反だよー。(71条、72条)

正解			
問42	3	問43	2

問題

★★★

【問44】 宅地建物取引業者A（甲県知事免許）が乙県内に所在するマンション（100戸）を分譲する場合における次の記述のうち、宅地建物取引業法（以下この問において「法」という。）の規定によれば、正しいものはどれか。

1　Aが宅地建物取引業者Bに販売の代理を依頼し、Bが乙県内に案内所を設置する場合、Aは、その案内所に、法第50条第1項の規定に基づく標識を掲げなければならない。

2　Aが案内所を設置して分譲を行う場合において、契約の締結又は契約の申込みの受付を行うか否かにかかわらず、その案内所に法第50条第1項の規定に基づく標識を掲げなければならない。

3　Aが宅地建物取引業者Cに販売の代理を依頼し、Cが乙県内に案内所を設置して契約の締結業務を行う場合、A又はCが専任の宅地建物取引士を置けばよいが、法第50条第2項の規定に基づく届出はCがしなければならない。

4　Aが甲県内に案内所を設置して分譲を行う場合において、Aは甲県知事及び乙県知事に、業務を開始する日の10日前までに法第50条第2項の規定に基づく届出をしなければならない。

★★

【問45】 特定住宅瑕疵担保責任の履行の確保等に関する法律に基づく住宅販売瑕疵担保保証金の供託又は住宅販売瑕疵担保責任保険契約の締結に関する次の記述のうち、正しいものはどれか。

1　宅地建物取引業者は、自ら売主として宅地建物取引業者である買主との間で新築住宅の売買契約を締結し、その住宅を引き渡す場合、住宅販売瑕疵担保保証金の供託又は住宅販売瑕疵担保責任保険契約の締結を行う義務を負う。

2　自ら売主として新築住宅を販売する宅地建物取引業者は、住宅販売瑕疵担保保証金の供託をする場合、宅地建物取引業者でない買主へのその住宅の引渡しまでに、買主に対し、保証金を供託している供託所の所在地等について記載した書面を交付して説明しなければならない。

3　自ら売主として新築住宅を宅地建物取引業者でない買主に引き渡した宅地建物取引業者は、基準日に係る住宅販売瑕疵担保保証金の供託及び住宅販売瑕疵担保責任保険契約の締結の状況について届出をしなければ、当該基準日以後、新たに自ら売主となる新築住宅の売買契約を締結することができない。

4　住宅販売瑕疵担保責任保険契約を締結している宅地建物取引業者は、当該保険に係る新築住宅に、構造耐力上主要な部分及び雨水の浸入を防止する部分の隠れた瑕疵（構造耐力又は雨水の浸入に影響のないものを除く。）がある場合に、特定住宅販売瑕疵担保責任の履行によって生じた損害について保険金を請求することができる。

解説 ➔ 解答

【問44】 宅建業法：標識・案内所等 ★★★

契約の締結などしない案内所だとしても、標識は掲示しなきゃね。（50条、P.089～092）

1 × Bが乙県内に案内所を設置するんだから、その案内所への標識の掲示はBがやるでしょ。Aはやらないでしょ。

2 ○ 契約の締結又は契約の申込みの受付を行うか否かにかかわらず、その案内所には標識を掲示しなきゃならないでしょ。

3 × Cが乙県内に案内所を設置するんだから、Cが専任の宅地建物取引士を設置せねばならぬ。届出もCがしなければならない。

4 × 甲県知事の免許を受けているAが甲県内に案内所を出すっていうんだから、案内所等の届出は甲県知事にだけすればよい。物件は乙県内にあるとしても、乙県知事はカンケーなし。

【問45】 宅建業法：住宅瑕疵担保履行法 ★★

選択肢1～3はまいどおなじみの出題内容。選択肢4は一瞬「？」となるかもしれないけど、消去法（1～3は「×」）でいけたらうれしい。（P.210～213）

1 × 買主が宅建業者だったら、資力確保措置を講じる必要なし。「住宅販売瑕疵担保保証金の供託又は住宅販売瑕疵担保責任保険契約の締結を行う義務」はありませーん。（2条）

2 × 供託所の所在地等について記載した書面を交付しての説明は「その住宅の引渡しまでに」だと遅い。「売買契約を締結するまでに」だよ。（15条）

3 × 新たに自ら売主となる新築住宅の売買契約を締結することができなくなるのは、「当該基準日以後」じゃなくて「基準日の翌日から起算して50日を経過した日以降」だよ。（13条）

4 ○ 「構造耐力上主要な部分及び雨水の浸入を防止する部分の隠れた瑕疵」が特定住宅販売瑕疵担保責任の対象。宅建業者は、特定住宅販売瑕疵担保責任の履行によって生じた損害について保険金を請求することができます。なお、売主業者が特定住宅販売瑕疵担保責任の履行をしない場合は、買主が保険金を請求できます。（2条）

平成27年度 ≫ 問題・解説・解答

正解			
問44	2	問45	4

問題

★★

【問46】 独立行政法人住宅金融支援機構（以下この問において「機構」という。）に関する次の記述のうち、誤っているものはどれか。

1　機構は、高齢者が自ら居住する住宅に対して行うバリアフリー工事又は耐震改修工事に係る貸付けについて、貸付金の償還を高齢者の死亡時に一括して行うという制度を設けている。

2　証券化支援事業（買取型）において、機構による譲受けの対象となる貸付債権は、償還方法が毎月払いの元利均等の方法であるものに加え、毎月払いの元金均等の方法であるものもある。

3　証券化支援事業（買取型）において、機構は、いずれの金融機関に対しても、譲り受けた貸付債権に係る元金及び利息の回収その他回収に関する業務を委託することができない。

4　機構は、災害により住宅が滅失した場合におけるその住宅に代わるべき住宅の建設又は購入に係る貸付金について、一定の元金返済の据置期間を設けることができる。

★★★

【問47】 宅地建物取引業者が行う広告に関する次の記述のうち、不当景品類及び不当表示防止法（不動産の表示に関する公正競争規約を含む。）の規定によれば、正しいものはどれか。（法改正により選択肢3を修正している）

1　新築分譲マンションを数期に分けて販売する場合に、第1期の販売分に売れ残りがあるにもかかわらず、第2期販売の広告に「第1期完売御礼！いよいよ第2期販売開始！」と表示しても、結果として第2期販売期間中に第1期の売れ残り分を売り切っていれば、不当表示にはならない。

2　新築分譲マンションの広告に住宅ローンについても記載する場合、返済例を表示すれば、当該ローンを扱っている金融機関や融資限度額等について表示する必要はない。

3　販売しようとしている土地が、都市計画法に基づく告示が行われた都市計画施設の区域施設の区域に含まれている場合は、その工事が未着手であっても、広告においてその旨を明示しなければならない。

4　築15年の企業の社宅を買い取って大規模にリフォームし、分譲マンションとして販売する場合、一般消費者に販売することは初めてであるため、「新発売」と表示して広告を出すことができる。

★★

【問48】 次の記述のうち、正しいものはどれか。

1　国土交通省が毎月公表する不動産価格指数（住宅）のうち、全国のマンション指数は、リーマンショックが発生した年である2008年以降2015年3月まで一貫して下落基調となっている。

2　建築着工統計（平成27年1月公表）によれば、平成26年の新設住宅着工戸数は、消費税率引上げ前の駆け込み需要の影響が大きかった平成25年と比較すると減少したが、平成24年の新設住宅着工戸数を上回っていた。

3　平成25年度法人企業統計年報（平成26年9月公表）によれば、平成25年度の不動産業の売上高経常利益率は、消費税率引上げの影響もあり、前年度と比べて低下し、全産業の売上高経常利益率よりも低くなった。

4　平成27年版土地白書（平成27年6月公表）によれば、土地取引について、売買による所有権の移転登記の件数でその動向を見ると、平成26年の全国の土地取引件数は3年連続の減少となった。

解説 ➔ 解答

【問46】 住宅金融支援機構 ★★

高齢者向け融資（自宅のバリアフリー工事・耐震改修工事）では、死亡時一括返済という制度あり。（13条、P.740～744）

1 ○ 高齢者の自宅に対して行うバリアフリー工事又は耐震改修工事に係る貸付け。お亡くなりになったときに機構に一括返済という制度（死亡時一括償還制度）あり。

2 ○ 機構が買い取る住宅ローン（譲受けの対象となる貸付債権）は、「元利均等の方法」「元金均等の方法」のどっちでもよい。「元利均等の方法」は月々の返済額がずっと同じだけど最初のうちは元金がなかなか減らないから「元金均等の方法」より総返済額が多くなる。「元金均等の方法」は返済当初が最も返済額が多く、返済していくうちに返済額も少なくなっていく。

3 × いずれの金融機関にも、元金及び利息の回収を委託できる。

4 ○ 災害により住宅が滅失し、その住宅に代わるべき住宅の建設又は購入に係る貸付金。機構は一定の元金返済の据置期間を設けることができます。

【問47】 景品表示法 ★★★

毎年毎年、笑える景品表示法。この年は選択肢1がいちばんおもしろいかな。みなさんはどの選択肢がいちばん笑えましたか？（P.730～738）

1 × 第1期の販売分に売れ残りがあるんだから、「第1期完売御礼！」は不当表示でしょ（笑）。結果的に売り切ったとしてもね、ダメです。

2 × なぞの金融機関が融資ですか（笑）。「当該ローンを扱っている金融機関や融資限度額等について」も表示せねばならぬ。

3 ○ 「都市計画法に基づく告示が行われた都市計画道路の区域に含まれている」というデメリット。だから激安。ちゃんと表示をしたアンタはえらい。

4 × 「新発売」という表示は、マンションだったら新築の場合のみオッケー。「築15年のリフォームマンション」で「新発売」はダメです。

【問48】 統計等 ★★ ＊平成27年度の統計数値での出題。参考まで＊

【問48】はこのような統計数値からの出題です。別途、最新データに基づく受験対策レジュメをご用意いたしますのでご活用ください（8月中旬予定）。

1 × リーマンショックが発生した年である2008年以降、下落はあったかもしれないけど「2015年3月まで一貫して下落基調」ってことはないでしょ。2013年3月分より28ヶ月連続でのプラスとなっていた。

2 ○ 平成26年の新設住宅着工戸数は892,261戸で5年ぶりの減少。25年の「駆け込み需要」と比べれば減少だけど、平成24年の新設住宅着工戸数（882,797戸）を上回っていた。

3 × 平成25年度の不動産業の売上高経常利益率は10.9%で、前年（9.5%）と比べて上昇。全産業の売上高経常利益率（4.2%）よりも高かった。

4 × 平成26年の全国の土地取引件数（所有権の移転登記の件数）は125.7万件で、3年ぶりに減少となっていた。

正解		
問46 3	問47 3	問48 2

平成27年度≫問題・解説・解答

>> 問題

★★★

【問49】土地に関する次の記述のうち、最も不適当なものはどれか。

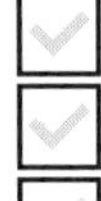

1　我が国の低地は、ここ数千年の間に形成され、湿地や旧河道であった若い軟弱な地盤の地域がほとんどである。

2　臨海部の低地は、洪水、高潮、地震による津波などの災害が多く、住宅地として利用するには、十分な防災対策と注意が必要である。

3　台地上の池沼を埋め立てた地盤は、液状化に対して安全である。

4　都市周辺の丘陵や山麓に広がった住宅地は、土砂災害が起こる場合があり、注意する必要がある。

★★★

【問50】建物の構造に関する次の記述のうち、最も不適当なものはどれか。

1　木造は湿気に強い構造であり、地盤面からの基礎の立上がりをとる必要はない。

2　基礎の種類には、直接基礎、杭基礎等がある。

3　杭基礎には、木杭、既製コンクリート杭、鋼杭等がある。

4　建物は、上部構造と基礎構造からなり、基礎構造は上部構造を支持する役目を負うものである。

解説 → 解答

【問49】 土地の形質等 ★★★

【問 47】の景品表示法とおなじくらい、笑える【問 49】。台地上だとはいえ、「池沼を埋め立てた地盤」が安全であるワケがない。

1 適当　そうでしょ。地球規模・歴史で考えれば「数千年」は若い。軟弱な地盤で危ない。

2 適当　そりゃ臨海部の低地なんだから、洪水、高潮、地震による津波などの災害が多いでしょう。住宅地として利用するには、十分な防災対策と注意が必要でしょう。

3 不適当　台地上は安全とはいえ「池沼を埋め立てた地盤」は話が別。安全であるワケがない（笑）。液状化して砂が吹き上がるでしょう。

4 適当　そりゃ都市周辺の丘陵や山麓に広がった住宅地なんだから、土砂災害が起こる場合があるでしょう。注意する必要があるでしょう。

【問50】 建物の構造等 ★★★

選択肢 1 が笑えます。木造は湿気に強くないでしょう。これが不適当で正解肢。この年の【問 50】は受験生全員できちゃったでしょうね。

1 不適当　木造は湿気に強くないでしょう。地盤面からの基礎の立上がりをとる必要もあるでしょう。

2 適当　直接基礎とは、基礎の底面自体で構造物を支える方式。戸建てなど建築物の自重が小さい場合や、支持地盤が浅く良好である場合に利用される。 一方、支持地盤が深い場合などだと杭基礎となり、深く打ち込んだ杭によって構造物を支える。支持地盤まで杭が達していないとマンションが傾いたりする。

3 適当　杭基礎には、木杭（木製の杭）、既製コンクリート杭（工場で作られた杭）、鋼杭等がある。

4 適当　建物の基礎構造は、上部構造（建築物自体）を支持する役目を負っている。

正解			
問49	3	問50	1

平成26年度本試験問題・解説・解答

問題

【問 1】 次の記述のうち、民法の条文に規定されているものはどれか。

＊民法の改正により、現時点では問題として成立していないため、除外しています。

★★

【問 2】 代理に関する次の記述のうち、民法の規定及び判例によれば、誤っているものはいくつあるか。(法改正により記述「エ」を修正している)

ア　代理権を有しない者がした契約を本人が追認する場合、その契約の効力は、別段の意思表示がない限り、追認をした時から将来に向かって生ずる。

イ　不動産を担保に金員を借り入れる代理権を与えられた代理人が、本人の名において当該不動産を売却した場合、相手方において本人自身の行為であると信じたことについて正当な理由があるときは、表見代理の規定を類推適用することができる。

ウ　代理人は、行為能力者であることを要しないが、代理人が後見開始の審判を受けたときは、代理権が消滅する。

エ　代理人が相手方にした意思表示の効力が意思の不存在、錯誤、詐欺、強迫又はある事情を知っていたこと若しくは知らなかったことにつき過失があったことによって影響を受けるべき場合には、その事実の有無は、本人の選択に従い、本人又は代理人のいずれかについて決する。

1　一つ　　2　二つ　　3　三つ　　4　四つ

★★★

【問 3】 権利の取得や消滅に関する次の記述のうち、民法の規定及び判例によれば、正しいものはどれか。

1　売買契約に基づいて土地の引渡しを受け、平穏に、かつ、公然と当該土地の占有を始めた買主は、当該土地が売主の所有物でなくても、売主が無権利者であることにつき善意で無過失であれば、即時に当該不動産の所有権を取得する。

2　所有権は、権利を行使することができる時から20年間行使しないときは消滅し、その目的物は国庫に帰属する。

3　買主の売主に対する担保による損害賠償請求権には消滅時効の規定の適用があり、この消滅時効は、買主が売買の目的物の引渡しを受けた時から進行する。

4　20年間、平穏に、かつ、公然と他人が所有する土地を占有した者は、占有取得の原因たる事実のいかんにかかわらず、当該土地の所有権を取得する。

合格判定基準	50 問中 32 問以上正解（登録講習修了者　45 問中 27 問以上正解）		
受験者データ	申込者数 → 23 万 8,343 人	受験者数 → 19 万 2,029 人	合格者数 → 3 万 3,670 人（合格率 17.5%）

解説 → 解答

【問 1】 民法：条文

【問 2】 民法：代理 ★★

「いくつあるか」はめんどくさい。とりあえずアの「×」とウの「○」がわかればよし。

ア × 無権代理行為を本人が追認した場合、「追認した時」からじゃなくて「契約の時」にさかのぼって効力が生ずる。（116 条、P.429）

イ ○ 不動産を担保にいれてカネを借りてこいと言われてたのに、不動産を売っちまった。権限外の行為ですね。それも代理人本人の名で。さてこの場合どうするか。「相手方が本人自身の行為であると信じたことについて正当な理由があるときは、表見代理の規定を類推適用することができる」とのこと。（P.432）

ウ ○ 代理人は行為能力者じゃなくてもオッケーだけど、代理人になってから後見開始の審判を受けた（成年被後見人になってしまった）ときは代理権消滅です。（111 条、P.426）

エ × 代理人の意思表示の効力が、意思がなかっただの、錯誤だ詐欺だ強迫だということで無効だ取消しだというような場合、その事実の有無は「代理人」について決する。本人の選択で本人だ代理人だはウソ。（101 条、P.423）

誤っているものはア、エの「二つ」。選択肢２が正解。

【問 3】 民法：取得時効 ★★★

即時取得とは、「第三者の所有する動産であっても、売主のものであると信じて購入した買主は、善意無過失だったら所有権を取得する」という制度。即時取得は動産の場合のみ。

1 × 不動産の場合、即時取得じゃないよね。取得時効で考えれば、善意無過失ということだと 10 年間の占有です。（P.534）

2 × おっと。所有権は、時効によって消滅しませぇーん。（167 条、P.441）

3 ○ 売主に対する担保責任に基づく損害賠償請求権も、時効によって消滅します。その消滅時効はいつから起算するかというと、「買主が売買の目的物の引渡しを受けた時」から。ご参考まで。（P.435 参考、507）

4 × 「占有取得の原因たる事実」というフレーズがちょっとむずかしかったかも。ひらたくいうと「どういういきさつで占有したか」ということで、たとえば賃貸借によるものだと、所有の意思に基づくものではないため取得時効は成立しません。（162 条、P.534）

正解		
問 1　-	問 2　2	問 3　3

問題

★

【問 4】 **AがBとの間で、CのBに対する債務を担保するためにA所有の甲土地に抵当権を設定する場合と根抵当権を設定する場合における次の記述のうち、民法の規定によれば、正しいものはどれか。**

1　抵当権を設定する場合には、被担保債権を特定しなければならないが、根抵当権を設定する場合には、ＢＣ間のあらゆる範囲の不特定の債権を極度額の限度で被担保債権とすることができる。

2　抵当権を設定した旨を第三者に対抗する場合には登記が必要であるが、根抵当権を設定した旨を第三者に対抗する場合には、登記に加えて、債務者Ｃの異議を留めない承諾が必要である。

3　Ｂが抵当権を実行する場合には、Ａはまず C に催告するように請求することができるが、Ｂが根抵当権を実行する場合には、Ａはまず C に催告するように請求することはできない。

4　抵当権の場合には、ＢはＣに対する他の債権者の利益のために抵当権の順位を譲渡することができるが、元本の確定前の根抵当権の場合には、Ｂは根抵当権の順位を譲渡することができない。

【問 5】 **債権譲渡に関する次の１から４までの記述のうち、下記判決文によれば、正しいものはどれか。**

＊民法の改正により、現時点では問題として成立していないため、除外しています。

解説 ➡ 解答

【問 4】 民法：抵当権 ★

根抵当権がちょっとめんどくさかったかも。「一定の範囲に属する」不特定の債権を極度額の範囲内において担保するのが根抵当権。選択肢4の抵当権の順位の譲渡。根抵当権の場合、やはり元本が確定していないとできないです。（P.555 参考）

1 × 根抵当権の被担保債権は、たとえば金融機関との金融取引などの「一定の範囲」で発生する不特定の債権でなければならない。（398 条の 2）

2 × 抵当権であっても根抵当権であっても、登記があれば第三者に対抗できます。（177 条）

3 × 物上保証人Aには「まずCに催告するように請求」というような、保証制度のところで登場する催告の抗弁権はありません。抵当権であっても根抵当権であってもいっしょ。

4 ○ そのとおり。元本の確定前の根抵当権の場合には、Bは根抵当権の順位を譲渡することができません。（398 条の 11）

【問 5】 民法：判決文（債権譲渡）

平成26年度 ≫ 問題・解説・解答

正解			
問4	4	問5	-

問題

★★

【問 6】 Aは、Bに建物の建築を注文し、完成して引渡しを受けた建物をCに対して売却した。本件建物に契約の内容に適合しないもの（以下この間において「不適合」という。）があった場合に関する次の記述のうち、民法の規定及び判例によれば、正しいものはどれか。（法改正により問題文、選択肢すべて修正している）

1　Cは、売買契約の締結の当時、本件建物に不適合があることを知っていた場合でも、Aに対して売買契約に基づく担保責任を追及することができる。

2　Bが建物としての基本的な安全性が欠けることがないように配慮すべき義務を怠ったために本件建物に基本的な安全性を損なう不適合がある場合には、当該不適合によって損害を被ったCは、特段の事情がない限り、Bに対して不法行為責任に基づく損害賠償を請求できる。

3　CがBに対して本件建物の不適合に関して不法行為責任に基づく損害賠償を請求する場合、当該請求ができる期間は、Cが不適合の存在に気付いてから1年以内である。

4　本件建物に存在している不適合のために請負契約を締結した目的を達成することができない場合、その不適合の発生した事由を問わず、AはBとの契約を解除することができる。

★★

【問 7】 賃貸人Aから賃借人Bが借りたA所有の甲土地の上に、Bが乙建物を所有する場合における次の記述のうち、民法の規定及び判例によれば、正しいものはどれか。なお、Bは、自己名義で乙建物の保存登記をしているものとする。（法改正により選択肢2を修正している）

1　BがAに無断で乙建物をCに月額10万円の賃料で貸した場合、Aは、借地の無断転貸を理由に、甲土地の賃貸借契約を解除することができる。

2　Cが甲土地を不法占拠してBの土地利用を妨害している場合、Bは、Aの有する甲土地の所有権に基づく妨害排除請求権を代位行使してCの妨害の排除を求めることができるほか、自己の有する甲土地の賃借権に基づいてCの妨害の停止を求めることができる。

3　BがAの承諾を得て甲土地を月額15万円の賃料でCに転貸した場合、AB間の賃貸借契約がBの債務不履行で解除されても、AはCに解除を対抗することができない。

4　AB間で賃料の支払時期について特約がない場合、Bは、当月末日までに、翌月分の賃料を支払わなければならない。

★

【問 8】 不法行為に関する次の記述のうち、民法の規定及び判例によれば、正しいものはどれか。（法改正により選択肢1、4を修正している）

1　不法行為による損害賠償請求権の期間の制限を定める民法第724条第1号における、被害者が損害を知った時とは、被害者が損害の発生を現実に認識した時をいう。

2　不法行為による損害賠償債務の不履行に基づく遅延損害金債権は、当該債権が発生した時から10年間行使しないことにより、時効によって消滅する。

3　不法占拠により日々発生する損害については、加害行為が終わった時から一括して消滅時効が進行し、日々発生する損害を知った時から別個に消滅時効が進行することはない。

4　不法行為の加害者が海外に在住している間は、民法第724条第2号の20年の時効期間は進行しない。

解説 → 解答

【問 6】 民法：請負契約・売買契約・不法行為 ★★

まずは状況設定の確認を。ＡＢ間は請負契約。Ａが注文者でＢが請負人。で、ＡＣ間は売買契約。Ａが売主でＣが買主。選択肢２と３は不法行為。

1 × 売買契約の目的物に不適合があった場合、その不適合につき、売主は担保責任を負わなければならないけど、買主Ｃが知っていた（不適合を承知して買った）ということだから、不適合による売主の担保責任がどうのこうのという話にはならない。（P.507）

2 ○ Ａから建物を購入したＣ。その建物に「Ｂが建物としての基本的な安全性が・・・損なう不適合」があり、その不適合により損害を被ったＣは、被害者として加害者Ｂに対して不法行為責任に基づく損害賠償を請求できる（判例）。（P.606 参考）

3 × おっと、不法行為による損害賠償請求権は、被害者Ｃが不適合の存在に気付いてから（損害及び加害者を知った時から）３年で時効消滅。１年じゃないよ。（724 条、P.608）

4 × 請負人Ｂが引き渡した建物に不適合があったとしても、その不適合がですね、注文者Ａの供した材料の性質や指図によって生じたというような場合には、注文者Ａは、不適合を理由として、履行の追完の請求だの契約の解除だのはできない。ただし、請負人Ｂが材料や指図が不適当であることを知りながら告げなかったときは、この限りではないけど。（636 条、P.513）

【問 7】 民法：賃貸借 ★★

選択肢１はよく読んでね。単に建物の賃貸借。選択肢３は債務不履行による賃貸借の解除。この場合は転借人に対抗することができます。（P.560 ～ 574）

1 × えーとですね、借地上の乙建物の所有者Ｂが、乙建物をＣに賃貸したとしても、借地を転貸したことにはならないでしょ。なので無断転貸がどうのこうのという騒ぎにはならない。

2 ○ ならずもののＣ。そんなＣに対して、借地権者Ｂは「Ａの有する甲土地の所有権に基づく妨害排除請求権を代位行使」することにより妨害の排除を求めることができる。また、「自己の有する甲土地の賃借権（対抗力あり）」に基づく妨害の停止を請求することができる。（605 条の 4）

3 × 賃貸人Ａは、賃借人Ｂの債務不履行によりＡＢ間の賃貸借契約を解除した場合には、転借人Ｃに対し解除を対抗することができる。（613 条）

4 × 賃料の支払時期なんだけど、民法上「建物及び宅地については毎月末に」という規定あり。特約がないんだったら毎月末に当月分の賃料を支払えばオッケー。（614 条）

【問 8】 民法：不法行為 ★

めんどくさいので、パスしてオッケー。（724 条、P.606 ～ 609 参考）

1 ○ 不法行為による損害賠償請求権は、被害者が損害を知った時から３年間（生命・身体の侵害による損害賠償請求権は５年間）行使しないと時効によって消滅する。で、被害者が損害を知った時とは「被害者が損害の発生を現実に認識した時」となる。

2 × 「不法行為による損害賠償の不履行に基づく遅延損害金債権」とは「加害者が損害賠償を払わないので生じる遅延損害金」のこと。これも時効で消滅しちゃう。でね、その時効期間なんだけど、「10 年間」じゃなくて「損害を知った時から３年間」か「発生から 20 年間」を使うそうです。

3 × 不法占拠されている間、日々新たに損害が発生するものとして、別個の時効が進行するというふうに扱うそうです（判例）。

4 × 加害者が海外に在住しているとしても、消滅時効期間は淡々と進行しちゃいます。

正解					
問6	2	問7	2	問8	1

問題

★

【問 9】 **後見人制度に関する次の記述のうち、民法の規定によれば、正しいものはどれか。**

1　成年被後見人が第三者との間で建物の贈与を受ける契約をした場合には、成年後見人は、当該法律行為を取り消すことができない。

2　成年後見人が、成年被後見人に代わって、成年被後見人が居住している建物を売却する場合には、家庭裁判所の許可を要しない。

3　未成年後見人は、自ら後見する未成年者について、後見開始の審判を請求することはできない。

4　成年後見人は家庭裁判所が選任する者であるが、未成年後見人は必ずしも家庭裁判所が選任する者とは限らない。

★★

【問10】 **Aには、父のみを同じくする兄Bと、両親を同じくする弟C及び弟Dがいたが、C及びDは、Aより先に死亡した。Aの両親は既に死亡しており、Aには内縁の妻Eがいるが、子はいない。Cには子F及び子Gが、Dには子Hがいる。Aが、平成26年8月1日に遺言を残さずに死亡した場合の相続財産の法定相続分として、民法の規定によれば、正しいものはどれか。**

1　Eが2分の1、Bが6分の1、Fが9分の1、Gが9分の1、Hが9分の1である。

2　Bが3分の1、Fが9分の2、Gが9分の2、Hが9分の2である。

3　Bが5分の1、Fが5分の1、Gが5分の1、Hが5分の2である。

4　Bが5分の1、Fが15分の4、Gが15分の4、Hが15分の4である。

★★★

【問11】 **甲土地の所有者が甲土地につき、建物の所有を目的として賃貸する場合（以下「ケース①」という。）と、建物の所有を目的とせずに資材置場として賃貸する場合（以下「ケース②」という。）に関する次の記述のうち、民法及び借地借家法の規定によれば、正しいものはどれか。**

1　賃貸借の存続期間を40年と定めた場合には、ケース①では書面で契約を締結しなければ期間が30年となってしまうのに対し、ケース②では口頭による合意であっても期間は40年となる。

2　ケース①では、賃借人は、甲土地の上に登記されている建物を所有している場合には、甲土地が第三者に売却されても賃借人であることを当該第三者に対抗できるが、ケース②では、甲土地が第三者に売却された場合に賃借人であることを当該第三者に対抗する方法はない。

3　期間を定めない契約を締結した後に賃貸人が甲土地を使用する事情が生じた場合において、ケース①では賃貸人が解約の申入れをしても合意がなければ契約は終了しないのに対し、ケース②では賃貸人が解約の申入れをすれば契約は申入れの日から1年を経過することによって終了する。

4　賃貸借の期間を定めた場合であって当事者が期間内に解約する権利を留保していないとき、ケース①では賃借人側は期間内であっても1年前に予告することによって中途解約することができるのに対し、ケース②では賃貸人も賃借人もいつでも一方的に中途解約することができる。

解説 ➔ 解答

【問 9】 民法：制限行為能力者 ★

選択肢３と４。未成年者に親権者がいないとき、又は親がいても親権喪失や親権行使不能などの場合、未成年後見が開始され未成年後見人が選任される。（P.402～404、409）

1 × 成年被後見人の行為が、贈与を受ける（権利を得る）だけのものであったとしても、取消しの対象。そんな建物（例：ボロボロの空き家）もらってこないでよー。（9条）

2 × 成年後見人が、成年被後見人に代わって居住用不動産を処分するには、家庭裁判所の許可がいるでしょ!!（859条の3）

3 × 未成年後見人が後見している未成年者が「精神上の障害で事理を弁識する能力を欠く常況」の場合、その未成年者が成年に達すると、法定代理人（未成年後見人）がいなくなってしまう。なので、未成年後見人は「後見開始の審判」を請求することができます。未成年者も後見開始の審判の対象となります。（7条）

4 ○ そのとおり。成年後見人は家庭裁判所が選任する者なんだけど、未成年後見人は必ずしも家庭裁判所が選任する者とは限らない。ちなみに、未成年後見人には「①指定未成年後見人」と「②選定未成年後見人」の２タイプがあって「①指定未成年後見人」が原則。「指定」ということだから、未成年者に対して最後に親権を行う者が遺言で指定する。この「①指定未成年後見人」がないときには、家庭裁判所が「②選定未成年後見人」を選任する。（839条、840条）

【問10】 民法：相続 ★★

ややこしい。よく読んでみると、死んだＡには配偶者もなく直系尊属もいない。となるとＡの兄弟姉妹のみが相続人。で、本来であればＢＣＤが相続人になるんだけど、ＣＤはＡより先に死亡しているのでＦＧＨが代襲相続。つまり相続人はＢＦＧＨの４人。ちなみにＡの内縁の妻Ｅは相続人にはならない。
さて計算。兄Ｂは父のみを同じくするというので、ふつうの（という表現がいいかどうかわかりませんけど）兄弟姉妹の半分。Ｂを１とするとＣとＤは２。ということでＢは全体の５分の１。ＣとＤは５分の２ずつなんだけど、Ｃを代襲相続したＦＧは５分の２の半分ずつなので５分の１ずつ。Ｈはそのまま５分の２。
ということと次第で選択肢３が正解となる。（889条、900条、P.623～626）

【問11】 借地借家法：借地 ★★★

ケース①は建物所有を目的とする土地の賃貸借なので借地借家法が適用されます。ケース②は建物所有を目的としない土地の賃貸借なので、借地借家法の適用はなく、民法で処理。（P.560～561. 576～581）

1 × えーと、賃貸借の存続期間を40年と定めた場合、ケース①（借地借家法）だと40年でオッケー。30年以上だったらいいよん（3条）。仮に書面で契約を締結していなくても40年。ケース②（民法）だと50年が上限となる（民法604条）。なので期間は40年となる。

2 × ケース①（借地借家法）では建物登記で第三者に対抗することができる（10条）。それはいいとして、ケース②（民法）でも不動産賃借権の登記があれば、第三者に対抗することができる（民法605条）。

3 ○ 期間を定めない土地の賃貸借については、ケース①（借地借家法）では期間30年（3条）と法定される。なので合意がなければ契約は終了しない。ケース②（民法）では賃貸人が解約の申入れをすれば契約は申入れの日から１年を経過することによって終了する（民法617条）。

4 × 土地賃貸借の期間内に解約する権利を留保していない（特約がない）場合、ケース①（借地借家法）でもケース②（民法）でも中途解約できない。

正解					
問9	4	問10	3	問11	3

平成26年度 ≫ 問題・解説・解答

問題

★★★

【問12】 借地借家法第38条の定期建物賃貸借（以下この問において「定期建物賃貸借」という。）に関する次の記述のうち、借地借家法の規定及び判例によれば、誤っているものはどれか。

1　定期建物賃貸借契約を締結するには、公正証書による等書面によらなければならない。

2　定期建物賃貸借契約を締結するときは、期間を1年未満としても、期間の定めがない建物の賃貸借契約とはみなされない。

3　定期建物賃貸借契約を締結するには、当該契約に係る賃貸借は契約の更新がなく、期間の満了によって終了することを、当該契約書と同じ書面内に記載して説明すれば足りる。

4　定期建物賃貸借契約を締結しようとする場合、賃貸人が、当該契約に係る賃貸借は契約の更新がなく、期間の満了によって終了することを説明しなかったときは、契約の更新がない旨の定めは無効となる。

★★★

【問13】 建物の区分所有等に関する法律（以下この問において「法」という。）に関する次の記述のうち、誤っているものはどれか。

1　区分所有者の団体は、区分所有建物が存在すれば、区分所有者を構成員として当然に成立する団体であるが、管理組合法人になることができるものは、区分所有者の数が30人以上のものに限られる。

2　専有部分が数人の共有に属するときの集会の招集の通知は、法第40条の規定に基づく議決権を行使すべき者にすればよく、共有者間で議決権を行使すべき者が定められていない場合は、共有者のいずれか一人にすればよい。

3　建物の価格の2分の1以下に相当する部分が滅失した場合、規約で別段の定めがない限り、各区分所有者は、滅失した共用部分について、復旧の工事に着手するまでに復旧決議、建替え決議又は一括建替え決議があったときは、復旧することができない。

4　管理者が、規約の保管を怠った場合や、利害関係人からの請求に対して正当な理由がないのに規約の閲覧を拒んだ場合は、20万円以下の過料に処せられる。

★★

【問14】 不動産の登記に関する次の記述のうち、誤っているものはどれか。

1　表示に関する登記を申請する場合には、申請人は、その申請情報と併せて登記原因を証する情報を提供しなければならない。

2　新たに生じた土地又は表題登記がない土地の所有権を取得した者は、その所有権の取得の日から1月以内に、表題登記を申請しなければならない。

3　信託の登記の申請は、当該信託に係る権利の保存、設定、移転又は変更の登記の申請と同時にしなければならない。

4　仮登記は、仮登記の登記義務者の承諾があるときは、当該仮登記の登記権利者が単独で申請することができる。

解説 ➔ 解答

【問12】 借地借家法：借家 ★★★

建物賃貸借契約書と「賃貸借は契約の更新がなく、期間の満了によって終了すること」を説明する書面は別に用意しておかないと。（38条、P.602～604）

1 ○ そのとおり。定期建物賃貸借契約を締結するには、公正証書による等書面によらなければならない。

2 ○ そのとおり。定期建物賃貸借契約だと、期間を１年未満（例：３ヶ月）としても期間の定めがない建物の賃貸借契約とはみなされない。３ヶ月だったら３ヶ月。

3 × 定期建物賃貸借契約を締結するには、建物の賃貸人が賃借人に対して、賃貸借は契約の更新がなく、期間の満了によって終了することを書面で説明しなければならない。で、この書面は契約書とは別に用意する。「契約書と同じ書面内に記載して説明すれば足りる」だと「×」。

4 ○ そのとおり。建物の賃貸人が、「賃貸借は契約の更新がなく、期間の満了によって終了すること」を説明しなかったときは、契約の更新がない旨の定めは無効となる。つまり定期建物賃貸借契約にはならない。

【問13】 区分所有法 ★★★

選択肢３の復旧工事。小規模滅失の場合であっても、復旧決議などがあった以降は、単独復旧はできなくなります。ちょっとマニアックだけど、選択肢４みたいな規定もあります。（P.668～690）

1 × 管理組合を法人化するにあたり「区分所有者の数が30人以上のもの」というような制約はありませーん。（47条）

2 ○ そのとおり。専有部分が共有されている場合、議決権を行使すべき者に集会招集の通知をすればよく、共有者間で議決権を行使すべき者が定められていない場合は、共有者のいずれか一人にすればよい。しょうがないもんね。（35条）

3 ○ そのとおり。建物の価格の２分の１以下に相当する部分が滅失した場合、各区分所有者は復旧工事をすることができるけど、復旧決議や建替え決議などがあったときはこの限りではない。（61条）

4 ○ そのとおり。ちょっとマニアックですが。管理者は、規約を保管し、利害関係人から請求があったときは、閲覧させなければならない（33条）。で、管理者が、規約の保管を怠った場合や、利害関係人からの請求に対して正当な理由がないのに規約の閲覧を拒んだ場合は、20万円以下の過料に処せられる（71条）。いちおう、そんな規定もあります。ご参考まで。

【問14】 不動産登記法 ★★

選択肢１。表示の登記の申請については「登記原因を証する情報」などは提供（提出）する必要はありません。が、ちょっとマニアックかな。選択肢４の「○」はわかってほしいなぁー。（P.644～659）

1 × 権利に関する登記をする場合だと、申請人は、その申請情報と併せて登記原因を証する情報を提供しなければならないんだけど、表示に関する登記の申請にあってはこのような規定はありません。（61条）

2 ○ そのとおり。新たに生じた土地又は表題登記がない土地の所有権を取得。そんな場合はですね、１ヶ月以内に表示の登記（表題登記）の申請が義務づけられています。（36条）

3 ○ そのとおり。信託の登記の申請は、当該信託に係る権利の保存、設定、移転又は変更の登記の申請と同時にしなければならない。ご参考まで。（98条）

4 ○ 仮登記は、仮登記の登記義務者の承諾があるときは、当該仮登記の登記権利者が単独で申請することができる。（107条）

正解					
問12	3	問13	1	問14	1

問題

★★★

【問15】 都市計画法に関する次の記述のうち、誤っているものはどれか。

1　都市計画区域については、用途地域が定められていない土地の区域であっても、一定の場合には、都市計画に、地区計画を定めることができる。

2　高度利用地区は、市街地における土地の合理的かつ健全な高度利用と都市機能の更新とを図るため定められる地区であり、用途地域内において定めることができる。

3　準都市計画区域においても、用途地域が定められている土地の区域については、市街地開発事業を定めることができる。

4　高層住居誘導地区は、住居と住居以外の用途とを適正に配分し、利便性の高い高層住宅の建設を誘導するために定められる地区であり、近隣商業地域及び準工業地域においても定めることができる。

★★★

【問16】 次のアからウまでの記述のうち、都市計画法による開発許可を受ける必要のある、又は同法第34条の2の規定に基づき協議する必要のある開発行為の組合せとして、正しいものはどれか。ただし、開発許可を受ける必要のある、又は協議する必要のある開発行為の面積については、条例による定めはないものとする。

ア　市街化調整区域において、国が設置する医療法に規定する病院の用に供する施設である建築物の建築の用に供する目的で行われる1,500㎡の開発行為

イ　市街化区域において、農林漁業を営む者の居住の用に供する建築物の建築の用に供する目的で行われる1,200㎡の開発行為

ウ　区域区分が定められていない都市計画区域において、社会教育法に規定する公民館の用に供する施設である建築物の建築の用に供する目的で行われる4,000㎡の開発行為

1　ア、イ　　2　ア、ウ　　3　イ、ウ　　4　ア、イ、ウ

★★

【問17】 建築基準法に関する次の記述のうち、正しいものはどれか。

1　住宅の地上階における居住のための居室には、採光のための窓その他の開口部を設け、その採光に有効な部分の面積は、その居室の床面積に対して7分の1以上としなければならない。

2　建築確認の対象となり得る工事は、建築物の建築、大規模の修繕及び大規模の模様替であり、建築物の移転は対象外である。

3　高さ15ｍの建築物には、周囲の状況によって安全上支障がない場合を除き、有効に避雷設備を設けなければならない。

4　準防火地域内において建築物の屋上に看板を設ける場合は、その主要な部分を不燃材料で造り、又は覆わなければならない。

解説 ➔ 解答

【問15】 都市計画法：都市計画全般 ★★★

準都市計画区域にも用途地域を定めることができるけど、でもなー、積極的に開発していこうというエリアじゃないから、市街地開発事業は定めることはできないんだよなー。

1 ○ そのとおり。地区計画は、都市計画区域内であれば、用途地域が定められていない区域にも定めることができます。一定の条件がありますけど。（12条の5、P.242）

2 ○ そのとおり。高度利用地区のキーワードは高度利用と都市機能の更新です。用途地域内において定めることができる。（9条、P.231）

3 × 準都市計画区域には市街地開発事業を定めることはできない。だって、積極的に整備開発保全していこうという区域じゃないもんね。（13条、P.250～251）

4 ○ そのとおり。高層住居誘導地区は第一種住居地域、第二種住居地域、準住居地域、近隣商業地域、準工業地域で、都市計画で容積率が10分の40（400%）又は10分の50（500%）とされているところで定めることができる。（9条、P.230）

【問16】 都市計画法：開発許可 ★★★

「公民館」がうれしい。公民館を建築するための開発行為は開発許可不要だもんね。これを速攻で読み取って、ウが入っている選択肢を消す。となると、選択肢1の「ア、イ」しか残らない。（29条、34条の2、P.265～269）

ア 協議する必要あり　病院は開発許可が不要となる建築物にはならず、市街化調整区域ということであれば、面積に関わらず開発許可が必要となる。で、国が行う開発行為については、当該国の機関と都道府県知事等との協議が成立することをもって開発許可があったものとされる。

イ 開発許可を受ける必要あり　市街化調整区域内であれば、農林漁業を営む者の居住の用に供する建築物の建築の用に供する目的で行われる開発行為については開発許可は不要だけど、市街化区域内だと、1,000㎡以上であれば開発許可が必要となる。

ウ 開発許可を受ける必要はない　公民館の用に供する施設である建築物の建築の用に供する目的で行われる開発行為については、その面積やどこで開発行為をするかを問わず、開発許可は不要。

開発許可を受ける・協議する必要がある開発行為の組合せは、「ア、イ」。選択肢1が正解となる。

【問17】 建築基準法 ★★

選択肢1と3は単体規定からの出題。「数値」を聞いてきました。ちょっと細かいかな。選択肢4の「燃えない看板ルール」は防火地域内のみ。ヒッカケ問題だぁ～。うっかり「○」にしそう。

1 ○ そのとおり。居室には、採光のための窓その他の開口部を設け、その採光に有効な部分の面積は、その居室の床面積に対して7分の1以上としなければならない。（28条、P.287）

2 × 建築確認の対象となるのは「建築物の建築（新築・増築・改築・移転）」「大規模の修繕」「大規模の模様替え」。ということで、建築物の移転工事であっても、建築確認の対象でーす。（6条、P.337）

3 × おっと避雷設備。15mではなく、高さが20mを超える建築物には、周囲の状況によって安全上支障がない場合を除き、有効に避雷設備を設けなければならない。あちゃー、覚えてたかな。（33条、P.287）

4 × 準防火地域には「燃えない看板」ルールはありませーん。ちなみに防火地域内だったら、看板、広告塔、装飾塔その他これらに類する工作物で、建築物の屋上に設けるもの又は高さ3メートルを超えるものは、その主要な部分を不燃材料で造り、又は覆わなければならない。（64条、P.328）

正解					
問15	3	問16	1	問17	1

平成26年度 ≫ 問題・解説・解答

>> 問題

★★★

【問18】 建築基準法（以下この問において「法」という。）に関する次の記述のうち、誤っているものはどれか。

1　店舗の用途に供する建築物で当該用途に供する部分の床面積の合計が10,000㎡を超えるものは、原則として工業地域内では建築することができない。

2　学校を新築しようとする場合には、法第48条の規定による用途制限に適合するとともに、都市計画により敷地の位置が決定されていなければ新築することができない。

3　特別用途地区内においては、地方公共団体は、国土交通大臣の承認を得て、条例で、法第48条の規定による建築物の用途制限を緩和することができる。

4　都市計画において定められた建蔽率の限度が10分の8とされている地域外で、かつ、防火地域内にある耐火建築物の建蔽率については、都市計画において定められた建蔽率の数値に10分の1を加えた数値が限度となる。

★★★

【問19】 宅地造成及び特定盛土等規制法に関する次の記述のうち、誤っているものはどれか。なお、この問において「都道府県知事」とは、地方自治法に基づく指定都市、中核市及び施行時特例市にあってはその長をいうものとする。（法改正により問題文、選択肢すべてを修正している）

1　宅地造成等工事規制区域内において、宅地を宅地以外の土地にするために行われる切土であって、当該切土をする土地の面積が600㎡で、かつ、高さ3mの崖を生ずることとなるものに関する工事については、都道府県知事の許可は必要ない。

2　都道府県知事は、宅地造成等工事規制区域内において行われる宅地造成等に関する工事の許可に付した条件に違反した者に対して、その許可を取り消すことができる。

3　土地の占有者は、都道府県知事又はその命じた者若しくは委任した者が、宅地造成等工事規制区域の指定のために当該土地に立ち入って測量又は調査を行う場合、正当な理由がない限り、立入りを拒み、又は妨げてはならない。

4　宅地造成等工事規制区域内において行われる宅地造成等に関する工事の許可を受けた者は、国土交通省令で定める軽微な変更を除き、当該工事の計画を変更しようとするときは、遅滞なく、その旨を都道府県知事に届け出なければならない。

解説 ➔ 解答

【問18】 建築基準法 ★★★

選択肢2の学校。学校の新築については用途地域による制限はあるけど。選択肢3の特別用途地区の用途制限の緩和、選択肢4の建蔽率はできてほしいところです。

1 ○ そのとおり。店舗の用途に供する建築物で当該用途に供する部分の床面積の合計が 10,000㎡を超えるものは、近隣商業地域、商業地域、準工業地域以外の用途地域には、原則として建築することができない。（48 条、P.296）

2 × 学校の新築については「都市計画による敷地の位置決定」という規定はありません。これって、火葬場とか卸売り市場とかを新設するときのお話だよねー。（48 条、P.295、298）

3 ○ そのとおり。特別用途地区内においては、地方公共団体は、国土交通大臣の承認を得て、条例で、法第 48 条の規定による建築物の用途制限を緩和することができる。（49 条、P.294）

4 ○ そのとおり。防火地域内にある耐火建築物の建蔽率については、都市計画において定められた建蔽率の数値に 10 分の 1 を加えた数値が限度となる。ちなみに建蔽率が 10 分の 8 と定められているところだったら建蔽率制限の適用はなし。（53 条、P.306）

【問19】 宅地造成及び特定盛土等規制法 ★★★

選択肢1の「宅地を宅地以外」を読み飛ばさなければ、なんとかなったんじゃないでしょうか。選択肢4については都道府県知事の許可（変更の許可）が必要です。（P.342 ～ 350）

1 ○ 出たぁ～「宅地を宅地以外」。この場合は宅地造成には該当しないので、許可もへったくれもないでしょ。（2 条）

2 ○ そのとおり。宅地造成等に関する工事の許可に付した条件に違反した者に対して、その許可を取り消すことができる。（20 条）

3 ○ そのとおり。土地の占有者は、正当な理由がない限り、立入りを拒み、又は妨げてはならない。（5 条）

4 × 宅地造成等に関する工事の計画を変更しようとするときは、都道府県知事の許可（変更の許可）を受けなければならない。ただし軽微な変更であれば届出で足りる。この選択肢は「軽微な変更を除き 」っていうことだから、許可を受けないとね。（16 条、施行規則 38 条）

正解			
問18	2	問19	4

問題

★★★

【問20】土地区画整理法に関する次の記述のうち、正しいものはどれか。

1　施行者は、宅地の所有者の申出又は同意があった場合においては、その宅地を使用し、又は収益することができる権利を有する者に補償をすれば、換地計画において、その宅地の全部又は一部について換地を定めないことができる。

2　施行者は、施行地区内の宅地について換地処分を行うため、換地計画を定めなければならない。この場合において、当該施行者が土地区画整理組合であるときは、その換地計画について市町村長の認可を受けなければならない。

3　関係権利者は、換地処分があった旨の公告があった日以降いつでも、施行地区内の土地及び建物に関する登記を行うことができる。

4　土地区画整理事業の施行により公共施設が設置された場合においては、その公共施設は、換地処分があった旨の公告があった日の翌日において、原則としてその公共施設の所在する市町村の管理に属することになる。

★★★

【問21】農地法（以下この問において「法」という。）に関する次の記述のうち、正しいものはどれか。

1　農地について法第3条第1項の許可があったときは所有権が移転する旨の停止条件付売買契約を締結し、それを登記原因とする所有権移転の仮登記を申請する場合には、その買受人は農業委員会に届出をしなければならない。

2　市街化区域内の農地について、耕作の目的に供するために競売により所有権を取得しようとする場合には、その買受人は法第3条第1項の許可を受ける必要はない。

3　農業者が住宅の改築に必要な資金を銀行から借りるために、自己所有の農地に抵当権を設定する場合には、法第3条第1項の許可を受ける必要はない。

4　山林を開墾し現に農地として耕作している土地であっても、土地登記簿上の地目が山林であれば、法の適用を受ける農地とはならない。

★★★

【問22】次の記述のうち、誤っているものはどれか。

1　国土利用計画法によれば、同法第23条の届出に当たっては、土地売買等の対価の額についても都道府県知事（地方自治法に基づく指定都市にあっては、当該指定都市の長）に届け出なければならない。

2　森林法によれば、保安林において立木を伐採しようとする者は、一定の場合を除き、都道府県知事の許可を受けなければならない。

3　海岸法によれば、海岸保全区域内において土地の掘削、盛土又は切土を行おうとする者は、一定の場合を除き、海岸管理者の許可を受けなければならない。

4　都市緑地法によれば、特別緑地保全地区内において建築物の新築、改築又は増築を行おうとする者は、一定の場合を除き、公園管理者の許可を受けなければならない。

解説 → 解答

【問20】 土地区画整理法 ★★★

選択肢２の「市町村長の認可」っていうのがちょっと違和感あるでしょ。(P.396 ～ 377)

1 × 宅地の所有者の申出又は同意があった場合、換地計画において、その宅地の全部又は一部について換地を定めないことができるんだけど、「換地を定めない宅地」を使用収益している借地権者などの権利者がいるときは、彼らから、換地を定めないことについての「同意」を得なければならない。単に補償すればよいということじゃないです。(90 条)

2 × 土地区画整理組合は、その換地計画について都道府県知事の認可を受けなければならない。「市町村長の認可」じゃないです。(86 条)

3 × 施行地区内の土地及び建物に関する登記は関係権利者じゃなくて施行者が行う。施行者は、換地処分の公告があった場合において、施行地区内の土地及び建物について土地区画整理事業の施行に因り変動があったときは、遅滞なく、その変動に係る登記を申請し、又は嘱託しなければならない。(107 条)

4 ○ そのとおり。土地区画整理事業の施行により設置された公共施設は、原則として、換地処分があった旨の公告があった日の翌日において、その公共施設の所在する市町村の管理に属する。(106 条)

【問21】 農地法 ★★★

選択肢１は意味がわかりにくいけど、選択肢２の市街化区域内の農地、選択肢３の抵当権設定、選択肢４の現況が農地と、「出題するんだったらここでしょ」というような選択肢が並んでおりました。できたかな。(3 条、P.379 ～ 380)

1 × 「農地法第３条の許可があったときは所有権が移転する」という「停止条件（不許可だったら所有権は移転しない)」が付いている売買契約を締結し、その条件が成就するかどうかわかんないけど、とりあえず所有権移転の仮登記（首尾よくいけば本登記にする）を申請するという状況。この場合、農地の売買契約を締結するにあたり農業委員会に農地法第３条の許可申請をしておかなければならないけど、「仮登記の申請」につき「農業委員会に届出」というような規定はありません。

2 × 市街化区域であっても、耕作目的で農地を取得する場合、農地法第３条の許可が必要。競売による所有権移転の場合であってもいっしょ。入札前に「買受適格証明書」が必要になりますが。

3 ○ おっと抵当権の設定。農地に抵当権を設定する場合、農地法上の許可は不要です。

4 × 土地登記簿上の地目に関わらず、現況が農地であれば農地法上の農地となるよー。(2 条)

【問22】 その他法令制限 ★★★

国土利用計画法は、単独問題としての扱いが多いけど、このように複合問題の一肢として出題されることもあります。

1 ○ 国土利用計画法。事後届出（法第 23 条の届出）にあたり、土地売買等の対価の額も届け出なければならない。(P.358)

2 ○ 森林法。保安林において立木を伐採しようとする者は、一定の場合を除き、都道府県知事の許可を受けなければならない。(P.391)

3 ○ 海岸法。海岸保全区域内において土地の掘削、盛土又は切土を行おうとする者は、一定の場合を除き、海岸管理者の許可を受けなければならない。(P.392)

4 × 都市緑地法。特別緑地保全地区内において建築物の新築、改築又は増築を行おうとする者は、一定の場合を除き、公園管理者ではなく都道府県知事の許可を受けなければならない。(P.389)

正解					
問20	4	問21	3	問22	4

問題

★★

【問23】住宅用家屋の所有権の移転登記に係る登録免許税の税率の軽減措置に関する次の記述のうち、正しいものはどれか。

1　この税率の軽減措置は、一定の要件を満たせばその住宅用家屋の敷地の用に供されている土地に係る所有権の移転の登記にも適用される。

2　この税率の軽減措置は、個人が自己の経営する会社の従業員の社宅として取得した住宅用家屋に係る所有権の移転の登記にも適用される。

3　この税率の軽減措置は、以前にこの措置の適用を受けたことがある者が新たに取得した住宅用家屋に係る所有権の移転の登記には適用されない。

4　この税率の軽減措置は、所有権の移転の登記に係る住宅用家屋が、築年数が25年以内の耐火建築物に該当していても、床面積が50㎡未満の場合には適用されない。

★★

【問24】不動産取得税に関する次の記述のうち、正しいものはどれか。

1　不動産取得税は、不動産の取得に対して、当該不動産の所在する市町村において課する税であり、その徴収は普通徴収の方法によらなければならない。

2　共有物の分割による不動産の取得については、当該不動産の取得者の分割前の当該共有物に係る持分の割合を超えなければ不動産取得税が課されない。

3　不動産取得税は、独立行政法人及び地方独立行政法人に対しては、課することができない。

4　相続による不動産の取得については、不動産取得税が課される。

★★★

【問25】地価公示法に関する次の記述のうち、正しいものはどれか。

1　土地鑑定委員会は、標準地の価格の総額を官報で公示する必要はない。

2　土地の使用収益を制限する権利が存する土地を標準地として選定することはできない。

3　不動産鑑定士が土地鑑定委員会の求めに応じて標準地の鑑定評価を行うに当たっては、標準地の鑑定評価額が前年の鑑定評価額と変わらない場合は、その旨を土地鑑定委員会に申告することにより、鑑定評価書の提出に代えることができる。

4　不動産鑑定士は、土地鑑定委員会の求めに応じて標準地の鑑定評価を行うに当たっては、近傍類地の取引価格から算定される推定の価格を基本とし、必要に応じて、近傍類地の地代等から算定される推定の価格及び同等の効用を有する土地の造成に要する推定の費用の額を勘案しなければならない。

解説 → 解答

【問23】 登録免許税 ★★

登録免許税。選択肢4の面積要件、覚えていたかなぁー。選択肢2あたりで、ちょっと迷うかもしれません。選択肢1の土地に係る所有権移転登記。これも迷ったかも。(P.714)

1 × 「住宅用家屋の所有権の移転登記の税率の軽減措置(1000分の20→1000分の3)」は、あくまでも「住宅用家屋の所有権移転登記」が対象で、土地に係る所有権移転登記には適用されない。で、土地の所有権の移転登記だと1000分の20→1000分の15となる税率の軽減措置の適用となる。

2 × 社宅だとね……。住宅用家屋の所有権の移転登記に係る登録免許税の税率の軽減措置は、個人が取得し、個人の居住の用に供することが要件となってます。

3 × 以前に住宅用家屋の所有権の移転登記に係る登録免許税の税率の軽減措置を受けていたとしても、だいじょうぶ。要件を満たせば、また受けられます。

4 ○ そのとおり。住宅用家屋の所有権の移転登記に係る登録免許税の税率の軽減措置は、床面積が50㎡以上じゃないと適用されません。

【問24】 不動産取得税 ★★

選択肢1と4の「×」は速攻でわかってほしいなぁー。選択肢3はご参考まで。(P.705～708)

1 × 市町村じゃないでしょ。不動産取得税は当該不動産の所在する都道府県において課する税であり、その徴収は普通徴収の方法によらなければならない。

2 ○ 共有物の分割による不動産の取得(当該不動産の取得者の分割前の当該共有物に係る持分の割合を超える部分の取得を除く。)については、不動産取得税は非課税となる。

3 × めちゃマニアック。それにマイナーなところ。独立行政法人に対しては原則非課税なんだけど、なかには課税される法人もある。

4 × おっと、相続による不動産の取得については、不動産取得税は課税されない。すぐにわかってほしい選択肢。

【問25】 地価公示法 ★★★

選択肢1。ズバっと「○」にできたかどうか。選択肢2の「×」はすぐにわかったかな。選択肢3も、なんかヘンかな。そんな感じで消去法で正解にたどり着けたらオッケー。(P.696～700)

1 ○ なんじゃこりゃ。土地鑑定委員会は、標準地の単位面積当たりの価格を官報で公示しなければならないけど、「標準地の価格の総額」は公示する必要はない。っていうか、こんなの公示してもね。(6条)

2 × 借地権などの土地の使用収益を制限する権利が存する土地であっても、標準地として選定することができる。

3 × 標準地の鑑定評価を行った不動産鑑定士は、土地鑑定委員会に対し、鑑定評価書を提出しなければならない。標準地の鑑定評価額が前年の鑑定評価額と変わらないとしても、手抜きはダメです。鑑定評価書を提出してください。(5条)

4 × 不動産鑑定士は、標準地の鑑定評価を行うにあたっては、近傍類地の取引価格から算定される推定の価格、近傍類地の地代等から算定される推定の価格及び同等の効用を有する土地の造成に要する推定の費用の額を勘案してこれを行わなければならない。「近傍類地の取引価格から算定される推定の価格を基本」とか「必要に応じて」とかではない。(4条)

正解		
問23 4	問24 2	問25 1

問題

★★★

【問26】 宅地建物取引業の免許（以下この問において「免許」という。）に関する次の記述のうち、宅地建物取引業法の規定によれば、正しいものはいくつあるか。

ア　Aの所有する商業ビルを賃借しているBが、フロアごとに不特定多数の者に反復継続して転貸する場合、AとBは免許を受ける必要はない。

イ　宅地建物取引業者Cが、Dを代理して、Dの所有するマンション（30戸）を不特定多数の者に反復継続して分譲する場合、Dは免許を受ける必要はない。

ウ　Eが転売目的で反復継続して宅地を購入する場合でも、売主が国その他宅地建物取引業法の適用がない者に限られているときは、Eは免許を受ける必要はない。

エ　Fが借金の返済に充てるため、自己所有の宅地を10区画に区画割りして、不特定多数の者に反復継続して売却する場合、Fは免許を受ける必要はない。

1　一つ　　2　二つ　　3　三つ　　4　なし

★★★

【問27】 宅地建物取引業法（以下この問において「法」という。）に関する次の記述のうち、正しいものはどれか。

1　契約締結権限を有する者を置き、継続的に業務を行う場所であっても、商業登記簿に登載されていない事務所は、法第3条第1項に規定する事務所には該当しない。

2　国土交通大臣又は都道府県知事は、免許に条件を付すことができるが、免許の更新に当たっても条件を付すことができる。

3　法人である宅地建物取引業者が株主総会の決議により解散することとなった場合、その法人を代表する役員であった者は、その旨を当該解散の日から30日以内に免許を受けた国土交通大臣又は都道府県知事に届け出なければならない。

4　免許申請中である者が、宅地建物取引業を営む目的をもって宅地の売買に関する新聞広告を行った場合であっても、当該宅地の売買契約の締結を免許を受けた後に行うのであれば、法第12条に違反しない。

★★★

【問28】 宅地建物取引業者A（甲県知事免許）が乙県内に建設したマンション（100戸）の販売について、宅地建物取引業者B（国土交通大臣免許）及び宅地建物取引業者C（甲県知事免許）に媒介を依頼し、Bが当該マンションの所在する場所の隣接地（乙県内）に、Cが甲県内にそれぞれ案内所を設置し、売買契約の申込みを受ける業務を行う場合における次の記述のうち、宅地建物取引業法（以下この問において「法」という。）の規定によれば、誤っているものはどれか。

1　Bは国土交通大臣及び乙県知事に、Cは甲県知事に、業務を開始する日の10日前までに法第50条第2項に定める届出をしなければならない。

2　Aは、法第50条第2項に定める届出を甲県知事及び乙県知事へ届け出る必要はないが、当該マンションの所在する場所に法第50条第1項で定める標識を掲示しなければならない。

3　Bは、その設置した案内所の業務に従事する者の数5人に対して1人以上の割合となる数の専任の宅地建物取引士を当該案内所に置かなければならない。

4　Aは、Cが設置した案内所においてCと共同して契約を締結する業務を行うこととなった。この場合、Aが当該案内所に専任の宅地建物取引士を設置すれば、Cは専任の宅地建物取引士を設置する必要はない。

解説 → 解答

【問26】 宅建業法：宅建業の免許・要不要 ★★★

「ア」と「イ」はオーソドックスなパターンだからすぐわかったと思う。「エ」もだいじょうぶだろう。で、「ウ」の「買う買う買う」をどう判断したか。（2条、3条、P.029～034）

ア ○ Aは自己所有の商業ビルをBに賃貸。で、Bはそのビルを転貸。過去問でまいどおなじみの自ら貸主＆転貸。いずれも宅建業に該当しないので、免許なんかいらないよー。

イ × これもまいどおなじみの販売代理業者を間にいれた形のヒッカケ。Dは、自ら売主となることにかわりなく、もちろん宅建業に該当。なので宅建業の免許を受ける必要あり。

ウ × おっと、新しいパターン。反復継続して宅地を購入。単に資産保有や賃貸目的のために「買う買う買う」だったら、ま、特段問題はない（宅建業には該当しない）という解釈。がしかし「他へ売却する目的（転売）」で「買う買う買う」は宅建業に該当するとのことです。ちなみに、売主（宅地の仕入れ先）が誰であるかは関係なし。E自身が宅建業を営む以上、宅建業の免許を受ける必要あり。

エ × 自己所有の宅地を不特定多数の者に反復継続して売却するFの行為はもちろん宅建業に該当。売却の目的はカンケーなし。宅建業の免許を受ける必要あり。

正しいものはアの「一つ」。選択肢1が正解となる。

【問27】 宅建業法：宅建業の免許 ★★★

選択肢1の「商業登記簿」がどうしたこうしたで、戸惑ったかも。選択肢3と4はすぐわかったかな。選択肢2の免許の更新。条件を付けることができます。

1 × 事務所として商業登記簿に登載されていなくても、「契約締結権限を有する者を置き、継続的に業務を行う場所」は、宅建業法上の事務所として扱う。実体上、支店に類似してるしね。ちなみに本店や支店は商業登記簿に登載されているものをいう。（令1条の2、P.040）

2 ○ 国土交通大臣又は都道府県知事は、宅建業の免許に条件（例：取引状況を事業年度終了後に報告すること）を付したり変更したりすることができる。更新の場合もおんなじ。（3条の2、P.048）

3 × 法人が合併や破産手続開始の決定以外の理由により解散した場合、その旨を届け出るのは誰でしょう。はいそうです。清算人。「その法人を代表する役員であった者」じゃないよ。（11条、P.044）

4 × 免許申請中だとダメでしょ。宅建業の免許を受けていない者は、宅建業を営むことができないし、宅建業を営む旨の表示や広告をすることも禁止。宅建業法違反となる。（12条、P.047）

【問28】 宅建業法：標識・案内所等 ★★★

割とメンドーな問題かと思いきや、選択肢3がバカみたいにカンタンな「×」で拍子抜け。

1 ○ 国土交通大臣免許のBが乙県内に案内所を設置するということだから、Bは国土交通大臣及び乙県知事に法第50条第2項に定める届出（案内所等の届出）をしなければならない。で、甲県知事免許のCが甲県内に案内所を設置。この場合は甲県知事のみに案内所等の届出をすればよい。（50条、P.089）

2 ○ 売主業者Aは案内所を設置しないんだから、そりゃ案内所等の届出はいらないでしょ。でも、マンションの所在する場所には標識を掲示しなければならないけどね。（50条、P.089、092）

3 × ラッキーな選択肢でしたねー。事務所じゃない案内所。案内所の業務に従事する者の数にかかわりなく、1人以上の専任の宅地建物取引士を設置すればオッケー。（31条の3、P.085）

4 ○ 「Cが設置した案内所においてCと共同して契約を締結する業務を行う」という場合だと、AかCのどっちかが専任の宅地建物取引士を設置すればオッケー。（P.085）

正解		
問26 1	問27 2	問28 3

問題

★★★

【問29】 宅地建物取引業法に規定する営業保証金に関する次の記述のうち、正しいものはどれか。

1　新たに宅地建物取引業を営もうとする者は、営業保証金を金銭又は国土交通省令で定める有価証券により、主たる事務所の最寄りの供託所に供託した後に、国土交通大臣又は都道府県知事の免許を受けなければならない。

2　宅地建物取引業者は、既に供託した額面金額1,000万円の国債証券と変換するため1,000万円の金銭を新たに供託した場合、遅滞なく、その旨を免許を受けた国土交通大臣又は都道府県知事に届け出なければならない。

3　宅地建物取引業者は、事業の開始後新たに従たる事務所を設置したときは、その従たる事務所の最寄りの供託所に政令で定める額を供託し、その旨を免許を受けた国土交通大臣又は都道府県知事に届け出なければならない。

4　宅地建物取引業者が、営業保証金を金銭及び有価証券をもって供託している場合で、主たる事務所を移転したためその最寄りの供託所が変更したときは、金銭の部分に限り、移転後の主たる事務所の最寄りの供託所への営業保証金の保管替えを請求することができる。

★★★

【問30】 宅地建物取引業者Aが行う業務に関する次の記述のうち、宅地建物取引業法の規定によれば、正しいものはどれか。

1　Aは、新築分譲マンションを建築工事の完了前に販売しようとする場合、建築基準法第6条第1項の確認を受ける前において、当該マンションの売買契約の締結をすることはできないが、当該販売に関する広告をすることはできる。

2　Aは、宅地の売買に関する広告をするに当たり、当該宅地の形質について、実際のものよりも著しく優良であると人を誤認させる表示をした場合、当該宅地に関する注文がなく、売買が成立しなかったときであっても、監督処分及び罰則の対象となる。

3　Aは、宅地又は建物の売買に関する広告をする際に取引態様の別を明示した場合、当該広告を見た者から売買に関する注文を受けたときは、改めて取引態様の別を明示する必要はない。

4　Aは、一団の宅地の販売について、数回に分けて広告をするときは、最初に行う広告以外は、取引態様の別を明示する必要はない。

★★★

【問31】 宅地建物取引業者Aが、自ら売主として宅地建物取引業者ではない買主Bとの間で宅地の売買契約を締結する場合における次の記述のうち、宅地建物取引業法の規定によれば、誤っているものはいくつあるか。（法改正により記述アを修正している）

ア　Aが当該宅地の契約不適合を担保すべき責任に関し、その不適合についてのBの通知期間を売買契約に係る宅地の引渡しの日から3年間とする特約は、無効である。

イ　Aは、Bに売却予定の宅地の一部に甲市所有の旧道路敷が含まれていることが判明したため、甲市に払下げを申請中である。この場合、Aは、重要事項説明書に払下申請書の写しを添付し、その旨をBに説明すれば、売買契約を締結することができる。

ウ　「手付放棄による契約の解除は、契約締結後30日以内に限る」旨の特約を定めた場合、契約締結後30日を経過したときは、Aが契約の履行に着手していなかったとしても、Bは、手付を放棄して契約の解除をすることができない。

1　一つ　　2　二つ　　3　三つ　　4　なし

解説 ➔ 解答

【問29】 宅建業法：営業保証金 ★★★

選択肢２の「営業保証金の変換」がちょっとマニアックだったね。（25条、P.176～177、181）

1 × 免許が先。免許を受けてから営業保証金の供託という流れだよね。「主たる事務所の最寄りの供託所に供託した後に、国土交通大臣又は都道府県知事の免許」じゃないよね。

2 ○ そのとおり。営業保証金の変換（国債証券から金銭）を行った場合、遅滞なく、その旨を免許を受けた国土交通大臣又は都道府県知事に届け出なければならない。

3 × 事業開始後、新たに従たる事務所を設置。この場合の営業保証金は、「その従たる事務所の最寄りの供託所」じゃなくて、あくまでも「主たる事務所の最寄りの供託所」に供託する。

4 × 金銭のみで営業保証金を供託しているんだったら「営業保証金の保管替え」を請求できるけど、有価証券がらみ（金銭と有価証券で供託）のときは「営業保証金の保管替え」の請求はできず、いったん二重供託した上で取り戻しの手続をしなければならない。「金銭の部分に限り、移転後の主たる事務所の最寄りの供託所への営業保証金の保管替えを請求」なんてことはできない。（29条）

【問30】 宅建業法：広告 ★★★

この問題はできたでしょ。サービス問題。出題者さん、どうもありがとうございます。（P.098～100）

1 × ダメでしょ。建築工事完了前のマンション。建築確認を受ける前においては、売買契約を締結することも、広告もすることはできないでしょ。（33条）

2 ○ 「実際のものよりも著しく優良であると人を誤認させるような表示」っていうと、誇大広告。誇大広告はもちろん禁止。宅建業法違反となって監督処分（業務停止処分や悪質な場合は免許の取消処分）及び罰則（６月以下の懲役・100万円以下の罰金）の対象となる。「注文がなく、売買が成立しなかった」としてもダメ。違反は違反です。（65条）

3 × ダメでしょ。広告には取引態様の別を明示しなきゃいけないし、注文を受けたときは、注文を受けたときで取引態様の別を明示する必要あり。取引態様の別を明示してある広告を見た客からの注文であってもおなじ。改めて取引態様の別を明示しなければならない。（34条）

4 × ダメでしょ。数回に分けて広告をするときは、その広告ごとに取引態様の別を明示しなければならない。（34条）

【問31】 宅建業法：宅建業者が売主（複合） ★★★

担保責任の特約、他人物売買の禁止、解約手付。いつものパターン。

ア × Ａが不適合を担保すべき責任に関し、Ｂが不適合を通知すべき期間を「引渡しの日から２年以上」とする特約はOK。「引渡しの日から３年間」とする特約は問題なし。有効。（46条、P.140）

イ × 売却予定の宅地のうち、甲市所有の部分は、まだＡの所有に属していない。なのでこの部分については売買は禁止。「甲市に払下げを申請中」だとか「重要事項説明書に払下申請書の写しを添付」だとか「その旨をＢに説明」だとか言ってますけど、ダメなものはダメ。（33条の２、P.127）

ウ × 買主は、売主が履行に着手するまでは、手付放棄で解除できる。これよりも買主に不利な特約は無効。で、この選択肢の「手付解除は、Ａが履行の着手前であっても、契約締結後30日以内に限る」は買主にとって不利な特約だから無効。となると、Ａが履行に着手する前であれば、Ｂは手付を放棄して契約を解除することができる。（39条、P.138）

誤っているものはア、イ、ウの「三つ」。選択肢３が正解となる。

正解					
問29	2	問30	2	問31	3

問題

★★★

【問32】宅地建物取引業者Aは、BからB所有の宅地の売却について媒介の依頼を受けた。この場合における次の記述のうち、宅地建物取引業法（以下この問において「法」という。）の規定によれば、誤っているものはいくつあるか。

ア　AがBとの間で専任媒介契約を締結し、Bから「売却を秘密にしておきたいので指定流通機構への登録をしないでほしい」旨の申出があった場合、Aは、そのことを理由に登録をしなかったとしても法に違反しない。

イ　AがBとの間で媒介契約を締結した場合、Aは、Bに対して遅滞なく法第34条の2第1項の規定に基づく書面を交付しなければならないが、Bが宅地建物取引業者であるときは、当該書面の交付を省略することができる。

ウ　AがBとの間で有効期間を3月とする専任媒介契約を締結した場合、期間満了前にBから当該契約の更新をしない旨の申出がない限り、当該期間は自動的に更新される。

エ　AがBとの間で一般媒介契約（専任媒介契約でない媒介契約）を締結し、当該媒介契約において、重ねて依頼する他の宅地建物取引業者を明示する義務がある場合、Aは、Bが明示していない他の宅地建物取引業者の媒介又は代理によって売買の契約を成立させたときの措置を法第34条の2第1項の規定に基づく書面に記載しなければならない。

1　一つ　　2　二つ　　3　三つ　　4　四つ

★★★

【問33】宅地建物取引業者Aが、自ら売主として買主との間で建築工事完了前の建物を5,000万円で売買する契約をした場合において、宅地建物取引業法第41条第1項に規定する手付金等の保全措置（以下この問において「保全措置」という。）に関する次の記述のうち、同法に違反するものはどれか。

1　Aは、宅地建物取引業者であるBと契約を締結し、保全措置を講じずに、Bから手付金として1,000万円を受領した。

2　Aは、宅地建物取引業者でないCと契約を締結し、保全措置を講じた上でCから1,000万円の手付金を受領した。

3　Aは、宅地建物取引業者でないDと契約を締結し、保全措置を講じることなくDから手付金100万円を受領した後、500万円の保全措置を講じた上で中間金500万円を受領した。

4　Aは、宅地建物取引業者でないEと契約を締結し、Eから手付金100万円と中間金500万円を受領したが、既に当該建物についてAからEへの所有権移転の登記を完了していたため、保全措置を講じなかった。

解説 ➡ 解答

【問32】 宅建業法：媒介契約 ★★★

「エ」がちょっと戸惑ったかな。でも「ア」「イ」「ウ」は過去問でも毎度おなじみの内容。この問題が単純に「正しいものはどれか」だったら「エ」を選べたと思うんだけど、「誤っているものはいくつあるか」となると、とたんにメンドくさいよね。イヤな出題者だねぇ～（笑）。（34条の2、P.108～112）

ア × 専任媒介契約を締結した場合、媒介契約の日から休業日を除き7日以内（専属専任媒介契約の場合は5日以内）に、指定流通機構に登録しなければならない。これに反する特約は、無効。たとえBからの申出があったとしても、登録しなかったら宅建業法違反。

イ × 媒介契約に関する規定は宅建業者間取引でも適用される。というわけで、宅建業者は、依頼者が宅建業者だとしても、遅滞なく、媒介契約の内容を記した書面を交付しなければならない。省略できませーん。

ウ × 専任媒介契約の有効期間は3ヶ月を超えることができない。なので「有効期間3月」はいいんだけど、媒介契約の更新は依頼者の申出があった場合に限られる。自動的に更新されることはない。

エ ○ 他の宅建業者を明示する、いわゆる「明示型」の一般媒介契約の場合、依頼者が明示していない他の宅建業者の媒介又は代理によって売買又は交換の契約を成立させたときの措置について定めなければならず、媒介契約書にも記載しなければならない。

誤っているものはア、イ、ウの「三つ」。選択肢3が正解となる。

【問33】 宅建業法：宅建業者が売主（手付金等の保全措置） ★★★

宅建業者が売主となる場合の制限「手付の額の制限」と「手付金等の保全」の複合問題。とはいえ、オーソドックスな内容でございます。選択肢1は買主が宅建業者。読み飛ばさないでね。（41条、P.138～144）

1 違反しない　買主が宅建業者。手付金の限度も、手付金等の保全措置を講じるのだのなんだのという規定も適用されませぇーん。好きにして～。

2 違反しない　手付金として受領するのは代金5,000万円の20%となる1,000万円。違反しない。で、代金の額の5％（250万円）を超えることになるけど、手付金等の保全措置を講じての受領であり問題なし。これまた違反しない。

3 違反する　保全措置の額が足りませぇーん。手付金100万円と中間金500万円の合計600万円について保全措置を講じなければならない。

4 違反しない　買主への所有権移転登記が完了していれば、保全措置を講じることなく手付金等を受領することができまぁ～す。

正解			
問32	3	問33	3

問題

★★★

【問34】宅地建物取引業者が行う宅地建物取引業法第35条に規定する重要事項の説明に関する次の記述のうち、正しいものはどれか。なお、説明の相手方は宅地建物取引業者ではないものとする。(法改正により問題文を修正している)

1　建物の売買の媒介を行う場合、当該建物の売主に耐震診断の記録の有無を照会したにもかかわらず、当該有無が判別しないときは、自ら耐震診断を実施し、その結果を説明する必要がある。

2　建物の貸借の媒介を行う場合、当該建物が津波防災地域づくりに関する法律第23条第1項の規定に基づく津波防護施設区域に位置しているときはその旨を説明する必要があるが、同法第53条第1項の規定に基づく津波災害警戒区域に位置しているときであってもその旨は説明する必要はない。

3　建物の売買の媒介を行う場合、売主が特定住宅瑕疵担保責任の履行の確保等に関する法律に基づく住宅販売瑕疵担保保証金の供託を行うときは、その措置の概要を説明する必要があるが、当該建物の品質に関して契約の内容に適合しない不適合を担保すべき責任の履行に関し保証保険契約の締結を行うときは、その措置の概要を説明する必要はない。

4　区分所有権の目的である建物の貸借の媒介を行う場合、その専有部分の用途その他の利用制限に関する規約の定めがあるときはその内容を説明する必要があるが、1棟の建物又はその敷地の専用使用権に関する規約の定めについては説明する必要がない。

★★★

【問35】宅地建物取引業法第35条に規定する重要事項の説明及び同条の規定により交付すべき書面(以下この問において「35条書面」という。)に関する次の記述のうち、同法の規定によれば、誤っているものはどれか。なお、説明の相手方は宅地建物取引業者ではないものとする。(法改正により問題文を修正している)

1　宅地建物取引業者は、買主の自宅で35条書面を交付して説明を行うことができる。

2　宅地建物取引業者は、中古マンションの売買を行う場合、抵当権が設定されているときは、契約日までにその登記が抹消される予定であっても、当該抵当権の内容について説明しなければならない。

3　宅地建物取引士は、宅地建物取引士証の有効期間が満了している場合、35条書面に記名することはできるが、取引の相手方に対し説明はできない。

4　宅地建物取引業者は、土地の割賦販売の媒介を行う場合、割賦販売価格のみならず、現金販売価格についても説明しなければならない。

★★★

【問36】建物の貸借の媒介を行う宅地建物取引業者が、その取引の相手方に対して行った次の発言内容のうち、宅地建物取引業法の規定に違反しないものはどれか。なお、この問において「重要事項説明」とは同法第35条の規定に基づく重要事項の説明をいい、「重要事項説明書」とは同条の規定により交付すべき書面をいうものとする。なお、説明の相手方は宅地建物取引業者ではないものとする。(法改正により問題文を修正している)

1　重要事項説明のため、明日お宅にお伺いする当社の者は、宅地建物取引士ではありませんが、当社の最高責任者である代表取締役ですので、重要事項説明をする者として問題ございません。

2　この物件の契約条件につきましては、お手元のチラシに詳しく書いてありますので、重要事項説明は、内容が重複するため省略させていただきます。ただ、重要事項説明書の交付は、法律上の義務ですので、入居後、郵便受けに入れておきます。

3　この物件の担当である宅地建物取引士が急用のため対応できなくなりましたが、せっかくお越しいただきましたので、重要事項説明書にある宅地建物取引士欄を訂正の上、宅地建物取引士である私が記名をし、代わりに重要事項説明をさせていただきます。私の宅地建物取引士証をお見せします。

4　この物件は人気物件ですので、申込みをいただいた時点で契約成立とさせていただきます。後日、重要事項説明書を兼ねた契約書を送付いたしますので、署名押印の上、返送していただければ、手続は全て完了いたします。

解説 ➡ 解答

【問34】 宅建業法：重要事項の説明（35条書面） ★★★

選択肢2の「津波防護施設区域」ってなに？　文末まで読めば、「×」ですね。（35条、P.159～165）

1 × 宅建業者に「耐震診断の実施」までは義務づけてはいない。「自ら耐震診断を実施し、その結果を説明する必要がある」だなんてそんなそんな。ムリだってば。

2 × 建物の貸借の媒介であっても「津波災害警戒区域内」にあるときはその内容を説明しなければならない。危ない場所でしょ。ちなみに「津波防護施設区域」とは防波堤を設置するような海岸沿いの場所。そんな「津波防護施設区域」で建築物を新築したり土地を掘削したりする場合、津波防護施設管理者（知事や市町村長）の許可を受けなければならない。で、そんな区域を取り扱う場合は重要事項として説明せよということになっている。ご参考まで。

3 × 住宅販売瑕疵担保保証金を供託するんだったらその概要を説明する必要があるほか、建物の瑕疵を担保すべき責任の履行に関し「保証保険契約の締結」を行うときは、その措置の概要を説明しなければならない。

4 ○ マンションの貸借の媒介を行う場合、専有部分の用途その他の利用制限に関する規約の定めがあるときはその内容を説明する必要があるが、専用使用権に関する規約の定めについては説明する必要がない。

【問35】 宅建業法：重要事項の説明（35条書面） ★★★

いまどき割賦販売なんて、あんまりないんだから、こんなの出さなきゃいいのに。（35条、P.154～163）

1 ○ 重要事項の説明場所や書面の交付場所につきましては、宅建業法上、特段のルールはありません。ご都合のよろしい場所でどうぞおやりください。相手方の自宅や勤務先などで行ってもよい。

2 ○ そのとおり。登記された権利の種類・内容などは、35条書面の記載事項であり説明しなければならない。たとえ抹消予定の抵当権であっても、登記されているんだから説明しないとダメでしょ。

3 × 宅地建物取引士証の有効期間が満了していたら、もはや宅地建物取引士ではない。ということで、35条書面への記名も重要事項の説明も、いずれもダメ。することができない。

4 ○ そのとおり。割賦販売契約の場合、割賦販売価格のみならず、現金販売価格についても説明しなければならない。

【問36】 宅建業法：重要事項の説明（35条書面） ★★★

ここ最近の本試験では、こんな感じで1問、爆笑問題が入ってます。（35条、P.152～154）

1 違反する　「当社の最高責任者である代表取締役」だとしても宅地建物取引士じゃないんだから重要事項説明はダメでしょ。「重要事項説明をする者として問題ございません」の「問題はございません」が爆笑。問題あるでしょ（笑）。

2 違反する　お手元のチラシと内容が重複するとしても、重要事項説明を省略することはできない。文末の「法律上の義務ですので、入居後、郵便受けに入れておきます」という後ろめたさ。

3 違反しない　重要事項の説明は宅地建物取引士だったらオッケー。

4 違反する　「重要事項説明書を兼ねた契約書」っていうのが怪しい。重要事項の説明は、契約が成立するまでの間に行わなければならない。契約の流れとして「重要事項説明」があって「契約締結」。そして遅滞なく「37条書面（契約書面）の交付」という段取り。なので「申込時点で契約成立」とし、その後に、「重要事項説明書を兼ねた契約書」の送付。これって段取り的にダメでしょ。さらに重要事項説明書を送付しているだけで説明なし。これも宅建業法違反。

正解		
問34　4	問35　3	問36　3

平成26年度 ≫ 問題・解説・解答

問題

★★★

【問37】 宅地建物取引業者A及び宅地建物取引業者B（共に消費税課税事業者）が受け取る報酬に関する次の記述のうち、正しいものはいくつあるか。

ア　Aが居住用建物の貸借の媒介をするに当たり、依頼者からの依頼に基づくことなく広告をした場合でも、その広告が貸借の契約の成立に寄与したとき、Aは、報酬とは別に、その広告料金に相当する額を請求できる。

イ　Aは売主から代理の依頼を受け、Bは買主から媒介の依頼を受けて、代金4,000万円の宅地の売買契約を成立させた場合、Aは売主から272万2,000円、Bは買主から138万6,000円の報酬をそれぞれ受けることができる。

ウ　Aは貸主から、Bは借主から、それぞれ媒介の依頼を受けて、共同して居住用建物の賃貸借契約を成立させた場合、貸主及び借主の承諾を得ていれば、Aは貸主から、Bは借主からそれぞれ借賃の1.1か月分の報酬を受けることができる。

1　一つ　　2　二つ　　3　三つ　　4　なし

★★★

【問38】 宅地建物取引業者Aが、自ら売主として宅地建物取引業者でない買主Bとの間で締結した宅地の売買契約について、Bが宅地建物取引業法第37条の2の規定に基づき、いわゆるクーリング・オフによる契約の解除をする場合における次の記述のうち、正しいものはどれか。

1　Aは、喫茶店でBから買受けの申込みを受け、その際にクーリング・オフについて書面で告げた上で契約を締結した。その7日後にBから契約の解除の書面を受けた場合、Aは、代金全部の支払を受け、当該宅地をBに引き渡していても契約の解除を拒むことができない。

2　Aは、Bが指定した喫茶店でBから買受けの申込みを受け、Bにクーリング・オフについて何も告げずに契約を締結し、7日が経過した。この場合、Bが指定した場所で契約を締結しているので、Aは、契約の解除を拒むことができる。

3　Bは、Aの仮設テント張りの案内所で買受けの申込みをし、その3日後にAの事務所でクーリング・オフについて書面で告げられた上で契約を締結した。この場合、Aの事務所で契約を締結しているので、Bは、契約の解除をすることができない。

4　Bは、Aの仮設テント張りの案内所で買受けの申込みをし、Aの事務所でクーリング・オフについて書面で告げられた上で契約を締結した。この書面の中で、クーリング・オフによる契約の解除ができる期間を14日間としていた場合、Bは、契約の締結の日から10日後であっても契約の解除をすることができる。

★★★

【問39】 宅地建物取引業保証協会（以下この問において「保証協会」という。）に関する次の記述のうち、正しいものはどれか。

1　還付充当金の未納により保証協会の社員の地位を失った宅地建物取引業者は、その地位を失った日から2週間以内に弁済業務保証金を供託すれば、その地位を回復する。

2　保証協会は、その社員である宅地建物取引業者から弁済業務保証金分担金の納付を受けたときは、その納付を受けた日から2週間以内に、その納付を受けた額に相当する額の弁済業務保証金を供託しなければならない。

3　保証協会は、弁済業務保証金の還付があったときは、当該還付に係る社員又は社員であった者に対して、当該還付額に相当する額の還付充当金を保証協会に納付すべきことを通知しなければならない。

4　宅地建物取引業者が保証協会の社員となる前に、当該宅地建物取引業者に建物の貸借の媒介を依頼した者は、その取引により生じた債権に関し、当該保証協会が供託した弁済業務保証金について弁済を受ける権利を有しない。

解説 ➔ 解答

【問37】 宅建業法：報酬 ★★★

消費税をとくに気にしなくても解けた問題。（46条、P.118～122）

ア × 広告料金については、依頼者の特別の依頼に基づく場合であれば請求できるけど、たとえ「契約の成立に寄与した広告」であったとしても、依頼者の依頼に基づかないのであれば請求できない。

イ × 取り過ぎです。宅地の代金には消費税はかからないから、4,000万円×３％＋６万円＝126万円。消費税を乗せると138万6,000円。選択肢の場合、ＡＢあわせて138万6,000円×２＝277万2,000円が報酬の限度でしょ。

ウ × 貸借の媒介の場合、貸主及び借主からあわせて借賃１か月分（税込み1.1か月分）が限度。「貸主及び借主からそれぞれ借賃の1.1か月分」はダメ。違反です。

正しいものは「なし」。選択肢４が正解となる。

【問38】 宅建業法：宅建業者が売主（クーリング・オフ） ★★★

選択肢１は履行完了。選択肢２～４はいずれもいい加減な場所（事務所等以外の場所）。（37条の２、P.130～133）

１ × もはや手遅れ。買主が物件の引渡しを受け、代金の全部を支払ったときはクーリング・オフできません。売主業者Ａは契約の解除を拒むことができる。

２ × 買主Ｂの指定があったとしても「喫茶店」での買受けの申込み・契約締結であればクーリング・オフできるでしょ。そもそも「クーリング・オフについて何も告げず」ということだから、「8日間」自体の起算もはじまっていないし。ちなみに買主が指定したのが自宅や勤務先だったら事務所等となって、クーリング・オフはできなくなるけどね。

３ × Ａの仮設テント張りの案内所で買受けの申込みをしているのでクーリング・オフの対象となる。その後に事務所で契約締結したとしても買主は契約を解除することができる。契約の日に「クーリング・オフについて書面で告知」ということだから「8日間」以内だしね。

４ ○ クーリング・オフによる契約の解除ができる期間を「８日間」以上となる「14日間」とする旨の特約は有効。なので、Ｂは、契約の締結の日から10日後であっても契約の解除をすることができる。

【問39】 宅建業法：保証協会 ★★★

選択肢１みたいな規定はなし。選択肢２は「２週間」じゃなくて「１週間」。選択肢４の「×」は楽勝。（P.186～191）

１ × 還付充当金がどうしたこうしたとそれらしいことが書いてありますけど、「地位を回復する」なんていう規定なし。保証協会の社員の地位を失った宅地建物取引業者は、１週間以内に営業保証金を供託しなければならない。（64条の15）

２ × うわ。「２週間以内」じゃなくて「１週間以内」。（64条の７）

３ ○ そのとおり。還付額に相当する額の還付充当金を保証協会に納付すべきことを通知しなければならない。（64条の10）

４ × 保証協会の社員となる前の取引であっても、弁済業務保証金からの還付対象となる。（64条の８）

正解		
問37 4	問38 4	問39 3

>> 問題

★★★

【問40】宅地建物取引業者が行う業務に関する次の記述のうち、宅地建物取引業法の規定によれば、正しいものはいくつあるか。なお、この問において「37条書面」とは、同法第37条の規定により交付すべき書面をいうものとする。(法改正により記述アを修正している)

ア　宅地建物取引業者は、自ら売主として宅地建物取引業者ではない買主との間で新築分譲住宅の売買契約を締結した場合において、当該住宅が品質に関して契約の内容に適合しない場合のその不適合を担保すべき責任又は当該責任の履行に関して講ずべき保証保険契約の締結その他の措置について定めがあるときは、当該措置についても37条書面に記載しなければならない。

イ　宅地建物取引業者は、37条書面を交付するに当たり、宅地建物取引士をして、その書面に記名の上、その内容を説明させなければならない。

ウ　宅地建物取引業者は、自ら売主として宅地の売買契約を締結した場合は、買主が宅地建物取引業者であっても、37条書面に当該宅地の引渡しの時期を記載しなければならない。

エ　宅地建物取引業者は、建物の売買の媒介において、当該建物に係る租税その他の公課の負担に関する定めがあるときは、その内容を37条書面に記載しなければならない。

1　一つ　　2　二つ　　3　三つ　　4　四つ

★★

【問41】次の記述のうち、宅地建物取引業法(以下この問において「法」という。)の規定によれば、正しいものはどれか。

1　宅地建物取引業者が、他の宅地建物取引業者が行う一団の宅地建物の分譲の代理又は媒介を、案内所を設置して行う場合で、その案内所が専任の宅地建物取引士を置くべき場所に該当しない場合は、当該案内所には、クーリング・オフ制度の適用がある旨を表示した標識を掲げなければならない。

2　宅地建物取引業者が、その従業者をして宅地の売買の勧誘を行わせたが、相手方が明確に買う意思がない旨を表明した場合、別の従業者をして、再度同じ相手方に勧誘を行わせることは法に違反しない。

3　宅地建物取引業者が、自ら売主となる宅地建物売買契約成立後、媒介を依頼した他の宅地建物取引業者へ報酬を支払うことを拒む行為は、不当な履行遅延(法第44条)に該当する。

4　宅地建物取引業者は、その事務所ごとに従業者名簿を備えなければならないが、退職した従業者に関する事項は従業者名簿への記載の対象ではない。

★★★

【問42】宅地建物取引業者Aが宅地建物取引業法第37条の規定により交付すべき書面(以下この問において「37条書面」という。)に関する次の記述のうち、同法の規定によれば、誤っているものの組合せはどれか。

ア　Aが売主として宅地建物取引業者Bの媒介により、土地付建物の売買契約を締結した場合、Bが37条書面を作成し、その宅地建物取引士をして当該書面に記名させれば、Aは、宅地建物取引士による37条書面への記名を省略することができる。

イ　Aがその媒介により、事業用宅地の定期賃貸借契約を公正証書によって成立させた場合、当該公正証書とは別に37条書面を作成して交付するに当たって、宅地建物取引士をして記名させる必要はない。

ウ　Aが売主としてCとの間で売買契約を成立させた場合(Cは自宅を売却して購入代金に充てる予定である。)、AC間の売買契約に「Cは、自宅を一定の金額以上で売却できなかった場合、本件売買契約を無条件で解除できる」旨の定めがあるときは、Aは、37条書面にその内容を記載しなければならない。

1　ア、イ　　2　ア、ウ　　3　イ、ウ　　4　ア、イ、ウ

解説 ➔ 解答

【問40】 宅建業法：契約書面の交付（37条書面） ★★★

この問題が単純に「誤っているものはどれか」だったら、速攻で「イ」が誤りとすぐわかる（笑）。
（37条、P.171～174）

ア ○ 新築分譲住宅の売買にあたり、不適合の担保責任の履行に関して講ずべき保証保険契約の締結その他の措置について定めがあるときは、37条書面にその措置の内容を記載しなければならない。

イ × この「×」はすぐにわかって欲しいなぁ～。37条書面には宅地建物取引士の記名が必要だけど、宅地建物取引士に37条書面を交付させ内容を説明させることまでは義務づけられていない。

ウ ○ 買主が宅建業者であってもなくっても、37条書面には当該宅地の引渡しの時期の記載がなければならない。

エ ○ 租税その他の公課の負担に関する定めがあるときは、その内容を37条書面に記載しなければならない。

正しいものはア、ウ、エの「三つ」。選択肢3が正解となる。

【問41】 宅建業法：標識・従業者名簿 ★★

選択肢3の「不当な履行遅延」に該当する行為は「宅地建物の登記」「引渡し」「取引に係る対価の支払い」の3つ。うわっ、やられたぁー。

1 ○ 広告宣伝や案内のみを行うなど、専任の宅地建物取引士の設置義務がない案内所であっても標識を掲示しなければならず、その標識には「この場所においてした契約等については、宅地建物取引業法第37条の2の規定によるクーリング・オフ制度の適用があります」という表示がなければならない。（50条、P.095）

2 × ダメでしょ（笑）。「明確に買う意思がない旨を表明」したのにもかかわらず、勧誘を継続することは禁止される。別の従業者にさせるとしても違反です。まさに嫌がらせの波状攻撃だぁ～!!（47条の2、P.104）

3 × おっとヒッカケ。「不当な履行遅延」として禁止されているのは「宅地建物の登記」「引渡し」「取引に係る対価の支払い」の3つ。主に取引相手となる消費者を保護しようという観点です。宅建業者への報酬支払いは含まれてません。（44条、P.102）

4 × 従業者名簿には「従業者となった年月日」「従業者でなくなった年月日」も記載される。というわけだから「退職した従業者に関する事項」も従業者名簿への記載対象となる。（48条、P.090）

【問42】 宅建業法：契約書面の交付（37条書面） ★★★

「ア」は、やっぱり売主業者Aも宅地建物取引士に記名させないとね。（37条、P.170～174）

ア × えーとですね、複数の宅建業者が一つの取引に関与した場合には、関与した宅建業者すべてが37条書面の交付義務を負う。なので、売主である宅建業者Aも、37条書面を作成して宅地建物取引士に記名させなければならない。

イ × そんなことないでしょ。37条書面には宅地建物取引士の記名が必要でしょ。

ウ ○ AC間の売買契約に「Cは、自宅を一定の金額以上で売却できなかった場合、本件売買契約を無条件で解除できる」という「解除に関する定め」があるときは、Aは、37条書面にその内容を記載しなければならない。

誤っているものの組合せは「ア、イ」。選択肢1が正解となる。

正解		
問40 3	問41 1	問42 1

平成26年度 ≫ 問題・解説・解答

>> 問題

★★★

【問43】宅地建物取引業者Aが行う業務に関する次の記述のうち、宅地建物取引業法の規定に違反しないものはどれか。

1　Aは、買主Bとの間で建物の売買契約を締結する当日、Bが手付金を一部しか用意できなかったため、やむを得ず、残りの手付金を複数回に分けてBから受領することとし、契約の締結を誘引した。

2　Aの従業者は、投資用マンションの販売において、相手方に事前の連絡をしないまま自宅を訪問し、その際、勧誘に先立って、業者名、自己の氏名、契約締結の勧誘が目的である旨を告げた上で勧誘を行った。

3　Aの従業者は、マンション建設に必要な甲土地の買受けに当たり、甲土地の所有者に対し、電話により売買の勧誘を行った。その際、売却の意思は一切ない旨を告げられたが、その翌日、再度の勧誘を行った。

4　Aの従業者は、宅地の売買を勧誘する際、相手方に対して「近所に幹線道路の建設計画があるため、この土地は将来的に確実に値上がりする」と説明したが、実際には当該建設計画は存在せず、当該従業者の思い込みであったことが判明した。

★★★

【問44】宅地建物取引業法（以下この問において「法」という。）の規定に基づく監督処分に関する次の記述のうち、誤っているものはいくつあるか。

ア　宅地建物取引業者A(甲県知事免許)が乙県内において法第32条違反となる広告を行った。この場合、乙県知事から業務停止の処分を受けることがある。

イ　宅地建物取引業者B（甲県知事免許）は、法第50条第2項の届出をし、乙県内にマンション分譲の案内所を設置して業務を行っていたが、当該案内所について法第31条の3第1項に違反している事実が判明した。この場合、乙県知事から指示処分を受けることがある。

ウ　宅地建物取引業者C（甲県知事免許）の事務所の所在地を確知できないため、甲県知事は確知できない旨を公告した。この場合、その公告の日から30日以内にCから申出がなければ、甲県知事は法第67条第1項により免許を取り消すことができる。

エ　宅地建物取引業者D（国土交通大臣免許）は、甲県知事から業務停止の処分を受けた。この場合、Dが当該処分に違反したとしても、国土交通大臣から免許を取り消されることはない。

1　一つ　　2　二つ　　3　三つ　　4　なし

解説 ➜ 解答

【問43】 宅建業法：業務に関する禁止事項 ★★★

選択肢2のいわゆる「飛び込み営業」自体は禁止されてません。選択肢1の手付け分割、選択肢3のしつこい勧誘、選択肢4の将来の利益の断定的判断の提供。いずれも宅建業法違反だよね。(47条、47条の2、P.102～104)

1 違反する 「やむを得ず」とかいってもダメでしょ。手付金を複数回に分けたりして契約締結を誘引する行為は、手付貸付の禁止の規定に違反。

2 違反しない 「相手方に事前の連絡をしないまま自宅を訪問」っていうのは、単なる飛び込み営業。これ自体は禁止されていない。で、勧誘に先立って、業者名、自己の氏名、契約締結の勧誘が目的である旨を告げているので違反しない。告げていなかったら宅建業法違反だけどね。

3 違反する 相手方が契約を締結しない旨の意思表示をしたのにもかかわらず、勧誘を継続することは宅建業法違反となる。「売却の意思は一切ない」と言ってるんだからしつこく勧誘しちゃダメです。

4 違反する 「この土地は将来的に確実に値上がりする」というような、将来の利益が生ずることが確実であると誤解させるべき断定的判断を提供してはならず、宅建業法違反となる。そもそも道路計画は存在せず、思い込みだったしね。

【問44】 宅建業法：監督処分 ★★★

「ア」の「法第32条違反となる広告」とは誇大広告のこと。「イ」の「当該案内所について法第31条の3第1項に違反」とは専任の宅地建物取引士の設置義務違反のこと。と、コムズカシク書いてありますけど、生みの親（免許権者）じゃなくても指示処分や業務停止処分はできるよね。(65条～67条、P.197～199)

ア ○ そのとおり。甲県知事免許の宅建業者Aが乙県内において誇大広告をした（法第32条違反）場合、乙県知事から業務停止の処分を受けることがある。

イ ○ 「法第31条の3第1項に違反」とは専任の宅地建物取引士の設置義務違反のこと。甲県知事免許の宅建業者Aが乙県内に設置した案内所に専任の宅地建物取引士を設置していない場合、乙県知事より指示処分を受けることがある。

ウ ○ そのとおり。甲県知事免許の宅建業者の事務所の所在地を確知できないため、甲県知事が公告をし、その公告の日から30日以内に申出がない場合、甲県知事は免許を取り消すことができる。この場合は「取り消すことができる」というオチ。

エ × 免許をした国土交通大臣・都道府県知事じゃなくても、業務停止処分をすることができる。で、宅建業者が業務停止処分に違反した場合、免許をした国土交通大臣は免許を取り消さなければならない。

誤っているものはエの「一つ」。選択肢1が正解となる。

正解			
問43	2	問44	1

問題

★★

【問45】 特定住宅瑕疵担保責任の履行の確保等に関する法律に基づく住宅販売瑕疵担保保証金の供託又は住宅販売瑕疵担保責任保険契約の締結に関する次の記述のうち、正しいものはどれか。

1　自ら売主として新築住宅を宅地建物取引業者でない買主に引き渡した宅地建物取引業者は、基準日に係る住宅販売瑕疵担保保証金の供託及び住宅販売瑕疵担保責任保険契約の締結の状況について届出をしなければ、当該基準日から起算して50日を経過した日以後、新たに自ら売主となる新築住宅の売買契約を締結してはならない。

2　宅地建物取引業者は、自ら売主として新築住宅を販売する場合だけでなく、新築住宅の売買の媒介をする場合においても、住宅販売瑕疵担保保証金の供託又は住宅販売瑕疵担保責任保険契約の締結を行う義務を負う。

3　住宅販売瑕疵担保責任保険契約は、新築住宅の買主が保険料を支払うことを約し、住宅瑕疵担保責任保険法人と締結する保険契約である。

4　自ら売主として新築住宅を販売する宅地建物取引業者は、住宅販売瑕疵担保保証金の供託をする場合、当該新築住宅の売買契約を締結するまでに、当該新築住宅の買主に対し、当該供託をしている供託所の所在地、供託所の表示等について記載した書面を交付して説明しなければならない。

★★

【問46】 独立行政法人住宅金融支援機構（以下この問において「機構」という。）に関する次の記述のうち、誤っているものはどれか。（法改正により選択肢2を修正している）

1　機構は、地震に対する安全性の向上を主たる目的とする住宅の改良に必要な資金の貸付けを業務として行っている。

2　機構は、証券化支援事業（買取型）において、住宅の改良に必要な資金（住宅の購入に付随するものではない）の貸付けに係る貸付債権について譲受けの対象としている。

3　機構は、高齢者の家庭に適した良好な居住性能及び居住環境を有する住宅とすることを主たる目的とする住宅の改良（高齢者が自ら居住する住宅について行うものに限る。）に必要な資金の貸付けを業務として行っている。

4　機構は、市街地の土地の合理的な利用に寄与する一定の建築物の建設に必要な資金の貸付けを業務として行っている。

★★★

【問47】 宅地建物取引業者が行う広告に関する次の記述のうち、不当景品類及び不当表示防止法（不動産の表示に関する公正競争規約を含む。）の規定によれば、正しいものはどれか。

1　建築基準法第28条（居室の採光及び換気）の規定に適合した採光及び換気のための窓等がなくても、居室として利用できる程度の広さがあれば、広告において居室として表示できる。

2　新築分譲マンションの販売広告において、住戸により修繕積立金の額が異なる場合であって、全ての住戸の修繕積立金を示すことが困難であるときは、全住戸の平均額のみ表示すればよい。

3　私道負担部分が含まれている新築住宅を販売する際、私道負担の面積が全体の５％以下であれば、私道負担部分がある旨を表示すれば足り、その面積までは表示する必要はない。

4　建築工事に着手した後に、その工事を相当の期間にわたり中断していた新築分譲マンションについては、建築工事に着手した時期及び中断していた期間を明瞭に表示しなければならない。

解説 ➔ 解答

【問45】住宅瑕疵担保履行法 ★★

選択肢1は「基準日の翌日から起算」、性格がワルい出題者でした（笑）。（P.210～213）

1 × 「基準日から起算して50日を経過した日以後」じゃなくて「基準日の翌日から起算して50日を経過した日以後」です。なんだかなー、いいんだろうかこんな選択肢で。文章が長いクセにたいした内容じゃなく、出題者に代わりまして、お詫び申しあげます。（13条）

2 × 住宅販売瑕疵担保保証金の供託などの資力確保措置は、自ら売主として新築住宅を販売する宅建業者が講じるものであり、媒介業者は講じる必要はない。（2条）

3 × 住宅販売瑕疵担保責任保険契約の保険料は「新築住宅の買主」ではなく新築住宅の売主となる宅建業者が支払うべきものである。（2条）

4 ○ そのとおり。新築住宅の売買契約を締結するまでに、当該新築住宅の買主に対し、書面を交付して説明しなければならない。（15条）

【問46】住宅金融支援機構 ★★

証券化支援事業の対象となるのは、あくまでも住宅ローンだよね。（13条、P.740～744）

1 ○ そのとおり。「地震に対する安全性の向上を主たる目的とする住宅の改良に必要な資金」は、機構の直接融資の対象です。

2 × 単なる「住宅の改良に必要な資金の貸付けに係る貸付債権」は、証券化支援事業（買取型）の対象とはならない。「住宅の購入に付随する住宅の改良に必要な資金」の貸付債権であれば、証券化支援事業の対象となる。

3 ○ そのとおり。「高齢者の家庭に適した良好な居住性能及び居住環境を有する住宅とすることを主たる目的とする住宅の改良資金」も、機構の直接融資の対象です。

4 ○ そのとおり。合理的土地利用建築物の建設（例：密集地解消のための建替え）に必要な資金も、機構の直接融資の対象です。

【問47】景品表示法 ★★★

選択肢1は、やっぱり納戸は納戸でしょ。選択肢4まで読めば、「建築工事に着手した時期及び中断していた期間を明瞭に表示」で「○」。（P.730～738）

1 × ダメでしょ。採光及び換気のための窓等がないと「居室」にはならないでしょ。納戸です。たとえ居室として利用できる程度の広さがあったとしても居室とは表示できない。

2 × 住戸により修繕積立金の額が異なる場合であって、全ての住戸の修繕積立金を示すことが困難であるときは、「平均額のみ表示」じゃなくて「最低額及び最高額のみ」で表示することができる。

3 × 私道負担部分については、その旨のほか私道負担部分の面積も表示しなければならない。

4 ○ そのとおり。建築工事に着手した後に、その工事を相当の期間にわたり中断していた新築分譲マンションについては、建築工事に着手した時期及び中断していた期間を明瞭に表示しなければならない。

正解		
問45 4	問46 2	問47 4

問題

【問48】宅地建物の統計等に関する次の記述のうち、正しいものはどれか。

1　平成24年度法人企業統計年報（平成25年9月公表）によれば、平成24年度における不動産業の売上高は約32兆7,000億円と対前年度比で8.5％減少し、3年連続で減少した。

2　建築着工統計（平成26年1月公表）によれば、平成25年の新設住宅着工戸数は持家、分譲住宅ともに前年に比べ増加したが、貸家は3年ぶりに減少した。

3　平成26年版土地白書（平成26年6月公表）によれば、土地取引について、売買による所有権の移転登記の件数でその動向を見ると、平成25年の全国の土地取引件数は128.1万件となり、前年に比べ減少した。

4　平成26年地価公示（平成26年3月公表）によれば、平成25年の1年間の地価変動率は、全国平均で見ると全ての用途で前年に引き続き下落したが、地方平均で見ると商業地については上昇に転じた。

★★★

【問49】土地に関する次の記述のうち、最も不適当なものはどれか。

1　旧河道は、地震や洪水などによる災害を受ける危険度が高い所である。

2　地盤の液状化は、地盤の条件と地震の揺れ方により、発生することがある。

3　沿岸地域は、津波や高潮などの被害を受けやすく、宅地の標高や避難経路を把握しておくことが必要である。

4　台地や丘陵の縁辺部は、豪雨などによる崖崩れに対しては、安全である。

★

【問50】建築物の構造と材料に関する次の記述のうち、最も不適当なものはどれか。

1　鉄筋コンクリート構造におけるコンクリートのひび割れは、鉄筋の腐食に関係する。

2　モルタルは、一般に水、セメント及び砂利を練り混ぜたものである。

3　骨材とは、砂と砂利をいい、砂を細骨材、砂利を粗骨材と呼んでいる。

4　コンクリートは、水、セメント、砂及び砂利を混練したものである。

解説 ➔ 解答

【問48】 統計等　＊平成 26 年度の統計数値での出題。参考まで＊

【問 48】はこのような統計数値からの出題です。別途、最新データに基づく受験対策レジュメをご用意いたしますのでご活用ください（8月中旬予定）。

1 ○ 平成 24 年度における不動産業の売上高は約 32 兆 7,000 億円と対前年度比で 8.5%減少し、3 年連続で減少となっていました。
2 × 平成 25 年の新設住宅着工戸数は、持家、分譲住宅、貸家ともに前年に比べ増加となっていました。
3 × 平成 25 年の全国の土地取引件数は 128.1 万件で、前年に比べ増加となっていました。
4 × 平成 25 年の 1 年間の地価変動率は、全国平均で見ると全ての用途で前年に引き続き下落しており、地方平均で見ても下落。「商業地については上昇に転じた」とはなっていませんでした。ちなみに、三大都市圏であれば住宅地、商業地ともに上昇に転じていました。

【問49】 土地の形質等　★★★

台地の「縁辺部」は、災害の危険性が高いので注意が必要である。

1 適当　旧河道とは、そのむかし河川流路だったところ。跡地です。低地のなかでも、さらに周囲の土地よりも低くなった帯状のくぼ地。非常に浸水しやすく、排水も悪い。地震や洪水などによる災害を受ける危険度が高い。
2 適当　地盤の液状化は、地盤の条件と地震の揺れ方により、つまり、大きな地震で揺れる時間が長いと発生しやすい。
3 適当　なんてったって沿岸地域なんだから、そりゃやっぱり津波や高潮などの被害を受けやすい。
4 不適当　台地や丘陵自体は、地盤も安定しており自然災害にも比較的強いが、その縁辺部は、豪雨などによる崖崩れの危険性が高い。

【問50】 建物の構造等　★

砂と砂利。微妙に異なる。「砂利」は小石に砂が混ざったものをいう。

1 適当　コンクリートのひび割れから雨水が浸入し、コンクリート内部の鉄筋を腐食させる。
2 不適当　モルタルとは、セメントに砂を混ぜ、水で練ったもの。砂利は入れない。モルタルはコンクリートほどの強度なし。ブロックやレンガを積む時や、コンクリートの表面の仕上げなどに使われている。
3 適当　骨材とは「砂（細骨材）」「砂利（粗骨材）」「砕石」などをいう。
4 適当　コンクリートとは、セメントに砂と砂利を混ぜ、水で練ったものをいう。

正解					
問48	1	問49	4	問50	2

問題

【問 1】次の記述のうち、民法の条文に規定されているものはどれか。

＊民法の改正により、現時点では問題として成立していないため、除外しています。

★★

【問 2】未成年者に関する次の記述のうち、民法の規定及び判例によれば、正しいものはどれか。(法改正により選択肢３を除外している)

1　父母とまだ意思疎通することができない乳児は、不動産を所有することができない。

2　営業を許可された未成年者が、その営業のための商品を仕入れる売買契約を有効に締結するには、父母双方がいる場合、父母のどちらか一方の同意が必要である。

3　法改正によりこの選択肢は成立しなくなりました。

4　Ａが死亡し、Ａの妻Ｂと嫡出でない未成年の子ＣとＤが相続人となった場合に、ＣとＤの親権者である母ＥがＣとＤを代理してＢとの間で遺産分割協議を行っても、有効な追認がない限り無効である。

★

【問 3】甲土地の所有者Ａが、他人が所有している土地を通行することに関する次の記述のうち、民法の規定及び判例によれば、誤っているものはどれか。

1　甲土地が他の土地に囲まれて公道に通じない場合、Ａは、公道に出るために甲土地を囲んでいる他の土地を自由に選んで通行できるわけではない。

2　甲土地が共有物分割によって公道に通じなくなった場合、Ａは、公道に出るために、通行のための償金を支払うことなく、他の分割者の土地を通行することができる。

3　甲土地が公道に通じているか否かにかかわらず、他人が所有している土地を通行するために当該土地の所有者と賃貸借契約を締結した場合、Ａは当該土地を通行することができる。

4　甲土地の隣接地の所有者が自らが使用するために当該隣接地内に通路を開設し、Ａもその通路を利用し続けると、甲土地が公道に通じていない場合には、Ａは隣接地に関して時効によって通行地役権を取得することがある。

合格判定基準	50問中33問以上正解（登録講習修了者　45問中28問以上正解）		
受験者データ	申込者数 → 23万4,586人	受験者数 → 18万6,304人	合格者数 → 2万8,470人（合格率 15.3%）

解説 → 解答

【問 1】 民法：条文

【問 2】 民法：制限行為能力者（未成年者） ★★

人は生まれれば権利能力あり。乳児でも不動産の所有者になれます。意思疎通は法定代理人に代理してやっておいてもらおう。選択肢4はパスしてOKです。（P.399～403）

1 × 人は生まれたら「人」としての存在となります。なので乳児であっても人は人なんだから「不動産を所有すること」はできる。（3条）

2 × 営業を許可された未成年者は、その営業に関しては、成年者と同一の行為能力を有する。だから売買契約を締結するにあたり親権者である父母の同意を得る必要はない。（6条）

3 × 除外

4 ○ 「遺産分割」ってことになるとCとDは利害が対立。で、親権者である母EがC・Dの双方を代理するとなると「Cのほうがいい子だったら100%ね。Dは0%でいいわ」みたいなことをしかねない。ということで双方代理はダメです。追認がないかぎり無効（判例）。

【問 3】 民法：相隣関係 ★

甲土地が公道に面していないので、どうやって他の土地を通ればいいんだろうか、をあれこれ。（P.620～622）

1 ○ 「通行の場所及び方法は、通行権を有する者のために必要であり、かつ、他の土地のために損害が最も少ないものを選ばなければならない」です。囲んでいる他の土地を自由に選んで通行できるわけではない。（210条）

2 ○ そうそう。「共有物分割によって袋地が生じた場合、その土地の所有者は他の分割者の所有地のみを通行することができる。この場合においては、償金を支払う必要がない」です。（213条）

3 ○ そりゃそうでしょ。だってさ、賃貸借契約を締結してるんでしょ。だったらいいじゃないの。

4 × 隣の人が作った通路をせっせと通っていても、通行地役権を取得することはできない。（283条）

正解					
問1	-	問2	4	問3	4

>> 問題

★

【問4】留置権に関する次の記述のうち、民法の規定及び判例によれば、正しいものはどれか。

1　建物の賃借人が賃貸人の承諾を得て建物に付加した造作の買取請求をした場合、賃借人は、造作買取代金の支払を受けるまで、当該建物を留置することができる。

2　不動産が二重に売買され、第2の買主が先に所有権移転登記を備えたため、第1の買主が所有権を取得できなくなった場合、第1の買主は、損害賠償を受けるまで当該不動産を留置することができる。

3　建物の賃貸借契約が賃借人の債務不履行により解除された後に、賃借人が建物に関して有益費を支出した場合、賃借人は、有益費の償還を受けるまで当該建物を留置することができる。

4　建物の賃借人が建物に関して必要費を支出した場合、賃借人は、建物所有者ではない第三者が所有する敷地を留置することはできない。

★★

【問5】抵当権に関する次の記述のうち、民法の規定及び判例によれば、正しいものはどれか。

1　債権者が抵当権の実行として担保不動産の競売手続をする場合には、被担保債権の弁済期が到来している必要があるが、対象不動産に関して発生した賃料債権に対して物上代位をしようとする場合には、被担保債権の弁済期が到来している必要はない。

2　抵当権の対象不動産が借地上の建物であった場合、特段の事情がない限り、抵当権の効力は当該建物のみならず借地権についても及ぶ。

3　対象不動産について第三者が不法に占有している場合、抵当権は、抵当権設定者から抵当権者に対して占有を移転させるものではないので、事情にかかわらず抵当権者が当該占有者に対して妨害排除請求をすることはできない。

4　抵当権について登記がされた後は、抵当権の順位を変更することはできない。

★★

【問6】A銀行のBに対する貸付債権1,500万円につき、CがBの委託を受けて全額について連帯保証をし、D及びEは物上保証人として自己の所有する不動産にそれぞれ抵当権を設定していた場合、次の記述のうち、民法の規定及び判例によれば、正しいものはどれか。

1　CがA銀行に対して債権全額について保証債務を履行した場合、Cは、D及びEの各不動産に対する抵当権を実行して1,500万円を回収することができる。

2　A銀行がDの不動産の抵当権を実行して債権全額を回収した場合、DはCに対して、1,000万円を限度として求償することができる。

3　第三者がDの所有する担保不動産を買い受けた後、CがA銀行に対して債権全額を弁済した場合、Cは代位の付記登記をしなければ、当該第三者に対してA銀行に代位することができない。

4　Eの担保不動産を買い受けた第三者がA銀行に対して債権全額を弁済した場合、当該第三者は、Cに対して、弁済した額の一部を求償することができる。

解説 → 解答

【問 4】 民法：留置権 ★

留置権で丸々1問。とりあえず解説をご参照ください。メンドくさかったらパス。（P.527 参考）

1 × 借地借家法（借家関係）でいうところの「造作買取請求権」は、読んで字のとおり「造作」について「買い取ってくれ」という債権に過ぎません。だからね、「造作買取代金の支払を受けるまで、当該建物を留置することができる」なんてことはできないそうです（判例）。

2 × たしかに「第1の買主」は、売主に対して損害賠償請求権があるけどね。だからといって、その不動産を留置できるかというと、話は別。できないそうです（判例）。

3 × 債務不履行により賃貸借契約を解除されたのち、建物の賃借人が有益費を支出。ややこしい。で、判例によると「占有が不法行為によって始まった」という扱いになって、有益費の償還請求権に基づいて建物の留置権を行使することはできないというオチ。

4 ○ 必要費の償還請求権は建物について生じた債権だもんね。必要費を返さなきゃいけないのは建物所有者の賃貸人。なので「建物所有者ではない第三者が所有する敷地」を留置することはできない。

【問 5】 民法：抵当権 ★★

選択肢2や3はできたかな。選択肢4は速攻で「×」でしょ。（P.543 ～ 554）

1 × 本来は債務者が手にする賃料を押さえちゃおうっていう「賃料債権への物上代位」。やっぱり債務不履行があった後じゃないとできない。被担保債権の弁済期が到来していることが前提となる。（371条）

2 ○ そのとおり。借地上の建物に抵当権が設定されて、その後競売されちゃったときは、借地権もいっしょに競売だよぉー。（370条）

3 × たとえば不法占有者がいて「ほうっておくとヤバくない？」みたいな、つまり抵当不動産の担保価値が下がっちゃうような場合、妨害排除請求をすることができまぁーす。

4 × これは「×」でしょ。登記の後であっても、抵当権の順位を変更することができるでしょ。（374条）

【問 6】 民法：連帯保証・抵当権 ★★

連帯保証人、物上保証人、物上保証人からの第三取得者などが登場し、さらに代位だ求償だと大騒ぎ。
（P.451、480 ～ 487、543）

1 × 連帯保証人Cは、主たる債務者Bに代わって債権全額（1,500万円）を弁済しているから、Bに対して「その額を払え」と求償できるんだけど、果たして物上保証人のDやEにも求償できるか。じつは「保証人と物上保証人との間においては、その数に応じて、債権者に代位する」という規定があります。で、債権全額の1,500万円をC・D・Eで割ると1人あたり500万円。となるとCは自らの負担部分である500万円についてはD・Eに求めることができない。ということで、CがD・Eから回収できる額は1,000万円となる。

2 × 選択肢1の解説にもあるとおり、Cの負担分は500万円。この範囲で、Dは、Cに求償することができる。「1,000万円が限度」じゃないのよね。

3 × 第三取得者がDの担保不動産を買い受けた後に、連帯保証人CがAに弁済。ややこしいなぁー。果たしてCはA銀行に代位して第三者から回収できるのか。結論からいうとできるそうです。その際、「代位の付記登記」は不要とのこと。

4 ○ 「Eの担保不動産を買い受けた第三者がA銀行に対して債権全額を弁済」と、これまたややこしい。で、結局どうなるかというと、当該第三者は、Cに対して、弁済した額の一部（Cの負担部分500万円）を求償することができるというオチ。ご参考まで。

正解		
問4 4	問5 2	問6 4

問題

★★

【問 7】次の1から4までの記述のうち、民法の規定及び下記判決文によれば、誤っているものはどれか。

（判決文）

期間の定めのある建物の賃貸借において、賃借人のために保証人が賃貸人との間で保証契約を締結した場合には、反対の趣旨をうかがわせるような特段の事情のない限り、保証人が更新後の賃貸借から生ずる賃借人の債務についても保証の責めを負う趣旨で合意がされたものと解するのが相当であり、保証人は、賃貸人において保証債務の履行を請求することが信義則に反すると認められる場合を除き、更新後の賃貸借から生ずる賃借人の債務についても保証の責めを免れないというべきである。

1　保証人が期間の定めのある建物の賃貸借の賃借人のために保証契約を締結した場合は、賃貸借契約の更新の際に賃貸人から保証意思の確認がなされていなくても、反対の趣旨をうかがわせるような特段の事情がない限り、更新後の賃借人の債務について保証する旨を合意したものと解される。

2　期間の定めのある建物の賃貸借の賃借人のための保証人が更新後の賃借人の債務についても保証の責任を負う趣旨で合意した場合には、賃借人の未払賃料が1年分に及んだとしても、賃貸人が保証債務の履行を請求することが信義則に反すると認められる事情がなければ、保証人は当該金額の支払義務を負う。

3　期間の定めのある建物の賃貸借の賃借人のための保証人が更新後の賃借人の債務についても保証の責任を負う場合、更新後の未払賃料について保証人の責任は及ぶものの、更新後に賃借人が賃借している建物を故意又は過失によって損傷させた場合の損害賠償債務には保証人の責任は及ばない。

4　期間の定めのある建物の賃貸借の賃借人のための保証人が更新後の賃借人の債務についても保証の責任を負う旨の合意をしたものと解される場合であって、賃貸人において保証債務の履行を請求することが信義則に反すると認められるときには、保証人は更新後の賃借人の債務について保証の責任を負わない。

★★

【問 8】次の記述のうち、民法の規定及び判例によれば、正しいものはどれか。

1　倒壊しそうなA所有の建物や工作物について、Aが倒壊防止の措置をとらないため、Aの隣に住むBがAのために最小限度の緊急措置をとったとしても、Aの承諾がなければ、Bはその費用をAに請求することはできない。

2　建物所有を目的とする借地人は、特段の事情がない限り、建物建築時に土地に石垣や擁壁の設置、盛土や杭打ち等の変形加工をするには、必ず賃貸人の承諾を得なければならない。

3　建物の賃貸人が必要な修繕義務を履行しない場合、賃借人は目的物の使用収益に関係なく賃料全額の支払を拒絶することができる。

4　建物の賃貸人が賃貸物の保存に必要な修繕をする場合、賃借人は修繕工事のため使用収益に支障が生じても、これを拒むことはできない。

解説 ➔ 解答

【問 7】 民法：判決文（保証債務） ★★

長々と書いてありますけど、要は「期間の定めのある建物賃貸借の保証人は、更新後の賃借人の債務についても保証する」ということ。例外として（1）反対の趣旨をうかがわせるような特段の事情がある場合と（2）賃貸人の請求が信義則に反する場合の2つ。(P.480 ～ 481 参考)

1 ○ 「反対の趣旨をうかがわせるような特段の事情がない」っていうことだから、保証人は更新後の賃借人の債務についても保証する。ちなみに「保証意思の確認」があるかないかは判決文に出てこないから無関係。

2 ○ 「賃貸人が保証債務の履行を請求することが信義則に反すると認められる事情がない」っていうことだから、保証人は更新後の賃借人の債務についても保証する。「賃借人の未払賃料が1年分に及ぶかどうか」は判決文に出てこないからどうでもいい。

3 × えーとですね、「未払賃料債務」と「損害賠償債務」とを区別するような基準は判決文に出てこない。「故意又は過失によって損傷させた場合の損害賠償債務には保証人の責任は及ばない」とはならない。

4 ○ 「保証債務の履行を請求することが信義則に反すると認められる」っていうんだから、保証人は更新後の賃借人の債務について保証の責任を負わない。

【問 8】 民法：賃貸借 ★★

選択肢1は「事務管理」。常識で考えてみれば「そうだよね」って言う感じかな。選択肢4まで読めば、あらま、あっけなく「○」じゃないですか!! (P.560 ～ 574)

1 × この選択肢のBさん、えらいです。ちなみにBさんのような行為、つまり義務もなく、また、他人Aの依頼も承諾もないのに、Aの事務を処理することを「事務管理」といいます。そんな「事務管理」をしたときは、本人Aに対し、その費用を請求することができます。(702条、テキスト未掲載)

2 × 「建物所有を目的とする借地」ということだから、そりゃやっぱり「土地に石垣や擁壁の設置、盛土や杭打ち等の変形加工をする」ことになりますよね。いうなれば賃借人の当然の権利ともいえる。ということで、土地の変形加工につき賃貸人の承諾はいらないかな。

3 × 「賃借人は目的物の使用収益に関係なく」というフレーズが怪しい。判例によると「建物の破損、腐蝕等の状況が、居住の用に耐えない程、あるいは、居住に著しい支障を生ずる程に至っていない場合、賃借人は、賃貸人の修繕義務の不履行を理由に、賃料全部の支払を拒むことができない」だそうです。

4 ○ 賃借人の使用収益に支障が生じる場合であっても、賃貸人が賃貸物の保存に必要な行為をしようとするときは、賃借人は拒むことができませぇーん。(607条)

正解			
問7	3	問8	4

>> 問題

★★

【問 9】Aに雇用されているBが、勤務中にA所有の乗用車を運転し、営業活動のため顧客Cを同乗させている途中で、Dが運転していたD所有の乗用車と正面衝突した（なお、事故についてはBとDに過失がある。）場合における次の記述のうち、民法の規定及び判例によれば、正しいものはどれか。

1　Aは、Cに対して事故によって受けたCの損害の全額を賠償した。この場合、Aは、BとDの過失割合に従って、Dに対して求償権を行使することができる。

2　Aは、Dに対して事故によって受けたDの損害の全額を賠償した。この場合、Aは、被用者であるBに対して求償権を行使することはできない。

3　事故によって損害を受けたCは、AとBに対して損害賠償を請求することはできるが、Dに対して損害賠償を請求することはできない。

4　事故によって損害を受けたDは、Aに対して損害賠償を請求することはできるが、Bに対して損害賠償を請求することはできない。

★★

【問10】婚姻中の夫婦AB間には嫡出子CとDがいて、Dは既に婚姻しており嫡出子Eがいたところ、Dは平成25年10月1日に死亡した。他方、Aには離婚歴があり、前の配偶者との間の嫡出子Fがいる。Aが平成25年10月2日に死亡した場合に関する次の記述のうち、民法の規定及び判例によれば、正しいものはどれか。

1　Aが死亡した場合の法定相続分は、Bが2分の1、Cが5分の1、Eが5分の1、Fが10分の1である。

2　Aが生前、A所有の全財産のうち甲土地についてCに相続させる旨の遺言をしていた場合には、特段の事情がない限り、遺産分割の方法が指定されたものとして、Cは甲土地の所有権を取得するのが原則である。

3　Aが生前、A所有の全財産についてDに相続させる旨の遺言をしていた場合には、特段の事情がない限り、Eは代襲相続により、Aの全財産について相続するのが原則である。

4　Aが生前、A所有の全財産のうち甲土地についてFに遺贈する旨の意思表示をしていたとしても、Fは相続人であるので、当該遺贈は無効である。

★★

【問11】Aは、A所有の甲建物につき、Bとの間で期間を10年とする借地借家法第38条第1項の定期建物賃貸借契約を締結し、Bは甲建物をさらにCに賃貸（転貸）した。この場合に関する次の記述のうち、民法及び借地借家法の規定並びに判例によれば、正しいものはどれか。

1　BがAに無断で甲建物をCに転貸した場合には、転貸の事情のいかんにかかわらず、AはAB間の賃貸借契約を解除することができる。

2　Bの債務不履行を理由にAが賃貸借契約を解除したために当該賃貸借契約が終了した場合であっても、BがAの承諾を得て甲建物をCに転貸していたときには、AはCに対して甲建物の明渡しを請求することができない。

3　AB間の賃貸借契約が期間満了で終了する場合であっても、BがAの承諾を得て甲建物をCに転貸しているときには、BのCに対する解約の申入れについて正当な事由がない限り、AはCに対して甲建物の明渡しを請求することができない。

4　AB間の賃貸借契約に賃料の改定について特約がある場合には、経済事情の変動によってBのAに対する賃料が不相当となっても、BはAに対して借地借家法第32条第1項に基づく賃料の減額請求をすることはできない。

解説 → 解答

【問 9】 民法：不法行為 ★★

めんどくさいなぁー。加害者は誰かというと「B・D」で、被害者は誰かというと「B・C・D」ということになる。「Bを加害者」という位置づけでみると被害者は「C・D」。「Dを加害者」という位置づけだと被害者は「B・C」。（715 条、719 条、P.606 〜 612）

1 ○ Bは加害者だから、使用者Aは被害者であるCに対し使用者責任を負う。で、使用者Aは、もう一人の加害者であるDに対して求償権を行使することができ、その求償権の範囲は、BとDの過失割合によって決まる。

2 × Bを加害者として考えると、Dは被害者。となると使用者Aは、被害者Dに対して損害を賠償する義務を負う。で、この場合、使用者Aは、被用者Bに対して求償することができる。

3 × えーとですね、Cはどっちみち被害者です。なので、加害者（共同不法行為者）であるB（使用者A）のほか、Dにも損害賠償を請求することができる。

4 × Bを加害者として考えると、Dは被害者。使用者Aは被害者Dに使用者責任を負う。で、使用者責任が成立する場合でも、BはBで独立して不法行為責任を負うわけで、となると、被害者Dは、使用者A、加害者Bの双方に損害賠償を請求することができる。

【問10】 民法：相続 ★★

そんなに連続して死ぬなよ〜。「D」が前日に死んでいるから、「E」が「D」を代襲相続する。（P.623〜642）

1 × 誰が相続人かというと、配偶者Bと子ども３人（C・Dを代襲相続したE・F）。相続分はBが２分の１、子ども全体で２分の１だから、C・E・Fそれぞれ６分の１ずつ。

2 ○ えーと、判例によると「特定の遺産（甲土地）を、特定の相続人（C）に相続させる趣旨の遺言は、特段の事情のない限り、当該遺産（甲土地）を当該相続人（C）をして単独で相続させる遺産分割の方法が指定されたものと解すべき」とのこと。なのでAの死亡により「Cは甲土地の所有権を取得する」で「○」。ご参考まで。

3 × 遺贈は、遺言者（A）の死亡以前に受遺者（D）が死亡したときは、その効力を生じない。なので、Eは全財産につき代襲相続しない。（994 条）

4 × 「Fは相続人であるので、当該遺贈は無効」とはならない。相続人に対しての特定遺贈（全財産のうち甲土地をFに遺贈する）はオッケー。

【問11】 借地借家法：借家 ★★

転貸借シリーズ。転借人が出てくるとちょっとメンドくさい。（38 条）

1 × BがAに無断で甲建物を転貸したとしても、Aに対する「背信的行為と認めるに足らない特段の事情」があるときは、Aは賃貸借契約を解除することができない。（P.567）

2 × 賃借人の債務不履行により賃貸借契約が解除された場合には、転貸借契約は賃貸借契約の終了と同時に終了と扱われる。AはCに対して甲建物の明渡しを請求することができる。（P.568）

3 × ＡＢ間は「定期建物賃貸借契約」だから、期間の満了により終了。となると、このＡＢ間の賃貸借契約をベースにしている転貸借契約も終了。ＢＣ間での正当事由なんてカンケーないのさ。（P.602 〜 604）

4 ○ 「定期建物賃貸借契約」だからね。賃料増額請求をしない特約だけでなく、賃料減額請求をしない特約も有効となります。（P.598）

正解					
問 9	1	問10	2	問11	4

問題

★

【問12】 賃貸借契約に関する次の記述のうち、民法及び借地借家法の規定並びに判例によれば、正しいものはどれか。

1　ゴルフ場経営を目的とする土地賃貸借契約については、対象となる全ての土地について地代等の増減額請求に関する借地借家法第11条の規定が適用される。

2　借地権の存続期間が満了する際、借地権者の契約の更新請求に対し、借地権設定者が遅滞なく異議を述べた場合には、借地契約は当然に終了する。

3　二筆以上ある土地の借地権者が、そのうちの一筆の土地上に登記ある建物を所有し、登記ある建物がない他方の土地は庭として使用するために賃借しているにすぎない場合、登記ある建物がない土地には、借地借家法第10条第1項による対抗力は及ばない。

4　借地権の存続期間が満了する前に建物が滅失し、借地権者が残存期間を超えて存続すべき建物を建築した場合、借地権設定者が異議を述べない限り、借地権は建物が築造された日から当然に20年間存続する。

★★★

【問13】 建物の区分所有等に関する法律に関する次の記述のうち、誤っているものはどれか。

1　区分所有者の承諾を得て専有部分を占有する者は、会議の目的たる事項につき利害関係を有する場合には、集会に出席して議決権を行使することができる。

2　区分所有者の請求によって管理者が集会を招集した際、規約に別段の定めがある場合及び別段の決議をした場合を除いて、管理者が集会の議長となる。

3　管理者は、集会において、毎年一回一定の時期に、その事務に関する報告をしなければならない。

4　一部共用部分は、区分所有者全員の共有に属するのではなく、これを共用すべき区分所有者の共有に属する。

★

【問14】 不動産の登記に関する次の記述のうち、誤っているものはどれか。

1　所有権の登記名義人が表示に関する登記の申請人となることができる場合において、当該登記名義人について相続その他の一般承継があったときは、相続人その他の一般承継人は、当該表示に関する登記を申請することができる。

2　共有物分割禁止の定めに係る権利の変更の登記の申請は、当該権利の共有者である全ての登記名義人が共同してしなければならない。

3　敷地権付き区分建物の表題部所有者から所有権を取得した者は、当該敷地権の登記名義人の承諾を得ることなく、当該区分建物に係る所有権の保存の登記を申請することができる。

4　所有権に関する仮登記に基づく本登記は、登記上の利害関係を有する第三者がある場合には、当該第三者の承諾があるときに限り、申請することができる。

解説 ➔ 解答

【問12】 借地借家法：借地 ★

借地借家法が適用されるのかどうか。つまり「建物の所有」を目的としているかどうか。そのあたりをコムズカシク聞いているのが、選択肢1や2。（P.576～581）

1 × 「ゴルフ場経営を目的」だからなぁ～。しかも「対象となる全ての土地」って書いてあるし。「建物の所有を目的」としていない場合、第11条だろうがなんだろうが、借地借家法は適用されない。（2条）

2 × 「当然に」というのが怪しい。借地権の存続期間が満了する際、借地権者の契約の更新請求に対し、借地権設定者が遅滞なく異議を述べた場合には、更新されないんだけど、この異議は「正当事由」がなければ述べることができない。なので「当然に」は「×」。（5条、6条）

3 ○ 「庭」だからなぁ～。選択肢1とおんなじように「建物の所有」を目的としていないからなぁ～。なので登記ある建物を所有している土地のほうは、いわゆる「建物登記による対抗力（10条）」はあるけど、「庭」のほうには及ばない、というのが判例。

4 × これも「当然に」が怪しい。借地権の存続期間満了前に建物が滅失した場合、借地権設定者の承諾があれば、借地権は築造された日（または承諾の日）から20年存続することになる。借地権設定者が異議を述べない限り「当然に」というと、ちょっとおかしい。（7条）

【問13】 区分所有法 ★★★

選択肢1が楽勝で「×」。この年に受験した方はラッキーでしたね～。（P.668～690）

1 × 出たぁ～占有者。まいどおなじみ。愛してます。集会に出席して意見を述べることができるけど（44条）、議決権を行使することはできませせぇ～ん。

2 ○ 「規約に別段の定めがある場合」か「別段の決議をした場合」を除いて、管理者または集会を招集した区分所有者の1人が議長となりまぁーす。（41条）

3 ○ そのとおり。管理者は、集会において、毎年1回一定の時期に、その事務に関する報告をする必要があるよね。（43条）

4 ○ 「共用部分」は原則として区分所有者の共有っていうことになるけど、「一部共用部分」はこれを共用すべき区分所有者の共有に属する。（11条）

【問14】 不動産登記法 ★

選択肢3はマンションの場合の話。めんどうだったらパスしてもよし。選択肢4の仮登記。登記上の利害関係を有する第三者がある場合、第三者の承諾が必要だよ。（P.644～659）

1 ○ そのとおり。「表題部所有者」や「所有権の登記名義人」が表示に関する登記の申請人となることができる場合で、相続などがあったときは、相続人らの一般承継人は、当該表示に関する登記を申請することができる。（30条、テキスト未掲載）

2 ○ そうなんですよ。「共有物分割禁止の定め」があって、その権利の変更の登記の申請は、当該権利の共有者であるすべての登記名義人が共同してしなければならない。（65条、テキスト未掲載）

3 × 区分建物（専有部分）の場合で、表題部所有者から所有権を取得した者も、所有権の保存の登記を申請することができるんだけど、当該敷地権の登記名義人の承諾を得なければならない。（74条）

4 ○ そうそう。登記上の利害関係を有する第三者がある場合、第三者の承諾がなければ、所有権に関する仮登記に基づく本登記を申請することができません。（109条）

正解		
問12　3	問13　1	問14　3

問題

★★

【問15】 都市計画法に関する次の記述のうち、誤っているものはどれか。

1　都市計画施設の区域又は市街地開発事業の施行区域内において建築物の建築をしようとする者であっても、当該建築行為が都市計画事業の施行として行う行為である場合には都道府県知事（市の区域内にあっては、当該市の長）の許可は不要である。

2　用途地域の一つである特定用途制限地域は、良好な環境の形成又は保持のため当該地域の特性に応じて合理的な土地利用が行われるよう、制限すべき特定の建築物等の用途の概要を定める地域とする。

3　都市計画事業の認可の告示があった後においては、当該事業地内において、当該都市計画事業の施行の障害となるおそれがある土地の形質の変更又は建築物の建築その他工作物の建設を行おうとする者は、都道府県知事（市の区域内にあっては、当該市の長）の許可を受けなければならない。

4　一定の条件に該当する土地の区域における地区計画については、劇場、店舗、飲食店その他これらに類する用途に供する大規模な建築物の整備による商業その他の業務の利便の増進を図るため、一体的かつ総合的な市街地の開発整備を実施すべき区域である開発整備促進区を都市計画に定めることができる。

★★

【問16】 都市計画法に関する次の記述のうち、正しいものはどれか。

1　開発行為とは、主として建築物の建築の用に供する目的で行う土地の区画形質の変更を指し、特定工作物の建設の用に供する目的で行う土地の区画形質の変更は開発行為には該当しない。

2　市街化調整区域において行う開発行為で、その規模が300㎡であるものについては、常に開発許可は不要である。

3　市街化区域において行う開発行為で、市町村が設置する医療法に規定する診療所の建築の用に供する目的で行うものであって、当該開発行為の規模が1,500㎡であるものについては開発許可は必要である。

4　非常災害のため必要な応急措置として行う開発行為であっても、当該開発行為が市街化調整区域において行われるものであって、当該開発行為の規模が3,000㎡以上である場合には開発許可が必要である。

★★

【問17】 建築基準法に関する次の記述のうち、誤っているものはいくつあるか。

ア　一室の居室で天井の高さが異なる部分がある場合、室の床面から天井の一番低い部分までの高さが2.1 m以上でなければならない。

イ　3階建ての共同住宅の各階のバルコニーには、安全上必要な高さが1.1 m以上の手すり壁、さく又は金網を設けなければならない。

ウ　石綿以外の物質で居室内において衛生上の支障を生ずるおそれがあるものとして政令で定める物質は、ホルムアルデヒドのみである。

エ　高さが20 mを超える建築物には原則として非常用の昇降機を設けなければならない。

1　一つ　　2　二つ　　3　三つ　　4　四つ

解説 → 解答

【問15】 都市計画法（都市計画全般） ★★

選択肢２の「用途地域の一つである特定用途制限地域」っていうフレーズがニクいねー。読み飛ばしちゃいそう。用途地域は全13種類。特定用途制限地域はちがいます。

1 ○ そうそう。都市計画施設の区域又は市街地開発事業の施行区域内において建築物の建築をしようとする者は、都道府県知事の許可を受けなければならないんだけど、「都市計画事業の施行として行う行為」については許可不要。(53条、P.252)

2 × 「用途地域の一つである」が×。やるなー出題者。ナイスひっかけ。特定用途制限地域とは、「用途地域が定められていない土地の区域（市街化調整区域を除く。）内において、その良好な環境の形成又は保持のため当該地域の特性に応じて合理的な土地利用が行われるよう、制限すべき特定の建築物等の用途の概要を定める地域」でーす。(9条、P.236)

3 ○ そのとおり。都市計画事業の認可の告示があった後、当該認可に係る事業地内において、都市計画事業の施行の障害となるおそれがある土地の形質の変更又は建築物の建築その他工作物の建設を行おうとする者は、都道府県知事の許可を受けなければなりませーん。(65条、P.254)

4 ○ おっと、開発整備促進区。選択肢の記述どおりです（12条の5、P.245）

【問16】 都市計画法（開発許可） ★★

選択肢３の「診療所」でちょっと迷ったかも。開発許可が要らないような感じだしなぁ〜。(4条、29条、P.262〜268)

1 × おっと、特定工作物の建設目的で行う土地の区画形質の変更も、開発行為に該当するでしょ。

2 × 規模が300㎡だったとしてもね〜。市街化調整区域だと「面積が小さいと開発行為は許可不要」というルールはない。

3 ○ そのとおり。診療所は「公益上必要な建築物」に該当しない。なので、市街化区域での1,000㎡以上の開発行為となりまして、市町村が設置するものであっても開発許可が必要です。

4 × 「非常災害のために必要な応急措置」としての開発行為。これってさ、規模や面積を問わず、どこで行うとしても開発許可は不要だよね。

【問17】 建築基準法（単体規定） ★★

いわゆる建築基準法の「単体規定」と呼ばれる規定群からの出題。たまに出題されます。とりあえず解説をご参照くだされ。(P.287)

ア × おっと、「一番低い部分」じゃなくて「平均の高さ」です。居室の天井の高さは、2.1m以上でなければならないんだけど、天井の高さの異なる部分がある場合においては、その平均の高さ。(21条)

イ × うわ、あのですね「各階のバルコニー」じゃないんですわ。「屋上広場」又は「２階以上の階」にあるバルコニーには、安全上必要な高さが1.1m以上の手すり壁、さく又は金網を設けなければならない。「１階のバルコニー」には手すりを設置する義務はない。そりゃそうだよね。(126条)

ウ × ゲゲっ、えーとですね「ホルムアルデヒドのみ」じゃないのよ。石綿等以外の物質でその居室内において衛生上の支障を生ずるおそれがあるものとして政令で定める物質は、「クロルピリホス（有機リン系の殺虫剤の一種）」及び「ホルムアルデヒド」です。(28条の2)

エ × なんとこれも×。非常用の昇降機を設置することが義務付けられるのは、高さが31mを超える建築物。「高さ20mを超える建築物」じゃないんだよね。(34条)

誤っているものはア、イ、ウ、エの「四つ」。選択肢４が正解となる。

正解					
問15	2	問16	3	問17	4

問題

★★

【問18】建築基準法（以下この問において「法」という。）に関する次の記述のうち、誤っているものはどれか。

1　地方公共団体は、延べ面積が1,000㎡を超える建築物の敷地が接しなければならない道路の幅員について、条例で、避難又は通行の安全の目的を達するために必要な制限を付加することができる。

2　建蔽率の限度が10分の8とされている地域内で、かつ、防火地域内にある耐火建築物については、建蔽率の制限は適用されない。

3　建築物が第二種中高層住居専用地域及び近隣商業地域にわたって存する場合で、当該建築物の過半が近隣商業地域に存する場合には、当該建築物に対して法第56条第1項第3号の規定（北側斜線制限）は適用されない。

4　建築物の敷地が第一種低層住居専用地域及び準住居地域にわたる場合で、当該敷地の過半が準住居地域に存する場合には、作業場の床面積の合計が100㎡の自動車修理工場は建築可能である。

★★★

【問19】宅地造成及び特定盛土等規制法に関する次の記述のうち、誤っているものはどれか。なお、この問において「都道府県知事」とは、地方自治法に基づく指定都市、中核市及び施行時特例市にあってはその長をいうものとする。（法改正により問題文、選択肢すべてを修正している）

1　宅地造成等工事規制区域内において宅地造成等に関する工事を行う場合、宅地造成等に伴う災害を防止するために行う高さ4mの擁壁の設置に係る工事については、政令で定める資格を有する者の設計によらなければならない。

2　宅地造成等工事規制区域内において行われる切土であって、当該切土をする土地の面積が600㎡で、かつ、高さ1.5mの崖を生ずることとなるものに関する工事については、都道府県知事の許可が必要である。

3　宅地造成等工事規制区域内において行われる盛土であって、当該盛土をする土地の面積が300㎡で、かつ、高さ1.5mの崖を生ずることとなるものに関する工事については、都道府県知事の許可が必要である。

4　都道府県知事は、宅地造成等工事規制区域内の土地について、宅地造成等に伴う災害の防止のため必要があると認める場合においては、その土地の所有者、管理者、占有者、工事主又は工事施行者に対し、擁壁の設置等の措置をとることを勧告することができる。

★★

【問20】土地区画整理法に関する次の記述のうち、正しいものはどれか。

1　個人施行者は、規準又は規約に別段の定めがある場合においては、換地計画に係る区域の全部について土地区画整理事業の工事が完了する以前においても換地処分をすることができる。

2　換地処分は、施行者が換地計画において定められた関係事項を公告して行うものとする。

3　個人施行者は、換地計画において、保留地を定めようとする場合においては、土地区画整理審議会の同意を得なければならない。

4　個人施行者は、仮換地を指定しようとする場合においては、あらかじめ、その指定について、従前の宅地の所有者の同意を得なければならないが、仮換地となるべき宅地の所有者の同意を得る必要はない。

解説 ➔ 解答

【問18】 建築基準法 ★★

選択肢３と４。建築物や敷地が２つの用途地域にまたがる場合をテーマにしてますね。斜線制限はそれぞれで見ればよく、建築物の用途制限は過半主義。ちょっとそのあたりを確認しといてね。

1 ○ はいそのとおり。条例で、必要な制限を付加することができまぁーす。（43条、P.293）

2 ○ そうそう。建蔽率の限度が10分の８とされている地域内で、かつ、防火地域内にある耐火建築物だもんね。建蔽率の制限は適用されませぇ～ん。（53条、P.305）

3 × おっと北側斜線制限。建物の過半が近隣商業地域にあるからといって、全体的に適用されないっていうワケじゃない。第二種中高層住居専用地域の建物部分については北側斜線制限が適用される。（56条、P.319）

4 ○ 建築物の敷地が異なる用途地域にまたがる場合は敷地の過半が属する地域の用途制限に従う。準住居地域には作業場の床面積の合計が150㎡を超えない自動車修理工場を建築することができるよん。（48条、P.295～296）

【問19】 宅地造成及び特定盛土等規制法 ★★★

選択肢１がちょっとマニアックなところからの出題だったかな。（P.342～350）

1 × おっと「高さ４ｍの擁壁の設置に係る工事」。高さが５ｍを超える擁壁の設置だったら一定の資格を有する者の設計によらなければならない。（13条、施行令22条）

2 ○ そのとおり。切土又は盛土をする土地の面積自体が500㎡を超えていると、切土や盛土で生じる崖の高さに関係なく宅地造成に該当する。ということで許可が必要です。（2条、12条、施行令３条）

3 ○ 「盛土で高さ１ｍを超える崖を生ずるもの」だと、その盛土をする土地の面積にかかわらず宅地造成に該当する。ということで、こちらについても許可が必要です。（2条、12条、施行令３条）

4 ○ そのとおり。擁壁の設置等の措置をとることを勧告することができる。（22条）

【問20】 土地区画整理法 ★★

おっと「個人施行者」。めずらしいですねー。ちょっと戸惑ったかもしれませんが。

1 ○ 換地処分は、原則として、換地計画に係る区域の全部について土地区画整理事業の工事が完了した後において行わなければならないんだけど、規準、規約、定款又は施行規程に別段の定めがある場合には、全部の工事が完了する以前においても換地処分をすることができます。（103条、P.375）

2 × おっと出ましたね、公告ヒッカケ。換地処分は、施行者が関係権利者に換地計画において定められた関係事項を通知してするものとされる。「公告して行う」じゃないよ。（103条、P.375）

3 × えーとですね、換地計画に保留地を定めるにあたり土地区画整理審議会の同意が必要なのは、施行者が都道府県などの公的施行の場合です。個人施行者や土地区画整理組合などの民間施行の場合、土地区画整理審議会の同意を得る必要はない。（96条）

4 × 個人施行者が仮換地を指定しようとする場合には、あらかじめ「従前の宅地の所有者」及び「仮換地となるべき宅地の所有者」の同意を得なければならない。（98条、P.374）

正解					
問18	3	問19	1	問20	1

問題

★★★

【問21】 農地法（以下この問において「法」という。）に関する次の記述のうち、正しいものはどれか。（法改正により選択肢３を修正している）

1　農地の賃貸借について法第３条第１項の許可を得て農地の引渡しを受けても、土地登記簿に登記をしなかった場合、その後、その農地について所有権を取得した第三者に対抗することができない。

2　雑種地を開墾し、現に畑として耕作されている土地であっても、土地登記簿上の地目が雑種地である限り、法の適用を受ける農地には当たらない。

3　国又は都道府県等が市街化調整区域内の農地（１ヘクタール）を取得して学校を建設する場合、都道府県知事等との協議が成立しても法第５条第１項の許可を受ける必要がある。

4　農業者が相続により取得した市街化調整区域内の農地を自己の住宅用地として転用する場合でも、法第４条第１項の許可を受ける必要がある。

★★

【問22】 次の記述のうち、正しいものはどれか。

1　地すべり等防止法によれば、地すべり防止区域内において、地表水を放流し、又は停滞させる行為をしようとする者は、一定の場合を除き、市町村長の許可を受けなければならない。

2　国土利用計画法によれば、甲県が所有する都市計画区域内の 7,000㎡の土地を甲県から買い受けた者は、事後届出を行う必要はない。

3　土壌汚染対策法によれば、形質変更時要届出区域内において土地の形質の変更をしようとする者は、非常災害のために必要な応急措置として行う行為であっても、都道府県知事に届け出なければならない。

4　河川法によれば、河川区域内の土地において工作物を新築し、改築し、又は除却しようとする者は、河川管理者と協議をしなければならない。

★★

【問23】 印紙税に関する次の記述のうち、正しいものはどれか。

1　土地譲渡契約書に課税される印紙税を納付するため当該契約書に印紙をはり付けた場合には、課税文書と印紙の彩紋とにかけて判明に消印しなければならないが、契約当事者の従業者の印章又は署名で消印しても、消印したことにはならない。

2　土地の売買契約書（記載金額 2,000 万円）を３通作成し、売主Ａ、買主Ｂ及び媒介した宅地建物取引業者Ｃがそれぞれ１通ずつ保存する場合、Ｃが保存する契約書には、印紙税は課されない。

3　一の契約書に土地の譲渡契約（譲渡金額 4,000 万円）と建物の建築請負契約（請負金額 5,000 万円）をそれぞれ区分して記載した場合、印紙税の課税標準となる当該契約書の記載金額は、5,000 万円である。

4　「建物の電気工事に係る請負金額は 2,200 万円（うち消費税額及び地方消費税額が 200 万円）とする」旨を記載した工事請負契約書について、印紙税の課税標準となる当該契約書の記載金額は、2,200 万円である。

解説 → 解答

【問21】 農地法 ★★★

農地・採草放牧地の賃貸借は、引渡しを受けていれば対抗力あり。(P.352 ～ 358)

1 × えーとですね、農地・採草放牧地の賃貸借は、その登記がなくても、農地・採草放牧地の引渡しを受けていれば対抗力あり。(16 条)

2 × 土地登記簿上の地目が雑種地だったとしても、現に耕作の目的に供されているんだったら「農地」になるよ。(2 条)

3 × 国又は都道府県等と都道府県知事等との協議が成立したんだったら農地法５条の許可を受ける必要はありませぇ～ん。(5 条)

4 ○ 相続により農地を取得する場合、農地法３条の許可は不要で、まぁこれはこれとして、その後に農地を自己の住宅用地に転用するっていうんだったら、そりゃやっぱり農地法４条の許可を受ける必要があるでしょ。(4 条)

【問22】 その他法令制限 ★★

その他もろもろ、土地の利用についてアレコレうるさいことをいう法令あり。

1 × 市町村長の許可じゃなくて都道府県知事の許可です。(P.390)

2 ○ 当事者の一方が国等(国、地方公共団体など)である場合には、国土利用計画法の事後届出を行う必要はありませ～ん。(P.356)

3 × 非常災害のために必要な応急措置として行う場合は届出不要となってます。(P.391)

4 × 「河川管理者と協議」じゃなくて河川管理者の許可を受けなければならない。(P.392)

【問23】 印紙税 ★★

選択肢１と２の「×」がすぐにわかるといいなぁ～。(P.715 ～ 718)

1 × 従業者の印章・署名で消印することもできまぁーす。誰でもいいでーす。

2 × えーとですね、土地の売買契約書には印紙税が課されます。で、売買契約を媒介した宅建業者Cは契約当事者でないとしても、Cが保存する契約書にも課税。印紙を貼っておいてくださいよぉ～。

3 ○ 一つの文書が土地の譲渡契約書と建物の建築請負契約書の双方に該当しているような場合、どちらか記載金額のうち大きい額のほうを基準に印紙税が課税される。ということで、5,000 万円。

4 × 契約書に消費税・地方消費税の金額が区分記載されている場合、消費税額等は記載金額に含めません。ということで 2,000 万円。

正解		
問21 4	問22 2	問23 3

問題

★

【問24】 固定資産税に関する次の記述のうち、正しいものはどれか。

1　国会議員及び地方団体の議会の議員は、固定資産評価員を兼ねることができる。

2　登記所は、土地又は建物の表示に関する登記をしたときは、30日以内に、その旨を当該土地又は家屋の所在地の市町村長に通知しなければならない。

3　住宅用地のうち小規模住宅用地に対して課する固定資産税の課税標準は、当該小規模住宅用地に係る固定資産税の課税標準となるべき価格の3分の1の額である。

4　固定資産税に係る徴収金について滞納者が督促を受け、その督促状を発した日から起算して10日を経過した日までに、その督促に係る固定資産税の徴収金について完納しないときは、市町村の徴税吏員は、滞納者の財産を差し押さえなければならない。

★

【問25】 地価公示法に関する次の記述のうち、正しいものはどれか。

1　地価公示法の目的は、都市及びその周辺の地域等において、標準地を選定し、その周辺の土地の取引価格に関する情報を公示することにより、適正な地価の形成に寄与することである。

2　標準地は、土地鑑定委員会が、自然的及び社会的条件からみて類似の利用価値を有すると認められる地域において、土地の利用状況、環境等が通常と認められ、かつ、当該土地の使用又は収益を制限する権利が存しない一団の土地について選定する。

3　公示価格を規準とするとは、対象土地の価格を求めるに際して、当該対象土地とこれに類似する利用価値を有すると認められる1又は2以上の標準地との位置、地積、環境等の土地の客観的価値に作用する諸要因についての比較を行い、その結果に基づき、当該標準地の公示価格と当該対象土地の価格との間に均衡を保たせることをいう。

4　不動産鑑定士は、土地鑑定委員会の求めに応じて標準地の鑑定評価を行うに当たっては、近傍類地の取引価格から算定される推定の価格、近傍類地の地代等から算定される推定の価格又は同等の効用を有する土地の造成に要する推定の費用の額のいずれかを勘案してこれを行わなければならない。

★★★

【問26】 宅地建物取引業の免許（以下この問において「免許」という。）に関する次の記述のうち、宅地建物取引業法の規定によれば、正しいものはどれか。

1　宅地建物取引業者A社の代表取締役が、道路交通法違反により罰金の刑に処せられたとしても、A社の免許は取り消されることはない。

2　宅地建物取引業者B社の使用人であって、B社の宅地建物取引業を行う支店の代表者が、刑法第222条（脅迫）の罪により罰金の刑に処せられたとしても、B社の免許は取り消されることはない。

3　宅地建物取引業者C社の非常勤役員が、刑法第208条の3（凶器準備集合及び結集）の罪により罰金の刑に処せられたとしても、C社の免許は取り消されることはない。

4　宅地建物取引業者D社の代表取締役が、法人税法違反により懲役の刑に処せられたとしても執行猶予が付されれば、D社の免許は取り消されることはない。

解説 ➜ 解答

【問24】 固定資産税 ★

ヤキがまわったか出題者。宅地建物取引士の実務（仕事）にはまったくカンケーないような選択肢が並ぶ。「ネタがないよー、ヤケクソだぁ～」っていうノリだったのかな。（テキスト未掲載）

1 × 国会議員及び地方団体の議会の議員は、固定資産評価員を兼ねることができません。
2 × 「30日以内」じゃなくて「10日以内」。
3 × この選択肢がわかればオッケーです。「3分の1」じゃなくて「6分の1」だよね。（P.710）
4 ○ そのとおり。書いてあるとおり。めんどくさかったらパス。

【問25】 地価公示法 ★

選択肢1。「あれ？　あってるんじゃない？」と迷うかも。選択肢3もマニアックなところ。（P.696～700）

1 × 「標準地を選定し、その周辺の土地の取引価格に関する情報を公示」っていうところが「×」。正しくは「標準地を選定し、その正常な価格を公示」です。
2 × 「当該土地の使用又は収益を制限する権利が存しない一団の土地」というところが「×」。更地だけを探して標準地を選ぶだなんて無理。借地権などが設定されている土地でも標準地として選定できる。
3 ○ そのとおり。んー、だけどこの選択肢、メンドーだったらパスしてもいいです。
4 × 「いずれかを勘案して」じゃないよね。3つの視点（近傍類似の取引価格、地代から逆算する価格、造成費用などの価格）を勘案して鑑定評価を行わなければなりませぇ～ん。

【問26】 宅建業法：監督処分 ★★★

免許不可となる刑に処せられてないのはだーれだ？（5条、66条、P.057.064.198）

1 ○ 道路交通法違反により罰金の刑だとセーフ。なので、彼が代表取締役となっているA社が免許を取り消されることはありません。
2 × 「宅地建物取引業を行う支店の代表者」とは「政令で定める使用人」のこと。脅迫罪により罰金の刑だと免許不可。政令で定める使用人が免許不可であるB社は、免許を取り消されちゃいまぁ～す。
3 × 非常勤であっても、役員は役員だよ。凶器準備集合及び結集罪により罰金の刑だと免許不可。ということでC社も免許を取り消されちゃいまぁ～す。
4 × 代表取締役（役員）が懲役の刑。あちゃー。もちろん免許不可。執行猶予中も免許不可。ということで免許は取り消されちゃいまぁ～す。

正解					
問24	4	問25	3	問26	1

問題

★★★

【問27】宅地建物取引業者の営業保証金に関する次の記述のうち、宅地建物取引業法（以下この問において「法」という。）の規定によれば、正しいものはどれか。

1　宅地建物取引業者は、不正の手段により法第３条第１項の免許を受けたことを理由に免許を取り消された場合であっても、営業保証金を取り戻すことができる。

2　信託業法第３条の免許を受けた信託会社で宅地建物取引業を営むものは、国土交通大臣の免許を受けた宅地建物取引業者とみなされるため、営業保証金を供託した旨の届出を国土交通大臣に行わない場合は、国土交通大臣から免許を取り消されることがある。

3　宅地建物取引業者は、本店を移転したためその最寄りの供託所が変更した場合、国債証券をもって営業保証金を供託しているときは、遅滞なく、従前の本店の最寄りの供託所に対し、営業保証金の保管換えを請求しなければならない。

4　宅地建物取引業者は、その免許を受けた国土交通大臣又は都道府県知事から、営業保証金の額が政令で定める額に不足することとなった旨の通知を受けたときは、供託額に不足を生じた日から２週間以内に、その不足額を供託しなければならない。

★★

【問28】宅地建物取引業者Ａ社が、Ｂから自己所有の甲宅地の売却の媒介を依頼され、Ｂと媒介契約を締結した場合における次の記述のうち、宅地建物取引業法の規定によれば、正しいものはいくつあるか。

ア　Ａ社が、Ｂとの間に専任媒介契約を締結し、甲宅地の売買契約を成立させたときは、Ａ社は、遅滞なく、登録番号、取引価格、売買契約の成立した年月日、売主及び買主の氏名を指定流通機構に通知しなければならない。

イ　Ａ社は、Ｂとの間に媒介契約を締結し、Ｂに対して甲宅地を売買すべき価額又はその評価額について意見を述べるときは、その根拠を明らかにしなければならない。

ウ　Ａ社がＢとの間に締結した専任媒介契約の有効期間は、Ｂからの申出により更新することができるが、更新の時から３月を超えることができない。

1　一つ　　2　二つ　　3　三つ　　4　なし

★★★

【問29】宅地建物取引業法（以下この問において「法」という。）に関する次の記述のうち、正しいものはどれか。（法改正により選択肢２、３、４を修正している）

1　宅地建物取引業者でない売主と宅地建物取引業者である買主が、媒介業者を介さず宅地の売買契約を締結する場合、法第35条の規定に基づく重要事項の説明義務を負うのは買主の宅地建物取引業者である。

2　建物の管理が管理会社に委託されている当該建物の賃貸借契約の媒介をする宅地建物取引業者は、当該建物が区分所有建物であるか否かにかかわらず、その管理会社の商号又は名称及びその主たる事務所の所在地を、借主（宅地建物取引業者ではないものとする）に説明しなければならない。

3　区分所有建物の売買において、売主が宅地建物取引業者である場合、当該売主は当該買主（宅地建物取引業者ではないものとする）に対し、当該一棟の建物に係る計画的な維持修繕のための修繕積立金積立総額及び売買の対象となる専有部分に係る修繕積立金額の説明をすれば、滞納があることについては説明をしなくてもよい。

4　区分所有建物の売買において、売主が宅地建物取引業者である場合、当該売主は当該買主（宅地建物取引業者ではないものとする）に対し、法第35条の２に規定する供託所等の説明をする必要はない。

解説 ➔ 解答

【問27】 宅建業法：営業保証金 ★★★

選択肢２がばかばかしいというか、そもそも信託会社って免許受けていないじゃんというオチ。
（P.179～182）

1 ○ そうそう。免許の取消処分を受けた場合でも、営業保証金を取り戻すことができまーす。なんとなくペナルティーで没収されちゃうのかな、というふうに思わせたいんだろうけど。（30条）

2 × なんだかなー、この選択肢。信託会社が宅地建物取引業を営もうとする場合は、国土交通大臣にその旨を届け出ればよく、免許を取得する必要はない。つまり、そもそも免許を受けていないんだから、免許の取消しとかにはならないでしょ。（77条）

3 × えーと、金銭のみで営業保証金を供託しているんだったら「保管替えの請求」で処理できるけど、国債証券などの有価証券がらみで供託している場合には「保管替えの請求」によることはできない。いったん二重供託した上で取り戻しにてお願いします。（29条）

4 × おっと「供託額に不足を生じた日から２週間」じゃないよね。宅建業者は、その免許を受けた国土交通大臣又は都道府県知事から「不足額を供託すべき旨の通知書の送付を受けた日」から２週間以内にその不足額を供託しなければならない。（28条）

【問28】 宅建業法：媒介契約 ★★

いくつあるか形式で、ちょっとイヤかもしれないけど、まぁそこそこできたんじゃないでしょうか。
（34条の2、P.108～112）

ア × おっと「売主及び買主の氏名」。専任媒介契約に基づき売買契約が成立したときは、宅建業者は「登録番号」「取引価格」「契約成立の年月日」を指定流通機構に通知しなければならない。「売主及び買主の氏名」を通知する必要はないのよ。

イ ○ そのとおり。媒介契約に関し、価額について意見を述べる場合には、根拠を明らかにしなければなりませぇーん。

ウ ○ これもそうだよね。専任媒介契約の有効期間は３ヶ月を超えることができない。で、この有効期間は依頼者の申出により更新することができるけど、更新する場合の有効期間も３ヶ月を超えることができませぇーん。

正しいものはイ、ウの「二つ」。選択肢２が正解となる。

【問29】 宅建業法：重要事項の説明（35条書面） ★★★

選択肢１が笑っちゃう。（35条）

1 × なんじゃこの選択肢（笑）。買主業者は重要事項の説明をする必要はないでしょ。っていうか、そもそも重要事項の説明は、売買契約だったら買主になろうとする者に対して行うわけだしね。ちなみに売主は宅建業者ではないから、売主が重要事項の説明をする義務もない。（P.152）

2 ○ そのとおり。賃貸借の媒介で、管理の委託を受けてる管理会社の商号又は名称及びその主たる事務所の所在地については、区分所有建物の場合であっても、区分所有建物以外の場合であっても、重要事項として説明しなければならない。（P.169）

3 × 区分所有建物の売買の場合だと、修繕積立金積立総額及び売買の対象となる専有部分に係る修繕積立金額のほか、滞納があることについても重要事項として説明しなければならない。（P.166）

4 × 宅建業者は売買契約が成立するまでの間に、供託所等の説明をしなければならない。（P.192）

正解					
問27	1	問28	2	問29	2

問題

★★★

【問30】 宅地建物取引業者が行う宅地建物取引業法第35条に規定する重要事項の説明（以下この問において「重要事項説明」という。）及び同条の規定により交付すべき書面（以下この問において「35条書面」という。）に関する次の記述のうち、正しいものはどれか。

1　宅地建物取引業者は、宅地又は建物の売買について売主となる場合、買主が宅地建物取引業者であっても、重要事項説明は行わなければならないが、35条書面の交付は省略してよい。

2　宅地建物取引業者が、宅地建物取引士をして取引の相手方に対し重要事項説明をさせる場合、当該宅地建物取引士は、取引の相手方から請求がなくても、宅地建物取引士証を相手方に提示しなければならず、提示しなかったときは、20万円以下の罰金に処せられることがある。

3　宅地建物取引業者は、貸借の媒介の対象となる建物（昭和56年5月31日以前に新築）が、指定確認検査機関、建築士、登録住宅性能評価機関又は地方公共団体による耐震診断を受けたものであっても、その内容を重要事項説明において説明しなくてもよい。

4　宅地建物取引業者は、重要事項説明において、取引の対象となる宅地又は建物が、津波防災地域づくりに関する法律の規定により指定された津波災害警戒区域内にあるときは、その旨を説明しなければならない。

★★★

【問31】 宅地建物取引業者Ａ社が宅地建物取引業法第37条の規定により交付すべき書面（以下この問において「37条書面」という。）に関する次の記述のうち、宅地建物取引業法の規定によれば、正しいものの組合せはどれか。

ア　Ａ社は、建物の貸借に関し、自ら貸主として契約を締結した場合に、その相手方に37条書面を交付しなければならない。

イ　Ａ社は、建物の売買に関し、その媒介により契約が成立した場合に、当該売買契約の各当事者のいずれに対しても、37条書面を交付しなければならない。

ウ　Ａ社は、建物の売買に関し、その媒介により契約が成立した場合に、天災その他不可抗力による損害の負担に関する定めがあるときは、その内容を記載した37条書面を交付しなければならない。

エ　Ａ社は、建物の売買に関し、自ら売主として契約を締結した場合に、その相手方が宅地建物取引業者であれば、37条書面を交付する必要はない。

1　ア、イ　　2　イ、ウ　　3　ウ、エ　　4　ア、エ

解説 ➔ 解答

【問30】 宅建業法：重要事項の説明（35条書面） ★★★

選択肢1はまいどおなじみ。選択肢2は「10万円以下の過料」だったら「○」。選択肢4の津波災害警戒区域。説明しなきゃ。（35条）

1 × 逆です。買主が宅建業者だったら、重要事項の説明は省略できるけど、35条書面の交付を省略することはできませーん。（P.152）

2 × 「20万円以下の罰金」だと「×」。宅地建物取引士は、重要事項の説明をするときは、相手方に対し宅地建物取引士証を提示しなければならない。で、相手方の請求がなかったとしても、宅地建物取引士証を提示する必要がある。まぁここまでは「○」。そんでね、提示しなかった場合は罰金じゃなくて「10万円以下の過料」に処されることがありまぁーす。（P.152、207）

3 × 建物の売買や交換のときだけじゃなく、貸借の場合も「昭和56年5月31日以前に着工された建物につき、耐震診断を受けたものであるときには、その内容」について説明しなければならない。借りる人だって、気になるでしょ。古い建物の耐震性。（P.160）

4 ○ そのとおり。取引の対象となる宅地又は建物が津波災害警戒区域内にあるときは、その旨を説明しなければなりませーん。（P.159）

【問31】 宅建業法：契約書面の交付（37条書面） ★★★

出題形式は「正しい組み合わせはどれか」問題で、一瞬ビビるかもしれないけど、出題されている内容は、なんだ、カンタンじゃないか。「ア」のA社さん、自ら貸主だって。読み飛ばさないでね。（37条、P.171～174）

ア × 出たぁ～「自ら貸主」。このA社さん、そもそも「宅地建物取引業」をやってないじゃん!! ということで宅建業法自体の適用もないから、37条書面がどうのこうのも、まるっきり関係なし。交付する必要なし!!

イ ○ 媒介で契約を成立させたときは、選択肢に書いてあるとおり、当該売買契約の各当事者に、つまり売主と買主に、遅滞なく、37条書面を交付しなければならない。

ウ ○ これもそうだよね。「天災その他不可抗力による損害の負担に関する定めがあるときは、その内容」は、建物の売買の媒介をしたときの37条書面には記載しないとね。

エ × 出たぁ～定番ヒッカケ。っていうか、いまさら誰もひっかかんないかな～。37条書面の交付義務は、宅建業者間取引においても適用される。なので「その相手方が宅地建物取引業者であれば、37条書面を交付する必要はない」は「×」だよね。

正しいものの組合せは「イ、ウ」。選択肢2が正解となる。

正解			
問30	4	問31	2

>> 問題

★★★

【問32】 次の記述のうち、宅地建物取引業法の規定に違反しないものの組合せとして、正しいものはどれか。なお、この問において「建築確認」とは、建築基準法第６条第１項の確認をいうものとする。

ア　宅地建物取引業者Ａ社は、建築確認の済んでいない建築工事完了前の賃貸住宅の貸主Ｂから当該住宅の貸借の媒介を依頼され、取引態様を媒介と明示して募集広告を行った。

イ　宅地建物取引業者Ｃ社は、建築確認の済んでいない建築工事完了前の賃貸住宅の貸主Ｄから当該住宅の貸借の代理を依頼され、代理人として借主Ｅとの間で当該住宅の賃貸借契約を締結した。

ウ　宅地建物取引業者Ｆ社は、建築確認の済んだ建築工事完了前の建売住宅の売主Ｇ社（宅地建物取引業者）との間で当該住宅の売却の専任媒介契約を締結し、媒介業務を行った。

エ　宅地建物取引業者Ｈ社は、建築確認の済んでいない建築工事完了前の建売住宅の売主Ｉ社（宅地建物取引業者）から当該住宅の売却の媒介を依頼され、取引態様を媒介と明示して当該住宅の販売広告を行った。

1　ア、イ　　2　イ、ウ　　3　ウ、エ　　4　イ、ウ、エ

★★★

【問33】 宅地建物取引業法第35条に規定する重要事項の説明に関する次の記述のうち、正しいものはどれか。なお、説明の相手方は宅地建物取引業者ではないものとする。（法改正により問題文を修正している）

1　宅地建物取引業者は、自ら売主として分譲マンションの売買を行う場合、管理組合の総会の議決権に関する事項について、管理規約を添付して説明しなければならない。

2　宅地建物取引業者は、分譲マンションの売買の媒介を行う場合、建物の区分所有等に関する法律第２条第４項に規定する共用部分に関する規約の定めが案の段階であっても、その案の内容を説明しなければならない。

3　宅地建物取引業者は、マンションの１戸の貸借の媒介を行う場合、建築基準法に規定する容積率及び建蔽率に関する制限があるときは、その制限内容を説明しなければならない。

4　宅地建物取引業者は、マンションの１戸の貸借の媒介を行う場合、借賃以外に授受される金銭の定めがあるときは、その金銭の額、授受の目的及び保管方法を説明しなければならない。

★★★

【問34】 宅地建物取引業者Ａ社が、自ら売主として宅地建物取引業者でない買主Ｂとの間で締結した宅地の売買契約について、Ｂが宅地建物取引業法第37条の２の規定に基づき、いわゆるクーリング・オフによる契約の解除をする場合における次の記述のうち、正しいものはどれか。

1　Ｂは、自ら指定した喫茶店において買受けの申込みをし、契約を締結した。Ｂが翌日に売買契約の解除を申し出た場合、Ａ社は、既に支払われている手付金及び中間金の全額の返還を拒むことができる。

2　Ｂは、月曜日にホテルのロビーにおいて買受けの申込みをし、その際にクーリング・オフについて書面で告げられ、契約を締結した。Ｂは、翌週の火曜日までであれば、契約の解除をすることができる。

3　Ｂは、宅地の売買契約締結後に速やかに建物請負契約を締結したいと考え、自ら指定した宅地建物取引業者であるハウスメーカー（Ａ社より当該宅地の売却について代理又は媒介の依頼は受けていない。）の事務所において買受けの申込みをし、Ａ社と売買契約を締結した。その際、クーリング・オフについてＢは書面で告げられた。その６日後、Ｂが契約の解除の書面をＡ社に発送した場合、Ｂは売買契約を解除することができる。

4　Ｂは、10区画の宅地を販売するテント張りの案内所において、買受けの申込みをし、2日後、Ａ社の事務所で契約を締結した上で代金全額を支払った。その５日後、Ｂが、宅地の引渡しを受ける前に契約の解除の書面を送付した場合、Ａ社は代金全額が支払われていることを理由に契約の解除を拒むことができる。

解説 ➔ 解答

【問32】 宅建業法：広告・契約締結 ★★★

建築確認が済んでいるんだったらなんでもオッケーなんだけどね。(P.098 ～ 099)

ア 違反する　建築確認が済んでいない建築工事完了前の住宅につき、その「貸借の媒介」だとしても、広告をすることはできませーん。(33条)

イ 違反しない　工事完了前の住宅の貸借の代理・媒介業務に関しては、建築確認が済んでいない場合でもオッケー。(36条)

ウ 違反しない　建築確認が済んでいるんだから代理・媒介業務については何ら問題なし。(36条)

エ 違反する　建築確認が済んでいない建築工事完了前の住宅につき、売却の媒介だとしても、広告をすることはできませーん。(33条)

違反しないものの組合せは「イ、ウ」。選択肢2が正解となる。

【問33】 宅建業法：重要事項の説明（35条書面） ★★★

まぁそこそこ、それなりにまとめてきた問題でしょうか。「総会の議決権」や「借賃以外の金銭の保管方法」は説明事項じゃないしね。「建物の貸借」のときは敷地についての建蔽率や容積率はカンケーないしね。(35条、P.157 ～ 164)

1 × 管理組合の総会の議決権に関する事項は、重要事項として説明すべき事項じゃないよー。っていうか、マンションを買う段階で「総会の議決権」なんてね。あんまり気にしないかな。

2 ○ そうよ、そうそう。共用部分に関する規約がまだ「案」の段階だとしても、その「案」の内容を重要事項として説明しなければならない。結局どっちみち、その「案」の内容が本規約になっちゃうんだからね。

3 × おっと建物の貸借契約。単に建物の貸借なんだから、建築基準法に規定する敷地についての容積率・建蔽率に関する制限を説明する必要はない。っていうか、説明したところで意味がない。

4 × 出たぁ～「保管方法」。「代金、交換差金及び借賃以外に授受される金銭の額及び当該金銭の授受の目的」は重要事項として説明しなければならないけど、「保管方法」は説明事項とされていませぇ～ん。

【問34】 宅建業法：宅建業者が売主（クーリング・オフ） ★★★

選択肢3の宅建業者であるハウスメーカー、よく読んでみるとA社から代理・媒介の依頼を受けていない。(37条の2、P.132 ～ 134)

1 × 「喫茶店」。買主が自ら申し出た場合であっても、クーリング・オフできちゃう。A社は受領した手付金その他の金銭全額の返還を拒むことなんてできないのだ。

2 × クーリング・オフできるのは、月曜に告知を受けているから月火水木金土日月。翌週の月曜日までだね。

3 ○ この宅建業者でもあるハウスメーカはA社から代理・媒介の依頼を受けていない。ということで、Bは、その事務所で買受けの申込みをしているけど、クーリング・オフができるよ。6日目だしね。

4 × 出たぁ～、こちらも定番の「テント張りの案内所」。ここでの買受けの申込みはクーリング・オフの対象となる。Bは引渡しを受けていないし、まだ7日目だし。「契約の解除の書面を送付」でクーリング・オフ成立。Aは解除を拒めない。

正解		
問32 2	問33 2	問34 3

問題

★★★

【問35】 宅地建物取引業者が媒介により建物の貸借の契約を成立させた場合、宅地建物取引業法第37条の規定により当該貸借の契約当事者に対して交付すべき書面に必ず記載しなければならない事項の組合せとして、正しいものはどれか。

ア　保証人の氏名及び住所
イ　建物の引渡しの時期
ウ　借賃の額並びにその支払の時期及び方法
エ　媒介に関する報酬の額
オ　借賃以外の金銭の授受の方法

1　ア、イ　　2　イ、ウ　　3　ウ、エ、オ　　4　ア、エ、オ

★★★

【問36】 宅地建物取引業者A社が行う業務に関する次の記述のうち、宅地建物取引業法（以下この問において「法」という。）の規定に違反しないものはどれか。なお、この問において「37条書面」とは、法第37条の規定により交付すべき書面をいうものとする。（法改正により選択肢1、2、4を修正している）

1　A社は、宅地の売買の媒介に際して、売買契約締結の直前に、当該宅地の一部に私道に関する負担があることに気付いた。既に宅地建物取引業者ではない買主に重要事項説明を行った後だったので、A社は、私道の負担に関する追加の重要事項説明は行わず、37条書面にその旨記載し、売主及び買主の双方に交付した。
2　A社は、営業保証金を供託している供託所及びその所在地を説明しないままに、自らが所有する宅地の売買契約が成立したので、宅地建物取引業者ではない買主に対し、その供託所等を37条書面に記載の上、説明した。
3　A社は、媒介により建物の貸借の契約を成立させ、37条書面を借主に交付するに当たり、37条書面に記名をした宅地建物取引士が不在であったことから、宅地建物取引士ではない従業員に37条書面を交付させた。
4　A社は、宅地建物取引業者間での宅地の売買の媒介に際し、当該売買契約に、当該宅地の品質に関して契約の内容に適合しない不適合についての担保に関する特約はあったが、宅地建物取引業者間の取引であったため、当該特約の内容について37条書面への記載を省略した。

★★

【問37】 宅地建物取引業者A社（消費税課税事業者）は売主Bから土地付建物の売却の代理の依頼を受け、宅地建物取引業者C社（消費税課税事業者）は買主Dから戸建住宅の購入の媒介の依頼を受け、BとDの間で売買契約を成立させた。この場合における次の記述のうち、宅地建物取引業法の規定に違反しないものはいくつあるか。なお、土地付建物の代金は5,500万円（うち、土地代金は2,200万円）で、消費税額及び地方消費税額を含むものとする。

ア　A社はBから3,580,000円の報酬を受領し、C社はDから1,790,000円の報酬を受領した。
イ　A社はBから2,200,000円の報酬を受領し、C社はA社及びDの了承を得た上でDから1,730,000円の報酬を受領した。
ウ　A社はBから1,700,000円の報酬を受領し、C社はDから1,730,000円を報酬として受領したほか、Dの特別の依頼に基づき行った遠隔地への現地調査に要した特別の費用について、Dが事前に負担を承諾していたので、50,000円を受領した。

1　一つ　　2　二つ　　3　三つ　　4　なし

解説 ➡ 解答

【問35】 宅建業法：契約書面の交付（37 条書面） ★★★

「ア」が「×」とわかったら、「ア」が入っている選択肢を消してみる。（37 条、P.173）

ア 記載しなくてもよい 「当事者の氏名（法人にあっては、その名称）及び住所」は、37 条書面に必ず記載しなければならない事項だけど、「保証人の氏名及び住所」は記載事項とはされてない。

イ 必ず記載しなければならない もうこれは鉄板。「建物の引渡しの時期」は、37 条書面に必ず記載。

ウ 必ず記載しなければならない 「イ」の「建物の引渡しの時期」とおなじく「借賃の額並びにその支払の時期及び方法」は、37 条書面に必ず記載しなければならない。

エ 記載しなくてもよい 「媒介に関する報酬の額」については、37 条書面に必ず記載とはされていない。

オ 記載しなくてもよい 「借賃以外の金銭の授受」については、その定めがあるんだったら「その額並びに当該金銭の授受の時期及び目的」を 37 条書面に記載しておかなければならないけど、「授受の方法」は記載事項とはされていない。

37 条書面に必ず記載しなければならない事項の組合せは「イ、ウ」。選択肢２が正解となる。

【問36】 宅建業法：契約書面の交付（37 条書面） ★★★

選択肢３があっけなく「○」。選択肢１はやっぱり重要事項として説明しないとまずいでしょ。（37 条）

1 違反する 宅地の売買の媒介だから、重要事項として「私道に関する負担」について説明しなければならない。っていうかアナタ、あとから気がついたってどういうことっすか。で、「追加の重要事項説明は行わず」ということだから、たとえ 37 条書面に記載したとしても、違反は違反です。（P.157）

2 違反する 供託所等に関する説明は「契約が成立するまでの間に」しなければならない。ということで、これを説明しないまま契約を締結しちゃったら、「その供託所等を 37 条書面に記載の上、説明した」としても違反は違反です。（P.192）

3 違反しない 37 条書面の交付は宅地建物取引士じゃなくてもオッケー。（P.171）

4 違反する 「契約の内容に適合しない不適合についての担保に関する特約」があるんだったら、宅建業者間取引であっても 37 条書面への記載がなければならない。（P.174）

【問37】 宅建業法：報酬 ★★

代金 5,500 万円の内訳は「宅地 2,200 万円・建物 3,300 万円」。土地代金には消費税は乗っていないから 2,200 万円のまま。建物代金 3,300 万円から消費税を除くと 3,000 万円。C 社の媒介報酬の限度額は 5,200 万円×３％＋６万円＝ 162 万円。これに消費税を加えると 178 万 2,000 円。代理の A 社の場合だと 356 万 4,000 円。そして A 社と C 社の双方が受領する報酬の限度額も 356 万 4,000 円まで。（46 条、P.115 ～ 116）

ア 違反する A 社も C 社も限度額を超えて受領しているので宅建業法違反となる。

イ 違反する A 社も C 社も、それぞれの限度額は守られているんだけど、合計額が 356 万 4,000 円を超えてしまっているので、宅建業法違反となる。

ウ 違反しない A 社も C 社も、それぞれの限度額以内だし、両者を合算した金額 343 万円も限度額以内。なお、依頼者の特別の依頼に基づき行った遠隔地への現地調査に要した特別の費用については、依頼者から別途受領してもオッケー。

違反しないものはウの「一つ」。選択肢１が正解となる。

正解		
問35 2	問36 3	問37 1

問題

★★

【問38】 宅地建物取引業者Ａ社が、自ら売主として宅地建物取引業者でない買主Ｂとの間で締結した売買契約に関する次の記述のうち、宅地建物取引業法の規定によれば、誤っているものはいくつあるか。（法改正により記述アを修正している）

ア　Ａ社は、Ｂとの間で締結した中古住宅の売買契約において、引渡後２年以内に発見された雨漏り、シロアリの害、建物の構造耐力上主要な部分の不適合についてのみ責任を負うとする特約を定めることができる。

イ　Ａ社は、Ｂとの間における新築分譲マンションの売買契約（代金3,500万円）の締結に際して、当事者の債務の不履行を理由とする契約の解除に伴う損害賠償の予定額と違約金の合計額を700万円とする特約を定めることができる。

ウ　Ａ社は、Ｂとの間における土地付建物の売買契約の締結に当たり、手付金100万円及び中間金200万円を受領する旨の約定を設けた際、当事者の一方が契約の履行に着手するまでは、売主は買主に受領済みの手付金及び中間金の倍額を支払い、また、買主は売主に支払済みの手付金及び中間金を放棄して、契約を解除できる旨の特約を定めた。この特約は有効である。

1　一つ　　2　二つ　　3　三つ　　4　なし

★★★

【問39】 宅地建物取引業保証協会（以下この問において「保証協会」という。）に関する次の記述のうち、宅地建物取引業法の規定によれば、正しいものはどれか。

1　保証協会は、社員の取り扱った宅地建物取引業に係る取引に関する苦情について、宅地建物取引業者の相手方等からの解決の申出及びその解決の結果を社員に周知させなければならない。

2　保証協会に加入した宅地建物取引業者は、直ちに、その旨を免許を受けた国土交通大臣又は都道府県知事に報告しなければならない。

3　保証協会は、弁済業務保証金の還付があったときは、当該還付に係る社員又は社員であった者に対し、当該還付額に相当する額の還付充当金をその主たる事務所の最寄りの供託所に供託すべきことを通知しなければならない。

4　宅地建物取引業者で保証協会に加入しようとする者は、その加入の日から２週間以内に、弁済業務保証金分担金を保証協会に納付しなければならない。

解説 ➔ 解答

【問38】 宅建業法：宅建業者が売主（複合） ★★

まいどおなじみの宅建業者が売主となる場合の制限。選択肢１の不適合を限定する特約、選択肢４の買主は中間金を放棄するという特約。いずれも買主に不利となるため無効だよん。

ア × 売主業者が担保責任を負う不適合を「雨漏り、シロアリの害、建物の構造耐力上主要な部分の不具合についてのみ」と限定する旨の特約は無効となります。（40 条、P.140 ～ 141）

イ ○ 損害賠償の予定額と違約金の額を合算した額が 700 万円。代金の額のぴったり 20%。20%を超えることは禁止されてるけど、ジャスト 20%だから、この特約は有効です。（38 条、P.136）

ウ × ダメでしょ。手付による解除については「当事者の一方が契約の履行に着手するまでは、買主はその手付を放棄して、当該宅地建物取引業者はその倍額を現実に提供して」だもんね。これよりも買主に不利な特約は無効。で、売主からの解除について「受領済みの手付金及び中間金の倍額を支払う」は買主に有利な特約だからいいんだけど、買主からの解除について「支払済みの手付金及び中間金を放棄」ってあるでしょ。これって「手付の放棄（だけ）で解除できる」とする規定よりも不利。ゆえにこの特約は無効となる。（39 条、P.138）

誤っているものはア、ウの「二つ」。選択肢 2 が正解となる。

【問39】 宅建業法：保証協会 ★★★

保証協会の社員である宅建業者が、知事や大臣に報告したり、還付充当金を供託したりはしないよね。そうです、そういったことは保証協会がやりまぁーす。（P.184 ～ 189）

1 ○ 保証協会は、苦情の解決業務を行っており、苦情についての解決の申出及びその解決の結果を社員に周知させなければならない。ご苦労様です。（64 条の 5）

2 × おっと、宅建業者が報告するわけじゃないんだな。新たに社員が加入し、又は社員がその地位を失ったときは、保証協会は、直ちに、その社員が免許を受けた国土交通大臣又は都道府県知事に報告しなければならない。（64 条の 4）

3 × 社員である宅建業者が、直接、供託所に供託しに行くことはない。弁済業務保証金が還付された場合は、保証協会は社員に対し、還付充当金を保証協会に納付するように通知する。で、保証協会が供託しに行く。（64 条の 10）

4 × 「加入の日から２週間以内」じゃないよー。保証協会に加入しようとする宅建業者は、加入しようとする日までに、弁済業務保証金分担金を現金で納付しなければならない。（64 条の 9）

正解			
問38	2	問39	1

問題

★★★

【問40】宅地建物取引業者Aが、自ら売主として買主との間で締結する売買契約に関する次の記述のうち、宅地建物取引業法（以下この問において「法」という。）の規定によれば、正しいものはどれか。なお、この問において「保全措置」とは、法第41条に規定する手付金等の保全措置をいうものとする。

1　Aは、宅地建物取引業者でない買主Bとの間で建築工事完了前の建物を4,000万円で売却する契約を締結し300万円の手付金を受領する場合、銀行等による連帯保証、保険事業者による保証保険又は指定保管機関による保管により保全措置を講じなければならない。

2　Aは、宅地建物取引業者Cに販売代理の依頼をし、宅地建物取引業者でない買主Dと建築工事完了前のマンションを3,500万円で売却する契約を締結した。この場合、A又はCのいずれかが保全措置を講ずることにより、Aは、代金の額の5％を超える手付金を受領することができる。

3　Aは、宅地建物取引業者である買主Eとの間で建築工事完了前の建物を5,000万円で売却する契約を締結した場合、保全措置を講じずに、当該建物の引渡前に500万円を手付金として受領することができる。

4　Aは、宅地建物取引業者でない買主Fと建築工事完了前のマンションを4,000万円で売却する契約を締結する際、100万円の手付金を受領し、さらに200万円の中間金を受領する場合であっても、手付金が代金の5％以内であれば保全措置を講ずる必要はない。

★★★

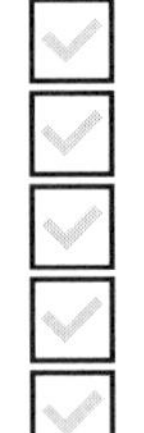

【問41】宅地建物取引業法の規定によれば、次の記述のうち、正しいものはどれか。

1　宅地建物取引業者は、その事務所ごとにその業務に関する帳簿を備えなければならないが、当該帳簿の記載事項を事務所のパソコンのハードディスクに記録し、必要に応じ当該事務所においてパソコンやプリンターを用いて紙面に印刷することが可能な環境を整えていたとしても、当該帳簿への記載に代えることができない。

2　宅地建物取引業者は、その主たる事務所に、宅地建物取引業者免許証を掲げなくともよいが、国土交通省令で定める標識を掲げなければならない。

3　宅地建物取引業者は、その事務所ごとに、その業務に関する帳簿を備え、宅地建物取引業に関し取引のあった月の翌月1日までに、一定の事項を記載しなければならない。

4　宅地建物取引業者は、その業務に従事させる者に、従業者証明書を携帯させなければならないが、その者が宅地建物取引士で宅地建物取引士証を携帯していれば、従業者証明書は携帯させなくてもよい。

解説 ➔ 解答

【問40】 宅建業法：宅建業者が売主（手付金等の保全措置） ★★★

選択肢３があっけなく「○」。いいのかなーこんなカンタンな問題で。選択肢１は工事完了前の物件だからね。選択肢２の代理業者。彼が手付金等の保全措置を講じるわけじゃないでしょ。（41条、P.142～144）

1 ×「建築工事完了前」の物件については、「指定保管機関による保管」による保全措置は認められていない。未完成物件に関する保全措置として用いることができるのは、銀行等による連帯保証、保険事業者による保証保険の２つだよん。完成済みの物件だったら指定保管機関による保管でもオッケー。

2 × えーとですね、手付金等の保全措置を講じなければならないのは、自ら売主となる宅建業者です。代理業者Ｃが保全措置を講じることはない。

3 ○ そうそう、手付金の保全措置の規定は、宅建業者間取引には適用されませぇーん。ということで、手付金の受領にあたって、保全措置を講じる必要はありませーん。っていうか、こんなカンタンな選択肢を正解にしちゃっていいんだろうか（……余計なお世話）。

4 × ダメでしょ。この選択肢の中間金も「手付金等」に含まれるからその合計額で判断。もちろん５％超。なので「300万円」全部について保全措置を講じなければならない。

【問41】 宅建業法：帳簿・標識・従業者証明書 ★★★

まいどおなじみの帳簿やら従業者証明書やら。そして標識の掲示。選択肢４は笑っちゃうでしょ。従業者証明書は従業者証明書で、宅地建物取引士証は宅地建物取引士証。別のお話でーす。（P.090～096）

1 × 宅建業者は、その事務所ごとに、その業務に関する帳簿を備え、取引のあったつど、所定事項を記載しなければならない。でね、これらの事項が、パソコンのハードディスクに記録され、必要に応じパソコンやプリンターで明確に紙面に表示されるときは、その記録をもって業務に関する帳簿への記載に代えることができる。っていうかさ、これができなかったら全部手書き。かったるくってやってられないっしょ。（49条）

2 ○ そのとおり。宅地建物取引業者は、事務所等に標識を掲げなければならないけど、宅地建物取引業者免許証については、掲示の義務はない。たまに掲げている会社もあるけどね。法的にはなんら意味ないっす。（50条）

3 ×「取引のあった月の翌月１日までに」じゃないんだよね。帳簿の記載は、宅建業に関し取引のあったつど行わなければならない。（49条）

4 × ダメでしょ（笑）。宅地建物取引士だとしても、従業者なんだから従業者証明書を携帯せねばならぬ。宅地建物取引士証を携帯してたとしても、それはそれこれはこれで、話は別でしょ。（48条）

正解	
問40　3	問41　2

問題

★★★

【問42】 甲県知事の宅地建物取引士資格登録（以下この問において「登録」という。）を受けている宅地建物取引士Aへの監督処分に関する次の記述のうち、宅地建物取引業法の規定によれば、正しいものはどれか。

1　Aは、乙県内の業務に関し、他人に自己の名義の使用を許し、当該他人がその名義を使用して宅地建物取引士である旨の表示をした場合、乙県知事から必要な指示を受けることはあるが、宅地建物取引士として行う事務の禁止の処分を受けることはない。

2　Aは、乙県内において業務を行う際に提示した宅地建物取引士証が、不正の手段により交付を受けたものであるとしても、乙県知事から登録を消除されることはない。

3　Aは、乙県内の業務に関し、乙県知事から宅地建物取引士として行う事務の禁止の処分を受け、当該処分に違反したとしても、甲県知事から登録を消除されることはない。

4　Aは、乙県内の業務に関し、甲県知事又は乙県知事から報告を求められることはあるが、乙県知事から必要な指示を受けることはない。

★★★

【問43】 宅地建物取引業法に関する次の記述のうち、正しいものはどれか。

1　甲県に事務所を設置する宅地建物取引業者（甲県知事免許）が、乙県所在の物件を取引する場合、国土交通大臣へ免許換えの申請をしなければならない。

2　宅地建物取引業者（甲県知事免許）は、乙県知事から指示処分を受けたときは、その旨を甲県知事に届け出なければならない。

3　免許を受けようとする法人の政令で定める使用人が、覚せい剤取締法違反により懲役刑に処せられ、その刑の執行を終わった日から５年を経過していない場合、当該使用人が取締役に就任していなければ当該法人は免許を受けることができる。

4　宅地建物取引業に関し不正又は不誠実な行為をするおそれが明らかな者は、宅地建物取引業法の規定に違反し罰金の刑に処せられていなくても、免許を受けることができない。

★★★

【問44】 宅地建物取引業法に規定する宅地建物取引士資格登録（以下この問において「登録」という。）、宅地建物取引士及び宅地建物取引士証に関する次の記述のうち、正しいものはいくつあるか。（法改正により記述アを修正している）

ア　登録を受けている者は、登録事項に変更があった場合は変更の登録申請を、また、破産手続開始の決定を受けて復権を得ない者になった場合はその旨の届出を、遅滞なく、登録している都道府県知事に行わなければならない。

イ　宅地建物取引士証の交付を受けようとする者（宅地建物取引士資格試験合格日から１年以内の者又は登録の移転に伴う者を除く。）は、都道府県知事が指定した講習を、交付の申請の90日前から30日前までに受講しなければならない。

ウ　宅地建物取引業法第35条に規定する事項を記載した書面への記名及び同法第37条の規定により交付すべき書面への記名については、専任の宅地建物取引士でなければ行ってはならない。

エ　宅地建物取引士は、事務禁止処分を受けた場合、宅地建物取引士証をその交付を受けた都道府県知事に速やかに提出しなければならないが、提出しなかったときは10万円以下の過料に処せられることがある。

1　一つ　　2　二つ　　3　三つ　　4　なし

解説 ➡ 解答

【問42】 宅建業法：監督処分 ★★★

指示処分や事務の禁止処分は、「よその親（業務地の都道府県知事）」もできるけど、宅地建物取引士の登録を消除することができるのは、生みの親（登録をしている知事）だけですよね。（P.199～204）

1 × いやいや、業務地の乙県知事から指示処分や事務禁止処分を受けることがある。（68条）
2 ○ そのとおり。登録の消除処分をすることができるのは、登録している甲県知事のみ。乙県知事が登録を消除することはできない。（68条の2）
3 × 乙県知事からの事務の禁止処分であろうと、事務の禁止処分に違反したのであれば、甲県知事は登録を消除しなければならない。（68条の2）
4 × えーとですね、都道府県知事は、その登録を受けている宅建士のほか、当該都道府県の区域内で事務を行う宅建士に対して、報告を求めることができる。ということで、Aは甲県知事又は乙県知事から報告を求められることがあり、また、乙県知事から必要な指示を受けることもある。（68条）

【問43】 宅建業法：免許換え・免許の基準 ★★★

「免許換え」や「免許の基準」を取り込んだ複合問題。選択肢2は解説をご参照ください。

1 × えーとですね、単に「乙県内の物件を取引する」だけで乙県内に事務所を設置しないのであれば、免許換えの必要はないでしょ。免許換えが必要になるのは、宅建業者が事務所を新設・移転・廃止して事務所の設置範囲に変更があった場合に限られる。（3条、P.039）
2 × この場合、指示処分を行った乙県知事が、免許権者である甲県知事に通知しなければならない。宅建業者が甲県知事に届け出るわけではありませーん。（70条、P.195）
3 × 法人が宅建業の免許を受けようとする場合、役員のほか政令で定める使用人が免許不可となる基準に該当していると免許不可。政令で定める使用人が、懲役刑（禁錮以上の刑）に処せられ、刑の執行を終わった日から5年を経過していないっていうんだから、バリバリの免許不可。ということで、この法人は免許を受けることができない。（5条、P.057、064）
4 ○ 「宅地建物取引業に関し不正又は不誠実な行為をするおそれが明らかな者」は、はいそれだけで、免許不可。宅建業に違反して罰金の刑に処せられていないとしても、免許を受けることはできない。（5条、P.061）

【問44】 宅建業法：宅地建物取引士 ★★★

「ア」の「変更の登録」と「死亡等の届出」。「遅滞なく」ヒッカケがニクいねー。

ア × 「変更の登録」については「遅滞なく」でいいんだけど、破産手続開始の決定を受けて復権を得ない者になった場合の「死亡等の届出」は「遅滞なく」じゃなくて「30日以内」。（20条、21条、P.073、079）
イ × 宅地建物取引士証の交付を受けようとする者は、登録をしている都道府県知事が指定する講習で交付の申請前6ヶ月以内に行われるものを受講しなければならない。「90日前から30日前まで」っていうのは免許の有効期間の更新のときの話だな。（22条の2、P.075）
ウ × 35条書面にも、37条書面にも、宅地建物取引士の記名が必要だけど、専任の宅地建物取引士じゃなくてもよい。宅地建物取引士だったらオッケー。（35条、37条、P.153）
エ ○ そのとおり。宅地建物取引士証を提出しなかったときは10万円以下の過料に処せられることがある。（22条の2、86条、P.076、207）

正しいものはエの「一つ」。選択肢1が正解となる。

正解					
問42	2	問43	4	問44	1

問題

★★

【問45】 宅地建物取引業者Aが自ら売主として、宅地建物取引業者でない買主Bに新築住宅を販売する場合における次の記述のうち、特定住宅瑕疵担保責任の履行の確保等に関する法律の規定によれば、正しいものはどれか。

1　Bが建設業者である場合、Aは、Bに引き渡した新築住宅について、住宅販売瑕疵担保保証金の供託又は住宅販売瑕疵担保責任保険契約の締結を行う義務を負わない。

2　Aは、基準日に係る住宅販売瑕疵担保保証金の供託及び住宅販売瑕疵担保責任保険契約の締結の状況について届出をしなければ、当該基準日から3週間を経過した日以後、新たに自ら売主となる新築住宅の売買契約を締結してはならない。

3　Aは、住宅販売瑕疵担保保証金の供託をする場合、Bに対する供託所の所在地等について記載した書面の交付及び説明を、Bに新築住宅を引き渡すまでに行えばよい。

4　Aが住宅販売瑕疵担保保証金を供託する場合、当該住宅の床面積が55㎡以下であるときは、新築住宅の合計戸数の算定に当たって、2戸をもって1戸と数えることになる。

★★

【問46】 独立行政法人住宅金融支援機構（以下この問において「機構」という。）に関する次の記述のうち、誤っているものはどれか。

1　機構は、住宅の建設又は購入に必要な資金の貸付けに係る金融機関の貸付債権の譲受けを業務として行っているが、当該住宅の建設又は購入に付随する土地又は借地権の取得に必要な資金の貸付けに係る貸付債権については、譲受けの対象としていない。

2　機構は、災害により、住宅が滅失した場合において、それに代わるべき建築物の建設又は購入に必要な資金の貸付けを業務として行っている。

3　機構は、貸付けを受けた者とあらかじめ契約を締結して、その者が死亡した場合に支払われる生命保険の保険金を当該貸付けに係る債務の弁済に充当する団体信用生命保険に関する業務を行っている。

4　機構が証券化支援事業（買取型）により譲り受ける貸付債権は、自ら居住する住宅又は自ら居住する住宅以外の親族の居住の用に供する住宅を建設し、又は購入する者に対する貸付けに係るものでなければならない。

★★★

【問47】 宅地建物取引業者が行う広告に関する次の記述のうち、不当景品類及び不当表示防止法（不動産の表示に関する公正競争規約を含む。）の規定によれば、正しいものはどれか。

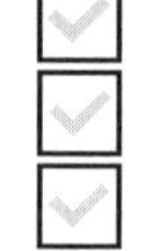

1　新築分譲マンションの販売広告で完成予想図により周囲の状況を表示する場合、完成予想図である旨及び周囲の状況はイメージであり実際とは異なる旨を表示すれば、実際に所在しない箇所に商業施設を表示するなど現況と異なる表示をしてもよい。

2　宅地の販売広告における地目の表示は、登記簿に記載されている地目と現況の地目が異なる場合には、登記簿上の地目のみを表示すればよい。

3　住戸により管理費が異なる分譲マンションの販売広告を行う場合、全ての住戸の管理費を示すことが広告スペースの関係で困難なときには、1住戸当たりの月額の最低額及び最高額を表示すればよい。

4　完成後8か月しか経過していない分譲住宅については、入居の有無にかかわらず新築分譲住宅と表示してもよい。

解説 ➡ 解答

【問45】 住宅瑕疵担保履行法 ★★

いわゆる「資力確保措置」をめぐるあれこれがいつものように出題されてます。(P.210 ~ 213)

1 × えーとね、買主も宅建業者だったら、資力確保措置を講じなくてもいいんだけどね。この選択肢で登場する買主は「宅建業者でない建設業者」さん。建設業者でヒッカケようっていうつもりかな。でも宅建業者じゃないんだから、資力確保措置を講じなければならない。(2条)

2 × おっと「基準日から3週間」じゃなくて「基準日の翌日から起算して50日」を経過した日以後においては、新たに自ら売主となる新築住宅の売買契約を締結してはならない。(13条)

3 × 「引き渡すまで」だと遅い。「売買契約を締結するまで」だよね。(15条)

4 ○ すみません、じつはこんな規定があります。販売新築住宅の合計戸数の算定につき、床面積が55㎡以下のものは、その2戸をもって1戸としてます。2戸でひとつ。いわゆる「にこいち」。覚え方「ゴーゴー・にこいち!!」ってどうでしょ。(11条)

【問46】 住宅金融支援機構 ★★

住宅金融支援機構の業務のあれこれ。例年おんなじようなところが出題されております。(13条、P.740 ~ 744)

1 × 住宅についての債権のみならず、土地又は借地権の取得に必要な資金の貸付けに係る貸付債権も譲受けの対象。

2 ○ そのとおり。機構は、選択肢にある災害復興融資のほか、財形住宅融資、子育て世帯向け・高齢者世帯向け賃貸住宅融資などの融資を引き受けている。

3 ○ そのとおり。いわゆる団信を業務として行っている。

4 ○ そのとおり。そりゃそうでしょ。

【問47】 景品表示法 ★★★

この年の問題もおもしろかったですね。(P.730 ~ 738)

1 × あっはっは。いくらなんでも「実際に所在しない箇所に商業施設を表示するなど現況と異なる表示」なんて、そりゃやっぱりダメでしょ。

2 × 「登記簿上の地目のみを表示すればよい」だと「×」でしょ。現況の地目も併記すること。

3 ○ すべての住戸の管理費を示すことが困難であるときは、最低額及び最高額のみの表示でもオッケーです。

4 × 出たぁ~「新築」。「新築」と表示できるのは、建築後1年未満であって、居住の用に供されたことがないものに限られまーす。なので、「入居の有無にかかわらず」は「×」。

正解		
問45 4	問46 1	問47 3

問題

【問48】 宅地建物の統計等に関する次の記述のうち、誤っているものはどれか。

1　平成23年度法人企業統計年報（平成24年9月公表）によれば、平成23年度における不動産業の経常利益は約3兆3,000億円となっており、前年度比0.5%減となった。

2　平成25年地価公示（平成25年3月公表）によれば、平成24年の1年間の地価は、全国的に依然として下落を示したが、下落率は縮小し、上昇又は横ばいの地点が大幅に増加している。

3　建築着工統計（平成25年1月公表）によれば、平成24年の持家戸数は3年連続で増加しているものの、貸家戸数は3年ぶりに減少している。

4　平成25年版土地白書（平成25年6月公表）によれば、土地取引について、売買による所有権移転登記の件数でその動向を見ると、平成24年の全国の土地取引件数は120.4万件となり、9年ぶりに増加に転じた。

★★★

【問49】 日本の土地に関する次の記述のうち、最も不適当なものはどれか。

1　国土を山地と平地に大別すると、山地の占める比率は、国土面積の約75%である。

2　火山地は、国土面積の約7%を占め、山林や原野のままの所も多く、水利に乏しい。

3　台地・段丘は、国土面積の約12%で、地盤も安定し、土地利用に適した土地である。

4　低地は、国土面積の約25%であり、洪水や地震による液状化などの災害危険度は低い。

★★★

【問50】 建築の構造に関する次の記述のうち、最も不適当なものはどれか。

1　耐震構造は、建物の柱、はり、耐震壁などで剛性を高め、地震に対して十分耐えられるようにした構造である。

2　免震構造は、建物の下部構造と上部構造との間に積層ゴムなどを設置し、揺れを減らす構造である。

3　制震構造は、制震ダンパーなどを設置し、揺れを制御する構造である。

4　既存不適格建築物の耐震補強として、制震構造や免震構造を用いることは適していない。

解説 → 解答

【問48】 統計等　＊平成25年度の統計数値での出題。参考まで＊

【問48】はこのような統計数値からの出題です。別途、最新データに基づく受験対策レジュメをご用意いたしますのでご活用ください（8月中旬予定）。

1 ○ 平成23年度法人企業統計年報によれば、平成23年度における不動産業の売上は約35兆7,000億円（前年比2.5％減）、経常利益は約3兆3,000億円（前年度比0.5％減）となっていました。

2 ○ 平成25年地価公示によれば、平成24年の1年間の地価は、全国的に依然として下落を示しましたが、その下落率は縮小し、上昇又は横ばいの地点が大幅に増加しました。

3 × 建築着工統計によれば、平成24年の持家戸数は3年連続で増加しており、貸家戸数は4年ぶりに増加しました。

4 ○ 平成25年版土地白書によれば、平成24年の全国の土地取引件数は120.4万件（前年比6.0％増）で、9年ぶりに増加に転じました。

【問49】 土地の形質等　★★★

「あれ、何％だろ」って、ちょっと焦っちゃうかもしれませんけど、選択肢4まで読めばね。低地はやっぱり、洪水や地震による液状化などの災害危険度は高いでしょ。

1 適当　そうなんです。国土を山地と平地に大別すると、山地（火山地・山地・丘陵地）が約75％を占めています。ということだから、平地（台地・低地）は約25％。

2 適当　火山地は、国土面積の約7％。選択肢にもあるとおり、山林や原野のままの所も多い。そりゃそうだろうね。で、土壌も火山灰がベースになっているから、水利も乏しい。

3 適当　いいね台地や丘陵地。で、台地・段丘は、国土面積の約12％。地盤が安定しており、もちろん土地利用に適している。最適です。

4 不適当　低地は、国土面積の約13％。で、洪水や地震による液状化などの災害危険度はやっぱり高いんじゃないかな。

【問50】 建物の構造等　★★★

耐震補強として制震構造や免震構造もオッケーでしょ。

1 適当　「耐震構造」は、建物自体をがっちり作って振動に耐える構造。パワー勝負。

2 適当　「免震構造」は、建物と基礎を切り離して積層ゴムなどを設置し、振動を建物に伝えない構造。

3 適当　「制震構造」は、建物の揺れを制震ダンパーなどの装置を使って制御（吸収）する構造。「柳に風」のノリ。

4 不適当　そんなことないでしょ。既存不適格建築物の耐震補強として、制震構造や免震構造を用いることもできる。とはいえ、いちばん多いのはやっぱり「耐震構造化」を図るものかも。たとえば既存建築物の開口部に鉄骨ブレースを設置するなど。

正解					
問48	3	問49	4	問50	4

平成24年度本試験問題・解説・解答

問題

★

【問 1】民法第 94 条第２項は、相手方と通じてした虚偽の意思表示の無効は「善意の第三者に対抗することができない。」と定めている。次の記述のうち、民法の規定及び判例によれば、同項の「第三者」に該当しないものはどれか。

1　Aが所有する甲土地につき、AとBが通謀の上で売買契約を仮装し、AからBに所有権移転登記がなされた場合に、B名義の甲土地を差し押さえたBの債権者C

2　Aが所有する甲土地につき、AとBの間には債権債務関係がないにもかかわらず、両者が通謀の上でBのために抵当権を設定し、その旨の登記がなされた場合に、Bに対する貸付債権を担保するためにBから転抵当権の設定を受けた債権者C

3　Aが所有する甲土地につき、AとBが通謀の上で売買契約を仮装し、AからBに所有権移転登記がなされた場合に、Bが甲土地の所有権を有しているものと信じてBに対して金銭を貸し付けたC

4　AとBが通謀の上で、Aを貸主、Bを借主とする金銭消費貸借契約を仮装した場合に、当該仮装債権をAから譲り受けたC

★★★

【問 2】代理に関する次の記述のうち、民法の規定及び判例によれば、誤っているものはどれか。

1　未成年者が代理人となって締結した契約の効果は、当該行為を行うにつき当該未成年者の法定代理人による同意がなければ、有効に本人に帰属しない。

2　法人について即時取得の成否が問題となる場合、当該法人の代表機関が代理人によって取引を行ったのであれば、即時取得の要件である善意・無過失の有無は、当該代理人を基準にして判断される。

3　不動産の売買契約に関して、同一人物が売主及び買主の双方の代理人となった場合であっても、売主及び買主の双方があらかじめ承諾をしているときには、当該売買契約の効果は両当事者に有効に帰属する。

4　法定代理人は、やむを得ない事由がなくとも、復代理人を選任することができる。

【問 3】次の記述のうち、民法の条文に規定されているものはどれか。

＊民法の改正により、現時点では問題として成立していないため、除外しています。

合格判定基準	50 問中 33 問以上正解（登録講習修了者　45 問中 28 問以上正解）		
受験者データ	申込者数 → 23 万 6,350 人	受験者数 → 19 万 1,175 人	合格者数 → 3 万 2,000 人（合格率 16.7%）

解説 → 解答

【問 1】 民法：意思表示　★

通謀虚偽表示での「第三者」になるかどうか。「虚偽表示の目的」につき法律上の利害関係があるかどうかで判断してみてね。（94 条、P.414 参考）

1 該当する　「仮装譲渡された甲土地」を差し押さえたCは、ばっちり利害関係があるので第三者として扱われる。

2 該当する　「仮装で設定された抵当権」につき転抵当権の設定を受けたCも、ばっちり利害関係があるので第三者として扱われる。

3 該当しない　単にBにカネを貸したCは、仮装譲渡された甲土地に対して利害関係を有しているわけではないので第三者とはされない。

4 該当する　「仮装の債権」を譲り受けたCも、やはり利害関係があるので、第三者として扱われる。

【問 2】 民法：代理　★★★

選択肢２が、なんかコムズカシク言ってますけど、要は代理人が「善意無過失」だったかどうかで判断しよう、という話。（P.422 ～ 428）

1 ×　未成年者でも代理人になることができるでしょ。で、その代理人の代理行為につき、法定代理人の同意がなかったとしても、そのまま有効。本人と相手方との間で契約の効果あり。（102 条）

2 ○　即時取得とは「取引行為によって、平穏に、かつ、公然と動産の占有を始めた者は、善意であり、かつ、過失がないときは、即時にその動産について行使する権利を取得する」というもの。ひらたくいうと、たとえばAの動産を勝手にBがCに売ったとしても、CがBの動産でなかったことについて知らず、かつ、知らなかったことに過失がなかった場合、Cはその動産の所有権を取得できる。まさに即時取得。で、この即時取得に代理人がからんでいる場合は、「善意・無過失」だったかどうかは代理人を基準にして判断される。

3 ○　原則として双方代理はダメなんだけど、売主及び買主の双方があらかじめ許諾した行為については双方代理オッケー。ということで、代理行為の効果は両当事者に有効に帰属する。（108 条）

4 ○　はい、できます。法定代理人は、やむを得ない事由がなくとも自己の責任で復代理人を選任することができる。なお「やむを得ない事由」があってのことだったら、本人に対して「復代理人の選任及び監督」の責任のみを負う。（105 条）

【問 3】 民法（条文）

正解		
問 1　3	問 2　1	問 3　-

問題

★★

【問 4】A所有の甲土地につき、Aから売却に関する代理権を与えられていないBが、Aの代理人として、Cとの間で売買契約を締結した場合における次の記述のうち、民法の規定及び判例によれば、誤っているものはどれか。なお、表見代理は成立しないものとする。

1　Bの無権代理行為をAが追認した場合には、ＡＣ間の売買契約は有効となる。

2　Aの死亡により、BがAの唯一の相続人として相続した場合、Bは、Aの追認拒絶権を相続するので、自らの無権代理行為の追認を拒絶することができる。

3　Bの死亡により、AがBの唯一の相続人として相続した場合、AがBの無権代理行為の追認を拒絶しても信義則には反せず、ＡＣ間の売買契約が当然に有効になるわけではない。

4　Aの死亡により、BがDとともにAを相続した場合、DがBの無権代理行為を追認しない限り、Bの相続分に相当する部分においても、ＡＣ間の売買契約が当然に有効になるわけではない。

【問 5】次の１から４までの記述のうち、民法の規定及び下記判決文によれば、明らかに誤っているものはどれか。

＊民法の改正により、現時点では問題として成立していないため、除外しています。

解説 → 解答

【問 4】 民法：代理 ★★

本人を無権代理人が相続したパターンと、無権代理人を本人が相続したパターンとの取り扱いのちがいを、いまいちどご確認ください。（P.429 ～ 433）

1 ○ そのとおり。本人Aが無権代理行為を追認した場合、AC間の売買契約は有効となる。（113 条）

2 × 「本人A（親）が死亡して無権代理人B（子）がAを単独で相続した」というケース。この場合、行為の当時はたしかに無権代理人だったんだろうけど「本人自ら法律行為をしたと同様に扱うべき」というのが考え方(判例)。なので追認を拒絶することはできません。はじめから有効な代理行為として取り扱われます。

3 ○ 本人が無権代理人を相続したというケース。この場合は、本人Aが無権代理行為の追認を拒絶しても信義則には反せず、当然に有効とはならない(判例)。

4 ○ 無権代理人Bが他の共同相続人Dと共同相続した場合、Dの追認がない限り、Bの無権代理行為は、Bの相続分に相当する部分においても、当然に有効とはならない。なお追認は、共同相続人BDが共同して行う必要あり。それがあってはじめて有効となる(判例)。

【問 5】 判決文（請負契約）

平成 24 年度 問題・解説・解答

正解			
問4	2	問5	-

問題

★★

【問 6】 A所有の甲土地についての所有権移転登記と権利の主張に関する次の記述のうち、民法の規定及び判例によれば、正しいものはどれか。

1　甲土地につき、時効により所有権を取得したBは、時効完成前にAから甲土地を購入して所有権移転登記を備えたCに対して、時効による所有権の取得を主張することができない。

2　甲土地の賃借人であるDが、甲土地上に登記ある建物を有する場合に、Aから甲土地を購入したEは、所有権移転登記を備えていないときであっても、Dに対して、自ら賃貸人であることを主張することができる。

3　Aが甲土地をFとGとに対して二重に譲渡してFが所有権移転登記を備えた場合に、AG間の売買契約の方がAF間の売買契約よりも先になされたことをGが立証できれば、Gは、登記がなくても、Fに対して自らが所有者であることを主張することができる。

4　Aが甲土地をHとIとに対して二重に譲渡した場合において、Hが所有権移転登記を備えない間にIが甲土地を善意のJに譲渡してJが所有権移転登記を備えたときは、Iがいわゆる背信的悪意者であっても、Hは、Jに対して自らが所有者であることを主張することができない。

★

【問 7】 物上代位に関する次の記述のうち、民法の規定及び判例によれば、誤っているものはどれか。なお、物上代位を行う担保権者は、物上代位の対象とする目的物について、その払渡し又は引渡しの前に差し押さえるものとする。

1　Aの抵当権設定登記があるB所有の建物の賃料債権について、Bの一般債権者が差押えをした場合には、Aは当該賃料債権に物上代位することができない。

2　Aの抵当権設定登記があるB所有の建物の賃料債権について、Aが当該建物に抵当権を実行していても、当該抵当権が消滅するまでは、Aは当該賃料債権に物上代位することができる。

3　Aの抵当権設定登記があるB所有の建物が火災によって焼失してしまった場合、Aは、当該建物に掛けられた火災保険契約に基づく損害保険金請求権に物上代位することができる。

4　Aの抵当権設定登記があるB所有の建物について、CがBと賃貸借契約を締結した上でDに転貸していた場合、Aは、CのDに対する転貸賃料債権に当然に物上代位することはできない。

★★

【問 8】 債務不履行に基づく損害賠償請求権に関する次の記述のうち、民法の規定及び判例によれば、誤っているものはどれか。（法改正により選択肢2を修正している）

1　AがBと契約を締結する前に、信義則上の説明義務に違反して契約締結の判断に重要な影響を与える情報をBに提供しなかった場合、Bが契約を締結したことにより被った損害につき、Aは、不法行為による賠償責任を負うことはあっても、債務不履行による賠償責任を負うことはない。

2　AB間の利息付金銭消費貸借契約において、利率に関する定めがない場合、借主Bが債務不履行に陥ったことによりAがBに対して請求することができる遅延損害金は、借主Bが遅滞の責任を負った最初の時点における法定利率により算出する。

3　AB間でB所有の甲不動産の売買契約を締結した後、Bが甲不動産を二重譲渡してCが登記を具備した場合、AはBに対して債務不履行に基づく損害賠償請求をすることができる。

4　AB間の金銭消費貸借契約において、借主Bは当該契約に基づく金銭の返済をCからBに支払われる売掛代金で予定していたが、その入金がなかった（Bの責めに帰すべき事由はない。）ため、返済期限が経過してしまった場合、Bは債務不履行に陥らず、Aに対して遅延損害金の支払義務を負わない。

解説 ➔ 解答

【問 6】 民法：対抗要件・取得時効 ★★

選択肢4で、背信的悪意者からの転得者が登場。はたしてこの転得者は、背信的悪意者とおなじような見方をされるのかどうか。判例やいかに。その他の選択肢は、基本的なお話です。（177条、P.528～538）

1 × 時効により所有権を取得したBと、取得時効の進行中に所有者となったCは、第三者ではなく当事者の関係になるため、Bは登記がなくてもCに対して所有権の取得を主張することができる。

2 × 甲土地を購入したEは、そりゃやっぱり所有権移転登記を備えていなければ、Dに対して「オレが賃貸人だ（所有者だ）」とは言えないでしょ。

3 × だからはやく登記を備えた方が勝ちなんだってば。契約が早い方ではなく、やっぱり登記。

4 ○ そうなんですよ。背信的悪意者Ｉからの転得者Jがいた場合、果たしてHの運命やいかに。この場合、J自身が背信的悪意者でないかぎり、つまり善意であれば、Jが所有権移転登記をしちゃうとHは所有権を主張できなくなるとのことです㊖判例。

【問 7】 民法：抵当権（物上代位） ★

物上代位。判例からの出題で、ややこしい問題でした。（P.540～541）

1 × 債権につき一般債権者の差押えと抵当権者の物上代位権による差押えがバッティングした場合、一般債権者の差押え命令の第三債務者への送達の前に抵当権設定登記があれば、物上代位できる。

2 ○ 抵当権者は、抵当権が消滅するまでは、物上代位することができる。

3 ○ 火災保険契約に基づく損害保険金請求権に物上代位することができる。

4 ○ 抵当不動産の賃借人が取得する転貸賃料債権には、原則として物上代位することができない。

【問 8】 民法：損害賠償 ★★

とりあえず選択肢4まで目を通せば、正解はできたでしょう。（P.468～471）

1 ○ Aが契約の締結に先立ち、信義則上の説明義務に違反して、契約を締結するか否かに関する判断に影響を及ぼすべき情報（例：ヤバい情報）をBに提供しなかった場合には、Aは、Bが当該契約を締結したことにより被った損害につき、不法行為による賠償責任を負う（判例）。契約後に不履行があったわけじゃないので「債務不履行」による賠償責任を負うことはない。

2 ○ そのとおり。利率に関する定めがない場合、遅延損害金は借主Bが遅滞の責任を負った最初の時点における法定利率により計算する。（419条）

3 ○ そのとおり。物件が二重譲渡されたことにより引渡しを受けられなかったAは、「債務不履行だぁー」としてBに損害賠償請求をすることができる。

4 × そうだったらいいのにね、Bさん。金銭債務の履行ができなかった場合、たとえその理由が不可抗力によるものだとしても抗弁することができない。きびしー。（419条）

正解		
問6 4	問7 1	問8 4

>> 問題

★

【問 9】 Aに雇用されているBが、勤務中にA所有の乗用車を運転し、営業活動のため得意先に向かっている途中で交通事故を起こし、歩いていたCに危害を加えた場合における次の記述のうち、民法の規定及び判例によれば、正しいものはどれか。

1　BのCに対する損害賠償義務が消滅時効にかかったとしても、AのCに対する損害賠償義務が当然に消滅するものではない。

2　Cが即死であった場合には、Cには事故による精神的な損害が発生する余地がないので、AはCの相続人に対して慰謝料についての損害賠償責任を負わない。

3　Aの使用者責任が認められてCに対して損害を賠償した場合には、AはBに対して求償することができるので、Bに資力があれば、最終的にはAはCに対して賠償した損害額の全額を常にBから回収することができる。

4　Cが幼児である場合には、被害者側に過失があるときでも過失相殺が考慮されないので、AはCに発生した損害の全額を賠償しなければならない。

★★

【問10】 Aは未婚で子供がなく、父親Bが所有する甲建物にBと同居している。Aの母親Cは平成23年3月末日に死亡している。AにはBとCの実子である兄Dがいて、DはEと婚姻して実子Fがいたが、Dは平成24年3月末日に死亡している。この場合における次の記述のうち、民法の規定及び判例によれば、正しいものはどれか。

1　Bが死亡した場合の法定相続分は、Aが2分の1、Eが4分の1、Fが4分の1である。

2　Bが死亡した場合、甲建物につき法定相続分を有するFは、甲建物を1人で占有しているAに対して、当然に甲建物の明渡しを請求することができる。

3　Aが死亡した場合の法定相続分は、Bが4分の3、Fが4分の1である。

4　Bが死亡した後、Aがすべての財産を第三者Gに遺贈する旨の遺言を残して死亡した場合、FはGに対して遺留分を主張することができない。

★★★

【問11】 賃貸借契約に関する次の記述のうち、民法及び借地借家法の規定並びに判例によれば、誤っているものはどれか。

1　建物の所有を目的とする土地の賃貸借契約において、借地権の登記がなくても、その土地上の建物に借地人が自己を所有者と記載した表示の登記をしていれば、借地権を第三者に対抗することができる。

2　建物の所有を目的とする土地の賃貸借契約において、建物が全焼した場合でも、借地権者は、その土地上に滅失建物を特定するために必要な事項等を掲示すれば、借地権を第三者に対抗することができる場合がある。

3　建物の所有を目的とする土地の適法な転借人は、自ら対抗力を備えていなくても、賃借人が対抗力のある建物を所有しているときは、転貸人たる賃借人の賃借権を援用して転借権を第三者に対抗することができる。

4　仮設建物を建築するために土地を一時使用として1年間賃借し、借地権の存続期間が満了した場合には、借地権者は、借地権設定者に対し、建物を時価で買い取るように請求することができる。

解説 ➡ 解答

【問 9】 民法：不法行為 ★

選択肢2、即死だとしても、損害賠償請求権は発生させましょうよ。かわいそうでしょ。（P.606～612）

1 ○ Bの不法行為に基づく損害賠償義務につき、Aも使用者責任を負う。で、使用者責任における使用者（A）と被用者（B）の損害賠償義務については、使用者Aか被用者Bのどちらかが全額を弁済した場合のみ、債務（損害賠償義務）が消滅するという扱いになります。連帯債務とはちょっとちがう扱いなので「不真正連帯債務」と呼ばれます。なので、Bの債務が時効消滅しても、Aの債務は当然には消滅しません。

2 × 即死であっても「精神的な損害は発生した」と扱う。それを相続人が相続して、慰謝料（損害賠償）を請求することができる(判例)。

3 × 使用者の求償権については、「信義則上、相当と認められる限度」という制限があります。ということで、「賠償した損害額の全額を常にBから回収」とはならない(判例)。（715条）

4 × 幼児の親に過失があったような場合、過失相殺が考慮されます(判例)。（722条）

【問10】 民法：相続 ★★

母が死んで、兄が死んで、そして自分も父も死んだ。ややこしい。よく読んでみよう!!（P.623～642）

1 × Bが死亡した場合の法定相続分は、Aが2分の1、Fが2分の1。そもそもEは相続人とはならないでしょ。（887条、900条）

2 × 当然には明渡しを請求できない。被相続人が死亡し相続が開始された後も、遺産分割により建物の所有関係が確定するまでの間、同居の相続人は建物を使用できる(判例)。

3 × Aが死亡した場合、直系尊属のBが相続人となる。Fは相続人とはならない。（889条）

4 ○ Bが死んでからAが死んだ。Aは全財産をGに遺贈する旨の遺言を残した。あ～なるほどね。ゆっくり読まないとわかんなくなるよね。で、Aが死んだときの相続人はFのみ。でも兄弟姉妹には遺留分はない。ということで兄Dを代襲したFにも遺留分は認められない。（1042条）

【問11】 借地借家法：借地 ★★★

選択肢4で「一時使用の借地権者」が登場。ちょっとビビったか。選択肢1～3は借地権の対抗力の問題。（P.576～592）

1 ○ そうなんですよね。借地上の建物につき、自己を所有者と記載しているのであれば、表示の登記でも対抗力あり。だいじょうぶです(判例)。

2 ○ そうそう。登記がある建物の代替として、一定事項の掲示による対抗力が認められています。（10条）

3 ○ 転借人は、賃借人が対抗力のある建物を所有しているのであれば、転借権を第三者に対抗することができます(判例)。

4 × おっと一時使用目的の借地権。えーとですね、一時使用目的の借地権者には、借地権の存続期間とか更新、建物買取請求権は認められていないのよ。（25条）

正解		
問 9　1	問10　4	問11　4

平成24年度 ≫ 問題・解説・解答

問題

★★

【問12】 **A所有の居住用建物（床面積50㎡）につき、Bが賃料月額10万円、期間を2年として、賃貸借契約（借地借家法第38条に規定する定期建物賃貸借、同法第39条に規定する取壊し予定の建物の賃貸借及び同法第40条に規定する一時使用目的の建物の賃貸借を除く。以下この問において「本件普通建物賃貸借契約」という。）を締結する場合と、同法第38条の定期建物賃貸借契約（以下この問において「本件定期建物賃貸借契約」という。）を締結する場合とにおける次の記述のうち、民法及び借地借家法の規定によれば、誤っているものはどれか。**

1　本件普通建物賃貸借契約でも、本件定期建物賃貸借契約でも、賃借人が造作買取請求権を行使できない旨の特約は、有効である。

2　本件普通建物賃貸借契約でも、本件定期建物賃貸借契約でも、賃料の改定についての特約が定められていない場合であって経済事情の変動により賃料が不相当になったときには、当事者は将来に向かって賃料の増減を請求することができる。

3　本件普通建物賃貸借契約では、更新がない旨の特約を記載した書面を契約に先立って賃借人に交付しても当該特約は無効であるのに対し、本件定期建物賃貸借契約では、更新がない旨の特約を契約に先だって賃借人に交付さえしておけば当該特約は有効となる。

4　本件普通建物賃貸借契約では、中途解約できる旨の留保がなければ賃借人は2年間は当該建物を借りる義務があるのに対し、本件定期建物賃貸借契約では、一定の要件を満たすのであれば、中途解約できる旨の留保がなくても賃借人は期間の途中で解約を申し入れることができる。

★★

【問13】 **建物の区分所有等に関する法律に関する次の記述のうち、誤っているものはどれか。**

1　共用部分の保存行為は、規約に別段の定めがない限り、集会の決議を経ずに各区分所有者が単独ですることができる。

2　共用部分の変更（その形状又は効用の著しい変更を伴わないものを除く。）は、区分所有者及び議決権の各4分の3以上の多数による集会の決議で決するが、規約でこの区分所有者の定数及び議決権を各過半数まで減ずることができる。

3　管理者は、その職務に関して区分所有者を代理するため、その行為の効果は、規約に別段の定めがない限り、本人である各区分所有者に共用部分の持分の割合に応じて帰属する。

4　共用部分の管理に要した各区分所有者の費用の負担については、規約に別段の定めがない限り、共用部分の持分に応じて決まる。

★

【問14】 **不動産の登記に関する次の記述のうち、誤っているものはどれか。**

1　登記の申請をする者の委任による代理人の権限は、本人の死亡によっては、消滅しない。

2　承役地についてする地役権の設定の登記は、要役地に所有権の登記がない場合においても、することができる。

3　区分建物である建物を新築した場合において、その所有者について相続その他の一般承継があったときは、相続人その他の一般承継人も、被承継人を表題部所有者とする当該建物についての表題登記を申請することができる。

4　不動産の収用による所有権の移転の登記は、起業者が単独で申請することができる。

解説 → 解答

【問12】 借地借家法：借家 ★★

問題文が長くて読むのがメンドーですねー。普通建物賃貸借と定期建物賃貸借の複合問題。落ち着いて解答できたでしょうか。（P.594 ～ 605）

1 ○ 普通建物賃貸借でも定期建物賃貸借でも、特約により造作買取請求権を排除することができます。（33 条、37 条）

2 ○ 普通建物賃貸借でも定期建物賃貸借でも、借賃増減請求権は認められてまぁーす。なお定期建物賃貸借の場合だったら、特約で借賃増減請求権を排除することもできまぁーす。（32 条、38 条）

3 × 普通建物賃貸借では更新のない特約は無効。定期建物賃貸借だとしても「更新がない旨の特約を契約に先だって賃借人に交付さえしておく」だけでは足りない。ちゃんと説明が必要です。（38 条）

4 ○ 定期建物賃貸借であれば、やむを得ない事情による中途解約権が認められています。普通建物賃貸借では、解約権の留保（特約）がなければ解約できません。（38 条）

【問13】 区分所有法 ★★

選択肢２の「×」、読み切れたでしょうか。（P.668 ～ 690）

1 ○ 共用部分の保存行為は、規約に別段の定めがなければ、各区分所有者が単独ですることができる。（18 条）

2 × 「共用部分の変更（その形状又は効用の著しい変更を伴わないものを除く）」とは、「著しい変更を伴う」ということで、つまり、共用部分の重大変更。で、「共用部分の重大変更」についての集会での決議要件なんだが、規約で「区分所有者の定数」は過半数まで減ずることができるけど、「議決権」は減ずることはできない。（17 条）

3 ○ 管理者が職務で行った行為については、規約に別段の定めがなければ、各区分所有者は共用部分の持分の割合に応じて負担する。（29 条）

4 ○ 共用部分の管理費用の負担については、規約に別段の定めがない限り、共用部分の持分に応じて決まる。（19 条）

【問14】 不動産登記法 ★

選択肢２の地役権、選択肢４の不動産の収用。ちょっと、とまどいましたよね。（P.644 ～ 659）

1 ○ そうそう。登記の申請をする者の委任による代理権は、本人の死亡によっては、消滅しません。（17 条）

2 × えーとですね、要役地の所有権の登記がなければ、承役地への地役権設定登記はできません。（80 条）

3 ○ 区分建物（マンション）を新築した場合、その所有者に相続などの一般承継があったときは、相続人らは被承継人（例：すでに亡くなっている人）を表題部所有者とする表題登記を申請することができます。区分建物の場合、建築主や注文主（所有者）が一棟の建物全部を表示登記しなければならないことになっているので、表題登記（表示の登記）する前に所有者が死亡したり会社の合併など（一般承継）があった場合は、便宜的に相続人等が被承継人（例：死者名義）で表題登記（表示登記）しておくことができるようになっている。（47 条）

4 ○ 不動産の収用による所有権の移転の登記は、起業者が単独で申請できる。だって収用したわけだから、元の所有者が協力してくれるわけがない。（118 条、テキスト未掲載）

正解		
問12　3	問13　2	問14　2

平成 24 年度 ≫ 問題・解説・解答

問題

★★

【問15】 国土利用計画法第23条の届出（以下この問において「事後届出」という。）に関する次の記述のうち、正しいものはどれか。

1　土地売買等の契約による権利取得者が事後届出を行う場合において、当該土地に関する権利の移転の対価が金銭以外のものであるときは、当該権利取得者は、当該対価を時価を基準として金銭に見積った額に換算して、届出書に記載しなければならない。

2　市街化調整区域においてAが所有する面積4,000㎡の土地について、Bが一定の計画に従って、2,000㎡ずつに分割して順次購入した場合、Bは事後届出を行わなければならない。

3　C及びDが、E市が所有する都市計画区域外の24,000㎡の土地について共有持分50%ずつと定めて共同で購入した場合、C及びDは、それぞれ事後届出を行わなければならない。

4　Fが市街化区域内に所有する2,500㎡の土地について、Gが銀行から購入資金を借り入れることができることを停止条件とした売買契約を、FとGとの間で締結した場合、Gが銀行から購入資金を借り入れることができることに確定した日から起算して2週間以内に、Gは事後届出を行わなければならない。

★★

【問16】 都市計画法に関する次の記述のうち、正しいものはどれか。

1　市街地開発事業等予定区域に関する都市計画において定められた区域内において、非常災害のため必要な応急措置として行う建築物の建築であれば、都道府県知事（市の区域内にあっては、当該市の長）の許可を受ける必要はない。

2　都市計画の決定又は変更の提案は、当該提案に係る都市計画の素案の対象となる土地について所有権又は借地権を有している者以外は行うことができない。

3　市町村は、都市計画を決定しようとするときは、あらかじめ、都道府県知事に協議し、その同意を得なければならない。

4　地区計画の区域のうち地区整備計画が定められている区域内において、建築物の建築等の行為を行った者は、一定の行為を除き、当該行為の完了した日から30日以内に、行為の種類、場所等を市町村長に届け出なければならない。

★★★

【問17】 次の記述のうち、都市計画法による許可を受ける必要のある開発行為の組合せとして、正しいものはどれか。ただし、許可を要する開発行為の面積については、条例による定めはないものとする。

ア　市街化調整区域において、図書館法に規定する図書館の建築の用に供する目的で行われる3,000㎡の開発行為

イ　準都市計画区域において、医療法に規定する病院の建築の用に供する目的で行われる4,000㎡の開発行為

ウ　市街化区域内において、農業を営む者の居住の用に供する建築物の建築の用に供する目的で行われる1,500㎡の開発行為

1　ア、イ　　2　ア、ウ　　3　イ、ウ　　4　ア、イ、ウ

解説 → 解答

【問15】 国土利用計画法 ★★

選択肢２は買占め型なんだけど、元の面積が 5,000㎡以下だもんね。選択肢４は停止条件付き契約をしたときから２週間。（23 条、P.354 ～ 358）

1 ○ そうなんですよね。対価が金銭以外のものであるときは、金銭に見積った額に換算して、届出書に記載しなければなりません。

2 × 市街化調整区域の 4,000㎡の土地。もともとの土地面積が 5,000㎡未満なので事後届出は不要。

3 × Ｅ市が売主。当事者の一方が市（国等）であるため、事後届出は不要でーす。

4 × おっと、「条件が成就したとき」ではなくて「停止条件付きの売買契約をした日」から２週間以内に事後届出をしなければならない、が正解。

【問16】 都市計画法：都市計画全般 ★★

選択肢４はまいどおなじみの地区計画。だから事前の届出だっちゅーの。選択肢１の「市街地開発事業等予定区域」はかなりマイナーなところからの出題でした。

1 ○ えーとですね、「非常災害のため必要な応急措置」として行う建築物の建築であれば、そりゃやっぱり都道府県知事の許可を受ける必要はありません。（52 条の 2、テキスト未掲載）

参考：市街地開発事業等予定区域とは

都市計画を決定してから事業決定に至るまで、とてつもなく長い時間がかかるという点を改善するため、一定の市街地開発事業や都市施設を計画決定した段階で「施行予定者」などを定め、３年以内に計画を実現させるための段取りを決定させようという制度。かなり時間的に厳しい。こんな都市計画、実際にあるのかなと調べてみたら、いまのところ、どこにも指定がなかった。出題者さん、実際に指定がないんだから、こんなの試験に出すなってばっ!!

2 × おっと、土地所有者や借地権者以外（例：ＮＰＯ法人）でも、都市計画の決定又は変更の提案を行うことができます。門戸は開放されているのだ。（21 条の 2、P.260）

3 × 市町村の都市計画の決定にあたり都道府県知事の「同意」は不要です。協議は必要ですけど。（19 条、P.258）

4 × まいどおなじみの地区計画。この選択肢の「×」はすぐにわかってほしいところ。建築等の行為が完了した日から 30 日以内ではなく、当該行為に着手する日の 30 日前までに届出をしなければならない。（58 条の 2、P.245）

【問17】 都市計画法：開発許可 ★★★

「ア」の図書館。場所や面積にかかわらず開発許可は「不要」だっていうのがすぐわかるはず。となると「ア」が入っている組み合わせを消去すると、あらま選択肢３しか残らない。（29 条、P.266 ～ 268）

ア 開発許可は不要　図書館の建築のための開発行為については、開発許可は不要でーす。

イ 開発許可が必要　病院だと許可不要とはなりません。準都市計画区域で 3,000㎡以上の開発行為となり開発許可が必要。

ウ 開発許可が必要　出ましたぁー市街化区域内の「農業を営む者の居住用住宅」ヒッカケ。市街化調整区域内だったら開発許可は不要だけど、市街化区域内だと 1,000㎡以上であれば開発許可が必要でーす。

開発許可を受ける必要のある開発行為の組合せは「イ、ウ」。選択肢３が正解となる。

正解					
問15	1	問16	1	問17	3

問題

★★★

【問18】 建築基準法に関する次の記述のうち、正しいものどれか。(法改正により選択肢2を修正している)

1　建築基準法の改正により、現に存する建築物が改正後の建築基準法の規定に適合しなくなった場合、当該建築物は違反建築物となり、速やかに改正後の建築基準法の規定に適合させなければならない。

2　事務所の用途に供する建築物を、飲食店（その床面積の合計250㎡）に用途変更する場合、建築主事又は指定確認検査機関の確認を受けなければならない。

3　住宅の居室には、原則として、換気のための窓その他の開口部を設け、その換気に有効な部分の面積は、その居室の床面積に対して、25分の1以上としなければならない。

4　建築主事は、建築主から建築物の確認の申請を受けた場合において、申請に係る建築物の計画が建築基準法令の規定に適合しているかを審査すれば足り、都市計画法等の建築基準法以外の法律の規定に適合しているかは審査の対象外である。

★★★

【問19】 建築基準法に関する次の記述のうち、正しいものはどれか。

1　街区の角にある敷地又はこれに準ずる敷地内にある建築物の建蔽率については、特定行政庁の指定がなくとも都市計画において定められた建蔽率の数値に10分の1を加えた数値が限度となる。

2　第一種低層住居専用地域又は第二種低層住居専用地域内においては、建築物の高さは、12m又は15mのうち、当該地域に関する都市計画において定められた建築物の高さの限度を超えてはならない。

3　用途地域に関する都市計画において建築物の敷地面積の最低限度を定める場合においては、その最低限度は200㎡を超えてはならない。

4　建築協定区域内の土地の所有者等は、特定行政庁から認可を受けた建築協定を変更又は廃止しようとする場合においては、土地所有者等の過半数の合意をもってその旨を定め、特定行政庁の認可を受けなければならない。

★★★

【問20】 宅地造成及び特定盛土等規制法に関する次の記述のうち、誤っているものはどれか。なお、この問において「都道府県知事」とは、地方自治法に基づく指定都市、中核市及び施行時特例市にあってはその長をいうものとする。(法改正により問題文、選択肢すべてを修正している)

1　宅地造成等工事規制区域内において行われる宅地造成等に関する工事が完了した場合、工事主は、都道府県知事の検査を申請しなければならない。

2　宅地造成等工事規制区域内において行われる宅地造成等に関する工事について許可をする都道府県知事は、当該許可に、工事の施行に伴う災害を防止するために必要な条件を付すことができる。

3　都道府県知事は、宅地造成等工事規制区域内における土地の所有者、管理者又は占有者に対して、当該土地又は当該土地において行われている工事の状況について報告を求めることができる。

4　都道府県知事は、宅地造成等工事規制区域内で、宅地造成等に伴う災害で相当数の居住者その他の者に危害を生ずるものの発生のおそれが大きい一団の造成宅地の区域であって一定の基準に該当するものを、造成宅地防災区域として指定することができる。

解説 → 解答

【問18】建築基準法 ★★★

選択肢2の建築確認。200㎡超の特殊建築物への用途変更なので「建築確認が必要だー」と一発で「○」とわかればいいんだけどなぁー。選択肢1と4は「そんなはずねーだろ」と「×」をして欲しいところ。

1 × えーとですね「既存不適格建築物」についてはですね、直ちに違反とはなりません。再築などするとき、改正後の建築基準法の規定に適合させればいいです。「速やかに改正後の規定に適合させろ」なんていうルールだったら、世の中パニック。(3条、P.286)

2 ○ 「200㎡超の特殊建築物（飲食店）」への用途変更については、建築確認を受けなければなりません。できたかな？　ちなみに事務所は特殊建築物じゃないよ。(6条、P.337)

3 × 出たぁー、マニアック路線。えーとですね、「25分の1以上」ではなく「20分の1以上」でした。(28条、P.287)

4 × そりゃやっぱりですね、都市計画法などの規定に適合しているかも審査対象となります。たとえば「市街化調整区域のうち開発許可を受けた開発区域以外の区域」での建築確認の申請があった場合、都市計画法上の「建築許可」を受けているかどうかが審査されたり。(P.334参考)

【問19】建築基準法 ★★★

選択肢1の「特定行政庁の指定がなくとも」とか、わ、なんかマニアック。選択肢4の建築協定。「変更」と「廃止」の取り扱いのちがいをいまいちどご確認ください。

1 × 建蔽率が緩和される角敷地。「特定行政庁の指定」が必要でした、はい。(53条、P.306)

2 × 第一種低層住居専用地域又は第二種低層住居専用地域内、それと田園住居地域内の建築物の高さの限度は、「12m又は15m」ではなく「10m又は12m」でした、はい。(55条、P.316)

3 ○ そのとおり。都市計画で建築物の敷地面積の最低限度を定める場合、その最低限度は「200㎡を超えてはならない」でした、はい。(53条の2、P.323)

4 × できたかなぁー。建築協定の「廃止」については「土地所有者等の過半数」でいいんですけど、「変更」については過半数ではなく「全員の合意」が必要でした、はい。(76条、P.333)

【問20】宅地造成及び特定盛土等規制法 ★★★

基本的な選択肢が並んでいます。復習するのにちょうどいいです。選択肢4の「造成宅地防災区域」は、宅地造成等工事規制区域に指定されていないところでの指定だったでしょ!!　楽勝で「×」、できたかな。(P.342～350)

1 ○ はいそうです。宅地造成等に関する工事が完了した場合、工事主は、都道府県知事の検査を申請しなければなりません。(17条)

2 ○ そうそう。都道府県知事は、宅地造成等に関する工事の許可に、工事の施行に伴う災害を防止するために必要な条件を付すことができます。(12条)

3 ○ そのとおり。都道府県知事は、宅地造成等工事規制区域内における土地の所有者らに工事の状況について報告を求めることができます。(25条)

4 × だから「造成宅地防災区域」は「宅地造成等工事規制区域」には指定しないんだってばっ。(45条)

正解					
問18	2	問19	3	問20	4

平成24年度 問題・解説・解答

問題

★★

【問21】土地区画整理法における土地区画整理組合に関する次の記述のうち、誤っているものはどれか。

1　土地区画整理組合は、総会の議決により解散しようとする場合において、その解散について、認可権者の認可を受けなければならない。

2　土地区画整理組合は、土地区画整理事業について都市計画に定められた施行区域外において、土地区画整理事業を施行することはできない。

3　土地区画整理組合が施行する土地区画整理事業の換地計画においては、土地区画整理事業の施行の費用に充てるため、一定の土地を換地と定めないで、その土地を保留地として定めることができる。

4　土地区画整理組合が施行する土地区画整理事業に係る施行地区内の宅地について所有権又は借地権を有する者は、すべてその組合の組合員とする。

★★★

【問22】農地法（以下この問において「法」という。）に関する次の記述のうち、誤っているものはどれか。

1　登記簿上の地目が山林となっている土地であっても、現に耕作の目的に供されている場合には、法に規定する農地に該当する。

2　法第3条第1項又は第5条第1項の許可が必要な農地の売買について、これらの許可を受けずに売買契約を締結しても、その所有権は移転しない。

3　市街化区域内の農地について、あらかじめ農業委員会に届け出てその所有者が自ら駐車場に転用する場合には、法第4条第1項の許可を受ける必要はない。

4　砂利採取法による認可を受けた砂利採取計画に従って砂利を採取するために農地を一時的に貸し付ける場合には、法第5条第1項の許可を受ける必要はない。

★★

【問23】平成24年中に、個人が居住用財産を譲渡した場合における譲渡所得の課税に関する次の記述のうち、正しいものはどれか。

1　平成24年1月1日において所有期間が10年以下の居住用財産については、居住用財産の譲渡所得の3,000万円特別控除（租税特別措置法第35条第1項）を適用することができない。

2　平成24年1月1日において所有期間が10年を超える居住用財産について、収用交換等の場合の譲渡所得等の5,000万円特別控除（租税特別措置法第33条の4第1項）の適用を受ける場合であっても、特別控除後の譲渡益について、居住用財産を譲渡した場合の軽減税率の特例（同法第31条の3第1項）を適用することができる。

3　平成24年1月1日において所有期間が10年を超える居住用財産について、その譲渡した時にその居住用財産を自己の居住の用に供していなければ、居住用財産を譲渡した場合の軽減税率の特例を適用することができない。

4　平成24年1月1日において所有期間が10年を超える居住用財産について、その者と生計を一にしていない孫に譲渡した場合には、居住用財産の譲渡所得の3,000万円特別控除を適用することができる。

解説 ➔ 解答

【問21】 土地区画整理法 ★★

選択肢１の組合の解散。解散についても認可が必要です。（P.366 ～ 367）

1 ○ 土地区画整理組合を解散する場合も手続きが必要で、「総会の議決」で解散しようとする場合は都道府県知事（認可権者）の認可が必要。「勝手に解散しちゃおうぜ」みたいなことはできない。（45 条）

2 × 地方公共団体などの施行（公的施行）の場合は、都市計画決定した施行区域でなければ土地区画整理事業はできないんだけど、土地区画整理組合などの民間施行であれば、施行区域外でも土地区画整理事業を施行することができます。（2 条、3 条、3 条の 4）

3 ○ そのとおり。土地区画整理事業の費用に充てるため、保留地を定めることができます。みなさん買ってくださぁーい。高く売れるといーなぁー。（96 条）

4 ○ そうそう。みんな組合員。土地区画整理組合が施行する土地区画整理事業にあっては、施行地区内の宅地の所有者又は借地権者はすべて組合員となりまぁーす。（25 条）

【問22】 農地法 ★★★

選択肢４の「×」。砂利採取法でビビらなければいいんだけどなぁー。（P.379 ～ 384）

1 ○ 登記簿上の地目にかかわらず、現に耕作の目的に供されていれば農地となります。（2 条）

2 ○ そうそう。農地法３条又は５条の許可を受けずに売買契約した場合、そりゃやっぱり契約は無効。所有権移転の効力は発生しません。（3 条、5 条）

3 ○ 出題者さん、わかりやすい選択肢でありがとうございます。市街化区域内の農地転用については、農業委員会への届出でオッケー。４条の許可は不要でーす。（4 条）

4 × 「砂利採取法」でビビりませんよーに。一時的であっても農地以外にするために賃貸借をする場合には、農地法５条の許可が必要でーす。（5 条）

【問23】 所得税（譲渡所得） ★★

居住用財産を譲渡した場合のエトセトラ。まぁちょっとややこしいんだけど。（P.724）

1 × えーとですね、居住用財産の譲渡所得の 3,000 万円特別控除の適用については、所有期間の要件はありません。

2 ○ 収用交換等の場合の譲渡所得等の 5,000 万円特別控除の適用を受ける場合であっても、特別控除後の譲渡益について、居住用財産を譲渡した場合の軽減税率の特例（10%・15%）を受けることができます。

3 × 「居住用財産の譲渡」には「居住の用に供しなくなった日から３年を経過する年の 12 月 31 日までに譲渡されるもの」も含まれるのだ。なので、譲渡した時に居住していなくても、居住用財産を譲渡した場合の軽減税率の特例を受けられる。

4 × 「孫」は直系血族なので、生計を一にするかどうかにかかわらず、居住用財産の譲渡所得の 3,000 万円特別控除を受けることはできない。直系血族以外の親族への譲渡した場合だったら、「生計を一にしているかどうか」という判断基準があります。

正解		
問21　2	問22　4	問23　2

>> 問題

★★★

【問24】 不動産取得税に関する次の記述のうち、正しいものはどれか。

1　不動産取得税の課税標準となるべき額が、土地の取得にあっては10万円、家屋の取得のうち建築に係るものにあっては1戸につき23万円、その他のものにあっては1戸につき12万円に満たない場合においては、不動産取得税が課されない。

2　平成24年4月に取得した床面積250㎡である新築住宅に係る不動産取得税の課税標準の算定については、当該新築住宅の価格から1,200万円が控除される。

3　宅地の取得に係る不動産取得税の課税標準は、当該取得が平成27年3月31日までに行われた場合、当該宅地の価格の4分の1の額とされる。

4　家屋が新築された日から2年を経過して、なお、当該家屋について最初の使用又は譲渡が行われない場合においては、当該家屋が新築された日から2年を経過した日において家屋の取得がなされたものとみなし、当該家屋の所有者を取得者とみなして、これに対して不動産取得税を課する。

★

【問25】 不動産の鑑定評価に関する次の記述のうち、不動産鑑定評価基準によれば、誤っているものはどれか。

1　不動産の価格を形成する要因とは、不動産の効用及び相対的稀少性並びに不動産に対する有効需要の三者に影響を与える要因をいう。不動産の鑑定評価を行うに当たっては、不動産の価格を形成する要因を明確に把握し、かつ、その推移及び動向並びに諸要因間の相互関係を十分に分析すること等が必要である。

2　不動産の鑑定評価における各手法の適用に当たって必要とされる事例は、鑑定評価の各手法に即応し、適切にして合理的な計画に基づき、豊富に秩序正しく収集、選択されるべきであり、例えば、投機的取引と認められる事例は用いることができない。

3　取引事例比較法においては、時点修正が可能である等の要件をすべて満たした取引事例について、近隣地域又は同一需給圏内の類似地域に存する不動産に係るもののうちから選択するものとするが、必要やむを得ない場合においては、近隣地域の周辺の地域に存する不動産に係るもののうちから選択することができる。

4　原価法における減価修正の方法としては、耐用年数に基づく方法と、観察減価法の二つの方法があるが、これらを併用することはできない。

★★★

【問26】 宅地建物取引業の免許（以下この問において「免許」という。）に関する次の記述のうち、正しいものはどれか。

1　免許を受けようとするA社に、刑法第204条（傷害）の罪により懲役1年（執行猶予2年）の刑に処せられ、その刑の執行猶予期間を満了した者が役員として在籍している場合、その満了の日から5年を経過していなくても、A社は免許を受けることができる。

2　免許を受けようとするB社に、刑法第206条（現場助勢）の罪により罰金の刑に処せられた者が非常勤役員として在籍している場合、その刑の執行が終わってから5年を経過していなくとも、B社は免許を受けることができる。

3　免許を受けようとするC社に、刑法第208条（暴行）の罪により拘留の刑に処せられた者が役員として在籍している場合、その刑の執行が終わってから5年を経過していなければ、C社は免許を受けることができない。

4　免許を受けようとするD社に、刑法第209条（過失傷害）の罪により科料の刑に処せられた者が非常勤役員として在籍している場合、その刑の執行が終わってから5年を経過していなければ、D社は免許を受けることができない。

解説 ➔ 解答

【問24】 不動産取得税 ★★★

選択肢１の不動産取得税の免税点。覚えているかな？　よく出題されてはいますが……。（P.705～708）

1 ○ はいそのとおり。不動産取得税の免税点は、土地については10万円、家屋の建築については23万円、その他のものについては12万円未満。

2 × おっと、不動産取得税の課税標準の特例（1,200万円控除）の床面積要件は「50㎡以上240㎡以下」。なので「250㎡」だと適用されませーん。

3 × えーとですね、宅地の取得に係る不動産取得税の課税標準の特例は、宅地の価格の「４分の１」ではなく「２分の１」の額。

4 × 「２年」ではなく「６ヶ月」を経過した時点で取得とみなされて課税されまぁーす。なお特例として、宅建業者の建売などについては「６ヶ月」じゃなくて「１年間」となってます。

【問25】 不動産鑑定評価 ★

専門用語がやたら出てきて、とまどったかも。（P.700～703参考）

1 ○ 選択肢記載のとおり。

2 ○ 選択肢記載のとおり。投機的取引と認められる事例は用いることができない。

3 ○ 選択肢記載のとおり。必要やむを得ない場合においては、近隣地域の周辺の地域に存する不動産に係るもののうちから選択することができる。

4 × 原価法における減価修正の方法としては、耐用年数に基づく方法と、観察減価法の二つの方法があり、原則としてこれらを併用すべきとされる。

【問26】 宅建業法：免許の基準 ★★★

執行猶予満了の選択肢１が「○」。楽勝だったかな？　拘留と科料は、そもそも免許不可とはなりませーん。（5条、P.057～060）

1 ○ 執行猶予期間が満了しているので、その者が役員だったとしてもＡ社は免許を受けることができる。

2 × 現場助成の罪で罰金の刑に処せられてから５年を経過していない者は免許不可。その者を役員とするＢ社は免許は受けられない。

3 × 罪状を問わず、拘留の刑であれば免許不可とはならない。

4 × 罪状を問わず、科料の刑であれば免許不可とはならない。

正解		
問24　1	問25　4	問26　1

問題

★★★

【問27】 宅地建物取引業の免許（以下この問において「免許」という。）に関する次の記述のうち、正しいものはどれか。

1　免許を受けていた個人Aが死亡した場合、その相続人Bは、死亡を知った日から30日以内にその旨をAが免許を受けた国土交通大臣又は都道府県知事に届け出なければならない。

2　Cが自己の所有する宅地を駐車場として整備し、賃貸を業として行う場合、当該賃貸の媒介を、免許を受けているD社に依頼するとしても、Cは免許を受けなければならない。

3　Eが所有するビルを賃借しているFが、不特定多数の者に反復継続して転貸する場合、Eは免許を受ける必要はないが、Fは免許を受けなければならない。

4　G社（甲県知事免許）は、H社（国土交通大臣免許）に吸収合併され、消滅した。この場合、H社を代表する役員Iは、当該合併の日から30日以内にG社が消滅したことを国土交通大臣に届け出なければならない。

★★★

【問28】 宅地建物取引業者が行う広告に関する次の記述のうち、宅地建物取引業法（以下この問において「法」という。）の規定によれば、正しいものはいくつあるか。

ア　建物の所有者と賃貸借契約を締結し、当該建物を転貸するための広告をする際は、当該広告に自らが契約の当事者となって貸借を成立させる旨を明示しなければ、法第34条に規定する取引態様の明示義務に違反する。

イ　居住用賃貸マンションとする予定の建築確認申請中の建物については、当該建物の貸借に係る媒介の依頼を受け、媒介契約を締結した場合であっても、広告をすることができない。

ウ　宅地の売買に関する広告をインターネットで行った場合において、当該宅地の売買契約成立後に継続して広告を掲載していたとしても、最初の広告掲載時点で当該宅地に関する売買契約が成立していなければ、法第32条に規定する誇大広告等の禁止に違反することはない。

エ　新築分譲住宅としての販売を予定している建築確認申請中の物件については、建築確認申請中である旨を表示すれば、広告をすることができる。

1　一つ　　2　二つ　　3　三つ　　4　四つ

★★★

【問29】 宅地建物取引業者A社が、宅地建物取引業者でないBから自己所有の土地付建物の売却の媒介を依頼された場合における次の記述のうち、宅地建物取引業法（以下この問において「法」という。）の規定によれば、誤っているものはどれか。

1　A社がBと専任媒介契約を締結した場合、当該土地付建物の売買契約が成立したときは、A社は、遅滞なく、登録番号、取引価格及び売買契約の成立した年月日を指定流通機構に通知しなければならない。

2　A社がBと専属専任媒介契約を締結した場合、A社は、Bに当該媒介業務の処理状況の報告を電子メールで行うことはできない。

3　A社が宅地建物取引業者C社から当該土地付建物の購入の媒介を依頼され、C社との間で一般媒介契約（専任媒介契約でない媒介契約）を締結した場合、A社は、C社に法第34条の2の規定に基づく書面を交付しなければならない。

4　A社がBと一般媒介契約（専任媒介契約ではない媒介契約）を締結した場合、A社がBに対し当該土地付建物の価額又は評価額について意見を述べるときは、その根拠を明らかにしなければならない。

解説 → 解答

【問27】 宅建業法：免許制度・各種届出 ★★★

選択肢２と３は「自ら貸主・転貸借」の出題。宅建業に該当しないんだから、免許は要りませんよね。選択肢１の「知った日から30日以内」が正解。選択肢４の吸収合併の場合は、消滅しちゃった方が届け出る。(P.029.044)

1 ○ そのとおり。相続人は、Aの死亡を知った日から30日以内に届け出なければなりません。(11条)
2 × 自ら貸主となるCの行為は宅建業に該当しない。免許を受ける必要なし。(2条)
3 × 自ら貸主となる行為も転貸する行為も、いずれも宅建業に該当しない。EもFも免許を受ける必要なし。(2条)
4 × G社が吸収合併により消滅した場合、G社を代表する役員だった者が甲県知事に届け出なければなりません。(11条)

【問28】 宅建業法：広告 ★★★

選択肢１をよく読んでみれば、なんだ、宅建業法自体の適用がないじゃないか。(P.098～099)

ア × 建物の賃貸借・転貸借には宅建業法の適用はない。取引態様を明示しなくても違反とはならない。(39条)
イ ○ 建物の貸借の媒介の場合であっても、建築確認申請中だと広告できない。(33条)
ウ × 売買契約成立後も広告を継続している場合、誇大広告の禁止違反となる。(32条)
エ × 建築確認を受けてからでなければ広告できない。建築確認申請中と表示しても不可。(33条)

正しいものはイの「一つ」。選択肢１が正解となる。

【問29】 宅建業法：媒介契約 ★★★

選択肢２の電子メール。電子メールでの報告でもオッケーです。(34条の2、P.108～112)

1 ○ そのとおり。売買契約が成立したときは、遅滞なく、登録番号、取引価格及び売買契約の成立した年月日を指定流通機構に通知しなければならない。
2 × 媒介業務の処理状況の報告は、電子メールで行ってもよい。
3 ○ えーと、相手方が宅建業者であっても、一般媒介契約であっても、第34条の2の規定に基づく書面（媒介契約書）の交付義務あり。
4 ○ そうそう。媒介契約の種類にかかわらず、価額や評価額について意見を述べるときは、その根拠を明らかにしなければならない。

正解		
問27 1	問28 1	問29 2

>> 問題

★★★

【問30】 宅地建物取引業者が行う宅地建物取引業法第35条に規定する重要事項の説明に関する次の記述のうち、正しいものはどれか。なお、説明の相手方は宅地建物取引業者ではないものとする。（法改正により問題文を修正している）

1　建物の貸借の媒介を行う場合、当該建物が住宅の品質確保の促進等に関する法律に規定する住宅性能評価を受けた新築住宅であるときは、その旨について説明しなければならないが、当該評価の内容までを説明する必要はない。

2　建物の売買の媒介を行う場合、飲用水、電気及びガスの供給並びに排水のための施設が整備されていないときは、その整備の見通し及びその整備についての特別の負担に関する事項を説明しなければならない。

3　建物の貸借の媒介を行う場合、当該建物について、石綿の使用の有無の調査の結果が記録されているときは、その旨について説明しなければならないが、当該記録の内容までを説明する必要はない。

4　昭和55年に竣工した建物の売買の媒介を行う場合、当該建物について耐震診断を実施した上で、その内容を説明しなければならない。

★★★

【問31】 宅地建物取引業者A社が宅地建物取引業法（以下この問において「法」という。）第37条の規定により交付すべき書面（以下この問において「37条書面」という。）に関する次の記述のうち、法の規定に違反するものはどれか。

1　A社は、自ら売主として宅地建物取引業者でない買主との間で宅地の売買契約を締結した。この際、当該買主の代理として宅地建物取引業者B社が関与していたことから、37条書面を買主に加えてB社へも交付した。

2　A社は、宅地建物取引業者C社が所有する建物について、宅地建物取引業者でない買主から購入の媒介の依頼を受け、当該建物の売買契約を成立させた。この際、C社と当該買主との間では、C社が法第41条の2に規定する手付金等の保全措置を講じており、A社もそのことを知っていたが、37条書面には当該措置の内容を記載しなかった。

3　A社は、建築工事完了前の建物の売買を媒介し、当該売買契約を成立させた。この際、37条書面に記載する当該建物を特定するために必要な表示については、法第35条の規定に基づく重要事項の説明において使用した図書があったため、当該図書の交付により行った。

4　A社は、居住用建物の貸借を媒介し、当該賃貸借契約を成立させた。この際、当該建物の引渡し時期に関する定めがあったが、法第35条の規定に基づく重要事項の説明において、既に借主へ伝達していたことから、37条書面にはその内容を記載しなかった。

解説 → 解答

【問30】 宅建業法：重要事項の説明（35条書面） ★★★

オーソドックスな内容が並んでいます。が、それにしても選択肢4がおもしろい。たかが媒介している業者に、手間とカネをかけて耐震診断を実施しろだなんて、そんな規定あるもんかっ !!（35条、P.158～160）

1 × 建物の貸借の媒介の場合、住宅性能評価に関することは説明しなくてもよい。

2 ○ 飲用水、電気及びガスの供給並びに排水のための施設が整備されていないときは、整備の見通し及びその整備についての特別の負担に関する事項を説明しなければならない。

3 × 建物の貸借の媒介の場合でも、石綿の使用の有無の調査の結果が記録されているときは、その旨のほか当該記録の内容を説明しなければならない。

4 × 宅建業者に「耐震診断の実施」まで義務づけてはいない。そんな規定があったらたまりませーん。

【問31】 宅建業法：契約書面の交付（37条書面） ★★★

選択肢4まで読めば、「お、引渡しの時期を書いてないじゃん、ダメじゃん」とわかったかな。選択肢1のA社は、なにげにおもしろい。（37条、P.171～174）

1 違反しない　売主業者A社は、買主に37条書面を交付すれば足りるが、それに加えて代理業者B社へも交付するなんて、いいこころがけだ。

2 違反しない　手付金等の保全措置については、37条書面の記載事項ではない。

3 違反しない　物件を特定させるために必要な表示について書面で交付する際、工事完了前の建物については、重要事項の説明の時に使用した図書を交付することにより行うことができる。

4 違反する　「重要事項の説明において、既に借主に伝達していた」としてもだ、物件の引渡し時期に関する定めは、37条書面に記載しなければならない。

正解			
問30	2	問31	4

問題

★★★

【問32】宅地建物取引業者Ａ社が、自ら売主として宅地建物取引業者でない買主Ｂと宅地の売買について交渉を行う場合における次の記述のうち、宅地建物取引業法（以下この問において「法」という。）の規定に違反しないものはどれか。なお、この問において、「重要事項説明」とは、法第35条の規定に基づく重要事項の説明を、「37条書面」とは、法第37条の規定により交付すべき書面をいうものとする。

1　Ｂは、買受けの申込みを行い、既に申込証拠金を払い込んでいたが、申込みを撤回することとした。Ａ社は、既にＢに重要事項説明を行っていたため、受領済みの申込証拠金については、解約手数料に充当するとして返還しないこととしたが、申込みの撤回には応じた。

2　Ｂは、事業用地として当該宅地を購入する資金を金融機関から早急に調達する必要があったため、重要事項説明に先立って37条書面の交付を行うようＡ社に依頼した。これを受け、Ａ社は、重要事項説明に先立って契約を締結し、37条書面を交付した。

3　Ｂは、当該宅地を購入するに当たり、Ａ社のあっせんを受けて金融機関から融資を受けることとした。この際、Ａ社は、重要事項説明において当該あっせんが不調に終わるなどして融資が受けられなくなった場合の措置について説明をし、37条書面へも当該措置について記載することとしたが、融資額や返済方法等のあっせんの内容については、37条書面に記載するので、重要事項説明に係る書面への記載は省略することとした。

4　Ｂは、契約するかどうかの重要な判断要素の１つとして、当該宅地周辺の将来における交通整備の見通し等についてＡ社に確認した。Ａ社は、将来の交通整備について新聞記事を示しながら、「確定はしていないが、当該宅地から徒歩２分のところにバスが運行するという報道がある」旨を説明した。

★★

【問33】宅地建物取引業者Ａ社の営業保証金に関する次の記述のうち、宅地建物取引業法の規定によれば、正しいものはどれか。（法改正により選択肢４を修正している）

1　Ａ社が地方債証券を営業保証金に充てる場合、その価額は額面金額の100分の90である。

2　Ａ社は、営業保証金を本店及び支店ごとにそれぞれ最寄りの供託所に供託しなければならない。

3　Ａ社が本店のほかに５つの支店を設置して宅地建物取引業を営もうとする場合、供託すべき営業保証金の合計額は210万円である。

4　Ａ社は、自ら所有する宅地を売却するに当たっては、当該売却に係る売買契約が成立するまでの間に、その買主（宅地建物取引業者に該当する者を除く）に対して、供託している営業保証金の額を説明しなければならない。

★★★

【問34】宅地建物取引業者Ａ社は、自ら売主として宅地建物取引業者でない買主Ｂとの間で、中古マンション（代金2,000万円）の売買契約（以下「本件売買契約」という。）を締結し、その際、代金に充当される解約手付金200万円（以下「本件手付金」という。）を受領した。この場合におけるＡ社の行為に関する次の記述のうち、宅地建物取引業法（以下この問において「法」という。）の規定に違反するものはいくつあるか。

ア　引渡前に、Ａ社は、代金に充当される中間金として100万円をＢから受領し、その後、本件手付金と当該中間金について法第41条の２に定める保全措置を講じた。

イ　本件売買契約締結前に、Ａ社は、Ｂから申込証拠金として10万円を受領した。本件売買契約締結時に、当該申込証拠金を代金の一部とした上で、Ａ社は、法第41条の２に定める保全措置を講じた後、Ｂから本件手付金を受領した。

ウ　Ａ社は、本件手付金の一部について、Ｂに貸付けを行い、本件売買契約の締結を誘引した。

1　一つ　　2　二つ　　3　三つ　　4　なし

解説 ➔ 解答

【問32】 宅建業法：35 条書面・37 条書面 ★★★

選択肢４に「新聞記事を示しながら」が初登場。ちょっとビビったか。全般的に、文章が長くてウザいよね。（35 条、37 条、P.104 ～ 105、152、163）

1 違反する　契約の申込みの撤回に際して、既に受領した申込証拠金などの預り金の返還を拒むことは禁止されてまぁ～す。（47 条の 2）

2 違反する　重要事項説明に先立って契約を締結してはいけませぇ～ん。

3 違反する　35 条書面には、金融機関からの融資（代金に関する金銭の貸借のあっせん）の内容や融資が受けられなくなった場合の措置を記載しなければなりませぇ～ん。

4 違反しない　おっと、新聞記事。新聞記事を示しながら「確定はしていないが、当該宅地から徒歩２分のところにバスが運行するという報道がある」といっているので、うーん、そうだね、断定的判断を提供しているわけではないよね。（47 条の 2）

【問33】 宅建業法：営業保証金 ★★

選択肢１がドンピシャで「○」。選択肢３がおもしろい。弁済業務保証金分担金だったら 210 万円になるけどねー。へんなヒッカケ！(^^)！　選択肢４はちょっとマニアック。ウゲっ、どーだったっけ？（25 条、P.176 ～ 177、192）

1 ○　ピンポーン。そうでーす。地方債証券は、額面金額の 100 分の 90 でーす。ちなみに国債証券だったら 100 分の 100。

2 ×　だから「本店及び支店ごとにそれぞれ最寄りの供託所」じゃなくてさ、主たる事務所の最寄りの供託所に供託しなければならない。

3 ×　営業保証金の合計額は、主たる事務所⇒ 1,000 万円、５つの支店⇒ 500 万円× 5 だから、3,500 万円となる。保証協会（弁済業務保証金分担金）とのヒッカケ。

4 ×　おっと。細かいとこ聞いてきたなぁー。「供託している営業保証金の額」については説明事項とはされていない。（35 条の 2）

【問34】 宅建業法：宅建業者が売主（手付金等の保全措置） ★★★

中古マンション（工事完了済）で代金 2,000 万円ということだから、200 万円（10%）までだったら保全措置不要で受領できる。（41 条の 2）

ア 違反する　中間金 100 万円を受領する前に、手付金（200 万円）と中間金（100 万円）について保全措置を講じなければならない。（P.144）

イ 違反しない　契約締結前に受領した申込証拠金は手付金等にはならないけど、契約締結後に代金の一部としたら手付金等になる。で、保全措置を講じた後に手付金（200 万円。合計で 210 万円となる）を受領しているので違反とはならない。（P.146）

ウ 違反する　手付貸付けによる契約締結の誘引は禁止されている。（47 条、P.102）

違反するものはア、ウの「二つ」。選択肢２が正解となる。

正解		
問32　4	問33　1	問34　2

平成 24 年度 ≫ 問題・解説・解答

問題

★★★

【問35】宅地建物取引業者Ａ社（消費税課税事業者）は売主Ｂから土地付中古別荘の売却の代理の依頼を受け、宅地建物取引業者Ｃ社（消費税課税事業者）は買主Ｄから別荘用物件の購入に係る媒介の依頼を受け、ＢとＤの間で当該土地付中古別荘の売買契約を成立させた。この場合における次の記述のうち、宅地建物取引業法の規定によれば、正しいものの組合せはどれか。なお、当該土地付中古別荘の売買代金は320万円（うち、土地代金は100万円）で、消費税額及び地方消費税額を含むものとする。

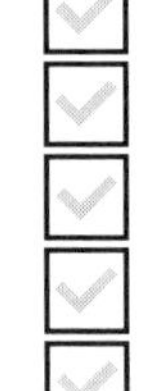

ア　Ａ社がＢから受領する報酬の額によっては、Ｃ社はＤから報酬を受領することができない場合がある。

イ　Ａ社はＢから、少なくとも154,000円を上限とする報酬を受領することができる。

ウ　Ａ社がＢから100,000円の報酬を受領した場合、Ｃ社がＤから受領できる報酬の上限額は208,000円である。

エ　Ａ社は、代理報酬のほかに、Ｂからの依頼の有無にかかわらず、通常の広告の料金に相当する額についても、Ｂから受け取ることができる。

1　ア、イ　　2　イ、ウ　　3　ウ、エ　　4　ア、イ、ウ

★★★

【問36】宅地建物取引士に関する次の記述のうち、宅地建物取引業法の規定によれば、正しいものはどれか。

1　宅地建物取引業者Ａ社は、その主たる事務所に従事する唯一の専任の宅地建物取引士が退職したときは、30日以内に、新たな専任の宅地建物取引士を設置しなければならない。

2　宅地建物取引業者Ｂ社は10戸の一団の建物の分譲の代理を案内所を設置して行う場合、当該案内所に従事する者が6名であるときは、当該案内所に少なくとも2名の専任の宅地建物取引士を設置しなければならない。

3　宅地建物取引業者Ｃ社（甲県知事免許）の主たる事務所の専任の宅地建物取引士Ｄが死亡した場合、当該事務所に従事する者17名に対し、専任の宅地建物取引士4名が設置されていれば、Ｃ社が甲県知事に届出をする事項はない。

4　宅地建物取引業者Ｅ社（甲県知事免許）の専任の宅地建物取引士であるＦ（乙県知事登録）は、Ｅ社が媒介した丙県に所在する建物の売買に関する取引において宅地建物取引士として行う事務に関し著しく不当な行為をした場合、丙県知事による事務禁止処分の対象となる。

解説 → 解答

【問35】 宅建業法：報酬 ★★★

A社が代理でC社が媒介。計算もめんどうですね。売買代金320万円のうち、土地代金は100万円。土地代金には消費税が乗っていないのでこのまま100万円。建物代金220万円には消費税が乗っているので税抜きにすると200万円。ということで売買代金300万円として計算。300万円×4%＋2万円＝14万円。これに消費税を加えて154,000円。（46条、P.115～119、122）

ア ○ A社が代理報酬として154,000円×2を受領するとしたら、C社は媒介報酬を受領することができない。

イ ○ C社がDから媒介報酬として154,000円を受領したら、A社はBから154,000円を上限として報酬を受領することができる。

ウ × C社は媒介なので、受領できる報酬額は154,000円が限度となる。

エ ×「依頼の有無にかかわらず」が誤り。特別の依頼によるものでなければ広告料は受領できない。

正しいものの組合せは「ア、イ」。選択肢1が正解となる。

【問36】 宅建業法：宅地建物取引士 ★★★

選択肢4が「監督処分」の話。選択肢1～3は宅地建物取引士の設置のところからの出題なもんで、復習がてらにどーぞ。

1 ×「30日以内」ではなく「2週間以内」に新たな専任の宅地建物取引士を設置しなければならない。（31条の3、P.087）

2 × 一団の建物の分譲の代理を行う案内所には、1名以上の専任の宅地建物取引士の設置で足りる。（31条の3、P.085）

3 × 17名で専任の宅地建物取引士4名。17分の4で、そりゃたしかに5分の1以上だから、問題はないんだけど、でもね、Dが死亡ということなので、事務所ごとに置かれる専任の宅地建物取引士（氏名）に変更が生じたとして、「変更の届出」をしなければならない。C社の宅地建物取引業者名簿には、専任の宅地建物取引士としてDさんの氏名が載っているもんね。（9条、P.043）

4 ○ そのとおり。登録している乙県知事のほか、丙県知事も事務の禁止処分を行うことができる。（68条、P.201）

正解			
問35	1	問36	4

問題

★★★

【問37】宅地建物取引業者Ａ社が、自ら売主として宅地建物取引業者でない買主Ｂとの間で締結した建物の売買契約について、Ｂが宅地建物取引業法第37条の２の規定に基づき、いわゆるクーリング・オフによる契約の解除をする場合における次の記述のうち、正しいものはどれか。

1　Ｂは、モデルルームにおいて買受けの申込みをし、後日、Ａ社の事務所において売買契約を締結した。この場合、Ｂは、既に当該建物の引渡しを受け、かつ、その代金の全部を支払ったときであっても、Ａ社からクーリング・オフについて何も告げられていなければ、契約の解除をすることができる。

2　Ｂは、自らの希望により自宅近くの喫茶店において買受けの申込みをし、売買契約を締結した。その３日後にＡ社から当該契約に係るクーリング・オフについて書面で告げられた。この場合、Ｂは、当該契約締結日から起算して10日目において、契約の解除をすることができる。

3　Ｂは、ホテルのロビーにおいて買受けの申込みをし、その際にＡ社との間でクーリング・オフによる契約の解除をしない旨の合意をした上で、後日、売買契約を締結した。この場合、仮にＢがクーリング・オフによる当該契約の解除を申し入れたとしても、Ａ社は、当該合意に基づき、Ｂからの契約の解除を拒むことができる。

4　Ｂは、Ａ社の事務所において買受けの申込みをし、後日、レストランにおいてＡ社からクーリング・オフについて何も告げられずに売買契約を締結した。この場合、Ｂは、当該契約締結日から起算して10日目において、契約の解除をすることができる。

★★

【問38】宅地建物取引業者Ａ社が、自ら売主として締結する建築工事完了後の新築分譲マンション（代金3,000万円）の売買契約に関する次の記述のうち、宅地建物取引業法の規定に誤っているものはいくつあるか。

ア　Ａ社は、宅地建物取引業者である買主Ｂとの当該売買契約の締結に際して、当事者の債務不履行を理由とする契約解除に伴う損害賠償の予定額を1,000万円とする特約を定めることができない。

イ　Ａ社は、宅地建物取引業者でない買主Ｃとの当該売買契約の締結に際して、当事者の債務不履行を理由とする契約の解除に伴う損害賠償の予定額300万円に加え、違約金を600万円とする特約を定めたが、違約金についてはすべて無効である。

ウ　Ａ社は、宅地建物取引業者でない買主Ｄとの当該売買契約の締結に際して、宅地建物取引業法第41条の２の規定による手付金等の保全措置を講じた後でなければ、Ｄから300万円の手付金を受領することができない。

1　一つ　　2　二つ　　3　三つ　　4　なし

解説 ➔ 解答

【問37】 宅建業法：宅建業者が売主（クーリング・オフ） ★★★

選択肢2、日にちを数えるのがめんどくさいですねー。まぁとにかく、問題文・選択肢も長くてめんどくさいですねー。ということで、めんどくさい問題（←しつこい!!）。（37条の2、P.130～133）

1 × 建物の引渡しを受け、かつ、その代金の全部を支払っている場合はクーリング・オフによる契約の解除はできない。

2 ○ A社から書面で告げられた日（初日算入）から8日間（契約締結日から10日目）であれば、クーリング・オフによる契約の解除ができる。

3 × 「クーリング・オフによる契約の解除をしない旨の合意」は無効となる。なのでクーリング・オフによる契約の解除ができます。

4 × 「A社の事務所において買受けの申込み」をしている場合、クーリング・オフによる契約の解除はできない。

【問38】 宅建業法：宅建業者が売主（損害賠償額の予定・手付） ★★

出題内容はたいしたことないけど「いくつあるか」がめんどくさい。（P.136～143）

ア × 買主が宅地建物取引業者であるため、損害賠償の予定額を1,000万円（代金の20%超）としてもよい。（38条、78条）

イ × 「違約金についてすべて無効」とはならない。損害賠償の予定額と違約金を合算して、代金の20%（600万円）と予定したことになる。（38条）

ウ × 工事完了後の物件なので、代金の10%（300万円）までであれば、手付金等の保全措置を講じることなく受領できる。（41条の2）

誤っているものはア、イ、ウの「三つ」。選択肢3が正解となる。

正解			
問37	2	問38	3

>> 問題

★★★

【問39】 宅地建物取引業者Ａ社が、自ら売主として建物の売買契約を締結する際の特約に関する次の記述のうち、宅地建物取引業法の規定に違反するものはどれか。（法改正により全ての選択肢を修正している）

1　当該建物が新築戸建住宅である場合、宅地建物取引業者でない買主Ｂの売買を代理する宅地建物取引業者Ｃ社との間で当該契約締結を行うに際して、Ａ社が当該住宅の担保責任を負う期間についての特約を定めないこと。

2　当該建物が中古建物である場合、宅地建物取引業者である買主Ｄとの間で、「中古建物であるため、Ａ社は、担保責任を負わない」旨の特約を定めること。

3　当該建物が中古建物である場合、宅地建物取引業者でない買主Ｅとの間で、「Ａ社に対し担保責任を追及するためには、Ｅは、引渡しの日から２年以内に当該不適合についてＡ社に通知しなければならない」旨の特約を定めること。

4　当該建物が新築戸建住宅である場合、宅地建物取引業者でない買主Ｆとの間で、「Ｆは、Ａ社が担保責任を負う期間内であれば、損害賠償の請求をすることはできるが、契約の解除をすることはできない」旨の特約を定めること。

★★

【問40】 次の記述のうち、宅地建物取引業法（以下この問において「法」という。）の規定によれば、正しいものはいくつあるか。

ア　不当な履行遅延の禁止（法第44条）は、宅地若しくは建物の登記若しくは引渡し又は取引に係る対価の支払を対象とするのみである。

イ　宅地建物取引業者は、個人情報の保護に関する法律第２条第３項に規定する個人情報取扱事業者に該当しない場合、業務上取り扱った個人情報について、正当な理由なく他に漏らしても、秘密を守る義務（法第45条）に違反しない。

ウ　宅地建物取引業者は、その事務所ごとに、従業者名簿を備えなければならず、当該名簿については最終の記載をした日から10年間保存しなければならない。

エ　宅地建物取引業者は、その事務所ごとに、その業務に関する帳簿を備えなければならず、帳簿の閉鎖後５年間（当該宅地建物取引業者が自ら売主となる新築住宅に係るものにあっては10年間）当該帳簿を保存しなければならない。

1　一つ　　2　二つ　　3　三つ　　4　四つ

★★★

【問41】 宅地建物取引業者Ａ社による投資用マンションの販売の勧誘に関する次の記述のうち、宅地建物取引業法の規定に違反するものはいくつあるか。

ア　Ａ社の従業員は、勧誘に先立ってＡ社の商号及び自らの氏名を告げてから勧誘を行ったが、勧誘の目的が投資用マンションの売買契約の締結である旨を告げなかった。

イ　Ａ社の従業員は「将来、南側に５階建て以上の建物が建つ予定は全くない。」と告げ、将来の環境について誤解させるべき断定的判断を提供したが、当該従業員には故意に誤解させるつもりはなかった。

ウ　Ａ社の従業員は、勧誘の相手方が金銭的に不安であることを述べたため、売買代金を引き下げ、契約の締結を誘引した。

エ　Ａ社の従業員は、勧誘の相手方から、「午後３時に訪問されるのは迷惑である。」と事前に聞いていたが、深夜でなければ迷惑にはならないだろうと判断し、午後３時に当該相手方を訪問して勧誘を行った。

1　一つ　　2　二つ　　3　三つ　　4　四つ

解説 ➜ 解答

【問39】 宅建業法：宅建業者が売主（担保責任の特約） ★★★

選択肢1が、一瞬「ん？」となったかも。買主側の代理業者Cをすっとばして考えてみれば、業者Aが売主、一般消費者Bが買主となる売買契約。（40条、P.139～141）

1 違反しない　「担保責任を負う期間についての特約を定めない」のもオッケー。この場合は、売主のA社が負う担保責任は、民法で定めるものとなる。買主側の代理業者が登場しての文章展開なのでややこしい。

2 違反しない　買主が宅地建物取引業者であるため、担保責任を負わない旨の特約をすることができる。

3 違反しない　買主の通知期間を「引渡しから2年以上」とする特約はOKです。

4 違反する　「解除をすることはできない」は買主に不利な特約となり、定めることはできない。

【問40】 宅建業法：業務に関する禁止事項 ★★

「ウ」と「エ」の「○」はすぐわかるとしても、「ア」の「のみ」という記述が悩ましい。「正しいものはいくつあるか」という出題形式ではなく、「誤っているものはどれか」というパターンだったら、消去法で「イ」を選べたかも。（P.090～091、101～102）

ア ○　不当な履行遅延の禁止の対象となるものは、「登記」「引渡し」「対価の支払」の3つである。（44条）

イ ×　個人情報取扱事業者に該当しないとしても、業務上取り扱った個人情報について、秘密を守る義務がある。（45条）

ウ ○　従業者名簿は事務所ごとに備え付けなければならず、最終の記載をした日から10年間保存しなければならない。（48条）

エ ○　帳簿も事務所ごとに備え付けなければならず、閉鎖後5年間（新築住宅に係るものについては10年間）保存しなければならない。（49条）

正しいものはア、ウ、エの「三つ」。選択肢3が正解となる。

【問41】 宅建業法：業務に関する禁止事項 ★★★

「エ」の記述がおもしろい。ダメでしょ、行っちゃ（笑）。（47条の2、P.104）

ア 違反する　「投資用マンションの売買契約の締結」が勧誘の目的であると告げなければならない。

イ 違反する　故意・過失を問わず、将来の環境について誤解させるべき断定的判断の提供をしてはならない。

ウ 違反しない　代金を引き下げ（値下げ）しての契約締結の誘引は、単なる営業行為。手付の貸付の禁止などの違反ともならない。

エ 違反する　「午後3時には来るな（迷惑）」と言われているのだから午後3時に行ってはならない。

違反するものはア、イ、エの「三つ」。選択肢3が正解となる。

正解					
問39	4	問40	3	問41	3

問題

★★

【問42】宅地建物取引業者Ａ社（国土交通大臣免許）が行う宅地建物取引業者Ｂ社（甲県知事免許）を売主とする分譲マンション（100戸）に係る販売代理について、Ａ社が単独で当該マンションの所在する場所の隣地に案内所を設けて売買契約の締結をしようとする場合における次の記述のうち、宅地建物取引業法（以下この問において「法」という。）の規定によれば、正しいものの組合せはどれか。なお、当該マンション及び案内所は甲県内に所在するものとする。

ア　Ａ社は、マンションの所在する場所に法第50条第１項の規定に基づく標識を掲げなければならないが、Ｂ社は、その必要がない。

イ　Ａ社が設置した案内所について、売主であるＢ社が法第50条第２項の規定に基づく届出を行う場合、Ａ社は当該届出をする必要がないが、Ｂ社による届出書については、Ａ社の商号又は名称及び免許証番号も記載しなければならない。

ウ　Ａ社は、成年者である専任の宅地建物取引士を当該案内所に置かなければならないが、Ｂ社は、当該案内所に成年者である専任の宅地建物取引士を置く必要がない。

エ　Ａ社は、当該案内所に法第50条第１項の規定に基づく標識を掲げなければならないが、当該標識へは、Ｂ社の商号又は名称及び免許証番号も記載しなければならない。

１　ア、イ　　２　イ、ウ　　３　ウ、エ　　４　ア、エ

★★★

【問43】宅地建物取引業保証協会（以下この問において「保証協会」という。）に関する次の記述のうち、宅地建物取引業法の規定によれば、誤っているものはどれか。

１　保証協会は、弁済業務保証金分担金の納付を受けたときは、その納付を受けた額に相当する額の弁済業務保証金を供託しなければならない。

２　保証協会は、弁済業務保証金の還付があったときは、当該還付額に相当する額の弁済業務保証金を供託しなければならない。

３　保証協会の社員との宅地建物取引業に関する取引により生じた債権を有する者は、当該社員が納付した弁済業務保証金分担金の額に相当する額の範囲内で、弁済を受ける権利を有する。

４　保証協会の社員との宅地建物取引業に関する取引により生じた債権を有する者は、弁済を受ける権利を実行しようとする場合、弁済を受けることができる額について保証協会の認証を受けなければならない。

★

【問44】宅地建物取引業法の規定に基づく監督処分に関する次の記述のうち、正しいものはどれか。

１　国土交通大臣又は都道府県知事は、宅地建物取引業者に対して必要な指示をしようとするときは、行政手続法に規定する弁明の機会を付与しなければならない。

２　甲県知事は、宅地建物取引業者Ａ社（国土交通大臣免許）の甲県の区域内における業務に関し、Ａ社に対して指示処分をした場合、遅滞なく、その旨を国土交通大臣に通知するとともに、甲県の公報により公告しなければならない。

３　乙県知事は、宅地建物取引業者Ｂ社（丙県知事免許）の乙県の区域内における業務に関し、Ｂ社に対して業務停止処分をした場合は、乙県に備えるＢ社に関する宅地建物取引業者名簿へ、その処分に係る年月日と内容を記載しなければならない。

４　国土交通大臣は、宅地建物取引業者Ｃ社（国土交通大臣免許）が宅地建物取引業法第37条に規定する書面の交付をしていなかったことを理由に、Ｃ社に対して業務停止処分をしようとするときは、あらかじめ、内閣総理大臣に協議しなければならない。

解説 → 解答

【問42】 宅建業法：標識・案内所等 ★★

「ア」「イ」は、話が逆。ややこしいよね。ただでさえややこしいのに、ややこしいよねぇ～（←くどいっ!!）。（50条、P.085. 089～092）

ア × マンションの所在する場所には、売主であるB社が標識を掲げなければならない。
イ × 案内所を設置した代理業者A社が、法第50条第2項の規定に基づく届出（案内所等の届出）をしなければならない。
ウ ○ 案内所を設置した代理業者A社が、専任の宅地建物取引士を設置しなければならない。（31条の3）
エ ○ 代理業者A社の案内所に掲示する標識には、B社の商号又は名称及び免許証番号も記載しなければならない。

正しいものの組合せは「ウ、エ」。選択肢3が正解となる。

【問43】 宅建業法：保証協会 ★★★

いずれも基本的な内容だから、復習するのに最適。選択肢3がなにげにおもしろい。弁済を受けられる額、チョー少なくねー？（64条の8、P.186～188）

1 ○ はいそのとおり。保証協会は、納付を受けた弁済業務保証金分担金を弁済業務保証金として供託しなければなりません。（64条の7）
2 ○ そうそう。弁済業務保証金の還付があったときは、保証協会が、当該還付額に相当する額の弁済業務保証金を供託しなければならない。
3 × そんなワケねーでしょ。「当該社員が納付した弁済業務保証金分担金の額に相当する額の範囲内」ではなく、営業保証金に換算した額の範囲内となる。
4 ○ そのとおり。弁済を受けることができる額について保証協会の認証を受けなければなりません。

【問44】 宅建業法：監督処分 ★

選択肢4の「○」。できなかったかも。となると選択肢1を「○」としちゃうかな？

1 × 「弁明の機会」ではなく、公開による聴聞を行わなければならない。（69条、P.194）
2 × 指示処分については、公告しない。（70条、P.195）
3 × B社の宅地建物取引業者名簿は、丙県に備えられている。乙県には備えられていない。（8条、P.043）
4 ○ 国土交通大臣免許業者が「宅地建物取引業法第37条に規定する書面の交付」など消費者の利益の保護に関わる規定に違反したとして、国土交通大臣が指示処分や業務停止処分、免許の取消処分をしようとするときは、あらかじめ、内閣総理大臣に協議しなければならない。（71条、P.203）

正解		
問42 3	問43 3	問44 4

>> 問題

★★

【問45】 特定住宅瑕疵担保責任の履行の確保等に関する法律に基づく住宅販売瑕疵担保保証金の供託又は住宅販売瑕疵担保責任保険契約の締結（以下この問において「資力確保措置」という。）に関する次の記述のうち、正しいものはどれか。

1　自ら売主として新築住宅を宅地建物取引業者でない買主に引き渡した宅地建物取引業者は、当該住宅を引き渡した日から３週間以内に、その住宅に関する資力確保措置の状況について、その免許を受けた国土交通大臣又は都道府県知事に届け出なければならない。

2　自ら売主として新築住宅を宅地建物取引業者ではない買主に引き渡した宅地建物取引業者は、基準日に係る資力確保措置の状況の届出をしなければ、当該基準日の翌日から起算して50日を経過した日以後においては、新たに自ら売主となる新築住宅の売買契約を締結してはならない。

3　住宅販売瑕疵担保責任保険契約は、新築住宅を自ら売主として販売する宅地建物取引業者が住宅瑕疵担保責任保険法人と締結する保険契約であり、当該住宅の売買契約を締結した日から５年間、当該住宅の瑕疵によって生じた損害について保険金が支払われる。

4　新築住宅を自ら売主として販売する宅地建物取引業者が、住宅販売瑕疵担保保証金の供託をした場合、買主に対する当該保証金の供託をしている供託所の所在地等について記載した書面の交付及び説明は、当該住宅の売買契約を締結した日から引渡しまでに行わなければならない。

★★

【問46】 独立行政法人住宅金融支援機構（以下この問において「機構」という。）に関する次の記述のうち、誤っているものはどれか。

1　機構は、証券化支援事業（買取型）において、民間金融機関から買い取った住宅ローン債権を担保としてＭＢＳ（資産担保証券）を発行している。

2　証券化支援事業（買取型）における民間金融機関の住宅ローン金利は、金融機関によって異なる場合がある。

3　機構は、証券化支援事業（買取型）における民間金融機関の住宅ローンについて、借入金の元金の返済を債務者本人の死亡時に一括して行う高齢者向け返済特例制度を設けている。

4　機構は、証券化支援事業（買取型）において、住宅の建設や新築住宅の購入に係る貸付債権のほか、中古住宅を購入するための貸付債権も買取りの対象としている。

★★★

【問47】 宅地建物取引業者が行う広告に関する次の記述のうち、不当景品類及び不当表示防止法（不動産の表示に関する公正競争規約を含む。）の規定によれば、正しいものはどれか。（法改正により選択肢２を修正している）

1　宅地建物取引業者が自ら所有する不動産を販売する場合の広告には、取引態様の別として「直販」と表示すればよい。

2　リフォーム済みの中古住宅について、リフォーム済みである旨を表示して販売する場合、広告中にはリフォームした時期及びリフォームの内容を明示しなければならない。

3　取引しようとする物件の周辺に存在するデパート、スーパーマーケット等の商業施設については、現に利用できるものでなければ広告に表示することはできない。

4　販売する土地が有効な利用が阻害される著しい不整形画地であっても、実際の土地を見れば不整形画地であることは認識できるため、当該土地の広告にはその旨を表示する必要はない。

解説 → 解答

【問45】 住宅瑕疵担保履行法 ★★

ちょっとややこしいかなー。選択肢3と4の「×」はできたでしょうか。（P.212～213）

1 × 資力確保措置の状況についての届出はですね、「当該住宅を引き渡した日から3週間以内」ではなく基準日から。その基準日ごとの資力確保措置の状況を3週間以内に届け出てね。（12条）

2 ○ そのとおり。資力確保措置の状況の届出をしなかった場合、基準日の翌日から起算して50日を経過した日以後においては、新たな売買契約を締結してはならない。（13条）

3 × 住宅販売瑕疵担保責任保険契約の保険期間は「5年間」ではなく「10年間」である。（2条）

4 × えーとですね、住宅販売瑕疵担保保証金を供託している供託所などを記載した書面の交付＆説明はですね、「当該住宅の売買契約を締結した日から引渡しまでに」ではなく、売買契約締結前に行わなければなりませぇ～ん。（15条）

【問46】 住宅金融支援機構 ★★

MBSとか専門用語が出てきてちょっとムズカシイって感じちゃうかも。でも選択肢2の「○」はすぐにわかってほしいところ。（13条、P.740～744）

1 ○ そのとおり。機構は、民間金融機関から買い取った住宅ローン債権を担保としてMBS（資産担保証券）を発行する。で、これを売りまくって、つまり投資家から資金を集めているわけだ。そんでもってこのカネで、民間の住宅ローン債権を買う。そんな流れです。

2 ○ そのとおり。民間金融機関の住宅ローン金利は、金融機関によって異なる場合がある。っていうか、異なっています。

3 × 高齢者向け返済特例制度があるのは、機構の「直接融資業務」のときだけ。証券化支援事業での住宅ローンに対しては、この制度は設けられていませぇ～ん。

4 ○ そのとおり。中古住宅を購入するための貸付債権も買取りの対象としていまぁ～す。

【問47】 景品表示法 ★★★

選択肢4の「×」はすぐにわかるかな。選択肢3で意外に迷ったりして。（P.730～738）

1 × あのですね、「直販」ではなく「売主」と表示しなければならない。

2 ○ そうそう。建物をリフォームしたことを表示する場合は、そのリフォームの内容及び時期を明示しなければならない。

3 × えーとですね、将来確実に利用できると認められる場合には、その整備予定時期を明示して表示することができます。

4 × そりゃやっぱりあなた、広告に「不整形画地である」旨を表示しなければならないでしょ。

正　解		
問45　2	問46　3	問47　2

問題

【問48】 宅地建物の統計等に関する次の記述のうち、正しいものはどれか。

1　平成24年地価公示（平成24年3月公表）によれば、平成23年の1年間の地価を前年1年間と比較すると、三大都市圏平均で住宅地・商業地ともに下落率が縮小したものの、地方平均は住宅地・商業地ともに引き続き下落率が拡大している。

2　平成23年度国土交通白書（平成24年7月公表）によれば、平成23年3月末現在の宅地建物取引業者数は約12.6万人となっており、近年、微減傾向が続いている。

3　平成24年版土地白書（平成24年6月公表）によれば、平成22年末の住宅地、工業用地等の宅地は前年より減少して全国で約190万ヘクタールとなっている。

4　建築着工統計（平成24年1月公表）によれば、平成23年の新設住宅着工戸数のうち貸家は約28.6万戸で、2年ぶりに増加した。

★★★

【問49】 土地に関する次の記述のうち、最も不適当なものはどれか。

1　台地は、一般的に地盤が安定しており、低地に比べ自然災害に対して安全度は高い。

2　台地や段丘上の浅い谷に見られる小さな池沼を埋め立てた所では、地震の際に液状化が生じる可能性がある。

3　丘陵地帯で地下水位が深く、砂質土で形成された地盤では、地震の際に液状化する可能性が高い。

4　崖崩れは降雨や豪雨などで発生することが多いので、崖に近い住宅では梅雨や台風の時期には注意が必要である。

★★

【問50】 建物の構造に関する次の記述のうち、最も不適当なものはどれか。

1　鉄筋コンクリート構造の中性化は、構造体の耐久性や寿命に影響しない。

2　木造建物の寿命は、木材の乾燥状態や防虫対策などの影響を受ける。

3　鉄筋コンクリート構造のかぶり厚さとは、鉄筋の表面からこれを覆うコンクリート表面までの最短寸法をいう。

4　鉄骨構造は、不燃構造であるが、火熱に遭うと耐力が減少するので、耐火構造とするためには、耐火材料で被覆する必要がある。

解説 ➔ 解答

【問48】 統計等 ＊平成 24 年度の統計数値での出題。参考まで＊

【問 48】はこのような統計数値からの出題です。別途、最新データに基づく受験対策レジュメをご用意いたしますのでご活用ください（8月中旬予定）。

1 × 平成 24 年の地価公示によれば、三大都市圏、地方圏いずれも地価の下落率は縮小していました。
2 ○ そのとおり。平成 23 年３月末時点の宅地建物取引業者数は約 12.6 万人となっていて、微減傾向が続いていました。
3 × えーとですね、平成 22 年末の住宅地、工業用地等の宅地は前年より増加して全国で約 190 万ヘクタールとなっていました。
4 × 平成 23 年の新設住宅着工戸数のうち貸家は約 28.6 万戸で、３年連続の減少となっていました。

【問49】 土地の形質等 ★★★

選択肢３の液状化。液状化はですね、地下水位が浅いところで起きやすいです。

1 適当　そりゃそうでしょ。台地は一般的に地盤が安定しており、低地に比べ、洪水や地震に対しての安全度は高いでしょ。
2 適当　そのとおり。台地上であっても、小さな池沼を埋め立てた所では、地震の際に液状化が生じる可能性がある。
3 不適当　えーとですね、液状化が起きやすいのは、地下水位が浅いところ。丘陵地帯で地下水位が深く、砂質土で形成された地盤では、地震の際に液状化する可能性は低い。
4 適当　おっしゃるとおり。崖に近い住宅では、梅雨や台風の時期には崖崩れなどの注意が必要でしょ。

【問50】 建物の構造等 ★★

コンクリートは、最初はアルカリ性。中性化してくると内部の鉄筋がさびやすくなる。

1 不適当　コンクリートの中性化が進むと鉄筋が腐食しやすくなる。となると、そりゃやっぱり構造体の耐久性や寿命に影響ありますでしょ。
2 適当　そのとおり。木造建物の寿命は、木材の乾燥状態や防虫対策などの影響を受ける。
3 適当　鉄筋コンクリート構造のかぶり厚さとは、コンクリート表面から鉄筋や鉄骨までのコンクリートの厚みのこと。鉄筋の表面からこれを覆うコンクリート表面までの最短寸法をいう。
4 適当　鉄骨構造は不燃構造なんだけど、火熱に弱い。なので耐火構造とするためには、耐火材料で被覆する必要があります。

正解		
問48　2	問49　3	問50　1

平成23年度本試験問題・解説・解答

問題

★★★

【問 1】 A所有の甲土地につき、AとBとの間で売買契約が締結された場合における次の記述のうち、民法の規定及び判例によれば、正しいものはどれか。

1　Bは、甲土地は将来地価が高騰すると勝手に思い込んで売買契約を締結したところ、実際には高騰しなかった場合、動機の錯誤を理由に本件売買契約を取り消すことができる。

2　Bは、第三者であるCから甲土地がリゾート開発される地域内になるとだまされて売買契約を締結した場合、AがCによる詐欺の事実を知っていたとしても、Bは本件売買契約を詐欺を理由に取り消すことはできない。

3　AがBにだまされたとして詐欺を理由にＡＢ間の売買契約を取り消した後、Bが甲土地をAに返還せずにDに転売してDが所有権移転登記を備えても、AはDから甲土地を取り戻すことができる。

4　BがEに甲土地を転売した後に、AがBの強迫を理由にＡＢ間の売買契約を取り消した場合には、EがBによる強迫につき知らなかったときであっても、AはEから甲土地を取り戻すことができる。

★

【問 2】 Aは、自己所有の甲不動産を 3 か月以内に、1,500 万円以上で第三者に売却でき、その代金全額を受領することを停止条件として、Bとの間でB所有の乙不動産を 2,000 万円で購入する売買契約を締結した。条件成就に関する特段の定めはしなかった。この場合に関する次の記述のうち、民法の規定によれば、正しいものはどれか

1　乙不動産が値上がりしたために、Aに乙不動産を契約どおり売却したくなくなったBが、甲不動産の売却を故意に妨げたときは、Aは停止条件が成就したものとみなしてBにＡＢ間の売買契約の履行を求めることができる。

2　停止条件付法律行為は、停止条件が成就した時から効力が生ずるだけで、停止条件の成否が未定である間は、相続することはできない。

3　停止条件の成否が未定である間に、Bが乙不動産を第三者に売却し移転登記を行い、Aに対する売主としての債務を履行不能とした場合でも、停止条件が成就する前の時点の行為であれば、BはAに対し損害賠償責任を負わない。

4　停止条件が成就しなかった場合で、かつ、そのことにつきAの責に帰すべき事由がないときでも、AはBに対し売買契約に基づき買主としての債務不履行責任を負う。

★★

【問 3】 共有に関する次の記述のうち、民法の規定及び判例によれば、誤っているものはどれか。

1　各共有者は、いつでも共有物の分割を請求することができるが、5年を超えない期間内であれば、分割をしない旨の契約をすることができる。

2　共有物である現物の分割請求が裁判所になされた場合において、分割によってその価格を著しく減少させるおそれがあるときは、裁判所は共有物の競売を命じることができる。

3　各共有者は、共有物の不法占拠者に対し、妨害排除の請求を単独で行うことができる。

4　他の共有者との協議に基づかないで、自己の持分に基づいて1人で現に共有物全部を占有する共有者に対し、他の共有者は単独で自己に対する共有物の明渡しを請求することができる。

合格判定基準	50問中36問以上正解（登録講習修了者　45問中31問以上正解）		
受験者データ	申込者数 → 23万1,596人	受験者数 → 18万8,572人	合格者数 → 3万0,391人（合格率 16.1%）

解説 → 解答

【問 1】 民法：意思表示 ★★★

錯誤、詐欺、強迫と、まいどおなじみの意思表示からの出題。（P.412～421、529～530）

1 × そっかぁ～。「勝手に思い込んで」いたのね。動機の錯誤による意思表示の取消しは、それが表示されていたときに限り、することができる。（95条）

2 × 第三者Cからだまされたのね。で、相手方Aが「Cによる詐欺の事実を知っていた」っていうんだから、契約は取り消すことができるでしょ!!（96条）

3 × 出たぁ～。売買契約を取り消した後に現れたDと、元々のAとは対抗関係になりまぁ～す。「Dが所有権移転登記を備え」ちゃったらAは所有権を主張できなくなる。取り戻すことはできない。（177条）

4 ○ ということで強迫。強迫を理由とする取消しは誰にでも主張できるわけでして。EがBによる強迫につき知らなかったとき（善意）であっても、AはEから甲土地を取り戻すことができます。（96条）

【問 2】 民法：停止条件 ★

「停止条件スペシャル」みたいな問題。けっこうマニアックなところからの出題。（P.494、495）

1 ○ 「契約どおり売却したくなくなったB」の気持ち、たいへんよくわかります。もっと高く売りたいもんね。がしかし、条件成就によって不利益を受ける当事者（B）が、故意にその条件成就を妨げたときは、相手方（A）は、その条件が成就したものとみなすことができる。ということで、AはBにAB間の売買契約の履行を請求できます。（130条）

2 × えーとですね、条件の成否が未定である間でも相続することができます。（129条）

3 × 停止条件の成否が未定である間は、その後に条件が成就した場合の相手方の利益（乙不動産の取得）を害することはできない。ということで、BはAに対し損害賠償責任を負う。（128条）

4 × 停止条件が成就しなかったんだけど「Aの責に帰すべき事由がない」わけだから、AはBに対して債務不履行の責任は負わない。

【問 3】 民法：共有 ★★

選択肢1や2は基本的なお話。選択肢4が判例から。（P.614～619）

1 ○ そのとおり。共有物の分割はいつでも請求できるけど、5年を超えない期間内であれば、分割しない旨の契約をすることができる。（256条）

2 ○ これもそのとおり。共有物の分割について共有者間で話がまとまらないときは、裁判所に分割を請求することができ、現物の分割がむずかしいときは、裁判所は共有物の競売を命じることもできる。（258条）

3 ○ 不法占拠者に対する立ち退き請求（妨害排除請求）などの保存行為は、各共有者が単独で行うことができます。（252条）

4 × 「他の共有者と協議をしないまま自己の持分に基づいて共有物を占有している共有者に対して、他の共有者は“当然”には共有物の明渡しを請求できない」という判例があります。持分の過半数の決議をもって明渡し請求をせよ、ということになる模様。

正解		
問1　4	問2　1	問3　4

問題

★

【問 4】 根抵当権に関する次の記述のうち、民法の規定によれば、正しいものはどれか。

1　根抵当権者は、総額が極度額の範囲内であっても、被担保債権の範囲に属する利息の請求権については、その満期となった最後の２年分についてのみ、その根抵当権を行使することができる。

2　元本の確定前に根抵当権者から被担保債権の範囲に属する債権を取得した者は、その債権について根抵当権を行使することはできない。

3　根抵当権設定者は、担保すべき元本の確定すべき期日の定めがないときは、一定期間が経過した後であっても、担保すべき元本の確定を請求することはできない。

4　根抵当権設定者は、元本の確定後であっても、その根抵当権の極度額を、減額することを請求することはできない。

★★

【問 5】 AがBに対して1,000万円の代金債権を有しており、Aがこの代金債権をCに譲渡した場合における次の記述のうち、民法の規定及び判例によれば、誤っているものはどれか。（法改正により選択肢１を修正している）

1　ＡＢ間の代金債権には譲渡禁止特約があり、Ｃがその特約の存在を知らないことにつき重大な過失がある場合でも、Ｃはこの代金債権を取得することができる。

2　ＡがＢに対して債権譲渡の通知をすれば、その譲渡通知が確定日付によるものでなくても、ＣはＢに対して自らに弁済するように主張することができる。

3　ＢがＡに対して期限が到来した1,000万円の貸金債権を有していても、ＡがＢに対して確定日付のある譲渡通知をした場合には、ＢはＣに譲渡された代金債権の請求に対して貸金債権による相殺を主張することができない。

4　ＡがＢに対する代金債権をＤに対しても譲渡し、Ｃに対する債権譲渡もＤに対する債権譲渡も確定日付のある証書でＢに通知した場合には、ＣとＤの優劣は、確定日付の先後ではなく、確定日付のある通知がＢに到着した日時の先後で決まる。

★

【問 6】 Aは自己所有の甲建物をBに賃貸し賃料債権を有している。この場合における次の記述のうち、民法の規定及び判例によれば、正しいものはどれか。

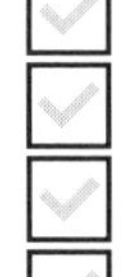

1　Ａの債権者Ｃが、ＡのＢに対する賃料債権を差し押さえた場合、Ｂは、その差し押さえ前に取得していたＡに対する債権と、差し押さえにかかる賃料債務とを、その弁済期の先後にかかわらず、相殺適状になった段階で相殺し、Ｃに対抗することができる。

2　甲建物の抵当権者Ｄが、物上代位権を行使してＡのＢに対する賃料債権を差し押さえた場合、Ｂは、Ｄの抵当権設定登記の後に取得したＡに対する債権と、差し押さえにかかる賃料債務とを、相殺適状になった段階で相殺し、Ｄに対抗することができる。

3　甲建物の抵当権者Ｅが、物上代位権を行使してＡのＢに対する賃料債権を差し押さえた場合、その後に賃貸借契約が終了し、目的物が明け渡されたとしても、Ｂは、差し押さえにかかる賃料債務につき、敷金の充当による当然消滅を、Ｅに対抗することはできない。

4　ＡがＢに対する賃料債権をＦに適法に譲渡し、その旨をＢに通知したときは、通知時点以前にＢがＡに対する債権を有しており相殺適状になっていたとしても、Ｂは、通知後はその債権と譲渡にかかる賃料債務とを相殺することはできない。

解説 → 解答

【問 4】 民法：根抵当権 ★

根抵当権。極度額の枠内で一定の債権を担保するっていうものです。（P.555）

1 × 一般の抵当権だったら「最後の2年分のみ」という規定があるんだけど、根抵当権の場合、極度額の範囲内であれば最後の2年分のみに限られず「全額」について行使することができる。（398条の3）

2 ○ 被担保債権の範囲に属する債権が債権者と根抵当権設定者から離れた場合、根抵当権はくっついてこない。（398条の7）

3 × 「根抵当権の設定時から3年を経過」したときに元本の確定を請求することができます。（398条の19）

4 × 「元本の確定後」においては、根抵当権設定者はその根抵当権の極度額を、現に存する債務の額と以後2年間に生ずべき利息や債務不履行による損害賠償の額とを加えた額に減額することを請求することができる。（398条の12）

【問 5】 民法：債権譲渡 ★★

選択肢3と4、ちょっと込み入った話かな。（P.456～462）

1 ○ 債権譲渡の禁止の特約（譲渡制限の意思表示）があっても債権を譲渡することができるので、Cは代金債権を取得することができる。なお、Cが重大な過失により「知らなかった」場合は、債務者Bは、その債務の履行を拒むことができる。（466条）

2 ○ 譲渡人（債権者）Aが債務者Bに「債権譲渡の通知」をすれば、Cは新債権者として自らに弁済するよう主張できる。（467条）

3 × 債務者は、対抗要件具備時までに譲渡人に対して生じた事由をもって譲受人に対抗することができる。ということで、BはCからの請求に対して「期限が到来した1,000万円の貸金債権」による相殺を主張することができる。（468条）

4 ○ 出たぁ～、どっちも「確定日付のある証書」による通知だぁー。この場合は日付の先後ではなく、どっちの通知が先に債務者に到達したかで決する。先に到達したほうが優先（判例）。

【問 6】 民法：相殺 ★

「Aの賃料債権を差し押さえてどうのこうの」とややこしい。たまにこういうのも出題される。（P.452～454、462）

1 ○ CがAの債権を差し押さえたときに、Bがすでに Aに対する反対債権をもっていたという場合、BはCに対して相殺を主張することができます。弁済期の先後はとくに問わない。（511条）

2 × DがAの賃料債権を差し押さえた場合、Bは、敷金返還請求権（Dの抵当権設定登記後に取得したAに対する債権）をもって、未払い賃料（Aの債権）と相殺することはできないそうです（判例）。

3 × 判例によると「敷金が授受された賃貸借契約が終了し、目的物が明け渡されたときは、賃料債権は、敷金の充当によりその限度で消滅する」となってます。Bは賃料債務の消滅をEに対抗することができる。

4 × 通知時点（対抗要件具備時）以前に相殺適状になっていたんだったら、Bは、その債権をもって、譲渡された債権と相殺できる。（469条）

正解		
問4 2	問5 3	問6 1

問題

★★★

【問 7】 Aは、Bに対し建物を賃貸し、Bは、その建物をAの承諾を得てCに対し適法に転貸している。この場合における次の記述のうち、民法の規定及び判例によれば、誤っているものはどれか。

1　BがAに対して賃料を支払わない場合、Aは、Bに対する賃料の限度で、Cに対し、Bに対する賃料を自分に直接支払うよう請求することができる。

2　Aは、Bに対する賃料債権に関し、Bが建物に備え付けた動産、及びBのCに対する賃料債権について先取特権を有する。

3　Aが、Bとの賃貸借契約を合意解除しても、特段の事情がない限り、Cに対して、合意解除の効果を対抗することができない。

4　Aは、Bの債務不履行を理由としてBとの賃貸借契約を解除するときは、事前にCに通知等をして、賃料を代払いする機会を与えなければならない。

★★

【問 8】 AがBに対して金銭の支払いを求める場合における次の記述のうち、AのBに対する債権が契約に基づいて発生するものはどれか。(法改正により選択肢3を修正している)

1　青信号で横断歩道を歩いていたAが、赤信号を無視した自動車にはねられてケガをした。運転者はBに雇用されていて、勤務時間中、仕事のために自動車を運転していた。Aが治療費として病院に支払った50万円の支払いをBに対して求める場合。

2　Aは、B所有の甲不動産の売却について、売買契約が締結されるに至った場合には売買代金の2%の報酬の支払いを受けるとして、Bから買主のあっせんの依頼を受けた。Aがあっせんした買主Cとの間で1,000万円の売買契約が成立したのでAがBに対して報酬として20万円の支払いを求める場合。

3　Bは、B所有の乙不動産をAに売却し、代金1,000万円の受領と同時に登記を移転して引渡しも終えていた。しかし、Bは、錯誤を理由に売買契約の取消しを主張して、乙不動産を返還し、登記を戻すようにAに求めた。これに対し、AがBに対して、1,000万円(代金相当額)の返還を求める場合。

4　BはDに200万円の借金があり、その返済に困っているのを見かねたAが、Bから頼まれたわけではないが、Bに代わってDに対して借金の返済を行った。Bの意思に反する弁済ではないとして、AがDに支払った200万円につき、AがBに対して支払いを求める場合。

解説 → 解答

【問 7】 民法：賃貸借 ★★★

賃貸人は果たして転貸借人に賃貸借の解除を主張できるか、というようなあたりを聞いてきているのが選択肢３・４。「合意解除だったら対抗できない」という点にご注意くだされ。（P.560 ～ 574）

1 ○ そうそう。賃貸人Ａは転借人Ｃに対しても賃料を請求することができる。転借人Ｃは、賃貸人Ａと賃借人Ｂとの間に基づくＢの債務の範囲を限度として、Ａに対して転貸借に基づく債務を直接履行する義務を負う。（613 条）

2 ○ おっと先取特権。建物の賃貸人Ａの先取特権は、賃借人Ｂが建物に備え付けた動産のほか、賃借人Ｂが転貸借をしているときはＢが受領する転借料に対しても効力が及ぶ。逃がすもんか !!（314 条）

3 ○ そのとおり。賃貸人Ａは「賃貸借の合意解除」を転借人に対抗できない。（613 条）

4 × Ｂの債務不履行（賃料不払い）によりＡが元々の賃貸借を解除しようとする場合、「転借人Ｃに支払いの機会を与える必要はない」というのが判例のスタンス。（613 条）

【問 8】 民法：債権全般 ★★

なかなかおもしろい問題っすねー。選択肢１～４のなかで契約しているのはどれでしょう。債権は契約のほか不法行為でも発生しますよね。損害賠償請求権っていうのがね。（P.436 ～ 437、609）

1 契約に基づかない債権　これは不法行為に基づくものだよね。「運転者がＢに雇用されていて」ということで被害者Ａは運転者の使用者に損害賠償の請求をしたと。つまり使用者責任（不法行為）を追及したというわけです。

2 契約に基づく債権　Ａは不動産売買の媒介（仲介）に基づき仕事をしたので報酬をもらうという局面。まぎれもなく契約に基づく債権でしょ。

3 契約に基づかない債権　だってこれはＡＢ間の契約が取消しになったので払ったおカネを返してくれっていう債権だもんね。もちろんＡの返還請求はもっともな話で、つまり、「Ｂは法律上の原因はなくＡのおカネを手にしている（不当利得している）わけだから、それを返せ」ということだもんね。こういったＡの債権は「不当利得返還請求権」に基づくものとして扱います。

4 契約に基づかない債権　Ａはいわば余計なおせっかいをしたわけでして。法律上の義務がないにもかかわらず、他人のために事務を管理する（Ｂの借金を返済する）ことを「事務管理」といいます。で、Ａの行為はまさしく「事務管理」なわけだから、Ａの債権は「事務管理費用の償還請求権」に基づくものとして扱います。

正解			
問７	４	問８	２

問題

【問 9】次の1から4までの記述のうち、民法の規定及び下記判決文によれば、明らかに誤っているものはどれか。

＊民法の改正により、現時点では問題として成立していないため、除外しています。

【問10】AがBから事業のために1,000万円を借り入れている場合における次の記述のうち、民法の規定及び判例によれば、正しいものはどれか。

1　AとBが婚姻した場合、AのBに対する借入金債務は混同により消滅する。

2　AがCと養子縁組をした場合、CはAのBに対する借入金債務についてAと連帯してその責任を負う。

3　Aが死亡し、相続人であるDとEにおいて、Aの唯一の資産である不動産をDが相続する旨の遺産分割協議が成立した場合、相続債務につき特に定めがなくても、Bに対する借入金返済債務のすべてをDが相続することになる。

4　Aが死亡し、唯一の相続人であるFが相続の単純承認をすると、FがBに対する借入金債務の存在を知らなかったとしても、Fは当該借入金債務を相続する。

解説 → 解答

【問 9】 民法：判決文

【問10】 民法：相続 ★★★

婚姻&相続。一瞬「ん？」と考えさせられるかも。選択肢１と２がいままでとはちょっと変わった内容の出題でした。とはいっても選択肢１はねぇ。そんなことないでしょ。「×」でしょ。(P.623～630)

1 × なになに。ＡがＢから1,000万円借りていて、で、債務者Ａが債権者Ｂと婚姻すれば借金がチャラになる。あっはっは。そんなわけないでしょ。なんかチャラにしてもらえそうな予感はしますが!(^^)!

2 × えーと、養子縁組したＣがＡと連帯債務を負う？　すると養子になったＣは借金地獄を味わう？　そんなわけないでしょ。そんなことありませんっ!!

3 × ほほぉー、なんかありそうな話。でもですね、唯一の資産である不動産（っていうのも泣ける話ですが）を相続したＤがＡの債務をすべて相続とはならない。判例によると、それはそれ、これはこれ。Ａの債務はＤとＥが相続分に応じて引き受ける。(899条)

4 ○ ということで、Ａの借入金債務を相続人Ｆが知らなかったとしても、単純承認しちゃったんだから当該借入金債務を相続してしまう。Ｆはびっくりして困っただろうねぇ。(920条)

平成23年度 ≫ 問題・解説・解答

正解			
問９	-	問10	4

>> 問題

★★

【問11】 借地借家法に関する次の記述のうち、誤っているものはどれか。

1　建物の用途を制限する旨の借地条件がある場合において、法令による土地利用の規制の変更その他の事情の変更により、現に借地権を設定するにおいてはその借地条件と異なる建物の所有を目的とすることが相当であるにもかかわらず、借地条件の変更につき当事者間に協議が調わないときは、裁判所は、当事者の申立てにより、その借地条件を変更することができる。

2　賃貸借契約の更新の後において、借地権者が残存期間を超えて残存すべき建物を新たに築造することにつきやむを得ない事情があるにもかかわらず、借地権設定者がその建物の築造を承諾しないときは、借地権設定者が土地の賃貸借の解約の申入れをすることができない旨を定めた場合を除き、裁判所は、借地権者の申立てにより、借地権設定者の承諾に代わる許可を与えることができる。

3　借地権者が賃借権の目的である土地の上の建物を第三者に譲渡しようとする場合において、その第三者が賃借権を取得しても借地権設定者に不利となるおそれがないにもかかわらず、借地権設定者がその賃借権の譲渡を承諾しないときは、裁判所は、その第三者の申立てにより、借地権設定者の承諾に代わる許可を与えることができる。

4　第三者が賃借権の目的である土地の上の建物を競売により取得した場合において、その第三者が賃借権を取得しても借地権設定者に不利となるおそれがないにもかかわらず、借地権設定者がその賃借権の譲渡を承諾しないときは、裁判所は、その第三者の申立てにより、借地権設定者の承諾に代わる許可を与えることができる。

★★

【問12】 Aが所有する甲建物をBに対して賃貸する場合の賃貸借契約の条項に関する次の記述のうち、民法及び借地借家法の規定によれば、誤っているものはどれか。

1　ＡＢ間の賃貸借契約が借地借家法第38条に規定する定期建物賃貸借契約であるか否かにかかわらず、Bの造作買取請求権をあらかじめ放棄する旨の特約は有効に定めることができる。

2　ＡＢ間で公正証書等の書面によって借地借家法第38条に規定する定期建物賃貸借契約を契約期間を2年として締結する場合、契約の更新がなく期間満了により終了することを書面を交付してあらかじめBに説明すれば、期間満了前にAがBに改めて通知しなくても契約が終了する旨の特約を有効に定めることができる。

3　法令によって甲建物を2年後には取り壊すことが明らかである場合、取り壊し事由を記載した書面によって契約を締結するのであれば、建物を取り壊すこととなる2年後には更新なく賃貸借契約が終了する旨の特約を有効に定めることができる。

4　ＡＢ間の賃貸借契約が一時使用目的の賃貸借契約であって、賃貸借契約の期間を定めた場合には、Bが賃貸借契約を期間内に解約することができる旨の特約を定めていなければ、Bは賃貸借契約を中途解約することはできない。

解説 ➔ 解答

【問11】 借地借家法：借地 ★★

借地権設定者の承諾に代わる許可の申立て系の問題。ちゃんと勉強していれば、テキストに書いてあるまんまの出題なんだけど、文章量が多いから焦っちゃうかな。(P.576 ～ 587)

1 ○ テキストに書いてあるまんまの出題っていう感じですね。まさに書いてあるとおりで、借地条件の変更につき当事者間に協議が調わないときは、裁判所は、当事者の申立てにより、その借地条件を変更することができる。(17 条)

2 ○ これもテキストに書いてあるとおりって感じ。更新後に借地権者が建物を築造する場合、裁判所は、借地権者の申立てにより、借地権設定者の承諾に代わる許可を与えることができる。(18 条)

3 × おっと、うっかり読み飛ばしそう。借地上の建物を第三者に譲渡しようとする局面で、裁判所に借地権設定者の承諾に代わる許可を求めるための申立ては「第三者」ではなくて借地権者が行える。「譲渡しようとする場合」だから、その第三者はまだ契約関係にないもんね。部外者ともいえるかな。(19 条)

4 ○ 競売により借地上の建物を取得した場合の、借地権設定者の承諾に代わる許可の申立ては、競売により落札した第三者が行う。落札したんだから借地権者は部外者になって、落札したアンタが関係者だもんね。(20 条)

【問12】 借地借家法：借家 ★★

造作買取請求権、定期建物賃貸借（定期借家）の場合の事前通知、取壊し予定の建物賃貸借と、復習するのにはちょうどいい問題。いっちょやってみましょうか !! (P.594 ～ 605)

1 ○ そうそう。定期建物賃貸借(定期借家)であろうとなかろうと、造作買取請求権は特約で排除できる。いまどきの店舗の賃貸借なんかだと、だいたいこの特約（造作買取請求権の放棄）が入っているみたいです。(33 条、37 条)

2 × 期間 1 年以上の定期建物賃貸借（定期借家）だから、期間満了の 1 年前から 6 ヶ月前までの間に、賃貸人は「定期借家だから契約は終わりですよ」ということを通知しなければならない。その義務を排除する特約は建物の賃借人に不利なので無効です。(38 条)

3 ○ おっと、取壊し予定の建物賃貸借。選択肢記述のとおり、建物を取り壊すこととなる 2 年後には更新なく賃貸借契約が終了する旨の特約を有効に定めることができる。(39 条)

4 ○ 一時使用目的の建物賃貸借とあるので、借地借家法（借家関係）に関する規定は適用されず、民法が適用される。民法における賃貸借で期間の定めがある場合には、特約がなければ中途解約できない。なお借地借家法（借家関係）の適用がある建物賃貸借でも、原則として、特約がなければ中途解約できないのはいっしょ。(40 条)

正解			
問11	3	問12	2

>> 問題

★★★

【問13】 建物の区分所有等に関する法律（以下この問において「法」という。）に関する次の記述のうち、誤っているものはどれか。

1　管理者は、利害関係人の請求があったときは、正当な理由がある場合を除いて、規約の閲覧を拒んではならない。

2　規約に別段の定めがある場合を除いて、各共有者の共用部分の持分は、その有する専有部分の壁その他の区画の内側線で囲まれた部分の水平投影面積の割合による。

3　一部共用部分に関する事項で区分所有者全員の利害に関係しないものは、区分所有者全員の規約に定めることができない。

4　法又は規約により集会において決議すべきとされた事項であっても、区分所有者全員の書面による合意があったときは、書面による決議があったものとみなされる。

★

【問14】 不動産の登記に関する次の記述のうち、誤っているものはどれか。

1　所有権の登記がない土地と所有権の登記がある土地との合筆の登記は、することができない。

2　権利の変更の登記又は更正の登記は、登記上の利害関係を有する第三者の承諾がある場合及び当該第三者がない場合に限り、付記登記によってすることができる。

3　受益者又は委託者は、受託者に代わって信託の登記を申請することができる。

4　仮登記の抹消は、登記権利者及び登記義務者が共同してしなければならない。

★★

【問15】 国土利用計画法（以下この問において「法」という。）に関する次の記述のうち、正しいものはどれか。なお、この問において「事後届出」とは、法第23条に規定する都道府県知事への届出をいう。

1　都道府県知事は、法第24条第1項の規定による勧告に基づき当該土地の利用目的が変更された場合において、必要があると認めるときは、当該土地に関する権利の処分についてのあっせんその他の措置を講じなければならない。

2　都道府県知事が、監視区域の指定について土地利用審査会の確認を受けられなかったときは、その旨を公告しなければならない。なお、監視区域の指定は、当該公告があったときは、その指定の時にさかのぼって、その効力を失う。

3　Aが、市街化区域において、2,500㎡の工場建設用地を確保するため、そのうち、1,500㎡をB社から購入し、残りの1,000㎡はC社から贈与で取得した。この場合、Aは、事後届出を行う必要はない。

4　Dが所有する市街化調整区域内の土地5,000㎡とEが所有する都市計画区域外の土地12,000㎡を交換した場合、D及びEは事後届出を行う必要はない。

解説 ➔ 解答

【問13】 区分所有法 ★★★

基本的な項目でまとめられていて、なかなかいい問題です。(P.668 ～ 690)

1 ○ はいそうです。管理者は利害関係人の請求があったときは、正当な理由がある場合を除いて、規約の閲覧を拒んではなりません。(33 条)

2 ○ そうなんだよね。共用部分の持分は「専有部分の壁その他の区画の内側線で囲まれた部分の水平投影面積の割合」による。規約で別段の定めもできます。(14 条)

3 × おっと、「一部共用部分に関する事項で区分所有者全員の利害に関係しないもの」でも、区分所有者全員の規約に定めることができる。(30 条)

4 ○ そうなんだよね。区分所有者全員の書面による合意があったときは、書面(又は電磁的方法)による決議があったものとみなされます。(45 条)

【問14】 不動産登記法 ★

選択肢4までたどりつければ「×」で正解できたかも。(P.644 ～ 659)

1 ○ やっぱりさぁ「所有権の登記がない土地」と「所有権の登記がある土地」との合筆の登記はムリなんじゃないの?(41 条、テキスト未掲載)

2 ○ そうなんです。権利の変更の登記又は更正の登記は、登記上の利害関係を有する第三者の承諾がある場合及び当該第三者がない場合に限り、付記登記によってすることができます。(66 条、テキスト未掲載)

3 ○ 受託者がどうのこうのっていうのは「信託に関する登記」という項目でのお話。受益者(信託によって利益を得る人)又は委託者(信託を委託した人)は、受託者に代わって信託の登記を申請することができる。(99 条)

4 × えーとですね、仮登記の抹消は、仮登記の登記名義人が単独でできちゃいます。(110 条)

【問15】 国土利用計画法 ★★

選択肢1と2はちょっとマニアック過ぎるのでパス。そんな感じでいいです。選択肢3の「○」はがっちりおわかりくださいまし。(P.354 ～ 356、360)

1 × うわっ、ちょっとマニアックなところからの出題。えーとですね、「勧告に基づき当該土地の利用目的が変更された場合」はですね、「当該土地に関する権利の処分についてのあっせんその他の措置を講じなければならない」じゃなくて「講ずるよう努めなければならない」です。(27 条)

2 × おっと監視区域の指定。えーとですね、都道府県知事は「土地利用審査会及び関係市町村長の意見を聴かなければならない」という規定があるけど「確認を受ける」という規定はない。なんかこんなの出題されてもつまんないですね。

3 ○ 贈与契約の場合は対価性がないので事後届出の対象じゃありません。で、B社からの購入分も1,500㎡なので届出対象面積に達していない。ということでAは事後届出を行う必要はありませ～ん。(23 条)

4 × 交換も事後届出の対象で、それぞれの土地が市街化調整区域で 5,000㎡以上、都市計画区域外で10,000㎡以上なので、D及びEは事後届出が必要でしょ。(23 条)

正解		
問13 3	問14 4	問15 3

問題

★★

【問16】都市計画法に関する次の記述のうち、正しいものはどれか。

1　都市計画区域は、市又は人口、就業者数その他の要件に該当する町村の中心の市街地を含み、かつ、自然的及び社会的条件並びに人口、土地利用、交通量その他の現況及び推移を勘案して、一体の都市として総合的に整備し、開発し、及び保全する必要がある区域を当該市町村の区域の区域内に限り指定するものとされている。

2　準都市計画区域については、都市計画に、高度地区を定めることはできるが、高度利用地区を定めることはできないものとされている。

3　都市計画区域については、区域内のすべての区域において、都市計画に、用途地域を定めるとともに、その他の地域地区で必要なものを定めるものとされている。

4　都市計画区域については、無秩序な市街化を防止し、計画的な市街化を図るため、都市計画に必ず市街化区域と市街化調整区域との区分を定めなければならない。

★★★

【問17】都市計画法に関する次の記述のうち、正しいものはどれか。なお、この問における都道府県知事とは、地方自治法に基づく指定都市、中核市及び施行時特例市にあってはその長をいうものとする。

1　開発許可を申請しようとする者は、あらかじめ、開発行為に関係がある公共施設の管理者と協議しなければならないが、常にその同意を得ることを求められるものではない。

2　市街化調整区域内において生産される農産物の貯蔵に必要な建築物の建築を目的とする当該市街化調整区域内における土地の区画形質の変更は、都道府県知事の許可を受けなくてよい。

3　都市計画法第33条に規定する開発許可の基準のうち、排水施設の構造及び能力についての基準は、主として自己の居住の用に供する住宅の建築の用に供する目的で行う開発行為に対しては適用されない。

4　非常災害のため必要な応急措置として行う開発行為は、当該開発行為が市街化調整区域内において行われるものであっても都道府県知事の許可を受けなくてよい。

★★★

【問18】建築基準法に関する次の記述のうち、正しいものはどれか。(法改正により選択肢2を修正している)

1　建築物が防火地域及び準防火地域にわたる場合、原則として、当該建築物の全部について防火地域内の建築物に関する規定が適用される。

2　準防火地域内においては、防火地域内の場合とは異なり、その外壁の開口部などにつき、延焼防止をするための措置を講じる必要はない。

3　防火地域内において建築物の屋上に看板を設ける場合には、その主要な部分を難燃材料で造り、又はおおわなければならない。

4　防火地域にある建築物は、外壁が耐火構造であっても、その外壁を隣地境界線に接して設けることはできない。

解説 ➡ 解答

【問16】 都市計画法：都市計画全般 ★★

「都市計画区域」を話題の中心にもってきた問題。準都市計画区域なんかも登場してます。選択肢4はまいどおなじみの×パターンでした。（P.216～224）

1 × なんか途中までそれらしいんだけど、「当該市町村の区域の区域内に限り」っていうところが誤り。必要があるときは市町村の区域にとらわれることなく指定できます。（5条）

2 ○ おっと準都市計画区域。高度地区は定めることができるけど、高度利用地区はねぇ…。定めることはできません。（8条）

3 × 「都市計画区域のすべての区域に用途地域を定める」ってことはない。区域区分の定めのない都市計画区域なんかだと、必要なところに必要な程度を定めています。（13条）

4 × よく出題されている「×」パターン。市街化区域・市街化調整区域の区域区分は三大都市圏だと必ず定めなければならないけど、そうじゃないところは任意。選択性です。（7条）

【問17】 都市計画法：開発許可 ★★★

「開発許可の基準」を軸に作ってきた問題。選択肢2のヒッカケがニクいですねー、このこのっ!!（P.267～274）

1 × ダメでしょ。開発許可を申請しようとする者は、あらかじめ開発行為に関係がある公共施設の管理者と「協議」し、「同意」を得なければなりませんがな。（32条）

2 × おっとヒッカケ。市街化調整区域内での「農林漁業の生産資材の貯蔵または保管用の建築物を建築するための開発行為」であれば開発許可は不要となるけど、「農産物の貯蔵に必要な建築物の建築を目的とする開発行為」は、市街化調整区域内での開発許可を受けることができる基準を満たしているに過ぎない。許可が出る可能性は高いけど、だからといって開発許可が不要となるわけではない。（29条、34条）

3 × 主として自己の居住の用に供する住宅の建築の用に供する目的で行う開発行為であっても、排水施設の構造及び能力についての基準は適用される。ちゃんと下水道に接続させてね!!（33条）

4 ○ はいそのとおり。非常災害のため必要な応急措置として行う開発行為についてはどこであっても開発許可は不要です。（29条）

【問18】 建築基準法 ★★★

選択肢3のヒッカケがすげー。でも選択肢1があっけなく基本的な話だったので得点はできたでしょ。（P.327～330）

1 ○ はいそうです。建築物が防火地域及び準防火地域にわたる場合、原則として、当該建築物の全部について防火地域内の建築物に関する規定が適用される。（67条）

2 × 防火地域又は準防火地域内にある建築物は、その外壁の開口部で延焼のおそれのある部分に防火戸を設け、かつ、壁、柱、床などについても、一定の技術的基準に適当するものなどとしなければならない。（61条、P.326）

3 × なんじゃ「難燃材料」だとぉー。「難燃材料」じゃなくて「不燃材料」で造り、又は覆わなければなりません。（66条）

4 × 防火地域か準防火地域内にある建築物で、外壁が耐火構造だったら、ほら、その外壁を隣地境界線に接して設けることができるでしょ。（65条）

正解		
問16　2	問17　4	問18　1

>> 問題

★★

【問19】 建築基準法（以下この問において「法」という。）に関する次の記述のうち、正しいものはどれか。ただし、他の地域地区等の指定及び特定行政庁の許可については考慮しないものとする。

1　第二種住居地域内において、工場に併設した倉庫であれば倉庫業を営む倉庫の用途に供してもよい。

2　法が施行された時点で現に建築物が立ち並んでいる幅員4m未満の道路は、特定行政庁の指定がなくとも法上の道路となる。

3　容積率の制限は、都市計画において定められた数値によるが、建築物の前面道路（前面道路が二以上あるときは、その幅員の最大のもの。）の幅員が12m未満である場合には、当該前面道路の幅員のメートルの数値に法第52条第2項各号に定められた数値を乗じたもの以下でなければならない。

4　建蔽率の限度が10分の8とされている地域内で、かつ、防火地域内にある耐火建築物については建蔽率の限度が10分の9に緩和される。

★★★

【問20】 宅地造成及び特定盛土等規制法に関する次の記述のうち、誤っているものはどれか。なお、この問における都道府県知事とは、地方自治法に基づく指定都市、中核市及び施行時特例市にあってはその長をいうものとする。（法改正により問題文、選択肢すべてを修正している）

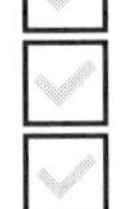
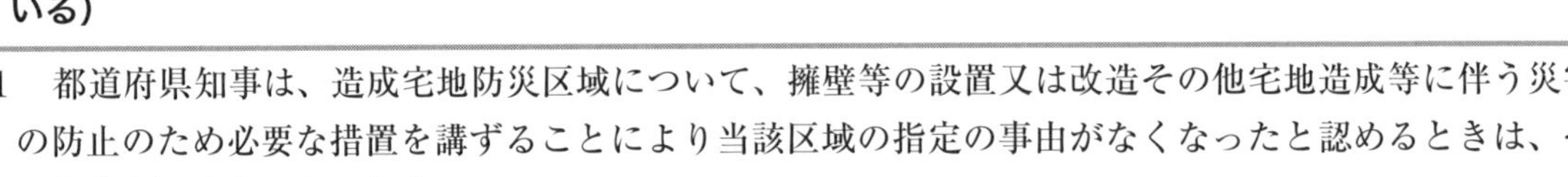

1　都道府県知事は、造成宅地防災区域について、擁壁等の設置又は改造その他宅地造成等に伴う災害の防止のため必要な措置を講ずることにより当該区域の指定の事由がなくなったと認めるときは、その指定を解除するものとする。

2　都道府県知事は、偽りによって宅地造成等工事規制区域内において行われる宅地造成等に関する工事の許可を受けた者に対して、その許可を取り消すことができる。

3　宅地造成等工事規制区域内で過去に宅地造成等に関する工事が行われ、現在は工事主とは異なる者がその工事が行われた土地を所有している場合において、当該土地の所有者は宅地造成等に伴う災害が生じないようその土地を常時安全な状態に維持するよう努めなければならない。

4　宅地造成等工事規制区域外において行われる宅地造成等に関する工事については、工事主は、工事に着手する前に都道府県知事に届け出ればよい。

★★★

【問21】 土地区画整理法に関する次の記述のうち、誤っているものはどれか。

1　土地区画整理組合の設立の認可の公告があった日後、換地処分の公告がある日までは、施行地区内において、土地区画整理事業の施行の障害となるおそれがある土地の形質の変更を行おうとする者は、当該土地区画整理組合の許可を受けなければならない。

2　公共施設の用に供している宅地に対しては、換地計画において、その位置、地積等に特別の考慮を払い、換地を定めることができる。

3　区画整理会社が施行する土地区画整理事業の換地計画においては、土地区画整理事業の施行の費用に充てるため、一定の土地を換地として定めないで、その土地を保留地として定めることができる。

4　個人施行者は、換地処分を行う前において、換地計画に基づき換地処分を行うため必要がある場合においては、施行地区内の宅地について仮換地を指定することができる。

解説 ➔ 解答

【問19】 建築基準法 ★★

選択肢２の幅員４m未満の道路ヒッカケがあるけど、なんとか得点できる問題じゃないかな。道路と容積率、建蔽率とオーソドックスな項目で組んできています。

1 × 倉庫業を営む倉庫は準住居地域から。「合格しようぜ！宅建士」でのゴロ（覚え方）⇒「純情な子（じゅんじゅうきょ）どこ、そこ（そうこ）」。(48条、P.297、303)

2 × おっと「みなし道路」ヒッカケ。えーとですね、特定行政庁の指定がないとですね、道路とはみなされません。ただ建築物が立ち並んでいりゃいいってもんでもないです。(42条、P.290)

3 ○ はいそのとおり。容積率の数値は前面道路の幅員により影響を受けますもんね。(52条、P.309)

4 × えーと、建蔽率が80%とされている地域で、そこに防火地域の指定もあって、かつ、耐火建築物という場合だったら、建蔽率は100%となりまーす。(53条、P.305)

【問20】 宅地造成及び特定盛土等規制法 ★★★

造成宅地防災区域なんだけど、ちゃんと安全策を講じたんだったら指定をはずしましょう。選択肢4がおもしろい。(P.342～350)

1 ○ そうなんですよ。造成宅地防災区域なんだけど、危険がなくなれば指定を解除します。(45条)

2 ○ そのとおり。都道府県知事は、偽りによって宅地造成等工事規制区域内において行われる宅地造成等に関する工事の許可を受けた者に対して、その許可を取り消すことができる。(20条)

3 ○ これもまいどおなじみの内容ですよね。過去の工事主と現在の所有者が異なっていたとしても、そりゃあなた、当該土地の所有者は宅地造成等に伴う災害が生じないようその土地を常時安全な状態に維持するよう努めなければならない。(22条)

4 × えーと、宅地造成等工事規制区域外についてはですね、「工事着手前に都道府県知事への届出」も不要です。(12条)

【問21】 土地区画整理法 ★★★

選択肢１の「土地区画整理組合の許可」ヒッカケは、まいどおなじみなので、速攻で「×」が入ったでしょうか。

1 × おっと、まいどおなじみの「土地区画整理組合の許可」ヒッカケ。そうではなくて、都道府県知事の許可を受けなければならない。(76条、P.368)

2 ○ そのとおり。施行者は、公共施設の用に供している宅地に対しては、換地計画において、その位置、地積等に特別の考慮を払い、換地を定めることができる。(95条、P.370)

3 ○ はい。できます。施行者である区画整理会社は、土地区画整理事業の施行の費用に充てるため、保留地を定めることができます。(96条、P.370)

4 ○ 個人施行者だとしても、仮換地を指定することはできます、はい。(98条、P.374)

正解		
問19 3	問20 4	問21 1

問題

★★★

【問22】農地法（以下この問において「法」という。）に関する次の記述のうち、正しいものはどれか。

1　相続により農地を取得する場合は、法第3条第1項の許可を要しないが、遺産の分割により農地を取得する場合は、同項の許可を受ける必要がある。

2　競売により市街化調整区域内にある農地を取得する場合は、法第3条第1項又は法第5条第1項の許可を受ける必要はない。

3　農業者が、自らの養畜の事業のための畜舎を建設する目的で、市街化調整区域内にある150㎡の農地を購入する場合は、第5条第1項の許可を受ける必要がある。

4　市街化区域内にある農地を取得して住宅を建設する場合は、工事完了後遅滞なく農業委員会に届け出れば、法第5条第1項の許可を受ける必要はない。

★★

【問23】印紙税に関する次の記述のうち、正しいものはどれか。

1　当初作成した土地の賃貸借契約書において記載がされていなかった「契約期間」を補充するために「契約期間は10年とする」旨が記載された覚書を作成したが、当該覚書にも印紙税が課される。

2　本契約書を後日作成することを文書上で明らかにした、土地を8,000万円で譲渡することを証した仮契約書には、印紙税は課されない。

3　「甲土地を6,000万円、乙建物を3,500万円、丙建物を1,500万円で譲渡する」旨を記載した契約書を作成した場合、印紙税の課税標準となる当該契約書の記載金額は、6,000万円である。

4　「Aの所有する土地（価額7,000万円）とBの所有する土地（価額1億円）とを交換し、AはBに差額3,000万円支払う」旨を記載した土地交換契約書を作成した場合、印紙税の課税標準となる当該契約書の記載金額は、3,000万円である。

★

【問24】固定資産税に関する次の記述のうち、正しいものはどれか。

1　固定資産税の納税者は、減免申請に対する不許可処分の不服申立てに対して固定資産評価審査委員会が行った却下決定に不服があるときは、その取消しの訴えを提起することができる。

2　市町村長は、不動産鑑定士又は不動産鑑定士補に当該市町村所在の固定資産の状況を毎年少なくとも一回実地に調査させなければならない。

3　家屋について賃借権を有する者は、固定資産課税台帳のうち当該権利の目的である家屋の敷地である土地について記載された部分を閲覧することができる。

4　市町村は、独立行政法人に対しては、固定資産税を課することができない。

解説 → 解答

【問22】 農地法 ★★★

選択肢4が妙なヒッカケですけど、でもどうでしょ、だいたい基本的なことがらを聞いてきていますので、得点できたかな？ (P.380 ～ 384)

1 × えーとですね、相続による取得であっても、遺産分割による取得であっても、農地法３条の許可は不要です。(3 条)

2 × おっと競売。競売による農地の取得であっても、農地法３条か５条の許可が必要となります。なお、農地の競売に参加するには「買受適格証明書」が必要となりますが。(3 条、5 条)

3 ○ 「自らの養畜の事業のための畜舎を建設する目的」で「農地を購入」となると、市街化調整区域でもあることから、この場合は農地法５条の許可が必要となる。なお、単なる自己転用だったら、150㎡（2 アール未満）なので農地法４条の許可は不要だけどね。(5 条)

4 × おっとヒッカケ。市街化区域内の農地転用にあっては、事前の届出が必要です。完了後での届出だと遅い。(5 条)

【問23】 印紙税 ★★

選択肢１と２が「あれ？　どーなのかな」とちょっとアタマをひねったかも。 (P.715 ～ 718)

1 ○ 契約期間を補充するための「契約期間は 10 年とする」旨の覚書なんだけど、変更契約書の類として印紙税の課税対象になるそうです。

2 × 仮契約書でも、契約の成立を証するものだとやはり印紙税の課税文書となってしまいます。取り立てるね～ !!

3 × えーとこの場合は合計額になるかな。となると、記載金額は 1 億 1,000 万円として取り扱われる。

4 × 交換の場合は、いずれか高いほうの金額が記載金額とされる。となると 1 億円かな。差額とかは関係ないです。

【問24】 固定資産税 ★

わ、こりゃマニアックな出題ですわ。実務ではあまり必要とされない話で、まさに「試験のための問題」っていう感じでしょうか。

1 × 固定資産税の納税者が固定資産課税台帳登録価格に不服があるときは取消しの訴えを提起できるっていう規定はあるが。「減免申請に対する……」には、この取消しの訴えの規定は適用されない。

2 × おっと、市町村長はですね、「固定資産評価員又は固定資産評価補助員」に実地に調査させなければならないとされてます。「不動産鑑定士又は不動産鑑定士補」ではない。

3 ○ 納税者じゃなくても固定資産課税台帳を閲覧できる場合がある。家屋について賃借権を有する者とか。

4 × えーとですね、独立行政法人について固定資産税が非課税となるケースはかなり限定されていて、となると「固定資産税を課することができない」だと×になります。

正　解		
問22　3	問23　1	問24　3

問題

★★★

【問25】 地価公示法に関する次の記述のうち、正しいものはどれか。

1　公示区域とは、土地鑑定委員会が都市計画法第4条第2項に規定する都市計画区域内において定める区域である。

2　土地収用法その他の法律によって土地を収用することができる事業を行う者は、公示区域内の土地を当該事業の用に供するため取得する場合において、当該土地の取得価格を定めるときは、公示価格を規準としなければならない。

3　土地の取引を行う者は、取引の対象土地に類似する利用価値を有すると認められる標準地について公示された価格を指標として取引を行わなければならない。

4　土地鑑定委員会が標準地の単位面積当たりの正常な価格を判定したときは、当該価格については官報で公示する必要があるが、標準地及びその周辺の土地の利用の現況については官報で公示しなくてもよい。

★★★

【問26】 宅地建物取引業の免許（以下この問において「免許」という。）に関する次の記述のうち、正しいものはどれか。

1　宅地建物取引業を営もうとする者は、同一県内に2以上の事務所を設置してその事業を営もうとする場合にあっては、国土交通大臣の免許を受けなければならない。

2　Aが、B社が甲県に所有する1棟のマンション（20戸）を、貸主として不特定多数の者に反復継続して転貸する場合、Aは甲県知事の免許を受けなければならない。

3　C社が乙県にのみ事務所を設置し、Dが丙県に所有する1棟のマンション（10戸）について、不特定多数の者に反復継続して貸借の代理を行う場合、C社は乙県知事の免許を受けなければならない。

4　宅地建物取引業を営もうとする者が、国土交通大臣又は都道府県知事から免許を受けた場合、その有効期間は、国土交通大臣から免許を受けたときは5年、都道府県知事から免許を受けたときは3年である。

★★★

【問27】 宅地建物取引業の免許（以下この問において「免許」という。）に関する次の記述のうち、誤っているものはどれか。

1　A社の役員Bは、宅地建物取引業者C社の役員として在籍していたが、その当時、C社の役員Dがかつて禁錮以上の刑に処せられ、その刑の執行が終わった日から5年を経過していないとしてC社は免許を取り消されている。この場合、A社は、C社が免許を取り消されてから5年を経過していなくても、免許を受けることができる。

2　E社の役員のうちに、刑法第246条の詐欺罪により罰金の刑に処せられ、その刑の執行が終わった日から5年を経過しない者がいる場合、E社は免許を受けることができない。

3　F社の役員のうちに、指定暴力団の構成員がいた場合、暴力団員による不当な行為の防止等に関する法律の規定に違反していなくても、F社は免許を受けることができない。

4　宅地建物取引業者G社は、引き続いて1年以上事業を休止したときは、免許の取消しの対象となる。

解説 ➜ 解答

【問25】 地価公示法 ★★★

選択肢１と２で迷ったかな。選択肢３の「×」はすぐにできたと思うけど。選択肢１の「公示区域」は国土交通大臣が指定することになってます。（P.696 ～ 700）

1 × おっと公示区域。「公示区域は都市計画区域その他の土地取引が相当程度見込まれるものとして国土交通省令で定める（国土交通大臣が定める）区域」とされています。ヒッカケ問題ですわ。（2 条）

2 ○ そうそう。公示区域内で土地を収用することができる事業を行う者は、収用する土地の取得価額を定めるときは、公示価格を規準とします。（9 条）

3 × 出たぁ～「行わなければならない」ヒッカケ。そうじゃないですよね。土地の取引を行う者は、取引の対象土地に類似する利用価値を有すると認められる標準地について公示された価格を指標として取引を行うよう努めなければならない。努力義務です。努めればよいです!(^^)!（1 条の 2）

4 × いやいや、「標準地及びその周辺の土地の利用の現況」についても官報で公示しなければならない情報の一つです。（6 条）

【問26】 宅建業法：宅建業の免許 ★★★

基本中の基本を選択肢１と４に出題してきた。あまりにも簡単すぎて、かえって深読みして間違えそう。（2 条、3 条、P.029、039 ～ 040）

1 × 同一県内にのみ事務所を設置してその事業を営もうとしているので、国土交通大臣免許ではなく、都道府県知事の免許を受けなければいけません。

2 × 毎度お馴染み。自ら貸主となり転貸する行為は、宅建業には当たりませんから、宅建業の免許は不要です。

3 ○ そのとおり。他人の貸借の代理を業として行う場合は、免許が必要。さらに、Ｃ社は乙県にのみ事務所を設置しているわけなので、乙県知事免許を受けなければいけません。

4 × 国土交通大臣免許であっても都道府県知事免許であっても、有効期間は同じ５年です。

【問27】 宅建業法：免許の基準 ★★★

選択肢１と２とでやや悩むかも。選択肢１は出題者はいろいろ工夫をこらした感がうかがえます。選択肢２は、詐欺罪で罰金刑って、いかにも免許不可になりそうだしなぁ、と間違えそう。（5 条、P.054 ～ 060、064）

1 ○ Ａ社が免許を受けるにあたっては役員Ｂが審査される。で、Ｂはというと、免許不可となる基準に該当しない。Ｂがかつて役員として在籍していたＣ社は、他の役員Ｄが免許不可となる基準に該当していることを理由に免許を取り消されたに過ぎないので、つまり「悪質３種」で免許を取り消されたわけじゃないので、Ｃ社の役員であったＢは免許不可とはならない。従って、Ａ社は免許を受けることができる。

2 × 詐欺罪で罰金刑の場合は免許不可とはならないため、そんな彼（彼女）が役員だとしてもＥ社は免許を受けることができます。ちなみに詐欺罪が成立すると「10 年以下の懲役」に処せられることになるので、そもそも罰金刑というのはありえない（用意されていない）んだけどなぁ～。

3 ○ そのとおり。指定暴力団の構成員である場合は、免許不可。従って、そんな彼（彼女）を役員とするＦ社は、免許を受けることができない。

4 ○ そのとおり。引き続いて１年以上事業を休止したときは、名義貸し等免許が不正に使われる恐れもあるので、免許取消処分となる。（P.198）

正解		
問25　2	問26　3	問27　2

問題

★★★

【問28】 宅地建物取引業法（以下この問において「法」という。）に規定する宅地建物取引士及び宅地建物取引士証（以下この問において「宅地建物取引士証」という。）に関する次の記述のうち、正しいものはどれか。

1　宅地建物取引業者は、20戸以上の一団の分譲建物の売買契約の申込みのみを受ける案内所を設置し、売買契約の締結は事務所で行う場合、当該案内所には専任の宅地建物取引士を置く必要はない。

2　未成年者は、成年者と同一の行為能力を有していたとしても、成年に達するまでは宅地建物取引士の登録を受けることができない。

3　宅地建物取引士は、法第35条の規定による重要事項説明を行うにあたり、相手方から請求があった場合にのみ、宅地建物取引士証を提示すればよい。

4　宅地建物取引士資格試験に合格した日から1年以内に宅地建物取引士証の交付を受けようとする者は、登録をしている都道府県知事の指定する講習を受講する必要はない。

★★

【問29】 宅地建物取引士の登録に関する次の記述のうち、宅地建物取引業法の規定によれば、正しいものはどれか。

1　不正の手段により免許を受けたとしてその免許の取消しを受けた法人において役員ではない従業者であった者は、当該免許取消しの日から5年を経過しなければ、登録を受けることができない。

2　宅地建物取引士が、刑法第204条の傷害罪により罰金の刑に処せられ、登録が消除された場合は、当該登録が消除された日から5年を経過するまでは、新たな登録を受けることができない。

3　宅地建物取引業者（甲県知事免許）に勤務する宅地建物取引士（甲県知事登録）が、乙県に住所を変更するとともに宅地建物取引業者（乙県知事免許）に勤務先を変更した場合は、乙県知事に登録の移転の申請をしなければならない。

4　宅地建物取引業者（甲県知事免許）に勤務する宅地建物取引士（甲県知事登録）が、乙県知事に登録の移転の申請をするとともに宅地建物取引士証の交付の申請をした場合は、乙県知事は、登録後、移転申請前の宅地建物取引士証の有効期間が経過するまでの期間を有効期間とする宅地建物取引士証を交付しなければならない。

★★★

【問30】 宅地建物取引業者Ａ社（甲県知事免許）の営業保証金に関する次の記述のうち、宅地建物取引業法の規定によれば、正しいものはどれか。

1　Ａ社は、甲県の区域内に新たに支店を設置し宅地建物取引業を営もうとする場合、甲県知事にその旨の届出を行うことにより事業を開始することができるが、当該支店を設置してから3月以内に、営業保証金を供託した旨を甲県知事に届け出なければならない。

2　甲県知事は、Ａ社が宅地建物取引業の免許を受けた日から3月以内に営業保証金を供託した旨の届出をしないときは、その届出をすべき旨の催告をしなければならず、その催告が到達した日から1月以内にＡ社が届出をしないときは、Ａ社の免許を取り消すことができる。

3　Ａ社は、宅地建物取引業の廃業により営業保証金を取り戻すときは、営業保証金の還付を請求する権利を有する者（以下この問において「還付請求権者」という。）に対して公告しなければならないが、支店の廃止により営業保証金を取り戻すときは、還付請求権者に対して公告する必要はない。

4　Ａ社は、宅地建物取引業の廃業によりその免許が効力を失い、その後に自らを売主とする取引が結了した場合、廃業の日から10年経過していれば、還付請求権者に対して公告することなく営業保証金を取り戻すことができる。

解説 ➔ 解答

【問28】 宅建業法：宅地建物取引士 ★★★

試験に合格して、１年以内に宅地建物取引士証の交付を受けるんだったら、法定講習は免除。そう、みなさん自身の将来です。

1 × 売買契約は事務所で行うとしても、案内所で申込みを受けるんだったら、その案内所には専任の宅地建物取引士を１人以上置かなければいけません。(31 条の 3、P.085)

2 × 成年者と同一の行為能力を有している未成年者であれば、宅建業の営業に関しては大人扱いだよー。なので、成年に達していなくても、その時点で宅地建物取引士の登録を受けることができるよー。(18 条、P.072)

3 × 重要事項説明を行うときは、相手方からの請求がなくても、宅地建物取引士証を提示しなければいけません。(35 条、P.154)

4 ○ そのとおり。試験合格日から１年以内に宅地建物取引士証の交付を受けようとする者（合格したばかりの人）は、最新の法律知識があるため、知事指定の講習（法定講習）を受講することなく宅地建物取引士証の交付を受けることができます。(22 条の 2、P.075)

【問29】 宅建業法：宅地建物取引士 ★★

宅地建物取引士の登録に関する複合問題。選択肢２は、こまかいヒッカケ。ついついひっかかっちゃいそう〜。選択肢２が「○」かなと思いつつ、念のため最後まで読んでいったら、あれ？ 選択肢４も「○」…。(P.069 〜 078)

1 × 不正の手段により免許を受けたとして免許取消処分を受けた法人においては、役員のみが５年間の登録不可となる。従って、役員でない従業者であった者は登録不可とはならないため、免許取消しの日から５年を経過していなくても登録を受けることができる。(18 条)

2 × 一見「○？」と思われる選択肢ですが、よくよく読むと、「登録が消除された日」から５年と書いてある。正しくは、「刑の執行を終わった日（罰金を納めた日）」から５年となります。(18 条)

3 × 毎度おなじみのヒッカケ。登録の移転の申請は任意です。義務ではありません。(19 条の 2)

4 ○ 登録の移転の申請とともに宅地建物取引士証の交付を受ける場合、有効期間は、移転前の従前の宅地建物取引士証のものをそのまま引き継ぎます。(22 条の 2)

【問30】 宅建業法：営業保証金 ★★★

選択肢４を除いて、定番のヒッカケ問題。選択肢４は無視して、答えを出そう！ (P.177 〜 183)

1 × 事務所（支店）を増設した場合、「支店を設置してから３月以内に…」という規定はない。支店を増設した分の営業保証金を追加供託し、届出を行うことにより、その支店で事業を開始することができます。(26 条)

2 ○ そのとおり。免許権者は、免許をした日から３月以内に宅建業者が営業保証金を供託した旨の届出をしないときは、その届出をすべき旨の催告をしなければならず、その催告が到達した日から１月以内に宅建業者が届出をしないときは、その免許を取り消すことができる。(25 条)

3 × 保証協会制度とごっちゃにならないように注意。営業保証金制度では、支店の廃止により営業保証金を取り戻す場合も、還付請求権者に対して公告が必要です。(30 条)

4 × 「営業保証金を取り戻すことができる事由が発生した時から 10 年」経過していれば公告することなく取り戻すことができる。で、宅建業を廃業したとしても、取引を結了する目的の範囲内においては宅建業者とみなされるので、「10 年」の起算点は「廃業の日から」ではなくて「取引が結了した時から」となる。(30 条)

正解		
問28 4	問29 4	問30 2

問題

★★★

【問31】 宅地建物取引業者Ａ社が、Ｂから自己所有の宅地の売買の媒介を依頼された場合における次の記述のうち、宅地建物取引業法の規定によれば、正しいものはどれか。

1　Ａ社は、Ｂとの間で締結した媒介契約が専任媒介契約であるか否かにかかわらず、所定の事項を指定流通機構に登録しなければならない。

2　Ａ社は、Ｂとの間で専任媒介契約を締結したときは、Ｂからの申出があれば、所定の事項を指定流通機構に登録しない旨の特約を定めることができる。

3　Ａ社は、Ｂとの間で専任媒介契約を締結し、所定の事項を指定流通機構に登録したときは、その登録を証する書面を遅滞なくＢに引き渡さなければならない。

4　Ａ社は、Ｂとの間で専任媒介契約を締結した場合、当該宅地の売買契約が成立したとしても、その旨を指定流通機構に通知する必要はない。

★★★

【問32】 宅地建物取引業者が行う宅地建物取引業法第35条に規定する重要事項の説明に関する次の記述のうち、正しいものはどれか。なお、説明の相手方は宅地建物取引業者ではないものとする。（法改正により問題文、選択肢3、4を修正している）

1　建物の貸借の媒介を行う場合、借賃以外に授受される金銭の額については説明しなければならないが、当該金銭の授受の目的については説明する必要はない。

2　昭和60年10月1日に新築の工事に着手し、完成した建物の売買の媒介を行う場合、当該建物が指定確認検査機関による耐震診断を受けたものであっても、その内容は説明する必要はない。

3　建物の売買の媒介を行う場合、当該建物が宅地造成及び特定盛土等規制法の規定により指定された造成宅地防災区域内にあるときは、その旨を説明しなければならないが、当該建物の貸借の媒介を行う場合においては、説明する必要はない。

4　自ら売主となって建物の売買契約を締結する場合、当該建物の引渡時期を説明する必要がある。

【問33】 宅地建物取引業者Ａ社は、自ら売主として宅地建物取引業者である買主Ｂ社と宅地の売買について交渉したところ、大筋の合意を得て、重要事項説明を翌日に行うこととした。しかし、重要事項説明の予定日の朝、Ａ社の唯一の宅地建物取引士である甲が交通事故に遭い、５日間入院することとなった。この場合におけるＡ社の行為に関する次の記述のうち、宅地建物取引業法の規定に違反しないものはどれか。（法改正により問題として成立しない）

1　Ａ社の代表者である乙は、宅地建物取引士ではないが契約締結権限をもつ代表者であるため、甲を代理してＢ社の代表者丙に対し、甲の宅地建物取引士証を提示した上、重要事項説明を行った。なお、乙は宅地建物取引業に30年間携わったベテランであったこともあり、説明の内容に落ち度はなかった。

2　Ａ社の従業者である丁は、有効期間は満了しているが、宅地建物取引士証を持っていたため、丁がその宅地建物取引士証を提示した上、Ｂ社の代表者丙に重要事項説明を行った。

3　事情を知ったＢ社の代表者丙から、「自分も宅地建物取引業に長年携わっているので、重要事項説明は契約後でも構わない」という申出があったため、重要事項説明は契約締結後に退院した甲が行った。

4　事情を知ったＢ社と合意の上、Ａ社は重要事項を記載した書面を交付するにとどめ、退院後、契約締結前に甲が重要事項説明を行った。

解説 → 解答

【問31】 宅建業法：媒介契約 ★★★

コメントしようがないくらいきわめてシンプルなサービス問題。どんどん得点しちゃってください！
(34条の2、P.108～110)

1 × 専任媒介契約ではない一般媒介契約の場合は、指定流通機構に登録するかどうかは任意です。
2 × 専任媒介契約の場合は、依頼者からの申出があっても、指定流通機構に登録しない旨の特約はできません。
3 ○ そのとおり。指定流通機構に登録したら、その登録を証する書面を遅滞なく依頼者に引き渡さなければいけません。
4 × 指定流通機構に登録している宅地について、売買契約が成立したら、いつまでも売物件として登録（掲載）しておくわけにはいきませんから、指定流通機構に通知しなければいけません。

【問32】 宅建業法：重要事項の説明（35条書面） ★★★

選択肢2の「○」、3は「×」。過去に似たような問題が出ていたから面食らった人はもはやいないはず。選択肢1と4は定番問題。(35条、P.156～161、173)

1 × 借賃以外に支払わなければならない雑費関連（敷金、礼金など）は、借主がカネを用意するに当たって知っておきたい重要な事項。「額」のほか、「授受の目的」についても説明をする必要があります。
2 ○ 「耐震診断」がどうのこうのは、「昭和56年5月31日以前に建築工事に着手した」旧耐震基準の古～い建物のとき。「昭和60年10月1日に新築の工事に…」という建物については、説明する必要はありません。
3 × 「建物が宅地造成及び特定盛土等規制法の規定により指定された造成宅地防災区域内にある」ということは、ひらたく言うと「あなたがこれから住もうとしている建物は、大地震や豪雨があったら土砂災害をおこすかもしれない危ない地域に建っています」ということ。従って、建物の売買の場合の買主だけではなく、建物の貸借の場合の借主に対しても、もちろん説明が必要です。
4 × 毎度おなじみのヒッカケ。「建物の引渡時期」は、重要事項の説明の内容ではありません。37条契約書面の記載事項となります。説明する必要なし。

【問33】 宅建業法：重要事項の説明（35条書面） 参考

近年の改正により、相手方が宅建業者の場合、重要事項説明書は交付しなければならないけど、重要事項の説明をする必要はなくなりました。この問題は「相手方が宅建業者の場合の重要事項説明」を主題としておりますので、現時点では成立しません。全面的に参考といたします。

正解					
問31	3	問32	2	問33	-

問題

★★★

【問34】 宅地建物取引業法に関する次の記述のうち、誤っているものはどれか。なお、この問において、「35条書面」とは、同法第35条の規定に基づく重要事項を記載した書面を、「37条書面」とは、同法第37条の規定に基づく契約の内容を記載した書面をいうものとする。

1　宅地建物取引業者は、抵当権に基づく差押えの登記がされている建物の貸借の媒介をするにあたり、貸主から当該登記について告げられなかった場合であっても、35条書面及び37条書面に当該登記について記載しなければならない。

2　宅地建物取引業者は、37条書面の作成を宅地建物取引士でない従業者に行わせることができる。

3　宅地建物取引業者は、その媒介により建物の貸借の契約が成立した場合、天災その他不可抗力による損害の負担に関する定めがあるときには、その内容を37条書面に記載しなければならない。

4　37条書面に記名する宅地建物取引士は、35条書面に記名した宅地建物取引士と必ずしも同じ者である必要はない。

★★★

【問35】 宅地建物取引業者A社が、自ら売主として宅地建物取引業者でない買主Bとの間で締結した投資用マンションの売買契約について、Bが宅地建物取引業法第37条の2の規定に基づき、いわゆるクーリング・オフによる契約の解除をする場合における次の記述のうち、誤っているものの組合せはどれか。(法改正により記述イを修正している)

ア　A社は、契約解除に伴う違約金の定めがある場合、クーリング・オフによる契約の解除が行われたときであっても、違約金の支払を請求することができる。

イ　A社は、クーリング・オフによる契約の解除が行われた場合、買受けの申込み又は売買契約の締結に際し受領した手付金その他の金銭の倍額をBに現実に提供しなければならない。

ウ　Bは、投資用マンションに関する説明を受ける旨を申し出た上で、喫茶店で買受けの申込みをした場合、その5日後、A社の事務所で売買契約を締結したときであっても、クーリング・オフによる契約の解除をすることができる。

1　ア、イ　　2　ア、ウ　　3　イ、ウ　　4　ア、イ、ウ

★★★

【問36】 宅地建物取引業者が行う広告に関する次の記述のうち、宅地建物取引業法の規定によれば、正しいものはどれか。

1　宅地建物取引業者は、宅地の造成又は建物の建築に関する工事が完了するまでの間は、当該工事に必要な都市計画法に基づく開発許可、建築基準法に基づく建築確認その他法令に基づく許可等の処分があった後でなければ、当該工事に係る宅地又は建物の売買その他の業務に関する広告をすることはできない。

2　宅地建物取引業者が、複数の区画がある宅地の売買について、数回に分けて広告をするときは、最初に行う広告以外には取引態様の別を明示する必要はない。

3　宅地建物取引業者は、建物の貸借の媒介において広告を行った場合には、依頼者の依頼の有無にかかわらず、報酬とは別に、当該広告の料金に相当する額を受領することができる。

4　宅地建物取引業の免許を取り消された者は、免許の取消し前に建物の売買の広告をしていれば、当該建物の売買契約を締結する目的の範囲内においては、なお宅地建物取引業者とみなされる。

解説 ➔ 解答

【問34】 宅建業法：35 条書面・37 条書面 ★★★

35 条書面・37 条書面の複合問題。選択肢２・３・４はやや細かいが、選択肢１が明らかに誤り。
（35 条、37 条、P.157、170 ～ 174）

1 × 登記の内容（抵当権に基づく差押えの登記）は、35 条書面には記載が必要ですが、37 条書面には記載する必要はありません。

2 ○ そのとおり。宅建業者は、37 条書面の作成を、宅地建物取引士でない従業者に行わせることができます。なお、宅地建物取引士は、出来上がった契約書面の内容をチェックして問題がなければ「記名」し、責任を負うという役割を担います。

3 ○ そのとおり。建物の貸借の場合は、「天災その他不可抗力による損害の負担」に関して定めがあった場合、37 条書面に記載は必要だったっけ？　と悩む受験生多数。そうなんです、37 条書面に記載しなければいけません。天災で引渡しを受けられない又は住めなくなるというリスクは、貸借の場合もあるわけだし。

4 ○ そのとおり。本来、35 条書面と 37 条書面は、同じ宅地建物取引士が記名したほうが望ましいと思われますが、法律上、必ずしも同一人物である必要はありません。

【問35】 宅建業法：宅建業者が売主（クーリング・オフ） ★★★

クーリング・オフ制度については、出題ポイントは例年だいたい同じ。記述イは一瞬「アレ？」っと思うかもしれないが、確実に「×」をつけてほしい。（37 条の 2、P.130 ～ 133）

ア × クーリング・オフによる契約の解除が行われた場合、無条件白紙撤回となるわけだから、宅建業者は損害賠償や違約金の支払を請求することなんてできない。

イ × クーリング・オフによる契約の解除が行われた場合、宅建業者は、速やかに、今までに受領した手付金その他の金銭を返還しなければならない。確かに手付金の倍額を返還してくれたら　買主は嬉しいけど。そこまでサービスする義務はありません。

ウ ○ 買主が申し出た場合であっても、「喫茶店」はクーリング・オフの適用がある場所。クーリング・オフできる場所で契約の申込みをしているので、Bは契約の解除ができる。

誤っているものの組合せは「ア、イ」。選択肢１が正解となる。

【問36】 宅建業法：広告 ★★★

毎度おなじみの「広告」シリーズ。選択肢４は、多少ひねった感が見受けられる。

1 ○ そのとおり。「開発許可」や「建築確認」があった後でなければ、広告をすることはできません。（33 条、P.098）

2 × そんなバカな。数回に分けて広告する場合であっても、全ての広告に取引態様の別を明示しなければいけません。取引態様の別を明示した最初の広告なんて、多分、捨てられています（笑）。（34 条、P.100）

3 × 依頼者の依頼による広告料は、報酬とは別に受け取ることができますが、依頼者の依頼によらない広告料は宅建業者が自腹を切らなければいけません。（46 条、P.122）

4 × 宅建業の免許が取り消された後の契約の締結はできません。なお、免許が取り消された場合、それまでに宅建業者が締結した契約に基づく取引を結了する目的の範囲内であれば、なお宅建業者とみなされます。（76 条、P.046）

正解		
問34　1	問35　1	問36　1

平成 23 年度 ≫ 問題・解説・解答

問題

★★★

【問37】 宅地建物取引業者A社が、自ら売主として宅地建物取引業者でない買主Bとの間で締結する建築工事完了後の建物の売買契約に関する次の記述のうち、民法及び宅地建物取引業法の規定並びに判例によれば、誤っているものはどれか。（法改正により選択肢4を修正している）

1　当該契約の締結に際し、BがA社に手付金を支払い、さらに中間金を支払った場合、Bは、A社が契約の履行に着手しないときであっても、支払った手付金を放棄して契約の解除をすることができない。

2　当該契約の締結に際し、A社がBから代金の額の10分の2の手付金を受領する場合には、当該手付金を受領するまでに、宅地建物取引業法第41条の2の規定に基づく保全措置を講じなければならない。

3　当該契約において、当事者の債務の不履行を理由とする契約の解除に伴う損害賠償の額を予定し、違約金を定める場合、これらを合算した額について代金の額の10分の1とする旨の特約を定めることができる。

4　当該契約において、当該建物が種類又は品質に関して契約の内容に適合しない場合におけるその不適合を担保すべきAの責任に関し、その不適合をBがAに通知すべき期間として、Bが当該不適合を知った時から2年間とする旨の特約を定めることができる。

★★★

【問38】 宅地建物取引業者A社が、自ら売主として宅地建物取引業者でない買主Bと建築工事完了前のマンション（代金3,000万円）の売買契約を締結し、Bから手付金200万円を受領した。この場合において、宅地建物取引業法第41条第1項の規定による手付金等の保全措置（以下この問において「保全措置」という。）に関する次の記述のうち、誤っているものはどれか。

1　A社が銀行との間で保証委託契約を締結することにより保全措置を講じている場合、当該措置内容は、少なくともA社が受領した手付金の返還債務の全部を保証するものでなければならない。

2　A社が保険事業者との間で保証保険契約を締結することにより保全措置を講じている場合、当該措置内容は、少なくとも当該保証保険契約が成立したときから建築工事の完了までの期間を保険期間とするものでなければならない。

3　Bが売買契約締結前に申込証拠金5万円を支払っている場合で、当該契約締結後、当該申込証拠金が代金に充当されるときは、A社は、その申込証拠金に相当する額についても保全措置を講ずる必要がある。

4　A社は、売買契約締結後の建築工事中に、さらに200万円を中間金としてBから受領する場合、当該中間金についても保全措置を講ずる必要がある。

解説 → 解答

【問37】 宅建業法：宅建業者が売主（複合） ★★★

あまり凝ったヒッカケはなく、直球ストレートな攻撃！ (P.136 ～ 143)

1 × 買主Bは、相手の売主A社が履行に着手するまでは、支払った手付金を放棄して契約の解除をすることができます。買主自身が履行に着手（中間金の支払）しているかどうかは問わない。(39 条)

2 ○ 建築工事完了後の建物の売買で、代金の額の 20%の手付金を受領するのであれば、代金の額の 10%を超えているため、事前に保全措置を講じなければならないでしょ。(41 条の 2)

3 ○ 当事者の債務不履行を理由とする契約の解除に伴う「損害賠償額を予定し」または「違約金」を定める場合は、これらを合算した額について代金の額の 20%を超えてはいけません。設問の場合は、この枠内におさまっているので特に問題はないでしょ。(38 条)

4 ○ 設問の特約は、民法に規定する通知期間（買主が不適合を知った時から１年以内）よりも買主にとって有利なので、オッケーだよん。(40 条)

【問38】 宅建業法：宅建業者が売主（手付金等の保全措置） ★★★

もし引渡し前に売主が倒産したら、買主に全額返金されるシステムを作っておこう、というのが手付金等の保全措置。選択肢１・２・３はややマイナー論点からの出題。できたかな？ (41 条、P.143 ～ 146)

1 ○ そのとおり。万一A社が倒産したら全額買主に金銭が返還されるように、A社が受領した手付金の返還債務の全部を保証する内容の「保証委託契約」でなければいけません。

2 × 「建築工事の完了までの期間」ではなく、「買主が引渡しを受けるまでの期間」を保険期間とするものでなければならない。細かいけれど、制度の趣旨を理解していれば推測で解答できたかな。建築工事完了から引渡しまでの間の絶妙なタイミングで売主が倒産して引渡しが受けられず、支払ったものが返金されないってことになったら買主は困りますからね～。

3 ○ そのとおり。売買契約締結前に買主が支払う「申込証拠金」についても、後日、売買代金に充当されるんだったら、売買契約締結日以後、保全すべき手付金等となります。

4 ○ そのとおり。建築工事中に受け取る 200 万円の中間金についても、保全すべき手付金等となる。売買契約締結時において工事完了前であり、代金の５%を超える額の手付金をすでに受領しているため、その後に受け取る中間金についても保全措置が必要となる。

正解			
問37	1	問38	2

＞＞ 問題

★★★

【問39】 **宅地建物取引業者Ａ社が、自ら売主として行う宅地（代金3,000万円）の売買に関する次の記述のうち、宅地建物取引業法の規定に違反するものはどれか。（法改正により選択肢４を修正している）**

1　Ａ社は、宅地建物取引業者である買主Ｂ社との間で売買契約を締結したが、Ｂ社は支払期日までに代金を支払うことができなかった。Ａ社は、Ｂ社の債務不履行を理由とする契約解除を行い、契約書の違約金の定めに基づき、Ｂ社から1,000万円の違約金を受け取った。

2　Ａ社は、宅地建物取引業者でない買主Ｃとの間で、割賦販売の契約を締結したが、Ｃが賦払金の支払を遅延した。Ａ社は20日の期間を定めて書面にて支払を催告したが、Ｃがその期間内に賦払金を支払わなかったため、契約を解除した。

3　Ａ社は、宅地建物取引業者でない買主Ｄとの間で、割賦販売の契約を締結し、引渡しを終えたが、Ｄは300万円しか支払わなかったため、宅地の所有権の登記をＡ社名義のままにしておいた。

4　Ａ社は、宅地建物取引業者である買主Ｅ社との間で、売買契約を締結したが、宅地の契約不適合を担保すべき責任について、「契約の解除又は損害賠償の請求は、契約対象物件である宅地の引渡しの日から１年を経過したときはできない」とする旨の特約を定めていた。

★★★

【問40】 **宅地建物取引業者Ａ社（消費税課税事業者）は貸主Ｂから建物の貸借の代理の依頼を受け、宅地建物取引業者Ｃ社（消費税課税事業者）は借主Ｄから媒介の依頼を受け、ＢとＤの間で賃貸借契約を成立させた。この場合における次の記述のうち、宅地建物取引業法（以下この問において「法」という。）の規定によれば誤っているものはどれか。なお１か月分の借賃は10万円である。**

1　建物を住居として貸借する場合、Ｃ社は、Ｄから承諾を得ているときを除き、55,000円を超える報酬をＤから受領することはできない。

2　建物を店舗として貸借する場合、Ａ社がＢから110,000円の報酬を受領するときは、Ｃ社はＤから報酬を受領することはできない。

3　建物を店舗として貸借する場合、本件賃貸借契約において300万円の権利金（返還されない金銭）の授受があるときは、Ａ社及びＣ社が受領できる報酬の額の合計は、308,000円以内である。

4　Ｃ社は、Ｄから媒介報酬の限度額まで受領できるほかに、法第37条の規定に基づく契約の内容を記載した書面を作成した対価として、文書作成費を受領することができる。

★★★

【問41】 **宅地建物取引業者Ａ社が行う業務に関する次の記述のうち、宅地建物取引業法の規定に違反するものはいくつあるか。**

ア　Ａ社は、建物の販売に際して、買主が手付として必要な額を持ち合わせていなかったため、手付を貸し付けることにより、契約の締結を誘引した。

イ　Ａ社は、建物の販売に際して、短時間であったが、私生活の平穏を害するような方法により電話勧誘を行い、相手方を困惑させた。

ウ　Ａ社は、建物の販売に際して、売買契約の締結後、買主から手付放棄による契約解除の申出を受けたが、正当な理由なく、これを拒んだ。

エ　Ａ社は、建物の売買の媒介に際して、売買契約の締結後、買主に対して不当に高額の報酬を要求したが、買主がこれを拒んだため、その要求を取り下げた。

1　一つ　　2　二つ　　3　三つ　　4　四つ

解説 ➔ 解答

【問39】宅建業法：宅建業者が売主（複合）★★★

買主が宅建業者の場合は、契約自由の原則。どうぞ、お好きにやっちゃってください。選択肢2・3は、マイナーな割賦販売契約シリーズで固めてきた。（P.136.140. 148 ～ 150）

1 違反しない　買主が宅建業者なので、違約金の額の定めに上限なし。代金の 20%を超える 1,000 万円の違約金を定めて、実際に受け取ってもオッケー。（38 条、78 条）

2 違反する　買主が宅建業者ではない場合の割賦販売。買主側で賦払金の支払いが遅れている場合、売主は「30 日以上の相当の期間」を定めて書面で催告しないと契約の解除はできません。「20 日」では短すぎるので契約の解除はできません。（42 条）

3 違反しない　買主が宅建業者ではない場合の割賦販売。売主が所有権を留保できるのは、代金の 30%の賦払金を受け取るまで。つまり、支払額が 900 万円になるまでは、所有権の登記名義を移さなくてもオッケー。（43 条）

4 違反しない　買主が宅建業者なので、担保責任の特約は自由。契約自由の原則ですから、お好きなように取り決めをしてください。（40 条、78 条）

【問40】宅建業法：報酬 ★★★

選択肢１～３は貸借シリーズ。選択肢１と２は定番。選択肢３は公式きちんと覚えていたかな？ちなみに、選択肢４が明らかに誤りと判断できると思うので、なーんだ計算しなくても答えは出るやん。（46 条、P.119 ～ 122）

1 ○ 居住用建物の貸借の場合、依頼者の承諾をもらっているときを除いて、依頼者の片方から、借賃の半月分（５万円）＋消費税＝ 55,000 円を超えて受領してはいけません。

2 ○ 貸借の場合は、合計で借賃１月分（10 万円）＋消費税＝ 11 万円の枠内で、報酬を受領しなければいけません。なお、店舗用建物の場合は、貸主・借主への請求割合は自由です。貸主Ｂから１月分受け取ったら、借主Ｄからは報酬を受け取ることはできません。

3 ○ 「店舗用建物の貸借」なので、300 万円の権利金を売買代金とみて報酬額を計算することができる。ちなみに 400 万円未満なので「○○×３％＋６万円」は使えない。300 万円×４％＋２万円＝ 14 万円。どちらの業者も消費税の課税業者なので、154,000 円を限度に依頼者から受領できる。したがって、合計で 154,000 円× 2 ＝ 308,000 円以内で受領できる。

4 × 「契約書面の作成の対価」は、報酬とは別料金で依頼者から受領することができません。宅建業者が受け取る報酬の中でまかなわなければいけません。

【問41】宅建業法：業務に関する禁止事項 ★★★

個数問題だけど、これは全部楽勝。１つでも「違反しない」と答えたアナタは、悪徳宅建業者まっしぐら !?（47 条、47 条の 2、P.102 ～ 105）

ア 違反する　宅建業者が、手付を貸し付けて契約を誘引する行為は禁止されてます。

イ 違反する　しつこい勧誘で相手は困ってます。もちろん、宅建業法違反です。

ウ 違反する　業者さん、ノルマが達成できなくて苦しいのはわかりますが、手付解除を拒んではいけません！

エ 違反する　毎度おなじみ。不当に高額の報酬を要求する、その行為自体が違反です。実際に受け取らなければよい、というものではありません。

違反するものはア、イ、ウ、エの「四つ」。選択肢４が正解となる。

正解		
問39　2	問40　4	問41　4

>> 問題

★★

【問42】 **宅地建物取引業者A社（甲県知事免許）がマンション（100戸）を分譲する場合における次の記述のうち、宅地建物取引業法（以下この問において「法」という。）の規定によれば、正しいものはいくつあるか。**

ア　A社が宅地建物取引業者B社にマンションの販売代理を一括して依頼する場合、B社が設置する案内所について、A社は法第50条第2項の規定に基づく業務を行う場所の届出を行わなければならない。

イ　A社は、売買契約の締結をせず、契約の申込みの受付も行わない案内所を設置する場合、法第50条第1項に規定する標識を掲示する必要はない。

ウ　A社がマンションの分譲のために案内所を乙県に設置する場合には、業務を開始する日の10日前までに、乙県知事に法第50条第2項の規定に基づく業務を行う場所の届出を行わなければならない。

1　一つ　　2　二つ　　3　三つ　　4　なし

★★

【問43】 **宅地建物取引業保証協会（以下この問において「保証協会」という。）に関する次の記述のうち、宅地建物取引業法（以下この問において「法」という。）の規定によれば、正しいものはどれか。**

1　宅地建物取引業者が保証協会に加入しようとするときは、当該保証協会に弁済業務保証金分担金を金銭又は有価証券で納付することができるが、保証協会が弁済業務保証金を供託所に供託するときは、金銭でしなければならない。

2　保証協会は、宅地建物取引業の業務に従事し、又は、従事しようとする者に対する研修を行わなければならないが、宅地建物取引士については、法第22条の2の規定に基づき都道府県知事が指定する講習をもって代えることができる。

3　保証協会に加入している宅地建物取引業者（甲県知事免許）は、甲県の区域内に新たに支店を設置する場合、その日までに当該保証協会に追加の弁済業務保証金分担金を納付しないときは、社員の地位を失う。

4　保証協会は、弁済業務保証金から生ずる利息又は配当金、及び、弁済業務保証金準備金を弁済業務保証金の供託に充てた後に社員から納付された還付充当金は、いずれも弁済業務保証金準備金に繰り入れなければならない。

★★★

【問44】 **宅地建物取引業法の規定に基づく監督処分に関する次の記述のうち、誤っているものはどれか。（法改正より、選択肢4を修正している）**

1　国土交通大臣は、すべての宅地建物取引業者に対して、宅地建物取引業の適正な運営を確保するため必要な指導、助言及び勧告をすることができる。

2　国土交通大臣又は都道府県知事は、宅地建物取引業者に対し、業務の停止を命じ、又は必要な指示をしようとするときは聴聞を行わなければならない。

3　宅地建物取引業者は、宅地建物取引業法に違反した場合に限り、監督処分の対象となる。

4　宅地建物取引業者は、宅地建物取引業法第31条の3に規定する専任の宅地建物取引士の設置要件を欠くこととなった場合、2週間以内に当該要件を満たす措置を執らなければ監督処分の対象となる。

解説 ➔ 解答

【問42】 宅建業法：標識・案内所等 ★★

「ウ」は、要件不足の変な問題。本来免許権者にも届出が必要だよなぁ、と思いつつ、誤りとも言い切れないので苦し紛れの「○」。出題者さん、個数問題は、シロクロはっきりしている問題を出してください!! (50条、P.089～092)

ア × 案内所は、販売代理業者のB社が設置しているため、B社が届出を行います。売主Aが届出をするのではありません。

イ × 案内のみの案内所であっても、標識を掲げなければいけません。標識は、宅建業者が業務を行う全ての場所に掲げます。

ウ ○ 「乙県知事のみ」だったら「×」なんだけど。乙県知事にも届け出るし。苦しい解釈で「○」か。

正しいものはウの「一つ」。選択肢1が正解となる。

【問43】 宅建業法：保証協会 ★★

保証協会制度。目新しい問題としては選択肢2と4。 (P.185～190)

1 × 宅建業者が保証協会に加入しようとするときは、保証協会に分担金を「金銭」で納付しなければならない。そして、保証協会が保証金を供託するときは、「金銭又は有価証券」ですることができる。(64条の7、64条の9)

2 × 前半部分は正しい記述ですけど、後半「宅地建物取引士については…都道府県知事が指定する講習をもって代えることができる。」なんていう規定はありません。いかにもあやしい選択肢。ちなみに、この「都道府県知事が指定する講習」とは、いわゆる法定講習のことで、宅地建物取引士証の交付にあたり事前に受ける講習のことだよん。(64条の6)

3 × 社員が支店を増設する場合は、「その日までに」ではなく、「新たに事務所を設置した日から2週間以内」に分担金の追加納付が必要。営業保証金制度の支店増設パターンとのひっかけか。ややこし～。(64条の9)

4 ○ そのとおり。不足額の供託をするのに使った準備金。原因を作った社員から納付を受けた還付充当金はきちんと準備金として戻さないとね。(64条の12)

【問44】 宅建業法：監督処分 ★★★

監督処分の問題。「国土交通大臣はすべての宅地建物取引業者に対して…」と、ほほぉ～、なんかえらそうですわね。ま、そりゃそうなんでしょうが。選択肢3の「×」はわかったかな? (P.194～203)

1 ○ そうそう、そのとおりなんです。国土交通大臣には、そのような権限があり、必要があれば行政指導することができます！ (71条)

2 ○ 宅建業者に対して、業務停止や必要な指示をするなどの不利益な処分を行うにあたっては、聴聞を行って、いわゆる「言い訳の場」を与えてあげなければいけません。(69条)

3 × 宅建業者に対する監督処分は、業務の運営の適正を欠く行為や取引の公正を害する行為に対して課される。なので、宅建業法に違反した場合だけではなく、その他不適正・不公正があった場合にも監督処分の対象となります。(65条)

4 ○ そのとおり。専任の宅地建物取引士が足りなくなってしまった場合、2週間以内に補充できなければ、宅建業法違反。監督処分の対象となります。(65条)

正解		
問42 1	問43 4	問44 3

問題

★★

【問45】特定住宅瑕疵担保責任の履行の確保等に関する法律に基づく住宅販売瑕疵担保保証金の供託又は住宅販売瑕疵担保責任保険契約の締結（以下この問において「資力確保措置」という。）に関する次の記述のうち、正しいものはどれか。

1 宅地建物取引業者は、自ら売主として建設業者である買主との間で新築住宅の売買契約を締結し、当該住宅を引き渡す場合、資力確保措置を講じる必要はない。

2 自ら売主として新築住宅を宅地建物取引業者でない買主に引き渡した宅地建物取引業者は、基準日に係る資力確保措置の状況の届出をしなければ、当該基準日以後、新たに自ら売主となる新築住宅の売買契約を締結することができない。

3 自ら売主として新築住宅を販売する宅地建物取引業者は、住宅販売瑕疵担保保証金の供託をする場合、当該住宅の売買契約を締結するまでに、当該住宅の買主に対し、供託所の所在地等について記載した書面を交付して説明しなければならない。

4 住宅販売瑕疵担保責任保険契約は、新築住宅の買主が保険料を支払うことを約し、住宅瑕疵保責任保険法人と締結する保険契約であり、当該住宅の引渡しを受けた時から10年間、当該住宅の瑕疵によって生じた損害について保険金が支払われる。

★

【問46】独立行政法人住宅金融支援機構（以下この問において「機構」という。）に関する次の記述のうち、誤っているものはどれか。

1 機構は、バリアフリー性、省エネルギー性、耐震性、耐久性・可変性に優れた住宅において、優良住宅取得支援制度を設けている。

2 機構は、証券化支援事業（保証型）において、高齢者が自ら居住する住宅に対してバリアフリー工事又は耐震改修工事を行う場合に、債務者本人の死亡時に一括して借入金の元金を返済する制度を設けている。

3 機構は、証券化支援事業（買取型）において、民間金融機関が貸し付ける長期･固定金利の住宅ローン債権を買取りの対象としている。

4 機構は、経済情勢の著しい変動に伴い、住宅ローンの元利金の支払いが著しく困難となった場合に、償還期間の延長等の貸付条件の変更を行っている。

解説 ➔ 解答

【問45】 住宅瑕疵担保履行法 ★★

特定住宅瑕疵担保責任の履行の確保等に関する法律からの出題。選択肢２や４についてはやや細かいところからの出題。選択肢３は基本的なところからの出題だから正解できたかな？（P.210～213）

1 × 資力確保措置が義務付けられているのは、宅建業者が売主となって、宅建業者でない買主に住宅を引き渡す場合。建設会社は宅建業者でないため、資力確保措置を講じなければならない。紛らわしい！（2条）

2 × やや細かいところからの出題。「基準日以後」ではなく、「基準日の翌日から起算して50日を経過した日以後」、新しい契約を結んではいけません。（13条）

3 ○ 売買契約を締結する前に、供託所についての説明をしておかなければいけません。（15条）

4 × 「買主が保険料を支払う」ことを約すのではなく、「宅建業者が保険料を支払う」ことを約すものでなければいけません。やっぱり、買主さんから保険料とってたらダメですよねぇ。実際は売買価格に上乗せしてとっているのかもしれませんけど。（2条）

【問46】 住宅金融支援機構 ★

住宅金融支援機構の業務。選択肢２は、はじめて聞いたみたいな人が多いかも。選択肢３と４の「○」はなんとかわかってほしいところです。（13条、P.740～744）

1 ○ そのとおり。住宅金融支援機構は、バリアフリー性、省エネルギー性、耐震性、耐久性・可変性に優れた住宅において、優良住宅取得支援制度を設けています。

2 × えーとこれはですね「高齢者向け返済特例制度」っていいまして、満60歳以上の高齢者の方が自ら居住する住宅にバリアフリー工事または耐震改修工事を施すリフォームを行う場合について、返済期間を申込本人の死亡時までとし、毎月の返済は利息のみ。で、借入金の元金は申込本人が亡くなられたときに一括して返済するっていう制度。ひらたくいうと「死んだときにまとめて返済しますね」というしくみ。で、この制度なんだけど、使用できるのは住宅金融支援機構が直接融資している場合のみ。証券化支援事業（保証型）ではこの制度はありません。

3 ○ そのとおり。住宅金融支援機構は、証券化支援事業（買取型）において、民間金融機関が貸し付ける長期固定金利の住宅ローン債権を買取りの対象としている。まさに証券化。

4 ○ 住宅金融支援機構は、経済情勢の著しい変動に伴い、住宅ローンの元利金の支払いが著しく困難となった場合に、償還期間の延長等の貸付条件の変更を行っている。

正解	
問45　3	問46　2

問題

★★★

【問47】 宅地建物取引業者が行う広告等に関する次の記述のうち、不当景品類及び不当表示防止法（不動産の表示に関する公正競争規約を含む。）の規定によれば、正しいものはどれか。

1　分譲宅地（50区画）の販売広告を新聞折込チラシに掲載する場合、広告スペースの関係ですべての区画の価格を表示することが困難なときは、1区画当たりの最低価格、最高価格及び最多価格帯並びにその価格帯に属する販売区画数を表示すれば足りる。

2　新築分譲マンションの販売において、モデル・ルームは、不当景品類及び不当表示防止法の規制対象となる「表示」には当たらないため、実際の居室には付属しない豪華な設備や家具等を設置した場合であっても、当該家具等は実際の居室には付属しない旨を明示する必要はない。

3　建売住宅の販売広告において、実際に当該物件から最寄駅まで歩いたときの所要時間が15分であれば、物件から最寄駅までの道路距離にかかわらず、広告中に「最寄駅まで徒歩15分」と表示することができる。

4　分譲住宅の販売広告において、当該物件周辺の地元住民が鉄道会社に駅の新設を要請している事実が報道されていれば、広告中に地元住民が要請している新設予定時期を明示して、新駅として表示することができる。

【問48】 宅地建物の統計等に関する次の記述のうち、正しいものはどれか。
注：出題ミスがあったため、全員正解となりました。

1　平成23年地価公示（平成23年3月公表）によれば、平成22年の1年間の地価変動率は、全国平均で住宅地がマイナス2.7%、商業地がマイナス3.8%となっており、住宅地は下落率が縮小したものの、商業地は引き続き下落率が拡大している。

2　平成23年版土地白書（平成23年6月公表）によれば、平成22年の売買による土地所有権移転登記の件数は全国で115.4万件となっており、対前年度比2.2%減とここ数年減少が続いている。

3　住宅着工統計（国土交通省、平成23年1月公表）によれば、平成22年の新設住宅着工戸数は、対前年比では3.1%増で、そのうち、持家、貸家、分譲住宅とも前年に比べ増加した。

4　平成21年度法人企業統計年報（財務省、平成22年9月公表）によれば、平成21年度における不動産業の経常利益は約3兆1,000億円となっており、対前年度比5.8%減となった。

★★★

【問49】 土地に関する次の記述のうち、最も不適当なものはどれか。

1　住宅地としての立地条件として最も基本的な条件は、地形、地盤に関することである。

2　山麓部の利用に当たっては、背後の地形、地質、地盤について十分吟味する必要がある。

3　低地は一般に津波や地震などに対して弱く、防災的見地からは住宅地として好ましくない。

4　埋立地は一般に海面に対して数mの比高を持ち、干拓地より災害に対して危険である。

★★

【問50】 建築物の構造に関する次の記述のうち、最も不適当なものはどれか。

1　ラーメン構造は、柱とはりを組み合わせた直方体で構成する骨組である。

2　トラス式構造は、細長い部材を三角形に組み合わせた構成の構造である。

3　アーチ式構造は、スポーツ施設のような大空間を構成するには適していない構造である。

4　壁式構造は、柱とはりではなく、壁板により構成する構造である。

解説 ➔ 解答

【問47】 景品表示法 ★★★

まいどおなじみの景品表示法。選択肢1、3、4はすぐにわかったかな。選択肢2のモデル・ルーム。こんど見に行ったとき、まわりをよく観察してみましょう。(P.730 ～ 738)

1 ○ 広告スペースの関係ですべての区画の価格を表示することが困難なときは、1区画当たりの最低価格、最高価格及び最多価格帯、その価格帯に属する販売区画数を表示すれば足りる。

2 × 実際の居室には付属しない豪華な設備や家具等をモデル・ルームに設置した場合には、「実際にはついていませんよ、これはオプションです」という旨を明示しなければならない。

3 ×「物件から最寄駅までの道路距離にかかわらず」っていうのがダメでしょ。徒歩による所要時間は、道路距離 80 mにつき1分間で算出した数値を表示しなければならない。

4 × あ、これもダメでしょ。新設予定の駅は、その路線の運行主体が公表したものに限り、新設予定時期を明示して、新駅として表示することができる。まだ地域住民の要請中っていう段階だと早過ぎです。

【問48】 統計等 ＊平成 23 年度の統計数値での出題。参考まで＊

【問 48】はこのような統計数値からの出題です。別途、最新データに基づく受験対策レジュメをご用意いたしますのでご活用ください(8月中旬予定)。

1 × 平成 22 年1年間の地価変動率は住宅地も商業地も下落率は縮小でした。

2 × 平成 22 年の売買による土地所有権移転登記の件数は全国で 115.4 万件、「対前年比(1/1 ～ 12/31)」で 2.2%減と平成 16 年より減少が続いていました。しかし、問題文は「対前年度比(4/1 ～ 3/31)」となっているため、誤りとなります。

3 × 貸家は2年連続のダウンでした。

4 × 不動産業の経常利益も増えていました。

【問49】 土地の形質等 ★★★

選択肢4の埋立地と干拓地、埋立地のほう。

1 適当　はい、おっしゃるとおり。

2 適当　これもそう。

3 適当　そうでしょ。

4 不適当　一般に海面以下となる場合が多い干拓地と比較すれば、埋立地のほうが災害に対して安全。

【問50】 建物の構造等 ★★

建物の構造からの出題。選択肢4は、まさに読んでのとおりなので、ありがたい選択肢ですね。

1 適当　そのとおり。

2 適当　これもそう。たとえば、壁を作るときには筋かいを組入れる。三角形がいちばん強い。

3 不適当　アーチ式は、アーチ式っていうくらいだから円弧状に形成したトラス骨組等で、体育館などのスポーツ施設のような大空間を構成するのに適している。

4 適当　読んで字のとおり。

正解			
問47 1	問48 正答なし	問49 4	問50 3

平成22年度本試験問題・解説・解答

≫ 問題

★★★

【問 1】制限行為能力者に関する次の記述のうち、民法の規定によれば、正しいものはどれか。(法改正により選択肢 1 を修正している)

1　土地を売却すると、土地の管理義務を免れることになるので、未成年者が土地を売却するに当たっては、その法定代理人の同意は必要ない。

2　成年後見人が、成年被後見人に代わって、成年被後見人が居住している建物を売却するためには、家庭裁判所の許可が必要である。

3　被保佐人については、不動産を売却する場合だけではなく、日用品を購入する場合も、保佐人の同意が必要である。

4　被補助人が法律行為を行うためには、常に補助人の同意が必要である。

★★★

【問 2】AがA所有の甲土地の売却に関する代理権をBに与えた場合における次の記述のうち、民法の規定によれば、正しいものはどれか。なお、表見代理は成立しないものとする。(法改正により選択肢 3 を修正している)

1　Aが死亡した後であっても、BがAの死亡の事実を知らず、かつ、知らないことにつき過失がない場合には、BはAの代理人として有効に甲土地を売却することができる。

2　Bが死亡しても、Bの相続人はAの代理人として有効に甲土地を売却することができる。

3　未成年者であるBがAの代理人として甲土地をCに売却した後で、Bが未成年者であることをCが知った場合には、CはBが未成年者であることを理由に売買契約を取り消すことができる。

4　Bが売主Aの代理人であると同時に買主Dの代理人としてＡＤ間で売買契約を締結しても、あらかじめ、A及びDの承諾を受けていれば、この売買契約は有効である。

★

【問 3】所有権及びそれ以外の財産権の取得時効に関する次の記述のうち、民法の規定及び判例によれば、誤っているものはどれか。

1　土地の賃借権は、物権ではなく、契約に基づく債権であるので、土地の継続的な用益という外形的かつ客観的事実が存在したとしても、時効によって取得することはできない。

2　自己の所有と信じて占有している土地の一部に、隣接する他人の土地の筆の一部が含まれていても、他の要件を満たせば、当該他人の土地の一部の所有権を時効によって取得することができる。

3　時効期間は、時効の基礎たる事実が開始された時を起算点としなければならず、時効援用者において起算点を選択し、時効完成の時期を早めたり遅らせたりすることはできない。

4　通行地役権は、継続的に行使され、かつ、外形上認識することができるものに限り、時効によって取得することができる。

合格判定基準	50 問中 36 問以上正解（登録講習修了者　45 問中 31 問以上正解）		
受験者データ	申込者数 → 22 万 8,214 人	受験者数 → 18 万 6,542 人	合格者数 → 2 万 8,311 人（合格率 15.2%）

解説 → 解答

【問 1】 民法：制限行為能力者 ★★★

選択肢 2。許可を得ないで成年後見人が成年被後見人の住居を売ったりすると無効になる。（P.402 ～ 409）

1 × たしかに「土地を売却すると、土地の管理義務を免れる」ことになるけどさ、でも、だからといって「未成年者が土地を売却するに当たっては、その法定代理人の同意は必要ない」とはならないでしょ。（5 条）

2 ○ そのとおり。家庭裁判所の許可を得なければなりませぇ～ん。（859 条の 3）

3 × えーとですね、日用品の購入については、同意は不要で単独でできるよん。（13 条）

4 × 被補助人が補助人の同意で助けてもらう法律行為（取引）は、被保佐人がフォローしてもらう「重要な財産上の行為」のなかから選択することになってるわけだ。だから「常に」ということじゃないよね。日用品の購入とかも同意不要で単独でできます。（17 条）

【問 2】 民法：代理 ★★★

代理からの出題。オーソドックスな問題で選択肢 4 が楽勝で「○」。（P.422 ～ 426）

1 × 本人死亡により「代理権消滅」というパターン。「表見代理は成立しない」ということだから、B はもはや代理人ではありません。（111 条）

2 × えーと、代理人が死亡した場合も代理権消滅です。相続しません。（111 条）

3 × 未成年者でも代理人になれます。で、この選択肢は相手方 C が主人公。相手方 C が B が未成年者だということにつき善意だったとしても、取消権などないでしょ。（102 条）

4 ○ そのとおり。ご本人たちの承諾（許諾）があれば双方代理をしてもよい。（108 条）

【問 3】 民法：取得時効 ★

取得時効からの出題。言いまわしがむずかしくてイヤですねぇ～ !(^^)!（P.534 ～ 538）

1 × おっと、土地の賃借権。一定の要件を満たせば時効取得することができるそうです（判例）。

2 ○ 土地の一部についての時効取得も認められています（判例）。

3 ○ そのとおり。取得時効の起算点を自由に選択することはできない（判例）。

4 ○ 地役権も時効により取得できます。（283 条）

正解					
問 1	2	問 2	4	問 3	1

>> 問題

★★

【問 4】 AがBから甲土地を購入したところ、甲土地の所有者を名のるCがAに対して連絡してきた。この場合における次の記述のうち、民法の規定及び判例によれば、正しいものはどれか。

1　ＣもＢから甲土地を購入しており、その売買契約書の日付とＢＡ間の売買契約書の日付が同じである場合、登記がなくても、契約締結の時刻が早い方が所有権を主張することができる。

2　甲土地はＣからＢ、ＢからＡと売却されており、ＣＢ間の売買契約がＢの強迫により締結されたことを理由として取り消された場合には、ＢＡ間の売買契約締結の時期にかかわらず、Ｃは登記がなくてもＡに対して所有権を主張することができる。

3　Ｃが時効により甲土地の所有権を取得した旨主張している場合、取得時効の進行中にＢＡ間で売買契約及び所有権移転登記がなされ、その後に時効が完成しているときには、Ｃは登記がなくてもＡに対して所有権を主張することができる。

4　Ｃは債権者の追及を逃れるために売買契約の実態はないのに登記だけＢに移し、Ｂがそれに乗じてＡとの間で売買契約を締結した場合には、ＣＢ間の売買契約が存在しない以上、Ａは所有権を主張することができない。

★★★

【問 5】 AはBから2,000万円を借り入れて土地とその上の建物を購入し、Bを抵当権者として当該土地及び建物に2,000万円を被担保債権とする抵当権を設定し、登記した。この場合における次の記述のうち、民法の規定及び判例によれば、誤っているものはどれか。

1　ＡがＢとは別にＣから500万円を借り入れていた場合、Ｂとの抵当権設定契約がＣとの抵当権設定契約より先であっても、Ｃを抵当権者とする抵当権設定登記の方がＢを抵当権者とする抵当権設定登記より先であるときには、Ｃを抵当権者とする抵当権が第１順位となる。

2　当該建物に火災保険が付されていて、当該建物が火災によって焼失してしまった場合、Ｂの抵当権は、その火災保険契約に基づく損害保険金請求権に対しても行使することができる。

3　Ｂの抵当権設定登記後にＡがＤに対して当該建物を賃貸し、当該建物をＤが使用している状態で抵当権が実行され当該建物が競売された場合、Ｄは競落人に対して直ちに当該建物を明け渡す必要はない。

4　ＡがＢとは別に事業資金としてＥから500万円を借り入れる場合、当該土地及び建物の購入代金が2,000万円であったときには、Ｂに対して500万円以上の返済をした後でなければ、当該土地及び建物にＥのために２番抵当権を設定することはできない。

★

【問 6】 両当事者が損害の賠償につき特段の合意をしていない場合において、債務の不履行によって生ずる損害賠償請求権に関する次の記述のうち、民法の規定及び判例によれば、正しいものはどれか。

1　債権者は、債務の不履行によって通常生ずべき損害のうち、契約締結当時、両当事者がその損害発生を予見していたものに限り、賠償請求できる。

2　債権者は、特別の事情によって生じた損害のうち、契約締結当時、両当事者がその事情を予見していたものに限り、賠償請求できる。

3　債務者の責めに帰すべき債務の履行不能によって生ずる損害賠償請求権の消滅時効は、本来の債務の履行を請求し得る時からその進行を開始する。

4　債務の不履行に関して債権者に過失があったときでも、債務者から過失相殺する旨の主張がなければ、裁判所は、損害賠償の責任及びその額を定めるに当たり、債権者の過失を考慮することはできない。

解説 ➔ 解答

【問 4】 民法：対抗要件・取得時効 ★★

けっこうおもしろい問題ですよね。アタマの体操みたい。選択肢２は「取消し後に登場してきた人」、選択肢３が「時効との関係」、選択肢４が「通謀虚偽表示」と、あっちこっちからの出題。（177 条、P.524 ～ 538）

1 × えーと、「契約締結の時刻が早い方」が所有権を主張できるのではなく、そりゃやっぱり「登記を先に備えた方」でしょ。まさに対抗要件！(^^)!

2 × 「ＢＡ間の売買契約締結の時期にかかわらず」が誤り。たとえば、ＣがＢの強迫を理由に売買契約を取り消した後、Ｂへの移転登記を抹消してＣ名義の登記に戻さないで放っておいているうちに、その不動産をＢからＡが買ってＡが登記をしちゃった場合、Ｃは自己の所有権を対抗できない(判例)。

3 ○ そのとおり。ＣとＡは当事者の関係となるため、Ｃは登記がなくてもＡに対して所有権を主張することができる(判例)。

4 × 「Ｃは債権者の追及を逃れるために売買契約の実態はないのに登記だけＢに移し」ってこれ、通謀虚偽表示じゃないっすか！　その後名義人ＢがＡに売却。で、もしＡが通謀虚偽表示につき善意だったら、Ａは善意の第三者として所有権を主張できます(判例)。（94 条）

【問 5】 民法：抵当権 ★★★

まあまあオーソドックスな内容かなと。（P.543 ～ 554）

1 ○ 抵当権の順位は登記の前後による。抵当権設定契約の日時の先後はカンケーないです。（373 条）

2 ○ 物上代位で～す。抵当権は火災保険に基づく損害保険金請求権に対しても行使することができまぁ～す。（372 条、304 条）

3 ○ 抵当権が実行（競売）されても「その建物の競売における買受人の買受けの時から６ヶ月を経過するまでは、その建物を買受人に引き渡すことを要しない」ということになっています。６ヶ月間はなんとか住んでいられる。（395 条）

4 × そんなことはないでしょ。債権者が問題にしなければ、500 万円をＢに返済していなくても、２番抵当権を設定することができます。

【問 6】 民法：損害賠償 ★

この問題は漢字が多くて、コムズカシイ感じ。（416 条、418 条、P.468 ～ 471 参考）

1 × 債権者は「債務の不履行によって通常生ずべき損害」を賠償請求できる。「通常生ずべき損害のうち、損害発生を予見していたもの」とはならない。

2 × 特別の事情によって生じた損害であっても、当事者がその事情を予見すべきであったときは、債権者は、その賠償を請求することができる。「予見していたものに限り」とはならない。

3 ○ そのとおり。損害賠償請求権も放っておくと時効で消滅しちゃう。で、その消滅時効はいつから進行するかというと「本来の債務の履行を請求し得る時」からだそうです(判例)。

4 × えーとですね、「債務の不履行に関して債権者に過失があったときは、裁判所は、これを考慮して、損害賠償の責任及びその額を定める」となっています。なので「債務者から過失相殺する旨の主張」がなくても“考慮”しての判断となります。

正解		
問４ ３	問５ ４	問６ ３

>> 問題

★

【問 7】 **民法第423条第1項は、「債権者は、自己の債権を保全するため、債務者に属する権利を行使することができる。 ただし、債務者の一身に専属する権利及び差押えを禁じられた権利は、この限りでない。」と定めている。これに関する次の記述のうち、民法の規定及び判例によれば、誤っているものはどれか。（法改正により問題文を修正している）**

1　債務者が既に自ら権利を行使しているときでも、債権者は、自己の債権を保全するため、民法第423条に基づく債権者代位権を行使することができる場合がある。

2　未登記建物の買主は、売主に対する建物の移転登記請求権を保全するため、売主に代位して、当該建物の所有権保存登記手続を行うことができる場合がある。

3　建物の賃借人は、賃貸人（建物所有者）に対し使用収益を求める債権を保全するため、賃貸人に代位して、当該建物の不法占有者に対し当該建物を直接自己に明け渡すよう請求できる場合がある。

4　抵当権者は、抵当不動産の所有者に対し当該不動産を適切に維持又は保存することを求める請求権を保全するため、その所有者の妨害排除請求権を代位行使して、当該不動産の不法占有者に対しその不動産を直接自己に明け渡すよう請求できる場合がある。

★★

【問 8】 **保証に関する次の記述のうち、民法の規定及び判例によれば、誤っているものはどれか。**

1　保証人となるべき者が、主たる債務者と連絡を取らず、同人からの委託を受けないまま債権者に対して保証したとしても、その保証契約は有効に成立する。

2　保証人となるべき者が、口頭で明確に特定の債務につき保証する旨の意思表示を債権者に対してすれば、その保証契約は有効に成立する。

3　連帯保証ではない場合の保証人は、債権者から債務の履行を請求されても、まず主たる債務者に催告すべき旨を債権者に請求できる。ただし、主たる債務者が破産手続開始の決定を受けたとき、又は行方不明であるときは、この限りでない。

4　連帯保証人が2人いる場合、連帯保証人間に連帯の特約がなくとも、連帯保証人は各自全額につき保証責任を負う。

解説 → 解答

【問 7】 民法：債権者代位権 ★

債権者代位権からの出題。参考まで。（テキスト未掲載）

1 × えーとですね、債権者代位権は、「債務者がまだその権利を行使していないとき」に行使できます。たとえば金銭の代わりにすでに安い宝石を受け取っていた（代物弁済）とか、債務を免除しちゃってたとか、債務者に不利益なものであっても、それをなかったことにしての代位権行使はできません。

2 ○ そのとおり。買主は、売主に対する建物の移転登記請求権を保全するため、売主に代位して、所有権保存登記手続を行うことができる。

3 ○ そのとおり。賃借人は「自己の賃借権の保存」に必要な範囲内で、債権者代位権により、賃貸人の有する所有権に基づく妨害排除請求権を代位行使することができる。

4 ○ そのとおり。第三者が抵当権の目的不動産を損傷したり、その価値を減少させるような行為をしたときは、抵当権者は妨害排除請求権や損害賠償請求権を代位行使することができます。

【問 8】 民法：保証債務 ★★

保証債務からの出題。選択肢1や4の表現がちょっと珍しいかも。でも選択肢2の「保証契約の書面化」。速攻で「×」をふって欲しいところ。選択肢3の「催告の抗弁権」も教材どおりで「○」。（P.480～487）

1 ○ そのとおり。保証契約の成立にあたり、主たる債務者と保証人との間の「保証委託契約」はあってもなくってもよい。

2 × 口頭のみではダメ。保証契約は、書面でしなければ効力を生じない。（446条）

3 ○ 連帯保証人じゃなければ「催告の抗弁権」が認められています。がしかし、「主たる債務者が破産手続開始の決定を受けたとき、又は行方不明であるとき」は行使できない。ま、そりゃそうですよね。（452条）

4 ○ そのとおり。連帯保証人が2人いる共同保証の場合、連帯保証人間に連帯の特約がなくとも、連帯保証人は各自全額につき保証責任を負う。なお2人とも連帯保証人じゃなければ、負担は半額ずつ（分別の利益）となる（判例）。

平成22年度 ≫ 問題・解説・解答

正解			
問7	1	問8	2

問題

★★

【問 9】 契約の解除に関する次の1から4までの記述のうち、民法の規定及び下記判決文によれば、誤っているものはどれか。

(判決文)

同一当事者間の債権債務関係がその形式は甲契約及び乙契約といった2個以上の契約から成る場合であっても、それらの目的とするところが相互に密接に関連付けられていて、社会通念上、甲契約又は乙契約のいずれかが履行されるだけでは契約を締結した目的が全体としては達成されないと認められる場合には、甲契約上の債務の不履行を理由に、その債権者が法定解除権の行使として甲契約と併せて乙契約をも解除することができる。

1　同一当事者間で甲契約と乙契約がなされても、それらの契約の目的が相互に密接に関連付けられていないのであれば、甲契約上の債務の不履行を理由に甲契約と併せて乙契約をも解除できるわけではない。

2　同一当事者間で甲契約と乙契約がなされた場合、甲契約の債務が履行されることが乙契約の目的の達成に必須であると乙契約の契約書に表示されていたときに限り、甲契約上の債務の不履行を理由に甲契約と併せて乙契約をも解除することができる。

3　同一当事者間で甲契約と乙契約がなされ、それらの契約の目的が相互に密接に関連付けられていても、そもそも甲契約を解除することができないような付随的義務の不履行があるだけでは、乙契約も解除することはできない。

4　同一当事者間で甲契約（スポーツクラブ会員権契約）と同時に乙契約（リゾートマンションの区分所有権の売買契約）が締結された場合に、甲契約の内容たる屋内プールの完成及び供用に遅延があると、この履行遅延を理由として乙契約を民法第541条により解除できる場合がある。

★★

【問10】 遺言に関する次の記述のうち、民法の規定によれば、正しいものはどれか。

1　自筆証書遺言は、その内容をワープロ等で印字していても、日付と氏名を自署し、押印すれば、有効な遺言となる。

2　疾病によって死亡の危急に迫った者が遺言する場合には、代理人が2名以上の証人と一緒に公証人役場に行けば、公正証書遺言を有効に作成することができる。

3　未成年であっても、15歳に達した者は、有効に遺言をすることができる。

4　夫婦又は血縁関係がある者は、同一の証書で有効に遺言をすることができる。

★★

【問11】 借地借家法第23条の借地権（以下この問において「事業用定期借地権」という。）に関する次の記述のうち、借地借家法の規定によれば、正しいものはどれか。

1　事業の用に供する建物の所有を目的とする場合であれば、従業員の社宅として従業員の居住の用に供するときであっても、事業用定期借地権を設定することができる。

2　存続期間を10年以上20年未満とする短期の事業用定期借地権の設定を目的とする契約は、公正証書によらなくとも、書面又は電磁的記録によって適法に締結することができる。

3　事業用定期借地権が設定された借地上にある建物につき賃貸借契約を締結する場合、建物を取り壊すこととなるときに建物賃貸借契約が終了する旨を定めることができるが、その特約は公正証書によってしなければならない。

4　事業用定期借地権の存続期間の満了によって、その借地上の建物の賃借人が土地を明け渡さなければならないときでも、建物の賃借人がその満了をその1年前までに知らなかったときは、建物の賃借人は土地の明渡しにつき相当の期限を裁判所から許与される場合がある。

解説 → 解答

【問 9】 民法：判決文（契約の解除） ★★

なにを言っているかというと、要は「2つの契約があるんだけど、両方ちゃんとやらないと目的が達成できない」という状況下にあって、片一方が債務不履行で解除となっちゃったら、もう一方も解除ということにしましょうね、というようなこと。（P.496 ～ 501 参考）

1 ○ そりゃそうでしょ。「それらの契約（甲契約と乙契約）の目的が相互に密接に関連付けられていない」っていうんだから、別々に考えましょうね。甲が解除になったとしても、そもそもカンケーないんだから「乙契約を解除」とはならない。

2 × 判例によりますと「乙契約書においてその目的が表示されていたかどうかにかかわらず、甲契約の履行遅滞を理由として民法 541 条により甲契約と併せて乙契約をも解除することができる」だそうです。そう、「表示していたときに限り」の「限り」がそもそも怪しい。

3 ○ そのとおり。単なる付随的義務（要はオマケみたいなもの）の不履行だったら、さほど大げさにはならないでしょ。

4 ○ そのとおり。っていうか、そもそもこの判決文は「同一当事者間で甲契約（スポーツクラブ会員権契約）と同時に乙契約（リゾートマンションの区分所有権の売買契約）が締結された場合」でのトラブルについてのものです。

【問10】 民法：相続 ★★

相続からの出題。遺言特集ですね。選択肢４がなにげにおもしろい。（P.634 ～ 636）

1 × 出たぁ～ワープロ遺言。自筆証書遺言っていうくらいなんだから「自筆証書によって遺言をするには、遺言者が、その全文、日付及び氏名を自書し、これに印を押さなければならない」でしょ。無効です。なお、自筆証書に添付する財産目録はパソコン作成、通帳のコピーなどでも OK。ただし、財産目録の各ページ（各葉）に署名押印が必要となる。（968 条）

2 × 死亡の危急に迫った者が遺言をしようとするときは、「証人３人以上の立会い」と「その一人に遺言の趣旨を口述」してすることができる。これは一般危急時遺言という方式で、公正証書遺言とは別の方式です。（976 条）

3 ○ そのとおり。満 15 歳に達したものは、遺言をすることができる。（961 条）

4 × えーと、いくら生前に仲が良くても、遺言は別々にしましょうよ。遺言は、２人以上の者が同一の証書ですることができない。共同遺言は禁止です。（975 条）

【問11】 借地借家法：借地 ★★

事業用定期借地権からの出題。選択肢１は「居住用」なので×。設定できません。（23条、P.589～590）

1 × えーとですね、この事業用定期借地権なんですけど、社宅だろうが賃貸マンションだろうが、とにかく居住用だとダメです。

2 × 存続期間が短期（10 年以上 20 年未満）であったとしても、事業用定期借地権の設定を目的とする契約は、公正証書によってしなければなりません。

3 × よく読めば、「取壊し予定の建物の賃貸借」というシチュエーション。たしかに「（契約により）建物を取り壊すこととなるときに建物賃貸借契約が終了する旨」を特約として定めることができる。で、この特約は書面であればオッケー。公正証書によらなくてもよい。

4 ○ そのとおり。事業用定期借地権なので存続期間満了で建物は取壊し。で、建物の賃借人は、裁判所より土地の明渡しにつき相当の期限を許与される場合がある。（P.600）

正　解					
問 9	2	問10	3	問11	4

平成22年度 問題・解説・解答

問題

★★

【問12】 Aは、B所有の甲建物につき、居住を目的として、期間2年、賃料月額10万円と定めた賃貸借契約（以下この問において「本件契約」という。）をBと締結して建物の引渡しを受けた。この場合における次の記述のうち、民法及び借地借家法の規定並びに判例によれば、誤っているものはどれか。

1　本件契約期間中にBが甲建物をCに売却した場合、Aは甲建物に賃借権の登記をしていなくても、Cに対して甲建物の賃借権があることを主張することができる。

2　AがBとの間の信頼関係を破壊し、本件契約の継続を著しく困難にした場合であっても、Bが本件契約を解除するためには、民法第541条所定の催告が必要である。

3　本件契約が借地借家法第38条の定期建物賃貸借契約であって、造作買取請求権を排除する特約がない場合、Bの同意を得てAが甲建物に付加した造作については、期間満了で本件契約が終了するときに、Aは造作買取請求権を行使できる。

4　本件契約が借地借家法第38条の定期建物賃貸借契約であって、賃料の改定に関する特約がない場合、契約期間中に賃料が不相当になったと考えたA又はBは、賃料の増減額請求権を行使できる。

★★★

【問13】 建物の区分所有等に関する法律に関する次の記述のうち、正しいものはどれか。

1　専有部分が数人の共有に属するときは、規約で別段の定めをすることにより、共有者は、議決権を行使すべき者を2人まで定めることができる。

2　規約及び集会の決議は、区分所有者の特定承継人に対しては、その効力を生じない。

3　敷地利用権が数人で有する所有権その他の権利である場合には、区分所有者は、規約で別段の定めがあるときを除き、その有する専有部分とその専有部分に係る敷地利用権とを分離して処分することができる。

4　集会において、管理者の選任を行う場合、規約に別段の定めがない限り、区分所有者及び議決権の各過半数で決する。

★

【問14】 不動産の登記事項証明書の交付の請求に関する次の記述のうち、誤っているものはどれか。

1　登記事項証明書の交付を請求する場合は、書面をもって作成された登記事項証明書の交付のほか、電磁的記録をもって作成された登記事項証明書の交付を請求することもできる。

2　登記事項証明書の交付を請求するに当たり、請求人は、利害関係を有することを明らかにする必要はない。

3　登記事項証明書の交付を請求する場合は、登記記録に記録されている事項の全部が記載されたもののほか、登記記録に記録されている事項のうち、現に効力を有するもののみが記載されたものを請求することもできる。

4　送付の方法による登記事項証明書の交付を請求する場合は、電子情報処理組織を使用して請求することができる。

解説 → 解答

【問12】 借地借家法：借家 ★★

定期建物賃貸借がらみで、選択肢4はちょっと珍しいところからの出題かな。(P.594～605)

1 ○ 借家人Aは建物の引渡しを受けているので対抗力あり。所有者がCに代わったとしても賃借権があることを主張できます。(31条)

2 × えーとですね、「信頼関係を破壊し、本件契約の継続を著しく困難にした場合」なんだから、催告なしで解除できる(判例)。

3 ○ 定期建物賃貸借契約であってもなくっても、借家人には造作買取請求権が認められています。「造作買取請求権を排除する特約がない」といってますので「期間満了で本件契約が終了するときに、Aは造作買取請求権を行使できる」で「○」。(33条)

4 ○ 定期建物賃貸借契約の場合、「借賃増減請求権に関する規定は、借賃の改定に係る特約がある場合には適用しない」という規定があります。つまり特約があれば増減請求はできない。で、この選択肢の場合、「賃料の改定に関する特約がない」ということなので、賃料の増減額請求権を行使できる。(38条、32条)

【問13】 区分所有法 ★★★

いいじゃん、いいじゃん。オーソドックスな項目からの出題です。(P.668～690)

1 × 専有部分が数人の共有に属する(例：夫婦で共有名義にしている)というような場合、共有者は、議決権を行使すべき者一人を定めなければなりません。「2人まで定めることができる」なんてことはない。(40条)

2 × そんなことはないでしょ。もしそうだったら新入居者は好き勝手し放題です。規約及び集会の決議は、区分所有者の特定承継人に対しても、その効力を生じます。(46条)

3 × 逆です。敷地利用権が数人で有する所有権その他の権利である場合には、区分所有者は、その有する専有部分とその専有部分に係る敷地利用権とを分離して処分することができない。ただし、規約に別段の定めがあるときは、この限りでない。つまり分離処分ができます。(22条)

4 ○ そのとおり。区分所有者は、規約に別段の定めがない限り集会の決議(区分所有者及び議決権の各過半数)によって、管理者を選任し、又は解任することができる。(25条)

【問14】 不動産登記法 ★

「不動産の登記事項証明書の交付の請求」だけに的を絞った問題。(119条、P.644～659)

1 × 「電磁的記録をもって作成された登記事項証明書」というと、いわゆる電子データということになりましょうか。そのデータの状態での交付は請求できない。

2 ○ そのとおり。利害関係を有することを明らかにする必要はない。

3 ○ 全部事項証明書のほか、現在事項証明書(登記記録に記録されている事項のうち現に効力を有するもの)の交付請求もできます。

4 ○ そのとおり。登記事項証明書は、郵送(送付)してもらうこともできる。で、郵送による交付請求を電子情報処理組織(インターネット)を使用して行うこともできる。

正解		
問12 2	問13 4	問14 1

>> 問題

★★

【問15】 国土利用計画法第23条の都道府県知事への届出（以下この問において「事後届出」という。）に関する次の記述のうち、正しいものはどれか。

1　宅地建物取引業者Aが、自ら所有する市街化区域内の5,000㎡の土地について、宅地建物取引業者Bに売却する契約を締結した場合、Bが契約締結日から起算して2週間以内に事後届出を行わなかったときは、A及びBは6月以下の懲役又は100万円以下の罰金に処せられる場合がある。

2　事後届出に係る土地の利用目的について、甲県知事から勧告を受けた宅地建物取引業者Cは、甲県知事に対し、当該土地に関する権利を買い取るべきことを請求することができる。

3　乙市が所有する市街化調整区域内の10,000㎡の土地と丙市が所有する市街化区域内の2,500㎡の土地について、宅地建物取引業者Dが購入する契約を締結した場合、Dは事後届出を行う必要はない。

4　事後届出に係る土地の利用目的について、丁県知事から勧告を受けた宅地建物取引業者Eが勧告に従わなかった場合、丁県知事は、その旨及びその勧告の内容を公表しなければならない。

★★★

【問16】 都市計画法に関する次の記述のうち、正しいものはどれか。

1　市街化区域については、少なくとも用途地域を定めるものとし、市街化調整区域については、原則として用途地域を定めないものとされている。

2　準都市計画区域は、都市計画区域外の区域のうち、新たに住居都市、工業都市その他の都市として開発し、及び保全する必要がある区域に指定するものとされている。

3　区域区分は、指定都市、中核市及び施行時特例市の区域の全部又は一部を含む都市計画区域には必ず定めるものとされている。

4　特定用途制限地域は、用途地域内の一定の区域における当該区域の特性にふさわしい土地利用の増進、環境の保護等の特別の目的の実現を図るため当該用途地域の指定を補完して定めるものとされている。

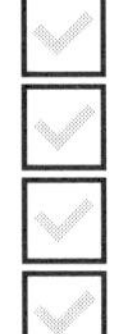

★★★

【問17】 都市計画法に関する次の記述のうち、誤っているものはどれか。なお、この問における都道府県知事とは、地方自治法に基づく指定都市、中核市及び施行時特例市にあってはその長をいうものとする。また、各選択肢に掲げる行為は、都市計画事業、土地区画整理事業、市街地再開発事業、住宅街区整備事業及び防災街区整備事業の施行として行うもの、公有水面埋立法第2条第1項の免許を受けた埋立地で行うもの並びに非常災害のため必要な応急措置として行うものを含まない。

1　区域区分が定められていない都市計画区域内において、20戸の分譲住宅の新築を目的として5,000㎡の土地の区画形質の変更を行おうとする場合は、都道府県知事の許可を受けなければならない。

2　市街化調整区域のうち開発許可を受けた開発区域以外の区域内において、土地の区画形質の変更を伴わずに、床面積が150㎡の住宅の全部を改築し、飲食店としようとする場合には、都道府県知事の許可を受けなければならない。

3　開発許可を受けた開発区域内において、当該区域内の土地の所有権を有し、かつ、都市計画法第33条第1項第14号に規定する同意をしていない者は、開発行為に関する工事が完了した旨の公告があるまでの間は、その権利の行使として建築物を新築することができる。

4　開発許可申請者以外の者は、開発許可を受けた開発区域内のうち、用途地域等の定められていない土地の区域においては、開発行為に関する工事が完了した旨の公告があった後は、都道府県知事の許可を受けなくとも、当該開発許可に係る予定建築物以外の建築物を新築することができる。

解説 ➔ 解答

【問15】 国土利用計画法 ★★

選択肢1はよく読まないとAを読み飛ばすかも。（P.354～359）

1 × えーとですね、そもそも事後届出は権利を取得したほう（B）が、契約締結日から起算して2週間以内に事後届出を行わなければならないもんでしょ。で、それをBが怠った場合、Bは6月以下の懲役又は100万円以下の罰金に処せられる場合があるけど、Aは罰則を受けません。（23条、47条）

2 × 事後届出をして勧告を受けたとしても、都道府県知事への権利の買取請求などできません。

3 ○ そのとおり。当事者の一方又は双方が国、地方公共団体である場合、事後届出は不要です。（23条）

4 × 「公表することができる」です。「公表しなければならない」ではありません。（26条）

【問16】 都市計画法：都市計画全般 ★★★

それにしても選択肢1。なんでこんなにカンタンな問題を出すんだよぉ～。

1 ○ 市街化区域については、少なくとも用途地域を定めるものとし、市街化調整区域については、原則として用途地域を定めないものとされています。出題者さん、ありがとう。（13条、P.224）

2 × えーと、この「新たに住居都市、工業都市その他の都市として開発し、及び保全する必要がある区域」というフレーズは準都市計画区域の能書きじゃなくて、都市計画区域（ニュータウン型）の能書き。（5条の2、P.218～219）

3 × おっと「必ず」。ご注意あれ。区域区分は「指定都市の区域の全部又は一部を含む都市計画区域」には定めなければならないけど、それよりも規模が小さくなる中核市や施行時特例市を含む都市計画区域にあっては「必ず」ではありません。（7条、P.222～223）

4 × 「特定用途制限地域」はどこに指定するかというと「用途地域が定められていない土地の区域（市街化調整区域を除く）」です。（9条、P.238）

【問17】 都市計画法：開発許可 ★★★

問題文が長いけど、要は「開発許可が不要となる例外は考えないでね」ということ。（P.266、278～281）

1 ○ 区域区分の定めのない都市計画区域内だと、3,000㎡以上となる開発行為を行う場合、開発許可が必要です。（29条）

2 ○ 「市街化調整区域のうち開発許可を受けた開発区域以外の区域内」での建築行為については都道府県知事の許可が必要。建築物を改築し「農林漁業系の建築物」や「図書館、公民館、変電所などの公益上必要な建築物」以外の建築物とする際もおなじ。（43条）

3 ○ 開発行為に同意していないんだから、工事完了の公告があるまでの間であっても新築できるでしょ。（37条）

4 × 開発許可申請者以外の者であっても、許可を受けずに予定建築物以外を新築することはできない。（42条）

正解		
問15 3	問16 1	問17 4

問題

★★★

【問18】 3階建て、延べ面積600㎡、高さ10mの建築物に関する次の記述のうち、建築基準法の規定によれば、正しいものはどれか。

1　当該建築物が木造であり、都市計画区域外に建築する場合は、確認済証の交付を受けなくとも、その建築工事に着手することができる。
2　用途が事務所である当該建築物の用途を変更して共同住宅にする場合は、確認を受ける必要はない。
3　当該建築物には、有効に避雷設備を設けなければならない。
4　用途が共同住宅である当該建築物の工事を行う場合において、2階の床及びこれを支持するはりに鉄筋を配置する工事を終えたときは、中間検査を受ける必要がある。

★★

【問19】 建築物の用途規制に関する次の記述のうち、建築基準法の規定によれば、誤っているものはどれか。ただし、用途地域以外の地域地区等の指定及び特定行政庁の許可は考慮しないものとする。

1　建築物の敷地が工業地域と工業専用地域にわたる場合において、当該敷地の過半が工業地域内であるときは、共同住宅を建築することができる。
2　準住居地域内においては、原動機を使用する自動車修理工場で作業場の床面積の合計が150㎡を超えないものを建築することができる。
3　近隣商業地域内において映画館を建築する場合は、客席の部分の床面積の合計が200㎡未満となるようにしなければならない。
4　第一種低層住居専用地域内においては、高等学校を建築することはできるが、高等専門学校を建築することはできない。

★★★

【問20】 宅地造成及び特定盛土等規制法に関する次の記述のうち、誤っているものはどれか。なお、この問における都道府県知事とは、地方自治法に基づく指定都市、中核市及び施行時特例市にあってはその長をいうものとする。（法改正により問題文、選択肢すべてを修正している）

1　宅地を宅地以外の土地にするために行う土地の形質の変更は、宅地造成に該当しない。
2　宅地造成等工事規制区域内において行われる宅地造成等に関する工事は、擁壁、排水施設の設置など、宅地造成等に伴う災害を防止するため必要な措置が講ぜられたものでなければならない。
3　宅地造成等工事規制区域内の土地において、地表水等を排除するための排水施設の除却の工事を行おうとする者は、宅地造成等に関する工事の許可を受けた場合を除き、工事に着手する日までに、その旨を都道府県知事に届け出なければならない。
4　宅地造成等工事規制区域内の土地の所有者、管理者又は占有者は、宅地造成等に伴う災害が生じないよう、その土地を常時安全な状態に維持するように努めなければならない。

解説 ➔ 解答

【問18】 建築基準法 ★★★

選択肢１と２は楽勝だったと思うけど、選択肢３と４はちょっと手こずったかも。(6 条、P.335 ～ 339)

1 × ３階建ての木造ということだから、都市計画区域外であっても、建築工事に着手するには建築確認（確認済証の交付）が必要で～す。

2 × 事務所（特殊建築物以外）を共同住宅（特殊建築物）にする場合、その用途に供する部分の床面積が 200㎡超であれば建築確認が必要で～す。

3 × えーとですね、「高さ 20 mを超える建築物には、有効に避雷設備を設けなければならない」とされてます。で、高さ 10 mの建築物だから避雷設備の設置義務はありません。(33 条、P.287)

4 ○ そのとおり。ちょっとマニアックなところからの出題でしたね。(7 条の 3)

【問19】 建築基準法 ★★

丸々１問、選択肢４つとも「用途制限」というのは、近年では珍しいパターン。(48 条、P.295 ～ 300)

1 ○ えーと「敷地の過半が工業地域内」ということだから、工業地域として扱われる。ということで、工業地域には住宅の建築は可能です。工業専用地域だったら住宅は建築できないけどね。

2 ○ そのとおり。準住居地域内においては、原動機を使用する自動車修理工場で作業場の床面積の合計が 150㎡を超えないものを建築することができる。

3 × 近隣商業地域には、客席部分の床面積にかかわらず、映画館を建築できる。ミニシアターとかじゃなくてもだいじょうぶ。

4 ○ そうなのよね。第一種低層住居専用地域内でも高等学校は建築できるけど、大学とおなじ扱いとなる高等専門学校は建築できません。

【問20】 宅地造成及び特定盛土等規制法 ★★★

まいどおなじみの選択肢が並びます。得点源にしようぜ。(P.342 ～ 350)

1 ○ 宅地を宅地以外の土地にするために行う土地の形質の変更は、宅地造成に該当しない。(2 条)

2 ○ そのとおり。擁壁、排水施設の設置など、宅地造成等に伴う災害を防止するため、一定の技術的基準を満たしているものでなければなりません。(13 条)

3 × おっと「工事に着手する日まで」じゃなくて「工事に着手する日の 14 日前まで」に都道府県知事に届け出なければならない。(21 条、施行令 26 条)

4 ○ そのとおり。土地の所有者のほか、管理者や占有者も、宅地造成等に伴う災害が生じないよう、その土地を常時安全な状態に維持するように努めなければなりません。(22 条)

正解		
問18 4	問19 3	問20 3

問題

★

【問21】 土地区画整理法に関する次の記述のうち、誤っているものはどれか。

1　施行地区の土地についての土地区画整理事業は、都市計画事業として施行されることから、これを土地収用法第３条各号の一に規定する事業に該当するものとみなし、同法の規定を適用する。

2　宅地について所有権を有する者は、１人で、又は数人共同して、当該権利の目的である宅地及び一定の区域の宅地以外の土地について土地区画整理事業を施行することができる。

3　宅地について所有権を有する者が設立する土地区画整理組合は、当該権利の目的である宅地を含む一定の区域の土地について土地区画整理事業を施行することができる。

4　国土交通大臣は、施行区域の土地について、国の利害に重大な関係がある土地区画整理事業で特別の事情により急施を要すると認められるもののうち、国土交通大臣が施行する公共施設に関する工事と併せて施行することが必要であると認められるものについては自ら施行することができる。

★★★

【問22】 農地法（以下この問において「法」という。）に関する次の記述のうち、誤っているものはどれか。（法改正により選択肢２、４を修正している）

1　農地を相続した場合、その相続人は、法第３条第１項の許可を受ける必要はないが、遅滞なく、農業委員会にその旨を届け出なければならない。

2　宅地に転用する目的で市街化区域外の農地を購入する場合は、農地の権利移動に係る法第３条第１項の許可のほか、農地転用に係る法第４条第１項の都道府県知事等の許可を受ける必要がある。

3　会社の代表者が、その会社の業務に関し、法の規定に違反して転用行為をした場合は、その代表者が罰せられるのみならず、その会社も１億円以下の罰金刑が科せられる。

4　賃貸借の存続期間については、民法上は50年を超えることができないこととされており、農地の賃貸借についても、50年までの存続期間が認められる。

★

【問23】 特定の贈与者から住宅取得等資金の贈与を受けた場合の相続時精算課税の特例（60歳未満の親からの贈与についても相続時精算課税の選択を可能とする措置）に関する次の記述のうち、正しいものはどれか。

1　60歳未満の親から住宅用家屋の贈与を受けた場合でも、この特例の適用を受けることができる。

2　父母双方から住宅取得のための資金の贈与を受けた場合において、父母のいずれかが60歳以上であるときには、双方の贈与ともこの特例の適用を受けることはできない。

3　住宅取得のための資金の贈与を受けた者について、その年の所得税法に定める合計所得金額が2,000万円を超えている場合でも、この特例の適用を受けることができる。

4　相続時精算課税の適用を受けた贈与財産の合計額が2,500万円以内であれば、贈与時には贈与税は課されないが、相続時には一律20%の税率で相続税が課される。

解説 → 解答

【問21】 土地区画整理法 ★

選択肢２や３。なんかあらたまって聞かれるとちょっとドギマギしてしまうかも。（3条、P.366～367）

1 × 出たぁ～土地収用法。あのですね、土地区画整理事業は「収用」というスタンスではなくて「換地」というスタンス。土地収用法を使って「どけコラ、立ちのかんかい。収用するぞオラ」みたいな感じにはならない。

2 ○ そのとおり。個人施行者についての記述です。

3 ○ そのとおり。こちらは毎度おなじみの土地区画整理組合。なにをいまさら。

4 ○ そのとおり。国土交通大臣も土地区画整理事業を施行することができますけど、一定の場合に限られています。

【問22】 農地法 ★★★

選択肢３は両罰規定。法人も罰金刑に処せられます。（P.381～386）

1 ○ 農地法３条の許可を受けずに（＝相続で）所有権の移転などがあったときは農業委員会に届け出てね。なぜ届出かというと「相続で誰が権利者になったのか」を把握したいがゆえ。（3条の3）

2 × この場合は農地法５条の許可でオッケー。本来だったら「権利移動で３条の許可。手に入れた農地を転用するので４条の許可」なのだけど、やっぱりそりゃ面倒だろうということで、この５条の許可が用意されたそうです。（5条）

3 ○ 法人が違反した場合は、その行為者を罰するほか、法人も１億円以下の罰金が科せられる。（67条）

4 ○ 農地又は採草放牧地の賃貸借については、その期間を50年までとすることができる。（19条）

【問23】 贈与税 ★

住宅取得等資金の贈与を受けた場合の相続財産課税の特例からの出題。むずかしかったかも。（P.737～739）

1 × えーとですね、この特例は、「住宅取得等資金」の贈与を受けた場合に適用される。住宅用家屋の贈与を受けた場合には適用されない。

2 × 双方の贈与ともこの特例を受けることができる。

3 ○ そのとおり。相続時精算課税を選択しているので、所得制限はありません。

4 × 贈与時には贈与税は課されないけど、相続時には相続により取得した財産に、贈与財産を加えて相続税を計算する。税率は10%～55%。一律に20%ではない。

正解		
問21　1	問22　2	問23　3

問題

★★★
【問24】不動産取得税に関する次の記述のうち、正しいものはどれか。

1　生計を一にする親族から不動産を取得した場合、不動産取得税は課されない。
2　交換により不動産を取得した場合、不動産取得税は課されない。
3　法人が合併により不動産を取得した場合、不動産取得税は課されない。
4　販売用に中古住宅を取得した場合、不動産取得税は課されない。

★★
【問25】不動産の鑑定評価に関する次の記述のうち、不動産鑑定評価基準によれば、誤っているものはどれか。

1　原価法は、求めた再調達原価について減価修正を行って対象物件の価格を求める手法であるが、建設費の把握が可能な建物のみに適用でき、土地には適用できない。
2　不動産の効用及び相対的稀少性並びに不動産に対する有効需要の三者に影響を与える要因を価格形成要因といい、一般的要因、地域要因及び個別的要因に分けられる。
3　正常価格とは、市場性を有する不動産について、現実の社会経済情勢の下で合理的と考えられる条件を満たす市場で形成されるであろう市場価値を表示する適正な価格をいう。
4　取引事例に係る取引が特殊な事情を含み、これが当該取引事例に係る価格等に影響を及ぼしているときは、適切に補正しなければならない。

★★★
【問26】宅地建物取引業の免許（以下この問において「免許」という。）に関する次の記述のうち、正しいものはどれか。

1　農地所有者が、その所有する農地を宅地に転用して売却しようとするときに、その販売代理の依頼を受ける農業協同組合は、これを業として営む場合であっても、免許を必要としない。
2　他人の所有する複数の建物を借り上げ、その建物を自ら貸主として不特定多数の者に反復継続して転貸する場合は、免許が必要となるが、自ら所有する建物を貸借する場合は、免許を必要としない。
3　破産管財人が、破産財団の換価のために自ら売主となり、宅地又は建物の売却を反復継続して行う場合において、その媒介を業として営む者は、免許を必要としない。
4　信託業法第3条の免許を受けた信託会社が宅地建物取引業を営もうとする場合、免許を取得する必要はないが、その旨を国土交通大臣に届け出ることが必要である。

★★★
【問27】宅地建物取引業の免許（以下この問において「免許」という。）に関する次の記述のうち、正しいものはどれか。

1　法人Aの役員のうちに、破産手続開始の決定がなされた後、復権を得てから5年を経過しない者がいる場合、Aは、免許を受けることができない。
2　法人Bの役員のうちに、宅地建物取引業法の規定に違反したことにより、罰金の刑に処せられ、その刑の執行が終わった日から5年を経過しない者がいる場合、Bは、免許を受けることができない。
3　法人Cの役員のうちに、刑法第204条（傷害）の罪を犯し懲役1年の刑に処せられ、その刑の執行猶予期間を経過したが、その経過した日から5年を経過しない者がいる場合、Cは、免許を受けることができない。
4　法人Dの役員のうちに、道路交通法の規定に違反したことにより、科料に処せられ、その刑の執行が終わった日から5年を経過しない者がいる場合、Dは、免許を受けることができない。

解説 ➔ 解答

【問24】 不動産取得税 ★★★

それにしてもカンタンな問題でよかったです。(P.705～708)

1 × そんな規定はないでしょ!(^^)!　土地や家屋を売買や贈与などにより取得した者に、不動産取得税は課されます。

2 × だから交換による取得の場合でも不動産取得税は課されるんだってばっ。

3 ○ そのとおり。相続による取得や法人の合併による取得については、不動産取得税は課されません。

4 × 販売用だとしても、中古だとしても、不動産取得税は課されます。

【問25】 不動産鑑定評価 ★★

地価公示法か鑑定評価か。この年は不動産鑑定評価。選択肢3の「○」がわかればよし。(P.700～703)

1 × 土地に関しても、造成地・埋立地などで再調達原価を適切に求めることができる場合には、原価法の適用が可能である。「土地には適用できない」だと「×」だよね。

2 ○ そのとおり。でもムズカシイからパス。

3 ○ そのとおり。わ、うれしいじゃない。正常価格。サービス問題。

4 ○ これもそうだよね。適切に補正しなければなりません。

【問26】 宅建業法：宅建業の免許・要不要 ★★★

宅建業の免許・要不要の問題。選択肢3は、よぉ～く読んでみよう!!(2条、3条、P.029～037)

1 × 宅地の売買の代理を業として行う場合、農業協同組合といえども、宅建業の免許が必要です。

2 × まいどおなじみの自ら貸主。そして転貸借ヒッカケ。いずれも宅建業の免許は不要です。

3 × よぉーく読むと、破産管財人が行う宅地建物の「売却の媒介」をするということなのね。そりゃあなた、宅地建物の売買の媒介を業として行うということであれば、宅建業の免許が必要です。

4 ○ おっと信託会社。免許を取得する必要はありませんが、その旨を国土交通大臣に届け出なければなりません。(77条)

【問27】 宅建業法：免許の基準 ★★★

まいどおなじみの「免許の基準」からの出題。(5条、P.053～064)

1 × まいどおなじみの破産。復権を得ていればオッケー。法人Aは免許を受けることができる。

2 ○ 出たぁ～ワル者。「宅地建物取引業法の規定に違反したことにより、罰金の刑に処せられ、その刑の執行が終わった日から5年を経過しない者」はドンピシャの免許不可。法人Bは免許を受けることができません。

3 × 執行猶予中の場合だと免許不可となりますが、執行猶予期間が満了したのであればオッケー。5年を待つ必要もありません。法人Cは免許を受けることができる。

4 × おっと科料。免許不可とはなりません。法人Dは免許を受けることができる。

正解							
問24	3	問25	1	問26	4	問27	2

問題

★★

【問28】 次の記述のうち、宅地建物取引業法（以下この問において「法」という。）の規定によれば、正しいものはどれか。

1　免許を受けている個人Aが死亡した場合、相続人にAの免許は承継されないが、相続人は、Aが生前に締結した契約に基づく取引を結了するための業務を行うことができるので、当該業務が終了した後に廃業届を提出すればよい。

2　免許を受けている法人Bが免許を受けていない法人Cとの合併により消滅した場合、Cは、Bが消滅した日から30日以内に、Bを合併した旨の届出を行えば、Bが受けていた免許を承継することができる。

3　免許を受けている個人Dが、自己の名義をもって個人Eに宅地建物取引業を営ませる行為は、Eが免許を受けているとしても、法第13条で禁止する名義貸しに該当する。

4　免許を受けている法人Fが、宅地建物取引業保証協会の社員でない場合は、営業保証金を供託し、その旨を免許権者に届け出た後でなければ事業を開始してはならないので、当該届出前に宅地建物取引業を営む目的で広告をした行為は、法第12条で禁止する無免許事業に該当する。

★★★

【問29】 次の記述のうち、宅地建物取引業法の規定によれば、正しいものはどれか。なお、この問において、「事務所」とは同法第31条の3に規定する事務所等をいう。

1　宅地建物取引業者は、その事務所ごとに、公衆の見やすい場所に、免許証及び国土交通省令で定める標識を掲げなければならない。

2　宅地建物取引業者は、その事務所ごとに従業者名簿を備える義務を怠った場合、監督処分を受けることはあっても罰則の適用を受けることはない。

3　宅地建物取引業者は、各事務所の業務に関する帳簿を主たる事務所に備え、取引のあったつど、その年月日、その取引に係る宅地又は建物の所在及び面積等の事項を記載しなければならない。

4　宅地建物取引業者は、その事務所ごとに一定の数の成年者である専任の宅地建物取引士を置かなければならないが、既存の事務所がこれを満たさなくなった場合は、2週間以内に必要な措置を執らなければならない。

★★★

【問30】 宅地建物取引士の登録（以下この問において「登録」という。）及び宅地建物取引士証に関する次の記述のうち、民法及び宅地建物取引業法の規定によれば、正しいものはどれか。（法改正により選択肢1を修正している）

1　未成年者は、登録実務講習を修了すれば、法定代理人から宅地建物取引業を営むことについての許可を受けていなくても登録を受けることができる。

2　登録を受けている者は、宅地建物取引士証の交付を受けていない場合は、その住所に変更があっても、登録を受けている都道府県知事に変更の登録を申請する必要はない。

3　宅地建物取引士証を亡失し、その再交付を申請している者は、再交付を受けるまでの間、宅地建物取引業法第35条に規定する重要事項の説明をする時は、宅地建物取引士証に代えて、再交付申請書の写しを提示すればよい。

4　甲県知事から宅地建物取引士証の交付を受けている者が、宅地建物取引士としての事務を禁止する処分を受け、その禁止の期間中に本人の申請により登録が消除された場合は、その者が乙県で宅地建物取引士資格試験に合格したとしても、当該期間が満了しないときは、乙県知事の登録を受けることができない。

解説 → 解答

【問28】 宅建業法：免許制度・各種届出 ★★

選択肢１とか、一瞬「そうかな」と思わすなんて、憎いねぇ〜。(P.044 〜 047)

1 × 廃業届の提出は、「当該業務が終了した後」じゃなくてその個人業者Ａが死亡したことを知った日から 30 日以内にしなければならない。(11 条)

2 × えーと、法人の合併によっても免許は承継されません。合併により消滅した場合、消滅したほうのＢを代表する役員が 30 日以内に廃業の届出をする。そもそも、この選択肢にあるような「合併した旨の届出をＣがする」みたいな規定はありません。(11 条)

3 ○ そのとおり。Ｅが免許業者であっても、「自己名義をもって他人に宅建業を営ませる」ことに変わりないので、名義貸しに該当。違反です。(13 条)

4 × えーと、実際に法人Ｆは免許を受けているので「無免許事業」とはならないでしょ。あ、もちろん「営業保証金の供託の届出前の開業」自体は宅建業法違反ですが。(P.176)

【問29】 宅建業法：標識・従業者名簿・帳簿 ★★★

「事務所」シリーズ。内容としてはせこいヒッカケ多用問題。(P.087 〜 092)

1 × あっはっは。免許証だって。そんなもんは掲げません。標識は掲げなければなりませんが。(50 条)

2 × いやいや、そんなことはなくって、従業者名簿を備える義務を怠った場合、業務停止などの監督処分の対象となるほか、罰則として「50 万円以下の罰金」が用意されている。(48 条、65 条、83 条)

3 × おっと、読み飛ばすところだった。「各事務所の業務に関する帳簿を主たる事務所に備え」だって。「主たる事務所に備え」じゃなくて「その事務所ごとに備え」るんだよね。(49 条)

4 ○ そのとおり。２週間以内に必要な措置を執らなければならない。(31 条の 3)

【問30】 宅建業法：宅地建物取引士 ★★★

選択肢３がギャグっぽくって笑えます。あっはっは。そんなはずないでしょ！(^^)! (P.071 〜 073)

1 × 法定代理人から許可を受けていないんだもんね。宅建業に係る営業に関し成年者と同一の行為能力を有しない未成年者は登録できないっす。(18 条)

2 × そんなわけないでしょ。宅地建物取引士証の交付を受けていないとしても、「住所」は宅地建物取引士の登録簿の登載事項なので、変更の登録を申請しないといけません。(20 条)

3 × あっはっは。「再交付申請書の写しを提示すればよい」だって。そんなわけないでしょ。再交付を受けるまで、重要事項の説明とかはしちゃいけません。(35 条、P.152)

4 ○ そのとおり。事務の禁止期間中に本人の申請により登録が消除された場合は、事務の禁止期間が満了するまで登録はできません。乙県で合格したとしてもムダな抵抗。(18 条)

正解		
問28　3	問29　4	問30　4

問題

★★★

【問31】 宅地建物取引業者の営業保証金に関する次の記述のうち、宅地建物取引業法の規定によれば、誤っているものはどれか。なお、この問において、「還付請求権者」とは、同法第27条第1項の規定に基づき、営業保証金の還付を請求する権利を有する者をいう。

1　宅地建物取引業者は、宅地建物取引業に関し不正な行為をし、情状が特に重いとして免許を取り消されたときであっても、営業保証金を取り戻すことができる場合がある。

2　宅地建物取引業者は、免許の有効期間満了に伴い営業保証金を取り戻す場合は、還付請求権者に対する公告をすることなく、営業保証金を取り戻すことができる。

3　宅地建物取引業者は、一部の支店を廃止したことにより、営業保証金の額が政令で定める額を超えた場合は、還付請求権者に対し所定の期間内に申し出るべき旨を公告し、その期間内にその申出がなかったときに、その超過額を取り戻すことができる。

4　宅地建物取引業者は、宅地建物取引業保証協会の社員となった後において、社員となる前に供託していた営業保証金を取り戻す場合は、還付請求権者に対する公告をすることなく、営業保証金を取り戻すことができる。

★★

【問32】 宅地建物取引業者Aがその業務に関して行う広告に関する次の記述のうち、宅地建物取引業法（以下この問において「法」という。）の規定によれば、正しいものはいくつあるか。

ア　Aが行う広告については、実際のものよりも著しく優良又は有利であると人を誤認させるような表示をしてはならないが、誤認させる方法には限定がなく、宅地又は建物に係る現在又は将来の利用の制限の一部を表示しないことにより誤認させることも禁止されている。

イ　Aがテレビやインターネットを利用して行う広告は、新聞の折込チラシや配布用のチラシと異なり法の規制の対象とならない。

ウ　Aが行う広告については、実際のものよりも著しく優良又は有利であると人を誤認させるような表示であっても、誤認による損害が実際に発生しなければ、監督処分の対象とならない。

1　一つ　　2　二つ　　3　三つ　　4　なし

★★★

【問33】 宅地建物取引業者Aが、Bから自己所有の宅地の売買の媒介を依頼された場合における当該媒介に係る契約に関する次の記述のうち、宅地建物取引業法（以下この問において「法」という。）の規定によれば、正しいものはどれか。

1　Aは、Bとの間で専任媒介契約を締結したときは、宅地建物取引士に法第34条の2第1項の規定に基づき交付すべき書面の記載内容を確認させた上で、当該宅地建物取引士をして記名押印させなければならない。

2　Aは、Bとの間で有効期間を2月とする専任媒介契約を締結した場合、Bの申出により契約を更新するときは、更新する媒介契約の有効期間は当初の有効期間を超えてはならない。

3　Aは、Bとの間で一般媒介契約（専任媒介契約でない媒介契約）を締結する際、Bから媒介契約の有効期間を6月とする旨の申出があったとしても、当該媒介契約において3月を超える有効期間を定めてはならない。

4　Aは、Bとの間で締結した媒介契約が一般媒介契約であるか、専任媒介契約であるかにかかわらず、宅地を売買すべき価額をBに口頭で述べたとしても、法第34条の2第1項の規定に基づき交付すべき書面に当該価額を記載しなければならない。

解説 → 解答

【問31】 宅建業法：営業保証金 ★★★

営業保証金からの出題。それも「営業保証金の取戻し」に絞っての内容。（30条、P.182～183）

1 ○ 取り戻せます。「宅地建物取引業に関し不正な行為をし、情状が特に重いとして免許を取り消された」というと、なんかペナルティー的に営業保証金は没収されちゃうような気がするけど、そんなことはありません。

2 × 免許の有効期間満了に伴う場合であったとしても、宅建業に関する取引をして債権をもっている人がいるかもしれないので、そりゃやっぱり公告しないとダメでしょ。

3 ○ そのとおり。一部の支店を廃止。還付請求権者に対し所定の期間内に申し出るべき旨を公告し、その期間内にその申出がなかったときに、その超過額を取り戻すことができる。

4 ○ 営業保証金の供託の代替が宅地建物取引業保証協会への加入。保証協会の社員となった場合は、公告なしで取り戻せます。

【問32】 宅建業法：広告 ★★

こんなカンタンな問題だと、受験生全員が正解しちゃうんじゃないでしょうか。（32条、P.099）

ア ○ そりゃそうでしょ。誤認させる方法には限定がなく、宅地又は建物に係る現在又は将来の利用の制限の一部を表示しない（例：都市計画事業が施されることを伏せておく）ことにより誤認させることも禁止されている。

イ × これを「○」にしたアナタ。じゃさ、インターネット（例：ホームページ）だと誇大広告をバンバンしてもいいっていうんでしょうか。そんなのダメでしょ。

ウ × 出たぁ～「誤認による損害が実際に発生しなければ、監督処分の対象とならない」だって。そんなはずないでしょ。誇大広告による実害がなくても誇大広告をしたということで違反を問われ、監督処分の対象となる。（65条）

正しいのはアの「一つ」。選択肢1が正解となる。

【問33】 宅建業法：媒介契約 ★★★

選択肢1は「宅建業者」の記名押印。選択肢2がちょっと意味（出題意図）がわかりにくいかも。（34条の2、P.108～112）

1 × 出たぁ～。媒介契約書への記名押印は、媒介に実際に携わる宅地建物取引業者が行う。

2 × なんか一瞬、よく意味のわからない選択肢。媒介契約の有効期間を当初「2月」としたら更新も「2月」とする、というようなヒッカケなんでしょうか。当初2ヶ月でも、更新する場合の有効期間は3ヶ月以内だったらオッケー。

3 × 一般媒介の場合、有効期間についての制限なし。

4 ○ ごちゃごちゃ書いてありますけど、媒介契約書には「売買すべき価額又はその評価額」を記載しなければならない。

正解		
問31 2	問32 1	問33 4

問題

★★

【問34】次の記述のうち、宅地建物取引業法（以下この問において「法」という。）の規定によれば、正しいものはどれか。

1　宅地建物取引業者が建物の貸借の媒介を行う場合、借賃以外に金銭の授受があるときは、その額及び授受の目的について、法第35条に規定する重要事項を記載した書面に記載しているのであれば、法第37条の規定により交付すべき書面（以下この問において「37条書面」という。）に記載する必要はない。

2　宅地建物取引業者が区分所有建物の貸借の媒介を行う場合、損害賠償額の予定又は違約金に関する特約の内容について、37条書面に記載する必要はないが、売買の媒介を行う場合は、当該内容について37条書面に記載する必要がある。

3　土地付建物の売買契約において、買主が金融機関から住宅ローンの承認を得られなかったときは契約を無条件で解除できるという取り決めがある場合、当該売買の媒介を行う宅地建物取引業者は、自ら住宅ローンのあっせんをする予定がなくても、37条書面にその取り決めの内容を記載する必要がある。

4　宅地建物取引業者Aが、宅地建物取引業者でないBから建物の売却の依頼を受け、AとBとの間で専属専任媒介契約を締結した場合、Aが探索した相手方以外の者とBとの間で売買契約を締結したときの措置について、AとBとの間で取り決めがなければ、Aは法第34条の2第1項の規定に基づき交付すべき書面に記載する必要はない。

★★★

【問35】宅地建物取引業法第35条に規定する重要事項の説明を宅地建物取引士が行う場合における次の記述のうち、誤っているものはどれか。なお、説明の相手方は宅地建物取引業者ではないものとする。（法改正により問題文を修正している）

1　建物の売買の媒介の場合は、建築基準法に規定する建蔽率及び容積率に関する制限があるときはその概要を説明しなければならないが、建物の貸借の媒介の場合は説明する必要はない。

2　宅地の売買の媒介の場合は、土砂災害警戒区域等における土砂災害防止対策の推進に関する法律第6条第1項により指定された土砂災害警戒区域内にあるときはその旨を説明しなければならないが、建物の貸借の媒介の場合は説明する必要はない。

3　建物の売買の媒介の場合は、住宅の品質確保の促進等に関する法律第5条第1項に規定する住宅性能評価を受けた新築住宅であるときはその旨を説明しなければならないが、建物の貸借の媒介の場合は説明する必要はない。

4　宅地の売買の媒介の場合は、私道に関する負担について説明しなければならないが、建物の貸借の媒介の場合は説明する必要はない。

★★★

【問36】宅地建物取引業法第35条に規定する重要事項の説明を宅地建物取引士が行う場合における次の記述のうち、同条の規定に違反しないものはどれか。なお、説明の相手方は宅地建物取引業者ではないものとする。（法改正により問題文を修正している）

1　中古マンションの売買の媒介において、当該マンションに係る維持修繕積立金については説明したが、管理組合が保管している維持修繕の実施状況についての記録の内容については説明しなかった。

2　自ら売主となる新築住宅の売買において、重要事項の説明の時点で契約不適合を担保すべき責任の履行に関する責任保険の契約を締結する予定であることは説明したが、当該責任保険の概要については説明しなかった。

3　宅地の売買の媒介において、当該宅地が急傾斜地の崩壊による災害の防止に関する法律第3条の規定に基づく急傾斜地崩壊危険区域内にあることは説明したが、立木竹の伐採には都道府県知事の許可を受けなければならないことについては説明しなかった。

4　建物の売買の媒介において、登記された権利の種類及び内容については説明したが、移転登記の申請の時期については説明しなかった。

解説 ➔ 解答

【問34】 宅建業法：契約書面の交付（37 条書面）・媒介契約 ★★

選択肢３の解除ヒッカケが上手ですね～。憎いねこのこのぉ～。(37 条)

1 × 借賃以外の雑費関連について。37 条書面にも「その額及び授受の目的」を記載する必要があります。(P.161、173)

2 × 損害賠償額の予定又は違約金に関する定め（特約）があるときは、売買の媒介を行う場合のほか、貸借の媒介を行うときであっても、その特約内容を 37 条書面に記載しなければなりません。(P.174)

3 ○ おっと「自ら住宅ローンをあっせんする定めがなくても」っていうところがヒッカケか。「自ら住宅ローンをあっせんする定め」がなくても「住宅ローンの承認を得られなかったときは契約を無条件で解除できるという取り決め」があるというのであれば、契約の解除に関する定め（特約）があるということになるので 37 条書面に記載しなければならない。(P.174)

4 × あらま、これは媒介契約書（法第 34 条の２第１項の規定に基づき交付すべき書面）からの出題じゃないですか。専属専任媒介契約の場合、依頼者が自己発見取引をしたときの措置（ペナルティー）を定めなければなりません。「取り決めがなければ記載する必要はない」ということにはなりませーん !!（P.112）

【問35】 宅建業法：重要事項の説明（35 条書面） ★★★

「土砂災害警戒区域」については、建物の貸借の場合でもちゃんと説明してあげましょうよ。(35 条、P.157 ～ 161)

1 ○ そのとおり。建物の貸借の媒介だと、建蔽率や容積率はある意味、どうでもいい。説明する必要はない。

2 × あっはっは。あのですね「土砂災害警戒区域内」なんでしょ。「ここ危ないっすよ」ということですよね。建物の貸借の媒介だったとしても、それは伝えましょうよ。「賃貸だから、ま、土石流に巻き込まれてもしょうがないか」というワケにもいかない。

3 ○ そのとおり。「住宅性能評価」を受けた新築住宅である旨の説明は、建物の貸借の媒介の場合は説明する必要はない。

4 ○ そのとおり。単なる建物の貸借の媒介だと、私道がどうのという敷地の話はまったく関係がない。ということで建物の貸借の媒介の場合は説明する必要はない。

【問36】 宅建業法：重要事項の説明（35 条書面） ★★★

選択肢４の「移転登記の申請の時期」は説明不要だよ～。(35 条)

1 違反する　維持修繕の実施状況の記録も説明せねばならぬ。(P.167)

2 違反する　責任保険の概要も説明せねばならぬ。(P.163)

3 違反する　立竹木の伐採も許可だっていうことも説明せねばならぬ。っていうか、そもそも急傾斜地崩壊危険区域内の宅地なんて買うのをやめよう。(P.157 参考)

4 違反しない　「移転登記の申請の時期」は重要事項として説明不要だよー。しかしまたなんで、こんなカンタンな選択肢を（笑）。(P.156、172)

正　解		
問34　3	問35　2	問36　4

問題

★★★

【問37】宅地建物取引業者Aが、売主Bと買主Cとの間の宅地の売買について媒介を行う場合において、宅地建物取引業法（以下この問において「法」という。）第37条の規定により交付すべき書面（以下この問において「37条書面」という。）に関する次の記述のうち、法の規定によれば、正しいものはどれか。

1　Aが、宅地建物取引士をして、37条書面に記名させた場合には、37条書面の交付を、宅地建物取引士でないAの代表者や従業員が行ってもよい。

2　公正証書によってなされる売買契約の場合には、当該公正証書に宅地建物取引士の記名がなくても、法第35条に規定する書面に宅地建物取引士の記名があれば、当該公正証書をもって37条書面に代えることができる。

3　B及びCが宅地建物取引業者である場合には、37条書面において、引渡しの時期の記載を省略することができる。

4　37条書面に記名する宅地建物取引士は、法第35条に規定する書面に記名した宅地建物取引士と同一の者でなければならない。

★★★

【問38】宅地建物取引業者Aが、自ら売主となり、宅地建物取引業者でない買主Bとの間で締結した宅地の売買契約について、Bが宅地建物取引業法第37条の2の規定に基づき、いわゆるクーリング・オフによる契約の解除をする場合における次の記述のうち、正しいものはどれか。

1　Bが、自ら指定したホテルのロビーで買受けの申込みをし、その際にAからクーリング・オフについて何も告げられず、その3日後、Aのモデルルームで契約を締結した場合、Bは売買契約を解除することができる。

2　Bは、テント張りの案内所で買受けの申込みをし、その際にAからクーリング・オフについて書面で告げられ、契約を締結した。その5日後、代金の全部を支払い、翌日に宅地の引渡しを受けた。この場合、Bは売買契約を解除することができる。

3　Bは、喫茶店で買受けの申込みをし、その際にAからクーリング・オフについて書面で告げられ、翌日、喫茶店で契約を締結した。その5日後、契約解除の書面をAに発送し、その3日後に到達した。この場合、Bは売買契約を解除することができない。

4　Bは、自ら指定した知人の宅地建物取引業者C（CはAから当該宅地の売却について代理又は媒介の依頼を受けていない。）の事務所で買受けの申込みをし、その際にAからクーリング・オフについて何も告げられず、翌日、Cの事務所で契約を締結した場合、Bは売買契約を解除することができない。

解説 → 解答

【問37】 宅建業法：契約書面の交付（37条書面） ★★★

選択肢1や選択肢3はすぐに解答できたでしょ。これも受験生全員が正解しちゃいそうですよね。（37条、P.170～173）

1 ○ そのとおり。37条書面への記名は宅地建物取引士がしなければならないけど、37条書面の交付については特に規定はない。宅地建物取引士でないAの代表者や従業員が行ってもよい。

2 × ほほぉ～公正証書ねぇ。公正証書を契約書面（37条書面）とするんだったら、やっぱり宅地建物取引士の記名が必要ですよね。「法第35条に規定する書面に宅地建物取引士の記名があれば、当該公正証書をもって37条書面に代えることができる」というのが、なんとなくそれらしいけど。

3 × あっはっは。なにをいまさら、こんなの出しちゃって。業者間の取引であっても、引渡しの時期の記載は省略できないでしょ。37条書面に記載がなければならない。

4 × 同一人物のほうが望ましいんだけど、37条書面・35条書面に記名する宅地建物取引士は、同一の者でなくても差し支えない。

【問38】 宅建業法：宅建業者が売主（クーリング・オフ） ★★★

クーリング・オフからの出題。「自ら指定したホテルのロビー」「テント張りの案内所」「喫茶店」「自ら指定した知人の宅地建物取引業者の事務所」はいずれもクーリング・オフ可能となる場所です。マニアックだなぁ～、こんなのばっかり集めちゃって。（37条の2、P.130～133）

1 ○ 「自ら指定したホテルのロビー」で買受けの申込みをしているため、その後に専任の宅地建物取引士の設置義務があるモデルルーム（クーリング・オフできない場所）で契約を締結したとしても、Bは、まだ「8日以内」なので売買契約を解除することができる。

2 × えーとですね、どこで申し込もうとも、「代金の全部を支払い、翌日に宅地の引渡しを受けた」ということだと、もはやクーリング・オフはできません。

3 × クーリング・オフは発信主義。申込者等が「申込みの撤回等をする旨の書面」を発した時にその効力を生ずる。宅建業者に到達した時点ではありません。クーリング・オフについて書面で告げられた日から8日以内に「発信」しているのでクーリング・オフ（解除）できます。

4 × えーとですね、宅建業者Cが「Aから当該宅地の売却について代理又は媒介の依頼を受けていた」という場合だったら、Cの事務所での「買受けの申込み」についてはクーリング・オフ制度の適用はないんだけど、そうじゃないみたいだもんねぇ。クーリング・オフ（解除）できます。

正解			
問37	1	問38	1

問題

★★★

【問39】宅地建物取引業者Aが、自ら売主として宅地建物取引業者でない買主Bとの間で宅地の売買契約を締結した場合における次の記述のうち、民法及び宅地建物取引業法の規定並びに判例によれば、正しいものはどれか。（法改正により選択肢 3、4 を修正している）

1　当事者の債務不履行を理由とする契約の解除に伴う損害賠償の予定額を定めていない場合、損害賠償の請求額は売買代金の額を超えてはならない。

2　当事者の債務不履行を理由とする契約の解除に伴う損害賠償の予定額を売買代金の２割とし、違約金の額を売買代金の１割とする定めは、これらを合算した額が売買代金の３割を超えていないことから有効である。

3　Aが、当該売買契約の解除を行う場合は、Bに対して「手付の倍額を提供して、契約を解除する。」という意思表示を書面で行うことのみをもって、契約を解除することができる。

4　Aは、当該売買契約の締結日にBから手付金を受領し、翌日、Bから内金を受領した。その２日後、AがBに対して、手付の倍額を現実に提供することによる契約解除の申出を行った場合、Bは、契約の履行に着手しているとしてこれを拒むことができる。

★★★

【問40】宅地建物取引業者Aが、自ら売主として宅地建物取引業者でないBとの間で宅地（代金 2,000 万円）の売買契約を締結する場合における次の記述のうち、宅地建物取引業法の規定によれば、正しいものはどれか。（法改正により選択肢1を修正している）

1　Aは、当該宅地が品質に関して契約の内容に適合しない場合におけるその不適合を担保すべき責任に関し、そのBの通知期間につき、当該宅地の引渡しの日から３年とする特約をすることができる。

2　Aは、当事者の債務不履行を理由とする契約の解除に伴う損害賠償の予定額を 300 万円とし、かつ、違約金を 300 万円とする特約をすることができる。

3　Aは、Bの承諾がある場合においても、「Aが契約の履行に着手した後であっても、Bは手付を放棄して、当該売買契約を解除することができる」旨の特約をすることができない。

4　当該宅地が、Aの所有に属しない場合、Aは、当該宅地を取得する契約を締結し、その効力が発生している場合においても、当該宅地の引渡しを受けるまでは、Bとの間で売買契約を締結することができない。

解説 → 解答

【問39】 宅建業法：宅建業者が売主（複合） ★★★

手付からの出題。でもこれ、純粋に宅建業法のみから作成されていなくて「民法及び宅地建物取引業法の規定並びに判例」による複合問題。でも選択肢４があっけなく「○」で正解。（P.136 ～ 138）

1 × なんじゃこりゃ。損害賠償の予定額を定めていない場合は、実際の損害の状況をみて額が決まる。「損害賠償の請求額は売買代金の額を超えてはならない」というような規定はありません。

2 × えーと、損害賠償の予定額と違約金の額を合わせて代金の額の２割までです。これらを合算した額が売買代金の２割を超えていたら２割を超える部分については無効となる。「３割を超えていないことから有効である」は誤り。（38 条）

3 × 「意思表示を書面で行うことのみ」では足りない。実際に、手付の倍額を現実に提供しての解除です。（39 条）

4 ○ そのとおり。手付の放棄・倍額を現実に提供することによる解除は、相手方が履行に着手する前であればできます。ということで、Ｂは、契約の履行に着手しているとしてＡからの手付による解除を拒むことができます。（39 条）

【問40】 宅建業法：宅建業者が売主（複合） ★★★

宅建業者が売主となる場合の制限からの出題。「担保責任についての特約の制限」「損害賠償の予定等の制限」「手付の額の制限等」「他人物売買の禁止」と、棚卸決算セールみたいな問題。

1 ○ 買主の通知期間を「引渡しから２年以上」とする特約は OK です。（40 条、P.140）

2 × えーと、損害賠償の予定額と違約金の額は、合わせて代金の額の２割までです。この問題でいうと 400 万円まで。ということで「債務不履行を理由とする契約の解除に伴う損害賠償の予定額を 300 万円とし、かつ、違約金を 300 万円とする特約」はできません。（38 条、P.136）

3 × 手付の放棄・倍返しによる解除は、本来は相手方が履行に着手する前までなんだけど、そこは特約で調整できます。とはいえ買主に不利となる特約は無効。でもこの選択肢だと「売主業者Ａが契約の履行に着手した後であっても、Ｂは手付を放棄して、当該売買契約を解除することができる」という買主有利な内容なのでオッケー。特約は有効です。（39 条、P.138）

4 × 売主業者の「他人物売買」は禁止されていますけど、この選択肢の場合、「当該宅地を取得する契約を締結」していて「効力も発生している」ということなので、まだ代金決済とか引渡しが済んでいなくても、当該宅地の売買契約を締結できます。（33 条の 2、P.127）

正解			
問39	4	問40	1

>> 問題

★★

【問41】 宅地建物取引業者Aが、自ら売主として宅地建物取引業者でない買主Bとの間で、建築工事完了前のマンションの売買契約を締結するに当たり、宅地建物取引業法第 41 条の規定に基づく手付金等の保全措置（以下この問において「保全措置」という。）が必要な場合における次の記述のうち、同法の規定によれば、誤っているものはいくつあるか。

ア　売買契約において、当該マンションの代金の額の10%に相当する額の中間金を支払う旨の定めをしたが、Aが保全措置を講じないことを理由に、Bが当該中間金を支払わないときは、Aは、Bの当該行為が債務不履行に当たるとして契約を解除することができる。

イ　Aが受領した手付金の返還債務を連帯して保証することを委託する契約をAとAの代表取締役との間であらかじめ締結したときは、Aは、当該マンションの代金の額の20%に相当する額を手付金として受領することができる。

ウ　Aが受領した手付金の返還債務のうち、保全措置を講ずる必要があるとされた額を超えた部分についてのみ保証することを内容とする保証委託契約をAと銀行との間であらかじめ締結したときは、Aは、この額を超える額の手付金を受領することができる。

エ　手付金の受領後遅滞なく保全措置を講じる予定である旨を、AがあらかじめBに対して説明したときは、Aは、保全措置を講じることなく当該マンションの代金の額の10%に相当する額を手付金として受領することができる。

1　一つ　　2　二つ　　3　三つ　　4　四つ

★★★

【問42】 宅地建物取引業者（消費税課税事業者）の媒介により建物の賃貸借契約が成立した場合における次の記述のうち、宅地建物取引業法の規定によれば、正しいものはどれか。なお、借賃及び権利金（権利設定の対価として支払われる金銭であって返還されないものをいう。）には、消費税相当額を含まないものとする。

1　依頼者と宅地建物取引業者との間であらかじめ報酬の額を定めていなかったときは、当該依頼者は宅地建物取引業者に対して国土交通大臣が定めた報酬の限度額を報酬として支払わなければならない。

2　宅地建物取引業者は、国土交通大臣の定める限度額を超えて報酬を受領してはならないが、相手方が好意で支払う謝金は、この限度額とは別に受領することができる。

3　宅地建物取引業者が居住用建物の貸主及び借主の双方から媒介の依頼を受けるに当たって借主から承諾を得ていなければ、借主から借賃の1.1月分の報酬を受領することはできない。

4　宅地建物取引業者が居住用建物以外の建物の貸借の媒介を行う場合において、権利金の授受があるときは、当該宅地建物取引業者が受領できる報酬額は、借賃の1.1月分又は権利金の額を売買代金の額とみなして算出した金額のいずれか低い方の額を上限としなければならない。

解説 → 解答

【問41】 宅建業法：宅建業者が売主（手付金等の保全措置） ★★

手付金等の保全措置からの出題。工事完了前の物件なので、手付金等の保全措置を講じなくてもよいのは、手付金等の額が代金の５％以下の場合です。記述イがおもしろい。（41 条、P.143 ～ 144）

ア × そんなことはないでしょ。宅地建物取引業者が手付金等の保全措置を講じないときは、買主は手付金等を支払わないことができる。これは正当な権利なので、債務不履行にはなりませぇ～ん。

イ × あっはっは。Ａの社長（代表取締役）の気持ちはわかりますが。あのですね、Ａが負う手付金の返還債務について、Ａの代表取締役が連帯保証人になったとしても、手付金等の保全措置を講じたことにはならない。銀行等が債務を連帯保証するとかじゃないとダメ。

ウ × だからこれ、過去何回も出題されてますけど、保全措置は、受領する手付金等の合計額をカバーするものじゃなければダメ。「保全措置を講じる必要があるとされた額（代金の５％以下）を超えた部分についてのみ」じゃないんだってば。

エ × えーとですね、「手付金の受領後遅滞なく保全措置を講じる予定」ではダメです。手付金等を受領する前に、保全措置を講じなければなりません。

誤っているものはア、イ、ウ、エの「四つ」。選択肢４が正解となる。

【問42】 宅建業法：報酬 ★★★

宅建業者が受領する報酬からの出題。なんだ、事例での計算問題じゃないんだ。計算苦手な方、よかったですね。選択肢３が「○」。あっけなくカンタンな問題でした。（46 条、P.115、120 ～ 122）

1 × えーとですね、「国土交通大臣が定めた報酬の限度額」っていうのは読んで字のとおり限度額でありまして、報酬を受領するんだったらばこの限度額を超えないでねというニュアンス。報酬の額を定めていなかったときはこの限度額になるというものではない。

2 × もらいたいです、謝金。でもダメなんだよなぁ～。宅建業者は、法定された額を超えて報酬を受領することはできません。別途受領できるとすれば、「依頼者の依頼によって行う広告の料金」かな。

3 ○ そのとおり。賃貸借の媒介の場合の仲介手数料（報酬）は、借賃の 1.1 月分（消費税込み）となる。で、居住用の建物の仲介の場合は、依頼者双方（貸主・借主）から半月分ずつ。どちらか片方が「１ヶ月分を払いますよ」と承諾しているのであれば、その承諾している方から受領してもよい。ということで、借主から承諾を得ていなければ、借主から借賃の 1.1 月分の報酬を受領することはできない。

4 × なんじゃこりゃ。居住用建物以外の建物の貸借の媒介といってるので権利金の額を売買代金の額とみなして報酬額を算出してもいいんだけど「いずれか低い方の額」ではなくて「いずれか高い方の額」が限度でしょ。

正解			
問41	4	問42	3

問題

★★★

【問43】宅地建物取引業保証協会（以下この問において「保証協会」という。）に関する次の記述のうち、正しいものはどれか。（法改正により選択肢１、２を修正している）

1　宅地建物取引業者が保証協会の社員となる前に、当該宅地建物取引業者と宅地建物取引業に関し取引をした者（宅地建物取引業者に該当する者を除く）は、その取引により生じた債権に関し、弁済業務保証金について弁済を受ける権利を有する。

2　保証協会の社員である宅地建物取引業者と宅地建物取引業に関し取引をした者（宅地建物取引業者に該当する者を除く）が、その取引により生じた債権に関し、弁済業務保証金について弁済を受ける権利を実行するときは、当該保証協会の認証を受けるとともに、当該保証協会に対し、還付請求をしなければならない。

3　保証協会から還付充当金を納付すべきことの通知を受けた社員は、その通知を受けた日から１月以内に、その通知された額の還付充当金を当該保証協会に納付しなければならない。

4　保証協会は、新たに宅地建物取引業者がその社員として加入しようとするときは、あらかじめ、その旨を当該宅地建物取引業者が免許を受けた国土交通大臣又は都道府県知事に報告しなければならない。

★★

【問44】宅地建物取引業法の規定に基づく監督処分に関する次の記述のうち、正しいものはどれか。

1　国土交通大臣は、宅地建物取引業者Ａ（甲県知事免許）に対し、宅地建物取引業の適正な運営を確保するため必要な勧告をしたときは、遅滞なく、その旨を甲県知事に通知しなければならない。

2　甲県知事は、乙県知事の登録を受けている宅地建物取引士に対し、甲県の区域内において宅地建物取引士として行う事務に関し不正な行為をしたことを理由として指示処分をしようとするときは、あらかじめ、乙県知事に協議しなければならない。

3　宅地建物取引業者Ａ（甲県知事免許）が、乙県の区域内における業務に関し乙県知事から指示処分を受けたときは、甲県に備えられる宅地建物取引業者名簿には、当該指示の年月日及び内容が記載される。

4　甲県知事は、宅地建物取引業者Ｂ（国土交通大臣免許）に対し、甲県の区域内における業務に関し取引の関係者に損害を与えたことを理由として指示処分をしたときは、その旨を甲県の公報により公告しなければならない。

★★

【問45】特定住宅瑕疵担保責任の履行の確保等に関する法律に基づく住宅販売瑕疵担保保証金の供託又は住宅販売瑕疵担保責任保険契約の締結（以下この問において「資力確保措置」という。）に関する次の記述のうち、正しいものはどれか。

1　宅地建物取引業者は、自ら売主として宅地建物取引業者である買主との間で新築住宅の売買契約を締結し、当該住宅を引き渡す場合、資力確保措置を講ずる義務を負う。

2　自ら売主として新築住宅を販売する宅地建物取引業者は、住宅販売瑕疵担保保証金の供託をする場合、宅地建物取引業者でない買主に対して供託所の所在地等について記載した書面の交付及び説明を、新築住宅を引き渡すまでに行えばよい。

3　宅地建物取引業者は、自ら売主として新築住宅を販売する場合だけでなく、新築住宅の売買の媒介をする場合においても、資力確保措置を講ずる義務を負う。

4　自ら売主として新築住宅を宅地建物取引業者でない買主に引き渡した宅地建物取引業者は、基準日ごとに、当該基準日に係る資力確保措置の状況について、その免許を受けた国土交通大臣又は都道府県知事に届け出なければならない。

解説 ➔ 解答

【問43】 宅建業法：保証協会 ★★★

選択肢1があまりにも基本的な話なのでズッコケる。(P.184～189)

1 ○ なんでこんなカンタンなのをいまさら出すのよぉ～、とボヤきたくなるほど基本的な問題。本肢記載のとおり。(64条の8)

2 × 「当該保証協会に対し、還付請求をしなければならない」というのが誤り。当該保証協会の認証を受けたのち、弁済業務保証金が供託されている供託所へ還付請求をしまぁ～す。(64条の8)

3 × おっと「1月以内」じゃなくて「2週間以内」。2週間以内に還付充当金を納付しないときは、保証協会の社員としての地位を失いまぁ～す。(64条の10)

4 × 「あらかじめ」じゃないです。保証協会は、新たに社員が加入し、又は社員がその地位を失ったときは、直ちに、その旨を当該社員である宅地建物取引業者が免許を受けた国土交通大臣又は都道府県知事に報告しなければならない。事後報告でぇ～す。(64条の4)

【問44】 宅建業法：監督処分 ★★

選択肢1や選択肢2で、「ん？　あれ？」とちょっと迷ったかも。

1 × えーとですね、「国土交通大臣が勧告をしたときに免許権者へ通知する」というような規定はありません。(P.203参考)

2 × 甲県知事は、乙県知事の登録を受けている宅地建物取引士に対し指示処分をすることができますが、その際、「乙県知事と協議をする」というような規定はありません。(P.201参考)

3 ○ そのとおり。指示処分や業務停止処分があった場合、その業者の宅地建物取引業者名簿に、その年月日及びその内容が記載されちゃいます。(8条、P.043)

4 × おっと指示処分。指示処分の場合は公告されません。(65条、P.194～196)

【問45】 住宅瑕疵担保履行法 ★★

媒介業者は資力確保措置は不要だよー。(P.210～213)

1 × 買主が宅建業者だったら資力確保措置は不要だよー。(2条)

2 × 「新築住宅を引き渡すまで」じゃなくて「売買契約を締結する前までに」だよー。(15条)

3 × 資力確保措置は新築住宅の売主業者が講ずる。媒介の場合は不要だよー。(11条)

4 ○ そのとおり。基準日ごとの状況を届け出なければならない。(12条)

正解		
問43　1	問44　3	問45　4

問題

★★

【問46】 独立行政法人住宅金融支援機構（以下この問において「機構」という。）が行う証券化支援事業（買取型）に関する次の記述のうち、誤っているものはどれか。

1　証券化支援事業（買取型）において、機構による買取りの対象となる貸付債権には、中古住宅の購入のための貸付債権も含まれる。

2　証券化支援事業（買取型）において、銀行、保険会社、農業協同組合、信用金庫、信用組合などが貸し付けた住宅ローンの債権を買い取ることができる。

3　証券化支援事業（買取型）の住宅ローン金利は全期間固定金利が適用され、どの取扱金融機関に申し込んでも必ず同一の金利になる。

4　証券化支援事業（買取型）において、機構は買い取った住宅ローン債権を担保としてＭＢＳ（資産担保証券）を発行することにより、債券市場（投資家）から資金を調達している。

★★

【問47】 宅地建物取引業者が行う広告等に関する次の記述のうち、不当景品類及び不当表示防止法（不動産の表示に関する公正競争規約を含む。）の規定によれば、正しいものはどれか。（法改正により選択肢２を修正している）

1　路地状部分のみで道路に接する土地を取引する場合は、その路地状部分の面積が当該土地面積の50％以上を占めていなければ、路地状部分を含む旨及び路地状部分の割合又は面積を明示せずに表示してもよい。

2　不動産物件について表示する場合、当該物件の近隣に、現に利用できるデパートやスーパーマーケット等の商業施設が存在することを表示する場合は、当該施設までの徒歩所要時間及び道路距離はいずれも明示せずに表示してもよい。

3　傾斜地を含むことにより当該土地の有効な利用が著しく阻害される場合は、原則として、傾斜地を含む旨及び傾斜地の割合又は面積を明示しなければならないが、マンションについては、これを明示せずに表示してもよい。

4　温泉法による温泉が付いたマンションであることを表示する場合、それが温泉に加温したものである場合であっても、その旨は明示せずに表示してもよい。

【問48】 宅地建物の統計等に関する次の記述のうち、正しいものはどれか。

1　平成20年度法人企業統計年報（財務省、平成21年９月公表）によれば、平成20年度における不動産業の経常利益は約２兆9,200億円となっており、２年連続の増加となった。

2　住宅着工統計（国土交通省、平成22年１月公表）によれば、平成21年の分譲住宅の新設住宅着工戸数は、前年比43.7％減で、そのうち、マンション、一戸建住宅とも前年に比べ減少した。

3　平成22年版土地白書（平成22年６月公表）によれば、平成21年中の全国の土地取引件数は、売買による所有権の移転登記の件数で見ると、117.9万件となっており、前年に比べ増加した。

4　平成22年地価公示（平成22年３月公表）によれば、平成21年の１年間の地価の下落率は、三大都市圏の方が地方圏よりも小さく、かつ、全圏域において商業地の方が住宅地よりも小さい。

解説 ➔ 解答

【問46】 住宅金融支援機構 ★★

専門用語が多くて、ちょっとイヤかも。（13条、P.740～744）

1 ○ そのとおり。機構による証券化支援事業の買取りの対象となる貸付債権には、中古住宅の購入のための貸付債権も含まれます。

2 ○ そのとおり。銀行などの民間の金融機関が貸し付けた住宅ローンの債権を買い取り、証券化を行うことにより、金融機関の長期固定金利住宅ローンの供給を支援しています。

3 × そんなことはありません。取扱金融機関によりまして、融資金利や融資手数料などは異なります。

4 ○ そのとおり。

【問47】 景品表示法 ★★

選択肢3はちょっとマニアックな項目からの出題でした。迷うかも。（P.730～738）

1 × 「路地状部分のみで道路に接する土地であって、その路地状部分の面積が当該土地面積のおおむね30%以上を占めるときは、路地状部分を含む旨及び路地状部分の割合又は面積を明示すること」とされています。「50%以上」じゃないのね。

2 × 「デパート、スーパーマーケット、商店等の商業施設は、現に利用できるものを物件からの道路距離又は徒歩所要時間を明示して表示すること」とされています。

3 ○ そうなんですよ。「傾斜地を含むことにより、当該土地の有効な利用が著しく阻害される場合は、その旨及び傾斜地の割合又は面積を明示すること」とされていますが、マンションについては除かれています。

4 × ダメでしょ。入浴に際して加温を必要とする温泉について、「加温を必要とする旨を表示しないこと等により、当該温泉が入浴に適する温度以上の温泉であると誤認されるおそれのある表示」は不当表示です。

【問48】 統計等 ＊平成22年度の統計数値での出題。参考まで＊

【問48】はこのような統計数値からの出題です。別途、最新データに基づく受験対策レジュメをご用意いたしますのでご活用ください（8月中旬予定)。

1 × 平成20年度の不動産業の経常利益は2兆9,236億円で、2年連続のダウンとなっていました。

2 ○ そのとおり。前年比43.7%の大幅な減少となっていました。

3 × 平成21年中の全国の土地取引件数は対前年比8.6%のマイナスとなっていました。

4 × 平成22年地価公示によれば、全国平均の地価の下落率は、三大都市圏の方が地方圏よりも大きく、また、全圏域において商業地のほうが住宅地より大きいという状況でした。

正解					
問46	3	問47	3	問48	2

>> 問題

★★

【問49】土地に関する次の記述のうち、不適当なものはどれか。

1 地すべり地の多くは、地すべり地形と呼ばれる独特の地形を呈し、棚田などの水田として利用されることがある。
2 谷出口に広がる扇状地は、地盤は堅固でないが、土石流災害に対して安全であることが多い。
3 土石流は、流域内で豪雨に伴う斜面崩壊の危険性の大きい場所に起こりやすい。
4 断層地形は、直線状の谷など、地形の急変する地点が連続して存在するといった特徴が見られることが多い。

★★

【問50】建築物の構造と材料に関する次の記述のうち、不適当なものはどれか。

1 常温において鉄筋と普通コンクリートの熱膨張率は、ほぼ等しい。
2 コンクリートの引張強度は、圧縮強度より大きい。
3 木材の強度は、含水率が大きい状態のほうが小さくなる。
4 集成材は、単板などを積層したもので、大規模な木造建築物に使用される。

解説 ➔ 解答

【問49】 土地の形質等 ★★

土地の形質からの出題。選択肢２の扇状地はどうでしょ。意外とできたんじゃないかな。

1 適当　そのとおり。地すべり地の多くは、地すべり地形と呼ばれる独特の地形を呈し、棚田などの水田として利用されることがある。

2 不適当　そんなわけないでしょ。扇状地とは、山地で土砂を大量に運び去った水が、山地を抜けたところで持っていた土砂を急に手放すことで生じる。扇状地が形成される条件には、上流に土砂生産が活発な山系（大規模な崩壊地や地すべり地）が広がっていることがある。したがって、特に谷に広がる扇状地は、集中豪雨時の土砂災害発生のリスク、河川からの洪水発生のリスクを抱えることになる。

3 適当　そのとおり。土石流は、流域内で豪雨に伴う斜面崩壊の危険性の大きい場所に起こりやすい。

4 適当　そのとおり。断層地形とは、地層の割れ目に沿って互いにずれている所をいう。直線状の谷、滝その他の地形の急変する地点が連続して存在するといった特徴が見られることが多い。

【問50】 建物の構造等 ★★

建築物の構造などからの出題。選択肢３の「木材の強度」はよく考えればわかるかも。

1 適当　そのとおり。常温常圧において、鉄筋と普通コンクリートを比較すると、温度上昇に伴う体積の膨張の程度（熱膨張率）は、ほぼ等しい。

2 不適当　逆です。コンクリートは圧縮には強いけど、引っ張りには弱い。韌性（粘り強さ）がないと言われています。コンクリートの引張強度は、一般に圧縮強度の10分の1程度だそうです。

3 適当　そのとおり。木材の強度は、乾燥しているほど強くなる。なので「含水率が大きい状態」のほうが「強度は小さくなる」。

4 適当　そのとおり。集成材は木材（板材）を接着剤で再構成して作られる木質材料で、通常の木材では得られない大きな断面のもの、湾曲した形状のものを作ることができる。大規模な木造建築物で使用されることが多い。

正解			
問49	2	問50	2

>> 問題

【問 1】 民法第95条本文は、「意思表示は、法律行為の要素に錯誤があったときは、無効とする。」と定めている。これに関する次の記述のうち、民法の規定及び判例によれば、誤っているものはどれか。

＊民法の改正により、現時点では問題として成立していないため、除外しています。

★★★

【問 2】 AがA所有の土地の売却に関する代理権をBに与えた場合における次の記述のうち、民法の規定によれば、正しいものはどれか。

1　Bが自らを「売主Aの代理人B」ではなく、「売主B」と表示して、買主Cとの間で売買契約を締結した場合には、Bは売主Aの代理人として契約しているとCが知っていても、売買契約はBC間に成立する。

2　Bが自らを「売主Aの代理人B」と表示して買主Dとの間で締結した売買契約について、Bが未成年であったとしても、AはBが未成年であることを理由に取り消すことはできない。

3　Bは、自らが選任及び監督するのであれば、Aの意向にかかわらず、いつでもEを復代理人として選任して売買契約を締結させることができる。

4　Bは、Aに損失が発生しないのであれば、Aの意向にかかわらず、買主Fの代理人にもなって、売買契約を締結することができる。

★★★

【問 3】 Aは、Bに対し建物を賃貸し、月額10万円の賃料債権を有している。この賃料債権の消滅時効に関する次の記述のうち、民法の規定及び判例によれば、誤っているものはどれか。（法改正により選択肢1、3を修正している）

1　Aが、Bに対する賃料債権につき支払督促の申立てをした場合には、その事由が終了するまでの間は、時効は完成しない。

2　Bが、Aとの建物賃貸借契約締結時に、賃料債権につき消滅時効の利益はあらかじめ放棄する旨約定したとしても、その約定に法的効力は認められない。

3　Aが、Bに対する賃料債権につき内容証明郵便により支払を請求したときは、その請求の時より、時効は新たにその進行を始める。

4　Bが、賃料債権の消滅時効が完成した後にその賃料債権を承認したときは、消滅時効の完成を知らなかったときでも、その完成した消滅時効の援用をすることは許されない。

合格判定基準	50 問中 33 問以上正解（登録講習修了者　45 問中 28 問以上正解）		
受験者データ	申込者数 → 24 万 1,944 人	受験者数 → 19 万 5,515 人	合格者数 → 3 万 4,918 人（合格率 17.9%）

解説 → 解答

【問 1】 民法：意思表示

【問 2】 民法：代理 ★★★

フツーに勉強していれば楽勝の 1 問。出題者さんありがとう。（P.422 ～ 428）

1 × 相手方が、代理人として契約していることを知っているんだったら、そりゃ有効な代理行為となるわけで。売買契約はＡＣ間で成立。（100 条）

2 ○ 代理人は、行為能力者であることを要しない。なので、未成年者を代理人とした以上、代理人が未成年者だという理由での取り消しなどできない。（102 条）

3 × これも楽勝でしょ。任意代理人は、「本人の許諾を得たとき」又は「やむを得ない事由があるとき」でなければ、復代理人を選任することができない。Ａの意向を無視しちゃダメでしょ。（104 条）

4 × 「Ａに損失が発生しないのであれば」というフレーズが、なんかそれらしい。「Ａの意向にかかわらず」買主Ｆの代理人になれる（双方代理ができる）ということはない。やっぱりＡ（本人）の許諾が必要でぇーす。（108 条）

【問 3】 民法：消滅時効 ★★★

選択肢 1 の「支払督促」っていうのがちょっとびっくりかな。（P.439 ～ 445）

1 ○ 支払督促とは、相手方に対し金銭その他の代替物の支払いを求める場合に、訴訟などの手続きを取らずに、簡単・迅速な方法で判決同様の結果を得ることができる制度です。支払督促により、時効の完成を猶予させることができます。（147 条）

2 ○ そのとおり。ちょっとコムズカシク書いてあるけど、「時効の利益は、あらかじめ放棄することができない」ということ。（146 条）

3 × えーとですね、賃料債権につき内容証明郵便により支払を請求することは「催告」にあたる。催告をすれば、その時から 6 ヶ月を経過するまで、消滅時効の完成は猶予されるけど、内容証明郵便により支払を請求しただけでは、時効は更新しません。（150 条）

4 ○ ま、そういうことで、消滅時効が完成した後に、債務者が債権者に対して当該債務の承認をしたときは、時効完成の事実を知らなかったときでも、消滅時効を援用することは許されない（判例）。

正解					
問 1	-	問 2	2	問 3	3

問題

★★★

【問 4】相隣関係に関する次の記述のうち、民法の規定によれば、誤っているものはどれか。(法改正により選択肢1を修正している)

1　土地の所有者は、境界において障壁を修繕するために必要であれば、必要な範囲内で隣地を使用することができる。

2　複数の筆の他の土地に囲まれて公道に通じない土地の所有者は、公道に至るため、その土地を囲んでいる他の土地を自由に選んで通行することができる。

3　Aの隣地の竹木の枝が境界線を越えてもAは竹木所有者の承諾なくその枝を切ることはできないが、隣地の竹木の根が境界線を越えるときは、Aはその根を切り取ることができる。

4　異なる慣習がある場合を除き、境界線から1m未満の距離において他人の宅地を見通すことができる窓を設ける者は、目隠しを付けなければならない。

★

【問 5】担保物権に関する次の記述のうち、民法の規定によれば、正しいものはどれか。

1　抵当権者も先取特権者も、その目的物が火災により焼失して債務者が火災保険金請求権を取得した場合には、その火災保険金請求権に物上代位することができる。

2　先取特権も質権も、債権者と債務者との間の契約により成立する。

3　留置権は動産についても不動産についても成立するのに対し、先取特権は動産については成立するが不動産については成立しない。

4　留置権者は、善良な管理者の注意をもって、留置物を占有する必要があるのに対し、質権者は、自己の財産に対するのと同一の注意をもって、質物を占有する必要がある。

★

【問 6】民法第379条は、「抵当不動産の第三取得者は、第383条の定めるところにより、抵当権消滅請求をすることができる。」と定めている。これに関する次の記述のうち、民法の規定によれば、正しいものはどれか。

1　抵当権の被担保債権につき保証人となっている者は、抵当不動産を買い受けて第三取得者になれば、抵当権消滅請求をすることができる。

2　抵当不動産の第三取得者は、当該抵当権の実行としての競売による差押えの効力が発生した後でも、売却の許可の決定が確定するまでは、抵当権消滅請求をすることができる。

3　抵当不動産の第三取得者が抵当権消滅請求をするときは、登記をした各債権者に民法第383条所定の書面を送付すれば足り、その送付書面につき事前に裁判所の許可を受ける必要はない。

4　抵当不動産の第三取得者から抵当権消滅請求にかかる民法第383条所定の書面の送付を受けた抵当権者が、同書面の送付を受けた後2か月以内に、承諾できない旨を確定日付のある書面にて第三取得者に通知すれば、同請求に基づく抵当権消滅の効果は生じない。

解説 ➔ 解答

【問 4】 民法：相隣関係 ★★★

相隣関係。お隣どうし協力し合って生活していきましょう、という趣旨。（P.620 ～ 622）

1 ○ ま、そういうことです。土地を使用することができる。お互い様だもんね。（209 条）

2 × 「自由に選んで通行できる」って、なんか図々しくないですか。通行の場所及び方法は、他の土地のために損害が最も少ないものを選ばなければならない。遠慮しながら通行してね、というニュアンス。（210 条）

3 ○ 枝と根で取り扱いが異なります。隣地の竹木の枝が境界線を越えるときは、その竹木の所有者に、その枝を切除させることができる。また、隣地の竹木の根が境界線を越えるときは、その根を切り取ることができる。（233 条）

4 ○ そうなんですよ。目隠しが必要なんです。異なる慣習がある場合を除き、目隠しを付けなければならない。（236 条）

【問 5】 民法：担保物権 ★

選択肢 1 の「○」はわかったんじゃないかな。（P.540 ～ 542）

1 ○ そのとおり。物上代位。抵当権・先取特権ともに、その目的物の売却、賃貸、滅失又は損傷によって債務者が受けるべき金銭その他の物（たとえば火災保険金請求権とか）に対しても、行使することができる。（304 条、372 条）

2 × おっと、質権はたしかに約定担保物権だけど、先取特権は、法定担保物権。オートマチックに成立。（303 条、342 条）

3 × えーとですね、留置権・先取特権ともに、動産についても不動産についても成立する。（295 条、311 条、325 条）

4 × 留置権者・質権者ともに、善良な管理者の注意をもって、留置物・質物を占有しなければならない。留置物・質物っていうのは、いずれもとりあえず、その時点では他人の物なんだもんね。（298 条、350 条）

【問 6】 民法：抵当権 ★

民法 379 条がどうしたこうしたとアカデミックで嫌味な問題でした。（379 条、P.543 ～ 554）

1 × えーと、主たる債務者、保証人及びこれらの者の承継人っていうのは、そもそもが当事者みたいな方々でして。となると、彼らは抵当権消滅請求をすることができません。

2 × 競売による差押えの効力が発生する前に、抵当権消滅請求をしなければならない。

3 ○ そうなんですよね。抵当不動産の第三取得者は、抵当権消滅請求をするときは、登記をした各債権者に対し、民法第 383 条所定の書面を送付しなければならないんだけど、その送付書面につき事前に裁判所の許可を受ける必要はないです。

4 × 抵当不動産の第三取得者から書面の送付を受けた後 2 か月以内に抵当権を実行して競売の申立てをしないときは、抵当権消滅請求を承諾したものとみなされる。となると、「消滅請求を承諾できない旨うんぬんを通知した」としても、なんら法的な意味はなし。同請求に基づく抵当権消滅の効果は生じることとなる。

正解		
問4 2	問5 1	問6 3

問題

★★★

【問 7】 法定地上権に関する次の1から4までの記述のうち、民法の規定、判例及び判決文によれば、誤っているものはどれか。

（判決文）

土地について1番抵当権が設定された当時、土地と地上建物の所有者が異なり、法定地上権成立の要件が充足されていなかった場合には、土地と地上建物を同一人が所有するに至った後に後順位抵当権が設定されたとしても、その後に抵当権が実行され、土地が競落されたことにより1番抵当権が消滅するときには、地上建物のための法定地上権は成立しないものと解するのが相当である。

1　土地及びその地上建物の所有者が同一である状態で、土地に1番抵当権が設定され、その実行により土地と地上建物の所有者が異なるに至ったときは、地上建物について法定地上権が成立する。

2　更地である土地の抵当権者が抵当権設定後に地上建物が建築されることを承認した場合であっても、土地の抵当権設定時に土地と所有者を同じくする地上建物が存在していない以上、地上建物について法定地上権は成立しない。

3　土地に1番抵当権が設定された当時、土地と地上建物の所有者が異なっていたとしても、2番抵当権設定時に土地と地上建物の所有者が同一人となれば、土地の抵当権の実行により土地と地上建物の所有者が異なるに至ったときは、地上建物について法定地上権が成立する。

4　土地の所有者が、当該土地の借地人から抵当権が設定されていない地上建物を購入した後、建物の所有権移転登記をする前に土地に抵当権を設定した場合、当該抵当権の実行により土地と地上建物の所有者が異なるに至ったときは、地上建物について法定地上権が成立する。

★★

【問 8】 売主Aは、買主Bとの間で甲土地の売買契約を締結し、代金の3分の2の支払と引換えに所有権移転登記手続と引渡しを行った。その後、Bが残代金を支払わないので、Aは適法に甲土地の売買契約を解除した。この場合に関する次の記述のうち、民法の規定及び判例によれば、正しいものはどれか。

1　Aの解除前に、BがCに甲土地を売却し、BからCに対する所有権移転登記がなされているときは、BのAに対する代金債務につき不履行があることをCが知っていた場合においても、Aは解除に基づく甲土地の所有権をCに対して主張できない。

2　Bは、甲土地を現状有姿の状態でAに返還し、かつ、移転登記を抹消すれば、引渡しを受けていた間に甲土地を貸駐車場として収益を上げていたときでも、Aに対してその利益を償還すべき義務はない。

3　Bは、自らの債務不履行で解除されたので、Bの原状回復義務を先に履行しなければならず、Aの受領済み代金返還義務との同時履行の抗弁権を主張することはできない。

4　Aは、Bが契約解除後遅滞なく原状回復義務を履行すれば、契約締結後原状回復義務履行時までの間に甲土地の価格が下落して損害を被った場合でも、Bに対して損害賠償を請求することはできない。

解説 ➔ 解答

【問 7】 民法：判決文（抵当権） ★★★

法定地上権についてのお話。（判決文）っていう形で出題されると、そんな言い方に慣れてないから受験生はビビりますけどあわてないように！　要するに土地、建物の所有者が違うときは、法定地上権は成立しません。（388 条、P.551 ～ 552）

1 ○ 法定地上権が成立する場合の大前提が「土地及びその上に存する建物が同一の所有者に属する」ということ。で、その土地又は建物につき抵当権が設定され、その実行により所有者を異にするに至ったときは、その建物について、法定地上権は成立する。

2 ○ 法定地上権が成立するためには、「抵当権設定当時に地上に建物が存在する」ことが絶対条件。抵当権設定後、その土地の上に建物を築造した場合は、抵当権者が建物の築造をあらかじめ承認したとしても、地上建物について法定地上権は成立しない。更地ときたら、法定地上権はないと思って。

3 × 土地に一番抵当権が設定された当時、土地と地上建物の所有者が異なり、法定地上権成立の要件が満たされていなかった場合は、たとえその後に土地と地上建物の所有者が同一人になったとしても法定地上権は成立しない。っていうか、問題文（判例）がそう言ってるじゃん。なんじゃこの選択肢？

4 ○ ま、そうだよね。先に土地を持ってて、その後に地上建物を所有することになってから、土地のみにつき抵当権設定。で、抵当権が実行されたときは、地上建物について、法定地上権が成立する。建物の所有権移転登記がまだ（前の所有者名義のまま）でもよい。

【問 8】 民法：同時履行の抗弁権 ★★

解除がどうしたこうしたと、まいどおなじみの選択肢はあるにせよ、同時履行やらなんやら、ややメンドーなところからの出題でした。（545 条、546 条、P.492 ～ 493、496 ～ 501）

1 ○ Aは、契約解除前に所有権を取得した第三者のうち、登記を備えたもの（ここでいうとC）の権利を害することはできない。Bの債務不履行についての善意・悪意も問いません。ということで、Aは解除に基づく甲土地の所有権をCに対して主張できない。まいどおなじみのパターンでございました。

2 × えーとですね、当事者の一方がその解除権を行使したときは、各当事者は、その相手方を原状に復させる義務を負い、特定物の売買が解除された場合には、解除するまでの間に買主が所有者としてその物を使用収益した利益は、売主に償還しなければならない。稼ぎ逃げは許しませぇ～ん。

3 × 同時履行の抗弁権の規定は、契約の解除の場合にも準用されます。ということで、Bの原状回復義務とAの受領済み代金返還義務は同時履行の関係となります。

4 × 解除権の行使は、損害賠償の請求を妨げない。なので、AはBに対して、契約締結後原状回復義務履行時（漢字だらけでやだね～）までの土地の価格下落による損害につき、賠償請求をすることができる。

正解			
問 7	3	問 8	1

>> 問題

★

【問 9】 Aは、生活の面倒をみてくれている甥のBに、自分が居住している甲建物を贈与しようと考えている。この場合に関する次の記述のうち、民法の規定によれば、正しいものはどれか。（法改正により選択肢1、3を修正している）

1　AからBに対する無償かつ負担なしの甲建物の贈与契約が、書面によってなされた場合、Aはその履行前であれば贈与を解除することができる。

2　AからBに対する無償かつ負担なしの甲建物の贈与契約が、書面によらないでなされた場合、Aが履行するのは自由であるが、その贈与契約は法的な効力を生じない。

3　Aが、Bに対し、Aの生活の面倒をみることという負担を課して、甲建物を書面によって贈与した場合、甲建物の品質に関して契約の内容に適合しない不適合については、Aはその負担の限度において、売主と同じく担保責任を負う。

4　Aが、Bに対し、Aの生活の面倒をみることという負担を課して、甲建物を書面によって贈与した場合、Bがその負担をその本旨に従って履行しないときでも、Aはその贈与契約を解除することはできない。

★★★

【問10】 Aを売主、Bを買主として甲土地の売買契約を締結した場合における次の記述のうち、民法の規定及び判例によれば、正しいものはどれか。（法改正により選択肢1、4を修正している）

1　A所有の甲土地にAが気付かなかった契約内容に適合しないものがあり、その不適合については、Bも不適合であることに気付いておらず、かつ、気付かなかったことにつき過失がないような場合には、Aは担保責任を負う必要はない。

2　BがAに解約手付を交付している場合、Aが契約の履行に着手していない場合であっても、Bが自ら履行に着手していれば、Bは手付を放棄して売買契約を解除することができない。

3　甲土地がAの所有地ではなく、他人の所有地であった場合には、AB間の売買契約は無効である。

4　A所有の甲土地に契約の内容に適合しない抵当権の登記があり、Bが当該土地の抵当権消滅請求をした場合には、Bは当該請求の手続が終わるまで、Aに対して売買代金の支払を拒むことができる。

★★

【問11】 現行の借地借家法の施行後に設定された借地権に関する次の記述のうち、借地借家法の規定によれば、正しいものはどれか。

1　借地権の当初の存続期間中に借地上の建物の滅失があった場合で、借地権者が借地権設定者の承諾を得ないで残存期間を超えて存続すべき建物を築造したときは、借地権設定者は地上権の消滅の請求又は土地の賃貸借の解約の申入れをすることができる。

2　借地権の当初の存続期間が満了する場合において、借地権者が借地契約の更新を請求したときに、建物がある場合は、借地権設定者が遅滞なく異議を述べたときでも、その異議の理由にかかわりなく、従前の借地契約と同一の条件で借地契約を更新したものとみなされる。

3　借地権の当初の存続期間中に借地上の建物の滅失があった場合、借地権者は地上権の放棄又は土地の賃貸借の解約の申入れをすることができる。

4　借地権の当初の存続期間が満了し借地契約を更新する場合において、当事者間でその期間を更新の日から10年と定めたときは、その定めは効力を生じず、更新後の存続期間は更新の日から20年となる。

解説 → 解答

【問 9】 民法：贈与 ★

贈与。あんまり出題されていませんので参考まで。（テキスト未掲載）

1 × えーとですね、「書面によらない贈与は、各当事者が解除することができる。ただし、履行の終わった部分については、この限りでない」です。なので、贈与契約が書面によってなされている場合は、たとえその履行前であっても撤回することはできない。（550 条）

2 × 贈与契約は諾成契約（意思表示の合致でよい）であるため、書面によらないでなされた場合でも有効です。（549 条）

3 ○ 負担付贈与（Aの生活の面倒をみるという負担を課しての贈与）については、贈与者（つまりA）は、その負担の限度において、売主と同じく担保の責任を負う。（551 条）

4 × 負担付贈与においては、受贈者（B）がその負担である義務の履行を怠るときは、贈与者（A）は、債務不履行による解除の規定を準用し、負担付贈与契約を解除することができる。（553 条）

【問10】 民法：売買契約 ★★★

選択肢3は「無効」じゃないんだってば。（P.504 ～ 511）

1 × 売主は、買主に引き渡した目的物が契約内容に適合しないと認められる場合、買主に対し、担保責任を負わなければならない。不適合が自分の責任じゃなかったとしてもね。

2 × 相手方が履行に着手するまでは、買主Bは、自らが履行していたとしても手付を放棄して解除オッケー。（557 条）

3 × 他人の所有地でも売っちゃってよい。AB間の売買契約は有効。なお、Aは、その他人から所有権を取得してBに移転する義務を負う。（561 条）

4 ○ 買主は、抵当権消滅請求の手続が終わるまで、その代金の支払を拒むことができます。（577 条）

【問11】 借地借家法：借地 ★★

「現行の借地借家法の施行後に設定された借地権」というフレーズでビビったかな？（P.576 ～ 581）

1 × 建物が滅失したのが「当初の存続期間中」だったら建物再築は自由。借地権設定者は、無断築造だったとしても解約の申入れなどをすることはできない。（8 条）

2 × 「異議の理由にかかわりなく」が誤り。借地権設定者が「正当の事由」をもって異議を述べたときは更新されない。（5 条、6 条）

3 × 借地権の当初の存続期間中は借地権者に再築の自由がある半面、借地上の建物の滅失があったとしても解約の申入れなどをすることはできない。

4 ○ はいそのとおり。借地権の設定後の最初の更新にあっては、その期間は、更新の日から 20 年とする。初回更新は最低でも 20 年。期間を 10 年と定めても 20 年となる。（4 条）

平成21年度≫問題・解説・解答

正解		
問 9　3	問10　4	問11　4

問題

★★

【問12】 A所有の甲建物につき、Bが一時使用目的ではなく賃料月額10万円で賃貸借契約を締結する場合と、Cが適当な家屋に移るまでの一時的な居住を目的として無償で使用貸借契約を締結する場合に関する次の記述のうち、民法及び借地借家法の規定並びに判例によれば、誤っているものはどれか。

1 BがAに無断で甲建物を転貸しても、Aに対する背信的行為と認めるに足らない特段の事情があるときは、Aは賃貸借契約を解除できないのに対し、CがAに無断で甲建物を転貸した場合には、Aは使用貸借契約を解除できる。

2 期間の定めがない場合、AはBに対して正当な事由があるときに限り、解約を申し入れることができるのに対し、返還時期の定めがない場合、AはCに対していつでも返還を請求できる。

3 Aが甲建物をDに売却した場合、甲建物の引渡しを受けて甲建物で居住しているBはDに対して賃借権を主張することができるのに対し、Cは甲建物の引渡しを受けて甲建物に居住していてもDに対して使用借権を主張することができない。

4 Bが死亡しても賃貸借契約は終了せず賃借権はBの相続人に相続されるのに対し、Cが死亡すると使用貸借契約は終了するので使用借権はCの相続人に相続されない。

★★

【問13】 建物の区分所有等に関する法律（以下この問において「法」という。）についての次の記述のうち、誤っているものはどれか。

1 管理者は、少なくとも毎年1回集会を招集しなければならない。また、招集通知は、会日より少なくとも1週間前に、会議の目的たる事項を示し、各区分所有者に発しなければならない。ただし、この期間は、規約で伸縮することができる。

2 法又は規約により集会において決議をすべき場合において、これに代わり書面による決議を行うことについて区分所有者が1人でも反対するときは、書面による決議をすることができない。

3 建替え決議を目的とする集会を招集するときは、会日より少なくとも2月前に、招集通知を発しなければならない。ただし、この期間は規約で伸長することができる。

4 他の区分所有者から区分所有権を譲り受け、建物の専有部分の全部を所有することとなった者は、公正証書による規約の設定を行うことができる。

★★

【問14】 不動産の表示に関する登記についての次の記述のうち、誤っているものはどれか。

1 土地の地目について変更があったときは、表題部所有者又は所有権の登記名義人は、その変更があった日から1月以内に、当該地目に関する変更の登記を申請しなければならない。

2 表題部所有者について住所の変更があったときは、当該表題部所有者は、その変更があった日から1月以内に、当該住所についての変更の登記を申請しなければならない。

3 表題登記がない建物（区分建物を除く。）の所有権を取得した者は、その所有権の取得の日から1月以内に、表題登記を申請しなければならない。

4 建物が滅失したときは、表題部所有者又は所有権の登記名義人は、その滅失の日から1月以内に、当該建物の滅失の登記を申請しなければならない。

解説 → 解答

【問12】 借地借家法：借家 ★★

ＡＢ間の契約は一時使用目的ではない建物の賃貸借契約だということなので、借地借家法及び民法が適用される。で、もうひとつのＡＣ間の契約は、一時的な居住を目的とした使用貸借契約であるため民法のみが適用される。(P.559 ～ 560、594 ～ 605)

1 ○ そのとおり。賃貸借契約はともかく、使用貸借契約においては、無断で転貸したときは、解除されてしまう。あまり保護されない。(594 条)

2 × 前半の賃貸借契約は「○」。後半の使用貸借契約なんだけど、なんとなくＡはいつでも返せと言えそうな気もするものの、「使用貸借の期間を定めなかった場合において、使用及び収益の目的を定めたときは、使用貸借は、借主がその目的に従い使用及び収益を終えることによって終了する」という規定なので、使い終わるまで待て、というオチ。(民法 597 条)

3 ○ 前半の賃貸借契約は「○」。建物の使用貸借契約には借地借家法の適用がないので、建物の引渡しを受けていたとしても、新たな建物所有者に対して使用借権を主張することができない。

4 ○ 前半の賃貸借契約は「○」。使用貸借契約においては、借主の死亡によって、その効力を失う。使用借権は相続されない。おしまいです。(民法 597 条)

【問13】 区分所有法 ★★

区分所有法は手続き的な話が多くてねぇ～。(P.668 ～ 690)

1 ○ そのとおり。そのまんま。「1 週間前」という期間を、規約で伸縮（短縮も OK）することができる。(34 条、35 条)

2 ○ そのとおり。区分所有者が 1 人でも反対するときは、書面又は電磁的方法による決議をすることができない。(45 条)

3 ○ こちらもそのとおり。なお、この期間は、規約で「伸長」のみ認められてます。短縮はダメ。(62 条)

4 × 既存のマンションの専有部分の全部を手にいれたとしても、公正証書による規約の設定はできません。公正証書による規約の設定は、最初に建物の専有部分を全部所有する者（新築マンションの分譲業者など）に限られまぁーす。(32 条)

【問14】 不動産登記法 ★★

選択肢２の表題部所有者で、あれ、これがヒッカケか !? (P.644 ～ 659)

1 ○ そのとおり。地目の変更があった日から 1 ヶ月以内に、変更の登記を申請しなければならない。(37 条)

2 × こんな規定はないんだってさ。「表題部所有者について住所の変更があったとき」っていうんで、なんか住所についての変更の登記を申請しなければならないような気がしちゃいますよね。(テキスト未掲載)

3 ○ 新築した建物で表題登記がない建物の所有権を取得した者は、その所有権の取得の日から 1 ヶ月以内に、表題登記を申請しなければならない。(47 条)

4 ○ 建物が滅失したときは、表題部所有者又は所有権の登記名義人は、その滅失の日から 1 ヶ月以内に、当該建物の滅失の登記を申請しなければならない。(57 条)

正解		
問12 2	問13 4	問14 2

問題

★★★

【問15】 国土利用計画法第23条の都道府県知事への届出（以下この問において「事後届出」という。）に関する次の記述のうち、正しいものはどれか。

1　宅地建物取引業者Aが都市計画区域外の10,000㎡の土地を時効取得した場合、Aは、その日から起算して2週間以内に事後届出を行わなければならない。

2　宅地建物取引業者Bが行った事後届出に係る土地の利用目的について、都道府県知事が適正かつ合理的な土地利用を図るために必要な助言をした場合、Bがその助言に従わないときは、当該知事は、その旨及び助言の内容を公表しなければならない。

3　宅地建物取引業者Cが所有する市街化調整区域内の6,000㎡の土地について、宅地建物取引業者Dが購入する旨の予約をした場合、Dは当該予約をした日から起算して2週間以内に事後届出を行わなければならない。

4　宅地建物取引業者Eが所有する都市計画区域外の13,000㎡の土地について、4,000㎡を宅地建物取引業者Fに、9,000㎡を宅地建物取引業者Gに売却する契約を締結した場合、F及びGはそれぞれ、その契約を締結した日から起算して2週間以内に事後届出を行わなければならない。

★★★

【問16】 都市計画法に関する次の記述のうち、正しいものはどれか。なお、この問における都道府県知事とは、地方自治法に基づく指定都市、中核市及び施行時特例市にあってはその長をいうものとする。

1　市街地開発事業の施行区域内においては、非常災害のために必要な応急措置として行う建築物の建築であっても、都道府県知事の許可を受けなければならない。

2　風致地区内における建築物の建築については、政令で定める基準に従い、地方公共団体の条例で、都市の風致を維持するため必要な規制をすることができる。

3　工作物の建設を行おうとする場合は、地区整備計画が定められている地区計画の区域であっても、行為の種類、場所等の届出が必要となることはない。

4　都市計画事業においては、土地収用法における事業の認定の告示をもって、都市計画事業の認可又は承認の告示とみなしている。

★★★

【問17】 都市計画法に関する次の記述のうち、誤っているものはどれか。なお、この問における都道府県知事とは、地方自治法に基づく指定都市、中核市にあってはその長をいうものとする。

1　区域区分の定められていない都市計画区域内の土地において、10,000㎡のゴルフコースの建設を目的とする土地の区画形質の変更を行おうとする者は、あらかじめ、都道府県知事の許可を受けなければならない。

2　市街化区域内の土地において、700㎡の開発行為を行おうとする場合に、都道府県知事の許可が必要となる場合がある。

3　開発許可を受けた開発行為又は開発行為に関する工事により、公共施設が設置されたときは、その公共施設は、協議により他の法律に基づく管理者が管理することとした場合を除き、開発許可を受けた者が管理することとされている。

4　用途地域等の定めがない土地のうち開発許可を受けた開発区域内においては、開発行為に関する工事完了の公告があった後は、都道府県知事の許可を受ければ、当該開発許可に係る予定建築物以外の建築物を新築することができる。

解説 ➔ 解答

【問15】 国土利用計画法 ★★★

そもそも地価が高騰しない時代にはあまり必要ない国土利用計画法なんですが。（23条、P.354～360）

1 × 都市計画区域外の10,000㎡の土地だったとしても、時効による土地の取得は届出不要。

2 × うわっ、なんじゃこりゃ。「勧告」に従わなかった場合は公表されちゃう場合がありますけど、「助言」に従わなかったとしても公表されることはありません。つまんない選択肢ですんません。

3 ○ 売買の予約も、届出が必要な土地売買等の契約に該当。市街化調整区域だと5,000㎡以上の土地の取引が対象。権利取得者（D）は、その契約（予約）をした日から起算して2週間以内に、事後届出を行わなければならない。

4 × 都市計画区域外だと10,000㎡以上の土地を取得した場合が届出対象となるけど、EF間の土地売買は4,000㎡で、EG間の土地売買は9,000㎡。いずれも面積が10,000㎡未満なので、F及びGはどちらも事後届出を行う必要はない。

【問16】 都市計画法：都市計画全般 ★★★

ということで都市計画関連の建築制限。選択肢1や3は定番の内容。

1 × 非常災害のため必要な応急措置として行う行為については許可不要。（53条、P.252）

2 ○ はい、そのとおり。風致地区内における建築物の建築、宅地の造成、木竹の伐採等の行為については、政令で定める基準に従い、地方公共団体の条例で、都市の風致を維持するため必要な規制をすることができる。（58条、P.234）

3 × 地区計画の区域内で地区整備計画が定められている区域内なので、工作物の建設であっても、30日前までに、市町村長に届け出なければならない。（58条の2、P.245）

4 × わ、なんかちょっとマニアックかな。都市計画事業については、都市計画事業の認可等の告示をもって、土地収用法の規定による事業の認定の告示とみなされる。この選択肢は逆を書いてる。（70条、P.256）

【問17】 都市計画法：開発許可 ★★★

まいどおなじみの「開発許可」。選択肢2が思いだせたかどうか。（4条、29条）

1 ○ ゴルフコースは、その規模にかかわらず第二種特定工作物となり、その建設を目的とする土地の区画形質の変更は開発行為に該当する。で、規模が10,000㎡。となると、区域区分が定められていない都市計画区域内での3,000㎡以上の開発行為となって開発許可を受けなければならない。（P.263、266）

2 ○ 市街化区域内において行う1,000㎡未満の開発行為については、原則として開発許可を受ける必要はないんだけど、「都道府県は、条例で、区域を限り、300㎡以上1,000㎡未満の範囲内で、開発許可を要しない開発行為の規模を別に定めることができる」という規定がある。なので、場合によっては700㎡の開発行為だとしても都道府県知事の許可（開発許可）が必要となることがある。（P.266）

3 × 開発行為により設置された公共施設は、工事完了の公告の日の翌日において、原則としてその公共施設の存する市町村の管理に属するものとされまぁーす。（39条、P.280）

4 ○ 本来は予定建築物以外は建築してはいけないんだけど、都道府県知事の許可があるんだもんね。どーぞ。（42条、P.279）

正解					
問15	3	問16	2	問17	3

平成21年度 ≫ 問題・解説・解答

>> 問題

★

【問18】 建築基準法に関する次のアからエまでの記述のうち、正しいものはいくつあるか。

ア　準都市計画区域（都道府県知事が都道府県都市計画審議会の意見を聴いて指定する区域を除く。）内に建築する木造の建築物で、2の階数を有するものは、建築確認を必要としない。

イ　防火地域内において建築物を増築する場合で、その増築に係る部分の床面積の合計が100㎡以内であるときは、建築確認は不要である。

ウ　都道府県知事は、建築主事から構造計算適合性判定を求められた場合においては、原則として、当該構造計算適合性判定を求められた日から1月以内にその結果を記載した通知書を建築主事に交付しなければならない。

エ　指定確認検査機関は、確認済証の交付をしたときは、一定の期間内に、確認審査報告書を作成し、当該確認済証の交付に係る建築物の計画に関する一定の書類を添えて、これを特定行政庁に提出しなければならない。

1　一つ　　2　二つ　　3　三つ　　4　四つ

★

【問19】 建築基準法（以下この問において「法」という。）に関する次の記述のうち、誤っているものはどれか。

1　高度地区内においては、建築物の高さは、高度地区に関する地方公共団体の条例において定められた内容に適合するものでなければならない。

2　認可の公告のあった建築協定は、その公告のあった日以後に協定の目的となっている土地の所有権を取得した者に対しても、効力がある。

3　商業地域内にある建築物については、法第56条の2第1項の規定による日影規制は、適用されない。ただし、冬至日において日影規制の対象区域内の土地に日影を生じさせる、高さ10 mを超える建築物については、この限りでない。

4　特別用途地区内においては、地方公共団体は、その地区の指定の目的のために必要と認める場合においては、国土交通大臣の承認を得て、条例で、法第48条の規定による建築物の用途制限を緩和することができる。

解説 ➔ 解答

【問18】 建築基準法 ★

「ウ」と「エ」はめんどくさいので参考でよいです。「ア」と「イ」はそのかわりガッツリ理解しといてくださいよ。(6条、P.337)

ア × 都市計画区域内と同様に、準都市計画区域内で建築物を建築(新築)する場合、その階数・延べ面積等に関係なく建築確認が必要で〜す。

イ × 防火地域及び準防火地域内だと増築に係る部分の床面積にかかわらず、建築確認は必要で〜す。なお、防火地域や準防火地域の指定がない場合だと、増築や改築などの床面積の合計が10㎡以内だったら建築確認は不要となります。10㎡というとだいたい6畳くらいかな。

ウ × 「都道府県知事は、建築主事から構造計算適合性判定を求められた場合においては、当該構造計算適合性判定を求められた日から「14日以内」にその結果を記載した通知書を建築主事に交付しなければならない」という規定があります。(テキスト未掲載)

エ ○ 「指定確認検査機関は、確認済証の交付をしたときは、一定の期間内に確認審査報告書を作成し、当該確認済証の交付に係る建築物の計画に関する一定の書類を添えて、これを特定行政庁に提出しなければならない」という規定があります。(テキスト未掲載)

正しいのはエの「一つ」。選択肢1が正解となる。

【問19】 建築基準法 ★

選択肢1に久々に高度地区。が、なんかいまいちな出題内容ですみません。出題者にかわってお詫びします(笑)。建築協定、日影規制、特別用途地区と、なかなか渋いとこをまとめた一品。

1 × なんじゃなんじゃ。あ、これさ、地方公共団体の条例で定めるものじゃないのよ。高度地区内においては、建築物の高さは、高度地区に関する都市計画において定められた内容に適合するものでなければならない。(58条、P.331)

2 ○ はいそのとおり。公告のあった日以後に建築協定の目的となっている土地の所有権を取得した者に対しても効力あり。協定の内容を守ってちょ。(75条、P.333)

3 ○ 商業地域内の建築物には、原則として日影規制は適用しないんだけど、「日影規制の対象区域外にある高さが10mを超える建築物で、冬至日において、日影規制の対象区域内の土地に日影を生じさせるもの」は、日影規制の対象区域内にある建築物とみなして日影規制を適用しちゃいま〜す。(56条の2、P.321)

4 ○ 特別用途地区。用途制限を緩和する場合は国土交通大臣の承認が必要です。(49条、P.294)

正解	
問18 1	問19 1

問題

★★★

【問20】 宅地造成及び特定盛土等規制法に関する次の記述のうち、誤っているものはどれか。なお、この問における都道府県知事とは、地方自治法に基づく指定都市、中核市及び施行時特例市にあってはその長をいうものとする。（法改正により問題文、選択肢すべてを修正している）

1　都道府県知事は、宅地造成等工事規制区域内の土地で宅地造成等に伴う災害の防止のため必要な擁壁が設置されておらず、これを放置するときは宅地造成等に伴う災害の発生のおそれが大きいと認められるものがある場合、一定の限度のもとに、当該土地の所有者、管理者又は占有者に対して、擁壁の設置を行うことを命ずることができる。

2　宅地造成等工事規制区域内において、切土であって、当該切土をする土地の面積が400㎡で、かつ、高さ1mの崖を生ずることとなるものに関する工事を行う場合には、都市計画法第29条第1項又は第2項の許可を受けて行われる当該許可の内容に適合した工事を除き、都道府県知事の許可を受けなければならない。

3　都道府県は、基礎調査のために行う測量又は調査のため他人の占有する土地に立ち入ったことにより他人に損失を与えた場合においては、その損失を受けた者に対して、通常生ずべき損失を補償しなければならない。

4　宅地造成等工事規制区域内において行われる宅地造成等に関する工事について許可をする都道府県知事は、当該許可に、工事の施行に伴う災害を防止するために必要な条件を付することができる。

★★

【問21】 土地区画整理法に関する次の記述のうち、誤っているものはどれか。

1　土地区画整理事業の施行者は、換地処分を行う前において、換地計画に基づき換地処分を行うため必要がある場合においては、施行地区内の宅地について仮換地を指定することができる。

2　仮換地が指定された場合においては、従前の宅地について権原に基づき使用し、又は収益することができる者は、仮換地の指定の効力発生の日から換地処分の公告がある日まで、仮換地について、従前の宅地について有する権利の内容である使用又は収益と同じ使用又は収益をすることができる。

3　土地区画整理事業の施行者は、施行地区内の宅地について換地処分を行うため、換地計画を定めなければならない。この場合において、当該施行者が土地区画整理組合であるときは、その換地計画について都道府県知事及び市町村長の認可を受けなければならない。

4　換地処分の公告があった場合においては、換地計画において定められた換地は、その公告があった日の翌日から従前の宅地とみなされ、換地計画において換地を定めなかった従前の宅地について存する権利は、その公告があった日が終了した時において消滅する。

★★★

【問22】 農地法（以下この問において「法」という。）に関する次の記述のうち、正しいものはどれか。（法改正により選択肢3、4を修正している）

1　土地区画整理法に基づく土地区画整理事業により道路を建設するために、農地を転用しようとする者は、法第4条第1項の許可を受けなければならない。

2　農業者が住宅の改築に必要な資金を銀行から借りるため、自己所有の農地に抵当権を設定する場合には、法第3条第1項の許可を受けなければならない。

3　市街化区域内において2ha（ヘクタール）の農地を住宅建設のために取得する者は、法第5条第1項の都道府県知事等の許可を受けなければならない。

4　都道府県知事等は、法第5条第1項の許可を要する農地取得について、その許可を受けずに農地の転用を行った者に対して、必要な限度において原状回復を命ずることができる。

解説 ➔ 解答

【問20】 宅地造成及び特定盛土等規制法 ★★★

選択肢２がまいどおなじみの「宅地造成」の定義。切土をした結果２mを超える崖が生じるか、２mを超える崖が生じないとしても面積自体が 500㎡を超えるんだったら許可が必要となるんだけどね。（P.342 ～ 350）

1 ○ そのとおり。だって危ないもんね。土地の所有者、管理者や占有者に対して、擁壁の設置を命ずることができる。（23 条）

2 × 切土で、その切土で生じる崖の高さが２m以下で、そんで面積も 500㎡以下となると、こりゃ「宅地造成」に該当しないので許可は不要となる。（2 条）

3 ○ はいそのとおり。こういう規定もあります。立ち入ったことによる損失を補償しなければならない。（8 条）

4 ○ こちらもそう。こういう規定もあります。災害防止のための条件を付すことができる。（12 条）

【問21】 土地区画整理法 ★★

たまに変なところから出題してくる土地区画整理法ですが、今回はまともなところからの出題でなにより。っていうか、選択肢１、２、４は定番中の定番ですが。

1 ○ そのとおり。換地処分を行う前に、仮換地を指定することができまぁーす。（98 条、P.371）

2 ○ そうそう。仮換地のほうを使ってねぇー。（99 条、P.371）

3 × 施行者は、施行地区内の宅地について換地処分を行うため、換地計画を定めなければならないんだけど、施行者が土地区画整理組合であるときは、その換地計画について都道府県知事の認可を受けなければならない。市町村長はお呼びでない。（86 条、P.369）

4 ○ はいそのとおり。換地処分の公告があると、いろんなことが確定しまぁーす。（104 条、P.376）

【問22】 農地法 ★★★

選択肢２の「抵当権の設定」はたまに出題される項目だけど、どうかな。できましたか。選択肢３の「市街化区域内農地の転用」は届出でオッケー。（P.379 ～ 384）

1 × おっと、農地法に「土地区画整理法」が登場。じつはですね、土地区画整理事業により道路、公園等公共施設を建設するために、農地を農地以外のものに転用する場合、農地法第４条の許可は不要です。こんな規定もあります。ご参考まで。（4 条）

2 × 抵当権かぁ～。許可不要です。農地法第３条の許可は、農地を農地として又は採草放牧地を採草放牧地として利用する目的で、農地又は採草放牧地の権利移動を行う場合に必要となる。で、農地に抵当権を設定する場合は許可不要。落札する側に一定の制約あり。（3 条）

3 × 市街化区域内の農地を転用目的で取得する場合、その面積にかかわらず農業委員会への届出でオッケー。なんてったって市街化区域なんですから、どんどん転用させちゃいましょう。（5 条）

4 ○ はいそのとおり。原状回復を命じることができます。（51 条）

正解		
問20 2	問21 3	問22 4

問題

★★

【問23】 住宅用家屋の所有権の移転登記に係る登録免許税の税率の軽減措置（以下この問において「軽減措置」という。）に関する次の記述のうち、正しいものはどれか。

1　軽減措置の適用対象となる住宅用家屋は、床面積が100㎡以上で、その住宅用家屋を取得した個人の居住の用に供されるものに限られる。

2　軽減措置は、贈与により取得した住宅用家屋に係る所有権の移転登記には適用されない。

3　軽減措置に係る登録免許税の課税標準となる不動産の価額は、売買契約書に記載された住宅用家屋の実際の取引価格である。

4　軽減措置の適用を受けるためには、その住宅用家屋の取得後6か月以内に所有権の移転登記をしなければならない。

★★★

【問24】 印紙税に関する次の記述のうち、正しいものはどれか。

1　「平成21年10月1日付建設工事請負契約書の契約金額3,000万円を5,000万円に増額する」旨を記載した変更契約書は、記載金額2,000万円の建設工事の請負に関する契約書として印紙税が課される。

2　「時価3,000万円の土地を無償で譲渡する」旨を記載した贈与契約書は、記載金額3,000万円の不動産の譲渡に関する契約書として印紙税が課される。

3　土地の売却の代理を行ったA社が「A社は、売主Bの代理人として、土地代金5,000万円を受領した」旨を記載した領収書を作成した場合、当該領収書は、売主Bを納税義務者として印紙税が課される。

4　印紙をはり付けることにより印紙税を納付すべき契約書について、印紙税を納付せず、その事実が税務調査により判明した場合には、納付しなかった印紙税額と同額に相当する過怠税が徴収される。

★★★

【問25】 地価公示法に関する次の記述のうち、正しいものはどれか。

1　公示区域内の土地を対象とする鑑定評価においては、公示価格を規準とする必要があり、その際には、当該対象土地に最も近接する標準地との比較を行い、その結果に基づき、当該標準地の公示価格と当該対象土地の価格との間に均衡を保たせる必要がある。

2　標準地の鑑定評価は、近傍類地の取引価格から算定される推定の価格、近傍類地の地代等から算定される推定の価格及び同等の効用を有する土地の造成に要する推定の費用の額を勘案して行われる。

3　地価公示において判定を行う標準地の正常な価格とは、土地について、自由な取引が行われるとした場合において通常成立すると認められる価格をいい、当該土地に、当該土地の使用収益を制限する権利が存する場合には、これらの権利が存するものとして通常成立すると認められる価格をいう。

4　地価公示の標準地は、自然的及び社会的条件からみて類似の利用価値を有すると認められる地域において、土地の利用状況、環境等が最も優れていると認められる一団の土地について選定するものとする。

解説 ➔ 解答

【問23】 登録免許税 ★★

登録免許税の軽減税率にしぼった問題。いーねいーね。こういう問題が出題されるんだから、税金のところもわかる範囲でいいから、いちおうおベンキョーしておくことをおすすめします。(P.712～715)

1 × 簡単かんたん。床面積は50㎡以上だよね。ついでにこの問題で、個人の自己居住用家屋が軽減措置の対象になることを確認しちゃいましょ。

2 ○ おっと、贈与の場合には軽減税率は適用されない。ま、贈与でもらったなんてラッキーなんだから、登録免許税くらいはきっちり払ってよね。

3 × 違います。固定資産課税台帳に登録されている価格でしょ。

4 × あれ？　6か月だっけ？　ブブー。「1年以内」でした。1年以内の登記であればオッケー。

【問24】 印紙税 ★★★

印紙税としてはまいどおなじみの出題。変更契約書、贈与契約書、過怠税。選択肢4を読んだあなた、ちゃんと印紙を貼っときましょう。(P.715～719)

1 ○ 建設工事請負契約書も課税文書になるよ。で、契約金額を増加させる場合の変更契約書には、「変更金額（増加分の金額）」を記載金額として、印紙税が課税される。

2 × あのですね、不動産の贈与契約書は、記載金額のない不動産の譲渡に関する契約書として200円の印紙税が課税されるのでした。

3 × えーとですね、課税文書の作成者がですね、納税義務を負います、はい。ということでA社が納税義務を負う。

4 × おっとヒッカケか。印紙税を納付しなかった場合には、その納付しなかった印紙税の額とその2倍の額の合計（＝3倍）を納付します。印紙税額と同額に相当する過怠税（＝2倍）では足りませ～ん。

【問25】 地価公示法 ★★★

なんじゃこりゃ。選択肢1はかなりマニアックなところからの出題。でも選択肢2が楽勝。(P.696～700)

1 × 「最も近接する標準地との比較を行い」というのが誤り。対象土地の価格を求めるに際しては、「当該対象土地とこれに類似する利用価値を有すると認められる一又は二以上の標準地との位置、地積、環境等の土地の客観的価値に作用する諸要因についての比較を行い、その結果に基づき、当該標準地の公示価格と当該対象土地の価格との間に均衡を保たせる必要がある」となってます。

2 ○ そのとおり。あ、なんかほっとする。これ定番。まいどおなじみ。っていうかこれがわからないということは、えーと、すみません、ご面倒でしょうがテキストをもういちどお読みいただけると幸いです。(4条)

3 × あ、これも定番。当該土地の使用収益を制限する権利が存する場合には、これらの権利が存しないものとして通常成立すると認められる価格をいう。(2条)

4 × 「最も優れている」というあたりが怪しい。誤りです。「土地の利用状況、環境等が通常と認められる一団の土地」について選定するものとする。(3条)

正解					
問23	2	問24	1	問25	2

問題

★★★

【問26】 次の記述のうち、宅地建物取引業法の規定によれば、正しいものはどれか。

1　本店及び支店1か所を有する法人Aが、甲県内の本店では建設業のみを営み、乙県内の支店では宅地建物取引業のみを営む場合、Aは乙県知事の免許を受けなければならない。

2　免許の更新を受けようとする宅地建物取引業者Bは、免許の有効期間満了の日の2週間前までに、免許申請書を提出しなければならない。

3　宅地建物取引業者Cが、免許の更新の申請をしたにもかかわらず、従前の免許の有効期間の満了の日までに、その申請について処分がなされないときは、従前の免許は、有効期間の満了後もその処分がなされるまでの間は、なお効力を有する。

4　宅地建物取引業者D（丙県知事免許）は、丁県内で一団の建物の分譲を行う案内所を設置し、当該案内所において建物の売買契約を締結する場合、国土交通大臣へ免許換えの申請をしなければならない。

★★★

【問27】 宅地建物取引業の免許（以下この問において「免許」という。）に関する次の記述のうち、正しいものはいくつあるか。（法改正により記述アを修正している）

ア　破産手続開始の決定を受けて復権を得ない者であった個人Aは、復権を得てから5年を経過しなければ、免許を受けることができない。

イ　宅地建物取引業法の規定に違反したことにより罰金の刑に処せられた取締役がいる法人Bは、その刑の執行が終わった日から5年を経過しなければ、免許を受けることができない。

ウ　宅地建物取引業者Cは、業務停止処分の聴聞の期日及び場所が公示された日から当該処分をする日又は当該処分をしないことを決定する日までの間に、相当の理由なく廃業の届出を行った。この場合、Cは、当該届出の日から5年を経過しなければ、免許を受けることができない。

エ　宅地建物取引業に係る営業に関し成年者と同一の行為能力を有する未成年者Dは、その法定代理人が禁錮以上の刑に処せられ、その刑の執行が終わった日から5年を経過しなければ、免許を受けることができない。

1　一つ　　2　二つ　　3　三つ　　4　四つ

★★★

【問28】 次の記述のうち、宅地建物取引業法（以下この問において「法」という。）の規定によれば、正しいものはどれか。

1　法人である宅地建物取引業者A（甲県知事免許）は、役員の住所について変更があった場合、その日から30日以内に、その旨を甲県知事に届け出なければならない。

2　法人である宅地建物取引業者B（乙県知事免許）が合併により消滅した場合、Bを代表する役員であった者は、その日から30日以内に、その旨を乙県知事に届け出なければならない。

3　宅地建物取引業者C（国土交通大臣免許）は、法第50条第2項の規定により法第31条の3第1項の国土交通省令で定める場所について届出をする場合、国土交通大臣及び当該場所の所在地を管轄する都道府県知事に、それぞれ直接届出書を提出しなければならない。

4　宅地建物取引業者D（丙県知事免許）は、建設業の許可を受けて新たに建設業を営むこととなった場合、Dは当該許可を受けた日から30日以内に、その旨を丙県知事に届け出なければならない。

解説 ➔ 解答

【問26】 宅建業法：宅建業の免許 ★★★

いーねいーね。免許手続きの基本的な問題。出題者さんありがとう。（3条、P.039～040）

1 × 宅建業を営まなくても本店は事務所でしょ。で、支店の取り扱いは「宅建業を営むもののみが宅建業法上の事務所」となる。ということで甲県と乙県に事務所を出すことになるわけで、となると国土交通大臣の免許を受けなければならない。

2 × あれ、2週間前だったっけ？　ぶぶー。「免許の更新を受けようとするBは、免許の有効期間満了の日の90日前から30日前までの間に免許申請書を提出しなければならない」でした。

3 ○ そうなのね。「その申請について処分がなされない」っていうのは役所のほうの問題なわけでして。適法に申請してんだからさ、こっちはさ。

4 × 「一団の建物の分譲を行う案内所」は、事務所に該当しないので、免許換えの必要はない。（7条）

【問27】 宅建業法：免許の基準 ★★★

まいどおなじみの免許の基準。記述「ア～エ」は、すべて過去に出題されています。（5条）

ア × 破産手続開始の決定を受けて復権を得ない者であったとしても、復権を得れば免許を受けることができる。（P.053）

イ ○ 出たぁ～宅建業法違反。罰金刑に処せられ、刑の執行が終わってから5年を経過していない人は免許を受けることができない。そんなのが役員をやっている会社になんて、免許を出すワケがない。（P.057）

ウ × 出たぁ～業務停止ヒッカケ。よく読んでみれば「業務停止処分の聴聞の期日及び場所が公示された日から当該処分をする日」がどうしたこうしたと書いてあるじゃないか。これが「免許の取消処分」での聴聞だどうしたこうしただと廃業の届出の日から5年を経過していないと免許不可だけどね。（P.054～056）

エ × 出たぁ～「営業に関し成年者と同一の行為能力を有する未成年者」。本人が免許不可となる基準に該当していなければ免許を受けることができる。（P.063）

正しいものはイの「一つ」。選択肢1が正解となる。

【問28】 宅建業法：宅建業の免許 ★★★

選択肢3がちょっと読むのがメンドーだったかな。（P.043～044）

1 × 出たぁ～。「役員の住所」は宅地建物取引業者名簿の登載事項ではありませ～ん。住所について変更があったとしても、そもそも名簿の登載事項じゃないので変更の届出をする必要はない。（8条）

2 ○ わ、これもカンタン。消滅した法人を代表する役員だった者が30日以内に届け出る。（11条）

3 × 手続き的な話でちょっとメンドーだったかも。でも「国土交通大臣」に直接届け出るっていうパターンはあまりないかな。この選択肢の場合、宅建業法第50条第2項のいわゆる「案内所等の届出」は、国土交通大臣とその届出に係る業務を行う場所（宅建業法第31条の3第1項の国土交通省令で定める場所）の所在地を管轄する都道府県知事にしなければならないんだけど、国土交通大臣への届出は所在地を管轄する都道府県知事を経由して行う。（50条、78条の3）

4 × 「宅建業以外に行っている事業の種類」は「宅地建物取引業者名簿の登載事項」なんだけど、これに変更があったとしても変更の届出をする必要はない。（8条）

正解		
問26　3	問27　1	問28　2

問題

★★★

【問29】 次の記述のうち、宅地建物取引業法の規定によれば、正しいものはどれか。

1　都道府県知事は、不正の手段によって宅地建物取引士資格試験を受けようとした者に対しては、その試験を受けることを禁止することができ、また、その禁止処分を受けた者に対し２年を上限とする期間を定めて受験を禁止することができる。

2　宅地建物取引士の登録を受けている者が本籍を変更した場合、遅滞なく、登録をしている都道府県知事に変更の登録を申請しなければならない。

3　宅地建物取引士の登録を受けている者が死亡した場合、その相続人は、死亡した日から30日以内に登録をしている都道府県知事に届出をしなければならない。

4　甲県知事の宅地建物取引士の登録を受けている者が、その住所を乙県に変更した場合、甲県知事を経由して乙県知事に対し登録の移転を申請することができる。

★★★

【問30】 宅地建物取引業者Ａ（国土交通大臣免許）が、宅地建物取引業法の規定に基づき供託する営業保証金に関する次の記述のうち、正しいものはどれか。

1　Ａは、営業保証金を主たる事務所又はその他の事務所のいずれかの最寄りの供託所に供託することができる。

2　Ａが営業保証金を供託した旨は、供託所から国土交通大臣あてに通知されることから、Ａがその旨を直接国土交通大臣に届け出る必要はない。

3　Ａとの取引により生じた電気工事業者の工事代金債権について、当該電気工事業者は、営業継続中のＡが供託している営業保証金から、その弁済を受ける権利を有する。

4　営業保証金の還付により、営業保証金の額が政令で定める額に不足することとなった場合、Ａは、国土交通大臣から不足額を供託すべき旨の通知書の送付を受けた日から２週間以内にその不足額を供託しなければならない。

★★

【問31】 宅地建物取引業者Ａが自ら売主として、Ｂ所有の宅地（以下この問において「甲宅地」という。）を、宅地建物取引業者でない買主Ｃに売却する場合における次の記述のうち、宅地建物取引業法の規定によれば、誤っているものの組合せはどれか。

ア　Ａは、甲宅地の造成工事の完了後であれば、Ｂから甲宅地を取得する契約の有無にかかわらず、Ｃとの間で売買契約を締結することができる。

イ　Ａは、Ｂから甲宅地を取得する契約が締結されているときであっても、その取得する契約に係る代金の一部を支払う前であれば、Ｃとの間で売買契約を締結することができない。

ウ　Ａは、甲宅地の売買が宅地建物取引業法第41条第１項に規定する手付金等の保全措置が必要な売買に該当するとき、Ｃから受け取る手付金について当該保全措置を講じておけば、Ｃとの間で売買契約を締結することができる。

1　ア、イ　　2　ア、ウ　　3　イ、ウ　　4　ア、イ、ウ

解説 ➔ 解答

【問29】 宅建業法：宅地建物取引士 ★★★

まさに本番の宅建試験の最中に、不正受験を出題するなんてステキ。

1 × えーとですね、当該受験禁止の期間は「3年以内」で定めるんだってば。(17条、P.067)

2 ○ 本籍は宅地建物取引士資格登録簿の登載事項。変更がありましたら変更の登録をお願いしますね。(20条、P.073)

3 × 出たぁ〜。「死亡した日」からだってさ。ちがいますでしょ。「死亡を知った日」から30日以内でしょ。(21条、P.080)

4 × 出ました登録の移転。それも「住所」ヒッカケ。単に住所を変更したという理由だけでは、登録の移転を申請することはできませ〜ん。(19条の2、P.077)

【問30】 宅建業法：営業保証金 ★★★

読み間違いをしなければ、楽勝だったでしょ。(P.176〜179)

1 × だから営業保証金の供託は、主たる事務所の最寄りの供託所だってば。(25条)

2 × 営業保証金を供託した旨の届出は、Aがするんでしょ。その届出をしないと開業できない。(25条)

3 × 電気工事業者の工事代金債権。ザンネンながら営業保証金から還付（弁済）を受けることはできませーん。宅建業に関する取引から生じた債権じゃないもんね。(27条)

4 ○ そう。2週間以内に不足額を供託しなければなりませーん。(28条)

【問31】 宅建業法：宅建業者が売主（自己所有に属しない） ★★

B所有の宅地をめぐる売買物語。「ア」と「イ」は比較的わかりやすかったと思うけど、なんかへんな感じの「ウ」。まあこういう解釈で。(33条の2、P.127〜128)

ア × 宅地造成工事が完了していたとしても、そもそもB所有なんだから、その宅地を取得する契約を締結していなければ、Cとの間で売買契約を締結することはできないんじゃないの？

イ × B所有の甲宅地を取得する契約を締結していればオッケー。代金の一部を支払う前であっても、Cとの間で売買契約を締結することができる。

ウ ○ 「宅地建物取引業法第41条第1項に規定する手付金等の保全措置」とは、未完成物件の売買の場合での保全措置のこと。その手付金等の保全措置が必要な売買っていうことだから、単に未完成物件の売買っていうことで考えましょう、ということみたい。となると、手付金等の保全措置を講じればCとの間で売買契約を締結することができるということかな。

誤っているものの組合せは「ア、イ」。選択肢1が正解となる。

平成21年度 ≫ 問題・解説・解答

正解					
問29	2	問30	4	問31	1

問題

★★★

【問32】 宅地建物取引業者Aが、B所有の甲宅地の売却の媒介を依頼され、Bと専任媒介契約を締結した場合に関する次の記述のうち、宅地建物取引業法の規定によれば、正しいものはどれか。

1　Aは、甲宅地の所在、規模、形質、売買すべき価額のほかに、甲宅地の上に存する登記された権利の種類及び内容を指定流通機構に登録しなければならない。

2　AがBに対して、甲宅地に関する所定の事項を指定流通機構に登録したことを証する書面を引き渡さなかったときは、Aはそのことを理由として指示処分を受けることがある。

3　AがBに対して、当該専任媒介契約に係る業務の処理状況を14日（ただし、Aの休業日は含まない。）に1回報告するという特約は有効である。

4　Aは、指定流通機構に登録した甲宅地について売買契約が成立し、かつ、甲宅地の引渡しが完了したときは、遅滞なく、その旨を当該指定流通機構に通知しなければならない。

★★★

【問33】 宅地建物取引業者Aが行う宅地建物取引業法第35条に規定する重要事項の説明に関する次の記述のうち、誤っているものはどれか。なお、説明の相手方は宅地建物取引業者ではないものとする。（法改正により問題文を修正している）

1　建物の売買の媒介を行う場合、当該建物が地域における歴史的風致の維持及び向上に関する法律第12条第1項の規定に基づく歴史的風致形成建造物であるときは、Aは、その増築に際し市町村長への届出が必要である旨を説明しなければならない。

2　建物の売買の媒介を行う場合、当該建物について石綿の使用の有無の調査の結果が記録されていないときは、Aは、自ら石綿の使用の有無の調査を行った上で、その結果の内容を説明しなければならない。

3　建物の貸借の媒介を行う場合、当該貸借の契約が借地借家法第38条第1項の規定に基づく定期建物賃貸借契約であるときは、Aは、その旨を説明しなければならない。

4　建物の貸借の媒介を行う場合、Aは、当該貸借に係る契約の終了時において精算することとされている敷金の精算に関する事項について、説明しなければならない。

★★★

【問34】 次の記述のうち、宅地建物取引業法（以下この問において「法」という。）の規定によれば、正しいものはどれか。なお、説明の相手方は宅地建物取引業者ではないものとする。（法改正により問題文を修正している）

1　宅地建物取引業者が自ら売主となる場合において、宅地建物取引業者でない買主が、法第37条の2の規定に基づくいわゆるクーリング・オフによる契約の解除をするときは、その旨を記載した書面が当該宅地建物取引業者に到達した時点で、解除の効力が発生する。

2　宅地建物取引業者が宅地の売却の媒介依頼を受け、依頼者との間で一般媒介契約（専任媒介契約でない媒介契約）を締結した場合において、当該媒介契約の内容を記載した書面を作成するときは、契約の有効期間に関する事項の記載を省略することができる。

3　宅地建物取引業者が宅地建物取引業保証協会の社員であるときは、法第37条の規定による書面交付後は遅滞なく、社員である旨、当該協会の名称、住所及び事務所の所在地並びに法第64条の7第2項の供託所及びその所在地について説明をするようにしなければならない。

4　法第35条の規定による重要事項の説明及び書面の交付は、宅地建物取引士が設置されている事務所だけでなく、取引の相手方の自宅又は勤務する場所等、それ以外の場所で行うことができる。

解説 → 解答

【問32】 宅建業法：媒介契約 ★★★

指定流通機構への登録事項は、宅地の所在、規模、形質、売買すべき価格、法令上の制限、など。（34条の2、P.108～110、196）

1 × 宅地の上に存する登記された権利の種類及び内容については、指定流通機構の登録事項じゃないのよ。登録しなくてもいいんだって。でも抵当権が設定されているのかどうか知りたい気もする。

2 ○ はい。受ける場合があります。

3 × 「専任媒介契約」だと業務の処理状況を2週間（14日）に1回以上報告しなければならない。でね、文末の「（ただし、Aの休業日は含まない。）」とする部分があるので、この特約は無効。

4 × 登録に係る物件の契約が成立したときは、遅滞なく、その旨を当該登録に係る指定流通機構に通知しなければならない。「宅地の引渡しが完了したとき」のワケがない。もしそうだったら契約済みの物件データが登載されたままになっちゃうでしょ。

【問33】 宅建業法：重要事項の説明（35条書面） ★★★

選択肢1がお初。選択肢2で悩むかな。選択肢3と4は楽勝でしょ。（35条）

1 ○ そうなんですよ。「歴史的風致の維持及び向上に関する法律第12条第1項の規定に基づく歴史的風致形成建造物」なんていうのが近年登場しまして。こんなもんに手を加えるとなるとやっぱり手続きが必要でして、所有者にしてみればわずらわしい。なので「増築に際し市町村長への届出が必要である旨」を説明しなければならない。（P.157参考）

2 × 「石綿の使用の有無の調査の結果が記録されているとき」は、その内容を説明しなければならないが、そもそも調査の結果が記録されていない場合はしかたがないので「その旨」を説明する。ま、いずれにせよ、石綿の使用の有無の調査が宅建業者に義務付けられてはいません。（P.160）

3 ○ そりゃそうでしょ。「定期建物賃貸借契約」っていうのは更新がないわけで、だからその旨を説明しなければならない。（P.167）

4 ○ ま、これもそうでしょ。敷金。「敷金の精算に関する事項」はちゃんと説明しておかないと。貸借終了時にもめるとすれば敷金だし。（P.168）

【問34】 宅建業法：供託所等の説明・35条書面・37条書面 ★★★

クーリング・オフと重要事項説明やら契約書面やらをからませた問題。そこそこ新鮮な気がします。

1 × クーリング・オフはですね、申込者等が「申込みの撤回等をする旨の書面」を発した時にその効力を生ずる。発信主義です。宅建業者に到達した時点ではありません。（37条の2、P.130）

2 × 一般媒介契約だったとしてもだ、とりあえず体裁は整えなさい。媒介契約の有効期間を記載せなあかん。（34条の2、P.112）

3 × なんじゃこりゃ。なんか読みにくい選択肢ですね。とどのつまりなにを言っているかというと、「保証協会の社員である旨（＝供託所等の説明）」は売買、交換・貸借の「契約が成立するまでの間」にしなければならない。「法第37条の規定による書面交付後」だと遅い。（35条の2、P.192）

4 ○ はいそうです。重要事項の説明及び書面の交付場所については、場所的な制約はありませ～ん。（35条、P.154）

正解		
問32 2	問33 2	問34 4

問題

★★★

【問35】宅地建物取引業法（以下この問において「法」という。）第37条の規定により交付すべき書面（以下この問において「37条書面」という。）に関する次の記述のうち、法の規定によれば、正しいものはどれか。

1　法人である宅地建物取引業者が37条書面を作成したときは、必ずその代表者をして、当該書面に記名させなければならない。

2　建物の売買契約において、宅地建物取引業者が売主を代理して買主と契約を締結した場合、当該宅地建物取引業者は、買主にのみ37条書面を交付すれば足りる。

3　宅地建物取引業者は、自ら売主として宅地建物取引業者でない法人との間で建物の売買契約を締結した場合、当該法人において当該契約の任に当たっている者の氏名を、37条書面に記載しなければならない。

4　宅地建物取引業者が、その媒介により契約を成立させた場合において、契約の解除に関する定めがあるときは、当該契約が売買、貸借のいずれに係るものであるかを問わず、37条書面にその内容を記載しなければならない。

★★★

【問36】宅地建物取引業者Aが、甲建物の売買の媒介を行う場合において、宅地建物取引業法第37条の規定により交付すべき書面（以下この問において「37条書面」という。）に関する次の記述のうち、宅地建物取引業法の規定に違反しないものはどれか。

1　Aは、宅地建物取引士をして、37条書面を作成させ、かつ当該書面に記名させたが、買主への37条書面の交付は、宅地建物取引士ではないAの従業者に行わせた。

2　甲建物の買主が宅地建物取引業者であったため、Aは売買契約の成立後における買主への37条書面の交付を省略した。

3　Aは、37条書面に甲建物の所在、代金の額及び引渡しの時期は記載したが、移転登記の申請の時期は記載しなかった。

4　Aは、あらかじめ売主からの承諾を得ていたため、売買契約の成立後における売主への37条書面の交付を省略した。

解説 ➔ 解答

【問35】 宅建業法：契約書面の交付（37条書面） ★★★

選択肢1の代表者が笑える。宅地建物取引士ではない（受かっていない）代表者のみなさん、今年こそ宅建合格をめざしましょう。（37条、P.171～174）

1 × なんだなんだ（笑）。必ず代表者をして？　37条書面への記名は宅地建物取引士が行う。代表者が行うべきものではありませーん。

2 × 「買主にのみ37条書面の交付」では足りませーん。37条書面の交付は契約の両当事者に。代理を依頼した売主にも交付してね。

3 × 「当該法人において当該契約の任に当たっている者の氏名」とは、その法人の担当者ということかな。契約の当事者は法人なので、その担当者の氏名は記載しなくてもいいです。

4 ○ そのとおり。「契約の解除に関する定めがあるとき」は、売買のときでも貸借のときでも、37条書面にその内容を記載しなければならない。

【問36】 宅建業法：契約書面の交付（37条書面） ★★★

まいどおなじみの出題項目が並ぶ「37条書面（契約書面）」。選択肢1が違反しない。楽勝でしたね。（37条、P.171～173）

1 違反しない　37条書面への記名は宅地建物取引士が行わなければならないけど、37条書面の交付は、宅地建物取引士でなくてもオッケー。

2 違反する　まいどおなじみの相手方が宅建業者。宅建業者間での取引であっても、37条書面の交付は省略できませーん。

3 違反する　甲建物の所在、代金の額及び引渡しの時期もそうだけど、「移転登記の申請の時期」も37条書面に記載しなければならない。

4 違反する　だからダメだってば。あらかじめ売主からの承諾を得ていたとしても、37条書面の交付を省略してはならない。

正解			
問35	4	問36	1

問題

★★★

【問37】自らが売主である宅地建物取引業者Aと、宅地建物取引業者でないBとの間での売買契約に関する次の記述のうち、宅地建物取引業法（以下この問において「法」という。）の規定によれば、正しいものはどれか。

1　Aは、Bとの間における建物の売買契約（代金2,000万円）の締結に当たり、手付金として100万円の受領を予定していた。この場合において、損害賠償の予定額を定めるときは、300万円を超えてはならない。

2　AとBが締結した建物の売買契約において、Bが手付金の放棄による契約の解除ができる期限について、金融機関からBの住宅ローンの承認が得られるまでとする旨の定めをした。この場合において、Aは、自らが契約の履行に着手する前であれば、当該承認が得られた後は、Bの手付金の放棄による契約の解除を拒むことができる。

3　Aは、喫茶店でBから宅地の買受けの申込みを受けたことから、翌日、前日と同じ喫茶店で当該宅地の売買契約を締結し、代金の全部の支払を受けた。その4日後に、Bから法第37条の2の規定に基づくいわゆるクーリング・オフによる当該契約を解除する旨の書面による通知を受けた場合、Aは、当該宅地をBに引き渡していないときは、代金の全部が支払われたことを理由に当該解除を拒むことはできない。

4　Aは、Bとの間で宅地の割賦販売の契約（代金3,000万円）を締結し、当該宅地を引き渡した。この場合において、Aは、Bから1,500万円の賦払金の支払を受けるまでに、当該宅地に係る所有権の移転登記をしなければならない。

★

【問38】宅地建物取引業者Aが、自ら売主として、宅地建物取引業者でない買主Bとの間で締結した売買契約に関する次の記述のうち、宅地建物取引業法（以下この問において「法」という。）及び民法の規定によれば、誤っているものの組合せはどれか。（法改正により全ての記述を修正している）

ア　AがBとの間で締結した中古住宅の売買契約において、当該住宅を現状有姿で引き渡すとする特約と、当該住宅が種類又は品質に関して契約の内容に適合しない場合であってもAはその不適合を担保すべき責任を負わないこととする特約とを定めた場合、その特約はいずれも有効である。

イ　Aは、Bとの間で建物の売買契約を締結する前に、法第35条の規定に基づく重要事項として、当該建物の品質に関して契約の内容に適合しない場合の、その不適合を担保すべき責任の履行に関し保証保険契約の締結などの措置を講ずるかどうか、また、講ずる場合はその概要を説明しなければならない。

ウ　AがBとの間で締結した建物の売買契約において、当該建物が種類又は品質に関して契約の内容に適合しない場合であっても、Aは当該不適合を担保すべき責任を負わないとする特約を定めた場合、この特約は無効となり、Aの当該担保責任を追求するためのBの通知期間は「当該建物の引渡しの日から2年間」となる。

1　ア、イ　　2　ア、ウ　　3　イ、ウ　　4　ア、イ、ウ

解説 → 解答

【問37】 宅建業法：宅建業者が売主（複合） ★★★

「手付金は20%まで」「損害賠償額の予定は20%まで」「クーリング・オフ」「所有権の留保」と、まぁそれなりに存在感がある規定で構成されている作品。選択肢2がややこしいかな。

1 × 「手付金は20%まで」というのと「損害賠償額の予定は20%まで」というのは別の話。トータルで20%まででではありません。手付金として100万円を受領する予定であったとしても、それはそれとして、損害賠償額は400万円までで予定できる。(38条、P.136、138)

2 × 手付放棄による解除。買主Bは、宅建業者Aが「契約の履行に着手する前」だったらオッケー。なので、宅建業者Aは「自ら（A）が履行に着手する前」の段階では手付放棄による解除を拒むことができない。なお、買主Bが手付金の放棄による契約の解除ができる期限について、「金融機関からBの住宅ローンの承認が得られるまで」とする旨の特約はBに不利なので無効かな。(39条、P.138)

3 ○ 拒めません。まだ宅地を引き渡してないんだもんね。「買主が物件の引渡しを受け、かつ、代金の全部を支払ったとき」だったらクーリング・オフによる契約の解除を拒むことができるけどね。(37条の2、P.133)

4 × 所有権を留保できるのは、賦払金が代金の額の30パーセントを超えない場合まで。えーと、だから900万円までか。(43条、P.150)

【問38】 宅建業法：宅建業者が売主（担保責任の特約） ★

「現状有姿で引き渡すとする特約」っていうと「その物件にどんな不適合があっても文句いいません」みたいなニュアンスでとらえる人もいるかもなぁ～。(40条、P.140～141)

ア × 「現状有姿で引き渡すとする特約」っていったい何だ。調べてみたら「契約後引渡しまでに目的物の状況に変動があったとしても、売主は引渡時の状況のままで引き渡す」という意味内容らしい。なので担保責任とは切り離して考えるべき。ということで「Aが担保責任を負わない」とする旨の特約は、買主に不利な特約となり無効。話が前後するけど「現状有姿で引き渡すとする特約」は有効。

イ ○ そのとおり。重要事項として、不適合を担保すべき責任の履行に関し保証保険の締結などの措置を講ずるかどうか、また、講ずる場合はその概要を説明しなければならない。

ウ × 担保責任の特約が無効となった場合、民法の原則に立ち返り、買主の通知期間は「不適合を知った時から1年以内」となる。「建物の引渡しの日から2年間」じゃないよー。

誤っているものの組合せは「ア、ウ」。選択肢2が正解となる。

正解			
問37	3	問38	2

問題

★★★

【問39】 宅地建物取引業者Aは、自ら売主として、宅地建物取引業者でないBとの間で、建築工事完了前の建物に係る売買契約（代金5,000万円）を締結した。当該建物についてBが所有権の登記をしていない場合における次の記述のうち、宅地建物取引業法（以下この問において「法」という。）の規定に違反しないものはどれか。

1　Aは、法第41条に定める手付金等の保全措置を講じた上で、Bから500万円を手付金として受領した。後日、両者が契約の履行に着手していない段階で、Bから手付放棄による契約解除の申出を受けたが、Aは理由なくこれを拒んだ。

2　Aは、法第41条に定める手付金等の保全措置を講じずに、Bから500万円を手付金として受領したが、当該措置を講じないことについては、あらかじめBからの書面による承諾を得ていた。

3　Aは、法第41条に定める手付金等の保全措置を講じた上で、Bから500万円を手付金として受領し、その後中間金として250万円を受領した。

4　Aは、法第41条に定める手付金等の保全措置を講じた上で、Bから2,000万円を手付金として受領した。

★★★

【問40】 宅地建物取引業者Aが行う建物の売買又は売買の媒介に関する次の記述のうち、宅地建物取引業法の規定に違反しないものはどれか。（法改正により選択肢4を修正している）

1　Aは、建物の売買の媒介に際し、買主に対して手付の貸付けを行う旨を告げて契約の締結を勧誘したが、売買契約は成立しなかった。

2　建物の売買の媒介に際し、買主から売買契約の申込みを撤回する旨の申出があったが、Aは、申込みの際に受領した預り金を既に売主に交付していたため、買主に返還しなかった。

3　Aは、自ら売主となる建物（代金5,000万円）の売買に際し、あらかじめ買主の承諾を得た上で、代金の30%に当たる1,500万円の手付金を受領した。

4　Aは、自ら売主として行う中古建物の売買に際し、当該建物が品質に関して契約の内容に適合しない場合におけるその不適合を担保すべき責任に関し、BがAに通知すべき期間を引渡しの日から2年間とする特約をした。

★★★

【問41】 宅地建物取引業者A（消費税課税事業者）が売主B（消費税課税事業者）からB所有の土地付建物の媒介の依頼を受け、買主Cとの間で売買契約を成立させた場合、AがBから受領できる報酬の上限額は、次のうちどれか。なお、土地付建物の代金は6,400万円（うち、土地代金は4,200万円）で、消費税額及び地方消費税額を含むものとする。

1　1,920,000円
2　1,980,000円
3　2,112,000円
4　2,178,000円

解説 → 解答

【問39】 宅建業法：宅建業者が売主（複合） ★★★

よく出題されている内容。でもいい加減に勉強していると選択肢4とかがわかんない。

1 違反する　文末の「Aは理由なくこれを拒んだ」というフレーズが、「もうこれ違反なんですよぉ〜」と示唆している感もあり。まだ売主Aが契約の履行に着手していないため、Bは手付金放棄により解除できる。宅建業者は、正当な理由なく、当該契約の解除を拒んではならない。（47条の2、P.138）

2 違反する　未完成物件だから、代金の額の5％（250万円）を超える場合は手付金等の保全措置を講じないとダメでしょ。書面で承諾をもらってたとしても意味なし。違反は違反。（41条、P.143）

3 違反しない　未完成物件だとしても、手付金等の保全措置を講じているから手付金500万円・中間金250万円を受領してもだいじょうぶ。（41条、P.143）

4 違反する　まいどおなじみの手付金ヒッカケ。手付金等の保全措置を講じたとしても、代金の額の20%（1,000万円）を超える額の手付金を受領してはならない。（39条、P.138）

【問40】 宅建業法：業務に関する禁止事項（複合） ★★★

選択肢2がちょっと物珍しいかな。選択肢1とかは笑っちゃいますね。

1 違反する　手付について貸付けその他信用の供与をすることにより契約の締結を誘引する行為をしてはいけませぇ〜ん。売買契約が成立しなかったからいいじゃん、というワケにはいかない。（47条、P.103）

2 違反する　「宅建業者は、宅建業者の相手方等が契約の申込みの撤回を行うに際し、既に受領した預り金の返還を拒んではならない」という規定がありまぁ〜す。預り金を既に売主に交付していたとしても、返還を拒むと宅建業法違反だよぉ〜ん。（47条の2、P.105）

3 違反する　まいどおなじみの手付金ヒッカケ。相手方から承諾を得ていたとしても、代金額の20%を超える額の手付を受領してはいけませ〜ん。（39条、P.138）

4 違反しない　買主の通知期間を「引渡しから2年以上」とする特約はOKです。（40条、P.140）

【問41】 宅建業法：報酬 ★★★

よい子のみなさん、それでは算数のお勉強で〜す。
まず、土地付建物の代金6,400万円−土地代金4,200万円＝建物代金2,200万円。
そんで建物代金2,200万円には消費税が入っているから、それを引くと2,000万円。
土地代金には消費税は入ってないから、4,200万円そのまま。
足しましょう。2,000万円＋4,200万円＝6,200万円。
では報酬額の計算です。6,200万円×3%＋6万円＝192万円。
宅建業者Aは消費税課税事業者だから、192万円に10%を乗っける。
192万円×1.1＝2,112,000円

ということで、選択肢3が正解。（46条、P.115〜116）

正解		
問39　3	問40　4	問41　3

問題

★★★

【問42】次の記述のうち、宅地建物取引業法の規定によれば、正しいものはどれか。なお、この問において、契約行為等とは、宅地若しくは建物の売買若しくは交換の契約（予約を含む。）若しくは宅地若しくは建物の売買、交換若しくは貸借の代理若しくは媒介の契約を締結し、又はこれらの契約の申込みを受けることをいう。

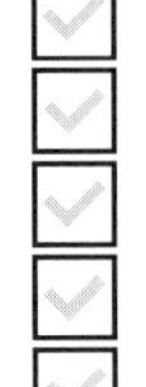

1　宅地建物取引業者が一団の宅地の分譲を行う案内所において契約行為等を行う場合、当該案内所には国土交通大臣が定めた報酬の額を掲示しなければならない。

2　他の宅地建物取引業者が行う一団の建物の分譲の媒介を行うために、案内所を設置する宅地建物取引業者は、当該案内所に、売主の商号又は名称、免許証番号等を記載した国土交通省令で定める標識を掲示しなければならない。

3　宅地建物取引業者は、事務所以外の継続的に業務を行うことができる施設を有する場所においては、契約行為等を行わない場合であっても、専任の宅地建物取引士を１人以上置くとともに国土交通省令で定める標識を掲示しなければならない。

4　宅地建物取引業者は、業務に関して展示会を実施し、当該展示会場において契約行為等を行おうとする場合、当該展示会場の従業者数５人に対して１人以上の割合となる数の専任の宅地建物取引士を置かなければならない。

★★★

【問43】次の記述のうち、宅地建物取引業法の規定によれば、正しいものはどれか。

1　宅地建物取引業者の従業者である宅地建物取引士は、取引の関係者から事務所で従業者証明書の提示を求められたときは、この証明書に代えて従業者名簿又は宅地建物取引士証を提示することで足りる。

2　宅地建物取引業者がその事務所ごとに備える従業者名簿には、従業者の氏名、生年月日、当該事務所の従業者となった年月日及び当該事務所の従業者でなくなった年月日を記載することで足りる。

3　宅地建物取引業者は、一団の宅地の分譲を案内所を設置して行う場合、業務を開始する日の10日前までに、その旨を免許を受けた国土交通大臣又は都道府県知事及び案内所の所在地を管轄する都道府県知事に届け出なければならない。

4　宅地建物取引業者は、その事務所ごとに、その業務に関する帳簿を備え、宅地建物取引業に関し取引のあった月の翌月10日までに、一定の事項を記載しなければならない。

解説 ➡ 解答

【問42】 宅建業法：標識・宅地建物取引士 ★★★

「業務を行う場所」シリーズ。「国土交通大臣が定めた報酬の額」とか「国土交通省令で定める標識」、「事務所以外の継続的に業務を行うことができる施設を有する場所」などなど、たいした内容じゃないのに漢字が多くてイヤね。(P.085～095)

1 × あのですね、報酬の額の掲示は事務所にね。一団（10区画以上）の宅地の分譲を行う案内所とかには掲示しなくてもよい。(46条)

2 ○ ピンポーン。一団（10戸以上）の建物の分譲を行う案内所にも標識を掲示しなければならないんだけど、「媒介」の場合は標識には「売主の商号又は名称、免許証番号」の記載があります。ちなみに標識には事務所バージョン、案内所バージョンなど各種書式があります。(50条)

3 × 「契約行為等を行わない場合」というと広告宣伝・案内のみという位置づけの場所。そのバージョンの標識は掲示しなきゃいけないけど、専任の宅地建物取引士の設置は不要です。(50条、31条の3)

4 × 業務に関して展示会を実施し、そんでもってそこで契約行為等を行おうとする場合、専任の宅地建物取引士を設置しなければならないんだけど、ま、こういった案内所等には、専任の宅地建物取引士を1人以上設置すればよい。(31条の3)

【問43】 宅建業法：従業者名簿・帳簿・案内所等 ★★★

選択肢1と4がおもしろい。選択肢1は過去におなじようなのが割とよく出題されてて、そのたび笑った記憶があります。選択肢4もおもしろい。(P.089～096)

1 × あっはっは。そんなワケないでしょ。従業者証明書を見せろって言われてんだから、従業者証明書を提示しなければならない。「従業者名簿でいいですか」とか「宅地建物取引士証でいいですか」というワケにはいかない。(48条)

2 × 足りません。従業者名簿には、そのほかに主たる職務内容、宅地建物取引士であるか否かの別なども記載しなければならない。(48条)

3 ○ はいそのとおり。この年、ほかの問題でもこれと同趣旨のが出題されてました。もしかしたら出題項目って調整しないのかもね。(50条)

4 × 「取引のあった月の翌月10日までに」っていうのが笑える。月末締めの翌月10日払いっていう感じっすか。あはは。そうじゃなくて、取引のあったつど、一定事項を記載しなければならないとされてます。(49条)

正解			
問42	2	問43	3

>> 問題

★★

【問44】宅地建物取引業保証協会（以下この問において「保証協会」という。）に関する次の記述のうち、宅地建物取引業法の規定によれば、正しいものはどれか。

1　保証協会は、宅地建物取引業者の相手方から社員である宅地建物取引業者の取り扱った宅地建物取引業に係る取引に関する苦情について解決の申出があったときは、その申出及びその解決の結果について社員に周知することが義務付けられている。

2　保証協会は、その社員の地位を失った宅地建物取引業者が地位を失った日から１週間以内に営業保証金を供託した場合は、当該宅地建物取引業者に対し、直ちに弁済業務保証金分担金を返還することが義務付けられている。

3　保証協会は、新たに社員が加入したときは、当該社員の免許権者が国土交通大臣であるか都道府県知事であるかにかかわらず、直ちに当該保証協会の指定主体である国土交通大臣に報告することが義務付けられている。

4　保証協会は、そのすべての社員に対して、当該社員が受領した支払金や預り金の返還債務を負うことになったときに、その債務を連帯して保証する業務及び手付金等保管事業を実施することが義務付けられている。

★★

【問45】宅地建物取引業法の規定に基づく監督処分に関する次の記述のうち、誤っているものはどれか。

1　国土交通大臣に宅地建物取引業を営む旨の届出をしている信託業法第３条の免許を受けた信託会社は、宅地建物取引業の業務に関し取引の関係者に損害を与えたときは、指示処分を受けることがある。

2　甲県知事は、宅地建物取引業者Ａ（甲県知事免許）に対して指示処分をしようとするときは、聴聞を行わなければならず、その期日における審理は、公開により行わなければならない。

3　国土交通大臣は、宅地建物取引業者Ｂ（乙県知事免許）に対し宅地建物取引業の適正な運営を確保し、又は健全な発達を図るため必要な指導、助言及び勧告をすることができる。

4　丙県知事は、丙県の区域内における宅地建物取引業者Ｃ（丁県知事免許）の業務に関し、Ｃに対して指示処分をした場合、遅滞なく、その旨を丙県の公報により公告しなければならない。

★★

【問46】独立行政法人住宅金融支援機構（以下この問において「機構」という。）に関する次の記述のうち、誤っているものはどれか。

1　機構は、民間金融機関が貸し付けた住宅ローンについて、住宅融資保険を引き受けることにより、民間金融機関による住宅資金の供給を支援している。

2　機構は、民間金融機関が貸し付けた長期・固定金利の住宅ローンについて、民間保証会社の保証を付すことを条件に、その住宅ローンを担保として発行された債券等の元利払いを保証する証券化支援事業（保証型）を行っている。

3　機構は、貸付けを受けた者が経済事情の著しい変動に伴い、元利金の支払が著しく困難となった場合には、一定の貸付条件の変更又は元利金の支払方法の変更をすることができる。

4　機構は、高齢者が自ら居住する住宅に対して行うバリアフリー工事又は耐震改修工事に係る貸付けについて、毎月の返済を利息のみの支払とし、借入金の元金は債務者本人の死亡時に一括して返済する制度を設けている。

解説 ➔ 解答

【問44】 宅建業法：保証協会 ★★

「義務付けられている」シリーズ。なんかマニアックなところからの出題。選択肢１の「苦情解決業務」は義務付けられているんだけど、選択肢４の「一般保証業務」や「手付金等保管事業」は任意業務。（P.184 ～ 191）

1 ○ 苦情解決。そうなんです。保証協会は、苦情について解決の申出があったときは、その申出及びその解決の結果について社員に周知させなければならない。（64 条の 5）

2 × えーと、社員が社員の地位を失ったときは、保証協会は、弁済業務保証金の還付請求者に対する公告を行った後に、社員であった宅建業者に弁済業務保証金分担金を返還することになります。なので、社員の地位を失った宅建業者が営業保証金を供託したとしても、直ちには弁済業務保証金分担金は返還しない。（64 条の 11）

3 × 保証協会は、新たに社員が加入したときは、当該社員である宅建業者が免許を受けた国土交通大臣又は都道府県知事に対して報告すればよい。なので、免許権者が都道府県知事の免許業者だったら都道府県知事に報告して終わり。（64 条の 4）

4 × あ、これは任意業務。いわゆる「一般保証業務」と「手付金等保管事業」。いずれも保証協会の社員である宅建業者との契約により行う。なので「義務付けられている」は×です。（64 条の 3）

【問45】 宅建業法：監督処分 ★★

監督処分についても、過去ほぼ出題され尽くしている感もあって、新味を出そうとすると選択肢１とか３とかになろうか。（P.194 ～ 205）

1 ○ 信託会社には免許に関する規定は適用しないものの、そのほかは適用。えー、もちろん指示処分を受けていただきます。（77 条）

2 ○ 国土交通大臣又は都道府県知事が監督処分をしようとするときは、聴聞を行わなければならない。で、この聴聞の期日における審理は公開により行われます。さぁみんなで見に行こう。（69 条）

3 ○ 国土交通大臣は、どの業者に対しても宅地建物取引業の適正な運営を確保し、または健全な発達を図るため必要な指導、助言及び勧告をすることができます。ま、そりゃそうか。（71 条）

4 × 指示処分については公告義務なし。（70 条）

【問46】 住宅金融支援機構 ★★

とりあえず選択肢の１と３の「○」はわかってほしいところ。（13 条、P.740 ～ 744）

1 ○ はいそのとおり。機構は住宅融資保険業務を行うことにより、民間金融機関の住宅ローンの円滑な供給を支援する。

2 × 「民間保証会社の保証を付すことを条件に」が誤り。機構が保証を付ける。機構は、民間金融機関の長期・固定金利の住宅ローンについて、その住宅ローンを担保として発行された債券等に係る債務の支払いについて、元利払いを保証する証券化支援事業（保証型）を行っている。で、もし万が一、住宅ローンが債務不履行となったら、金融機関に対して保険金の支払いを行う「住宅融資保険」も引き受けている。

3 ○ はいそのとおり。まぁそりゃしょうがないから貸付条件を変更したり、元利金の支払方法を変更したりね。

4 ○ そう。こんなのもある。「高齢者向け返済特例制度」といいます。

正解					
問44	1	問45	4	問46	2

問題

★★★

【問47】 宅地建物取引業者が行う広告等に関する次の記述のうち、不当景品類及び不当表示防止法（不動産の表示に関する公正競争規約の規定を含む。）によれば、正しいものはどれか。

1　平成元年4月1日に建築され、平成8年4月1日に増築された既存住宅を平成21年4月1日から販売する場合、当該増築日を起算点として「築13年」と表示してもよい。

2　建築基準法で規定する道路に2m以上接していない土地に建築物を建築しようとしても、原則として建築基準法第6条第1項の確認を受けることはできないため、「建築不可」又は「再建築不可」と明示しなくてもよい。

3　新築賃貸マンションの賃料について、すべての住戸の賃料を表示することがスペース上困難な場合は、標準的な1住戸1か月当たりの賃料を表示すればよい。

4　宅地の造成又は建物の建築に関する工事の完了前であっても、宅地建物取引業法第33条に規定する許可等の処分があった後であれば、当該工事に係る宅地又は建物の内容又は取引条件その他取引に関する表示をしてもよい。

【問48】 宅地建物の統計等に関する次の記述のうち、誤っているものはどれか。

1　平成21年地価公示（平成21年3月公表）によれば、平成20年1月以降の1年間の地価変動率は、全国平均ではすべての用途で下落となった。

2　平成19年度法人企業統計年報（財務省、平成20年9月公表）によれば、平成19年度における不動産業の経常利益は約3兆4,000億円であり、対前年度比1.1%減となった。

3　平成20年度国土交通白書（平成21年4月公表）によれば、平成20年3月末現在の宅地建物取引業者数は約14万となっており、前年度に比べわずかながら増加した。

4　平成21年版土地白書（平成21年5月公表）によれば、平成19年度の宅地供給量は全国で5,400ha（ヘクタール）となっており、対前年度比10.0%減と引き続き減少傾向にある。

★★★

【問49】 土地に関する次の記述のうち、不適当なものはどれか。

1　山地の地形は、かなり急峻で大部分が森林となっている。

2　台地・段丘は、農地として利用され、また都市的な土地利用も多い。

3　低地は、大部分が水田として利用され、地震災害に対して安全である。

4　臨海部の低地は、水利、海陸の交通に恵まれているが、住宅地として利用するためには十分な防災対策が必要である。

★★

【問50】 建物の構造に関する次の記述のうち、不適当なものはどれか。

1　鉄骨構造の特徴は、自重が重く、耐火被覆しなくても耐火構造にすることができる。

2　鉄筋コンクリート構造は、耐火、耐久性が大きく骨組形態を自由にできる。

3　鉄骨鉄筋コンクリート構造は、鉄筋コンクリート構造よりさらに優れた強度、じん性があり高層建築物に用いられる。

4　集成木材構造は、集成木材で骨組を構成した構造で体育館等に用いられる。

解説 → 解答

【問47】 景品表示法 ★★★

景品表示法。毎年たのしみにしています。(P.730 ～ 738)

1 × そりゃダメでしょ。増築された既存住宅の建築経過年数については、その住宅が新築されたときからカウントして表示すべきでしょ。当該増築日を起算点として表示することはできない。

2 × 出た～接道義務違反の物件。建築確認を受けることができないからこそ、「再建築不可」又は「建築不可」と明示することとされてます。

3 × 新築賃貸マンションの賃料について、すべての住戸の賃料を表示することが困難である場合は、1住戸当たりの最低賃料及び最高賃料を表示することとされてます。「標準的な1住戸1か月当たりの賃料」としたい気持ちもわかりますが。

4 ○ はいそのとおり。開発許可とか建築確認などを受けた後（宅地建物取引業法第 33 条に規定する許可等の処分があった後）だったら表示オッケー。

【問48】 統計等 ＊平成 21 年度の統計数値での出題。参考まで＊

【問 48】はこのような統計数値からの出題です。別途、最新データに基づく受験対策レジュメをご用意いたしますのでご活用ください（8月中旬予定）。

1 ○ 平成 20 年 1 月以降の 1 年間の地価変動率は、全国平均ではすべての用途で下落。

2 ○ 平成 19 年度における不動産業の経常利益は対前年度比 1.1%減。

3 × えーとですね、微増はしていません。129,991 業者で前年度に比べ減少してました。

4 ○ そのとおり。そりゃやっぱり宅地の供給量も、対前年度比で引き続き減少傾向にありました。

【問49】 土地の形質等 ★★★

選択肢3の低地。地震災害に対して安全なわけないでしょ!(^^)!

1 適当 そうでしょ。山地の地形は急峻（きゅうしゅん）だし、大部分が森林だし。

2 適当 どちらも地盤は安定していて、棚田などの農地利用でもいいし、住宅地や商業地としても最適。

3 不適当 低地は、そりゃやっぱり水田として利用するなんていうのがいいでしょう。が、しかし、排水性が悪くて湿地でしょ。となると軟弱な地盤なので地震などの災害には弱いです。

4 適当 まぁそうだよね。臨海部っていうくらいだから海沿い。陸海の交通の便もいいでしょう。でも高潮や津波などの災害による被害を受けやすいので、住宅地とするためには十分な防災対策が必要です。

【問50】 建物の構造等 ★★

鉄骨構造、鉄筋コンクリート構造、鉄骨鉄筋コンクリート構造ときて、集成木材。

1 不適当 鉄骨のむき出しは、火災（加熱）に弱い。耐火構造とするには耐火被覆が必要です。

2 適当 そのとおり。鉄筋コンクリート構造は、耐火、耐久性が大きく骨組形態を自由にできる。

3 適当 そのとおり。

4 適当 そのとおり。集成木材とは、板きれを繊維方向に重ねて接着したもの。

正解			
問47 4	問48 3	問49 3	問50 1

宅建ダイナマイト的

「世の中の歩き方」 VOl.1 – 4

ところで、この世の中に「宅地建物取引士」はいったい何人いるのだろうか。
・・・と、そんなこと急に言われたってね。
では令和4年度での状況です。

宅建士登録者　115万4,979人	宅建士証交付者　56万2,772人

ざっと110万人くらいが宅建士の資格登録をしていて、そのうち半分くらいが宅建士証の交付を受けているみたいですね。
宅建士証の交付者が法律上の「宅地建物取引士」だから、世の中に56万人くらいか。日本の人口（約1億2,000万人）で割り算してみると、0.4%。
で、この「56万2,772人」のうち、実際に宅建業に従事している人はどれくらいかというと34万6,908人。
さらに、この「34万6,908人」のうち専任の宅建士になっている人は22万7,616人だそうだ。
宅建業者数は12万9,604業者だから、割り算してみると、専任の宅地建物取引士は1業者あたり1.8人。
えー、そんなもんなの？
・・・そんなもんみたいだね。
ちなみに、宅建業の従事者数は60万7,517人。これも「12万9,604」で割り算してみると、1業者の従事者数は4.7人。
なので「宅建業者の事務所の5人に1人を専任の宅建士」が、やっとなんですね。
ついでだから、以下、いろんな計算で人数を割り出してみると、

「宅建」を持っていない従事者	宅建士なんだけど業界の従事者じゃない人
60万7,517人－34万6,908人＝26万0,609人	56万2,772人－34万6,908人＝21万5,864人
約26万人のみなさぁ～ん、 さぁ今年も宅建試験がんばろー!!	人事部のみなさぁ～ん、 約21万人の宅建士がぶらぶらしてますよー！

ここで懸命な読者諸兄姉は気づくであろう。
「宅建を持っていない従事者」と「宅建士なんだけど業界の従事者じゃない人」をそっくり入れ替えると、あらま大変、業界の従事者全員が、ほぼ宅建士になる計算だ。
理想の業界が到来するね。

VOL.2

「独立開業の宅建士」。なんだかこういう間違いがネット上とかで多いですよね。
宅建士の資格と宅建業の免許をごっちゃにした話を載せている資格セールス系のポータルサイトが目につくが、なにを隠そうワタクシも、そういったポータルサイト運営業者さんから監修を頼まれて、まーほんと、テキトーなライターが書いてきた文章を直すという不毛な仕事をしたことがありますが、ギャラがよかったので自分的には良しとしている。
あ、そんでね。
そういった世間の誤解も、ある意味、無理はないかなとも思っている。
ふつうはさ、不動産を扱うんだから、業者や従業者はその手の専門的知識がちゃんとはあるんだろうなーと思うであろう。
ないんだなこれが(笑)。考えてみればとんでもない業界なんだけど、でも、なぜそうなったか。
宅建業法の制定当時の資料を読んでみると、不動産業に携わる連中に「不動産取引の知識」を要求していた節がある。

ちなみに当時の雰囲気はこちら。
宅建業法の誕生前夜だ。
昭和61年に発刊された『[詳解]宅地建物取引業法(大成出版/明石三郎(他)著)』によりますと・・・

> 我が国は、第二次世界大戦による住宅被災、戦後の海外引揚者などの人口急増のため未曾有の住宅難(昭和20年8月現在、住宅不足戸数約420万戸)に陥るとともに、その後、経済復興により都市に人口が集中し始めると宅地建物の需要が著しく増大し、また、他方で、海外引揚者などの多くの人が無資本で報酬を得られる不動産取引業にたずさわったため、不動産取引業者が急激に増加した。
> しかし、不動産取引業の法的規制が全くないため、不動産取引に関する専門的知識のない者や詐欺、横領などを行う悪質不動産業者が横行跋扈し、一般消費者がこれによって損害を蒙り社会問題にもなり、国民はもとより良識的な不動産取引業者からも不動産業界の社会的信用回復と事業の健全な発展のためにも不動産取引業の取締りが強く望まれるようになった。

そんでどうしたかというと、宅建業法を制定して登録制度(いまは免許制度だが)を導入し、悪質な輩は業界への参入不可(登録拒否)とした。
そのときこういう案があった。「宅建業の登録には試験制度」。でも見送りになった。
もしこうだったら、すばらしい業界になっていたかもしれない。
少なくとも、取引に携わる営業職は「宅建士」というふうだったら良かったのにね。

VOl.3

森博嗣さんの著作に『「やりがいのある仕事」という幻想』(朝日新聞出版)がある。これがすこぶるおもしろい。おもしろいというか、若い衆になんか言うとき、とても役に立つ。ネタになることはもちろんだが、たぶん、相手にもそれらしく聞こえる(はず)。

帯のコピーが、まずいい。「人生を抜群に楽しむための、『ちょっとした』アドバイス。」
そして

> **人は働くために生まれてきたのではない。どちらかというと、働かない方が良い状態だ。働かないほうが楽しいし、疲れないし、健康的だ。あらゆる面において、働かない方が人間的だといえる。ただ1点だけ、お金が稼げないという問題があるだけである。(本文より)**

あっはっは。どーでしょ。傑作ですね。すばらしい。
まぁここで蛇足ながら、誰も聞きたくないだろうが見解を述べるとすると「働く」を「自分の仕事をする」というのと「労働する」に分けてみると、もっと実感できるのではなかろうか。

> **人は「労働」するために生まれてきたのではない。どちらかというと、「労働」しない方が良い状態だ。**

ほらね。ぶっちゃけ、起業なりフリーランスなり、自分の人生の決定権が自分にある連中は、渡世のために必要な「お金」は自分の仕事で「稼ぐ」というノリで楽しくやっているから、さっきの文章を「稼ぐ」で書いてみると

> **人は「稼ぐ」ために生まれてきたのではない。どちらかというと、「稼がない」方が良い状態だ。**

・・・となって、なんか変な感じだ。

いずれにしても労働は嫌だね。嫌な言葉だが「強制労働」というのもある。誰かにやらされている「労働」となると、やれ労働基準法だやれなんとか手当だやれなんとか休暇だと、なるべく労働しない方向に気が向く。
そんな労働者をがむしゃらに労働させる方向に持っていかなければならない使用者側(会社側)もたいへんだなー。
どっちも嫌だなー。
どっちに転んでも人間関係のストレスで死んでしまいそうだ。

読者諸兄姉は、どっちが嫌ですか?

「ビジネスパートナー」というとなんだがかっこいいが、ひらたくいうと「相棒」であるひのきＰをエースにした新団体ダイナマイトアマゾネス合同会社（以下、アマゾネス）を設立しました。秋晴れの気持ちいい午後、管轄の法務局に法人登記の申請に行き、近所のカフェでカフェオレを飲んだ。

アマゾネスは宅建業の免許を取得します。都知事免許業者だ。なので弊社「宅建ダイナマイト合格スクール株式会社」は、アマゾネスの出入り業者という立ち位置に晴れてなることができました。ありがとうございます（笑）。
もともとは、宅建主任者から宅建士に、つまり「士業（サムライ業）」なったときに、サムライ事務所で独立できるのかなー、とも思ったことにある。重要事項説明などの業務を業者から受託して対価を得る。宅建業者と宅建士は対等の関係で受発注の世界。税理士事務所や法律事務所とおなじノリですね。
そのほうがいいと思った。なぜならば、宅建業者の従業者という立ち位置での「雇われ宅建士」だと、はたして、ほんとに公正中立な重要事項説明ができるのかと。ましてや営業（ノルマあり）が宅建士だったりすると、「これちょっとどうなんだろ」みたいな物件もノルマ達成のために目をつぶっちまうのではないか、と。
なので、正直不動産（小学館）で描かれる今どきの世の中の風潮にあわせるべく、つまり「流通の透明化」とか「だましのない業界」にすべく、「主任者（社員のなかで主にまかせる者）」ではなく「独立したサムライ（士）」にしたのかなと。でも、そうじゃなかった。結局、宅建業者のなかにいる従業者が取る資格という位置づけだった。
あとね、仮に宅建士が独立という体で不動産取引の相談とかコンサルをしたときに、「じゃあ取引をお手伝いしましょうか」となると宅建業になっちゃうから、結局、個人業者にならざるを得ない。となると開業にあたり、業者免許だ事務所がどうした保証協会に加入だなんだかんだ、結局カネと手間がかかる。見事な参入障壁だ。
くそーと思っていたんだが、え、マジ、そっか「その手」があったか。そこと組もう。そうなんです。「その手」を駆使してのアマゾネス。もちろんアマゾネス全員が宅建ダイナマイターズ（宅建士）。典型的な男社会に一泡吹かせっか。「殴り込みね」とひのきP。さすがエニアグラムでいうところのタイプ８だ。血が騒ぐとのこと。
「女性が我慢しない社会を作る」を大上段の構えとし、スカウトしてきた創業メンバーが豪華絢爛。タイプ１のMS嬢、タイプ２のYK嬢、タイプ４のAI嬢、タイプ６のRK嬢、タイプ７のKZ嬢、タイプ９のAK嬢。エニアグラムの智慧を活かして個が輝く方向で挑んでみます。たとえばRK嬢には「リスクヘッジする方向でひのきＰを支えてくれ」と。
伝説となるか空中分解で終わるか。続きはまたの機会に。乞うご期待。エニアグラムの話もいずれまた。

過去問題の答案用紙

本試験はマークシート形式であるため、記述は行いませんが、年度ごとの合格基準等と比較検討するため、正解一覧と答案用紙を用意しました。コピーしてお使いになるか、印刷可能なPDFを無料ダウンロード提供していますのでご利用ください（ダウンロードについては2ページ「本書の特典のご案内」をご確認ください）。

令和5年度	問1	問2	問3	問4	問5	問6	問7	問8	問9	問10	問11	問12	問13	問14	問15	問16	問17	問18	問19	問20	問21	問22	問23	問24	問25
	問26	問27	問28	問29	問30	問31	問32	問33	問34	問35	問36	問37	問38	問39	問40	問41	問42	問43	問44	問45	問46	問47	問48	問49	問50

令和4年度	問1	問2	問3	問4	問5	問6	問7	問8	問9	問10	問11	問12	問13	問14	問15	問16	問17	問18	問19	問20	問21	問22	問23	問24	問25
	問26	問27	問28	問29	問30	問31	問32	問33	問34	問35	問36	問37	問38	問39	問40	問41	問42	問43	問44	問45	問46	問47	問48	問49	問50

令和3年度（12月）	問1	問2	問3	問4	問5	問6	問7	問8	問9	問10	問11	問12	問13	問14	問15	問16	問17	問18	問19	問20	問21	問22	問23	問24	問25
	問26	問27	問28	問29	問30	問31	問32	問33	問34	問35	問36	問37	問38	問39	問40	問41	問42	問43	問44	問45	問46	問47	問48	問49	問50

令和3年度（10月）	問1	問2	問3	問4	問5	問6	問7	問8	問9	問10	問11	問12	問13	問14	問15	問16	問17	問18	問19	問20	問21	問22	問23	問24	問25
	問26	問27	問28	問29	問30	問31	問32	問33	問34	問35	問36	問37	問38	問39	問40	問41	問42	問43	問44	問45	問46	問47	問48	問49	問50

令和2年度（12月）	問1	問2	問3	問4	問5	問6	問7	問8	問9	問10	問11	問12	問13	問14	問15	問16	問17	問18	問19	問20	問21	問22	問23	問24	問25
	問26	問27	問28	問29	問30	問31	問32	問33	問34	問35	問36	問37	問38	問39	問40	問41	問42	問43	問44	問45	問46	問47	問48	問49	問50

令和2年度（10月）	問1	問2	問3	問4	問5	問6	問7	問8	問9	問10	問11	問12	問13	問14	問15	問16	問17	問18	問19	問20	問21	問22	問23	問24	問25
	問26	問27	問28	問29	問30	問31	問32	問33	問34	問35	問36	問37	問38	問39	問40	問41	問42	問43	問44	問45	問46	問47	問48	問49	問50

令和1年度	問1	問2	問3	問4	問5	問6	問7	問8	問9	問10	問11	問12	問13	問14	問15	問16	問17	問18	問19	問20	問21	問22	問23	問24	問25
	問26	問27	問28	問29	問30	問31	問32	問33	問34	問35	問36	問37	問38	問39	問40	問41	問42	問43	問44	問45	問46	問47	問48	問49	問50

平成30年度	問1	問2	問3	問4	問5	問6	問7	問8	問9	問10	問11	問12	問13	問14	問15	問16	問17	問18	問19	問20	問21	問22	問23	問24	問25
	問26	問27	問28	問29	問30	問31	問32	問33	問34	問35	問36	問37	問38	問39	問40	問41	問42	問43	問44	問45	問46	問47	問48	問49	問50

平成29年度	問1	問2	問3	問4	問5	問6	問7	問8	問9	問10	問11	問12	問13	問14	問15	問16	問17	問18	問19	問20	問21	問22	問23	問24	問25
	問26	問27	問28	問29	問30	問31	問32	問33	問34	問35	問36	問37	問38	問39	問40	問41	問42	問43	問44	問45	問46	問47	問48	問49	問50

平成28年度	問1	問2	問3	問4	問5	問6	問7	問8	問9	問10	問11	問12	問13	問14	問15	問16	問17	問18	問19	問20	問21	問22	問23	問24	問25
	問26	問27	問28	問29	問30	問31	問32	問33	問34	問35	問36	問37	問38	問39	問40	問41	問42	問43	問44	問45	問46	問47	問48	問49	問50

平成27年度	問1	問2	問3	問4	問5	問6	問7	問8	問9	問10	問11	問12	問13	問14	問15	問16	問17	問18	問19	問20	問21	問22	問23	問24	問25
	問26	問27	問28	問29	問30	問31	問32	問33	問34	問35	問36	問37	問38	問39	問40	問41	問42	問43	問44	問45	問46	問47	問48	問49	問50

平成26年度	問1	問2	問3	問4	問5	問6	問7	問8	問9	問10	問11	問12	問13	問14	問15	問16	問17	問18	問19	問20	問21	問22	問23	問24	問25
	問26	問27	問28	問29	問30	問31	問32	問33	問34	問35	問36	問37	問38	問39	問40	問41	問42	問43	問44	問45	問46	問47	問48	問49	問50

平成25年度	問1	問2	問3	問4	問5	問6	問7	問8	問9	問10	問11	問12	問13	問14	問15	問16	問17	問18	問19	問20	問21	問22	問23	問24	問25
	問26	問27	問28	問29	問30	問31	問32	問33	問34	問35	問36	問37	問38	問39	問40	問41	問42	問43	問44	問45	問46	問47	問48	問49	問50

平成24年度	問1	問2	問3	問4	問5	問6	問7	問8	問9	問10	問11	問12	問13	問14	問15	問16	問17	問18	問19	問20	問21	問22	問23	問24	問25
	問26	問27	問28	問29	問30	問31	問32	問33	問34	問35	問36	問37	問38	問39	問40	問41	問42	問43	問44	問45	問46	問47	問48	問49	問50

平成23年度	問1	問2	問3	問4	問5	問6	問7	問8	問9	問10	問11	問12	問13	問14	問15	問16	問17	問18	問19	問20	問21	問22	問23	問24	問25
	問26	問27	問28	問29	問30	問31	問32	問33	問34	問35	問36	問37	問38	問39	問40	問41	問42	問43	問44	問45	問46	問47	問48	問49	問50

平成22年度	問1	問2	問3	問4	問5	問6	問7	問8	問9	問10	問11	問12	問13	問14	問15	問16	問17	問18	問19	問20	問21	問22	問23	問24	問25
	問26	問27	問28	問29	問30	問31	問32	問33	問34	問35	問36	問37	問38	問39	問40	問41	問42	問43	問44	問45	問46	問47	問48	問49	問50

平成21年度	問1	問2	問3	問4	問5	問6	問7	問8	問9	問10	問11	問12	問13	問14	問15	問16	問17	問18	問19	問20	問21	問22	問23	問24	問25
	問26	問27	問28	問29	問30	問31	問32	問33	問34	問35	問36	問37	問38	問39	問40	問41	問42	問43	問44	問45	問46	問47	問48	問49	問50

過去問題の正解一覧

本試験はマークシート形式であるため、記述は行いませんが、年度ごとの合格基準等と比較検討するため、正解一覧と答案用紙を用意しました。コピーしてお使いになるか、印刷可能なPDFを無料ダウンロード提供していますのでご利用ください（ダウンロードについては２ページ「本書の特典のご案内」をご確認ください）。

令和5年度	問1	問2	問3	問4	問5	問6	問7	問8	問9	問10	問11	問12	問13	問14	問15	問16	問17	問18	問19	問20	問21	問22	問23	問24	問25
	1	1	2	4	4	3	3	3	2	3	4	3	2	2	4	1	3	1	1	4	2	1	1	4	4
	問26	問27	問28	問29	問30	問31	問32	問33	問34	問35	問36	問37	問38	問39	問40	問41	問42	問43	問44	問45	問46	問47	問48	問49	問50
	3	4	3	2	1	4	4	1	3	4	3	3	2	2	4	2	3	4	1	4	2	2	1	2	3

令和4年度	問1	問2	問3	問4	問5	問6	問7	問8	問9	問10	問11	問12	問13	問14	問15	問16	問17	問18	問19	問20	問21	問22	問23	問24	問25
	3	3	4	1	2	3	4	3	1	2	3	1	1	2	3	2	3	3	4	1	4	3	3	2	2
	問26	問27	問28	問29	問30	問31	問32	問33	問34	問35	問36	問37	問38	問39	問40	問41	問42	問43	問44	問45	問46	問47	問48	問49	問50
	2	1	1	3	3	1	1	2	4	4	1	2	4	4	2	2	2	2	4	3	1	4	正答なし	2	4

令和3年度（12月）	問1	問2	問3	問4	問5	問6	問7	問8	問9	問10	問11	問12	問13	問14	問15	問16	問17	問18	問19	問20	問21	問22	問23	問24	問25
	4	3	2	4	3	1	4	2	3	1	3	2	2	2	4	3	3	2	1	1	4	1	2	1	2
	問26	問27	問28	問29	問30	問31	問32	問33	問34	問35	問36	問37	問38	問39	問40	問41	問42	問43	問44	問45	問46	問47	問48	問49	問50
	3	4	1	3	3	2	1	2	1	4	4	2	3	3	2	1	3	1	2 or 3	4	1	4	4	2	4

令和3年度（10月）	問1	問2	問3	問4	問5	問6	問7	問8	問9	問10	問11	問12	問13	問14	問15	問16	問17	問18	問19	問20	問21	問22	問23	問24	問25
	1	2	4	1	4	2	3	1	1	2	3	2	4	3	3	2	4	2	4	3	3	4	1	1	3
	問26	問27	問28	問29	問30	問31	問32	問33	問34	問35	問36	問37	問38	問39	問40	問41	問42	問43	問44	問45	問46	問47	問48	問49	問50
	2	4	4	4	2	3	1	1	2	3	1	3	4	1	3	1	2	4	2	3	1	2	3	4	3

令和2年度（12月）	問1	問2	問3	問4	問5	問6	問7	問8	問9	問10	問11	問12	問13	問14	問15	問16	問17	問18	問19	問20	問21	問22	問23	問24	問25
	3	1	4	2	2	1	2	3	1	4	4	3	3	2	2	2	1	4	1	3	3	4	1	3	1
	問26	問27	問28	問29	問30	問31	問32	問33	問34	問35	問36	問37	問38	問39	問40	問41	問42	問43	問44	問45	問46	問47	問48	問49	問50
	2	3	1	3	2	3	4	4	4	3	3	1	1	1	4	2	1	4	2	4	4	2	2	3	3

令和2年度（10月）	問1	問2	問3	問4	問5	問6	問7	問8	問9	問10	問11	問12	問13	問14	問15	問16	問17	問18	問19	問20	問21	問22	問23	問24	問25
	1	4	2	3	1	3	2	2	3	2	4	3	4	1	4	2	1	3	3	2	1	1	3	4	4
	問26	問27	問28	問29	問30	問31	問32	問33	問34	問35	問36	問37	問38	問39	問40	問41	問42	問43	問44	問45	問46	問47	問48	問49	問50
	3	2	3	3	4	1	1	1	4	3	4	1	4	2	2	3	1・4	2	4	2	2	1	3	4	3

令和1年度	問1	問2	問3	問4	問5	問6	問7	問8	問9	問10	問11	問12	問13	問14	問15	問16	問17	問18	問19	問20	問21	問22	問23	問24	問25
	1	4	1	4	2	2	1	2	4	1	3	4	3	3	4	1	4	2	3	1	1	3	2	4	3
	問26	問27	問28	問29	問30	問31	問32	問33	問34	問35	問36	問37	問38	問39	問40	問41	問42	問43	問44	問45	問46	問47	問48	問49	問50
	4	1	4	3	4	1	4	3	2	4	2	3	2	3	2	1	1	2	3	1	1	4	2	3	4

平成30年度	問1	問2	問3	問4	問5	問6	問7	問8	問9	問10	問11	問12	問13	問14	問15	問16	問17	問18	問19	問20	問21	問22	問23	問24	問25
	4	4	3	2	3	1	—	1	3	4	2	3	1	4	1	4	4	3	2	4	3	1	2	3	1
	問26	問27	問28	問29	問30	問31	問32	問33	問34	問35	問36	問37	問38	問39	問40	問41	問42	問43	問44	問45	問46	問47	問48	問49	問50
	2	4	1	2	4	3	1	4	2	3	3	2	1	4	2	3	4	1	2	3	1	2	3	4	3

平成29年度	問1	問2	問3	問4	問5	問6	問7	問8	問9	問10	問11	問12	問13	問14	問15	問16	問17	問18	問19	問20	問21	問22	問23	問24	問25
	3	4	3	—	4	3	—	2	3	1	2	4	2	3	4	1	2	4	1	4	4	1	1	3	3
	問26	問27	問28	問29	問30	問31	問32	問33	問34	問35	問36	問37	問38	問39	問40	問41	問42	問43	問44	問45	問46	問47	問48	問49	問50
	1	1	4	4	1	4	1	2	3	3	4	3	2	2	3	2	4	1	4	2	3	4	2	4	1

平成28年度	問1	問2	問3	問4	問5	問6	問7	問8	問9	問10	問11	問12	問13	問14	問15	問16	問17	問18	問19	問20	問21	問22	問23	問24	問25
	—	4	3	2	3	3	3	1	2	4	1	2	2	1	3	1	4	1	4	1	4	3	2	3	2
	問26	問27	問28	問29	問30	問31	問32	問33	問34	問35	問36	問37	問38	問39	問40	問41	問42	問43	問44	問45	問46	問47	問48	問49	問50
	1	3	4	3	4	4	1	3	2	4	4	2	1	2	1	3	4	2	2	3	2	4	1	3	1

平成27年度	問1	問2	問3	問4	問5	問6	問7	問8	問9	問10	問11	問12	問13	問14	問15	問16	問17	問18	問19	問20	問21	問22	問23	問24	問25
	—	2	4	3	3	2	2	1	1	—	4	1	1	4	4	1	3	2	2	4	1	4	3	4	1
	問26	問27	問28	問29	問30	問31	問32	問33	問34	問35	問36	問37	問38	問39	問40	問41	問42	問43	問44	問45	問46	問47	問48	問49	問50
	1	4	4	2	3	2	2	3	3	4	1	3	2	3	4	1	3	2	2	4	3	3	2	3	1

平成26年度	問1	問2	問3	問4	問5	問6	問7	問8	問9	問10	問11	問12	問13	問14	問15	問16	問17	問18	問19	問20	問21	問22	問23	問24	問25
	—	2	3	4	—	2	2	1	4	3	3	3	1	1	3	1	1	2	4	4	3	4	4	2	1
	問26	問27	問28	問29	問30	問31	問32	問33	問34	問35	問36	問37	問38	問39	問40	問41	問42	問43	問44	問45	問46	問47	問48	問49	問50
	1	2	3	2	2	3	3	3	4	3	3	4	4	3	3	1	1	2	1	4	2	4	1	4	2

平成25年度	問1	問2	問3	問4	問5	問6	問7	問8	問9	問10	問11	問12	問13	問14	問15	問16	問17	問18	問19	問20	問21	問22	問23	問24	問25
	—	4	4	4	2	4	3	4	1	2	4	3	1	3	2	3	4	3	1	1	4	2	3	4	3
	問26	問27	問28	問29	問30	問31	問32	問33	問34	問35	問36	問37	問38	問39	問40	問41	問42	問43	問44	問45	問46	問47	問48	問49	問50
	1	1	2	2	4	2	2	2	3	2	3	1	2	1	3	2	2	4	1	4	1	3	3	4	4

平成24年度	問1	問2	問3	問4	問5	問6	問7	問8	問9	問10	問11	問12	問13	問14	問15	問16	問17	問18	問19	問20	問21	問22	問23	問24	問25
	3	1	—	2	—	4	1	4	1	4	4	3	2	2	1	1	3	2	3	4	2	4	2	1	4
	問26	問27	問28	問29	問30	問31	問32	問33	問34	問35	問36	問37	問38	問39	問40	問41	問42	問43	問44	問45	問46	問47	問48	問49	問50
	1	1	1	2	2	4	4	1	2	1	4	2	3	4	3	3	3	3	4	2	3	2	2	3	1

平成23年度	問1	問2	問3	問4	問5	問6	問7	問8	問9	問10	問11	問12	問13	問14	問15	問16	問17	問18	問19	問20	問21	問22	問23	問24	問25
	4	1	4	2	3	1	4	2	—	4	3	2	3	4	3	2	4	1	3	4	1	3	1	3	2
	問26	問27	問28	問29	問30	問31	問32	問33	問34	問35	問36	問37	問38	問39	問40	問41	問42	問43	問44	問45	問46	問47	問48	問49	問50
	3	2	4	4	2	3	2	—	1	1	1	1	2	2	4	4	1	4	3	3	2	1	正答なし	4	3

平成22年度	問1	問2	問3	問4	問5	問6	問7	問8	問9	問10	問11	問12	問13	問14	問15	問16	問17	問18	問19	問20	問21	問22	問23	問24	問25
	2	4	1	3	4	3	1	2	2	3	4	2	4	1	3	1	4	4	3	3	1	2	3	3	1
	問26	問27	問28	問29	問30	問31	問32	問33	問34	問35	問36	問37	問38	問39	問40	問41	問42	問43	問44	問45	問46	問47	問48	問49	問50
	4	2	3	4	4	2	1	4	3	2	4	1	1	4	1	4	3	1	3	4	3	3	2	2	2

平成21年度	問1	問2	問3	問4	問5	問6	問7	問8	問9	問10	問11	問12	問13	問14	問15	問16	問17	問18	問19	問20	問21	問22	問23	問24	問25
	—	2	3	2	1	3	3	1	3	4	4	2	4	2	3	2	3	1	1	2	3	4	2	1	2
	問26	問27	問28	問29	問30	問31	問32	問33	問34	問35	問36	問37	問38	問39	問40	問41	問42	問43	問44	問45	問46	問47	問48	問49	問50
	3	1	2	2	4	1	2	2	4	4	1	3	2	3	4	3	2	3	1	4	2	4	3	3	1

■商品に関する問い合わせ先

このたびは弊社商品をご購入いただきありがとうございます。本書の内容などに関するお問い合わせは、下記のURLまたは二次元バーコードにある問い合わせフォームからお送りください。

https://book.impress.co.jp/info/

上記フォームがご利用いただけない場合のメールでの問い合わせ先
info@impress.co.jp

※お問い合わせの際は、書名、ISBN、お名前、お電話番号、メールアドレスに加えて、「該当するページ」と「具体的なご質問内容」「お使いの動作環境」を必ずご明記ください。なお、本書の範囲を超えるご質問にはお答えできないのでご了承ください。

●電話やFAX等でのご質問は対応しておりません。また、封書でのお問い合わせは回答までに日数をいただく場合があります。あらかじめご了承ください。
●インプレスブックスの本書情報ページ
https://book.impress.co.jp/books/1123101089では、本書のサポート情報や正誤表・訂正情報などを提供しています。あわせてご確認ください。
●本書の奥付に記載されている初版発行日から1年が経過した場合、もしくは本書で紹介している製品やサービスについて提供会社によるサポートが終了した場合はご質問にお答えできない場合があります。

■落丁・乱丁本などの問い合わせ先
FAX　03-6837-5023
service@impress.co.jp
※古書店で購入された商品はお取り替えできません。

STAFF
編集　大西強司（とりい書房有限会社）
　　　瀧坂　亮
制作　レパミ企画　西新宿デザインオフィス
制作協力　檜木　萌
校閲校正　大西邦高
イラスト　中島裕加
副編集長　片元　諭
編集長　玉巻秀雄

2024年版 合格しようぜ！宅建士
過去15年問題集 音声解説付き

2023年12月21日　初版発行

著　者　宅建ダイナマイト合格スクール
発行人　高橋隆志
発売所　株式会社インプレス
　　　　〒101-0051　東京都千代田区神田神保町一丁目105番地
　　　　ホームページ　https://book.impress.co.jp/

印刷所　日経印刷株式会社

ISBN978-4-295-01819-3　C2032

Printed in Japan